普通高等教育"十二五"系列教材

普通高等教育"十一五"国家级规划教材

电气工程及其自动化专业系列教材

电机学

（第二版）

主编　陈世元

编写　尹华杰　何志伟

　　　程小华　杨向宇

主审　唐任远　郭立炜

中国电力出版社

CHINA ELECTRIC POWER PRESS

内 容 提 要

本书为普通高等教育"十二五"系列教材。

全书分为七篇，共三十章，主要内容包括直流电机、变压器、交流绕组、感应电机、同步电机、机电能量转换装置、电机的动态分析，绪论介绍了电机的分类和分析方法、额定值及标幺值、电机的损耗与运行特性，附录列举了有关电磁场、电路和磁路、铁磁材料等基础知识。

本书可作为高等学校电气类专业的教材，也可作为相关科技工程人员的参考用书。

图书在版编目（CIP）数据

电机学/陈世元主编 . —2 版 . —北京：中国电力出版社，2015.5（2021.5重印）

普通高等教育"十二五"规划教材 . 电气工程及其自动化专业规划教材

ISBN 978 - 7 - 5123 - 6533 - 9

Ⅰ.①电… Ⅱ.①陈… Ⅲ.①电机学－高等学校－教材
Ⅳ.①TM3

中国版本图书馆 CIP 数据核字（2014）第 230289 号

中国电力出版社出版、发行

（北京市东城区北京站西街 19 号　100005　http：//www.cepp.sgcc.com.cn）

三河市航远印刷有限公司印刷

各地新华书店经售

*

2008 年 9 月第一版

2015 年 5 月第二版　　2021 年 5 月北京第十二次印刷

787 毫米×1092 毫米　16 开本　23 印张　553 千字

定价 46.00 元

前 言

本书为普通高等教育"十二五"系列教材，上版是国家教育部立项的普通高等教育"十一五"国家级规划教材，曾被评为 2007～2009 年度电力行业精品教材，总共进行了 5 次印刷，发行量达 12 500 册，应用范围遍及 20 多个省市、自治区。

本书在上版基础上参考了一些最新版的电机学相关书籍以及最新发表的文章，并吸取作者近几年最新的教学经验和教学改革成果修订而成。

本书除了保留上版特色外，还具有以下特点：①为了培养学生举一反三的分析能力，各种电机的分析都贯穿着从实物模型—物理模型—数学模型—性能分析的主线，并形成了以电磁学为主、力学为辅的格局，以避免学生记一些不必要的名词和术语，减轻学习负担。②分别阐述直流发电机和直流电动机，使学生的逻辑思维更加清晰，教材的知识结构安排更加合理。③将第七篇的微分方程的建立和求解以及坐标变换等内容放入第六篇，并对第六篇的内容进行了重新组合，使机电能量转换原理的知识更加系统化，进一步阐述了动态和稳态之间的关系，便于学生将来从事各种新型电机的开发和研制，使第七篇的内容单纯为各种电机的具体动态分析。④由于附录中磁路计算的内容主要用于电机设计，而对本书电机原理的教学影响不大，故删除。在电机发展年鉴中增加了最新内容。⑤将各种电机的特性和损耗等共同概念和定义放在绪论中统一阐明，以避免在正文中重复介绍。⑥对近年来教学中发现的错误和不足之处进行了更正和修改。

本书由华南理工大学陈世元教授担任主编，主要编写绪论、第一篇、第三篇、第六篇和附录，并参与编写第二篇、第四篇、第五篇和第七篇，对全书进行修改、统稿和定稿。尹华杰教授参与编写第二篇，何志伟教授参与编写第四篇，程小华教授参与编写第五篇，杨向宇教授参与编写第七篇。

唐任远院士、郭立炜教授对本书进行了审阅。

本书的编写得到华南理工大学各级领导的关怀，华南理工大学电力学院和教务处的资助，华南理工大学图书馆的支持，各位同仁的热心帮助，哈尔滨大电机研究所孙玉田教授级高级工程师、三峡电厂陈小明高级工程师为本书提供了部分图片，作者在此表示深切的谢意。

由于水平所限，书中存在疏漏和不足之处，恳请读者提出宝贵意见，以便在下一版中修正。

作 者

2015 年 2 月于广州

第一版前言

本书是国家教育部立项的普通高等教育"十一五"国家级规划教材。

本书参考了 50 多部电机学和 40 多部相关书籍以及一些文章，汲取各家所长，融入作者的教学经验编写而成。本书共分七篇，外加绪论和附录。第一篇为直流电机，第二篇为变压器，第三篇为交流绕组，第四篇为感应电机，第五篇为同步电机，第六篇为电机的共同问题，第七篇为电机的动态分析。每篇后面附有习题。本书可作为高等学校电气工程及其自动化等强电类专业的教材，也可供有关科技人员作为参考用书。

本书的特点是：①为了培养学生分析问题和解决问题的能力，各种电机的分析都贯穿着从实物模型至物理模型到数学模型以及特性分析的主线；注重基本概念、基本理论和基本方法的阐述，以便使学生建立牢固的物理概念，为后续课程的学习和解决日常遇到的工程问题打下良好的基础。②对于过时的、繁琐的、与电机基本理论关系不大的内容（如发热与冷却）进行了删减，但有关基本原理的内容尽量入编，尽量以最简要的方法阐述其原理，并适当加进一些学科前沿的内容。③将电磁场等基础性和阅读性内容归到附录中，供读者查询参考或根据各校实际情况选讲。④为适应近年来电机理论的发展和生产、科研上的实际需要，除传统内容外，增加了机电能量转换和动态分析，使传统理论得到升华，便于将来从事各种新型电机的开发和研制。⑤按几个经典机种分篇编写，各篇的内容具有一定的相对独立性，可根据实际需要和学时决定取舍，前五篇在具体讲授时可以改变次序。

本书由华南理工大学陈世元教授担任主编；编写绪论、第三、六篇和附录，并参与编写第一、二、四、五、七篇；对全书进行修改、统稿和定稿。杨向宇教授参与编写第七篇，程小华教授参与编写第五篇，何志伟教授参与编写第四篇，尹华杰副教授参与编写第二篇，梁冠安副教授参与编写第一篇。

唐任远院士、郭立炜教授对本书做了仔细审阅。

本书的编写得到华南理工大学各级领导的关怀，电力学院和教务处的资助，图书馆的支持及各位同仁的热心帮助；哈尔滨大电机研究所孙玉田教授级高级工程师、三峡电厂陈小明高级工程师为本书提供了部分图片，编者在此表示深切的谢意。

限于编者水平，编写时间仓促，书中存在疏漏与不足之处，恳请读者提出宝贵意见，以便在再版中修正。

作 者

2007 年 10 月于广州

主 要 符 号 表

A	面积；电负荷	f_N	额定频率
a	交流绕组并联支路数；120°复数算子	f_ν	ν 次谐波频率
$a_=$	直流电机并联支路对数	H	磁场强度
B	磁通密度	I	电流（交流表示有效值）；同步电机的电枢电流；直流电机的线电流
B_δ	气隙磁密		
B_{ad}	直轴电枢磁场磁密	I_a	直流电机的电枢电流
B_{aq}	交轴电枢磁场磁密	I_m	交流励磁电流
b	宽度；磁通密度瞬时值	I_f	直流励磁电流
c	斜槽距离	I_μ	励磁电流中的磁化分量
C_T	转矩常数	I_N	额定电流
C_e	电动势常数	I_0	空载电流；零序电流
D_1	定子内径	I_k	短路电流；堵转电流
D_a	电枢外径	I_{st}	启动电流
E	电动势（交流表示有效值）	I_1	变压器一次绕组（感应电机定子）电流
E_{ph}	相电动势	I_2	变压器二次绕组（感应电机转子）电流
E_0	空载电动势	I_+	电流的正序分量
E_1	变压器一次绕组（电机定子绕组）由主磁通感应的电动势有效值	I_-	电流的负序分量
		i	电流的瞬时值
E_2	变压器二次绕组（电机转子绕组）由主磁通感应的电动势有效值	J	转动惯量
		j	电流密度
E_q	q 个线圈的合成电动势	K	换向片数
e	电动势的瞬时值	k	变压器的变比
e_r	换向电抗电动势	k_i	电流变比
e_c	换向运动电动势；线圈电动势	k_e	电压变比
F	磁动势	k_{d1}	基波分布因数
F_a	电枢磁动势	k_{p1}	基波节距因数
F_m	感应电机的励磁磁动势	k_{w1}	基波绕组因数
F_{ad}	直轴电枢磁动势	$k_{d\nu}$	ν 次谐波的分布因数
F_{aq}	交轴电枢磁动势	$k_{p\nu}$	ν 次谐波的节距因数
F_{ph1}	单相绕组的基波磁动势	$k_{w\nu}$	ν 次谐波的绕组因数
$F_{ph\nu}$	单相绕组的 ν 次谐波磁动势	L	自感
F_{q1}	q 个线圈的基波合成磁动势	$L_{1\sigma}$	变压器一次绕组（感应电机定子）的漏磁电感
f	频率；力；磁动势的瞬时值		
f_1	定子频率	$L_{2\sigma}$	变压器二次绕组（感应电机转子）的漏磁电感
f_2	转子频率		

l	长度	s_{max}	最大转矩时的转差率
M	互感	s_+	转子对正向旋转磁场的转差率
m_1	交流电机定子相数	s_-	转子对反向旋转磁场的转差率
m_2	感应电机转子相数	T	转矩；时间常数；周期
N	每相串联匝数	T_c	换向周期
N_c	每个线圈的匝数	T'_d	直轴瞬态时间常数
n	转子转速	T_a	电枢时间常数
n_N	额定转速	T_f	励磁绕组时间常数
n_0	空载转速	T_N	额定转矩
n_s	同步转速	T_0	空载转矩
n_ν	ν 次谐波旋转磁场的转速	T_e	电磁转矩
n_2	转子基波旋转磁场相对于转子的转速	T_{max}	最大转矩
P	功率	T_{pi}	同步电动机的牵入转矩
P_N	额定功率	T_{st}	启动转矩
P_e	电磁功率	T_2	负载转矩
P_Ω	转换功率	t	时间；温度
P_k	堵转功率；短路功率	U	电压（交流表示有效值）
P_1	输入功率	U_N	额定电压
P_2	输出功率	U_{ph}	相电压
P_0	空载功率	U_1	电源电压；定子端电压
p	损耗；极对数	U_+	正序电压
p	时间的微分算子	U_-	负序电压
p_{Cu}	铜损耗	U_0	空载电压；零序电压
p_{Fe}	铁损耗	U_k	短路电压；堵转电压
p_Δ	杂散损耗	u	电压的瞬时值
p_Ω	机械损耗	Δu	电压调整率
Q	槽数	$2\Delta U_s$	每对电刷的电压降
q	每极每相槽数	W	功；能
R	电阻	W_m	磁场能量
R_m	励磁电阻；磁阻	X	电抗
R_1	变压器一次绕组（感应电机定子）电阻	X_a	电枢反应电抗
R_2	变压器二次绕组（感应电机转子）电阻	X_{ad}	直轴电枢反应电抗
R_f	励磁绕组电阻	X_{aq}	交轴电枢反应电抗
R_a	电枢电阻	X_+	正序电抗
R_k	变压器（感应电机）的短路电阻	X_-	负序电抗
R_Ω	旋转阻力系数	X_0	零序电抗
S	视在功率	X_σ	定子漏抗
S_N	额定视在功率	X_s	同步电抗
s	转差率	X_d	直轴同步电抗
s_N	额定转差率	X_q	交轴同步电抗

X_m	励磁电抗	Λ	磁导
X_k	短路电抗	Λ_σ	漏磁导
$X_{1\sigma}$	变压器一次绕组（感应电机定子）的漏抗	λ	单位面积的磁导
$X_{2\sigma}$	变压器二次绕组（感应电机转子）的漏抗	μ	磁导率；转子谐波次数
X_d'	直轴瞬态电抗	μ_0	空气磁导率
X_d''	直轴超瞬态电抗	μ_{Fe}	铁心磁导率
y	绕组合成节距	ν	谐波次数
y_1	第一节距	τ	极距
y_2	第二节距	Φ	磁通量
y_c	换向器节距	Φ_0	空载磁通；同步电机的主磁通
Z	阻抗；电枢导体数	Φ_a	电枢反应磁通
Z_m	励磁阻抗	Φ_m	变压器或感应电机的主磁通
Z_k	短路阻抗	Φ_σ	漏磁通
Z_+	正序阻抗	Φ_{ad}	直轴电枢反应磁通
Z_-	负序阻抗	Φ_{aq}	交轴电枢反应磁通
Z_0	零序阻抗	Φ_ν	ν 次谐波磁通
$Z_{1\sigma}$	变压器一次绕组（感应电机定子）的漏阻抗	ϕ	磁通量的瞬时值
$Z_{2\sigma}$	变压器二次绕组（感应电机转子）的漏阻抗	φ	相角；功率因数角
α	角度；相邻两槽间的电角度	φ_0	空载功率因数角
β	夹角；q 个线圈的总夹角	φ_k	短路功率因数角
δ	气隙；功率角	ψ	磁链；$\dot{E}$ 和 $\dot{I}$ 间的夹角
ε	小数；短距角	ψ_0	内功率因数角
η	效率	ψ_2	感应电机转子的内功率因数角
η_N	额定效率	Ω	转子的机械角速度
η_{max}	最大效率	Ω_s	同步机械角速度
θ	角度；温升	ω	角频率；电角速度

目　　录

第一篇　直　流　电　机

第四篇　感　应　电　机

第五篇　同　步　电　机

第六篇　机电能量转换装置

绪 论

第一节 电机在国民经济中的作用

电能是现代最主要的一种能源，由于电能的生产、输送和使用比较方便，因此被广泛地使用，而电机在其中起着重要作用。电机主要有发电机、变压器和电动机。

电能的生产集中在发电厂，主要有火电厂、水电厂和核电厂。在火电厂中，锅炉将水加热生成水蒸气驱动汽轮机，由汽轮机带动发电机，把燃料燃烧的热能转换为电能；在水电厂中，靠水的落差驱动水轮机，由水轮机带动发电机，将水流的位能转换为电能；在核电厂中，由反应堆将水加热生成水蒸气驱动汽轮机，由汽轮机带动发电机，将原子核裂变的原子能转换为电能。此外还有风电厂，靠风力推动叶轮带动发电机，将风能转换为电能。

发电机发出的电压一般为 $10.5\sim20kV$，为了减少远距离输电中的能量损失，应采用高电压输电，输电电压为 110、220、330、500kV 或更高。把发电机发出的电压升高到输电电压是由变压器完成的。高压输电线将电能输送到各个用电区，由于各种用电设备需要不同的低电压，如 6kV、1kV、380V、220V，因此再由变压器把高电压降为所需的低电压。

各种用电设备统称为负载，如电动机、电炉、电灯等。其中电动机占有非常大的比例，生产机械一般都用电动机拖动。在工业生产方面，如机械制造、冶金、煤炭、石油、轻纺、化学及其他各工矿企业中，广泛地应用各种电动机拖动各种机床、轧钢机、电铲、卷扬机、纺织机、造纸机、搅拌机、压缩机、鼓风机等生产机械；在交通运输中，铁道机车和城市电车是由牵引电机拖动的，航海使用船舶电机，航空使用航空电机；在农业生产方面，电力排灌设备、打谷机、碾米机、榨油机、饲料粉碎机等都是由电动机拖动的；在日常生活中，洗衣机、冰箱、排烟机、空调和风扇等都离不开电机；在国防、文教、医疗中，也广泛应用各种电动机。随着四个现代化的发展，工业生产自动化水平不断提高，各种自动控制系统中也日益广泛地应用各种控制电机。

综上所述，电机在国民经济中起着重要作用。

在电能的生产、输送、分配、消费中的发电机、变压器、电力线路、负载等连接在一起构成统一的整体，这就是电力系统。电力系统中接有很多发电厂，每个发电厂又有若干台发电机，每个发电机都向系统提供电能；电力系统中接有大量的用户，每个用户拥有各式各样的负载，每个负载都从系统中取用电能；电力系统中还接有各级变电站，每个变电站安装各种升压、降压、联络、配电变压器；电力系统是一个十分庞大且复杂的系统，发电机与变压器则是电力系统中最重要的设备。电力系统示意图如图 0-1 所示。

图例: ⊗ 照明 Ⓜ 电动机 ～ 发电机 双绕组变压器 三绕组变压器 自耦变压器

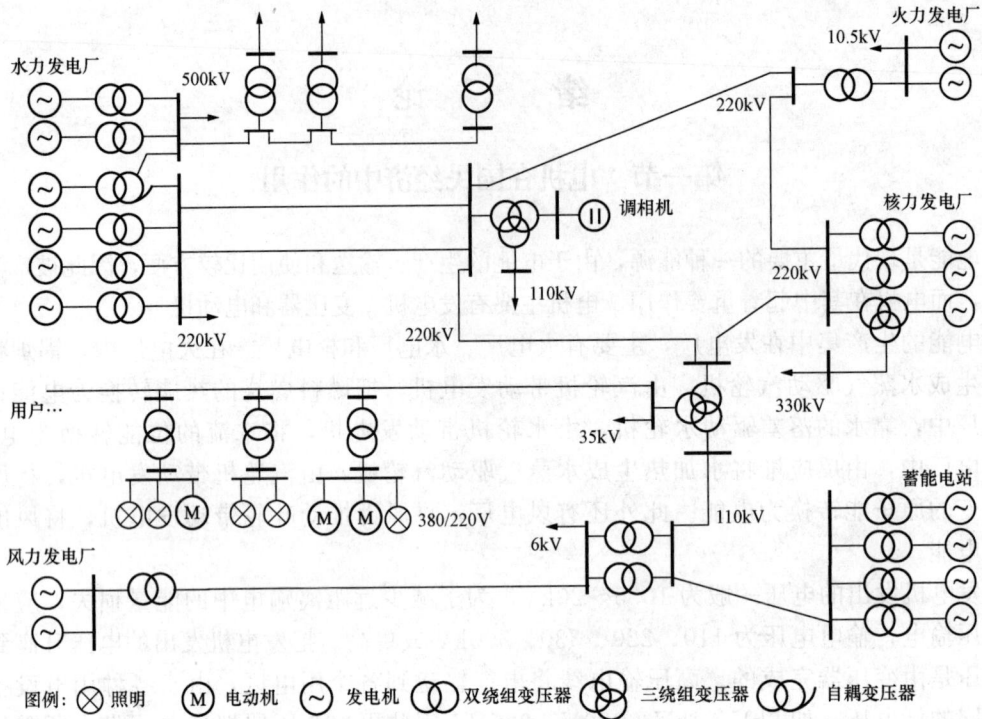

图 0-1 电力系统示意图

第二节 电机的分类

电机的种类繁多,性能各异,分类方法也很多。主要有两种常用的分类方法。

从能量传递、转换的功能及用途来分,电机有以下几类:

(1) 变压器:主要是改变交流电的电压,也有用于改变相数、频率及相位的。

(2) 发电机:把机械能转换为电能。

(3) 电动机:把电能转换为机械能。

(4) 控制电机:作为自动控制系统的控制元件。

这一种分类的方法中,电动机与发电机的功能不同,用途不一样,但从运行原理上看,电动机运行和发电机运行不过是电机的两个运行状态,它们之间可逆,而且电机还可以运行于其他的状态。

另一种分类方法是按照电机的结构特点及电源性质来分,电机主要有下列几类:

(1) 变压器:属于静止的设备。

(2) 旋转电机:包括传统电机和特种电机。传统电机因电源不同分直流电机和交流电机,交流电机中又因结构不同分为同步电机和感应电机。特种电机指特殊结构的电机。

(3) 直线电机:与旋转电机同样分类。

还有其他分类方法,但不论哪种方法都不是绝对的。无论哪种电机,工作原理都是建立在电磁感应定律和电磁力定律的基础上。

直线电机的原理与旋转电机相似，不同的是出现边缘效应，一般在设计课中考虑，特种电机和控制电机另设课程和教材，故本书不详细介绍。

本书只介绍传统的旋转电机和变压器，并按照直流电机、变压器、感应电机、同步电机的顺序分别阐述。从具体电机入手分析其主要原理，使初学者易于掌握。

第三节　电机学的课程性质

电机学是强电类专业的技术基础课，是在学习高等数学、物理、工程力学、电磁场、磁路和电路原理的基础上研究电机的工作原理、主要结构、基础理论、运行特性及试验方法的一门课程，为电力系统、电机设计、自动控制等专业课打基础。

电机是电力系统中的重要组成部分，它的运行状态直接影响系统的工作；而电机原理和特性又是进行电机设计和控制的理论依据。因此，学好电机学，对后续专业课的学习至关重要。

电机学与物理、电路及磁路等课程的性质又很不相同。

（1）电机学是基础理论课，又带有专业性。它具体分析各种类型电机，既有理论又有实际，不像电路及磁路课中分析的电阻、电感、电容，其电路不代表具体的电气设备。

（2）电机学通过对具体电机的分析阐述基本电磁规律，具有复杂性和综合性。各种电、磁、力、热和流体等方面的物理定律同时在电机中起作用，互相影响又互相制约，必须综合考虑。

分析各类电机的具体步骤为：

（1）建立实物模型。主要了解电机结构。

（2）建立物理模型。分析电机内部物理现象，即不同工况下的电、磁关系。

（3）建立数学模型。做出简化假定，应用基本定律，建立电机中的电动势、磁动势、功率和转矩平衡方程式，导出等效电路。稳态运行时建立代数方程，动态时建立微分方程，也称为运动方程。

（4）坐标变换。为便于求解，按照问题的性质，需要对运动方程进行一定的变换。例如在分析稳态不对称运行问题时，采用对称分量变换可以解耦；分析凸极同步电机的瞬态过程时，采用 dq0 变换可以把变系数微分方程转换为常系数微分方程等。

（5）求解。根据规定的运行条件，求出方程的解析解或数值解。

（6）分析结果。通过对解答的分析，即可确定所需的运行特性和数据。

（7）研究各类电机的特殊问题。如直流电机的换向，特殊用途电机等。

本课程常用的分析方法有：

（1）叠加原理。应用叠加原理的条件是所分析的系统必须是线性系统。不计磁饱和时，可以用叠加原理来分析电机内的各个磁场，并得到气隙合成磁场以及相应的感应电动势。对于时间或空间具有周期性变化的量，可利用谐波分析法，将其分成基波和各次谐波，再将各自的效果叠加起来。

（2）归算。在变压器和交流电机中，由于绕组的匝数不等、相数不等、频率不同而引起的困难，常常用归算法来解决。归算时要求满足特定的约束，例如磁动势守恒、功率守恒、磁场储能守恒等，以达到"等效"的要求。

　　（3）等效电路。等效电路是用单纯的电路来反映电机内部的电磁关系和机电关系，以便进行各种运行情况的计算。等效电路也可以用到动态分析中，但含义将有所不同。

　　（4）坐标变换。将方程式中原来的一组变量，用一组新的变量来代替，使分析计算得到简化。若新旧变量之间为线性关系，则变换为线性变换。这种方法在动态分析中是一种最常用的方法。

　　理想电机的基本假设如下：

　　（1）磁路为线性，不计剩磁、磁滞和涡流效应，因而可利用叠加原理。

　　（2）气隙磁通密度在空间按正弦分布，忽略磁场的高次谐波。

　　（3）不计定、转子表面齿、槽的影响。

　　（4）电机的结构对直轴和交轴都是对称的。

　　（5）对于三相交流电机，定子绕组为对称三相绕组。

　　当实际情况与上述假定有出入，例如需要计及饱和及谐波效应时，可调整有关参数和引入一些系数来计入其影响。

　　在学习方法上要掌握以下几点：

　　（1）理论联系实际。首先要对各种类型的电机结构有一定了解；然后学好电机的基本理论，掌握电磁规律和结论，通过实验加深对物理概念的理解。通过实践总结出理论，再由实践验证和发展理论，即实践、认识、再实践、再认识，每一循环进到高一级程度，否则不可能深入掌握理论。

　　（2）重视学习能力培养。电机的种类繁多，结构和性能各异，但基本作用原理都是建立在电磁基本定律基础上，分析方法和步骤有相同之处。从具体电机入手，掌握分析电机理论的工具，学习分析电机理论问题的方法，并能灵活应用，培养解决问题的能力。既要掌握各种电机的共性，使学到的知识能够融会贯通；又要掌握各种电机的个性和特点，以便结合实际，对具体问题进行具体分析，达到解决问题的目的。如能举一反三，就能触类旁通地分析、研制和开发各种不同的新型电机和特种电机。

　　（3）培养工程观点。影响电机运行的因素很多，要全部考虑非常困难。在分析复杂的实际问题中，常常需要忽略一些次要因素，抓住主要矛盾加以解决，所得结果在工程应用上已经足够精确。在某种条件下的次要因素，在另一条件下又可能成为有决定影响的主要因素，这要根据研究的问题及条件而定。找出基本关系，然后再考虑次要因素的影响，使分析结果更加完善和精确。

　　（4）重视实验，培养动手能力。通过电机学实验，练好强电实验的基本功，为专业课程的实验打好基础。

　　（5）重视数学计算，提高定量计算的能力。数据的准确性影响工程质量。

　　（6）善于总结，掌握重点，以点带面。

　　学习本课程后，应达到下列基本要求：

　　（1）对电机分析中的名词、术语、各种物理量的定义、基本概念和基本理论要熟记。

　　（2）对电机中的物理现象和电磁关系要深刻领会，对分析结论和数学模型（如基本公式、等效电路和相量图等）要熟练掌握。

　　（3）要熟练运用数学模型和复数来计算电机的性能和主要运行数据，要求数据准确。

　　（4）熟练掌握电机的基本实验方法和操作技能，能对实验结果进行分析和评定，并初步具有检查电机故障的能力。

第四节　电机的额定值与标幺值

一、电机的铭牌

每台电机都装有一个铭牌，标在铭牌上的数据称为铭牌数据，主要有电机的额定值、性能指标和一些其他数据。

1. 额定值

额定值主要包括：

（1）额定功率 P_N（单位为 kW）。它指电机的输出功率，对发电机，指出线端输出的电功率，对电动机，指轴上输出的机械功率。同步发电机、同步补偿机和变压器还要考虑无功功率，其额定功率用额定视在功率 S_N 表示，也称额定容量，它是在额定状态下输出能力的保证值，单位为 VA、kVA、MVA。对三相电机，S_N 指三相的总容量。通常把双绕组变压器的一次和二次绕组额定容量设计得相等，而三绕组变压器的额定容量则指容量最大的绕组的额定容量。

（2）额定电压 U_N（单位为 V 或 kV）。它指电枢出线端的电压，对三相电机，则为线电压，对变压器，为空载时额定分接头上的电压保证值。变压器应分别标出一、二次侧的额定电压。

（3）额定电流 I_N（单位为 A）。它指电机输出额定功率时的电流，对三相电机，则为线电流。变压器应分别标出一、二次侧的额定电流。

（4）额定转速 n_N（单位为 r/min）。它指电机转子的转速，对同步电机，即为同步转速。

（5）额定频率 f_N。它指额定运行时电机的频率，用于交流电机。我国标准工频规定为 50Hz。

对于直流电机和同步电机，还包括：

（1）额定励磁电流 I_{fN}（单位为 A）。

（2）额定励磁电压 U_{fN}（仅对他励电机）。

（3）励磁容量 P_{fN}。

2. 性能指标

性能指标主要包括：

（1）额定效率 η_N。

（2）额定转矩 T_N。

（3）额定温升 θ_N。

（4）额定功率因数 $\cos\varphi_N$。它指额定运行时电机的功率因数，用于交流电机。

（5）启动转矩 T_{st}。

（6）启动电流 I_{st}。

3. 其他的运行数据

其他的运行数据包括型号、相数、定额、绝缘等级、接线方式、运行方式（长期或短期）、冷却方式、使用条件、制造厂家、出厂日期和序号、重量、外形尺寸等。对绕线型电机还常标出转子的额定电压和额定电流等数据，对于变压器还标注有接线图、联结组别、漏阻抗标幺值或短路电压、空载电流、损耗等，对于特大型变压器还标注有器身、铁心和绕组的重量以及储油量。

二、额定值

电机制造厂按国家标准，根据电机的设计和试验数据规定每台电机的正常运行状态和条件，称为电机的额定运行状态。表征电机在额定状态下运行时各物理量的数值称为电机的额定值。在额定状态下运行时，额定值可以保证电机长期可靠地工作，并具有优良的性能。因此，用户必须按照电机的额定值来使用。额定值也是制造厂进行产品设计和实验的依据。

额定值是电机运行的基本依据，一般希望电机按额定值运行。因为这种运行状态从电机的工作性能、经济性、安全性等各方面来看都比较好，而且更合乎整个工业经济的统筹安排。当电机恰好运行于额定容量时称为满载，若超过额定容量运行时称为过载。过载会使电机过热，降低电机的使用寿命，甚至损坏电机，因此过载的程度及时间都应严格控制。若运行时功率比额定容量小得多，称为轻载。轻载运行浪费设备容量，降低效率，应尽量避免。

三、标幺值

在工程计算中，电压、电流、阻抗和功率等各物理量除了采用实际值来表示和计算之外，还常常采用标幺值（per unit value）来表示和计算。所谓标幺值就是某一物理量的实际值和选定基值之间的比值，即

$$标幺值 = \frac{实际值}{基值} \qquad (0-1)$$

在本书中，标幺值用加"$*$"的符号来表示，基值以下标"b"来表示。由于标幺值是两个具有相同单位的物理量之比，所以没有单位。标幺值乘以 100，便是百分值。

应用标幺值时，首先要选定基值。对于电路计算而言，四个基本物理量 U、I、Z 和 S 中，有两个量的基值可以任意选定，其余两个量的基值则可以根据电路的基本定律计算出来。例如，对单相系统，若选定电压和电流的基值为 U_b 和 I_b，则功率的基值便为

$$P_b, Q_b, S_b = U_b I_b \qquad (0-2)$$

阻抗的基值为

$$R_b, X_b, Z_b = \frac{U_b}{I_b} \qquad (0-3)$$

这里，功率的基值既指视在功率的基值，也是有功功率或无功功率的基值；同理，阻抗的基值和电阻或电抗的基值也相同。

计算单台变压器或电机的运行问题时，为了方便，通常以该变压器或电机的额定值作为相应的基值，此时额定电压、额定电流和额定视在功率的标幺值为 1，"标幺"的名称由此而得。

在对称三相系统中，除了相电压、相电流可用标幺值表示外，线电压和线电流也可用标幺值表示。通常线电压和线电流的基值也取为它们的额定值。于是三相功率的基值为

$$S_b = 3U_{phb} I_{phb} = 3U_{Nph} I_{Nph} = \sqrt{3} U_{NL} I_{NL} \qquad (0-4)$$

式中：下标"L"表示线，"ph"表示相。

不难证明，按上式选择基值时，对称三相电路中任一点处的相电压和线电压，用标幺值表示其值恒相等，相电流和线电流的标幺值也相等，每相功率和三相功率的标幺值也相等。这给实际计算带来了很大的方便。

注意，在三相电路中，阻抗及其标幺值均只有每相的值，而没有"线"的概念。

当系统中装有多台变压器和电机时，可以选定某一特定的功率 S_b 作为整个系统的基准功率。这时系统中各个装置的标幺值需要换算到对应于选定功率基值的标幺值。由于功率的标幺值与对应的功率基值成反比，阻抗标幺值与对应的功率基值成正比，所以换算方法为

$$\left.\begin{aligned} P^* &= P_1^* \frac{S_{b1}}{S_b} \\ Q^* &= Q_1^* \frac{S_{b1}}{S_b} \\ S^* &= S_1^* \frac{S_{b1}}{S_b} \end{aligned}\right\} \tag{0-5}$$

$$\left.\begin{aligned} R^* &= R_1^* \frac{S_b}{S_{b1}} \\ X^* &= X_1^* \frac{S_b}{S_{b1}} \\ Z^* &= Z_1^* \frac{S_b}{S_{b1}} \end{aligned}\right\} \tag{0-6}$$

式中：带上标"*"号但没有下标的值表示对应于基准功率基值为 S_b 时的标幺值；带有下标 1 的值表示对应于功率 S_{b1} 时的标幺值。

应用标幺值的缺点是各物理量没有单位，不能用因次关系来检查；其突出的优点为：

（1）不论变压器或电机的容量大小，用标幺值表示时，各个参数和典型的性能数据通常都在一定范围内，因此便于比较和分析。例如，对于电力变压器，漏阻抗的标幺值 $Z_k^* \approx 0.03 \sim 0.1$，空载电流的标幺值 $I_0^* \approx 0.02 \sim 0.05$。

（2）用标幺值表示时，参数的归算值和实际值恒相等，故用标幺值计算时，可不必再进行归算。

（3）方程式中某些系数可以省略，简化了方程和计算。

（4）某些物理量的标幺值具有相同的数值，如短路阻抗与阻抗电压的标幺值相等。

第五节　电机的损耗与运行特性

一、损耗

各种电机在运行中都会产生损耗，主要的铁损耗和铜损耗称为基本损耗，还有附加损耗，也称杂散损耗。运动的电机还有机械损耗，有励磁绕组的电机还有励磁损耗。

基本铁损耗是指主磁通在铁心中交变所引起的涡流损耗和磁滞损耗，与磁通密度或电压的平方成正比。基本铜损耗是指电枢绕组的直流电阻铜损耗，与绕组的温度有关，一般都用基准工作温度（75℃）时的电阻值来计算。杂散损耗包括漏磁场在电枢绕组中引起的电流集肤效应使有效电阻增大而增加的铜损耗、主磁通和漏磁场在金属结构部件中引起的涡流损耗、叠片之间的局部涡流损耗、高次谐波磁场掠过定转子表面所引起的表面损耗。由于杂散损耗的情况比较复杂，不易准确计算，国家标准规定用实验法测定。机械损耗包括轴承、电刷的摩擦损耗和通风损耗，与电机的转速成正比。励磁损耗为励磁设备的全部损耗，包括励磁绕组的基本铜损耗、电刷的电损耗和变阻器内的损耗等。

电机的损耗还可以分为不变损耗和可变损耗两大类。铁损耗可近似认为与磁密（磁通密度或磁感应强度）B_m 或端电压的平方 U_1^2 成正比，机械损耗与转速成正比。由于电机大多在额定转速 n_N、额定电压 U_N 的情况下运行，因此其基本铁损耗和机械损耗等与负载的大小无关，这类损耗属于不变损耗。基本铜损耗、电刷接触损耗及杂散损耗随着负载电流的变化而变化，这类损耗属于可变损耗。严格地说，励磁铜损耗应属可变损耗，由于负载变化时励磁电流要做相应调整，但一般情况近似认为是不变损耗。

二、寿命

损耗的能量最终均转换成热能，如果不能及时散发，会使电机各部分的温度升高。当工作温度升高到一定值时，绝缘材料将发生本质的变化，最后将失去绝缘作用，影响电机的使用寿命，并限制电机输出，严重时甚至把电机烧毁。因此，一方面要合理地减少电机的损耗，另一方面要努力改善冷却条件，使热能有效地散发出去，将电机的工作温度保持在绝缘材料的允许温度以下。绝缘材料的使用寿命与电机持续运行温度呈指数规律变化，即

$$D = D_0 \mathrm{e}^{-\frac{\ln 2}{m}T} \tag{0-7}$$

式中：T 为绝缘持续温度，℃；D_0 为 $T=0$ 时绝缘寿命；对于 A、E 级绝缘 $m=8$，B 级绝缘 $m=10$，F 级绝缘 $m=12$，H 级绝缘 $m=14$。

如果绝缘材料在最高允许工作温度 $T=\theta_N$ 下持续运行的使用寿命为 D_N，可得

$$D = D_N \times 2^{\frac{\theta_N - T}{m}} \tag{0-8}$$

可见当温度超过最高允许工作温度时，每上升 m℃，使用寿命就将减少一半，因此 m 称为寿命减半温升。有关电机的发热和冷却过程及其计算属于工程设计考虑的问题，本书不予介绍，有兴趣的读者可参阅有关文献[15,28~33]。

三、效率

输出功率 P_2 与输入功率 P_1 的比值为电机的效率，即

$$\eta = \frac{P_2}{P_1} = \frac{P_1 - \sum p}{P_1} = 1 - \frac{\sum p}{P_1} = 1 - \frac{\sum p}{P_2 + \sum p} = \frac{P_2}{P_2 + \sum p} \tag{0-9}$$

式中：$\sum p$ 为总损耗。

不同的电机具有不同的详细表达式。在电压、转速和功率因数为额定时，效率与输出功率或负载电流的关系曲线称为效率特性。无论哪种电机都有这种效率特性，都是负载电流的二次函数。当电机在某一负载运行时，不变损耗等于可变损耗，效率达到最大值。用求函数最大值的方法可求出最大效率及最大效率时电机的负载电流值。选用电机时应使电机的容量与负载相匹配，以使电机经济、合理和安全地运行。额定负载时电机的效率称为额定效率 η_N，是表征电机力能的一个性能指标。

四、运行特性

电机的运行特性分基本特性、机械特性和工作特性。

基本特性包括空载特性、短路特性和负载特性，主要用来确定电机的参数。空载特性是指负载电流为零，在某一特定转速下，空载电压与励磁电流之间的函数关系。空载特性实质就是电机的磁化曲线，表征了电机的磁化性能和磁路的非线性程度，常常用来确定运行点的饱和程度。短路特性是指短路电流与外加电压或励磁电流之间的函数关系。负载特性一般指负载电压与励磁电流之间的函数关系。

机械特性是指转速与转矩之间的函数关系。无论是在发电机状态、电动机状态运行或是

其他运行状态，机械特性是同一条曲线，只是运行在不同的转速范围。因为电动机的输出主要体现在转矩和转速上，机械特性是一条最重要的特性。同步电机由于转速为恒定，没有机械特性，但有功角特性。

工作特性主要用来了解和计算电机的性能。除了表征其力能指标的效率特性外，发电机和电动机具有不同的工作特性。

发电机的工作特性包括外特性、调整特性等。外特性一般指端电压与输出电流之间的函数关系，标志其输出电压质量。发电机从额定负载过渡到空载，电枢端电压变化的数值与额定电压的比值，称为电压调整率，也称电压变化率，电压调整率是发电机的一个重要性能指标，即

$$\Delta u_{\mathrm{N}} = \frac{U_0 - U_{\mathrm{N}}}{U_{\mathrm{N}}} \times 100\% \qquad\qquad (0\text{-}10)$$

调整特性一般指励磁电流与输出电流之间的函数关系。它反映了当负载变化时，为维持发电机的端电压不变，励磁电流的调节规律。

电动机的工作特性包括转矩特性、转速特性、电流特性、功率因数特性、效率特性等。是指当额定电压，额定励磁电流或额定频率时，电磁转矩、转速、电枢电流、功率因数与输出功率或负载电流之间的函数关系。

对不同的机种，上述特性有所取舍。

第一篇 直 流 电 机

直流电机是生产或使用直流电能的机电能量转换装置，是电机的主要类型之一，也是历史上最早出现的电机。

直流电动机以其平滑、经济、范围宽广的调速性能、良好的启动性能和较大的制动转矩、较高的过载能力而著称，广泛用于驱动电力机车、轧钢机、大型机床、卷扬机和起重设备中，尤其适用于高精度、高性能的电力拖动系统。直流发电机供电质量较好，常常作为励磁、电解、电镀、电冶金、充电和某些化工工业等的电源。在自动控制领域中也有不少元件应用直流电机，如测速发电机和伺服电动机等。

直流电机突出的缺点就是换向问题，这限制了它的发展和应用。此外，由于直流电机需要换向器，使得可靠性稍差，结构较复杂，成本较高，维护不便。近年来，由于电力电子技术的迅速发展，涌现出许多利用电力电子装置而具有直流电机性能的无刷电机，直流电机有被取代的趋势。但是，直流电机仍具有相当的理论意义和一定的实用价值。

本篇主要研究直流电机的稳态运行，动态运行将在第七篇统一讨论。

第一章 概　　述

本章首先阐述直流电机的基本工作原理；然后介绍直流电机的典型结构，以建立实物模型；再叙述直流电机的励磁方式。

第一节　直流电机的工作原理

一、直流电机的构成

一台最简单的直流电机模型如图 1-1 所示。它的固定部分称为定子，旋转部分称为转子，定子与转子之间有一气隙。定子上面装设一对主磁极 N 和 S；转子上面装设铁心；铁心表面上放置由导体 A 和 X 构成的线圈；线圈的两端分别连接到两个圆弧形的铜片上，此铜片称为换向片，由换向片构成的整体称为换向器；换向器固定在转轴上，固定不动的电刷 B1 和 B2 与换向片接触。转子旋转时，电枢线圈通过换向片和电刷与外电路接通。

一对主磁极下气隙磁场的分布如图 1-2 所示。由于主磁极的 N 极和 S 极是交替布置的，所以若设 θ 为定子圆周的电角度，则在 $0 < \theta < \pi$

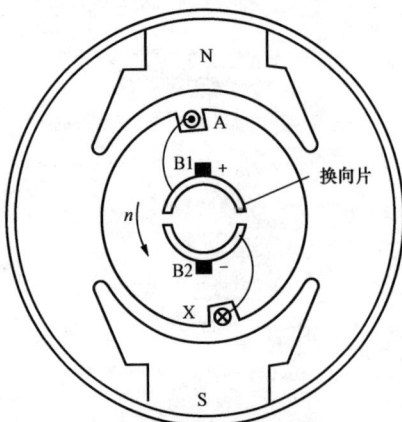

图 1-1　最简单的直流电机模型

范围时，气隙磁密 b 为正值，即表示磁力线是从主极进入转子表面；在 $\pi<\theta<2\pi$ 范围内，气隙磁密为负值，即表示磁力线从转子表面进入主极。

二、直流发电机的工作原理

当用原动机拖动转子旋转时，线圈的导体将在气隙磁场中运动而"切割"磁力线，根据电磁感应定律，每一根导体均将产生感应电动势，则

图 1-2 气隙磁场的分布

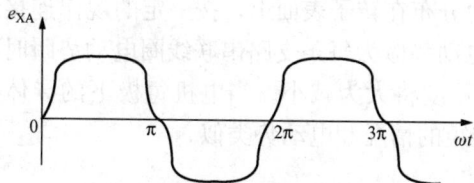

$$e = b(\theta)lv \qquad (1-1)$$

式中：$b(\theta)$ 为导体所处位置的磁密，Wb/m^2；l 为导体切割磁力线部分的长度，即导体有效长度，m；v 为导体的线速度，m/s。

感应电动势的方向可用右手定则确定。若转子沿逆时针方向旋转，在图 1-1 所示瞬间，导体 A 处于 N 极下，其电动势方向为由纸面穿出，用 ⊙ 表示；导体 X 处于 S 极下，其电动势方向为进入纸面，用 ⊗ 表示（本书后面所有图中全部以此表示电动势、电流等穿出或进入纸面的方向）。从整个线圈来看，导体 A 与导体 X 的电动势方向是相加的，故线圈电动势为 $2e$。

在已制成的电机中，l 是不变的，如果转子以恒速旋转，则 v 为常数，因此 $e \propto b(\theta)$。由此可见，导体中的感应电动势随时间的变化规律与气隙磁场沿气隙的分布规律相同。将图 1-2 所示分布曲线 $b(\theta)$ 的比例尺适当改变，就可得到线圈电动势随时间变化的曲线，如图 1-3 所示。可见，线圈电动势实际上是交流电动势。

然而，线圈电动势不是直接引出，而是通过换向器输出到外电路。由于电刷 B1 只与转到 N 极下的导体所连接的换向片相接触，电刷 B2 只与转到 S 极下的导体所连接的换向片相接触，即电刷 B1 总是引出由纸面穿出的电动势，电刷 B2 总是引出进入纸面的电动势。可见，电刷 B1 的极性永远为"＋"，电刷 B2 则永远为"－"极性。交流电动势的负半波被改变了方向，如图 1-4 所示。可见由于换向器的"整流"作用，使电刷间输出的是直流电动势。若把电刷 B1、B2 接到负载，则流过负载的电流就是直流电流。这就是直流发电机的工作原理。

图 1-3 线圈电动势随时间变化的曲线

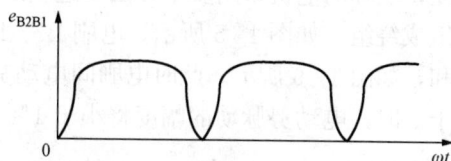

图 1-4 电刷间电动势的波形

三、直流电动机的工作原理

将直流电压直接加到线圈 AX 上，导体中就有直流电流 i 通过。根据电磁力定律，载流导体在磁场中将受到电磁力 $f=bil$ 的作用，于是作用在导体上的电磁转矩为

$$T = b(\theta)il\frac{D}{2} \qquad (1-2)$$

式中：D 为转子的直径。

由于电流 i 为恒定，一周中磁密 $b(\theta)$ 的方向是一正一负，因此电磁转矩将是交变的，无法使转子做连续的旋转运动。

然而，外加电压并非直接加于线圈，而是通过电刷 B1、B2 和换向器再加到线圈上。因为电刷静止不动，电流 i 总是从正电刷 B1 流入，由负电刷 B2 流出。这样，电流总是经过 N 极下的导体流入纸面，而经过 S 极下的导体流出纸面。当导体轮流交替地处于 N 极和 S 极下时，导体中的电流随其所处磁极极性的改变而同时改变其方向，从而使电磁转矩的方向始终保持不变，并使电动机连续旋转。此时，换向器将外电路的直流电流改变为线圈内的交变电流，起到"逆变"作用。这就是直流电动机的工作原理。

四、直流电机的可逆性

当直流电机由原动机驱动，且线圈的感应电动势大于电网电压（$E_a > U$）时，则线圈将向电网输出电流，电机为发电机状态；此时线圈导体产生的电磁转矩是制动转矩，原动机的驱动转矩克服了制动的电磁转矩做功，机械能就转换为电能。

降低原动机的转速，当电机的磁场不变时，线圈的感应电动势降低，当 $E_a = U$ 时，线圈电流和电磁转矩将变成零，此时电机就处于理想空载状态，原动机输入的机械转矩只克服空载转矩。

电机的转速继续降低，使线圈电动势 $E_a < U$，此时线圈将从电网输入电流；相应地，电磁转矩将成为驱动转矩，若去掉原动机，电机仍能保持运行。此时从电网输入的功率只用来支付空载损耗，电磁转矩只克服空载转矩，电机处于实际空载状态。

如果进一步在轴上加上机械负载，则电机将从电网吸取更大的电流，以产生更大的电磁转矩，来克服机械负载的制动转矩和空载转矩，于是电机就进入电动机状态，此时线圈导体感应的电动势与电流方向相反，电网电压克服反电动势送入电流而做功，电能就转换为机械能。

由此可见，发电机作用与电动机作用同时存在于直流电机这个统一体中，只要具备和满足一定的条件，直流电机既可以作为发电机又可以作为电动机运行。直流电机的这种性质称为电机的可逆性。但是，为某种状态专门设计的直流电机，逆向运行不太理想。电机的可逆性也适用于其他各种电机。

五、脉动的减小

在图 1-1 所示的简单模型中，其电动势和电磁转矩都有很大的脉动。为了减少其脉动程度，实际的电机采用多个线圈。这些线圈均匀地分布在转子表面上，按一定的规律连接起来组成绕组，如图 1-5 所示。电刷 B1、B2 间的电动势应为每条支路串联线圈电动势瞬时值之和，如图 1-6 所示。此时电刷间电动势的脉动程度将大为减小。当电机每极下的导体数大于 8 时，电动势脉动的幅度将小于 1%。电磁转矩的情况和电动势类似。

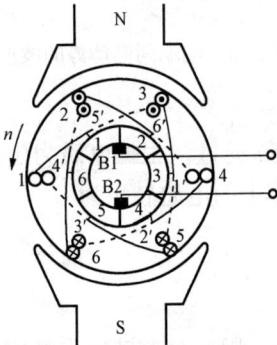

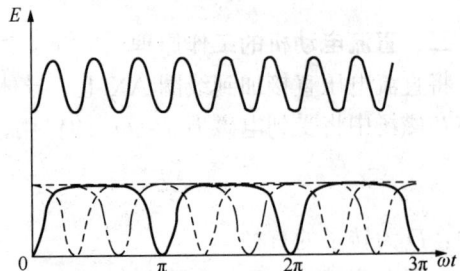

图 1-5 电枢上装有 6 个线圈的两极直流电机   图 1-6 每极下有 3 个串联线圈时电刷上的电动势波形

第二节　直流电机的典型结构

直流电机由定子、转子、端盖和附件构成，定、转子之间的间隙称为气隙。一台直流电机的典型结构如图 1-7 所示。

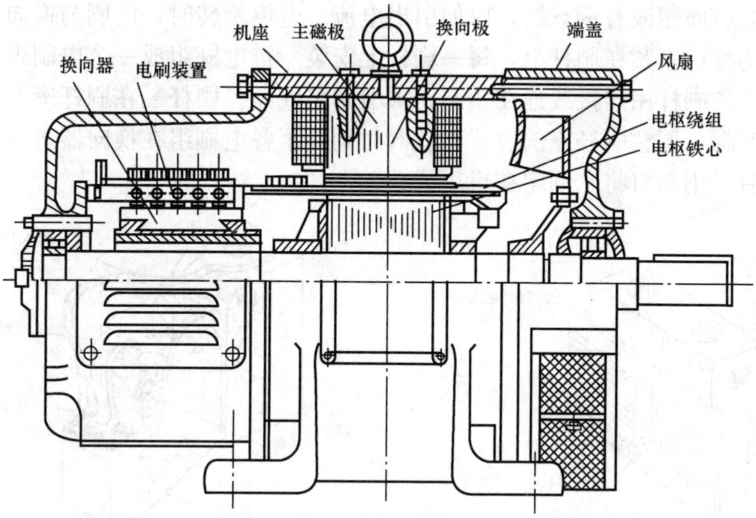

图 1-7　直流电机的典型结构

一、定子

直流电机的定子由机座、主磁极、换向极和电刷装置等组成。

（1）机座。机座一方面起导磁作用，作为主磁路的一部分称为磁轭；另一方面起机械支撑作用，作为电机的结构框架，用来固定主磁极、换向极及端盖等；此外还起散热和保护作用。机座通过底脚用螺栓固定在基础部件上。机座一般用导磁性较好的厚钢板焊成或用铸钢制成。采用冲片磁轭时，机座可采用铸铁或铸铝。机座为圆形或多边形。

（2）主磁极。主磁极简称主极，其作用是建立主磁场。主磁极可以采用永久磁铁，称为永磁直流电机；也可以采用电磁铁，即由主磁极铁心和励磁绕组构成，如图 1-8 所示。铁心的套绕组部分称为极身，较宽的部分称为极靴。极靴使励磁绕组套装更为牢固，合适的极靴表面形状可改善气隙磁场分布规律。励磁绕组采用圆形或矩形包有绝缘的导线绕制成集中绕组，当励磁绕组通过直流电流时，气隙中就会建立一个恒定的主磁场。为了减少电枢旋转时齿、槽依次掠过极靴表面而形成磁密变化造成的铁心损耗，主磁极铁心用 1～1.5mm 厚的低碳钢板冲片叠压紧固而成，整个磁极用螺栓固定在机座上。励磁绕组既可串联，也可并联，但连接时应使相邻的主磁极呈 N、S 交替排列，且成对出现。

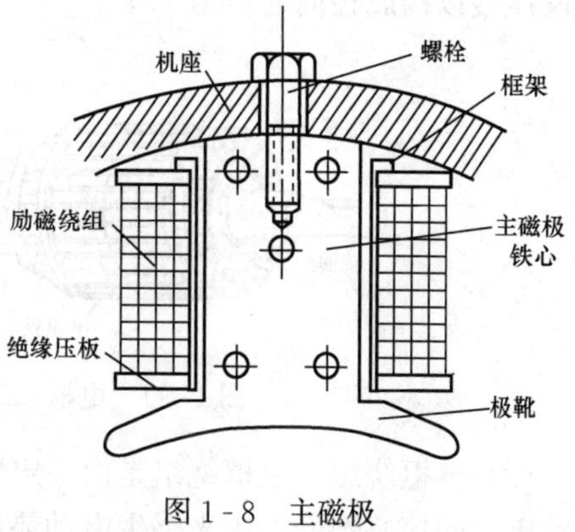

图 1-8　主磁极

（3）换向极。换向极也由铁心和绕组构成，如图1-9所示。铁心用整块钢或1~1.5mm厚的低碳钢板冲片叠压紧而制成；绕组采用较粗的扁导体绕成。换向极用螺栓固定在两个主磁极之间的机座上，用以改善换向。

（4）电刷装置。电刷装置的作用是把转动的电枢绕组与静止的外电路相连接，并与换向器相配合，起"整流"或"逆变"的作用。它由电刷、刷握、刷杆、刷杆座和连线等构成，如图1-10所示。电刷是由石墨或金属石墨等导电材料制成，放在刷握内用弹簧压紧在换向器表面上。电刷后面镶嵌有铜丝辫，以便引出电流。电枢旋转时，电刷与换向器表面形成滑动接触。刷握用螺钉夹紧在刷杆上，每一刷杆上安装一排电刷组成一个电刷组，以增加接触面积。同极性的各刷杆用连接线连在一起，再引到出线盒。刷杆装在刷杆座上，刷杆座是可沿周向移动的座圈，调整刷杆座的位置，就同时调整了各电刷组在换向器表面上的位置。当把位置调整好后，用螺钉将它固定在机座或端盖上。

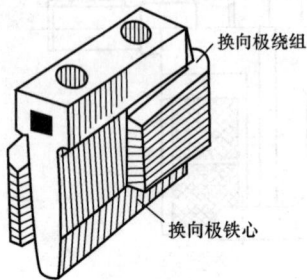

图1-9　换向极

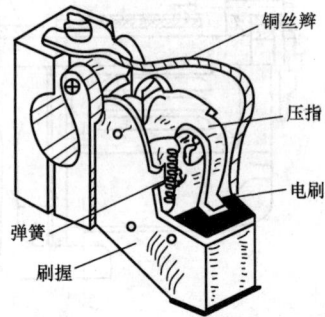

图1-10　电刷装置

二、转子

直流电机的转子为机电能量转换的中枢，称为电枢，由电枢铁心、电枢绕组、换向器和转轴等组成，如图1-11所示。

（1）电枢铁心。电枢铁心既是电机主磁路的一部分，又用来嵌放电枢绕组。为了减小电枢旋转时电枢铁心中因磁通变化而引起的磁滞及涡流损耗，电枢铁心通常用0.5mm厚硅钢片叠压夹紧而成，如图1-12所示。硅钢片两面涂有绝缘漆，冲有齿和槽，用以嵌放电枢绕组。中小型电机的电枢铁心冲片直接压装在轴上，冲有轴向通风孔。大型电机的电枢铁心冲片先压装在转子支架上，然后再将支架固定在轴上。为了加强通风冷却，可把冲片沿轴向分几段压装以构成径向通风道。

图1-11　电枢

图1-12　电枢铁心

（2）电枢绕组。电枢绕组是由一定数目的线圈按一定规律连接而组成的分布绕组，它是直流电机的核心部分，用来感生电动势和产生电磁转矩，使电机能实现机电能量转换。线圈用包有绝缘的圆形或矩形导线绕成，分上、下层嵌放在电枢铁心槽内，上、下层之间以及线圈与电枢铁心之间都要妥善地绝缘，并用槽楔压紧，如图 1-13 所示。绕组端部通常用非磁性钢丝或玻璃丝带紧扎在绕组支架上，以防离心力损坏绕组。

（3）换向器。换向器是直流电机的关键部件之一，在直流发电机中起整流作用，在直流电动机中起逆变作用。换向器由许多楔形截面、下部为燕尾形的铜换向片排成一个圆筒，两端用两个 V 形环夹紧而构成，如图 1-14 所示。换向片之间、换向片与 V 形环之间用云母制成的云母片、V 形圈和圆筒来绝缘。每个电枢线圈首端和末端的引线，分别焊入相应换向片的升高片内。小型电机常用塑料换向器，它由换向片排成圆筒，再用塑料热压而成。

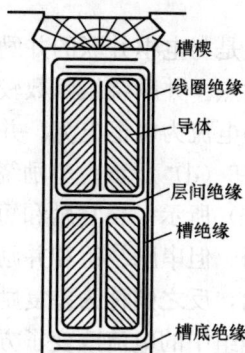

图 1-13 电枢槽内绝缘　　　　　图 1-14 换向器

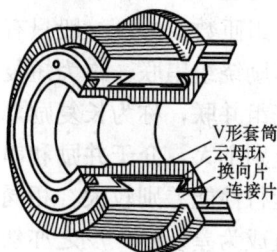

（4）转轴。转轴的作用是传递转矩和支撑电枢、换向器等，要求有足够的强度和刚度，一般由优等碳素钢制成。

三、端盖

直流电机的端盖主要用来支撑转子和保护绕组等，共有两套分别通过止口固定在机座两端。左右端盖的结构一般是不同的。端盖由端盖体、轴承、轴承盖和固定螺栓组成，端盖体和轴承盖采用与机座相同的材料制成。轴承和螺栓为标准件。

四、附件

直流电机的附件有风扇、出线盒、连接键和铭牌等。稍大一点的电机还装有吊钩，用于搬运。风扇用来给电机提供冷却空气。

五、气隙

定、转子之间的气隙用于储存磁能，小型电机为 0.5～3mm，大型电机可达 10～12mm。气隙虽然很小，也不是结构部件，但却是主磁路的主要部分，对电机的运行性能有很大的影响。由于空气的磁阻大，气隙磁压降占整个主磁路的 80% 左右。

第三节　直流电机的励磁方式

励磁绕组的供电方式称为励磁方式。直流电机的运行特性因励磁方式的不同而有明显的区别。按照励磁方式，可把直流电机分为他励式和自励式两大类。

一、他励式

他励式是指直流电机的励磁绕组由另外的电源供电，与电枢绕组不相连接，其接线如

图 1-15（a）所示。永磁式直流电机也属于此类，因为由永久磁铁建立主磁场，与电枢电流无关。

二、自励式

自励式是指直流发电机利用自身发出的电流励磁。自励式直流电动机的励磁绕组与电枢绕组由同一电源供电。自励式直流电机按励磁绕组与电枢绕组连接方式不同分为三种。

（1）并励式。励磁绕组与电枢绕组并联，如图 1-15（b）所示。并励时，励磁绕组上的电压就是电枢绕组的端电压。

（2）串励式。励磁绕组与电枢绕组串联，如图 1-15（c）所示。励磁电流就是电枢电流。

（3）复励式。主极铁心上装有两个励磁绕组，一个是与电枢并联的并励绕组，另一个是与电枢串联的串励绕组，具有并励和串励两种电机的优点。并励绕组匝数较多，通过的励磁电流较小；串励绕组匝数较少，一般只有几匝，通过的电流为电枢电流。并励绕组与电枢绕组并联后，再与串励绕组串联，称为短复励，如图 1-15（d）所示；串励绕组与电枢绕组串联后，再与并励绕组并联，称为长复励，如图 1-15（e）所示。长复励和短复励两种励磁方式下的运行性能差别不大，介于并励和串励发电机之间。但串励绕组和并励绕组的磁动势方向是否相同，其运行性能差别较大，相同时称为积复励，反之则称为差复励。积复励发电机作电动机运行时就成为差复励，反之亦然，因为串励绕组中的电流改变了方向。

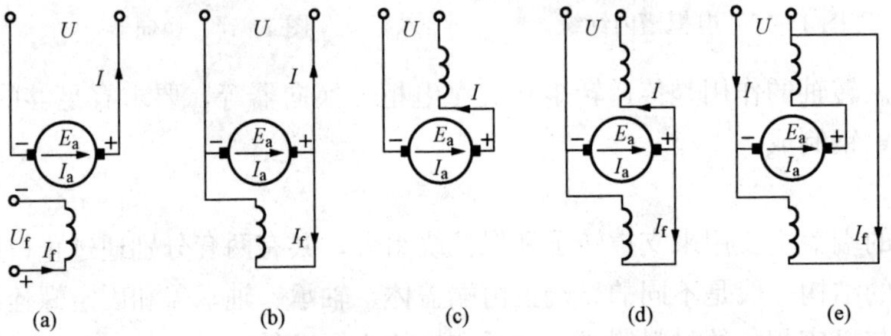

图 1-15 直流电机的励磁方式
(a) 他励式；(b) 并励式；(c) 串励式；(d) 短复励式；(e) 长复励式

第二章　直流电机的电枢绕组

电枢绕组是直流电机的电路部分，也是实现机电能量转换的枢纽，起着重要的作用，可以说是直流电机的"心脏"，对电机的技术经济指标和运行性能有很大的影响。电枢绕组在磁场中旋转时，其内便感应电动势；电枢绕组通过电流时，在磁场中要受到电磁转矩的作用。

电枢绕组的构成原则是在一定的导体数下应能产生较大的感应电动势；允许通过一定的电流，产生足够的电磁转矩，传递所需的电磁功率；此外，还要求运行可靠，结构简单，节省用铜和绝缘材料，便于维护和检修，保证换向良好。

直流电机的电枢绕组可分为叠绕组、波绕组和混合绕组三类。单叠绕组和单波绕组是电枢绕组的最基本形式。叠绕组和波绕组复合到一起称为蛙绕组。若干个单绕组复合到一起称为复合绕组。各种绕组的特性在于连接规律不同，因而形成不同的并联支路。本章主要讨论单叠绕组和单波绕组，对复合绕组则做简单介绍。

第一节　电枢绕组的构成

一、电枢绕组的构成

直流电机的电枢绕组是由若干个形状和匝数相同的线圈按一定规律组成。线圈是构成绕组的基本单元，可以是单匝也可以是多匝；可以是对称的，也可以是不对称的。每个线圈的两出线端分别连接到不同的换向片上。一个两匝的叠绕和波绕线圈如图 2-1 所示。本章只以对称单匝线圈为例进行讨论，对于不对称线圈应具体情况具体分析。

一个线圈由两条线圈边和端接线组成，如图 2-2 所示。置于槽内的线圈边能"切割"主极磁场而感应电动势，称为有效边。线圈在电枢铁心两端的槽外部分不"切割"磁场，故不感应电动势，仅起连接线的作用。线圈依次嵌放在电枢槽内，一条有效边放在某槽的上

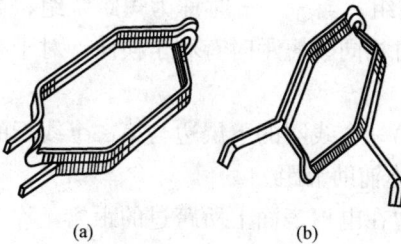

(a)　　　(b)

图 2-1　两匝线圈

(a) 叠绕线圈；(b) 波绕线圈

上层边　　后端接

前端接　　下层边

图 2-2　电枢绕组的线圈

层，另一条则放在另一槽的下层，构成双层绕组。线圈的连接规律是后一个线圈的首端与前一个线圈的末端通过换向片相连接，所有线圈连成一个闭合回路。从电刷看进去，线圈接成若干条并联支路，并联支路在一定程度上反映了可以通过电流的大小。

由于工艺等原因，电枢铁心不能开太多的槽，因此在每个槽的上下层各放若干个线圈边，即将若干个槽（称为虚槽）合并为一个槽。图2-3所示为一个实槽包含三个虚槽的情况。线圈在电枢上布置时，一律以虚槽来编号或作为计算单位。由于一个换向片与不同线圈的两个出线端相连接，因此换向片数 K 等于线圈数 S，而线圈数又等于虚槽数 Q_u，即

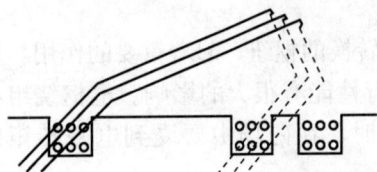

图2-3 一个实槽包含三个虚槽

$$S = K = Q_u = uQ \qquad (2-1)$$

式中：Q 为实槽数；u 为每槽内的虚槽数。

二、电枢绕组的节距

电枢绕组的连接规律是通过线圈的节距来表征的。有第一节距、第二节距、合成节距和换向器节距四种，如图2-4和图2-5所示。换向器节距用换向片数计算，其余三种节距用虚槽数来计算，因此它们必定是整数值。

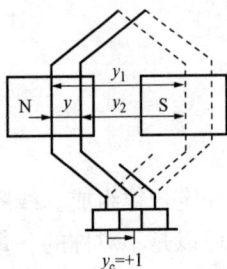

图2-4 叠绕线圈在电枢上的连接

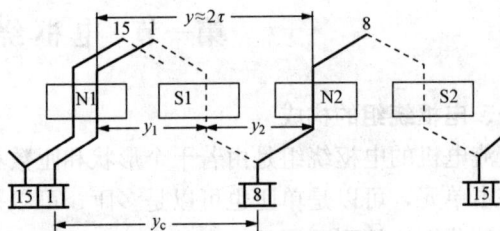

图2-5 波绕线圈在电枢上的连接

（1）第一节距。线圈的两条边在电枢表面上所跨过的距离称为第一节距 y_1。为了得到较大的感应电动势和电磁转矩，无论是叠绕组还是波绕组，y_1 最好等于或接近一个极距 τ，极距指一个磁极所跨过的距离，即

$$y_1 = \tau \pm \varepsilon = \frac{Q_u}{2p} \pm \varepsilon \qquad (2-2)$$

式中：ε 是小于1的分数，用来把 y_1 凑成整数。

当 $\varepsilon = 0$ 时，$y_1 = \tau$，称为整距绕组或全距绕组；当 $y_1 < \tau$ 时称为短距绕组；当 $y_1 > \tau$ 称为长距绕组。短距时绕组的感应电动势与长距时相同。短距时有利于换向，对于叠绕组其端接线较短，节省端部用铜，故常采用。

（2）第二节距。在相串联的两个线圈中，第一个线圈的下层边与第二个线圈的上层边在电枢表面上所跨过的距离称为第二节距 y_2，又称辅助节距。

（3）合成节距。相串联的两个线圈的对应边在电枢表面上所跨过的距离，称为合成节距 y。叠绕和波绕、单绕组和复合绕组之间的差别，主要表现在合成节距上。合成节距表征每连接一个线圈时，绕组在电枢表面上前进的槽距。叠绕和波绕都能保证相串联线圈的电动势方向相同而不互相抵消。

　　（4）换向器节距。每一个线圈的两个出线端所接的两个换向片在换向器表面上所跨过的距离，称为换向器节距 y_c。由于线圈数等于换向片数，每连一个线圈时，线圈边在电枢表面上前进了多少个槽的距离，其出线端在换向器表面上就前进了多少个换向片的距离，故合成节距等于换向器节距。

　　从图 2-4 和图 2-5 可见

$$y = y_1 \pm y_2 = y_c \qquad (2-3)$$

式中：叠绕组取"－"号，波绕组取"＋"号。

第二节　单　叠　绕　组

　　叠绕组是指各磁极下的相邻线圈依次相串联，后一个线圈总是紧"叠"在前一个线圈上，每个线圈的出线端依次连接到相邻的换向片上的绕组，如图 2-4 所示。

　　合成节距 $y=y_c=\pm 1$ 时为单叠绕组。如果 $y=+1$，则表示每串联一个线圈，绕组就向"右"移动一个虚槽，称为右行绕组。如果 $y=-1$，则绕组向"左"移动一个虚槽，称为左行绕组。在左行绕组中线圈接到换向片的连接线相互交错，用铜较多，很少采用。

　　现以一台四极 16 槽，每槽只有 1 个虚槽的直流电机为例，说明单叠右行绕组的连接方法和特点。为了清晰和直观、便于分析，工程上把电枢绕组图画成沿电枢轴线切开，并展开成平面的绕组展开图，且连同磁极、换向片和电刷一并画出，如图 2-6 所示。画绕组展开图的步骤如下：

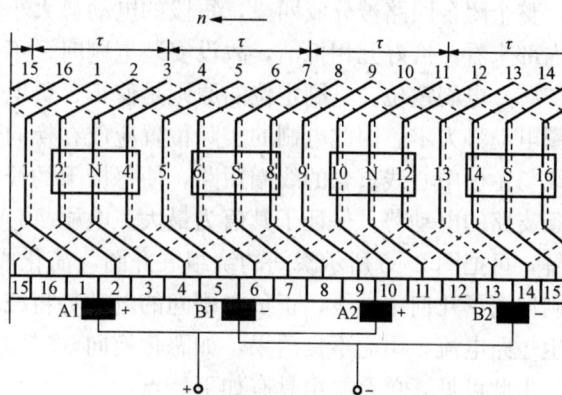

图 2-6　单叠绕组的展开图
$(2p=4, S=K=Q_u=uQ=16, u=1)$

　　（1）确定节距。由于是右行绕组，$y=y_c=1$，而 $S=K=Q_u=uQ=16$，根据式（2-2）可算出 $y_1=4$，$\varepsilon=0$ 为整距绕组，于是 $y_2=y_1-y=3$。

　　（2）排列槽。画出所有的虚槽，自左至右编号。槽内线圈的上层边用实线表示，下层边用虚线表示。

　　（3）安排换向片。根据线圈号、线圈上层边所嵌放的虚槽号以及该边所连接的换向片号均相同和每一线圈所连接两换向片的分界线（中心线）位于该线圈的轴线上的原则，以 1 号线圈为基准确定 1 号换向片位置。为分析方便，换向片节距与槽距相等。然后画出所有的换向片，也自左至右编号。

　　（4）连接线圈。首先嵌放 1 号线圈，将其上层边嵌放在 1 号虚槽内，其引出线连接到 1 号换向片；由于 $y_1=4$，故其下层边嵌放于 5 号虚槽内；又因 $y_c=1$，故其引出线连接到 2 号换向片。然后嵌放 2 号线圈，其上层边嵌放在 2 号虚槽内，与 1 号线圈下层边一起连接到 2 号换向片，下层边则嵌放于 6 号虚槽内，与 3 号换向片相连接。接着其他线圈依此类推，把各个线圈通过相应的换向片从左到右依次连接，直至全部线圈连接完后回到 1 号线圈，构成一个闭合回路。

（5）放置磁极。磁极位于电枢绕组的上方。由于电枢是旋转的，磁极相对于各线圈的位置是不断变动的，应选某一典型瞬时的位置分析。可先将一个磁极的中心线与某一线圈的轴线重合（本例为1号线圈），其宽度约为 0.7τ，然后按极距 τ 均匀画出其他磁极。

（6）分析线圈电动势。在电枢表面上，相邻磁极之间中心线称为几何中性线。空载时，几何中性线处的主极磁通密度为零，显然位于此处线圈边中的感应电动势为零，于是对应的线圈电动势也为零。在线圈端接线对称的情况下，如果线圈是整距的，此线圈的轴线恰好与磁极的中心线相重合。如果线圈是短距的，两线圈边不同时在几何中性线上，线圈中就有感应电动势。当其轴线与磁极中心线重合时，两线圈边都不在几何中性线上，因而都有感应电动势。但是此时两线圈边左右对称地位于同一主极下，两线圈边的感应电动势的大小相等、方向相同，对线圈回路来说就恰好互相抵消，因此线圈电动势也为零。长距线圈也是同样如此。由此可见，无论线圈是整距、短距，还是长距，只要线圈轴线与主极中心线重合，线圈电动势便为零。把这时线圈所接两换向片的分界线称为换向器几何中性线。从图2-6可见，线圈1、5、9和13位于几何中性线上，电动势为零。若电枢旋转方向用箭头表示，转速恒为 n。根据右手定则，线圈2、3、4和10、11、12都处在N极下，其中的电动势方向都是从线圈的尾端指向首端；而线圈6、7、8和14、15、16都处在S极下，电动势的方向则相反。整个闭合回路被分成四段，每段的电动势大小相等，但方向两两相反，故从整个闭合回路内部来看，恰好互相抵消，故没安装电刷时，不会产生环流。

（7）电刷定位。电刷定位的原则是使正、负电刷间引出的电动势为最大，被电刷短路的线圈电动势为零。因此电刷的实际位置应放在换向器几何中性线上，即在磁极中心线下。将轴线与主极中心线重合的线圈短路，使每极下的线圈构成一条支路，正、负电刷间引出的是一条支路的电动势，保证了其值为最大。电刷A1A2为正，电刷B1B2为负。为了更形象地理解，可把图2-6所示瞬间的绕组展开图，简化成相对应的电路图，如图2-7所示。如果电刷偏离了几何中性线，正负电刷间的电动势将减小，被电刷短路的线圈电动势不为零，将产生短路电流，引起不良后果，如恶化换向，增加损耗，严重时有烧坏线圈的危险。

由此可见，单叠绕组具有如下特点：

（1）并联支路数。有几个磁极就有几条支路，就需要安装几组电刷。在本例的四极电机中，电枢绕组有四条支路，四组电刷。如果电机的极数增加，则并联支路和电刷也相应增加。普遍而言，单叠绕组的电刷组数和并联支路数 $2a=$ 恒等于电机的极数 $2p$ 或

$$a= = p \qquad (2-4)$$

式中：$a=$ 为并联支路对数。

（2）电路图。图2-7所示瞬间，各线圈的电动势方向用箭头表示，电动势为零的线圈无箭头表示。虽然此电路图是对应上述的瞬间画出的，但是对于其他时刻，该电路的组成情况基本不变，所不同的是组成各支电路的线圈不断轮换，时而有短路线圈，时而无短路线圈（当电刷只与一片换向片接触时）。因此，这个电路可作为单叠绕组的电枢电路图，熟练后还可画成如图2-8所示的电路图。

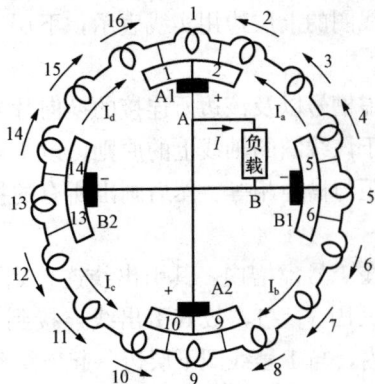

图2-7 图2-6所示瞬间
电枢绕组的电路图

（3）绕组对称条件。各对支路应具有相同的实槽数和线圈数，而且对应线圈在磁场占有同样的位置，即使

$$\left.\begin{array}{l} \dfrac{Q}{a} = 整数 \\[2mm] \dfrac{S}{a} = 整数 \\[2mm] \dfrac{p}{a} = 整数 \end{array}\right\} \qquad (2-5)$$

图 2-8　与图 2-7 相对应的电路图

第三节　单　波　绕　组

波绕组是把同性磁极下对应位置的所有线圈串联起来，像波浪一样向前延伸，每个线圈的出线端依次连接到相隔 y_c 距离的两片换向片上，如图 2-5 所示。

波绕组线圈的合成节距 $y = y_c \approx 2\tau$，接近于 2τ，而不能等于 2τ。因为若 $y = 2\tau$，则线圈绕电枢一周之后，就会又回到出发点而闭合，以致绕组无法继续绕下去。由此可见，如果电机有 p 对极，则绕电枢一周，就有 p 个线圈串联起来。从换向器上看，每串联一个线圈就跨过 y_c 片换向片，串联 p 个线圈后所跨过的总换向片数应为 py_c。单波绕组绕电枢一周后，应回到起始换向片的相邻一片上，即总共跨过 $K \pm 1$ 片换向片，故有

$$py_c = K \mp 1 \quad 或 \quad y_c = \dfrac{K \mp 1}{p} = y \qquad (2-6)$$

式中：负号表示接绕一周后，比出发时的换向片后退一片，称为左行绕组，如图 2-5 所示；正号则前进一片，称为右行绕组。

右行绕组的端接线交叉，且比左行绕组的略长，故较少采用。由于合成节距必须为整数，且又一定采用左行绕组，则换向片数和极数应合理配置，如果不能合理配置可少连接一个线圈。

现以一台四极 15 槽，每槽只有 1 个虚槽的直流电机为例，说明单波左行绕组的连接方法及特点。单波绕组的展开图，如图 2-9 所示。

画绕组展开图的步骤、原则和方法与叠绕组大体相同，具体区别如下：

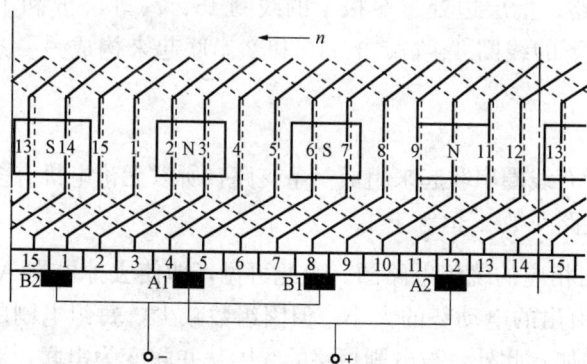

（1）确定节距。由于 $S = K = Q_u = uQ = 15$，根据式（2-6），由于是左行绕组取负，可以算出 $y = y_c = 7$，根据式（2-2）可算出 $y_1 = 3$，取 $\varepsilon = -3/4$，为短距绕组，于是 $y_2 = y - y_1 = 7 - 3 = 4$。与单叠绕组有所不同的是，单波绕组可以采用长距绕组。若取 $\varepsilon = 1/4$，则 $y_1 = 4$，更接近一个极距 $\tau = 15/4 = 3.75$，可得到较大的感应电动势和电磁转矩。而 $y_2 = y - y_1 = 7 - 4 = 3$，总端部连接线并不比短距绕组

图 2-9　单波绕组展开图（$2p = 4$，$S = K = Q_u = 15$）

的长。由于采用单波左行的连接规律，端接线也不交叉。

（2）安排换向片。与线圈连接的两片换向片安排在线圈轴线两边的对称位置，即 1 号线圈连接 1 和 8 号换向片，其中心线（4 号和 5 号换向片的分界线）与线圈轴线对齐。

（3）连接线圈。从 1 号换向片出发。1 号换向片接到 1 号线圈的上层边，1 号线圈的上层边嵌放于 1 号虚槽；根据 $y_1 = 3$，1 号线圈下层边应嵌放于 4 号虚槽；因 $y_c = 7$，故其下层边应与 8 号换向片相连。8 号换向片与 8 号线圈的上层边相连，8 号线圈的上层边嵌放于 8 号虚槽；其下层边应嵌放于 11 号虚槽并与 15 号换向片相连。这样连接了两个线圈，在电枢表面上跨过了两对极，即绕过了电枢和换向器一周，并回到与出发的 1 号换向片相邻的 15 号换向片上。按此规律继续串联下去，可将 15 个线圈全部串联起来，最后回到 1 号换向片而构成一个闭合回路。单波绕组线圈的连接次序如图 2-10 所示。

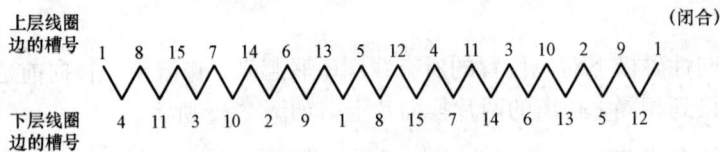

图 2-10　单波绕组线圈的连接次序

（4）分析线圈电动势。线圈 1、8、9、5、12 的两条边因基本处于几何中性线左右对称的位置，线圈中的感应电动势接近于零；线圈 15、7、14、6 和 13 的上层边都处于 S 极下，其电动势方向相同；线圈 4、11、3、10 和 2 的上层边都在 N 极下，其电动势方向也都相同，但与 S 极下的相反。整个闭合回路被分成两段，每段的电动势大小相等、方向相反、互相抵消。

（5）电刷定位。电刷仍放在换向器上的几何中性线上，被电刷短路的线圈电动势等于或接近零。此时换向器上的几何中性线定义扩大为，当线圈轴线和主极轴线重合时，该线圈所接两换向片之间的中心线。由此可见，对于端接对称的绕组，无论叠绕还是波绕，换向器上的几何中性线都与主极轴线重合，故电刷应放在主极轴线上。每个主极都可在换向器上找到一根对应的几何中性线，因此换向器上的几何中性线数目等于极数 $2p$，应放置 $2p$ 组电刷。如图 2-9 所示瞬间，线圈 1 的轴线与主极轴线重合，因此该线圈所接的两换向片 1 和 8 之间的中心线（即换向片 4 和 5 的分界线）是换向器的几何中性线。线圈 1、8、9 被电刷 B1、B2 短路，线圈 5、12 被电刷 A1、A2 短路；上层边处于 S 极下的线圈 15、7、14、6 和 13 串联起来构成一条支路，上层边在 N 极下的线圈 4、11、3、10 和 2 串联起来构成另一条支路。

由此可见，单波绕组具有如下特点。

（1）在单波绕组中，同一极性下的所有线圈串联起来组成一条支路，所以无论电机有多少极，单波绕组只有两条并联支路，即支路对数 a_- 恒等于 1。

（2）图 2-11 所示与图 2-9 所示瞬间相应的绕组电路图。由此可见，即使去掉电刷 A2 和 B2，也不会影响绕组的并联支路数和引出的电动势的大小；但因组数减少，每组电刷的面积须增大，使换向器的长度和用铜量增加。此外，被电刷短路的线圈从并联变为串联，对换向不利。所以一般仍采用 $2p$ 组电刷，称为全额电刷。

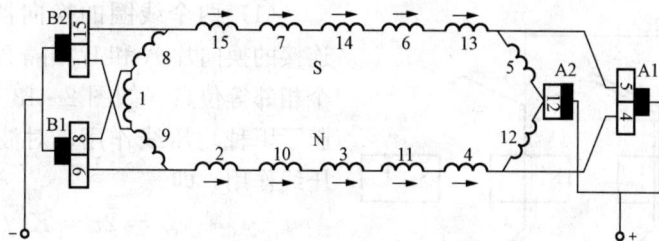

图 2-11　图 2-9 所示瞬间单波绕组的电路图

第四节 复 合 绕 组

一、复绕组

把 m 个单绕组嵌在同一个电枢上就构成复绕组。m 个单叠绕组复合在一起称为复叠绕组，m 个单波绕组复合在一起称为复波绕组。复绕组中的各个单绕组互相间隔地嵌入槽中，通过电刷将其并联起来，电刷宽度应等于或大于 m 个换向片宽度，并联支路数增加 m 倍。复叠绕组的合成节距为 $y = y_c = \pm m$，复波绕组的合成节距为 $y = y_c = (K \pm m)/p$。用得最多的是 $m = 2$ 的复绕组，单号槽和双号槽各嵌一套单绕组。双叠绕组的虚槽数 Q_u 为偶数时接成双闭路，Q_u 为奇数时接成单闭路；双波绕组的 Q_u 和 K 一般为偶数，当 $y = y_c$ 为偶数时接成双闭路，当 $y = y_c$ 为奇数时接成单闭路。

二、均压线

均压线是用于消除各并联支路感应电动势不平衡的连接线。由于材料的不均匀性，使各磁路的磁阻不等；还有装配偏差、运行时轴承磨损、转轴的微小弯曲等原因，导致各极下气隙大小不等，从而使各极下的磁通量不等，引起各对支路内感应电动势的不平衡。由于电机的内阻很小，故很小的电动势不平衡，即可引起较大的环流，使得负载后各支路电流严重不平衡，增加总铜损耗，使电枢绕组过热，电刷下出现火花等。为了解决这一问题，可将电枢绕组中理论上的"等电位点"用低电阻的导线连接起来，这些连线就称为均压线。单叠绕组采用甲种均压线，而单波绕组不需要均压线，复波绕组采用乙种均压线。

三、蛙绕组

叠绕组和波绕组复合在一起称为混合绕组，由于它的线圈外形像青蛙，又称蛙绕组，如图 2-12 (a) 所示。蛙绕组也分单蛙绕组和复蛙绕组。蛙绕组的显著优点是不用均压线，从而节省用铜。

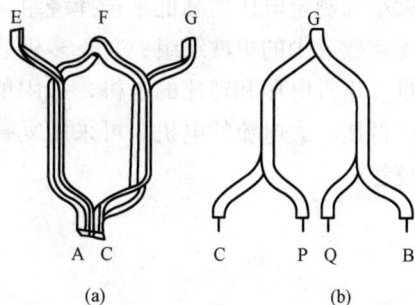

图 2-12　蛙绕组的线圈

两套绕组嵌在共同的槽内，每槽中将有四层导体；引出线连接到同一换向器上，每套绕组的线圈数应等于换向片数，每片换向片有四根引线。两套绕组并联运行，并联支路数及每条支路的串联线圈数要相等。单叠绕组的支路对数为极对数，应配 $m = p$ 的复波绕组构成单蛙绕组，支路对数为 $a = 2p$。两套绕组的节距要符合一定的规律，即一个叠绕线圈和一个波绕线圈串联时，应符合如下规律：

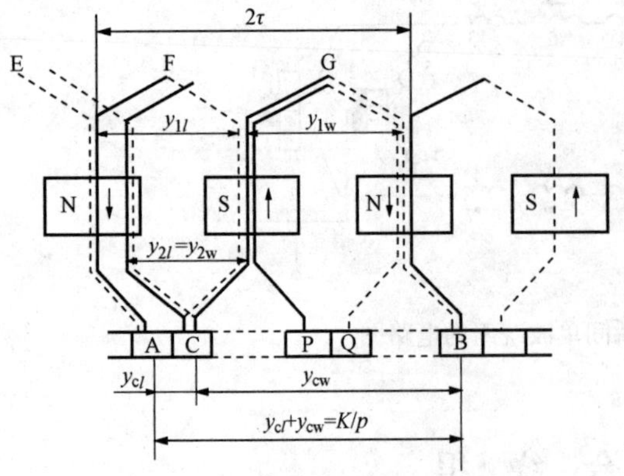

图 2-13　蛙绕组中叠绕组和波绕组线圈的配合

（1）两个线圈的换向器节距之和为 2τ。连接的换向片 A 和 B 相隔 2τ，恰好连接了两个相邻等位点（如图 2-13 所示），对叠绕组起了甲种均压线作用，对波绕组起了乙种均压线作用，即

$$y_{cl} + y_{cw} = 2\tau = K/p = \text{整数} \tag{2-7}$$

式中：下标 l 表示叠绕组；下标 w 表示波绕组。

（2）两个线圈的第一节距之和为 2τ，即

$$y_{1l} + y_{1w} = 2\tau = K/p = \text{整数} \tag{2-8}$$

同槽内线圈边的感应电动势相等，相距 2τ 的线圈边的感应电动势也相等，使得两个线圈的感应电动势之和等于零。

（3）两个线圈的第二节距相等。由式（2-3）有

$$y_l = y_{1l} - y_{2l} = y_{cl} \tag{2-9}$$

$$y_w = y_{1w} + y_{2w} = y_{cw} \tag{2-10}$$

两式相加得

$$y_l + y_w = (y_{1l} + y_{1w}) - (y_{2l} - y_{2w}) = y_{cl} + y_{cw} = K/p \tag{2-11}$$

考虑到式（2-8）的关系，得

$$y_{2l} = y_{2w} \tag{2-12}$$

这三个绕组节距规律是设计蛙绕组的依据，对复蛙绕组同样适合。确定了叠绕组的节距，即可算出波绕组的节距。当两套绕组的线圈选相等的第一节距时，可以包扎在一起，如图 2-12（b）所示。

四、直流电枢绕组的应用

就使用而言，各种直流电枢绕组的主要差别就在于并联支路数的多少。支路多时，每条支路中的串联线圈数就少，感应电动势就小，通过的电流就大。通常都是根据电机额定电流的大小和额定电压的高低来选择绕组。对于小容量电机和电压较高或转速较低的电机，常采用支路数最少的单波绕组；对于多极数、低速的中、大型电机，可采用复波绕组。对于中等容量、正常电压和转速的电机，采用单叠绕组较合适，因为支路数要比波绕组多；对于大容量或低压、大电流的电机，可采用复叠绕组。在转速较高、换向困难的大型直流电机上常用蛙绕组。

第三章 直流发电机

本章主要分析直流发电机的电磁关系，以建立物理模型；推导方程式，以建立数学模型；讨论发电机的运行特性，以了解运行性能。本章的内容是直流电机理论的核心和基础。

第一节 直流发电机的运行原理

在分析运行原理之前，假设电枢表面为光滑，电枢绕组为整距，各导体均匀地分布在电枢表面。转子由原动机拖动以逆时针方向旋转，先分析空载情况，后分析负载情况。

一、直流发电机的空载运行

直流发电机的定子励磁绕组通励磁电流，电枢绕组开路的运行状态，称为空载运行。此时属于理想空载，电枢电流等于零。电机内的磁场由励磁绕组的主极磁动势 $W_f I_f$ 单独建立，称为主极磁场。电枢绕组中只有感应电动势。

二极直流发电机空载时的磁场分布如图 3-1（a）所示。由于结构的对称关系，每极磁场是关于主极中心线对称的。由于励磁电流是直流，磁场为恒定磁场。空载时主极的磁通分成主磁通 Φ_0 和漏磁通 $\Phi_{f\sigma}$ 两部分。主磁通走主磁路，经过主磁极、气隙、电枢铁心及机座构成磁回路；它同时与励磁绕组及电枢绕组交链，能在电枢绕组中感应电动势及产生电磁转矩。漏磁通走漏磁路，不进入电枢铁心，仅交链励磁绕组本身，不参与能量转换，却增加磁极和磁轭的饱和程度。Φ_0 和 $\Phi_{f\sigma}$ 虽由同一磁动势所建立，但是主磁路的气隙部分小、磁阻小；而漏磁路的气隙部分大、磁阻大，所以 Φ_0 要比 $\Phi_{f\sigma}$ 大得多，一般 $\Phi_{f\sigma} \approx 20\% \Phi_0$。

根据安培环路定律，由于穿过气隙的各个磁力线包围同样的电流，其磁动势相等。如果不考虑磁路饱和，则 $\mu_{Fe} = \infty$，可以忽略铁心中的磁压降，主极磁动势将全部降落在气隙上。由于两段气隙相等，气隙各处的主极磁动势相等，为矩形分布，如图 3-1（b）所示。根据磁场的成分方程，气隙磁密为

$$b_0(x) = \mu_0 H_0 = \mu_0 \frac{f_0(x)}{\delta(x)} \tag{3-1}$$

由于 $f_0(x) = W_f I_f$，于是气隙磁密与气隙长度 $\delta(x)$ 成反比。在磁极轴线处极靴下气隙最小，气隙磁密最大；极尖处气隙较大，靠近极尖处气隙磁密逐渐减小；在极靴以外则气隙磁密减小得更明显，在两极之间的几何中性线处气隙磁密为零。不计电枢齿、槽的影响时，直流电机的空载气隙磁密 $b_0(x)$ 成礼帽形分布，如图 3-1（b）所示。通常把通过电枢表面磁场等于零处所连接的直线称为物理中性线。可见空载时物理中性线与几何中性线相重合。

二、直流发电机的负载运行

当电枢绕组与负载构成回路时，电枢绕组中就有电流通过，发电机就发出了电功率，此时直流发电机为负载运行。电枢电流将产生电枢磁动势，必然对主极磁动势建立的原有气隙磁场产生影响。负载时电枢磁动势对气隙磁场的影响称为电枢反应或称负载反应，即负载电流产生的磁动势对气隙磁场的影响。电机磁场就由主极磁动势与电枢磁动势共同建立。正是

图 3-1 空载时磁场分布

这两个磁动势的相互作用，直流发电机才能实现机电能量转换。

这里首先分析电枢磁动势的大小和性质，然后讨论电枢反应。分析之前将主极轴线重合的轴线定义为直轴，与主极轴线正交的轴线定义为交轴。

三、电枢磁动势

在直流发电机中，电刷放在换向器几何中性线上，意味着直接放在电枢几何中性线的导体上，省去换向器，习惯上称为电刷放在几何中性线位置，如图 3-2（a）所示。不论采用哪种形式的电枢绕组，电流都是通过电刷流入或流出，电刷为电枢表面上电流分布的分界线。根据右手定则，N 极下导体中的感应电动势方向为从纸面出来，S 极下导体中的感应电动势方向为进入纸面。对于发电机，电枢电流与感应电动势的方向一致，如图 3-2（a）所示。

根据右手螺旋关系，即可确定电枢磁动势的方向为从左向右，可见电枢磁动势的轴线总是与交轴重合。因此，当电刷位于几何中性线上时，电枢磁动势是交轴电枢磁动势。该电枢磁动势所建立的磁场如图 3-2（a）中虚线所示，与其磁动势同方向。电枢旋转时，各个磁

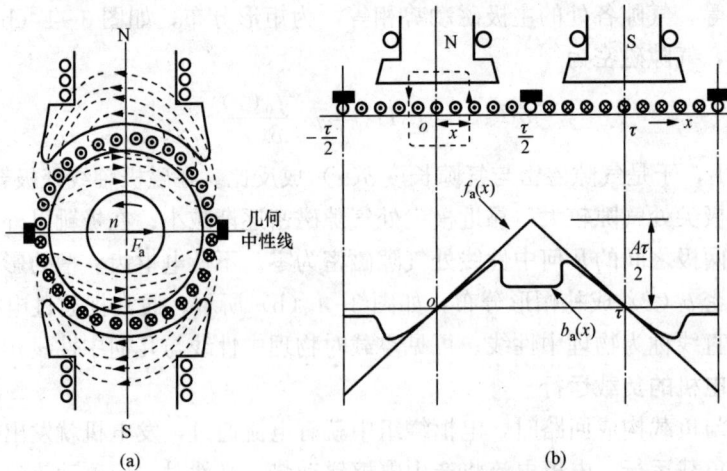

图 3-2 电刷放在几何中性线上时的电枢磁动势和磁场

（a）电枢磁场；（b）电枢磁动势和磁场分布

极下的导体虽然在不断轮换，但由于换向器的换向作用，每个磁极下导体中的电流方向总保持不变，因此电枢磁动势在空间总是静止不动，轴线总是与电刷轴线重合。电枢磁场与主极磁场在空间始终保持相对静止。

把图 3-2（a）从几何中性线展开，如图 3-2（b）所示。电枢绕组为分布绕组，将主极轴线和电枢表面的交点处设为原点。在一个极距范围内，取一经过距原点为 $+x$ 及 $-x$ 的闭合回路，根据安培环路定律，此回路所包含的总电流为作用于该回路的电枢磁动势，即

$$f = \frac{2xZ_a i_a}{\pi D} \tag{3-2}$$

式中：Z_a 为电枢绕组的总导体数；i_a 为导体内的电流；D 为电枢外径。

如果不考虑磁路饱和，则 $\mu_{Fe} = \infty$，忽略铁心中的磁压降，电枢磁动势将全部降落在两段气隙上；作用在 x 点处一段气隙的磁动势应为

$$f_a(x) = \frac{1}{2} \frac{2xZ_a i_a}{\pi D} = \frac{Z_a i_a}{\pi D} x = Ax, \quad -\frac{\tau}{2} \leqslant x \leqslant \frac{\tau}{2} \tag{3-3}$$

$$A = \frac{Z_a i_a}{\pi D} \tag{3-4}$$

式中：A 称为电负荷，表示沿电枢表面每单位圆周长度上的安培导体数。

在磁极中心线处，$x = 0$，交轴电枢磁动势为零；在几何中性线处，$x = \tau/2$，交轴电枢磁动势达到最大值 $F_{aq} = A\tau/2$。在图 3-2（b）的展开图中，$x = 0 \sim \tau$ 的范围内，交轴电枢磁场的方向应为自电枢表面指向主极；在 $x = -\tau/2 \sim 0$ 和 $x = \tau \sim 3\tau/2$ 范围内，交轴电枢磁场的方向则为自主极指向电枢表面。可见电枢磁动势沿电枢表面呈三角形分布，如果考虑齿槽为阶梯形。

类似空载主极磁场，参照式（3-1），可得交轴电枢磁场沿电枢表面的分布，如图 3-2（b）所示。在极靴下，气隙基本为均匀且较小，电枢磁场随电枢磁动势的增大而正比增大；在极间，虽然电枢磁动势继续直线增大，但不足以抵消气隙大幅度加大，电枢磁场大为削弱，整个交轴电枢磁场的分布曲线呈马鞍形。

由于工艺上的误差和某些运行的原因，电刷可能会偏离几何中性线。若电刷从几何中性线移过 β 角（相应的电枢表面弧长为 b_β），如图 3-3（a）所示。此时电枢磁动势分布的三角形波也随之移动 β 角，电枢磁动势的轴线总是与电刷轴线重合，可以分解为分别与交轴和直轴相重合的两个梯形波来分析。交轴电枢磁动势是由 $\tau - 2b_\beta$ 范围内的导体电流产生的，在 $x = (\tau/2 - b_\beta) \sim (\tau/2 + b_\beta)$ 范围达最大值，即

$$F_{aq} = A\left(\frac{\tau}{2} - b_\beta\right) \tag{3-5}$$

直轴电枢磁动势是由 $2b_\beta$ 范围内导体电流所产生的，在 $x = (\tau/2) - b_\beta \sim (-\tau/2) + b_\beta$ 范围达最大值，即

$$F_{ad} = Ab_\beta \tag{3-6}$$

由此可见，当电刷偏离几何中性线时，除产生交轴电枢磁动势外，还产生直轴电枢磁动势。

四、电枢反应

交轴电枢磁动势产生交轴电枢反应。

不计饱和时，把主极磁场和交轴电枢磁场叠加，即把 $b_0(x)$ 和 $b_{aq}(x)$ 沿电枢表面的分布曲线逐点相加，得到气隙内的合成磁场分布曲线 $b_\delta(x)$，如图 3-4（b）中实线所示。对

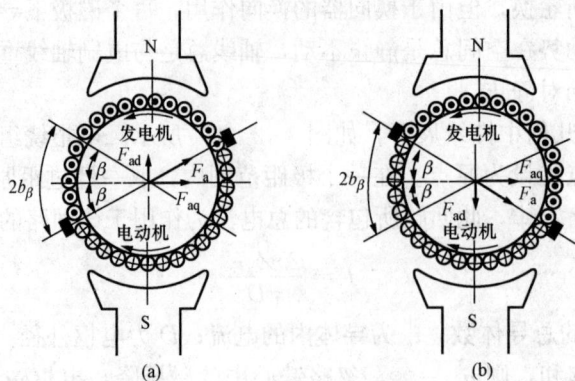

图 3-3 电刷不在几何中性线上时的电枢磁动势

比 $b_\delta(x)$ 和 $b_0(x)$ 曲线可见电枢反应的作用为：

(1) 交轴电枢磁场在半个极内对主极磁场起去磁作用，在另半个极内则起增磁作用，引起气隙磁场畸变，负载时物理中性线与几何中性线不再重合，即使电枢表面磁通密度为零的位置偏离几何中性线。物理中性线顺着电机旋转方向移过了 α 角，如图 3-4（a）所示。α 角的大小取决于负载的大小。

(2) 交轴电枢磁场对主极磁场的去磁作用［图 3-4（b）中用面积 A_1 表示］和增磁作用（用面积 A_2 表示）恰好相等，即不计饱和时，交轴电枢反应既无增磁作用，也无去磁作用。

考虑磁饱和时，则增磁边的铁心饱和程度提高，磁阻增大，铁心要消耗一定的磁动势，从而使实际的气隙磁场比不计饱和时略低，如图 3-4（b）中虚线所示；去磁边的铁心饱和程度降低，实际气隙磁场则与不计饱和时基本一致；因此负载时每极下的磁通量将比空载时少。换言之，饱和时交轴电枢反应具有一定的去磁作用。

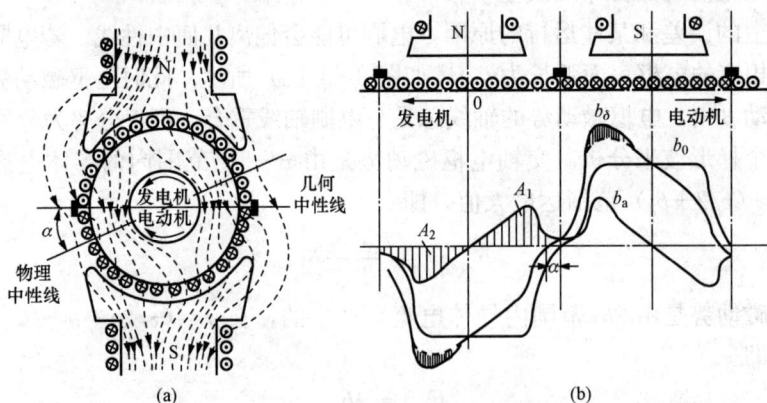

图 3-4 交轴电枢反应
(a) 负载时的合成磁场；(b) 交轴电枢磁场和气隙合成磁场分布

直轴电枢磁动势产生直轴电枢反应。

直轴电枢磁动势的轴线与主极轴线重合，直接影响主极下磁通的大小。若电刷顺电枢的旋转方向从几何中性线移开 β 角，直轴电枢磁动势与主极磁动势的方向相反，如图 3-3（a）所示，直轴电枢反应起去磁作用；若电刷逆旋转方向移动 β 角，直轴电枢磁动势与主极磁动势的方向相同，如图 3-3（b）所示，则直轴电枢反应起助磁作用。

第二节 直流发电机的基本方程式

直流发电机的基本方程作为数学模型可以用来分析直流发电机的稳态运行情况。直流发电机是一种双边励磁的三端口机电系统，基本方程包括电枢端口和励磁端口的电压方程、机械端口的转矩方程及功率方程。

一、感应电动势与电压方程

1. 感应电动势

建立电压方程之前，首先计算感应电动势。直流发电机的电枢旋转时，电枢导体"切割"气隙磁场，就会在电枢绕组中感应电动势。无论叠绕组还是波绕组，电枢绕组的感应电动势就是正、负电刷间的电动势，其值等于支路中各串联导体电动势的代数和。设气隙磁场的分布如图 3-5 所示，电刷在几何中性线上，则每根导体的感应电动势为

$$e = b_\delta(x)lv \qquad (3-7)$$

式中：$b_\delta(x)$ 为导体在 x 处的气隙磁密，随 x 不同而变化；l 为导体的有效长度；v 为导体"切割"气隙磁场的速度。

$\mathrm{d}x$ 范围内导体的感应电动势为

$$\mathrm{d}e = b_\delta(x)lv\,\frac{Z_a}{2p\tau}\mathrm{d}x \qquad (3-8)$$

式中：Z_a 为电枢绕组的总导体数；p 为极对数；τ 为极距。

图 3-5 气隙磁场的分布

电枢绕组的电动势为

$$E_a = \frac{2p}{2a_=}\int_0^\tau \mathrm{d}e = lv\,\frac{Z_a}{2a_=\tau}\int_0^\tau b_\delta(x)\mathrm{d}x = l\,\frac{2p\tau n}{60}\,\frac{Z_a}{2a_=\tau}\int_0^\tau b_\delta(x)\mathrm{d}x$$

$$= \left(\frac{pZ_a}{60a_=}\right)n\left[l\int_0^\tau b_\delta(x)\mathrm{d}x\right] \qquad (3-9)$$

式中：n 为电机转速；$a_=$ 为支路对数。

考虑到每极的总磁通量 $\Phi = l\int_0^\tau b_\delta(x)\mathrm{d}x$，$C_e = pZ_a/60a_=$ 称为电动势常数，于是有

$$E_a = C_e n\Phi \qquad (3-10)$$

这就是电枢绕组的感应电动势公式。感应电动势与 Φ 有关，而与磁密的分布无关。空载与负载时，Φ 是不同的。

不计饱和时，磁通 Φ 与励磁电流 I_f 成正比，即 $\Phi = K_f I_f$，而 $n = 60\Omega/2\pi$，因此可得线性化感应电动势公式为

$$E_a = \frac{60C_e}{2\pi}K_f I_f \Omega = G_{af}I_f\Omega \qquad (3-11)$$

式中：G_{af} 称为运动电动势系数，Ω 为电机旋转角速度。

2. 电压方程

（1）他励直流发电机。列直流发电机的电压方程之前，必须先规定好各物理量的正方

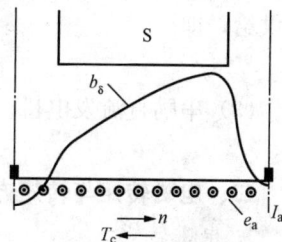

向。在发电机状态下运行时，电机向负载供电，则电枢绕组的感应电动势 E_a 必定大于端电压 U。按发电机惯例，以输出电流作为电枢电流的正方向，即电动势方向与电枢电流方向相同，如图 3-6 实线所示。根据基尔霍夫第二定律，可列出电枢回路的电压方程为

$$E_a = U + I_a R + 2\Delta U_S = U + I_a R_a \tag{3-12}$$

式中：R 为电枢绕组的电阻；ΔU_S 为电刷的接触电压降；R_a 为电枢回路的总电阻，包括电枢绕组电阻和电刷的接触电阻，若电机装有换向极，还应包括换向极绕组的电阻，因为换向极绕组通常与电枢绕组串联。

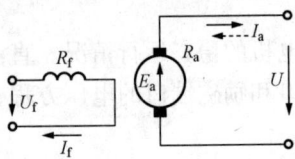

图 3-6　直流发电机的稳态电路图
（实线表示发电机，虚线表示电动机）

励磁回路的电压方程可写成

$$U_f = I_f R_f \tag{3-13}$$

式中：U_f 为励磁电压；I_f 为励磁电流；R_f 为励磁回路的电阻。

他励时，励磁电流由其他电源单独供电，故电枢电流 I_a 就是线路电流 I。

（2）并励直流发电机。并励直流发电机中，电枢回路和励磁回路的电压方程式与他励直流发电机的相同。由于励磁绕组与电枢绕组并联，U_f 等于 U。励磁电流由电枢绕组的电动势供给，即

$$I_a = I + I_f \tag{3-14}$$

（3）串励直流发电机。串励直流发电机中励磁绕组与电枢绕组相串联，故有

$$I_a = I = I_f \tag{3-15}$$

二、电磁转矩与转矩方程

1. 电磁转矩

电磁转矩的计算是建立转矩方程的前提，首先推导。当电枢绕组内有电流时，载流导体在气隙磁场中就会受到电磁力的作用，从而产生电磁转矩。

设电刷在几何中性线上，则一个极下载流导体的电流方向均为相同。另外，各个极下的气隙磁场分布相同，虽然极性不同，但载流导体的电流也相应地改变方向，于是受到的电磁转矩为同一旋转方向。因此只要计算作用在一个极下载流导体上的电磁转矩，然后乘以极数，即可得到整个电枢所受到的电磁转矩。

电枢表面任意一根载流导体所受到的电磁转矩为

$$T_c = b_\delta(x) l i_a \frac{D}{2} \tag{3-16}$$

式中：i_a 为该导体中的电流；D 为电枢外径，如图 3-5 所示。

考虑到 $\pi D = 2p\tau$ 的关系，作用在 $\mathrm{d}x$ 范围内载流导体上的电磁转矩应为

$$\mathrm{d}T_c = b_\delta(x) l i_a \frac{2p\tau}{2\pi} \frac{Z_a}{2p\tau} \mathrm{d}x = l i_a \frac{Z_a}{2\pi} b_\delta(x) \mathrm{d}x \tag{3-17}$$

作用在一个极下载流导体上的电磁转矩应为

$$T_p = \int_0^\tau \mathrm{d}T_c = l i_a \frac{Z_a}{2\pi} \int_0^\tau b_\delta(x) \mathrm{d}x \tag{3-18}$$

由于支路电流 $i_a = I_a/2a_=$，于是在整个电枢上所受到的电磁转矩为

$$T_e = 2p T_p = l \frac{I_a}{2a_=} \frac{2p Z_a}{2\pi} \int_0^\tau b_\delta(x) \mathrm{d}x = \left(\frac{p Z_a}{2\pi a_=}\right)\left(l \int_0^\tau b_\delta(x) \mathrm{d}x\right) I_a \tag{3-19}$$

考虑到每极磁通 $\Phi = l\int_0^\tau b_\delta(x)\mathrm{d}x$，$C_T = pZ_a/2\pi a_=$ 称为转矩常数，可得直流电机的电磁转矩公式为

$$T_e = C_T \Phi I_a \tag{3-20}$$

转矩常数与电动势常数的比值为

$$\frac{C_T}{C_e} = \frac{pZ_a}{2\pi a_=} \bigg/ \frac{pZ_a}{60a_=} = \frac{30}{\pi} \approx 9.55 \tag{3-21}$$

不计饱和时，每极磁通 $\Phi = K_f I_f$，代入式（3-20）可得到线性化的电磁转矩公式为

$$T_e = G_{af} I_f I_a \tag{3-22}$$

其中，$G_{af} = C_T K_f$。

2. 转矩方程

直流发电机稳态运行时，共有三个转矩作用于电枢上。一个是电磁转矩 T_e；一个是空载制动转矩 T_0，包括电机的机械摩擦、风阻以及铁损耗等引起的转矩；一个是外施转矩，为原动机输入给转轴上的驱动转矩 T_1。

由于电枢电流与电枢电动势的方向相同，于是 N 极下导体中的电流将为流出，S 极下导体则为流入，电枢上将作用一个顺时针方向的电磁转矩，如图 3-7 所示。可见，发电机的电磁转矩是一个制动转矩。根据力学的牛顿运动定律，发电机的转矩平衡方程应为

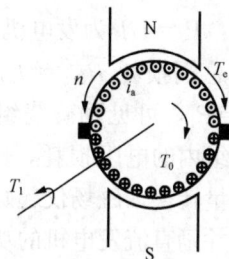

图 3-7 直流发电机的
电磁转矩和外施转矩

$$T_1 = T_0 + T_e \tag{3-23}$$

三、电磁功率与功率方程

1. 电磁功率

首先讨论电磁功率。电磁功率等于电枢绕组的感应电动势和电流的乘积，即

$$P_e = E_a I_a = \left(\frac{pZ_a}{60a_=}\right) n\Phi I_a = \left(\frac{pZ_a}{60a_=}\right)\left(\frac{60\Omega}{2\pi}\right)\Phi I_a = \left(\frac{pZ_a}{2\pi a_=}\Phi I_a\right)\Omega = T_e\Omega \tag{3-24}$$

于是可得机电能量转换关系式为

$$P_e = E_a I_a = T_e\Omega \tag{3-25}$$

由此可见，电磁功率既是电枢绕组的电功率 $E_a I_a$，又是电磁转矩对转子所做的机械功率 $T_e\Omega$。意味着在电枢电路和机械系统之间发生机电能量转换，遵循能量守恒定律。因此，电磁功率又称为转换功率，电磁功率是原动机通过转轴传递给转子的机械功率 $T_e\Omega$，克服电磁转矩对转子的作用，转换成电枢绕组中电功率 $E_a I_a$，输出给电负载。电磁功率的大小与励磁电流的大小（即耦合场的强弱）有关。直流发电机内的能量转换如图 3-8 所示。

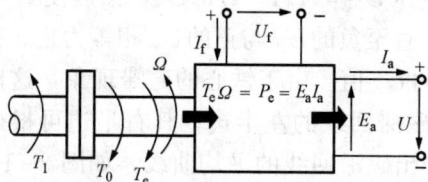

图 3-8 直流发电机内能量转换示意图

2. 功率方程

以并励直流发电机为例研究功率方程的推导过程，如图 3-9 所示。直流发电机的功率方程分为电系统和机械系统两部分，由机电能量转换关系式联系起来。

将转矩方程式（3-23）两边同时乘以角速度可得

图 3-9 并励直流发电机的接线图
（实线表示发电机，虚线表示电动机）

$$T_1\Omega = T_0\Omega + T_e\Omega \qquad (3-26)$$

于是机械系统的功率方程又可表示为

$$P_1 = p_0 + P_e \qquad (3-27)$$

式中：$P_1 = T_1\Omega$ 为原动机输入发电机的机械功率；$p_0 = T_0\Omega$ 为克服机械损耗 p_Ω、铁损耗 p_{Fe} 以及杂散损耗 p_Δ 所需的功率；$P_e = T_e\Omega$ 为电磁功率。

由于 $I_a = I_f + I$，$U = U_f$，根据式（3-25）与（3-12），电磁功率还可以表示为

$$P_e = E_a I_a = (U + I_a R_a)I_a = UI_a + I_a^2 R_a = U(I_f + I) + I_a^2 R_a = U_f I_f + I_a^2 R_a + UI$$

$$(3-28)$$

于是电系统的功率方程又可表示为

$$P_e = p_{Cuf} + p_{Cua} + P_2 \qquad (3-29)$$

式中：$P_2 = UI$ 为发电机端点输出的电功率；电枢回路的总铜损耗 $P_{Cua} = I_a^2 R_a$；励磁损耗 $p_{Cuf} = I_f^2 R_f = I_f U = P_f$，可见励磁绕组的输入功率 P_f 全部变为励磁绕组内的电阻损耗，励磁绕组和机械系统之间没有能量转换，磁场仅起媒介和控制作用。

并励直流发电机的功率图如图 3-10 所示。

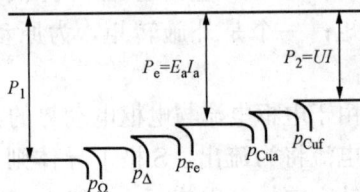

图 3-10 并励直流发电机的功率图

第三节 直流发电机的运行特性

不同励磁方式的直流发电机具有不同的稳态运行特性。

一、他励直流发电机的运行特性

对于已制成的他励直流发电机，各种运行特性可由试验测得。试验时，发电机由原动机拖动并保持 $n = n_N$，其试验线路如图 3-11 所示。设计电机时空载特性可由磁路计算获得，外特性和调整特性可由空载特性作图获得。

图 3-11 试验线路

1. 空载特性

测量直流发电机的空载特性时，打开开关 Q，调节电阻 R_f，使 I_f 由零开始单调增长直至空载电压 $U_0 \approx (1.1 \sim 1.3)U_N$，然后使 I_f 单调减小至零，再反向单调增加，直至负的 U_0 与正的 U_0 相等为止。在试验过程中记录每次 I_f 和相应的 U_0 值。由于铁心的磁滞现象，这样所测得的 $U_0 = f(I_f)$ 只是整个磁滞回线的左半边，其右半边可根据磁滞回线的对称关系画出（或相反过程测得），进而作出磁滞回线的平均曲线，如图 3-12 中虚线所示。一般取平均曲线作为电机的空载特性。

空载运行时，电枢电流 $I = 0$，因此其空载特性实质上为 $E_a = f(I_f)$ 关系曲线。又因为 n 为常值，电枢的感应电动势正比于主磁通，即 $E_a = C_e n\Phi_0 = C_e n\tau l B \propto B$，而 $I_f = F_f/N_f = HL/N_f \propto H$，$L$ 为磁路长度，N_f 为励磁绕组匝数。可见 E_a 与 B 之间仅差一个比例常数 $C_e n\tau l$，I_f 与 H 之间仅差一个比例常数 L/N_f，所以也可认为空载特性实质上就是电机的磁

化曲线 $B=f(H)$。

直流电机励磁后再关断励磁电源，即 $I_f=0$ 时，磁路中还会留有剩磁，此后即使在没有励磁时，电枢仍会感应出剩磁电压 U_r，其值约为 $(2\sim4)\% U_N$，如图 3-12 所示。

电机的额定电压一般位于 A 点。A 点以下，磁路未饱和，铁心没有充分利用，而且励磁电流稍微变化就会引起端电压的较大变化；A 点以上，磁路饱和，需要较多的励磁安匝保证额定电压，增加励磁绕组的用铜和损耗，而且限制了电压的调节。

空载特性与 I_f 的获得方式无关，因此并励、串励、复励发电机的空载特性也可以用上述方法求取，即他励直流发电机的空载特性是直流电机最基本的特性曲线。如果

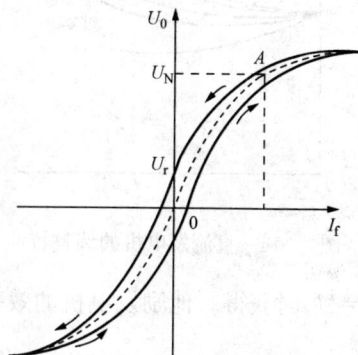

图 3-12 空载特性

改变转速，空载特性曲线将随 n 正比地上升或下降。$I\neq0$ 时，$U=f(I_f)$ 关系曲线为负载特性。

2. 外特性

测量直流发电机的外特性时，将开关 Q 闭合使电机接上负载，调节 R_f 使 $I_f=I_{fN}$ 不变，改变负载 R_L 使 I 从零增加到 $(1.1\sim1.3)I_N$，记录 U、I 之值，可得到 $U=f(I)$ 关系曲线。n 和 I_f 为不同的常值时将获得不同的外特性。此时线路电流即为电枢电流。

由电压方程可知，发电机的端电压为

$$U=E_a-I_aR_a=C_en\Phi-I_aR_a \tag{3-30}$$

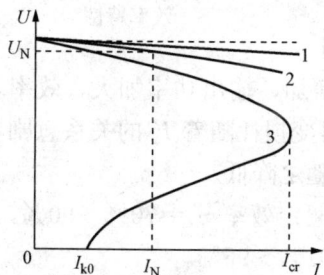

图 3-13 直流发电机的外特性

如果电刷在几何中性线上，不考虑饱和，由于 I_f 为常值，则气隙磁通 Φ 是常值；n 为常值，E_a 也是常值。于是随着负载电流的增加，电枢电路的电阻压降 I_aR_a 逐渐增加，发电机的端电压将稍微下降，外特性 $U=f(I)$ 应是稍微下垂的一条直线，如图 3-13 曲线 1 所示。考虑饱和，随着负载电流的增加，交轴电枢反应的去磁作用加强，Φ 将略有减小，使 E_a 随之降低，再计及 I_aR_a，端电压下降程度略有增加，于是外特性变为曲线，如图 3-13 曲线 2 所示。

当端电压下降到零时，发电机短路，由于 R_a 很小，短路电流 $I_k=E_a/R_a$ 可达到额定电流的 $20\sim30$ 倍，使电枢绕组过热而将电机烧毁，故他励发电机不允许在额定励磁下发生持续短路。

在 $n=n_N$、$I_f=I_{fN}$ 的条件下，他励发电机的电压调整率 Δu_N 一般为 $5\%\sim10\%$，可见负载变化时，发电机的端电压变化不大，为硬特性，因此基本上可作为一个恒压的直流电源。

3. 调整特性

试验时调整负载电阻和励磁电流，使在不同负载下都保持 $U=U_N$，然后记录 I 与对应的 I_f，即得如图 3-14 所示的调整特性曲线 $I_f=f(I)$。

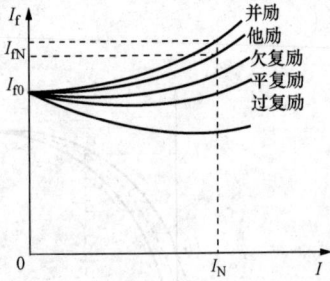

图 3-14　直流发电机的调整特性

由图 3-14 可见，他励发电机的调整特性曲线是随负载电流的增大而向上翘的。这是因为负载电流增大时，要保持端电压不变，就必须增大励磁电流，以补偿电枢回路电阻压降和电枢反应的去磁作用。

当负载电流 $I = I_N$ 时，维持发电机的端电压 $U = U_N$ 时所需的励磁电流称为额定励磁电流 I_{fN}。以上的外特性和电压调整率，就是在额定励磁电流条件下求取的。

4. 效率特性

直流发电机的效率特性 $\eta = f(I_a)$ 或 $\eta = f(P_2)$ 在 $U = U_N$ 时获得。他励发电机的效率为

$$\eta = 1 - \frac{\sum p}{P_1} = 1 - \frac{p_{Fe} + p_\Omega + p_\Delta + I_a^2 R + U_f I_f + 2\Delta U_s I_a}{p_{Fe} + p_\Omega + p_\Delta + I_a^2 R + U_f I_f + 2\Delta U_s I_a + U I_a} \tag{3-31}$$

式中：$\sum p$ 为总损耗；p_Ω 为机械损耗；p_{Fe} 为铁损耗；p_Δ 为杂散损耗。由于电刷与换向器之间的接触电阻为非线性，在计算效率时应将其损耗单独按 $2\Delta U_s I_a$ 来计算。

从式（3-31）可见，效率是电枢电流的二次函数，效率特性曲线如图 3-15 所示。忽略杂散损耗，令 $\dfrac{\mathrm{d}\eta}{\mathrm{d}I_a} = 0$，可得

$$U_f I_f + p_{Fe} + p_\Omega = I_a^2 R_a \tag{3-32}$$

式（3-32）表明，当发电机的不变损耗等于可变损耗时，发电机的效率达到最高。最大效率一般出现在 $0.8 P_N$ 左右。

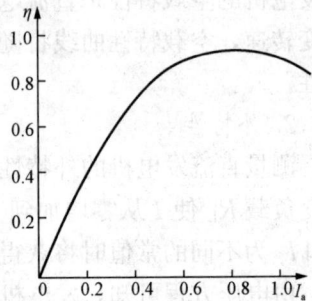

图 3-15　他励直流发电机的效率特性

当负载很小时，I_a 很小，可变损耗很小，发电机的损耗主要是不变损耗，因输出功率小，故效率低。随着负载增加，输出功率加大，效率增高。当可变损耗等于不变损耗时，效率最高。继续增加负载，可变损耗随着 I_a^2 的关系急剧增加，超过输出功率加大速度，效率随之降低。

通常，小型直流发电机的额定效率 $\eta_N = 70\% \sim 90\%$，中大型直流发电机的额定效率 $\eta_N = 91\% \sim 96\%$。

二、并励直流发电机的运行特性

并励直流发电机试验线路如图 3-16 所示。I_f 一般为额定电流 I_N 的 $1\% \sim 5\%$，因此可以认为励磁电流对电枢电压的数值影响不大，空载特性与他励直流发电机相差不大。并励直流发电机的调整特性稍高于他励直流发电机，如图 3-14 所示。

1. 并励直流发电机的自励

并励直流发电机的自励是在空载情况下进行的，即打开开关 Q。在额定转速下，要满足三个自励条件。

首先，电机的磁路中必须要有剩磁。如果没有剩磁，则可用其他直流电源给主磁极充磁。

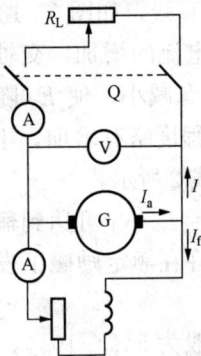

图 3-16　并励直流发电机的试验线路

其次，励磁磁动势与剩磁的方向相同。并励直流发电机的自励过程如图 3-17 所示。当

电枢开始旋转时，发电机两端将建立剩磁电压，于是励磁绕组中将流过一个微小的电流。其励磁磁动势的方向与剩磁方向相同时，气隙磁场得到加强，使电枢端电压增加、励磁电流增大，气隙磁场又进一步加强，……，如此往复，发电机的端电压将逐步建立起来，直至 A 点达到稳定；励磁磁动势与剩磁的方向相反时，剩磁磁场被削弱，电机工作在 B 点，电压建立不起来。因此励磁绕组和电枢的端点连接与电枢转向的配合要正确。

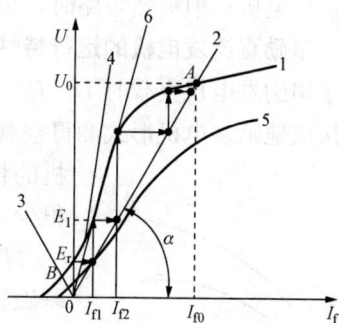

图 3-17 并励直流发电机的自励过程

最后，励磁回路的总电阻必须小于临界电阻。

空载特性曲线 1 与励磁回路伏安特性直线 2 的交点 A 是并励发电机自励时的稳定运行点，如图 3-17 所示。从剩磁点 E_r 开始，一直到 A 点之前，发电机的端电压 U 总是大于励磁绕组的电阻压降 $I_{f0}R_f$，励磁电流将不断增大，磁场不断加强，端电压不断增高。到达 A 点时，U 等于 $I_{f0}R_f$，励磁电流不再增加，电机进入稳定状态。励磁回路的伏安特性曲线的斜率为

$$\tan\alpha = \frac{I_f R_f}{I_f} = R_f \tag{3-33}$$

如果增加励磁回路中的电阻 R_f，伏安特性曲线变陡，交点 A 将沿着空载曲线向下移动，电机的空载稳定电压就会降低。若继续增大 R_f，直到使励磁回路伏安特性与空载特性的直线部分相切，没有固定的交点，如图 3-17 中的直线 6 所示，电压不稳定，处于"临界"状态，此时励磁回路的电阻称为临界电阻 R_{cr}。若再增大 R_f，使 $R_f > R_{cr}$，励磁回路伏安特性与空载特性的上部没有交点，如图 3-17 中的直线 4 所示，空载稳定电压接近剩磁电压，则发电机不能自励。因此励磁回路必须满足 $R_f < R_{cr}$。

此外，如果发电机的转速降低，临界电阻降低，空载曲线如图 3-17 中的直线 5 所示，与励磁回路伏安特性的交点过低，发电机也不能建立正常电压。

2. 并励发电机的外特性

并励发电机的外特性与他励发电机的相比较有三个特点：①端电压随负载增大下降较快；②外特性有拐弯现象；③发电机稳态短路时，短路电流较小，如图 3-13 所示曲线 3。这些特点都是励磁绕组与电枢绕组相并联所造成的，这是一种直接电压反馈系统。

当负载电流增大时，除了电枢反应和电枢电阻压降使端电压下降之外，由于 $U_f = U$，R_f 保持不变，端电压的下降将同时减小励磁电流，使得气隙磁通量减小，从而降低了电枢电动势。因此在同一负载下，并励发电机的端电压要比他励发电机的下降得快。并励发电机的电压调整率一般在 20% 左右。

当负载继续加大，R_L 减小，端电压下降到一定值时，较小的励磁电流使磁路处于低饱和状态。此时若端电压继续下降，小幅度的励磁电流减小引起气隙磁通和电枢电动势的较大幅度下降。此时端电压 U 的下降速度要比负载电阻 R_L 减少的更快，负载电流 $I = U/R_L$ 反而下降，于是外特性出现"拐弯"现象，这是并励发电机最突出的特点。拐弯点的电流称为临界电流，其值约为 $(2\sim3)I_N$。

当端电压等于零时，即发电机稳态短路，励磁绕组电压等于零，则励磁电流也为零，电枢的短路电流仅由剩磁电动势所产生，故并励发电机的稳态短路电流 I_{k0} 常小于额定电流，

而不会损坏电机；但突然短路时，短路电流很大。

三、串励直流发电机的运行特性

由于串励发电机空载时 $I_f = I_a = I = 0$，没有空载特性曲线。为了了解电机磁路的饱和程度，改接成他励发电机形式测得空载特性。因此串励发电机的空载特性曲线形状与他励发电机的相似，如图 3-18 曲线 1 所示，只是由于励磁绕组的匝数很少，励磁电流较大而已。

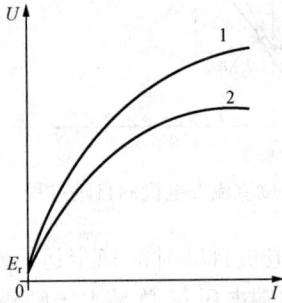

图 3-18 串励直流发电机的
外特性

串励发电机的外特性如图 3-18 曲线 2 所示，空载时只有剩磁感生的微小电动势，随着负载电流的增加，励磁磁动势也增加，感应电动势的上升要比电枢电阻压降和电枢反应的作用使端电压下降得更快，端电压将随负载电流升高。这与并励发电机和他励发电机正相反。当饱和以后，感应电动势的上升放慢，而电枢电阻压降和电枢反应的作用却在增大，端电压开始下降。

串励发电机的自励与并励发电机相似，稳定运行点在外特性与负载伏安特性的交点。

串励发电机的励磁电流 $I_f = I_a = I$，不便人为调节，故没有调整特性；又由于端电压变化很大，故不适用于目前广泛运行的恒压供电系统；曾用于电气化铁路供电系统的串联升压机。

四、复励直流发电机的运行特性

在复励发电机中，并励磁动势起主要作用，使发电机空载时能达到额定电压，自励情况与并励发电机相似；串励磁动势用来补偿负载时电枢反应的去磁作用和电枢电路中的电阻压降。复励发电机的外特性如图 3-19 所示。

常用的复励发电机都是积复励，按照串励绕组作用的强弱，外特性可出现三种形式。若串励绕组的作用恰好补偿电枢反应的去磁作用以及电枢的电阻压降，外特性将基本上成为一条水平线，此时空载和额定负载时的端电压都为额定电压，Δu_N 为零，这种情况称为平复励。若串励磁动势的作用较强，补偿作用有余，外特性就会上翘，Δu_N 为负值，称为过复励。若补偿作用不足，外特性仍微有下降，但稍高于他励，一般为 6%，称为欠复励。

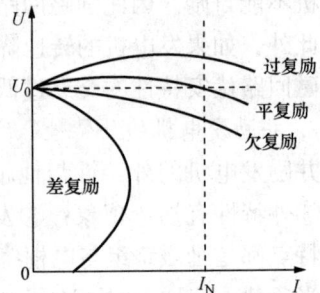

图 3-19 复励直流发电机的
外特性

差复励发电机由于负载时串励绕组的磁动势使电机的磁通进一步减小，外特性急剧下降，比纯并励时更软。利用这一特点，差复励发电机可作为恒电流发电机使用，如直流电焊发电机等。改变其串励绕组的匝数，就能调节焊接时所需的电流。

空载时，其电枢电流为零，串励绕组不起作用，空载特性相当于并励。其调整特性低于他励，如图 3-14 所示。

【例 3-1】 一台额定功率 $P_N = 20kW$ 的并励直流发电机，它的额定电压 $U_N = 230V$，额定转速 $n_N = 1500r/min$，电枢回路总电阻 $R_a = 0.156\Omega$，励磁回路总电阻 $R_f = 73.3\Omega$。已知机械损耗和铁损耗 $p_\Omega + p_{Fe} = 1kW$，杂散损耗 $p_\Delta = 0.01P_N$，求额定负载情况下各绕组的铜

损耗、电磁功率、总损耗、输入功率及效率各为多少?

解 计算得额定电流

$$I_N = \frac{P_N}{U_N} = \frac{20000}{230} = 86.957(A)$$

励磁电流

$$I_f = \frac{U_N}{R_f} = \frac{230}{73.3} = 3.1378(A)$$

电枢绕组电流 $\quad I_a = I_N + I_f = 86.957 + 3.1378 = 90.095(A)$

电枢回路铜损耗 $\quad p_{Cua} = I_a^2 R_a = 90.095^2 \times 0.156 = 1266.3(W)$

励磁回路铜损耗 $\quad p_{Cuf} = I_f^2 R_f = 3.1378^2 \times 73.3 = 721.7(W)$

电磁功率（$P_2 = P_N$）$\quad P_e = P_2 + p_{Cua} + p_{Cuf} = 20000 + 1266.3 + 721.7 = 21988(W)$

总损耗

$$\sum p = p_{Cua} + p_{Cuf} + p_\Omega + p_{Fe} + p_\Delta = 1266.3 + 721.7 + 1000 + 0.01 \times 20000 = 3188(W)$$

输入功率 $\quad P_1 = P_2 + \sum p = 20000 + 3188 = 23188(W)$

效率

$$\eta = \frac{P_2}{P_1} = \frac{20000}{23188} = 86.252\%$$

第四章 直 流 电 动 机

本章主要分析直流电动机的运行特点、运行特性和启动、调速、制动三个特殊的运行工况。启动和调速是评价直流电动机性能的两个重要方面。

第一节 直流电动机的运行原理

直流电动机的运行特点主要包括电磁关系和基本方程。

一、直流电动机的空载运行

直流电动机的空载运行是指电枢绕组接在直流电源上，定子励磁绕组通以励磁电流，转轴不带机械负载的运行状态。此时属于实际空载，电枢绕组中流有一个较小的电流。如果忽略电枢电流，即近似地看成理想空载。直流电动机空载时的物理现象就将与发电机空载时相同。

二、直流电动机的负载运行

当直流电动机拖动生产机械运行时为负载运行状态，此时电枢绕组中流有一个较大的电流。产生电枢磁动势和电枢反应。由于电动机运行时电枢电流反向，即由电源流向电枢绕组，电枢磁动势的方向则由右向左，参照图 3-2（a），与发电机运行状态时相反。如果令电动机反向旋转，即顺时针方向，则感应电动势反向，由于电枢电流应与电动势的方向相反，则电枢表面上的电流分布与发电机相同。可见电动机顺时针旋转时的电枢磁动势分布和电枢反应与发电机逆时针旋转时的相同。只是由于电机反转，则直轴电枢反应起去磁作用时，电刷是逆电枢的旋转方向从几何中性线移开 β 角；起助磁作用时，电刷是顺旋转方向移动 β 角。与发电机恰好相反，参照图 3-3。

三、直流电动机的基本方程

在电动机运行状态下，则端电压 U 必定大于电枢绕组的感应电动势 E_a，按电动机惯例，以输入电流为电枢电流的正方向，即电动势方向与电枢电流方向相反，如图 3-6 虚线所示。根据基尔霍夫第二定律，列出他励电动机的电枢回路电压方程为

$$U = E_a + I_a R + 2\Delta U_S = E_a + I_a R_a \tag{4-1}$$

励磁回路电压方程与发电机的相同。电动机并励运行时，励磁电流和电枢电流均由电源供给，则

$$I = I_a + I_f \tag{4-2}$$

串励时，励磁电流约束与发电机相同。

设转子以转速 n 逆时针旋转，由于电枢电流与感应电动势的方向相反，N 极下导体中的电流将为流入，S 极下则为流出，于是电枢上将作用一个逆时针方向的电磁转矩，如图 4-1 所示。说明电动机的电磁转矩是一个驱动转矩。外施转矩是转轴上的负载制动转矩 T_2，因此电动机的转矩平衡方程应为

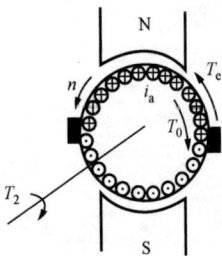

图 4-1 直流电动机的
电磁转矩和外施转矩

$$T_e = T_0 + T_2 \qquad (4-3)$$

直流电动机内的能量转换如图4-2所示。电枢绕组从电源吸取电磁功率 $E_a I_a$，转换成电磁转矩对转子所做机械功率 $T_e \Omega$，通过转轴传递给机械负载。

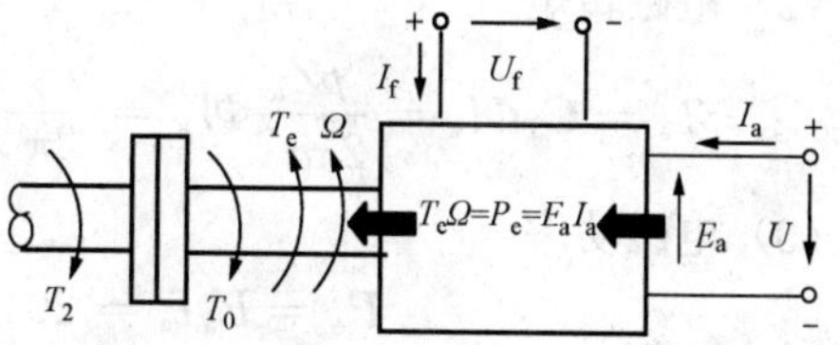

以并励直流电动机为例研究功率方程的推导过程，如图3-9所示。由于 $U_f = U$，线路电流 $I = I_f + I_a$。根据电压方程式（4-1）可得

图4-2 直流电动机的内能量转换

$$UI = U(I_f + I_a) = U_f I_f + (I_a R_a + E_a)I_a = U_f I_f + I_a^2 R_a + E_a I_a \qquad (4-4)$$

即

$$P_1 = p_{Cuf} + p_{Cua} + P_e \qquad (4-5)$$

式中：$P_1 = UI$ 为从线路输入的总电功率；$P_e = E_a I_a$ 为电磁功率；$p_{Cua} = I_a^2 R_a$ 为电枢回路的总铜损耗；励磁铜损耗为 $p_{Cuf} = I_f^2 R_f = I_f U$，磁场仍然仅起媒介和控制作用。

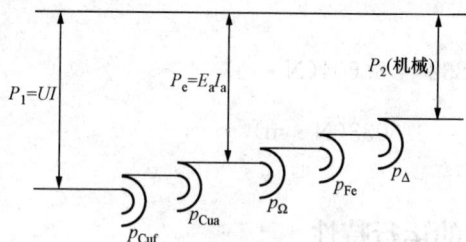

图4-3 并励直流电动机的功率图

将电动机的转矩平衡方程式（4-3）两边同时乘以角速度可得

$$P_e = p_0 + P_2 \qquad (4-6)$$

式中：$P_e = T_e \Omega$ 为电磁功率；$P_2 = T_2 \Omega$ 为输出的机械功率；$p_0 = T_0 \Omega$ 为克服机械损耗 p_Ω、铁损耗 p_{Fe} 以及杂散损耗 p_Δ 所需的功率。并励直流电动机的功率图如图4-3所示。

【例4-1】 一台四极他励直流电动机，电枢采用单波绕组，电枢总导体数 $Z_a = 372$，电枢回路总电阻 $R_a = 0.208\Omega$。此电机运行在电源电压 $U = 220V$，电机的转速 $n = 1500r/min$，气隙每极磁通 $\Phi = 0.011Wb$ 的条件下，此时电机的铁损耗 $p_{Fe} = 362W$，机械损耗 $p_\Omega = 204W$，忽略杂散损耗。问：

（1）该电机的输入功率是多少？

（2）电磁转矩是多少？

（3）电磁功率是多少？

（4）输出功率是多少？

（5）空载转矩是多少？

解 先计算电枢感应电动势

$$E_a = C_e \Phi n = \frac{pZ_a}{60a} \Phi n = \frac{2 \times 372}{60 \times 1} \times 0.011 \times 1500 = 204.6(V)$$

电枢电流

$$I_a = \frac{U - E_a}{R_a} = \frac{220 - 204.6}{0.208} = 74.038(A)$$

电枢铜损耗

$$p_{Cua} = I_a^2 R_a = 74.038^2 \times 0.208 = 1140.2(W)$$

（1）输入功率

$$P_1 = UI_a = 220 \times 74.038 = 16288(W)$$

（2）电磁转矩

$$T_e = C_T \Phi I_a = \frac{pZ_a}{2\pi a} \Phi I_a = \frac{2 \times 372}{2\pi \times 1} \times 0.011 \times 74.038 = 96.436(\text{N} \cdot \text{m})$$

（3）电磁功率

$$P_e = E_a I_a = 204.6 \times 74.038 = 15148(\text{W})$$

$$\Omega = \frac{2\pi n}{60} = \frac{2\pi \times 1500}{60} = 157.08(\text{W})$$

$$P_e = T_e \Omega = 96.436 \times 157.08 = 15148(\text{W})$$

$$P_e = P_1 - p_{\text{Cua}} = 16288 - 1140.2 = 15148(\text{W})$$

（4）输出功率

$$P_2 = P_e - p_{\text{Fe}} - p_\Omega = 15148 - 362 - 204 = 14582(\text{W})$$

输出转矩

$$T_2 = \frac{P_2}{\Omega} = \frac{14582}{157.08} = 92.832(\text{N} \cdot \text{m})$$

（5）空载转矩

$$T_0 = T_e - T_2 = 96.436 - 92.832 = 3.604(\text{N} \cdot \text{m})$$

$$T_0 = \frac{p_{\text{Fe}} + p_\Omega}{\Omega} = \frac{362 + 204}{157.08} = 3.6033(\text{N} \cdot \text{m})$$

第二节　直流电动机的运行特性

　　表征直流电动机输出机械性能的主要数据是转矩和转速，所以运行特性多半都是关于转矩和转速的。直流电动机的运行性能因励磁方式不同而有很大差异，下面分别研究。

　　一、并励直流电动机的运行特性

　　他励与并励直流电动机的运行特性相同，在 $U=U_N$，$I_f=I_{fN}$ 时测得。并励直流电动机的接线图如图 4-4 所示。

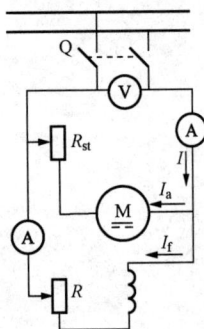

　　（1）效率特性　$\eta=f(I_a)$ 或 $\eta=f(P_2)$。并励电动机的效率为

$$\eta = 1 - \frac{\sum p}{P_1}$$

$$= 1 - \frac{p_{\text{Cuf}} + p_\Omega + p_\Delta + p_{\text{Fe}} + I_a^2 R_a}{U(I_a + I_f)} \times 100\% \qquad (4-7)$$

一般直流电动机额定效率约为 0.75～0.94，容量大的效率高些。

　　（2）转矩特性　$T_e=f(I_a)$。其表达式实际就是电动机的电磁转矩公式，即

$$T_e = C_T \Phi I_a \qquad (4-8)$$

图 4-4　并励直流
电动机的接线图

不计电枢反应的去磁作用时，I_f 为常值，Φ 也为常值，于是电磁转矩将与电枢电流成正比变化，即转矩特性为一条过原点的直线，如图 4-5 虚线 1 所示。计及电枢反应的去磁作用时，使磁通量 Φ 略为减少，转矩降低，特性向下弯曲而变成曲线，如图 4-5 实线 2 所示。空载时，$I_a=I_0$，$T_e=T_0$。

　　（3）转速特性　$n=f(I_a)$。

从电动势公式 $E_a = C_e \Phi n$ 和电压方程 $U = E_a + I_a R_a$ 可得转速特性的表达式为

$$n = \frac{E_a}{C_e \Phi} = \frac{U}{C_e \Phi} - \frac{R_a}{C_e \Phi} I_a \qquad (4-9)$$

式（4-9）常称为电动机的转速公式。不计电枢反应的去磁作用时，由于 U 和 I_f 为常值，于是 Φ 也是常值，转速特性为一条略下倾的直线，如图 4-5 虚线 3 所示。由于 $R_a < C_e \Phi$，直线的斜率较小。直线在 n 轴的截距为空载制动转矩为零时的转速，称为理想空载转速，即

$$n_0' = \frac{U}{C_e \Phi} \qquad (4-10)$$

当电动机的负载增加时，电枢电流增大，使转速下降。如果计及电枢反应的去磁作用，转速有所上升，转速特性变成曲线如图 4-5 实线 4 所示。

并励电动机的转速调整率 Δn 为

$$\Delta n = \frac{n_0 - n_N}{n_N} \times 100\% \qquad (4-11)$$

式中：n_0 为实际空载转速；n_N 为额定转速，即额定负载、额定励磁下电动机的转速。

并励电动机的 $\Delta n \approx (3 \sim 8)\%$，基本上是一种恒速电机。

并励电动机正在运行中，如励磁绕组被断开，则 $I_f = 0$，主磁通将迅速下降到剩磁磁通，此时电枢要产生足够的电动势与电网电压 U 相平衡，转子必须以极高的转速旋转。此时若负载为轻载，产生"飞车"现象；若负载为重载，所产生的电磁转矩克服不了负载转矩，则电动机可能停转，使电枢电流一直增大到启动电流，引起绕组过热而将电机烧毁。这两种情况都是极其危险的，因此并励电动机正在运行中，励磁绕组绝对不能断开。

（4）机械特性　$n = f(T_e)$。电枢电路内不串外加电阻时，由转速公式和电磁转矩公式得出的，其表达式为

$$n = \frac{U}{C_e \Phi} - \frac{R_a}{C_T C_e \Phi^2} T_e = n_0' - k T_e \qquad (4-12)$$

如果不计电枢反应的去磁作用，由于 U 和 I_f 为常值，于是 Φ 也是常值，因此机械特性为一直线，如图 4-6 曲线 1 所示。此直线在 n 轴的截距仍为理想空载转速 n_0'。由于 $R_a \ll C_T C_e \Phi^2$，斜率 k 很小，因此机械特性稍微下降，这种特性称为硬特性。

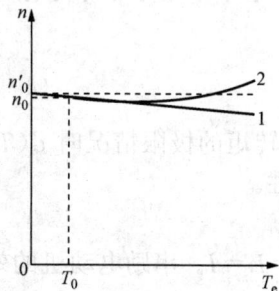

如果计及交轴电枢反应的去磁作用，当负载电流较小时，Φ 减小甚微，机械特性接近直线；随着电枢电流增加，去磁作用加强，转速下降程度减小，机械特性变成曲线；电枢电流较大时，饱和程度降低，Φ 大幅度减小，尽管 $k T_e$ 有所加大，但 n_0' 的增大更为显著，机械特性上翘，如图 4-6 曲线 2 所示。

以上讨论的是当电枢回路没有串联外加电阻（并励电动机有额定励磁电流）时的机械特性，称为自然机械特性。电

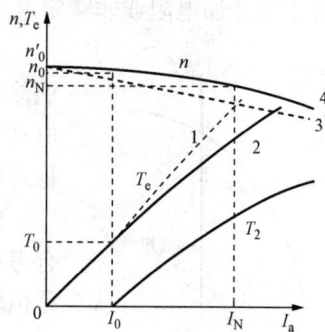

图 4-5　并励直流电动机的
工作特性

图 4-6　并励直流电动机的
机械特性

枢回路串接外加电阻或非额定电压、非额定励磁电流时的机械特性，称为人工机械特性。

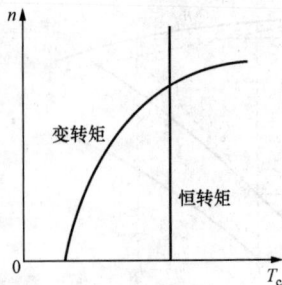

图 4-7 负载的机械特性

（5）稳定运行条件。电动机运行时，电网电压或机械负载偶然发生一些扰动，使转速改变。当扰动的因素消失后，如果电动机能够恢复到原来的运行状态，则能稳定运行，否则不能稳定运行。

电动机能否稳定运行，要由电动机及负载的机械特性来综合考虑。负载主要有两大类，其机械特性如图 4-7 所示。一类是恒转矩负载，转矩与转速基本无关，如起重机、卷扬机、电梯等；另一类是变转矩负载，转矩近似地与转速的平方成正比，如风扇、水泵等。多数情况是组合类型。

下降机械特性的电动机与组合负载构成的机组，机械特性如图 4-8 所示。两条曲线的交点 A 为机组的工作点，此时电动机的电磁转矩正好与机械负载的制动转矩相平衡，转速为 n。当机组受扰动，转速升到 n_H 时，扰动消失后，制动转矩大于电磁转矩，迫使转速下降，恢复到 n 为止；反之，转速降到 n_L 时，制动转矩小于电磁转矩，驱使转速上升，同样恢复到 n 为止。可见机组能够稳定运行。

上翘机械特性的电动机与组合机械负载构成的机组，机械特性如图 4-9 所示。当机组受扰动，转速升到 n_H 时，电磁转矩大于制动转矩，驱使转速继续上升，电磁转矩继续加大，直至机组无限升速而飞车；反之，转速降到 n_L 时，电磁转矩小于制动转矩，迫使转速继续下降，电磁转矩继续减小，直至转速为零而停转。可见机组不能稳定运行。

图 4-8 稳定运行

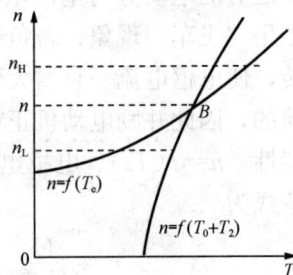

图 4-9 不稳定运行

因此机组稳定运行的条件是在工作点 A 处电磁转矩的变化率要小于制动转矩的变化率，即

$$\frac{dT_e}{dn} < \frac{d(T_0 + T_2)}{dn} \tag{4-13}$$

该条件具有普遍意义，也适用于其他种类电动机。当负载为恒转矩的极限情况时 $d(T_0 + T_2)/dn = 0$，则有 $dT_e/dn < 0$，可见电动机应具有下降的机械特性。

二、串励直流电动机的运行特性

串励直流电动机的特点是电枢电流与励磁电流相等，即 $I_a = I_f = I$。串励电动机的效率特性和并励电动机相似，如图 4-10 所示。

1. 转矩特性

串励电动机的电磁转矩公式同样是转矩特性的表达式，即

$$T_e = C_T \Phi I_a \tag{4-14}$$

轻载时，串励磁动势较小，磁路不饱和，此时 $\Phi = K_f I_f = K_f I_a$，则

$$T_e = C_T K_f I_a^2 \tag{4-15}$$

电磁转矩将随着电枢电流的增大，呈平方关系上升；随着负载的增加，串励磁动势增大，磁路饱和，此时 Φ 近似为常值，电磁转矩将与电枢电流成正比关系增大，如图 4-10 所示。

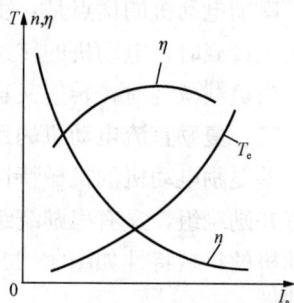

图 4-10 串励直流电动机的工作特性

2. 转速特性

转速特性的表达式可从电动势公式和电压方程推得，即

$$n = \frac{E_a}{C_e \Phi} = \frac{U - I_a(R_a + R_f)}{C_e \Phi} = \frac{U}{C_e \Phi} - \frac{R_a + R_f}{C_e \Phi} I_a \tag{4-16}$$

式中：R_f 为串励绕组的电阻。

当电枢电流较大时，由于 $I_a = I_f$，磁动势增大，磁路饱和，Φ 近似为常值，转速特性近似是一条直线；当电枢电流很小时，主磁通 Φ 也很小，磁路不饱和，$\Phi = K_f I_f = K_f I_a$，则

$$n = \frac{U}{C_e K_f} \frac{1}{I_a} - \frac{R_a + R_f}{C_e K_f} \tag{4-17}$$

可见转速特性则是一条双曲线，如图 4-10 所示。当负载增加时，I_a 增加，使电阻压降 $I_a(R_a + R_f)$ 增大；另外，由于 $I_a = I_f$，故串励磁动势和磁通也增大，这两个因素都促使转速下降。因此随着负载的增加，串励电动机的转速迅速下降。

当负载很小或空载时，电枢电流很小，由于 $I_a = I_f$，主磁通 Φ 也很小，此时电枢要产生足够的电动势与电网电压 U 相平衡，转子必须以极高的转速旋转，产生飞车现象，十分危险。因此串励电动机不允许空载运行。

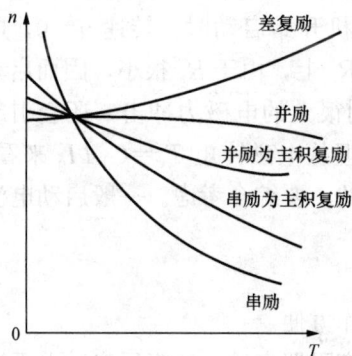

图 4-11 复励直流电动机的机械特性

因此，转速调整率定义为

$$\Delta n = \frac{n_{1/4} - n_N}{n_N} \times 100\% \tag{4-18}$$

式中：$n_{1/4}$ 为输出功率等于 $P_N/4$ 时电动机的转速。

3. 机械特性

轻载时，磁路不饱和，从串励电动机的转速特性式（4-17）和电磁转矩式（4-15）可得机械特性表达式为

$$n = \frac{U}{C_e K_f} \sqrt{\frac{C_T K_f}{T_e}} - \frac{R_a + R_f}{C_e K_f} = \frac{U}{C_e} \sqrt{\frac{C_T}{K_f T_e}} - \frac{R_a + R_f}{C_e K_f} \tag{4-19}$$

这也是一条双曲线，如图 4-11 所示。串励电动机的转速随着转矩的增加而迅速下降，这种特性称为软特性。

较大负载时，磁路饱和，Φ 近似为常值，机械特性也近似是一条直线，表达式可从式（4-16）和式（4-14）推导出，即

$$n = \frac{U}{C_e \Phi} - \frac{R_a + R_f}{C_e C_T \Phi^2} T_e \tag{4-20}$$

电磁转矩超过额定值时，机械特性从双曲线逐渐过渡到硬度较大的下降直线。

串励电动机的优点是：①启动转矩大，与启动电流的平方成正比；②过载能力强，当生产机械过载时，电动机的转速自动下降，其输出功率变化不大，使电机不致因负载过重而损坏。当负载减轻时，转速又自动上升。电力机车等一类牵引机械大都采用串励电动机拖动。

三、复励直流电动机的运行特性

差复励电动机的机械特性上翘，不稳定，很少采用。复励电动机通常接成积复励，由于既有并励绕组，又有串励绕组，故其稳态特性介于并励电动机和串励电动机两者之间。复励电动机的机械特性如图 4-11 所示。调节串励绕组和并励绕组的磁动势比例，可以得到不同的特性。

并励磁动势为主的电动机，其稳态特性接近并励电动机。但由于有串励磁动势的存在，当负载增加、电枢电流增大时，电枢反应的去磁作用将受到抑制，使转速特性不致上翘，从而可以保证电动机的稳定运行。因此串励绕组又称为"稳定绕组"。

串励磁动势起主要作用的电动机，则稳态特性接近串励电动机，然而由于存在并励磁动势，空载时不会出现飞车现象。

第三节　直流电动机的启动

直流电动机接通电源以后，转速从零达到稳态转速的过程，称为启动过程。直流电动机的启动过程是一种动态过程，情况较为复杂，将在第七篇动态分析中讨论。本节仅介绍启动的要求和启动方法。

对直流电动机启动时的基本要求有下列四个方面：

（1）机械方面。能产生足够大的电磁转矩来克服电机的摩擦转矩、惯性转矩以及负载转矩（若带负载启动），使电机从静止状态转动起来并加速到运行状态。一般启动转矩 $T_{st}=(1.2\sim2)T_N$。

（2）电路方面。电枢电流不能超过允许范围。直流电动机开始启动时，转速 $n=0$，电枢的感应电动势 $E_a=C_e\Phi n=0$，电源电压直接加在电枢电阻 R_a 上，由于 R_a 很小，因而启动电流 $I=U/R_a$ 将达到很大的数值，使电机绕组发热并且受到很大的电磁力冲击，还会引起电网电压突然降低，影响电网上其他电气设备的正常运行。但从电磁转矩 $T_e=C_T\Phi I_a$ 来看，减小启动电流将使启动转矩随之减小。这两方面是互相矛盾的，要综合考虑。一般启动电流 $I_{st}=(1.5\sim2.5)I_N$。

（3）时间方面。启动时间要短，且符合生产技术要求。

（4）设备方面。启动设备要尽量简单、经济、可靠、操作方便。

直流电动机常用的启动方法有三种：①直接启动；②串变阻器启动；③降压启动。无论以哪种方法启动，最根本的原则是确保足够大的电磁转矩和降低启动电流。为此，在启动过程中，励磁回路的调节电阻应置零值，并保证励磁电压不受电枢启动电阻的影响，确保磁通达到最大值，以使同样电流下的电磁转矩最大，在启动电流允许范围内可产生足够大的启动转矩。

一、直接启动

直接启动是将电动机的电枢绕组直接投入额定电压的电源上。并励电动机直接启动时的接线图如图 4-12 所示。启动之前先合上励磁开关 Q1，并将励磁电流调到最大值，先使主磁场建立起来，然后合上电枢开关 Q2，使电动机启动。经动态分析可知，直接启动过程中转速和电枢电流的变化曲线如图 4-13 所示。

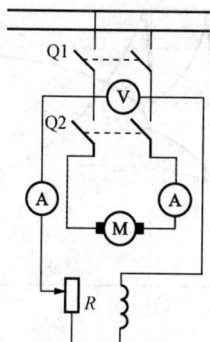

图 4-12 并励电动机直接启动时的
接线图

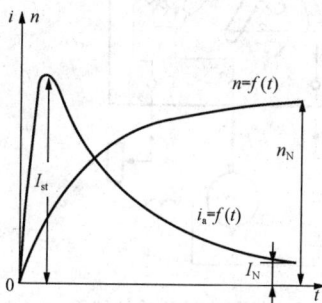

图 4-13 直接启动时转速和电枢电流的
变化曲线

直接启动法操作简单，无需其他启动设备，但启动时冲击电流较大，可达 $(10\sim20)I_N$，从而造成换向困难，出现强烈火花。故此法只用于小型电动机的启动，可适用于各种励磁方式。

二、串变阻器启动

启动时将一启动电阻 R_{st} 串入电枢回路，启动电流为

$$I_{st} = \frac{U}{R_a + R_{st}} \tag{4-21}$$

可见，只要适当选择 R_{st} 的值，就可将启动电流限制在允许的范围之内。待转速上升后再逐步切除启动电阻，启动电阻一般采用变阻器来实现。

启动变阻器的类型很多，三点启动器常用于并励电动机，其接线图如图 4-14 所示，具有电源开关、切除电阻和断磁保护三个作用。启动前，手柄置于触点 0 处，电机的电源是关断的。启动时，首先把励磁回路中的变阻器调到电阻为 0，然后把手柄从触点 0 移到触点 1 处，此时励磁绕组和电枢绕组同时接通。励磁电流达最大，建立主磁通并达到最大值；全部启动电阻串在电枢回路内，电动机开始启动。随着电动机转速的上升，可把手柄依次移过一个触点，即切除一段电阻；当手柄移到触点 5 时，切除了全部启动电阻，启动过程完毕，手柄被电磁铁 Y 吸住。在运行中，如果电源停电或励磁回路断开，电磁铁失去吸力，弹簧把手柄自动拉回到起始位置 0，以起保护作用。启动过程中，转速和电枢电流的变化曲线如图 4-15所示。

三点启动器常用来启动小容量直流并励电动机。对大容量电动机，启动变阻器十分笨重，经常启动时还会消耗很多电能。三点启动器还可以用于复励电动机。对于串励电动机，不需要励磁保护，一般用两点启动器即可。

三点启动器是采用手动方式来启动的，还可以采用自动方式，根据电机转速的变化自动切除启动电阻。

三、降压启动

降压启动就是开始启动时，给电动机电枢加很低的端电压来限制启动电流；启动后随着转速的上升，逐步增高电压，并使电枢电流限制在一定范围以内。

图 4-14　三点启动器及其接线图

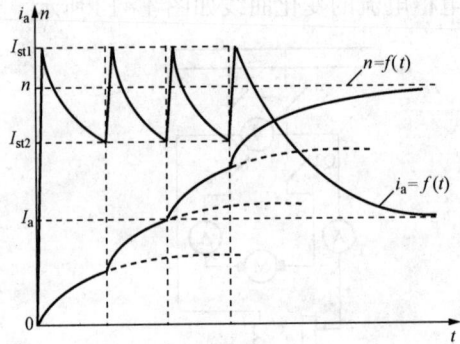

图 4-15　变阻器启动时转速和电枢电流的变化曲线

　　降压启动需要一套专用的电源来实现，有直流发电机和晶闸管整流电源两种。采用专用直流发电机时，端电压通过改变发电机的励磁电流来控制。采用晶闸管整流电源时，端电压用触发信号去控制。为使励磁不受电源电压的影响，电动机应采用他励。因此这种方法只适用于他励直流电动机。

　　降压启动法具有启动电流小，启动过程平滑，能量损耗少等优点；缺点是成本较高。

第四节　直流电动机的调速

　　某些生产机械为了满足某种生产方式的需要，要求以不同的速度工作，这就要求驱动生产机械的电动机能够改变转速。在指定负载下，人为地改变电动机的速度称为调速。而直流电动机的转速不仅能够方便地调节，而且范围宽广，过程平滑，方法简单、经济。正是具有这些独特的优点，直流电动机至今还被广泛地应用。

　　从直流电动机的转速公式

$$n = \frac{U - I_a R_a}{C_e \Phi} \tag{4-22}$$

可见，实现调速有三个途径：①改变磁通 Φ；②改变端电压 U；③改变电枢回路中的电阻 R_a。可分别采用三种方法来实现：①改变励磁电流；②改变电枢回路的端电压；③改变串入电枢回路的电阻。前者称为场控，后两者称为枢控。对于永磁直流电动机则没有场控调速方法。无论哪种方法都是将自然机械特性变成人工机械特性来运行。

一、改变励磁电流调速

　　对于并励电动机，由调节串接于励磁绕组回路的可变电阻 R_j 来改变励磁电流 I_f。不考虑饱和时 $\Phi = K_f I_f$，机械特性为

$$n = \frac{U}{C_e \Phi} - \frac{R_a}{C_T C_e \Phi^2} T_e = \frac{U}{C_e K_f} \frac{1}{I_f} - \frac{R_a}{C_T C_e K_f^2} \frac{1}{I_f^2} T_e$$

$$= \frac{C}{I_f} - \frac{D}{I_f^2} T_e \tag{4-23}$$

I_f 不同时，并励电动机的机械特性如图 4-16 所示。$I_{f2} < I_{f1} < I_{fN}$ 的三条曲线分别与负载的转矩特性交于 Q 点、P 点和 N 点，对应的转速为 n_2、n_1 和 n_N，$n_2 > n_1 > n_N$，可见减少励磁可

以升高并励电动机的转速。

在 I_f 开始减小时，由于机械惯性的作用，电机的转速来不及改变，Φ 的快速减少使得电动势 $E_a = C_e\Phi n$ 立即降低，于是电枢电流 I_a 急剧增加，电磁转矩迅速增大，$T_e > T_2$，电机加速。转速增加后，E_a 随之升高，I_a 和 T_e 减小，当 $T_e = T_2$ 时，转速稳定在 Q 点运行。

从电压方程 $U = E_a + I_a R_a$ 可知，若不考虑电枢电阻压降 $I_a R_a$，由于端电压 U 不变，则调节励磁前后 E_a 将基本不变，即 $C_e\Phi_1 n_1 \approx C_e\Phi_2 n_2$。由此可得调速前、后稳态转速的关系为

$$\frac{n_2}{n_1} \approx \frac{\Phi_1}{\Phi_2} \qquad (4-24)$$

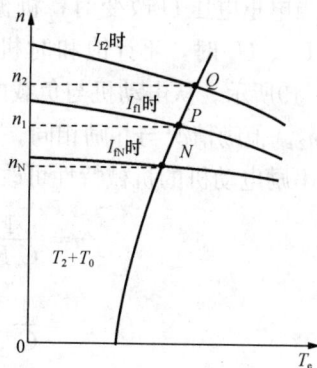

图 4-16 不同的 I_f 时并励电动机的机械特性

如果保持负载转矩不变，电动机转速上升时，将增加输出功率 $T_2\Omega$；负载转矩不变，减小励磁又使电枢电流增加，也要相应地增加输入功率；调速前、后电动机的效率将基本保持不变。

用改变励磁来调速，设备简单，能量损耗小，调节也很方便；但是调节电阻为零时，转速最低，因此只能升速不能降速。如果转速调得过高，则因励磁过弱电枢电流过大，可使换向变坏，还可能出现不稳定现象。但是，若在设计时注意到这些因素，则调速范围可达 $2:1 \sim 6:1$。此外，最高转速还要受到转子机械强度的限制。

对于串励电动机，有两种方法来改变励磁电流 I_f。其一是在励磁绕组的两端并联可变电阻，其二是在电枢绕组的两端并联可变电阻，如图 4-17 所示。由于可变电阻的分流作用，可使前者减小励磁电流，转速升高，如图 4-18 中的曲线 4 和 5 所示；后者增加励磁电流，转速降低，如图 4-18 中的曲线 2 和 3 所示。图 4-18 中的曲线 1 为自然机械特性。最低转速要受到磁饱和的限制。

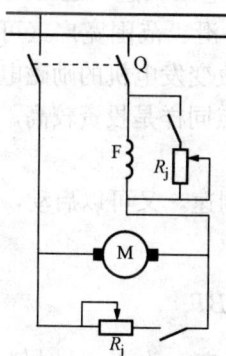

图 4-17 串励电动机调节电阻的接线图

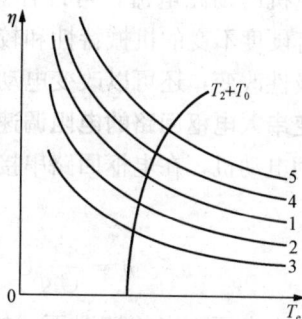

图 4-18 不同的 I_f 时串励电动机的机械特性

他励电动机和复励电动机可采用并励电动机的方法来改变励磁电流。

二、改变电枢电压调速

并励电动机的机械特性可写为

$$n = \frac{1}{C_e\Phi}U - \frac{R_a}{C_T C_e \Phi^2}T_e = AU - BT_e \qquad (4-25)$$

当电枢电压 U 改变时，机械特性的斜率 B 不变，而截距 AU 发生变化。当 U 分别为 U_N、U_1、U_2 时，不计饱和时机械特性为一组平行直线，计及饱和时则为一组曲线，如图 4-19 所示。从电动机与负载的机械特性交点可看出，当 $U_N > U_1 > U_2$ 时，转速分别 $n_N > n_1 > n_2$。他励情况与并励相同。

串励电动机的机械特性可改写为

$$n = \frac{1}{C_e K_f}\left[\sqrt{\frac{C_T K_f}{T_e}}U - (R_a + R_f)\right]$$

$$= \frac{1}{C_e}\sqrt{\frac{C_T}{K_f}}\frac{U}{\sqrt{T_e}} - \frac{R_a + R_f}{C_e K_f} = E\frac{U}{\sqrt{T_e}} - F \qquad (4-26)$$

当电枢端电压分别为 U_N、U_1 和 U_2 时，机械特性如图 4-20 所示。由电动机和负载的机械特性的交点可见，当 $U_N > U_1 > U_2$ 时，$n_N > n_1 > n_2$。

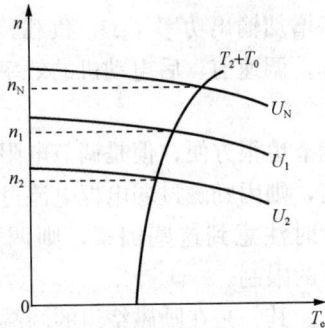

图 4-19　不同电枢电压时并励
电动机的机械特性

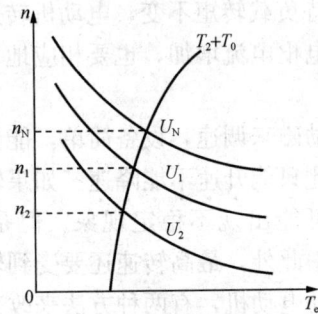

图 4-20　不同电枢电压时串励
电动机的机械特性

可见，调压调速的趋势是转速随电枢电压的上调而升高。

与降压启动采用同一套专用电源，即可以实现改变电枢电压调速，还可以实现降压启动。改变发电机的励磁电流，可以任意调速，优点是过程平滑、范围宽广（可达 20：1～25：1），具有硬度不变的机械特性和较高的运行效率。如果改变发电机的励磁电流方向，使其端电压的极性改变，还可以改变电动机的转动方向。其缺点同样是投资较高。

三、改变串入电枢回路的电阻调速

对于并励电动机，在电枢回路串接调节电阻 R_Ω 既可以调速，又可以启动，其机械特性可写为

$$n = \frac{1}{C_e \Phi}U - \frac{R_a + R_\Omega}{C_T C_e \Phi^2}T_e = AU - BT_e \qquad (4-27)$$

不计饱和时，在电压不变的情况下，机械特性的截距 AU 不变；改变 R_Ω 时斜率 B 发生变化。当 R_Ω 增加时，斜率随之增大，电动机和负载的机械特性的交点将逐步下移，电动机的转速就下降，即增加调节电阻，则转速降低，计及饱和时电枢接入调速电阻后并励电动机的机械特性如图 4-21 所示。

当调节电阻 R_Ω 增加时，在最初瞬间由于惯性电动机的转速来不及改变，则电动势不变，电枢电流将减小，于是引起电磁转矩减小，电机开始减速。此时，电动势开始降低，电枢电流加大，电磁转矩增大，当电磁转矩回复到原有数值时，电机以新的转速稳定运行。

对于串励电动机，机械特性可改写为

$$n = \frac{1}{C_e}\sqrt{\frac{C_T}{K_f}}\frac{U}{\sqrt{T_e}} - \frac{R_a + R_f + R_\Omega}{C_e K_f} = E\frac{U}{\sqrt{T_e}} - F \qquad (4\text{-}28)$$

可见，增加 R_Ω 时，F 变大，机械特性下移，使工作点的转速降低，如图 4-22 所示。

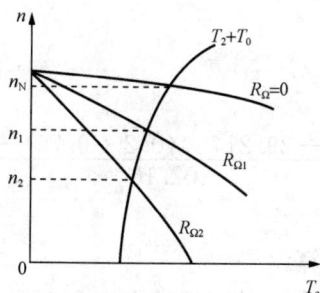

图 4-21　电枢接入调速电阻后并励
电动机的机械特性

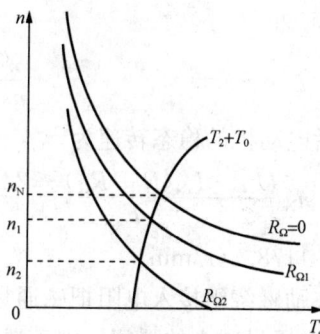

图 4-22　电枢接入调速电阻后串励
电动机的机械特性

这种方法调速的优点是简单易行，缺点是：①效率较低，如果负载转矩不变，则调速后电磁转矩 $T_e = C_T\Phi I_a$ 也不变，即电枢电流应保持不变，电动机的输入功率 $P_2 = UI_a$ 也不变，由于电枢电路串接调节电阻，铜损耗增加，电动机的输出功率 $P_2 = T_2\Omega$ 将随着转速的下降而成比例地下降，因此效率降低。②机械特性变软，使负载变动时电动机产生较大的速度变化。③当调节电阻为零时，转速最高，因此只能降速不能升速。④调节电阻 R_Ω 只能分段调节，为有级调速，过程不平滑。⑤轻载时由于电枢电流小，故调速范围小。

这种方法调速还可用于他励电动机和复励电动机。

【例 4-2】 有一台并励电动机，$P_N = 3kW$，$U_N = 110V$，$I_N = 30A$（线路电流），$n_N = 1500r/min$，$R = 0.2\Omega$，$R_{fN} = 140\Omega$，$\Delta U_s = 1V$。设在额定负载下，若不计电枢电感的影响，并略去电枢反应，在电枢回路中接入 0.75Ω 的电阻和在励磁绕组接入电阻把磁通量减少 20% 时，试分别计算：

（1）接入电阻瞬间电枢的电动势、电枢电流和电磁转矩。

（2）若负载转矩不变，求稳态时电动机的转速。

解（1）电枢回路中接入 0.75Ω 电阻时的计算：

1）额定负载时，电枢电流为

$$I_{aN} = I_N - I_{fN} = 30 - \frac{110}{140} = 29.214(A)$$

接入电阻瞬间，由于惯性使电动机的转速来不及变化，且主磁通保持不变，故电枢电动势保持不变，为原先的数值，即

$$E'_{aN} = U_N - I_{aN}R - 2\Delta U_s = 110 - 29.214 \times 0.2 - 2 = 102.16(V)$$

接入电阻瞬间，电枢电流将突然减小为

$$I'_a = \frac{U_N - E'_{aN} - 2\Delta U_s}{R + R_\Omega} = \frac{110 - 102.16 - 2}{0.2 + 0.75} = 6.1474(A)$$

相应的电磁转矩为

$$T'_e = \frac{E'_{aN} I'_a}{\Omega_N} = \frac{102.16 \times 6.1474}{2\pi \times \frac{1500}{60}} = 3.9981(\text{N} \cdot \text{m})$$

2）由于负载转矩不变，故调速前、后的电磁转矩应保持不变；若略去电枢反应，可认为磁通保持不变，于是从 $T_e = C_T \Phi I_a$ 可知，调速前、后电枢电流的稳态值不变。这样，从 $E_a = C_e \Phi n$ 可知

$$\frac{n''}{n_N} = \frac{E''_a}{E_{aN}} \cdot \frac{\Phi_N}{\Phi''} = \frac{E''_a}{E_{aN}}$$

所以调速后电动机的稳态转速为

$$n'' = n_N \frac{U_N - I_{aN}(R + R_\Omega) - 2\Delta U_s}{E_{aN}} = 1500 \times \frac{110 - 29.214 \times (0.2 + 0.75) - 2}{102.16}$$

$$= 1178.3(\text{r/min})$$

（2）在励磁绕组接入电阻把磁通量减少 20% 时的计算：

1）在磁通量减少的瞬间，由于惯性使转速来不及变化，故磁通减少 20% 时电枢电动势也减少 20%，于是

$$E'_a = 0.8 E_{aN} = 0.8 \times 102.16 = 81.728(\text{V})$$

此时电枢电流将突然增加到

$$I'_a = \frac{U_N - E'_a - 2\Delta U_s}{R} = \frac{110 - 81.728 - 2}{0.2} = 131.36(\text{A})$$

相应的电磁转矩为

$$T'_e = \frac{E'_{aN} I'_a}{\Omega_N} = \frac{81.728 \times 131.36}{2\pi \times \frac{1500}{60}} = 68.346(\text{N} \cdot \text{m})$$

2）因负载转矩不变，故调速前、后电磁转矩的稳态值保持不变，于是从 $T_e = C_T \Phi I_a$ 可知，电枢电流的稳态值与磁通成反比，即

$$\frac{I''_a}{I_{aN}} = \frac{\Phi_N}{\Phi''}, \quad I''_a = I_{aN} \frac{\Phi_N}{\Phi''} = 29.214 \times \frac{1}{0.8} = 36.518(\text{A})$$

于是调速后转速的稳态值为

$$n'' = n_N \frac{E''_a}{E_{aN}} \cdot \frac{\Phi_N}{\Phi''} = 1500 \times \frac{110 - 36.518 \times 0.2 - 2}{102.16} \times \frac{1}{0.8} = 1848.1(\text{r/min})$$

第五节 直流电动机的制动

在实际运行中，有时需要尽快地使电动机停转，或者由高速运行很快地进入低速运行，或者限制速度，都需要对电动机进行制动。制动的实质是在电动机转轴上施加与其旋转方向相反转矩的一种运行状态。这个转矩若是机械转矩，则称为机械制动；若是电磁转矩，则称为电磁制动。电磁制动没有机械磨损。下面介绍三种电磁制动方法。

一、能耗制动

要使一台正在运行中的直流电动机迅速停止转动，仅切断电源是不够的。如图 4-23 所示，用开关 Q 将电枢两端从电网断开后，应立即接到一个制动电阻 R_L 上。这时励磁绕组没断电，励磁电流保持不变，电机内主磁通也不变；由于惯性的作用，电枢继续旋转，电枢绕

组中仍然感应电动势。此时外加电压 $U=0$，电枢回路电阻为 R_a+R_L，根据电压方程和电动势公式，电枢电流为

$$I_a = \frac{U-E_a}{R_a} = \frac{-E_a}{R_a+R_L} = -\frac{C_e\Phi n}{R_a+R_L} \qquad (4-29)$$

电流为负值，意味着电流反向，从电机流出。此时电机变成他励发电机，向制动电阻供电，产生的电磁转矩为

$$T_e = C_T\Phi I_a = -\frac{C_T C_e \Phi^2}{R_a+R_L}n \qquad (4-30)$$

电磁转矩也为负值，表示方向与转子转向相反，属于制动性转矩，故使转速迅速下降，直到停止转动。由式（4-30）可得制动时的机械特性为

$$n = -\frac{R_a+R_L}{C_T C_e \Phi^2}T_e \qquad (4-31)$$

可见该机械特性的截距为零，是通过原点的直线，由于转速为正时，电磁转矩为负，该直线应在第二象限，如图 4-24 所示。斜率随 R_L 的增大而变大。改变 R_L 可调节电枢电流和电磁转矩，得到不同的停转时间。

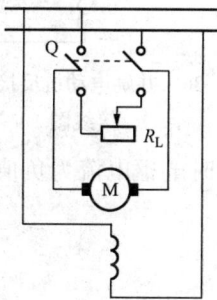

图 4-23 并励电动机能耗制动时的
接线图

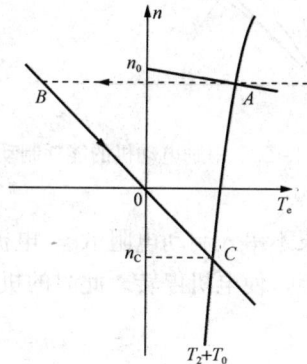

图 4-24 能耗制动时的机械特性

　　这种制动方法利用转子的动能来取得制动转矩，大部分的动能转换成电能消耗在制动电阻上，小部分的动能消耗于电机的机械损耗，因此称为能耗制动或动能制动。随着动能的消耗，转速下降，电动势和电枢电流也随之减小，制动转矩越来越小。停止转动时，制动转矩即为零。

　　能耗制动初瞬，由于转速不能跃变，电动机的运行点从运行时机械特性上的 A 点移到能耗制动机械特性上的 B 点，然后沿着能耗制动机械特性下降到原点，电磁转矩和转速都为零，如图 4-24 所示。若电动机用于起重机上正吊起重物，此时如不采取措施，在负载转矩的作用下，电动机开始反转。电动机作发电机运行，电动势、电流和电磁转矩都反向，对重物起制动作用，运行点从原点下降，到达 C 点时电磁转矩等于负载转矩，电机稳定运行，以 n_C 速度匀速下降重物。此时称为能耗制动运行状态。改变 R_L 可调节 n_C。

　　能耗制动操作简便，不需要电网提供电能，比较经济。但低速时制动转矩很小，停转较慢；为加快停转，可与机械制动闸配合使用。能耗制动适用于他励、并励和复励电动机。

对于串励电动机，励磁绕组必须适当改接。如图4-25所示，曲线1、2、3为不同转速时的外特性，直线4为制动电阻为R_L时的伏安特性。当转速低于n_1时，失去制动能力，必须采用机械制动闸。

二、反接制动

反接制动可分为电压反接制动和电动势反接制动两类。

1. 电压反接制动

电压反接制动是利用反向开关Q把电枢两端反接到电网上，同时串入制动电阻R_L，并保持励磁电流不变，接线如图4-26所示。此时电压变为负值，电枢电流为

$$I_a = \frac{-U-E_a}{R_a+R_L} = -\frac{U+E_a}{R_a+R_L} \tag{4-32}$$

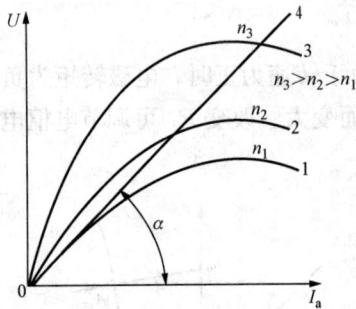

图4-25 串励电动机的能耗制动　　图4-26 并励电动机反接制动时的
接线图

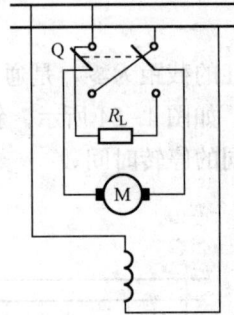

可见如果不串入制动电阻R_L，电流将会非常大。此时电枢电流为负值，将产生制动性质的电磁转矩，使电机停转。此时的机械特性为

$$n = -\frac{U}{C_e\Phi} - \frac{R_a+R_L}{C_T C_e \Phi^2} T_e \tag{4-33}$$

可见该机械特性的截距为负值，如图4-27所示。制动过程与能耗制动相似，在C点停转，$n=0$，此时仍有较大的制动转矩。注意，此时电动机的转矩如果大于负载转矩，应迅速给电枢断电，否则，电动机将会反向启动，最后稳定运行在D点。如将励磁回路反接则是同样效果。

电压反接制动的优点是制动转矩大，能很快地使电动机停转。其缺点是电枢电流过大，对电机产生冲击，引起电网电压降低。因此，反接时必须串入足够的限流电阻R_L，使电枢电流I_a限制在允许值之内（一般$2I_N$）。

2. 电动势反接制动

电动机在电枢回路串接调节电阻R_Ω调速过程中，当R_Ω增大到一定程度时，工作点将出现在第四象限，速度为负值，电机反转，电磁转矩为制动性质，如图4-28所示。此时电动势反向，故称为电动势反接制动，也称正接反转或倒拉反转。

电动势反接制动常用于起重设备低速下放重物的场合。提升重物时，电动机在A点以速度n_A运行。需要下放重物时，在电枢回路串入电阻，初瞬转速不能跃变，工作点从A移到B，然后沿着电动势反接制动机械特性下降到C点。此时转速和电动势均为零，电磁转矩小于负载转矩，负载转矩将拖动电动机反转。反转后电动势改变方向，但电枢电流和电磁转

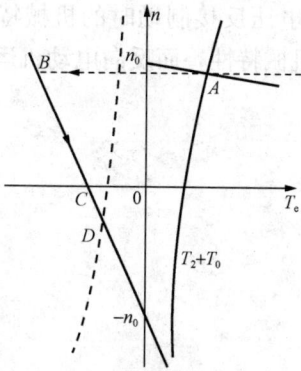

图 4-27　电压反接制动时的
机械特性

图 4-28　电动势反接制动时的
机械特性

矩方向不变，电磁转矩变为制动性质。工作点下移到 D 点，电磁转矩与负载转矩相平衡，以速度 n_D 稳定运行。改变电阻 R_Ω，起重设备可以不同的速度下放重物。

无论哪一种反接制动，制动时电网都要向电动机提供电功率，而负载向电动机提供机械功率（电压反接时由动能，电动势反接时由位能），这些能量全部消耗在电枢回路的电阻上，很不经济。

三、回馈制动

当电力机车下坡时，如果切断电源，不加以制动，在重力的作用下，机车速度会越来越高甚至达到危险的数值。如果在这时仍把电动机的电枢接在电网上，并保证有适当的励磁电流，则当转速高到某一数值时，电机的电动势 $E_a > U$，电枢电流则反向，电机进入发电机运行状态，此时电磁转矩起制动作用，限制转速继续上升。把下坡时机车的位能转换为电能而回馈给电网，故称为回馈制动，因此回馈制动的经济性很好。串励电动机回馈制动时，要改为并励或他励，以保证励磁。

回馈制动时的机械特性实际上是电动机的机械特性在第二象限的延伸，如图 4-29 所示。P 点相当于 $E_a = U$、$I_a = 0$、$T_e = 0$ 的情况。转速 n 超过 P 点后，$E_a > U$，I_a 和 T_e 都变为负值，电机进入发电机运行状态，即回馈制动。转速 n 低于 P 点，电机进入电动机运行状态。

在电动机运行时逐步降低电压也可以实现回馈制动。

综上所述，一台直流电机只要电枢回路的总电阻和励磁电流不变，无论是运行在发电机状态还是电动机状态，其机械特性是同一条曲线，如图 4-29 所示。如果规定电动机运行时的转矩和转向都为正，则电动机运行时的机械特性为第一象限的一段，发电机运行（或回馈制动）时的机械特性应为第二象限的一段，而第四象限的一段则为电动势反接制动时的机械特性。能耗制动时机械特性的截矩为零，机械特性平移到通过原点的位置，第二象限的一段

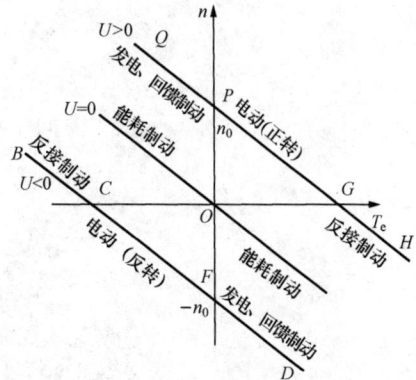

图 4-29　并励电机各种运行状态下的
机械特性

对应正转，第四象限的一段对应反转。当电压反接时机械特性的截矩为负，机械特性平移到通过 F 点的位置，使 $OF=OP$。第二象限的一段为电压反接制动时的机械特性，第四象限的一段则为反接回馈制动（发电机反向运行）时的机械特性，而反向电动机运行时的机械特性为第三象限的一段。

第五章 直流电机的换向

换向是直流电机的关键问题之一。换向不良，在电刷下将产生有害的火花。当火花超过一定的程度，就有烧坏电刷和换向器的危险，使电机不能正常运行。火花同时又是电磁波的来源，将对无线电通信产生干扰。因此研究换向问题具有重要意义。本章主要介绍换向过程、换向的电磁理论、换向过程中火花产生的原因以及改善换向的方法。

第一节 直流电机的换向过程

直流电机工作时，随着电枢的旋转，组成电枢绕组的线圈被电刷轮流短接。线圈被短接前后，将由一条支路转入另一条支路，线圈里的电流要改变方向，称为换向。线圈电流改变方向的过程称为换向过程。

现以单叠绕组为例，线圈中电流的换向过程如图 5-1 所示。为清楚起见，图中的线圈稍加变形。设电刷与换向片的宽度相等，忽略换向片间的绝缘厚度，换向器从右向左运动。当换向片1单独接触电刷时 [见图 5-1 (a)]，线圈1属于电刷右边的支路，其中流过的是右边支路的电流，方向从右线圈边流向左线圈边，可定为 $i=+i_a$；随着电枢的旋转，换向片1和2同时接触电刷 [见图 5-1 (b)]，电刷将线圈1短路，此时线圈1进入换向过程，其中流过的电流 $i \neq i_a$；电枢继续旋转，换向片2单独接触电刷 [见图 5-1 (c)]，线圈1就转入电刷左边的支路，其中的电流变为左边支路时，改变了方向，变为 $i=-i_a$，换向结束。

正在进行换向的线圈称为换向线圈，换向线圈中的电流 i 称为换向电流。换向线圈与两个换向片及电刷构成闭合电路，称为换向回路。在换向过程中，换向线圈的线圈边在电枢表面上所移过的距离称为换向区域。换向过程经历的时间称为换向周期 T_c，即

$$T_c = \frac{60}{n}\frac{b_b}{\pi D_k} = \frac{60}{nK} \qquad (5-1)$$

式中：b_b 为电刷宽度；D_k 为换向器外径；n 为电机转速；K 为换向片数。

换向周期相当于线圈被电刷短路的整个时间，通常 $T_c = 0.0005 \sim 0.002s$，可见换向过程是在极短时间内完成的，如图 5-2 所示。在换向周期内，线圈1中电流发生了 $2i_a$ 的变化。

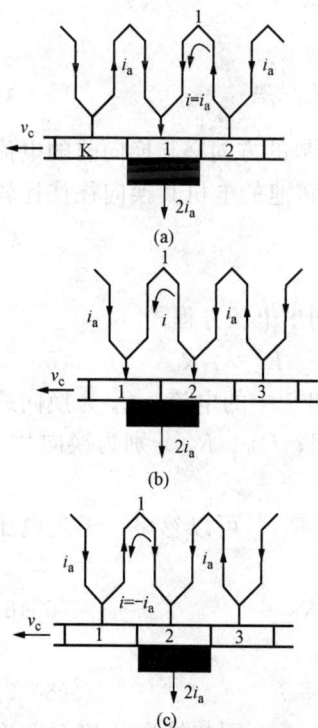

图 5-1 换向过程

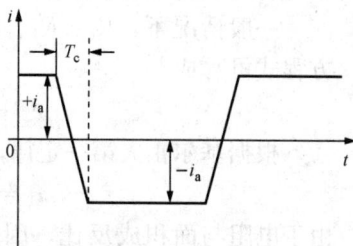

图 5-2 理想的线圈电流变化过程

第二节 换向的电磁理论

换向过程中，换向线圈中会产生电动势，引起换向线圈中电流的变化，并影响换向。

一、换向线圈中的电动势

换向线圈中的电动势可分为运动电动势和电抗电动势。

1. 运动电动势

由于电枢反应，使得几何中性线处的气隙磁场不为零，处于几何中性线处的换向线圈边切割这个磁场将会产生运动电动势

$$e_c = 2N_c B_c l v \tag{5-2}$$

式中：N_c 为换向线圈的匝数；B_c 为换向线圈切割的磁通密度；l 为换向线圈边的有效长度；v 为电枢表面的线速度。

分析表明，运动电动势的方向与换向前的电流方向相同，阻碍换向。

2. 电抗电动势

由于换向电流的变化，产生的漏磁通也发生变化，必然会产生自感电动势。此外，同时换向的其他线圈产生的漏磁通也会在该线圈中产生互感电动势，尤其是复合电枢绕组。两者合成的电动势称为电抗电动势。换向线圈所产生的气隙磁通汇入电枢反应主磁通，作用不大可忽略。在换向周期内，电抗电动势平均值为

$$e_r = -\left(L_c + \sum M\right) \frac{\mathrm{d}i}{\mathrm{d}t} = -L_r \frac{\mathrm{d}i}{\mathrm{d}t} \tag{5-3}$$

式中：L_r 为换向线圈的等效漏电感；L_c 为自感；M 为互感。

电抗电动势平均值为

$$e_{rav} = \frac{1}{T_c} \int_0^{T_c} e_r \mathrm{d}t = \frac{1}{T_c} \int_{+i_a}^{-i_a} \left(-L_r \frac{\mathrm{d}i}{\mathrm{d}t}\right) \mathrm{d}t = L_r \frac{2i_a}{T_c} \tag{5-4}$$

根据楞次定律，e_r 的作用总是阻碍电流变化的，故电抗电动势的方向必与换向前的电流方向相同。可见 e_r 与 i_a 成正比，与 T_c 成反比，因此大电流、高转速的电机其换向往往比较困难。

二、换向线圈中电压方程式

在图 5-3 所示的换向回路中，根据基尔霍夫第二定律，可列出电压方程式

$$e_c + e_r = iR_c + i_1 R_1 + i_1 R_{b1} - i_2 R_2 - i_2 R_{b2} \tag{5-5}$$

式中：i 为换向电流；i_1、i_2 分别为引线 1 和 2 中的电流；R_c 为换向线圈的电阻；R_1、R_2 分别为引线 1 和 2 的电阻；R_{b1}、R_{b2} 分别为换向片 1 和 2 与电刷间的接触电阻。

一般情况下，R_c、R_1、R_2 远小于 R_{b1}、R_{b2}，可以忽略，于是电压方程式可写成

$$e_c + e_r = i_1 R_{b1} - i_2 R_{b2} \tag{5-6}$$

根据基尔霍夫第一定律，对于 a、b 点有

$$i_1 = i_a + i; \quad i_2 = i_a - i \tag{5-7}$$

由于电阻与面积成反比，因此接触电阻反比于电刷与换向片接触宽度（即换向片移动的时间），如果设 R_b 为整个电刷的接触电阻，于是可得

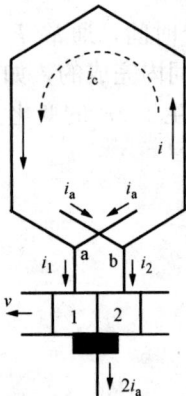

图 5-3 换向回路

$$
\left.\begin{array}{l}
R_{b1} = R_b \dfrac{T_c}{T_c - t} \\[3mm]
R_{b2} = R_b \dfrac{T_c}{t}
\end{array}\right\} \tag{5-8}
$$

三、电流变化的规律

将式（5-7）和式（5-8）代入电压方程式（5-6），并对换向电流 i 求解，可得

$$
i = i_a\left(1 - \frac{2t}{T_c}\right) + \frac{e_c + e_r}{R_b}\left(\frac{t}{T_c} - \frac{t^2}{T_c^2}\right) = i_L + i_c \tag{5-9}
$$

可见换向电流由两项组成：i_L 为直线换向电流；i_c 为附加换向电流，由合成电动势 $e_r + e_c$ 所产生，是环流。由于电刷与换向片的接触面积正比于接触时间，考虑到式（5-7）和式（5-9）的关系，可得后刷边（换向片离开边）和前刷边（换向片进入边）的电流密度分别为

$$
j_{b1} = \frac{i_1}{A_{b1}} = \frac{i_1 T_c}{A_b(T_c - t)} = \frac{2i_a}{A_b} + \frac{e_c + e_r}{R_b A_b}\frac{t}{T_c} \tag{5-10}
$$

$$
j_{b2} = \frac{i_2}{A_{b2}} = \frac{i_2 T_c}{A_b t} = \frac{2i_a}{A_b} + \frac{e_c + e_r}{R_b A_b}\frac{t}{T_c} - \frac{e_c + e_r}{R_b A_b} = j_{b1} - \frac{e_c + e_r}{R_b A_b} \tag{5-11}
$$

式中：A_{b1} 和 A_{b2} 为换向片 1 和 2 与电刷间的接触面积；A_b 为整个电刷的接触面积。

当合成电动势 $e_r + e_c = 0$ 时，附加换向电流 $i_c = 0$，换向电流 i 只有 i_L 项，变化规律大体为一直线，这种换向称为直线换向，当时间 $t = T_c/2$ 时，$i = 0$，如图 5-4 中的 i_L 曲线所示。此时换向电流随时间的变化规律仅由换向回路内电阻的变化规律来决定，又称为电阻换向。换向电流均匀连续地变化。由式（5-10）和式（5-11）可见，后刷边和前刷边的电流密度相等，即

$$
j_{b1} = j_{b2} = \frac{2i_a}{A_b} \tag{5-12}
$$

可见，在换向周期内任一瞬间，电刷接触面上的电流密度都是均匀分布的，于是发热也均匀，因此换向良好，是理想换向情况。

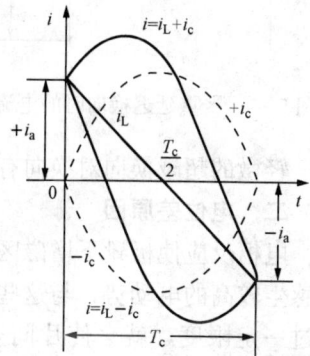

图 5-4 换向线圈中的电流变化

当合成电动势 $e_r + e_c > 0$ 时，则换向电流为图 5-4 中的 $i = i_L + i_c$ 曲线。i_c 的出现使换向线圈中电流改变方向的时刻向后推延，$i = 0$ 时，$t > T_c/2$，因此称为延迟换向。由式（5-10）和式（5-11）可见，后刷边的电流密度 j_{b1} 大于前刷边的电流密度 j_{b2}。

当合成电动势 $e_r + e_c < 0$ 时，则换向电流为图 5-4 中的 $i = i_L - i_c$ 曲线。附加换向电流 i_c 将反向，因而换向线圈中电流改变方向的时刻将比直线换向时提前，$i = 0$ 时，$t < T_c/2$，因此称为超越换向。由式（5-10）和式（5-11）可见，前刷边的电流密度 j_{b2} 大于后刷边的电流密度 j_{b1}。

第三节 产生火花的原因

产生火花的原因很多，互相影响，错综复杂，要结合具体情况来分析。按其根源来分类，主要有四种原因。

一、电磁原因

产生火花的电磁原因可分为两类：一类属于过热，另一类是放电。

过热产生火花是由于电刷局部电流密度过高引起的。对于直线换向，电刷接触面上的电流密度始终都是均匀分布的，并且不高，故不会产生火花。对于过分延迟换向，后刷边的电流密度可能过高；对于过分超越换向，前刷边的电流密度可能过高。如果电刷与换向器是理想面接触，不易产生火花。然而，电刷与换向器的接触并非完全的面接触，而是点接触。当电流较小时，通过这些接触点传导。当电流较大时，接触点被烧成红热而具备热放射条件，放射出带正电荷的离子，此时离子传导起主要作用。加以开始时只在少数点接触，接触电压降增大，导致电刷与换向片间有较大的电压，于是形成离子导电，而产生火花。

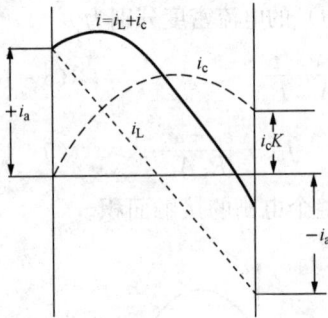

图 5-5　严重延迟换向时的电流

放电产生火花是由于换向回路突然断开时磁场能量释放引起的，即所谓的开关现象。理论上无论是直线换向还是延迟换向或超越换向，当换向片接近和离开电刷时，由于 $i_c = 0$，不会产生放电火花。当严重延迟换向时，由于后刷边电流过大，形成离子导电，电刷离开换向片前，限制附加换向电流的接触电阻 R_b 一直呈现低值，不再连续地趋于无穷大，在 $t = T_c$ 时，i_c 的数值并不为零，具有较大的数值，如图 5-5 所示。在换向结束时，换向回路突然断开，如果此时换向回路储存着的磁场能量 $L_r i_c^2 / 2$ 足够大，它将以火花形态由后刷边放出。

轻微的超越换向对换向有一定好处，但过度的超越换向也是不好的。

二、电位差原因

电枢反应使极靴下增磁区域的气隙磁场达到很高的值。当线圈"切割"该处磁场时，就会感生较高的电动势，与这些线圈相连接的两换向片之间的电位差就会较高。当片间电位差超过一定限度，就会使片间空气游离击穿，形成电弧，而产生电位差火花。在换向不利的情况下，电磁性火花与电位差火花汇合在一起，可导致正、负电刷之间形成很长的电弧，使换向器的整个圆周上发生环火，如图 5-6 所示。发生环火就相当于电枢绕组经过电刷直接短路，因此不仅会烧坏电刷和换向器表面，而且还会严重损害电枢绕组。

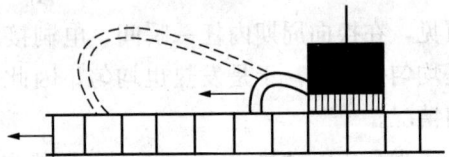

图 5-6　环火

三、机械原因

换向器偏心、换向片间的云母绝缘突出或厚度不均、转子平衡不良、电刷在刷握盒中松动、电刷压力不适当、电刷和换向器的表面粗糙以及不清洁等，都可能导致电刷与换向器接触不良或发生振动而产生火花。也有由于各个刷杆之间或磁极之间距离不相等，使换向线圈受到主极磁场的作用而引起火花。

四、化学原因

电刷与换向器表面存在水汽，电流流过时发生电解，换向器表面形成一层电阻较大的氧化亚铜薄膜，可抑制附加换向电流，有利于换向，同时还起润滑作用。如果电刷压力过大、在高空缺乏氧与水汽或在具有破坏氧化膜的气体（如酸性气体等）的环境工作，都会使换向器表面的氧化膜遭到破坏，于是就容易引起火花。

此外，电刷材料的性能、几何尺寸、电机的运行状态以及电力电子器件的应用等都是引起火花的原因。

电刷下的小部分发生微弱火花对电机运行并无危害，但如果火花范围扩大和程度强烈，则将烧灼换向器和电刷，使其表面粗糙和留有灼痕，而不光滑的换向器表面与粗糙的电刷接触又使火花程度加强。如此循环积累下去，将很快使电机不能继续运行。所以，在实际运行时，电刷下面的火花应限制在一定程度内。我国国家标准 GB 755—1981 将火花分成 5 个等级：

（1）1 级：电刷下无火花，换向器上没有黑痕以及电刷上没有灼痕。

（2）1¼级：电刷边缘仅小部分（约 1/5～1/4 刷边长）有断续的少量微弱点状火花，换向器表面没有黑痕以及电刷上没有灼痕。

（3）1½级：电刷边缘大部分（大于 1/2 刷边长）有连续的较稀的颗粒状火花；换向器表面有黑痕，但不发展，用汽油可擦除，同时电刷上有轻微灼痕。

（4）2 级：电刷边缘全部或大部分有连续的较密的颗粒状火花，开始有断续的舌状火花；换向器表面有黑痕，用汽油不能擦除，同时电刷上有灼痕。如短时出现这一级火花，换向器上不出现灼痕，电刷不会烧焦或损坏。

（5）3 级：电刷整个边缘有强烈的舌状火花，伴有爆裂声音；换向器表面黑痕较严重，用汽油不能擦除，同时电刷上有灼痕。如在这一级火花等级下短时运行，则换向器上将出现灼痕，同时电刷将被烧焦或损坏。

关于直流电机允许的火花程度，一般应在电机技术条件里说明。如果不加以说明，则对正常工作的电机，其火花等级应不超过 1½级。

第四节　改善换向的方法

改善换向的目的在于消除电刷下的火花。一般采取以改善电磁换向性能为主，改善机械和化学条件为辅的原则。产生火花的基本电磁原因是附加换向电流 i_c 的出现，要消除这个电流有减小换向回路的合成电动势 e_r+e_c 和增加换向回路的电阻两个途径。一般采用装置换向极或移动电刷位置减小 e_r+e_c，选用接触电阻大的电刷增加换向回路的电阻。产生环火的原因是两换向片之间的电位差，可采用补偿绕组来消除。再配合改善工艺条件和运行环境进一步消除火花。此外，还有减少线圈匝数，增大电刷宽度，采用短距线圈、异槽式线圈和槽阻尼等方法来减小 e_r。下面分别介绍几种常用的改善换向的方法。

一、装置换向极

装置换向极是改善换向的最有效方法，换向极装于几何中性线处，如图 5-7 所示。换向极产生的磁动势方向应与电枢磁动势方向相反，且比电枢磁动势稍强。除了抵消电枢磁动势外，还建立一个与之相反的换向磁场 B_c，使换向线圈切割 B_c 后产生的电动势 e_c 与电抗电动势 e_r 相抵消，使换向线圈内的合成电动势为零或稍小于零，消除附加换向电流 i_c，从而实现理想换向或超越换向，改善电机的换向。

换向极的极性可由换向极磁场与交轴电枢磁场相反的

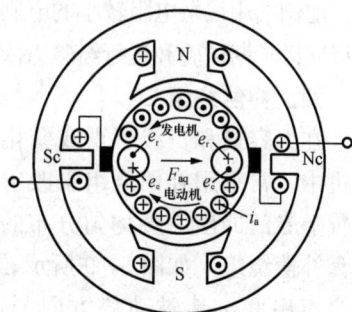

图 5-7　用换向极改善换向

原则来确定。如图 5-7 所示，作为发电机运行时，电枢磁场的方向为自左至右，故换向极磁场的方向应为自右至左。由此可见，在发电机中，换向极的极性应与顺电机旋转方向的前方主极的极性相同。作为电动机运行时，如果电枢电流方向不变，电枢磁场和换向极磁场的方向也不变，但电枢反向旋转。因此在电动机中，换向极的极性应与逆电机旋转方向的前方主极的极性相同。由于电抗电动势 e_r 与电枢电流成正比，所以换向磁场 B_c 也应与电枢电流成正比，以使 e_c 和 e_r 在不同的负载电流下均能抵消，所以换向极绕组应该和电枢绕组串联。

实践证明，只要换向极的设计和调整良好，就能达到无火花换向。因此当直流电机容量大于 1kW 时，一般都装设换向极。

二、移动电刷位置

在未装置换向极的小型电机中，把电刷从换向器的几何中性线移开一个适当的角度，使

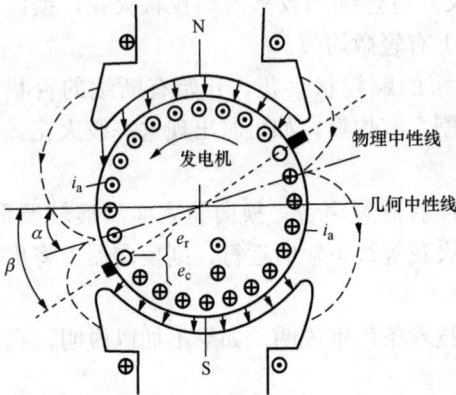

图 5-8　移动电刷改善换向

换向区域随之从电枢上的几何中性线移开一个相应的角度而进入主极磁场之下，利用主极磁场来代替换向极所产生的换向磁场，同理可获得必要的运动电动势以抵消电抗电动势。移刷方向如下：对于发电机运行应顺电机旋转方向，对于电动机运行应逆电机旋转方向。如图 5-8 所示，电刷移动角度 β 的大小，须使移刷后换向线圈能产生适当的 e_c 以抵消 e_r，一般大于物理中性线偏离几何中性线的角度 α。

用移刷来改善换向的方法存在两个严重缺点：其一，移刷后产生的直轴去磁电枢反应，将使发电机的电压降低，使电动机的转速升高；其二，因电抗电动势 e_r 随负载而变化，故必须随着负载的变化不断地调节电刷的位置，这是很难实施的。因此这种方法除在个别小容量直流电机中使用外很少采用。

三、选用合适的电刷

增加电刷接触电阻可以改善换向，却增加了电刷接触电阻压降，从引导电枢电流的角度看，应减小电刷接触电阻。故对不同的电机必须综合考虑，选用相应合适的电刷。

一般来说，对于换向并不太困难的中、小型电机，通常采用石墨电刷；对于换向比较困难的电机，常采用碳—石墨电刷；对于低压大电流电机，则常采用接触电压降较小的青铜—石墨或紫铜—石墨电刷；对于不逆转的电机，可采用组合电刷，即后刷端用接触电阻较大的电刷以控制火花，前刷端用接触电阻较小的电刷以加大允许电流；对于换向问题严重的大型直流电机，电刷的选择应以长期试验和运行经验为依据。

四、补偿绕组

在大容量和负载繁重或变化剧烈的中大型电机中，常采用补偿绕组来改善换向。在主极极靴上专门冲出一些均匀分布的槽，槽内嵌放一套补偿绕组，如图 5-9 所示。补偿绕组与电枢绕组串联，其磁动势方向与电枢磁动势相反，使在任何负载下均能减少或消除电枢反应

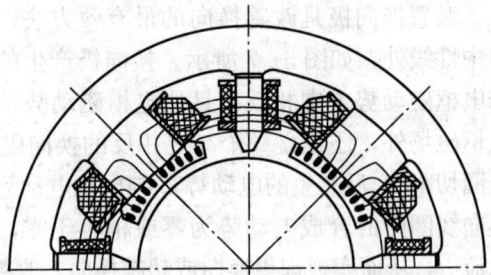

图 5-9　补偿绕组

所引起的气隙磁场畸变，达到消除电位差火花和环火的目的。

思 考 题

1-1 直流电机电枢绕组线圈内的感应电动势和电流是直流吗？换向器在直流电机中起什么作用？

1-2 一台直流发电机可以作为电动机运行吗？直流电机的励磁方式有几种，各有什么特点？

1-3 直流电机电枢绕组只有一个线圈即可运行，为什么要用许多线圈串联组成？线圈越多越好吗？

1-4 直流电机的电枢铁心为什么要用硅钢片，而定子轭可以用钢板或铸钢？直流电机有铁心损耗吗？

1-5 直流电机的磁极固定，电刷与电枢同时旋转，电刷两端的电压是直流还是交流？电枢固定，电刷与磁极同时旋转，电刷两端的电压是直流还是交流？

1-6 直流发电机中产生电磁转矩吗？直流电动机中产生感应电动势吗？

1-7 直流电机的主磁通与电枢绕组和励磁绕组同时交链，电枢绕组中为什么有感应电动势，而励磁绕组中却没有？

1-8 直流电机电枢绕组为什么必须是闭合的？断开一处会如何？为什么至少要有两条并联支路？

1-9 在换向器上电刷正常应当置放在什么位置？为什么？物理中性线和几何中性线是一回事吗？

1-10 一台直流电机，有 p 对极，采用单叠绕组，其电枢电阻为 R，如果线圈的数目和形状不变，改接成单波绕组时，电枢电阻应为多少？

1-11 如何判断一台实际直流电机电枢绕组的极数？又如何判断是叠绕组还是波绕组？

1-12 一台四极直流发电机，原为四组电刷，现取去相邻两组电刷，在单叠绕组和单波绕组时电机的端电压及允许通过的电枢电流都会发生什么变化？若只取去一组电刷呢？

1-13 直流电机的电磁功率是电功率还是机械功率？还称为什么功率？

1-14 电枢磁动势与励磁磁动势有什么共同点？又有什么不同点？

1-15 直流发电机的电刷顺电枢旋转方向移动一角度后，电枢反应是什么性质？当电刷逆电枢旋转方向移动一角度，电枢反应又是什么性质？电动机在这两种情况下，电枢反应是什么性质？

1-16 一台既有并励绕组，又有串励绕组的直流发电机，在恒速条件下，将它作他励、并励、积复励时，比较电压调整率的大小。为什么励磁不同时，电压调整率也不同？

1-17 正在运行中的并励直流电动机为什么不能断开励磁回路，断开励磁回路后磁通、电动势、电枢电流和转速将如何变化？启动时励磁回路断了线，会有什么后果？

1-18 直流电动机可以采用哪些方法来调速？采用这些方法时，机械特性有何变化？

1-19 一台两极直流电机，只安装一个换向极，是否会造成一刷换向好而另一刷换向不好？

1-20 线圈在换向过程中可能出现哪些电动势？各由什么原因引起的？对换向各有什

么影响?

1-21　他励直流发电机,如果改变它的转向,问换向极的极性是否改变? 换向极是否仍能改善换向?

1-22　并励直流发电机的外特性为什么会有拐点? 是属于自励还是他励? 如果不能建立端电压怎么办? 并励直流电动机属于自励还是他励?

1-23　一台并励直流电动机在正转时为某一转速,如将它停车,仅改变励磁电流的方向后重新启动运转,发现此时转速与原来不一样,是什么原因?

练 习 题

1-1　一台直流电机,$Q_u = S = K = 22$。分别绘出 $2p = 4$ 的右行单叠短距绕组和 $2p = 6$ 的左行单波绕组的展开图和电路图。

1-2　一台两极发电机的空载磁通为 0.3Wb,每极励磁磁动势为 3000A。现设电枢圆周上均匀分布 8400A 的电流,电枢外径为 0.42m,电刷自几何中性线沿转向前移 20°机械角度。试计算:

(1) 每极下的交轴和直轴的电枢磁动势。

(2) 不计磁饱和时,每对磁极的合成磁动势及每极的总磁通值。

1-3　一台四极 82kW、230V、970r/min 的他励直流发电机,电枢上共有 123 个线圈,每线圈为 1 匝,支路数 $2a_= = 2$。如果每极的合成磁通等于空载额定转速下具有额定电压时每极的磁通,试计算当电机输出额定电流时的电磁转矩。

1-4　一台他励直流发电机的额定电压为 220V,额定电流为 10A,额定转速为 1000r/min,电枢总电阻 $R_a = 0.4\Omega$,励磁绕组电阻 $R_f = 80\Omega$,额定励磁电流为 2.5A,励磁绕组匝数为 850 匝。已知在 750r/min 时的空载特性如表所示,试求:

(1) 额定转速时,空载电压为多少?

(2) 若转速为 900r/min,空载电压为多少?

(3) 满载时电枢反应的去磁安匝数。

(4) 满载时电磁功率为多少?

I_f (A)	0.4	1.0	1.6	2.0	2.5	2.6	3.0	3.6	4.4	5.2
E_0 (V)	33	78	120	150	176	180	194	206	225	240

1-5　一台四极 82kW、230V、970r/min 的并励发电机,$R_{(75℃)} = 0.0259\Omega$,励磁绕组总电阻 $R_{f(75℃)} = 22.8\Omega$,额定负载时并励回路串入 3.5Ω 的调节电阻,电刷压降为 2V,铁损耗和机械损耗共 2.5kW,杂散损耗为额定功率的 0.5%。试求额定负载时发电机的输入功率、电磁功率和效率。

1-6　一台 5.5kW 并励直流发电机,电枢总电阻 $R_a = 0.5\Omega$。当转子的角速度为 100rad/s 时,空载特性为

I_f (A)	0.5	1.0	1.5	2.0	2.5
E_0 (V)	95	167	218	248	256

在此角速度下调节励磁回路的电阻，使发电机产生空载端电压为 250V，试决定：

（1）电枢电流为 20A 时，发电机的端电压是多少（不计电枢反应）？

（2）当角速度从 100rad/s 降低为 80rad/s 时，要保持电枢电流为 10A，端电压为 220V，励磁电流必须增加到多少（不计电枢反应）？

1-7 一台 100kW、230V 的并励发电机，每极励磁绕组有 1000 匝，在额定转速下，空载产生额定电压需励磁电流 7A，额定电流时需 9.4A 才能达到同样的电压。今欲将该机改为平复励，问每极应加多少匝串励绕组？

1-8 一台 26kW、230V、1450r/min 的并励发电机，电枢电阻 $R_a = 0.148\Omega$，电刷压降 $2\Delta U_s$ 为 2V。满载时，电枢反应去磁作用相当于 0.04A 的励磁电流，额定转速下的空载特性为

I_f (A)	1.0	1.5	2.0	3	4	5	6	7
E_0 (V)	139	187	217	246	266	278	289	298

试求：

（1）励磁回路的总电阻（$I_{aN} \approx I_N$）。

（2）励磁回路电阻保持不变时的空载电压。

1-9 一台 17kW、230V 的并励直流电动机，电枢总电阻 $R_a = 0.1\Omega$，在额定电压下电枢电流为 100A，转速为 1450r/min，并励绕组与一变阻器串联以限制励磁电流为 4.3A。当变阻器短路时，励磁电流为 9A，转速降低到 850r/min，电动机带有恒转矩负载，机械损耗不计，试计算：

（1）励磁绕组的电阻和变阻器的电阻。

（2）变阻器短路后，电枢电流的稳态值。

（3）负载转矩值。

1-10 一台 6kW、230V、1450r/min 的四极复励直流发电机，电枢电路总电阻为 0.816Ω，一对电刷压降为 2V，额定励磁电流为 0.741A，单波电枢绕组，额定负载时的杂散损耗为 60W，铁损耗为 163.5W，机械损耗为 266.3W，求额定负载时的输入功率、电磁功率、电磁转矩及效率。

1-11 一台 17kW、230V 的串励直流电动机，串励绕组电阻为 0.12Ω，电枢总电阻为 0.2Ω。在额定电压下电动机电枢电流为 65A 时，转速为 670r/min，试确定电枢电流增为 75A 时电动机的转速，并求电动机的电磁转矩（磁路设为线性）。

1-12 一台 75kW、220V、750r/min 的他励直流电动机，电枢总电阻为 0.028Ω，额定电流为 387A。若忽略电枢反应的影响，求自然机械特性的理想空载转速和斜率。

1-13 一台 96kW 的并励直流电动机，额定电压为 440V，额定电流为 255A，额定励磁电流为 5A，额定转速为 500r/min，电枢总电阻为 0.078Ω，不计电枢反应，试求：

（1）电动机的额定输出转矩。

（2）额定电流时的电磁转矩。

（3）电动机的空载转速。

（4）若总制动转矩不变，电枢回路中串入 0.1Ω 电阻后的稳定转速。

1-14 甲、乙两台完全一样的并励直流电机，它们的转轴互相连接，不带任何机械负

载，电枢并联于 230V 的直流电网上（极性正确），在 1000r/min 的转速下，空载特性为 $I_f=1.3$A时 $E_a=186.7$V，$I_f=1.4$A 时 $E_a=195.9$V，电枢总电阻都是 0.2Ω。现在机组运行的转速为 1200r/min，甲电机的励磁电流为 1.4A，乙电机的励磁电流为 1.3A。问：哪台为发电机，哪台为电动机？总的机械损耗和铁损耗是多少？只调节励磁电流能否改变两台电机的运行状态（转速不变）？是否可以在 1200r/min 时两台电机都从电网吸取功率或向电网输送功率？

1-15　已知一台串励直流电动机在某一负载下转速为 1000r/min，电流为 40A；电枢回路的总电阻 $R_a=0.1\Omega$，电源电压为 110V，不计磁饱和。如负载转矩增大为原来的 4 倍，则电流和转矩各为多少？

1-16　一台 10kW、220V、1500r/min 的并励直流电动机，额定效率为 0.845，额定励磁电流为 1.178A，电枢总电阻为 0.354Ω，试求在额定电枢电流下，以下列方式制动时，电枢回路内所需串联的电阻值、损耗和电磁制动转矩。

(1) 200r/min 时反接制动。

(2) 200r/min 时能耗制动。

(3) 2000r/min 时回馈制动。

1-17　一台 5.5kW、100V、1470r/min 的并励直流电动机，电枢总电阻为 0.15Ω，励磁绕组电阻为 138Ω，额定电流为 58A。在额定负载时突然在电枢回路中串入 0.5Ω 的电阻，若不计电枢回路中的电感，并忽略电枢反应去磁的影响，试计算：

(1) 电枢反电动势。

(2) 电枢电流。

(3) 电磁转矩。

(4) 若总制动转矩不变，达到稳定状态后的转速。

1-18　一台 7.2kW、110V、900r/min 的并励直流电动机，额定效率为 0.85，额定励磁电流为 2A，电枢总电阻为 0.08Ω。若总制动转矩不变，要使转速降低到 450r/min，应在电枢回路中串入多大的电阻？输出功率和效率为多少？（设 $p\propto n$）

第二篇 变 压 器

变压器是一种静止的电气设备，它依靠电磁感应作用，将一种电压、电流的交流电能转换成同频率的另一种电压、电流的电能。

变压器是电力系统中重要的电气设备，众所周知，输送一定的电能时，输电线路的电压越高，线路中的电流和相应的损耗就越小。为此，需要用升压变压器把交流发电机发出的电压升高到输电电压，通过高压输电线路将电能经济地送到用电地区；然后再用降压变压器逐步将输电电压降到配电电压，送到各用电区；最后再经配电变压器变成用户所需的电压，供各种动力和照明等设备安全而方便地使用。变压器的总容量要比发电机的总容量大得多，可达 6～7 倍。

除此之外，变压器还广泛应用在其他场合，如电焊、电炉和电解使用的变压器，化工用的整流变压器，传递信息用的电磁传感器，供测量用的互感器，自控系统中的脉冲变压器，试验用的调压器等。

变压器还可以改变电流、负载的等效阻抗和电源的相数。

变压器的结构虽然简单，但其基本原理、分析方法却可作为其他交流电机研究的基础，特别是感应电机。

本篇主要研究一般用途的电力变压器的稳态运行，对其他用途的变压器只作简单介绍。三相变压器的不对称运行将在第六篇中讨论，变压器的动态分析则在第七篇中介绍。这里首先分析单相变压器，然后讨论三相变压器。

第六章 概　　述

本章首先阐述变压器的基本工作原理；然后介绍变压器的典型结构，以建立实物模型。

第一节 变压器的工作原理

一、变压器的构成

一台最简单的单相双绕组变压器模型如图 6-1 所示，是在一个闭合的铁心上绕两个匝数不同的绕组构成。输入电能的绕组称为一次绕组（或原绕组、初级绕组），输出电能的绕组称为二次绕组（或副绕组、次级绕组）。一次绕组接电源，二次绕组接负载。

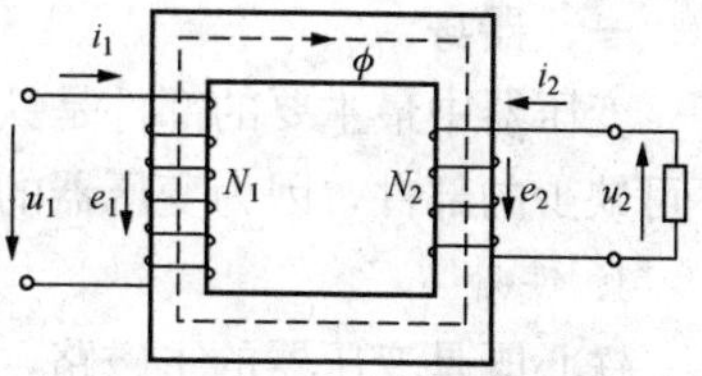

二、变压器的工作原理

一次绕组接交流电源时，有交流电流流过，并在铁心中产生交变磁通。交变磁通同时交链二次绕组。根据电磁感应定律，二次绕组中将感生同频率的交变电动势。由于

图 6-1 单相双绕组
变压器模型

感应电动势与绕组匝数成正比，故改变二次绕组的匝数，可得到不同的二次电压。如果二次绕组接负载，便有电能输出。这就是变压器的工作原理。

三、变压器的分类

变压器的种类繁多，从不同角度，变压器可以作不同的分类。

从用途来看，变压器可分为电力变压器、试验变压器、测量变压器和特殊用途变压器。电力变压器用在电力系统中，用来升高电压的变压器称为升压变压器；用来降低电压的变压器称为降压变压器。升压、降压变压器除了额定电压不同以外，在原理和结构上并无差别。此外，还有配电变压器和联络变压器。试验变压器用于实验室，有调压变压器和高压变压器。测量变压器用于测量大电流和高电压，主要是仪用互感器，包括电压互感器和电流互感器。特殊用途变压器有电炉用变压器、电焊用变压器、电解用整流变压器、晶闸管线路中的脉冲变压器、传递信息用的电磁传感器及自控系统中的脉冲变压器等。

从相数来看，变压器可分为单相变压器、三相变压器和多相变压器。电力变压器以三相居多。

从每相绕组数目来看，变压器可分为单绕组变压器、双绕组变压器、三绕组变压器和多绕组变压器。通常变压器都为双绕组变压器；单绕组变压器又称自耦变压器；三绕组变压器（即联络变压器）用于把三种电压等级的电网连接在一起；大容量电厂中用作厂用电源的分裂变压器，就是一种多绕组变压器。

从铁心结构看，变压器可分为心式变压器、壳式变压器、环形式变压器、渐开线式变压器和辐射式变压器等。

从冷却方式看，变压器有以空气为冷却介质的干式变压器，以油为冷却介质的油浸变压器，以特殊气体为冷却介质的充气变压器。油浸变压器又分自冷、风冷和强制油循环冷却的变压器，自冷是利用温差产生变压器油的自循环进行冷却，风冷是利用装在散热器上的吹风机进行冷却，强制油循环冷却是利用专门设备（如油泵）强迫变压器油加速循环。

从容量大小看，变压器可分为小型变压器（10～630kVA）、中型变压器（800～6300kVA）、大型变压器（8000～63000kVA）和特大型变压器（90000kVA 以上）。

第二节　变压器的典型结构

变压器的结构大同小异，现以油浸式电力变压器为例进行介绍。油浸式变压器的铁心和绕组浸放在油箱中，绕组的端点经绝缘套管引出与外线路连接，油箱内装满变压器油；此外还装有一些起保护和冷却等作用的附件。如图 6-2 所示，油浸式电力变压器主要包括五个部分：①器身；②油箱；③出线装置；④冷却装置；⑤保护装置。

一、器身

变压器中最主要的部件是铁心和绕组，它们构成了变压器的器身。器身是各种变压器都不可缺少的部件，因为变压器的功能是通过器身来实现的。

1. 铁心

铁心既是变压器的主磁路，又是它的机械骨架。铁心由心柱、铁轭及夹紧装置组成，心柱套装绕组，铁轭将心柱连接起来，使之形成闭合磁路。

铁心有心式、壳式、辐射式和环形式等结构。心式结构的心柱被绕组所包围，铁轭在上下两端，如图 6-3 所示。这种铁心的绕组装配和绝缘都比较容易，散热条件较好，常在电力变压器中采用。壳式结构是心柱在中间，铁轭环绕在两旁，把绕组包围起来，好像绕组的外壳，如图 6-4 所示。壳式变压器结构坚固、机械强度高，但制造工艺复杂，绝缘较困难，散热不好，耗用材料较多，主要用于电压很低、电流很大的特殊场合，如电炉用变压器，其绕组能够承受住巨大的电磁力。辐射式结构一般用于特大型变压器，如图 6-5 所示。环形式结构由硅钢带卷制而成，如图 6-6 所示，用于某些特殊需要的小容量单相变压器，可节省材料 15%～20%，减小叠片气隙。

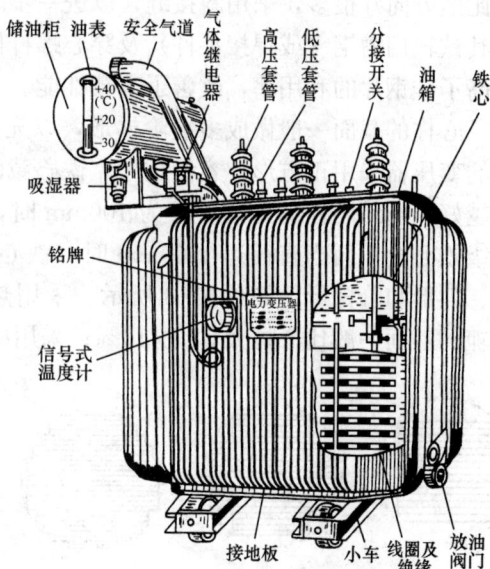

图 6-2　油浸式电力变压器

　　由于变压器的磁通是交变的，为了减小涡流损耗，铁心用 0.3～0.35mm 的热扎或冷扎硅钢片叠成，片表面涂有一层绝缘漆。最近有人研究采用铁硼系列非晶合金材料制作铁心，空载损耗可降低 75% 左右，有取代硅钢片的发展趋势。

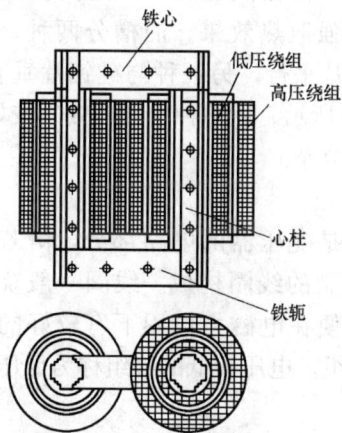

图 6-3　心式变压器的器身

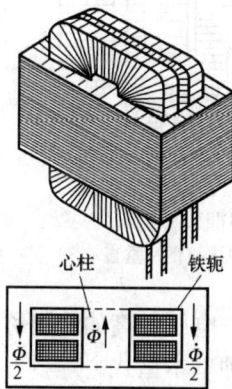

图 6-4　壳式变压器的器身

图 6-5　辐射式变压器

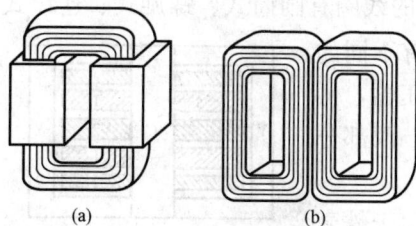

图 6-6　环形式变压器
(a) 心式；(b) 壳式

　　在叠装铁心时，硅钢片先被裁成所需要形状和尺寸的冲片。铁心叠装方法有对接式和交叠式两种。对接式装配是先把心柱和铁轭分别叠装、夹紧，然后再拼在一起。交叠式装配是心柱和铁轭同时叠装和夹紧，相邻两层的冲片交错镶嵌，接缝处互相错开。交叠式装配可以避免涡流在硅钢片间流通，气隙小，励磁电流小，压紧铁心所需的紧固件较少，结构简单。对于冷扎硅钢片，顺碾压方向导磁性能要比横方向好很多，采用斜接缝，以进一步减少励磁电流及转角处的附加损耗。叠装好的铁心其铁轭用槽钢（或焊接夹件）及穿心螺杆固定。现在已采用环氧树脂玻璃粘带绑扎心柱，提高了硅钢片的利用率，改善了空载性能。

心柱的截面一般做成多级阶梯形，以充分利用绕组内圆空间，如图 6-7 所示。容量很小的变压器采用正方形。容量越大、铁心截面越大，所用的级数就越多，越接近圆形，利用率越好。当铁心柱的外接直径为 100mm 时，常用四级铁心柱；当直径为 150mm 时，可用五级铁心柱；而当直径达 1000mm 时，铁心截面可多达十七级。相应地，铁轭的截面有矩形、T 形和阶梯形，如图 6-8 所示。采用热扎硅钢片时，为了减少励磁电流和铁心损耗，铁轭的截面一般比心柱大 5%～10%；采用冷扎硅钢片全斜接缝时，则两者相等。

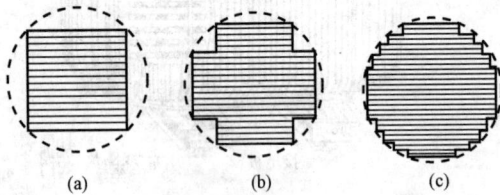

图 6-7　铁心柱截面

（a）正方形铁心；（b）十字形铁心；（c）阶梯形铁心

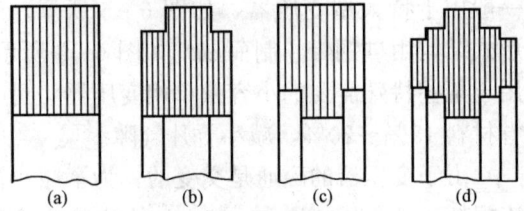

图 6-8　铁轭的截面

（a）矩形；（b）倒 T 形；（c）T 形；（d）阶梯形

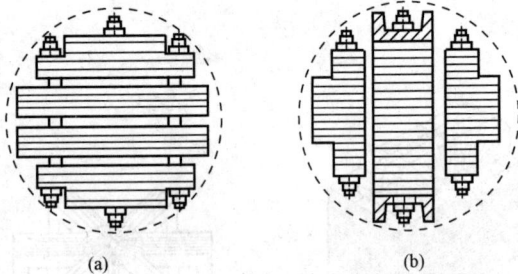

图 6-9　铁心中的油槽

（a）油槽与钢片平行；（b）油槽与钢片垂直

在容量较大的变压器中，为了限制铁心温度，常在铁心的叠片之间设置油槽，以增强散热效果。油槽分两种，一种与硅钢片平行，另一种与硅钢片垂直，如图 6-9 所示。后一种的散热效果较好，但结构较复杂。

2. 绕组

绕组是变压器的电路部分，由若干个集中绕制的线圈构成。线圈一般绕成圆形，以便在电磁力作用下有较好的机械性能，同时绕制也比较方便。电压较高的绕组称为高压绕组，电压较低的绕组称为低压绕组。绕组有同心式、交叠式两种基本型式。

心式变压器一律用同心式绕组，如图 6-3 所示。其高压、低压绕组均做成圆筒形，同心地套在铁心柱上。为了便于绝缘，低压绕组靠近心柱，高压绕组套在外面，两者之间留有油道。其优点是结构简单，制造方便。组成同心式绕组的线圈有圆筒式、螺旋式、连续式、纠结式、分段式和箔式等结构形式。不同的结构形式有不同的电气、机械、热方面的特性和适用范围。对于单相变压器，低压、高压绕组各被分成两部分，套在两边的铁心柱上；两部分在电路上既可以串联，也可以并联。

交叠式绕组又称饼式绕组，由饼式线圈构成，仅用于铁壳式变压器，如图 6-10 所示。其高压、低压绕组各分为若干个线饼，沿着心柱的高度交错排列。饼间开设径向油道。为了排列

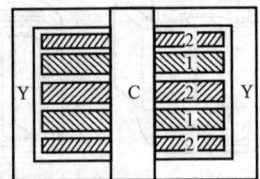

图 6-10　交叠式绕组

1—高压绕组；2—低压绕组

对称并利于绝缘，高压绕组分成两个线饼，低压绕组分成一个整线饼和两个"半线饼"；两个低压"半线饼"分别放置在最上和最下的靠铁轭位置，低压整线饼则放置在铁心柱的正中间；两个高压线饼分别被放在低压"半线饼"和低压整线饼之间，远离铁轭。其优点是漏抗小，机械强度好，引出线布置方便，易于构成多条并联支路。

绕组是用绝缘的扁（或圆）铜（或铝）导线绕成，高压绕组的匝数多、导线细；低压绕组的匝数少、导线粗。

电力变压器的高压线圈上通常有±5％的抽头，通过分接开关来控制。在输入电压略有变动时，保持输出电压接近额定值。

3. 绝缘结构

器身的绝缘有主绝缘和纵绝缘。主绝缘指绕组与铁心之间、同相的高压和低压绕组之间、相绕组之间、绕组与油箱之间的绝缘；纵绝缘指线圈的匝间、层间、线饼间、线段间的绝缘。

主绝缘采用油与绝缘隔板结构。线圈间的径向距离用圆筒分隔成若干油隙。

匝间绝缘主要是导线绝缘。小型变压器用漆包绝缘；大型变压器用电缆纸包或纱包绝缘。层间绝缘采用电缆纸、电工纸板或油隙绝缘。线饼间、线段间一般用油隙绝缘，并用绝缘垫块将它们分隔开。

二、出线装置

出线装置即为绝缘套管，由中心导电杆、瓷套两部分组成。导电杆穿过变压器油箱壁，将油箱中的绕组端口连接到外线路。

1kV 以下采用简单的实心瓷质套管。10～35kV 采用空心充气或充油套管，这种套管在瓷套和导电杆间有一道充油层，以加强绝缘，如图 6-11 所示。110kV 以上时，在瓷套内腔中除了充油外，还环绕导电杆包几层绝缘纸筒，并在每个绝缘纸筒上贴附一层铝箔，以使绝缘层、铝箔层沿套管的径向形成串联电容效应，使瓷套与导电杆间的电场分布均匀，以承受较高的电压，称为电容式充油套管。为了增加表面放电距离，高压绝缘套管外形做成多级伞形，电压越高级数越多。

三、油箱

油箱包括箱体、变压器油和附件。

箱体由箱盖、箱底和箱壁构成。箱盖分为平顶形和钟罩（拱顶）形两种。箱壁有平板式、波纹式、管式和散热器式。为了使油箱的机械强度高、散热表面大，箱壁一般用钢板焊成椭圆形。箱底装有沉积器，以沉积浸入变压器油中的水分和污物，定期加以排除。

变压器油来自石油的分馏，一方面作为绝缘介质，另一方面

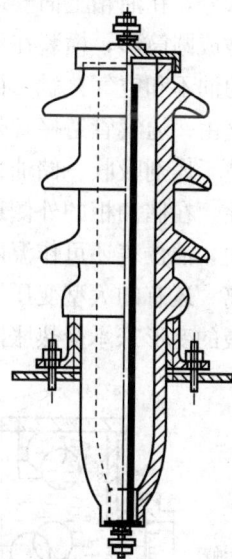

图 6-11　空心充油套管

作为散热媒介，因此要求介电强度高、燃点高、黏度低、凝固点低、酸碱度低、杂质和水分少。少量水分可使变压器油的绝缘性能大为降低（含 0.004％水分，绝缘强度降低 50％）。在较高温度下长期与空气接触还会使变压器油氧化，产生悬浮物，堵塞油道，增加酸度，也降低绝缘强度。因此，防止氧化和潮气浸入油中十分重要。受

潮或氧化的变压器油要过滤。

附件包括放油阀门、小车、油样油门、接地螺栓和铭牌等。

四、冷却装置

变压器的铁心和绕组运行时产生的热量，由变压器油通过自然对流带到油箱壁，油箱壁再通过空气对流方式散发出去，称为油浸自冷。随着变压器容量的增大，油箱壁的散热面积要相应加大。容量很小的变压器（20kVA以下）可用平板油箱，容量稍大的油箱壁采用波纹钢板焊制，称为波纹油箱；中型变压器（30～2000kVA）在油箱壁上焊接散热扁管，称为管式油箱。大型变压器（2500～6300kVA）的油箱四周已安排不下所需油管，把油管先组合成整体的散热器（或采用片式散热器）再装到油箱上，称为散热器式油箱。容量为8000～40000kVA的变压器，在散热器上装风扇，称为油浸风冷。容量为50000kVA以上的大容量变压器用油泵将热油送入箱外专用的油冷却器，利用风或水冷却后的油再被送回变压器，称为强迫油循环冷却。如果以空气替代变压器油作为冷却介质，则称为干式变压器。散热器、冷却器、油泵和风扇等冷却装置都做成可拆卸的。

五、保护装置

保护装置主要有储油柜、气体继电器和安全气道等。

1. 储油柜

为了防止受潮和氧化，希望油箱内部与外界空气隔离。但又不能密封，因为变压器工作时，变压器油受热而膨胀，严重时会胀坏油箱，因此要留一个透气口，使箱内的空气被逐出。而当变压器空载或不工作时，变压器油又会冷却而收缩，把箱外含有潮气的空气吸入。这种现象称为呼吸作用。为了减小油与空气的接触面积，降低油的氧化速度、减少浸入油中的水分，在油箱上面安装一个储油柜（也称膨胀器或油枕），如图6-2所示。储油柜用薄钢板做成圆筒形，横装在油箱盖上，有管道与油箱连通，使油面的升降限制在储油柜内。油箱内的油不和空气接触，而储油柜中油与空气的接触面很小，油的温度低。储油柜油面上部的空气由一通气管道接到外部空气。在通气管道中存放有氯化钙等干燥剂，空气中的水分大部分被干燥剂吸收。储油柜的底部有沉积器，以沉积浸入变压器油中的水分和污物，定期加以排除。在储油柜的外侧还安装有油位表以观察储油柜中油面的高低，由于油面的高度与温度有关，油位表还可作温度指示器。有的大型变压器采用胶囊式储油柜，使油与外界空气完全隔离。还有的大型变压器在储油柜内增加隔膜或充氮。对于波纹油箱，可省去储油柜，由波纹板的变形来承受热胀冷缩。

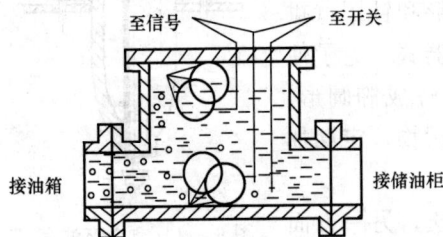

2. 气体继电器

在储油柜与油箱的油路通道间常装有气体继电器，如图6-2和图6-12所示。当变压器内部发生故障时，绝缘气化产生气体，气体上升至气体继电器的顶部，使油面下降，当降到一定程度时，上部浮筒接通电路发出报警信号，它对油箱漏油也可以进行保护。如果发生了严重故障，短时间产生了大量气体，以较快的速度进入气体继电器，则下部浮筒自动切断变压器的电源。

至信号　　　　至开关

接油箱　　　　接储油柜

图6-12　气体继电器

3. 安全气道

安全气道（也称防爆管）是装在油箱顶盖的一个长钢管，出口装有一定厚度的玻璃板或酚醛纸板制成的防爆膜，如图 6-2 所示。当变压器内部发生严重故障而气体继电器失灵时，有大量气体形成，油箱内的压力迅速增加，油流和气体将冲破防爆膜向外喷出，以免油箱爆裂。最近，变压器中也有采用压力释放阀。

第七章 变压器的运行原理

本章主要分析变压器的电磁关系，以建立物理模型；推导方程式，以建立数学模型。本章的内容是变压器理论的核心和基础。

第一节 变压器的空载运行

变压器的一次绕组接交流电源，二次绕组开路、电流为零的工作状态，称为空载运行。

一、变压器空载运行时的电磁关系

一台单相变压器的空载运行如图 7-1 所示。一次、二次绕组的匝数分别为 N_1 和 N_2。

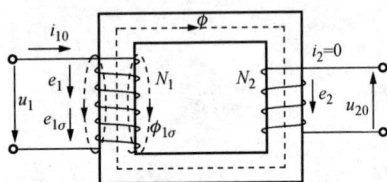

图 7-1 单相变压器空载运行示意图

当一次绕组外施交流电压 u_1 时，将流过很小的空载电流 i_0，产生交变磁动势 $N_1 i_0$，建立空载磁场。

空载磁场的磁通分成主磁通 ϕ 和漏磁通 $\phi_{1\sigma}$ 两部分。主磁通同时交链一次、二次绕组，其路径为沿着铁心而闭合的主磁路，磁阻较小。漏磁通只交链一次绕组，称一次侧漏磁通，其路径大部分为非磁性物质，磁阻较大，漏磁通很小。主磁通通过互感作用传递功率，漏磁通不传递功率。

由于磁通交变，根据电磁感应定律，一次、二次绕组中将感应出电动势。设主磁通为

$$\phi = \Phi_{\mathrm{m}} \sin\omega t \tag{7-1}$$

则一次绕组中的感应电动势为

$$e_1 = -N_1 \frac{\mathrm{d}\phi}{\mathrm{d}t} = -\omega N_1 \Phi_{\mathrm{m}} \cos\omega t = \sqrt{2} E_1 \sin(\omega t - 90°) \tag{7-2}$$

其中有效值为

$$E_1 = \frac{\omega N_1}{\sqrt{2}} \Phi_{\mathrm{m}} = \frac{2\pi f N_1}{\sqrt{2}} \Phi_{\mathrm{m}} = \sqrt{2}\pi f N_1 \Phi_{\mathrm{m}} \approx 4.44 f N_1 \Phi_{\mathrm{m}} \tag{7-3}$$

同理，二次绕组中的感应电动势为

$$e_2 = -N_2 \frac{\mathrm{d}\phi}{\mathrm{d}t} = -\omega N_2 \Phi_{\mathrm{m}} \cos\omega t = \sqrt{2} E_2 \sin(\omega t - 90°) \tag{7-4}$$

$$E_2 = \frac{\omega N_2}{\sqrt{2}} \Phi_{\mathrm{m}} = \sqrt{2}\pi f N_2 \Phi_{\mathrm{m}} \tag{7-5}$$

一次侧漏磁通在一次绕组中也感应电动势，即

$$e_{1\sigma} = -N_1 \frac{\mathrm{d}\phi_{1\sigma}}{\mathrm{d}t} = -\omega N_1 \Phi_{1\sigma\mathrm{m}} \cos\omega t = \sqrt{2} E_{1\sigma} \sin(\omega t - 90°) \tag{7-6}$$

$$E_{1\sigma} = \frac{\omega N_1}{\sqrt{2}} \Phi_{1\sigma\mathrm{m}} = \sqrt{2}\pi f N_1 \Phi_{1\sigma\mathrm{m}} \tag{7-7}$$

可见，感应电动势的有效值正比于绕组的匝数，波形与磁通相同，相位滞后于磁通 90° 相角。

在一般变压器中，空载电流所产生的电阻压降很小，此外漏磁通 $\phi_{1\sigma}$ 很小，$e_{1\sigma}$ 也很小，它们可忽略不计，即 $u_1 \approx -e_1$。因此，对于已经制成的变压器，主磁通的大小和波形主要取决于电源电压的大小和波形。

由于二次侧开路，二次绕组中无电流流过，即 $i_2 = 0$，则开路电压 $u_{20} = e_2$。于是

$$\left| \frac{u_1}{u_{20}} \right| \approx \frac{e_1}{e_2} = \frac{E_1}{E_2} = \frac{N_1}{N_2} = k \qquad (7-8)$$

式中：k 为变压器的变比。

可见，空载运行时，变压器一次绕组与二次绕组的电压比就等于其匝数比。因此，要使一次和二次绕组具有不同的电压，只要使它们具有不同的匝数即可。

二、励磁电流

产生磁场所需要的电流称为励磁电流 i_m。当空载运行时，一次绕组的电流 i_{10} 全部用来建立磁场，所以空载电流就是励磁电流，即 $i_{10} = i_m$。励磁电流由磁化电流和铁损耗电流组成。

磁化电流 i_μ 用于建立磁场，对已经制成的变压器，i_μ 的大小和波形取决于主磁通 ϕ 和铁心磁路的磁化曲线 $\phi = f(i_\mu)$。当磁路不饱和时，磁化曲线是直线，i_μ 与 ϕ 成正比，故当 ϕ 随时间正弦变化时，i_μ 也随时间正弦变化，且 i_μ 与 ϕ 同相位、与感应电动势 e_1 相差 90°相角，因此磁化电流为纯无功电流。当磁路饱和时，磁化曲线为非线性，主磁通随时间正弦变化时，磁化电流不再以正弦变化，波形发生畸变。由图解法来确定，如图 7-2 所示，当时间 $t = t_1$、磁通 $\phi = \phi_{(1)}$ 时，由磁化曲线的点 1 处查出对应的磁化电流为 $i_{\mu(1)}$；同理可以确定其他瞬间的磁化电流，从而可得到 $i_\mu = f(t)$。可以看出，磁化电流为尖顶波，并与磁通同相位。磁路越饱和，磁化电流的波形越尖，即畸变越严重。但是无论怎样畸变，用傅氏级数分解，磁化电流的基波分量始终与磁通波形同相位，为无功电流。为便于计算，通常用一个有效值相等的等效正弦波电流来代替非正弦的磁化电流。

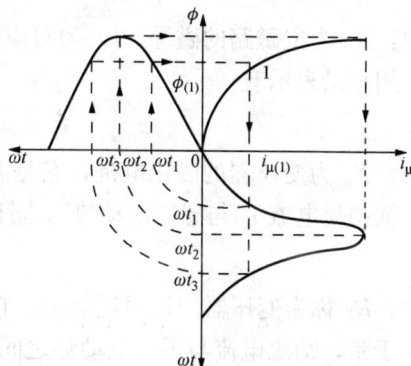

图 7-2 考虑饱和时磁化电流 i_μ 的波形

铁损耗电流 i_{Fe} 用于供给铁心损耗。考虑磁滞损耗时，需将磁化曲线换成静态磁滞回线，再用图解法得出励磁电流 $i_m = f(t)$，如图 7-3 所示。不难看出，此时励磁电流将不再与主磁通同相位，而是超前一个相角 α_{Fe}，α_{Fe} 称为铁损耗角。此时励磁电流 i_m 中，除无功的磁化电流 i_μ 外，还有一个有功的磁滞损耗电流。考虑涡流损耗时，还需引入一个有功的涡流损耗电流，使铁损耗角 α_{Fe} 增大。磁滞和涡流损耗电流都超前于 ϕ 90°电角度，与 $-e_1$ 同相位，两者之和为铁损耗电流 i_{Fe}，或采用动态磁滞回线一并考虑。

用相量表示时有

$$\dot{I}_m = \dot{I}_\mu + \dot{I}_{Fe} \qquad (7-9)$$

此时电源输入的有功功率不再为零，输入功率的极小部分消耗于一次绕组的电阻损耗，大部分将变成磁滞和涡流损耗。

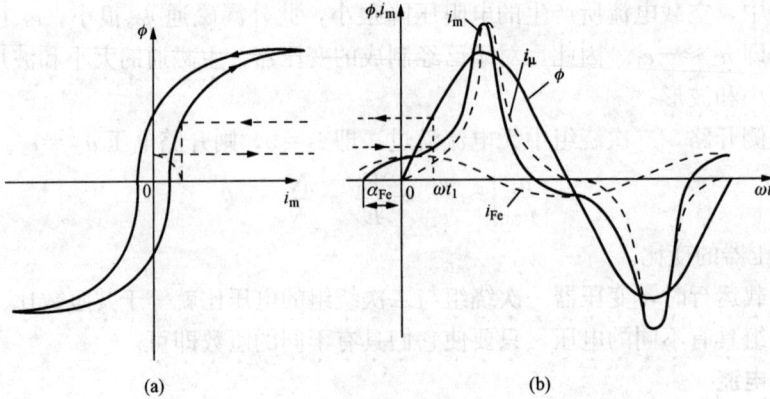

图 7 - 3　考虑磁滞损耗时励磁电流 i_m 的波形

三、励磁阻抗

主磁通 ϕ 所感应的电动势 e_1 还可表示为

$$e_1 = -N_1 \frac{d\phi}{dt} = -N_1^2 \Lambda_m \frac{di_\mu}{dt} = -L_{1\mu} \frac{di_\mu}{dt} \tag{7-10}$$

其中

$$\phi = N_1 i_\mu \Lambda_m$$

$$L_{1\mu} = N_1^2 \Lambda_m$$

式中：Λ_m 为主磁路的磁导；$L_{1\mu}$ 为对应铁心线圈的磁化电感。

用相量表示有

$$\dot{E}_1 = -j\omega L_{1\mu} \dot{I}_\mu = -j\dot{I}_\mu X_\mu \tag{7-11}$$

式中：X_μ 为变压器的磁化电抗，它是表征铁心磁化性能的一个参数，$X_\mu = \omega L_{1\mu}$。

铁损耗电流 i_{Fe} 与感应电动势 e_1 同相位，用相量表示时，它们的关系可写成

$$\dot{E}_1 = -\dot{I}_{Fe} R_{Fe} \tag{7-12}$$

式中：R_{Fe} 称为变压器的铁损耗电阻，它是表征铁心损耗的一个参数，且 $p_{Fe} = I_{Fe}^2 R_{Fe}$。

于是，励磁电流与感应电动势之间的关系为

$$\dot{I}_m = \dot{I}_{Fe} + \dot{I}_\mu = -\dot{E}_1 \left(\frac{1}{R_{Fe}} + \frac{1}{jX_\mu} \right) = -\dot{E}_1 \frac{R_{Fe} + jX_\mu}{jX_\mu R_{Fe}} \tag{7-13}$$

相应的等效电路如图 7 - 4 所示，此电路由两个并联支路构成。为简单计，可用一个串联阻抗代替并联阻抗，如图 7 - 5 所示，此时

$$\dot{E}_1 = -\dot{I}_m \frac{jX_\mu R_{Fe}}{R_{Fe} + jX_\mu} = -\dot{I}_m \left(R_{Fe} \frac{X_\mu^2}{R_{Fe}^2 + X_\mu^2} + jX_\mu \frac{R_{Fe}^2}{R_{Fe}^2 + X_\mu^2} \right)$$

$$= -\dot{I}_m (R_m + jX_m) = -\dot{I}_m Z_m \tag{7-14}$$

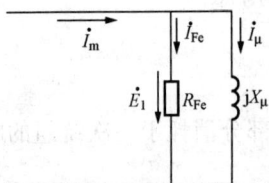

图 7 - 4　并联励磁等效电路　　　　　　　图 7 - 5　串联励磁等效电路

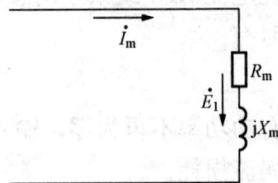

式中：Z_m 为变压器的励磁阻抗，它是表征铁心磁化性能和铁心损耗的一个综合参数；X_m 为变压器的励磁电抗，它是表征铁心磁化性能的一个等效参数；R_m 为变压器的励磁电阻，它是表征铁心损耗的一个等效参数。

由于铁心磁路的磁化曲线呈非线性，所以 E_1 和 I_m 之间也是非线性关系，即参数 Z_m 不是常值，而是随着工作点饱和程度的增加而减小。但是，由于变压器正常运行时，外施电压近似等于额定电压，主磁通 ϕ 变动范围不大，可近似认为 Z_m 为常值。

四、漏磁通和漏抗

一次侧漏磁通感应的电动势 $e_{1\sigma}$ 还可表示为

$$e_{1\sigma} = -N_1 \frac{\mathrm{d}\phi_{1\sigma}}{\mathrm{d}t} = -N_1^2 \Lambda_{1\sigma} \frac{\mathrm{d}i_{10}}{\mathrm{d}t} = -L_{1\sigma} \frac{\mathrm{d}i_{10}}{\mathrm{d}t} \tag{7-15}$$

其中

$$\phi = N_1 i_{10} \Lambda_{1\sigma}$$
$$L_{1\sigma} = N_1^2 \Lambda_{1\sigma}$$

式中：$\Lambda_{1\sigma}$ 为一次绕组漏磁路的磁导；$L_{1\sigma}$ 为漏磁电感。

用相量表示时，有

$$\dot{E}_{1\sigma} = -\mathrm{j}\omega L_{1\sigma} \dot{I}_{10} = -\mathrm{j}\dot{I}_{10} X_{1\sigma} \tag{7-16}$$

式中：$X_{1\sigma}$ 为变压器一次绕组的漏磁电抗，简称漏抗，它是表征绕组漏磁效应的一个参数，$X_{1\sigma} = \omega L_{1\sigma}$。

由于漏磁通的路径主要为非磁性物质，磁阻和漏抗均为常值。

五、电压方程、等效电路和相量图

综合前述分析，根据基尔霍夫第二定律，可得变压器空载运行时一次侧的电压方程为

$$\dot{U}_1 = -\dot{E}_1 - \dot{E}_{1\sigma} + \dot{I}_{10} R_1$$
$$= \dot{I}_{10}(R_m + \mathrm{j}X_m) + \dot{I}_{10}(R_1 + \mathrm{j}X_{1\sigma}) = \dot{I}_{10} Z_m + \dot{I}_{10} Z_1 \tag{7-17}$$

式中：Z_1 为一次绕组漏阻抗，$Z_1 = R_1 + \mathrm{j}X_{1\sigma}$。

由式（7-17）可画出变压器空载时的等效电路和相量图，如图 7-6 和图 7-7 所示。电压方程、等效电路、相量图都是用来分析电机运行性能的工具，各具特色。电压方程清楚地表达了变压器各部分的电磁关系，等效电路便于记忆，相量图则描述了各电磁物理量间的相位关系。

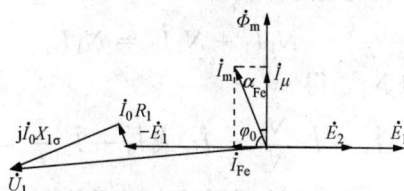

图 7-6　变压器空载时的等效电路　　　图 7-7　变压器空载时的相量图

第二节　变压器的负载运行

变压器的一次绕组接交流电源、二次绕组接负载的工作状态，称为负载运行。此时二次

图 7 - 8　变压器负载运行示意图

绕组中有电流流过，如图 7 - 8 所示。

一、负载时的电磁物理现象

当二次绕组接负载阻抗 Z_L 而闭合后，在感应电动势 e_2 的作用下，二次侧回路中有电流 i_2 流过，并产生磁动势 $N_2 i_2$。由于磁动势 $N_2 i_2$ 也作用在铁心磁路上，使主磁通趋于改变，一次绕组的电动势 e_1 也相应地趋于改变，从而破坏了原来的电压平衡。二次绕组电流对铁心中磁场的影响，称为负载反应。在电源电压 u_1 和电阻 R_1 不变的情况下，e_1 的改变将引起一次绕组电流发生改变，出现一个增量。此时，一次绕组电流中除了励磁电流外，还将增加一个负载分量 i_{1L}，即

$$i_1 = i_m + i_{1L} \tag{7-18}$$

式中：i_m 用以建立主磁通 Φ_m；i_{1L} 用以抵消二次绕组电流的作用。换言之，i_{1L} 产生的磁动势 $N_1 i_{1L}$ 应恰好与 i_2 所产生的磁动势 $N_2 i_2$ 大小相等、相位相反，保持主磁通 Φ_m 基本不变，从而达到新的磁动势平衡。此时有

$$N_1 i_{1L} + N_2 i_2 = 0 \text{ 或 } i_{1L} = -\frac{N_2}{N_1} i_2 = -\frac{1}{k} i_2 \tag{7-19}$$

此关系就称为变压器的磁动势平衡关系。可见，一次侧的负载电流是二次侧负载电流的 $1/k$ 倍。在此关系式两边同时乘以 $-e_1$，再考虑到电压比，于是

$$-e_1 i_{1L} = \frac{N_2}{N_1} e_1 i_2 = e_2 i_2 \tag{7-20}$$

式中：左端的负号表示输入功率，右端的正号表示输出功率。说明通过一次、二次绕组的磁动势平衡和电磁感应关系，一次绕组从电源吸收的电功率传递到二次绕组，并输出给负载。这就是变压器进行能量传递的原理。

将式（7 - 18）两边乘以 N_1，得

$$N_1 i_1 = N_1 i_m + N_1 i_{1L} \tag{7-21}$$

考虑到式（7 - 19）的关系，可得

$$N_1 i_1 + N_2 i_2 = N_1 i_m \tag{7-22}$$

这就是变压器的磁动势方程。它表明，负载时作用在铁心上的、用以建立主磁通的磁动势是一次和二次绕组的合成磁动势。用相量表示时

$$N_1 \dot{I}_1 + N_2 \dot{I}_2 = N_1 \dot{I}_m \tag{7-23}$$

两边除以 N_1，得

$$\dot{I}_1 + \dot{I}_2 \frac{N_2}{N_1} = \dot{I}_m \text{ 或 } \dot{I}_1 + \dot{I}_2 \frac{1}{k} = \dot{I}_m \tag{7-24}$$

二次绕组电流除了影响主磁通外，还建立二次侧漏磁通 $\phi_{2\sigma}$，路径如图 7 - 9 所示。漏磁通在二次绕组内感应电动势 $e_{2\sigma}$。用相量表示时，与一次侧类似的有

$$\dot{E}_{2\sigma} = -j\omega L_{2\sigma} \dot{I}_2 = -j\dot{I}_2 X_{2\sigma} \tag{7-25}$$

式中：$X_{2\sigma}$ 为变压器二次绕组的漏抗，$X_{2\sigma} = \omega L_{2\sigma}$。

综上所述，负载运行时，变压器内部的电磁关系如

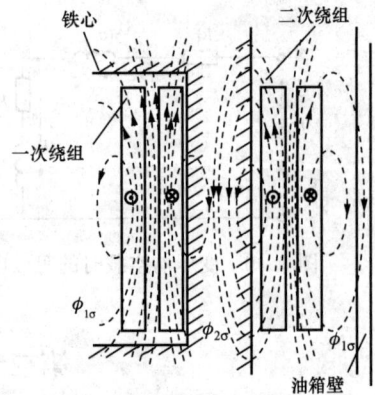

图 7 - 9　变压器中漏磁场的分布

图 7 - 10 所示。此外，一次和二次绕组内还有电阻压降 i_1R_1 和 i_2R_2。

按照磁路性质的不同，把磁通分成主磁通和漏磁通两部分，把不受铁心饱和影响的漏磁通分离出来，用常值参数 $X_{1\sigma}$ 和 $X_{2\sigma}$ 来表征，而把受铁心饱和影响

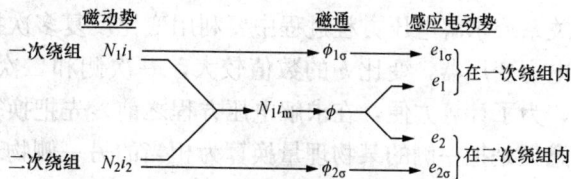

图 7 - 10 变压器内部的电磁关系图

的主磁通及其参数 Z_m 作为局部的非线性问题，再加以线性化处理，这是分析变压器和旋转电机的重要方法之一。这样做，一方面可以简化分析；另一方面可以提高测试和计算精度。

二、正方向的规定

变压器中的电压、电流、电动势、磁动势和磁通都是正负交替变化的时间函数。根据电工理论，凡是属于交变的量，在列电路方程时，需给它们规定参考方向，习惯上称为正方向。从原理上讲，正方向可以任意选择，因为各物理量的变化规律是一定的，并不依正方向的选择不同而改变。但正方向规定不同，会导致所列出的表达式不同。在电机理论中，常按习惯方式（惯例）选择正方向，这样既便于交流和记忆，也可以避免出错。

对一次侧：

（1）电流的正方向与电源电压的正方向一致。

（2）磁通的正方向与产生该磁通的电流正方向符合右手螺旋关系。

（3）感应电动势的正方向与产生该电动势的磁通正方向符合右手螺旋关系，所以感应电动势的正方向与电流正方向一致。

对二次侧：

（1）感应电动势的正方向与产生该电动势的磁通正方向符合右手螺旋关系。

（2）电流正方向与感应电动势的正方向一致。

（3）端电压的正方向与电流正方向一致。

图 7 - 1 和图 7 - 8 中各量的正方向，就是按照惯例规定的。

三、电压方程

综合上述的电磁物理现象和正方向，根据基尔霍夫第二定律，可得变压器一次和二次侧的电压方程为

$$\left.\begin{aligned} u_1 &= i_1R_1 - e_{1\sigma} - e_1 \\ e_2 &= i_2R_2 - e_{2\sigma} + u_2 \end{aligned}\right\} \qquad (7 - 26)$$

若电压和电流均随时间正弦变化，式（7 - 26）相应地写成相量形式

$$\left.\begin{aligned} \dot{U}_1 &= \dot{I}_1(R_1 + jX_{1\sigma}) - \dot{E}_1 = \dot{I}_1Z_{1\sigma} - \dot{E}_1 \\ \dot{E}_2 &= \dot{I}_2(R_2 + jX_{2\sigma}) + \dot{U}_2 = \dot{I}_2Z_{2\sigma} + \dot{U}_2 \end{aligned}\right\} \qquad (7 - 27)$$

式中：$Z_{1\sigma}$ 和 $Z_{2\sigma}$ 分别为一次和二次绕组的漏阻抗，$Z_{1\sigma} = R_1 + jX_{1\sigma}$，$Z_{2\sigma} = R_2 + jX_{2\sigma}$。

第三节 变压器的数学模型

综上所述，在负载时，变压器的一次和二次绕组之间只有磁的联系，没有电的联系。一次侧和二次侧的电压方程之间由磁动势方程来联系，其电流和电压在数值上存在变比 k 的倍

数关系。求解电压方程过程中要利用变比反复多次换算电流和电压，计算非常繁琐，尤其对于电力变压器，变比 k 的数值较大，一次侧和二次侧的电流和电压的数量级相差很大。因此，为了计算方便，在求解电压方程之前，先把换算问题考虑到方程之中，称为归算。归算的意义是把一侧的某物理量换算为相当的另一侧物理量。

一、归算

大多数情况下都是归算到一次侧，极少数情况是归算到二次侧。现以前者为例。归算后，二次侧各物理量的数值称为归算值，用原物理量的符号加"'"来表示。

归算的原则是不改变电磁关系。从磁动势平衡关系可知，二次侧电流对一次侧的影响是通过二次绕组的磁动势起作用的，只要归算前后保持二次绕组的磁动势不变，则对一次绕组来说，变换将是等效的；即一次绕组内的所有物理量均将保持不变，一次绕组将从电网吸收同样大小的功率和电流，并有同样的功率传递给二次绕组。

1. 电流归算

由式（7-19）可知，二次绕组电流实际值除以变比 k，相当于在一次绕组中电流的数值，可作为电流的归算值，即

$$\dot{I}'_2 = \frac{N_2}{N_1}\dot{I}_2 = \frac{1}{k}\dot{I}_2 \tag{7-28}$$

此时计算二次绕组的磁动势应用一次绕组的匝数，才能保持磁动势不变，即

$$N_1\dot{I}'_2 = N_1\frac{N_2}{N_1}\dot{I}_2 = N_2\dot{I}_2 \tag{7-29}$$

可见，把二次侧归算到一次侧相当于把二次绕组的匝数变换成一次绕组的匝数。匝数增加了 k 倍，为保持磁动势不变，二次侧电流归算值减小到原来的 $1/k$ 倍。

2. 电动势归算

由于归算前、后二次绕组的磁动势未变，因此主磁通将保持不变。根据感应电动势正比于匝数的关系，即

$$\frac{\dot{E}'_2}{\dot{E}_2} = \frac{N_1}{N_2} = k \tag{7-30}$$

二次绕组感应电动势的归算值为

$$\dot{E}'_2 = k\dot{E}_2 = \dot{E}_1 \tag{7-31}$$

故归算后的二次绕组感应电动势增加到原来的 k 倍，恰好等于一次绕组的感应电动势。

3. 阻抗归算

将二次侧的电压方程乘以变比 k，有

$$k\dot{E}_2 = k\dot{I}_2(R_2 + jX_{2\sigma}) + k\dot{U}_2 = \frac{\dot{I}_2}{k}(k^2R_2 + jk^2X_{2\sigma}) + k\dot{U}_2$$

或

$$\dot{E}'_2 = \dot{I}'_2(R'_2 + jX'_{2\sigma}) + \dot{U}'_2 \tag{7-32}$$

式中：R'_2、$X'_{2\sigma}$ 分别为二次绕组电阻和漏抗的归算值，$R'_2 = k^2R_2$，$X'_{2\sigma} = k^2X_{2\sigma}$；$\dot{U}'_2$ 为二次电压的归算值，$\dot{U}'_2 = k\dot{U}_2$。

综上所述，二次绕组归算到一次绕组时，电动势和电压应乘以 k 倍，电流除以 k 倍，阻抗乘以 k^2 倍。不难证明，归算前、后二次绕组的功率和损耗将保持不变。

例如，传递到二次绕组的复功率为

$$\dot{E}'_2 \dot{I}'^{\#}_2 = (k\dot{E}_2)\left(\frac{1}{k}\dot{I}^{\#}_2\right) = \dot{E}_2 \dot{I}^{\#}_2 \tag{7-33}$$

式中：打♯号的值表示共轭值。

二次绕组的电阻损耗和漏磁场内的无功功率为

$$\left. \begin{array}{l} \dot{I}'^2_2 R'_2 = \left(\dfrac{1}{k}\dot{I}_2\right)^2 (k^2 R_2) = \dot{I}^2_2 R_2 \\[3mm] \dot{I}'^2_2 X'_{2\sigma} = \left(\dfrac{1}{k}\dot{I}_2\right)^2 (k^2 X_{2\sigma}) = \dot{I}^2_2 X_{2\sigma} \end{array} \right\} \tag{7-34}$$

负载的复功率为

$$\dot{U}'_2 \dot{I}'^{\#}_2 = (k\dot{U}_2)\left(\frac{1}{k}\dot{I}^{\#}_2\right) = \dot{U}_2 \dot{I}^{\#}_2 \tag{7-35}$$

即用归算前、后的量算出的值均为相同。因此，所谓归算，实质是在功率和磁动势保持为不变量的条件下，对绕组的电压和电流所进行的一种线性变换。

若把一次绕组归算到二次绕组，电动势和电压应除以 k，电流乘以 k，阻抗除以 k^2。励磁支路的量也要归算。

二、基本方程

归算后，变压器的基本方程为

$$\left. \begin{array}{l} \dot{U}_1 = \dot{I}_1 (R_1 + \mathrm{j}X_{1\sigma}) - \dot{E}_1 \\[2mm] \dot{E}'_2 = \dot{I}'_2 (R'_2 + \mathrm{j}X'_{2\sigma}) + \dot{U}'_2 \\[2mm] \dot{I}_1 + \dot{I}'_2 = \dot{I}_{\mathrm{m}} \\[2mm] \dot{E}_1 = \dot{E}'_2 = -\dot{I}_{\mathrm{m}}(R_{\mathrm{m}} + \mathrm{j}X_{\mathrm{m}}) \end{array} \right\} \tag{7-36}$$

三、等效电路

由归算后的变压器基本方程式（7-36）的第一式和第二式，可画出一次和二次侧的等效电路，如图 7-11（a）和（c）所示；由第四式可画出励磁部分的等效电路，如图 7-11（b）所示。然后根据第三式和第四式的关系，把三个部分电路连接在一起，即可得到变压器的等效电路，如图 7-12 所示。电路的形状如同英文大写字母"T"，故又称为 T 形等效电路。

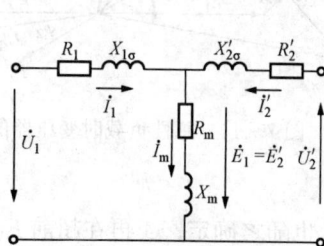

图 7-11　变压器的部分等效电路

（a）一次侧等效电路；（b）励磁等效电路；（c）二次侧等效电路

图 7-12　变压器的 T 形等效电路

为了进一步理解等效电路，说明一下它形成的物理过程。图 7-13（a）所示为一台实际变压器的示意图。先把一次和二次绕组的电阻和漏抗分别移到绕组外面各自的回路中，这样一次和二次绕组便成为无电阻、无漏磁，通过铁心而"完全耦合"的绕组，如图 7-13

（b）所示。通过归算，使二次绕组的匝数成为一次绕组的匝数，二次侧各量均成为归算值，如图 7 - 13 （c）所示。由于 $\dot{E}_1 = \dot{E}_2'$，可以把一、二次绕组等电位的点连在一起，取消二次绕组，如图 7 - 13 （d）所示。用 R_m 和 X_m 相串联的电路代替铁心，这样即可得到如图 7 - 12所示的 T 形等效电路。

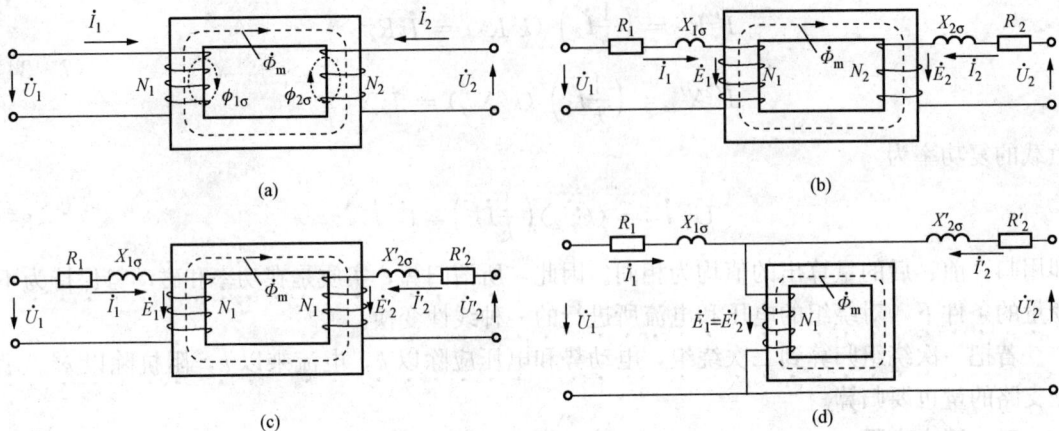

图 7 - 13 等效电路的形成过程

工程上常用等效电路来分析和计算各种实际运行问题。应当注意，利用归算到一次侧的等效电路算出的一次侧各量，均为变压器中的实际值；算出的二次侧各量则为归算值。欲得其实际值，对电流应乘以 k，对电压应除以 k。

四、相量图

根据基本方程还可以画出变压器的相量图。从相量图可以清楚地看出，各电磁量的相位关系，但作图法难以精确绘出各相量的长度与角度，因此，相量图仅作为定性分析的辅助工具。感性负载时变压器的相量图如图 7 - 14 所示。

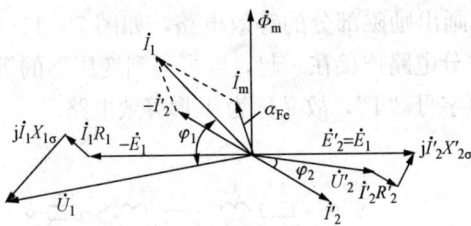

图 7 - 14 感性负载时变压器的相量图

画相量图时，设参数、负载为已知。具体作图步骤：①首先选定负载的端电压 $\dot{U}_2'$ 为参考相量；②根据给定负载的功率因数确定负载电流与电压的夹角 φ_2，画出负载电流相量 $\dot{I}_2'$；③在 $\dot{U}_2'$ 上加上二次绕组的漏阻抗压降 $\dot{I}_2'R_2' + $ j $\dot{I}_2'X_{2\sigma}'$，画出二次绕组的感应电动势相量 $\dot{E}_2'$，由于 $\dot{E}_1 = \dot{E}_2'$，所以一次绕组的感应电动势相量 $\dot{E}_1$ 也随之确定；④再在超前 $\dot{E}_1$ 以 90°的位置上画出主磁通相量 $\dot{\Phi}_m$；⑤由 $\dot{E}_1 = -\dot{I}_m Z_m$ 确定励磁电流，根据超前 $\dot{\Phi}_m$ 一个铁损耗角 $\alpha_{Fe} = \arctan(R_m / X_m)$ 画出励磁电流相量 $\dot{I}_m$；⑥由 $\dot{I}_1 = \dot{I}_m + (-\dot{I}_2')$ 可求得一次侧电流相量 $\dot{I}_1$；⑦最后在 $-\dot{E}_1$ 上加上一次绕组的漏阻抗压降 $\dot{I}_1 R_1 + $ j$\dot{I}_1 X_{1\sigma}$，画出一次侧电压 $\dot{U}_1$。$\dot{U}_1$ 和 $\dot{I}_1$ 之间的夹角 φ_1 为一次侧的功率因数角。

五、近似等效电路和简化等效电路

T 形等效电路比较准确地反映了变压器内部的电磁关系，但运算比较繁琐。对于一般的电力变压器,在额定负载时一次绕组的漏阻抗压降仅占额定电压的百分之几,而且励磁电流仅为额定电流的 3%~8%,大型变压器甚至不到 1%。可把励磁支路从电路的中间移到电源端,如图 7-15 所示。这样的电路称为近似等效电路,对变压器的运行计算不会带来明显的误差。

若进一步忽略励磁电流,即去掉励磁支路,所得的电路称为简化等效电路,如图 7-16 所示。用简化等效电路进行计算有较大误差,常用于定性分析。

图 7-15 变压器的近似等效电路　　图 7-16 变压器的简化等效电路

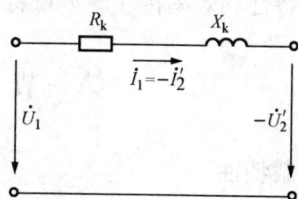

在采用近似等效电路和简化等效电路时,参数关系为

$$R_k = R_1 + R_2',\ X_k = X_{1\sigma} + X_{2\sigma}'$$

$$Z_k = R_k + jX_k = Z_{1\sigma} + Z_{2\sigma}' \tag{7-37}$$

式中:R_k、X_k 和 Z_k 分别称为短路电阻、短路电抗和短路阻抗。它们可以通过短路实验求得。

需要指出的是,随着计算机的广泛应用,在实际的变压器分析中,近似等效电路和简化等效电路已较少采用。

【例 7-1】 有一台 50Hz 的单相变压器,其容量 S_N=20MVA,一、二次绕组的额定电压为（220/$\sqrt{3}$）kV/11kV,一次绕组的漏阻抗 $Z_{1\sigma}$=3.86+j35Ω,二次绕组的漏阻抗 $Z_{2\sigma}$=0.0193+j0.175Ω,空载时一次侧的励磁电流 I_m=3.9A,铁损耗 p_{Fe}=47kW。试求归算到一次侧时的参数。

解 励磁阻抗为

$$|Z_m| \approx \frac{U_{1N}}{I_m} = \frac{220 \times 10^3}{\sqrt{3} \times 3.9} = 32568 (\Omega)$$

$$R_m \approx \frac{p_{Fe}}{I_m^2} = \frac{47 \times 10^3}{3.9^2} = 3090.1 (\Omega)$$

$$X_m = \sqrt{|Z_m|^2 - R_m^2} = \sqrt{32568^2 - 3090.1^2} = 32421 (\Omega)$$

变压器的变比为

$$k = \frac{220}{\sqrt{3} \times 11} = 11.547$$

一次绕组的漏阻抗 $Z_{1\sigma}$=3.86+j35Ω,归算到一次侧的二次绕组漏阻抗为

$$Z_{2\sigma}' = k^2 Z_{2\sigma} = 11.547^2 \times (0.0193 + j0.175) = 2.5733 + j23.333 (\Omega)$$

第八章 变 压 器 的 特 性

变压器的特性分基本特性和运行特性两大类，基本特性包括空载特性和短路特性，运行特性包括外特性和效率特性。本章将分别介绍这些特性。

第一节 变压器的基本特性

一、空载特性

变压器空载运行时，二次侧负载电流 $I_2 = 0$，一次侧空载电流 I_0 就是励磁电流 I_m。空载特性曲线为 $I_0 = f(U_1)$，此外还有一条 $P_0 = f(U_1)$ 曲线。

空载特性可由空载试验来测得，其试验线路如图 8-1 所示。试验时，二次侧开路（又称开路试验），用调压器调节外加电压 U_1，使 U_1 从零逐步升到 $1.15U_{1N}$ 为止，逐点测量空载电流 I_0、U_1 和相应的输入功率 P_0，即可得到空载特性曲线，如图 8-2 所示。

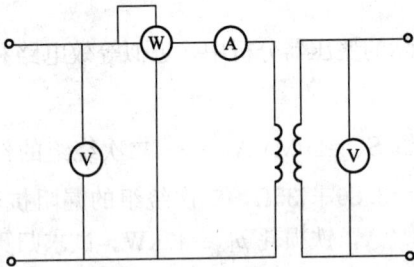

图 8-1 变压器空载试验线路图 　　　　图 8-2 变压器的空载特性曲线

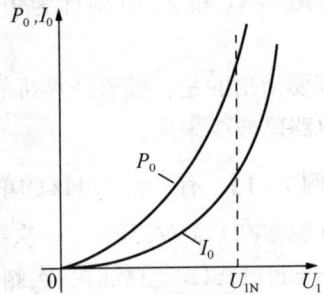

由 $I_0 = f(U_1)$ 可以看出，当电压较低时，磁通较小，$I_0 \sim U_1$ 是线性关系；电压增高时，磁路逐渐饱和，I_0 增加比较迅速。因此，励磁阻抗 Z_m 并非常值，而是随饱和程度的增高而减小。变压器总是在额定电压或很接近额定电压的情况下运行，一般只求额定电压时的 Z_m 值，能够真实反映变压器运行时的磁路饱和情况。额定电压时的 I_0 和 P_0 值可以从空载特性曲线上查出，也可以直接测得。

由于一次漏阻抗比励磁阻抗小得多，可忽略不计。因此，根据空载时的等效电路，励磁阻抗为

$$|Z_m| \approx \frac{U_1}{I_0} \tag{8-1}$$

由于空载电流很小，它在一次绕组中产生的电阻损耗也可以忽略不计，空载输入功率可认为基本上是供给铁心损耗的，故励磁电阻应为

$$R_m \approx \frac{P_0}{I_0^2} \tag{8-2}$$

于是励磁电抗为

$$X_{\mathrm{m}} = \sqrt{|Z_{\mathrm{m}}|^2 - R_{\mathrm{m}}^2} \qquad (8-3)$$

为了实验时的安全和仪表选择的方便，空载试验通常在低压侧加电压和测量，高压侧开路。此时所测得的数据为归算到低压侧的值。如果低压侧为二次侧，需归算到高压侧，各参数应乘以 k^2。

二、短路特性

短路特性可由短路试验来测得，其试验线路如图 8-3 所示。短路试验时，外加电压必须用调压器从零起逐步增大，使短路电流最后达到 $1.2I_{\mathrm{N}}$ 为止；逐点测量短路电流 I_{k}、外加电压 U_{k} 和相应的输入功率 P_{k}，即可得到短路特性曲线 $I_{\mathrm{k}} = f(U_1)$ 和 $P_{\mathrm{k}} = f(U_1)$，如图 8-4 所示。

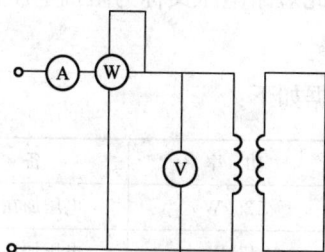

图 8-3 变压器短路试验线路图

图 8-4 变压器的短路特性曲线

在额定电压下，二次绕组短路时，短路电流可达 $9.5\sim20I_{\mathrm{N}}$，将损坏变压器。为避免测量过大的短路电流，一般在高压侧加电压，低压侧短路。通常短路电流达到额定电流时，外加电压约为 $0.05\sim0.105U_{\mathrm{N}}$。因此短路试验时变压器内的主磁通很小，励磁电流和铁心损耗均可忽略不计，励磁支路可以略去，采用简化等效电路进行分析。可见，短路电流将取决于外加电压和变压器的短路阻抗 Z_{k}，Z_{k} 一般很小。

短路阻抗为

$$|Z_{\mathrm{k}}| \approx \frac{U_{\mathrm{k}}}{I_{\mathrm{k}}} \qquad (8-4)$$

短路时的输入功率可认为全部消耗于一次、二次绕组的电阻损耗。故短路电阻为

$$R_{\mathrm{k}} \approx \frac{P_{\mathrm{k}}}{I_{\mathrm{k}}^2} \qquad (8-5)$$

于是短路电抗为

$$X_{\mathrm{k}} = \sqrt{|Z_{\mathrm{k}}|^2 - R_{\mathrm{k}}^2} \qquad (8-6)$$

如果要分离一次和二次侧的电阻，则可用电桥测出每侧的直流电阻，设 r_1 为一次绕组直流电阻，r_2' 为二次绕组直流电阻归算到一次侧的数值，并设 R_{k} 已归算到一次侧，则应有

$$\left. \begin{aligned} R_{\mathrm{k}} &= R_1 + R_2' \\ \frac{R_1}{r_1} &= \frac{R_2'}{r_2'} \end{aligned} \right\} \qquad (8-7)$$

联立求解可得 R_1 和 R_2'。

一次侧和二次侧的漏抗无法用实验方法分离。如果一定要分离，通常可假设

$$X_1 = X_2' = \frac{X_{\mathrm{k}}}{2} \qquad (8-8)$$

若高压侧为二次侧，需归算到低压侧，高压侧各参数应乘以 k^2，低压侧各参数应除以 k^2。

因为电阻随温度而变化，如短路试验时的室温为 θ（℃），按照国家标准规定应换算到标准温度 75℃，因此有

$$R_{k(75℃)} = R_k \frac{234.5 + 75}{234.5 + \theta} \tag{8-9}$$

如在短路试验时，使短路电流恰为额定电流，输入功率即为额定负载时的铜损耗，所需加的电压称为短路电压 U_{1k}，即有 $U_{1k} = I_N Z_k$。短路电压标幺值为

$$u_k = \frac{U_{1k}}{U_N} = \frac{I_N Z_k}{U_N} = Z_k^* = R_k^* + j X_k^* \tag{8-10}$$

可见，短路电压的标幺值恰等于短路阻抗的标幺值。因此短路电压又称为阻抗电压。它是一个很重要的数据，以百分数的形式标注在变压器铭牌上。

【例 8-1】 ［例 7-1］的变压器，在 15℃时试验数据如下：

试验类型	电压	电流	功率	备注
短路	9.24kV	157.5A	129kW	电压加在高压侧
空载	11kV	45.5A	47kW	电压加在低压侧

试求归算到高压侧时近似等效电路的参数。

解 一次绕组和二次绕组的额定电流为

$$I_{1N} = \frac{S_N}{U_{1N}} = \frac{20000}{220/\sqrt{3}} = 157.46(A)$$

$$I_{2N} = \frac{S_N}{U_{2N}} = \frac{20000}{11} = 1818.2(A)$$

归算到高压侧时的励磁阻抗

$$|Z_m'| = k^2 |Z_m| = k^2 \frac{U_2}{I_{20}} = 11.55^2 \times \frac{11000}{45.5} = 32257(\Omega)$$

$$R_m' = k^2 R_m = k^2 \frac{P_{20}}{I_{20}^2} = 11.55^2 \times \frac{47000}{45.5^2} = 3028.6(\Omega)$$

$$X_m' = \sqrt{|Z_m'|^2 - R_m'^2} = \sqrt{32257^2 - 3028^2} = 32115(\Omega)$$

归算到高压侧时的等效漏阻抗

$$|Z_k'| = \frac{U_{1k}}{I_{1k}} = \frac{9240}{157.5} = 58.667(\Omega)$$

$$R_k' = \frac{P_{1k}}{I_{1k}^2} = \frac{129000}{157.5^2} = 5.2003(\Omega)$$

$$X_k' = \sqrt{|Z_k'|^2 - R_k'^2} = \sqrt{58.667^2 - 5.2003^2} = 58.436(\Omega)$$

因为短路试验是在高压侧测量，用短路试验数据计算出来的等效漏阻抗已是归算到高压侧的值。把短路电阻换算到 75℃时的值为

$$R_{k(75℃)}' = 5.2003 \times \frac{234.5 + 75}{234.5 + 15} = 6.4509(\Omega)$$

$$|Z'_{k(75℃)}| = \sqrt{R'^2_{k(75℃)} + X'^2_k} = \sqrt{6.45^2 + 58.5^2} = 58.791(\Omega)$$

第二节 变压器的运行特性

一、外特性

变压器的外特性是在电源电压和负载功率因数保持不变的条件下获得的。若用标幺值表示，则 $U_1^* = 1$，$\cos\varphi_2$ 为常值时，$U_2^* = f(I_2^*)$。

根据简化的等效电路可画出简化的相量图，如图 8-5 所示，其中各线段均用标幺值表示。感性负载时，由图 8-5 中的几何关系可知

$$U_2^* = \sqrt{1 - (cf)^2} - ac \tag{8-11}$$

由于 cf≤1，应用二项式定理展开根式部分，并取前两项，得

$$U_2^* = 1 - \frac{(cf)^2}{2} - ac = 1 - ac - \frac{(cf)^2}{2} = 1 - (ab + bc) - \frac{1}{2}(fg - cg)^2$$

即

$$U_2^* = 1 - (I^* R_k^* \cos\varphi_2 + I^* X_k^* \sin\varphi_2) - \frac{1}{2}(I^* X_k^* \cos\varphi_2 - I^* R_k^* \sin\varphi_2)^2 \tag{8-12}$$

这就是变压器外特性的表达式，曲线如图 8-6 所示，可见二次侧端电压是负载电流的二次函数，此外还与负载的性质和漏阻抗值有关。后一项的值为 ce 的长度，由于很小，常略去，故有

$$U_2^* = 1 - (I^* R_k^* \cos\varphi_2 + I^* X_k^* \sin\varphi_2) \tag{8-13}$$

此时的外特性为直线。对于不同的外特性，其好坏可用变压器的电压调整率来表示。

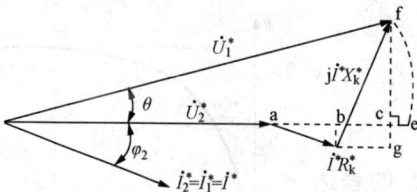

图 8-5 简化相量图

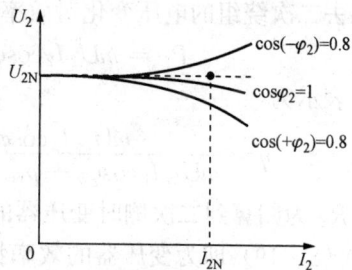

图 8-6 变压器的外特性曲线

当在变压器一次侧加额定电压、二次侧开路时，二次侧的空载电压 U_{20} 就是它的额定电压 U_{2N}。负载以后，由于负载电流在变压器内部产生漏阻抗压降，使二次侧的端电压发生变化。

根据简化的等效电路，电压调整率还可以表示为

$$\Delta u = \frac{U_{2N} - U_2}{U_{2N}} \times 100\% = \frac{U_{1N} - U'_2}{U_{1N}} \times 100\%$$
$$= (1 - U_2^*) \times 100\% \tag{8-14}$$

将式（8-13）代入式（8-14）得

$$\Delta u = I^* (R_k^* \cos\varphi_2 + X_k^* \sin\varphi_2) \times 100\% \tag{8-15}$$

如果要更精确地计算，将式（8-12）代入式（8-14）。式（8-15）说明，电压调整率随着负载电流的增加而正比增大，此外还与负载的性质和漏阻抗值有关。当负载为感性时，

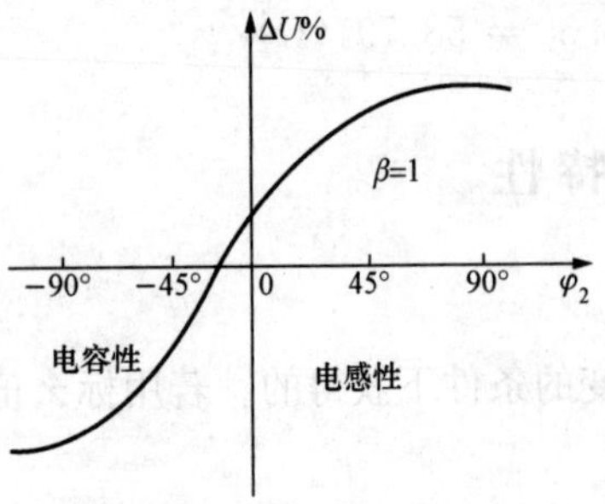

图 8-7　$\Delta U\% = f(\varphi_2)$ 曲线

φ_2 角为正值，电压调整率恒为正值，即负载时的二次电压恒比空载时低；当负载为容性时，φ_2 角为负值，电压调整率可能为负值，即负载时的二次电压可高于空载电压；当负载为纯电阻时，$\varphi_2 = 0$，$\Delta u\% = I^* R_k^*$，对一般电力变压器，$R_k^* = 0.01 \sim 0.02$，十分微小，因此，电压降落不大。$\Delta U\% = f(\varphi_2)$ 曲线如图 8-7 所示。

当负载为额定负载（$I^* = 1$）、功率因数为指定值（通常为 0.8 滞后）时的电压调整率，称为额定电压调整率 Δu_N。额定电压调整率是变压器的主要性能指标之一，通常 Δu_N 约为 5% 左右，所以一般电力变压器的高压绕组均有 ±5% 的抽头，以便进行电压调节。

二、效率特性

1. 效率

变压器的损耗分为铜损耗 p_{Cu} 和铁损耗 p_{Fe} 两类，都包括基本损耗和杂散损耗。变压器的输入功率 P_1 减去内部的总损耗 $\sum p$ 以后，可得输出功率 P_2，即

$$P_1 = P_2 + \sum p \tag{8-16}$$

因此，变压器的效率为

$$\eta = \frac{P_2}{P_1} = \frac{P_2}{P_2 + \sum p} \tag{8-17}$$

2. 效率特性

略去二次绕组的电压变化对效率的影响，考虑到

$$P_2 = mU_2 I_2 \cos\varphi_2, \sum p = p_{Fe} + p_{Cu} = p_{Fe} + mI_2^2 R_k'' \tag{8-18}$$

效率可表示为

$$\eta = \frac{mU_{20} I_2 \cos\varphi_2}{mU_{20} I_2 \cos\varphi_2 + p_{Fe} + mI_2^2 R_k''} \tag{8-19}$$

式中：R_k'' 为归算到二次侧时变压器的短路电阻。

式（8-19）即为变压器的效率特性 $\eta = f(I_2)$ 的表达式，其曲线如图 8-8 所示。

3. 最大效率

将式（8-19）对负载电流 I_2 求导数，并令之为零，可得

$$mI_2^2 R_k'' = p_{Fe} \tag{8-20}$$

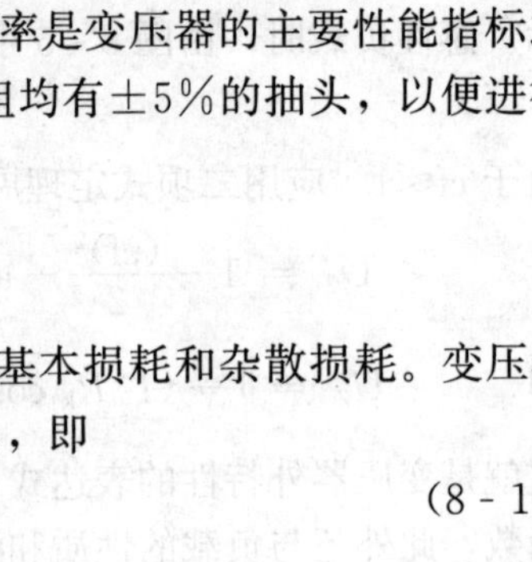

图 8-8　变压器的效率特性曲线

说明，当效率达到最大时，变压器的铜损耗恰好等于铁损耗，即可变损耗等于不变损耗。考虑到变压器的空载损耗基本上等于铁损耗，短路损耗基本上等于铜损耗，用额定电流时的短路损耗表示时，$mI_2^2 R_k = (I_2^*)^2 p_{kN}$，所以发生最大效率时有

$$(I_2^*)^2 p_{kN} = p_0 \tag{8-21}$$

此时负载电流的标幺值为

$$I_2^* = \sqrt{\frac{p_0}{p_{kN}}} \tag{8-22}$$

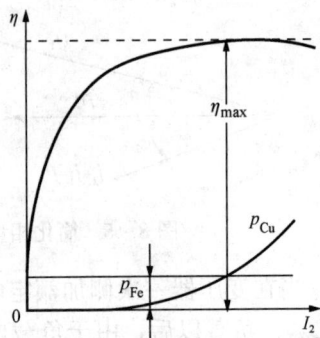

一般电力变压器的 $p_0/p_{kN}=1/4\sim1/3$，相应的最大效率发生在 $I_2^*=0.5\sim0.6$ 左右。不将变压器设计成满载（$I_2^*=1$）时达到最大效率，是因为变压器并非经常满载运行，I_2^* 随季节、昼夜而变化，因而铜损耗也随之变化，而铁损耗在变压器投入运行后，则总是存在的，故常设计成较小铁损耗，这对提高全年的总体效率有利。

4. 效率的确定

变压器的效率可以应用等效电路来计算，也可以通过试验来测定。如果采用计算法确定效率，则变压器的参数必须为已知，求出在任一给定负载下的输入功率、输出功率，从而算出效率。如果通过试验确定效率，可按给定负载条件直接给变压器加载，实测输入和输出功率，以确定效率。这种方法称为直接负载法。但由于一般电力变压器的效率很高，可达 $95\%\sim99\%$，因此输入、输出功率的差值极小，测量仪表的误差影响极大，直接负载法难以得到准确的结果，另外也难以找到相适应的大容量负载进行试验。因此，工程上常用间接法计算效率，即通过空载和短路试验测出铁损耗和铜损耗，再计算效率。不计负载，二次电压变化时，效率为

$$\eta = \frac{mU_{20}I_2\cos\varphi_2}{mU_{20}I_2\cos\varphi_2 + p_{Fe} + mI_2^2R_k'} = \frac{I_2^* S_N\cos\varphi_2}{I_2^* S_N\cos\varphi_2 + p_0 + I_2^{*2}p_{kN}} \tag{8-23}$$

【例 8-2】 试求［例 8-1］中的变压器带上额定负载、$\cos\varphi_2=0.8$（滞后）时的额定电压调整率和额定效率，并确定最大效率和达到最大效率时的负载电流。

解 从［例 7-1］和［例 8-1］中的数据可得 $P_0=47\text{kW}$，$P_{kN(75℃)}=I_{1N}^2R_{k(75℃)}=157.46^2\times6.4509=160\text{kW}$，则

$$R_{k(75℃)}^* = \frac{I_{1N}R_{k(75℃)}}{U_{1N}} = \frac{157.46\times6.4509}{(220/\sqrt{3})\times10^3} = 0.007997$$

$$X_k^* = \frac{I_{1N}X_k}{U_{1N}} = \frac{157.46\times58.436}{(220/\sqrt{3})\times10^3} = 0.072442$$

额定电压调整率和额定效率为

$$\Delta u_N = I^*(R_k^*\cos\varphi_2 + X_k^*\sin\varphi_2)\times100\%$$
$$= (0.007997\times0.8 + 0.072442\times0.6)\times100\% = 4.9863\%$$

$$\eta_N = \frac{I_2^* S_N\cos\varphi_2}{I_2^* S_N\cos\varphi_2 + p_0 + I_2^{*2}p_{kN}} = \frac{20000\times0.8}{20000\times0.8 + 47 + 160} = 98.7\%$$

最大效率和达到最大效率时的负载电流为

$$I_2^* = \sqrt{\frac{p_0}{p_{kN}}} = \sqrt{\frac{47}{160}} = 0.54199$$

$$\eta_{max} = \frac{I_2^* S_N\cos\varphi_2}{I_2^* S_N\cos\varphi_2 + p_0 + I_2^{*2}p_{kN}} = \frac{0.54199\times20000\times0.8}{0.54199\times20000\times0.8 + 2\times47} = 98.928\%$$

第九章 三 相 变 压 器

目前电力系统均采用三相制，因而三相变压器的应用极为广泛。三相变压器在对称负载下运行时，其各相的电压、电流大小相等，相位互差120°，因此可以取三相中的一相来进行运行原理分析和计算，将三相问题转化为单相问题，可直接采用前面导出的基本方程、等效电路和相量图等结论。本章将主要介绍三相变压器的磁路、三相绕组的联结方法、绕组中感应电动势的波形等特点和变压器的并联运行。

第一节 三相变压器的磁路

三相变压器的磁路可分为各相彼此独立的磁路和各相彼此相关的磁路两类。

一、各相彼此独立的磁路

把三台完全相同的单相变压器在电路上按一定方式连接起来，组成一个三相系统，称为三相变压器组，如图9-1所示。三相变压器组的各相磁路是彼此独立的，各相主磁通以各自的铁心作为磁路。因为各相磁路的磁阻相同，当三相绕组接对称三相电压时，各相的励磁电流也相等。

二、各相彼此相关的磁路

如果把三台单相变压器的一、二次绕组套在一起，铁心合并成星形磁路，如图9-2（a）

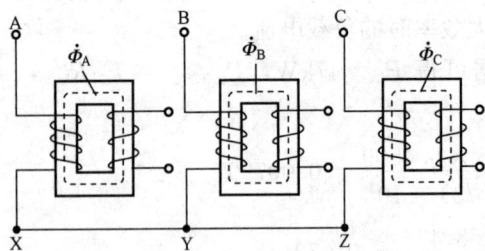

图9-1 三相变压器组的磁路

所示，则当三相绕组外施三相对称电压时，三相主磁通也对称，在中间心柱中的总磁通为 $\phi_A + \phi_B + \phi_C = 0$，即在任意瞬间，中间心柱中将无磁通通过。因此，可省去中间的心柱，如图9-2（b）所示。为方便生产和运输，把三个心柱安排在同一平面上，如图9-2（c）所示。这种变压器称为三相心式变压器。心式变压器中间相的磁路较短，即使外施对称三相电压，三相励磁电流也不对称，中间相的励磁电流较其余两相为小。但由于励磁电流很小，在对称负载情况下，影响极小。心式变压器的器身如图9-3所示。

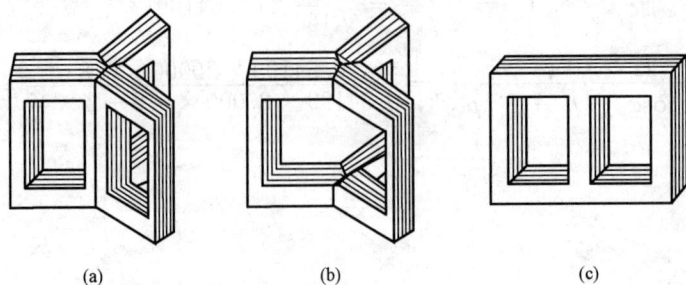

(a)   (b)   (c)

图9-2 三相心式变压器的磁路系统

对于成批生产的中、小型变压器，也有采用渐开线形铁心，如图 9-4 所示。即把一定的硅钢片卷成渐开线形状，然后叠成截面为圆柱形的心柱，再用宽度等于轭高的带钢卷成三角形铁轭，把三个心柱对称地放在铁轭上，用穿心螺栓紧固。渐开线形结构的优点是三相磁路对称，铁轭的截面积只有心柱的 $1/\sqrt{3}$，叠装方便，可采用机械化和自动化生产；缺点是由于心柱和铁轭采用对接式装配，励磁电流和噪声较大。

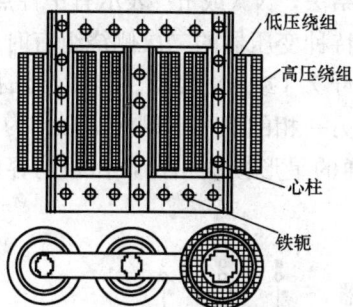

图 9-3 心式变压器的器身

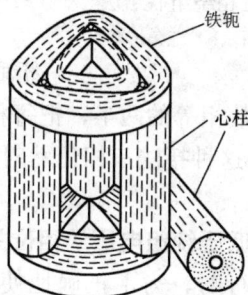

图 9-4 渐开线形铁心

大容量的三相变压器由于运输的限制，需要降低铁心高度，采用三心柱旁轭式结构，如图 9-5 所示。旁轭和上下铁轭的截面积相等，为心柱的 $1/\sqrt{3}$。

除此之外，还有壳式结构（见图 9-6）、环形式结构（见图 9-7）。

图 9-5 三心柱旁轭式铁心

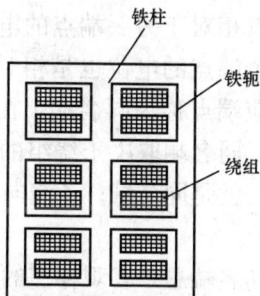

图 9-6 壳式铁心

图 9-7 环形式铁心

与三相变压器组相比较，三相心式变压器只用一套油箱及冷却、保护装置，材料消耗较少，价格便宜，占地面积也小，维护比较简单；但对大型和超大型变压器，往往采用三相变压器组，便于制造和运输，减少电站的备用容量。

第二节 三相变压器的绕组联结

在三相变压器中，用大写字母 A、B、C 表示高压绕组的首端，用 X、Y、Z 表示高压绕组的尾端，用小写字母 a、b、c 表示低压绕组的首端，用 x、y、z 表示低压绕组的尾端。

一、绕组的联结

三相绕组常用的联结方法有两种：其一是星形联结，用 Y（或 y）表示，即把三相绕组的三个首端引出，把三个尾端联结在一起作为中性点，如图 9-8（a）所示；其二是三角形

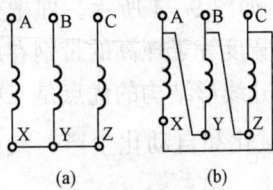

图 9 - 8　三相绕组联结法

(a) 星形联结；(b) 三角形联结

联结，用 D（或 d）表示，即把一相绕组的尾端与另一相绕组的首端相连，顺次连成一个闭合的三角形回路，最后把三个首端引出，如图 9 - 8（b）所示。

国产电力变压器常用的三种联结是 Yyn、Yd 和 YNd。前面的大写字母表示高压绕组的联结法，后面的小写字母表示低压绕组的联结法，N（或 n）表示有中性点引出的情况。

此外，某些特种变压器的二次侧绕组有时采用所谓的曲折联结法，用字母 Z（或 z）表示。该联结法把每相的二次侧绕组分成匝数相等的两半，把每相的上一半与另一相的下一半倒向串联作为新的一相，如图 9 - 9 所示。这种接法三相仍然对称，但与普通的星形接法相比，在相同容量条件下需用较多的铜线。

二、高、低压绕组电压的相位关系

在并联运行时，为了正确地使用三相变压器，必须知道高、低压绕组电压的相位关系。下面先分析相电压，再分析线电压。

1. 高、低压绕组相电压的相位关系

同一相的高压和低压绕组绕在同一心柱上，被同一主磁通所交链。当主磁通交变时，高压和低压绕组的电动势之间有着相对应的极性关系。即在同一瞬间，高压绕组的某一端点相对于另一端点的电位为正时，低压绕组必有一个端点的电位也是相对为正。这两个极性相同的对应端点称为同名端，在端点旁边用符号"·"标记。同名端取决于绕组的绕制方向，如高、低压绕组的绕向相同，则两个绕组的上端（或下端）就是同名端；若绕向相反，则高压绕组的上端和低压绕组的下端为同名端，如图 9 - 10 所示。

不管绕组的绕向如何，同名端总是客观存在的，但首、尾端是人为规定的。如果规定相电压的正方向统一为从首端指向尾端，若绕组的首、尾端选得不一样，高、低压绕组的相电压之间就有不同的相位。如把同名端同标为首端或尾端，则高、低压绕组的相电压 $\dot{U}_A$ 与 $\dot{U}_a$ 应为同相位，如图 9 - 10 所示。如把一个同名端标为首端、另一个标为尾端，则 $\dot{U}_A$ 与 $\dot{U}_a$ 为反相，如图 9 - 11 所示。

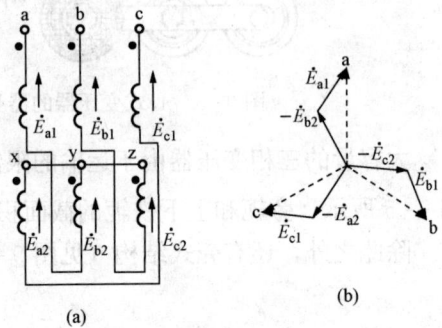

图 9 - 9　曲折联结法

(a) 接线图；(b) 相量图

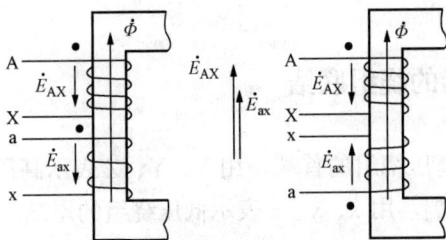

图 9 - 10　同名端同为首端时相电压的相位关系

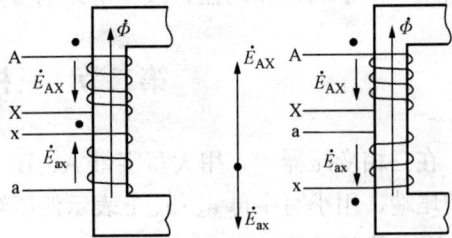

图 9 - 11　同名端不同为首端时相电压的相位关系

为了形象地表示高、低压绕组相电压的相位关系，电力系统中通常采用所谓的时钟表示法。把高压绕组的相电压看作时钟的长针，低压绕组的相电压看作时钟的短针，把长针固定指向时钟 12 点（或 0 点），短针所指的小时数作为绕组的联结组号。对图 9 - 10 的情况，记为 Ii0；对图 9 - 11 的情况，记为 Ii6。其中 Ii 表示高、低压绕组都是单相绕组，0 和 6 表示组号。我国国家标准规定，单相变压器以 Ii0 作为标准联结组。

2. 高、低压绕组线电压的相位关系

三相绕组采用不同的接线时，高、低压绕组的线电压之间的相位也不同，也采用时钟表示法。开始是以对应线电压相量的相位关系确定联结组号，近年来国际电工委员会（IEC）统一规定：把高、低压绕组的线电压三角形的重心重合，把高压绕组线电压三角形的一条中线作为时钟的长针，指向 12 点，再把低压绕组的线电压三角形中对应的中线作为短针，它所指的钟点就是该联结组号。不管用哪种方式确定联结组号，对某一具体联结组来说都是唯一的。联结组号是根据高、低压绕组的同名端和联结方法所决定的。

三、三相变压器的联结组

（1）Yy0 联结组。把高、低压绕组都做星形联结，其同名端同时规定为首端，对应的相电压相量应为同相位，对应的线电压相量也应为同相位，如图 9 - 12 所示。若让高、低压绕组的线电压三角形的重心 O 和 o 重合，并使高压绕组的线电压三角形的中线 OA 指向 12 点，则低压绕组对应的中线 oa 也将指向 12 点（即 0 点），故该联结组的组号为 0，联结组记为 Yy0。如果把高压绕组的同名端规定为首端，把低压绕组的同名端规定为尾端，高、低压对应的相电压相量将为反相（即相差 180°），对应的线电压相量也为反相。此时若使高、低压线电压三角形的重心重合，从钟面上看，联结组将变成 Yy6。

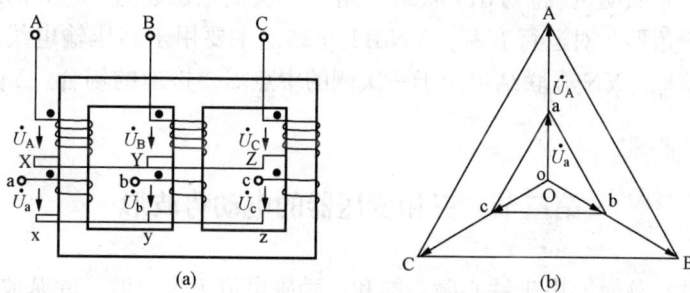

图 9 - 12　Yy0 联结组

（a）绕组联结图；（b）高、低压电压相量图

（2）Yd11 联结组。把高压绕组做星形联结，低压绕组做三角形联结，把高、低压绕组的同名端同时规定为首端，故对应的高、低压相电压相量应为同相位，如图 9 - 13（a）所示。高压绕组的相量图和 Yy0 时相同，因为采用相同的联结；低压绕组的相量图则根据具体联结画出，如图 9 - 13（b）所示。再把高、低压绕组的线电压三角形的重心 O 和 o 重合，并使高压绕组的线电压三角形的中线 OA 指向 12 点，则低压绕组对应的中线 oa 将指向 11 点，如图 9 - 13（c）所示。故该联结组的组号为 11，联结组记为 Yd11。若把低压绕组的同名端规定为尾端，按同样顺序联结，则得 Yd5 联结组。

（3）其他联结组。对于上述 Yy 和 Yd 联结组，如果高压绕组的三相标号 A、B、C 保持不变，把低压绕组的三相标号 a、b、c 顺序改为 c、a、b，则低压各线电压相量将分别转过

120°，相当于短针转过 4 个钟点；若改为 b、c、a，相当于短针转过 8 个钟点。因而对 Yy 联结而言，可得 0、4、8、6、10、2 等六个偶数组号；对 Yd 联结而言，可得 11、3、7、5、9、1 等六个奇数组号；总共可得 12 个组号。此外，三相变压器还可以接成 Dy 或 Dd，按照类似方法分析，Dy 联结总共有 1、3、5、7、9、11 六种联结组；Dd 联结总共有 0、2、4、6、8、10 六种联结组。

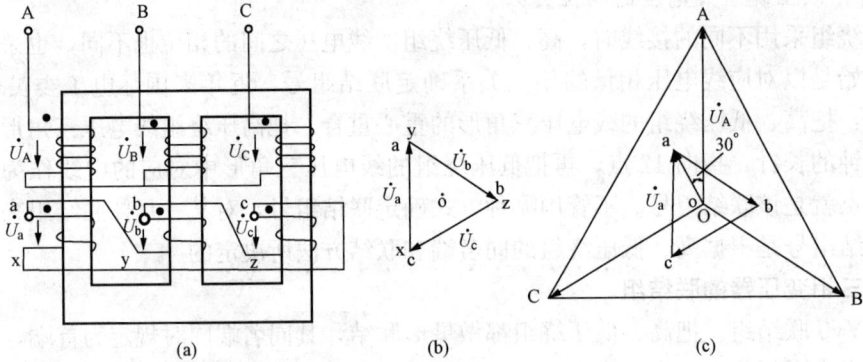

图 9-13 Yd11 联结组

（a）绕组联结图；（b）低压侧的相量图；（c）高、低压电压相量图

（4）标准联结组。变压器联结组的种类很多，为了制造和并联运行时的方便，我国国家标准规定只生产五种标准联结组：①Yyn0；②Yd11；③YNd11；④YNy0；⑤Yy0。其中前三种最为常用。Yyn0 联结组的二次侧可引出中线，成为三相四线制，用于容量不大的配电变压器，兼供动力和照明负载。Yd11 联结组用于二次侧电压超过 400V 的线路中。这种变压器有一侧接成三角形，对运行有利。YNd11 联结组主要用于高压输电线路中，使电力系统的高压侧可以接地。YNy0 联结组用于一次侧的中点需要接地的场合。Yy0 联结组用于一般的动力负载。

第三节 三相变压器的电动势波形

在单相变压器空载时，由于铁心磁路饱和，励磁电流为尖顶波，除基波分量外，还包含一系列奇次谐波，其中以三次谐波最显著，如图 9-14 所示。在三相变压器中，各相励磁电流中的三次谐波可表示为

$$\left.\begin{array}{l} i_{m3A} = I_{m3}\sin3\omega t \\ i_{m3B} = I_{m3}\sin3(\omega t - 120°) = I_{m3}\sin3\omega t \\ i_{m3C} = I_{m3}\sin3(\omega t - 240°) = I_{m3}\sin3\omega t \end{array}\right\} \quad (9-1)$$

可见它们大小相等、相位相同。励磁电流的三次谐波能否流通，将直接影响到主磁通和相电动势的波形。

如果一次绕组为 YN 联结，三次谐波电流可以流通，各相励磁电流为尖顶波。此时，不论二次绕组是 y 联结或 d 联结，铁心中的主磁通均能保证正弦波形，因此，相电动势也为正弦波。若一次绕组为 Y 联结，则分两种情况来分析。

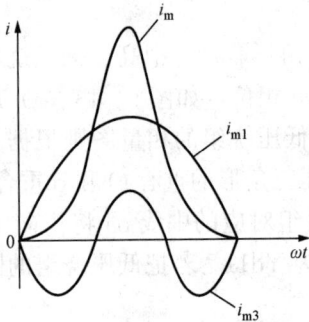

图 9-14 励磁电流的波形

一、Yy 联结组

此时一次和二次绕组都是星形联结且无中线，于是励磁电流中的三次谐波分量不能流通，因此励磁电流将接近于正弦波。当磁路饱和时，主磁通的波形将成为平顶波。如图 9 - 15 所示，主磁通中除基波分量 ϕ_1 外，还包含一系列奇次谐波，其中以三次谐波分量 ϕ_3 为最大。

由基波磁通感应基波电动势 e_1，频率为 f_1，相位滞后于 ϕ_1 90°；由三次谐波磁通感应三次谐波电动势 e_3，频率为 $f_3 = 3f_1$，相位上滞后于 ϕ_3 90°（在三次谐波标尺上量度）。把 e_1 和 e_3 逐点相加，合成电动势是一尖顶波，如图 9 - 16 所示，最高振幅等于基波振幅与三次谐波振幅之和，相电动势波形发生了畸变。畸变程度则取决于磁路系统。

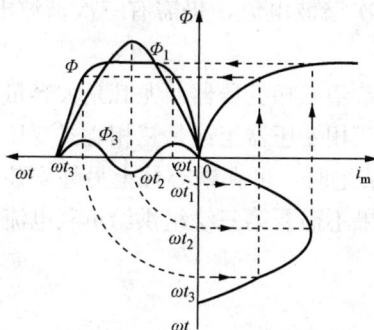

图 9 - 15 磁路饱和时正弦励磁电流产生的
主磁通波形

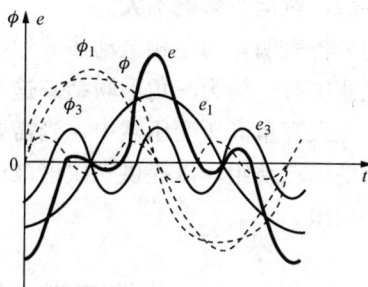

图 9 - 16 三相变压器铁心中的磁通波和
绕组中的电动势波

对于三相变压器组，由于各相磁路是独立的，三次谐波磁通可以在各自的铁心内形成闭合磁路，由于铁心的磁阻很小，因此 ϕ_3 较大；加之 $f_3 = 3f_1$，所以三次谐波电动势就相当大，其幅值可达基波幅值的 50%～60%，导致电动势波形严重畸变。在三相线电动势中，虽然三次谐波电动势互相抵消，使线电动势仍为正弦波，但相电动势峰值的提高将危害到各相绕组的绝缘。

对于三相心式变压器，由于磁路为三相星形，各相的三次谐波磁通同大小、同相位，不能沿铁心磁路流通，而只能以铁心周围的油和油箱等形成闭合回路，如图 9 - 17 所示。由于这条磁路的磁阻较大，限制了三次谐波磁通，使三次谐波电动势变得很小，相电动势的波形可认为接近于正弦形。但因三次谐波磁通经过油箱壁等钢制构件时，将在其中感应电动势，产生涡流杂散损耗，会引起油箱壁局部过热。

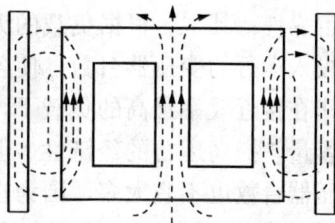

图 9 - 17 三相心式变压器中
三次谐波磁通的路径

由此可见，三相变压器组不能接成 Yy 联结组。三相心式变压器可以采用 Yy 联结组，但其容量不宜过大。

二、Yd 联结组

高压绕组为星形联结，低压绕组为三角形联结。当变压器为升压变压器时，由于一次侧为三角形联结，励磁电流中的三次谐波分量可在三角形内部流通，故主磁通和由它所感应的一次和二次绕组相电动势都接近于正弦形。当变压器为降压变压器时，由于一次侧为星形联

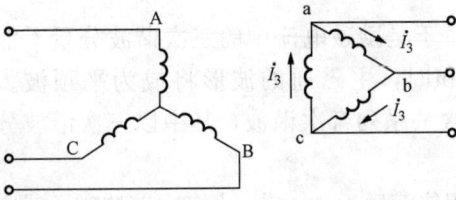

图 9 - 18 Yd 联结组中三角形内部的
三次谐波环流

结，三次谐波电流不能流通，因而主磁通和一次、二次绕组相电动势中将出现三次谐波；但二次侧为三角形联结，故三相绕组的三次谐波电动势将在闭合的三角形内产生三次谐波环流，如图 9 - 18 所示。环流对原有的三次谐波磁通起去磁作用，三次谐波电动势被削弱，因此相电动势波形接近正弦波。由于主磁通由作用在铁心上的合成磁动势所激励，所以一次侧基波励磁电流和二次侧三次谐波励磁电流共同激励时，其效果与一次侧单方面提供尖顶波励磁电流的效果是等效的。但略有不同的是，为维持三次谐波电流，仍需有三次谐波电动势，但量值甚微，对运行影响不大。

上述分析表明，为使相电动势波形接近正弦波，希望三相变压器（尤其是大容量）的一次或二次侧中有一侧为三角形联结。这个分析无论对三相变压器组或是三相心式变压器都是适用的。在大容量高压变压器中，当需要接成 Yy 联结组时，可在铁心柱上另外安装一个接成三角形的第三绕组，以提供三次谐波电流通路。如果不需要第三绕组供给负载电流，则其端点不必引出。

第四节 变压器的并联运行

在变电站中，常常采用多台变压器并联运行的方式，即将它们的一次绕组和二次绕组分别并联到一次侧和二次侧的公共母线上，如图 9 - 19 所示。变压器并联运行的优点是：其一，当某台变压器发生故障时，可将其停机进行检修或投入备用变压器运行，便于连续供电，提高供电的可靠性；其二，根据负载的大小来调整投入运行的变压器台数，使各台变压器工作在接近效率最高的负载下，减少备用容量，提高运行的经济性。但并联的变压器台数也不宜太多，因为在总容量

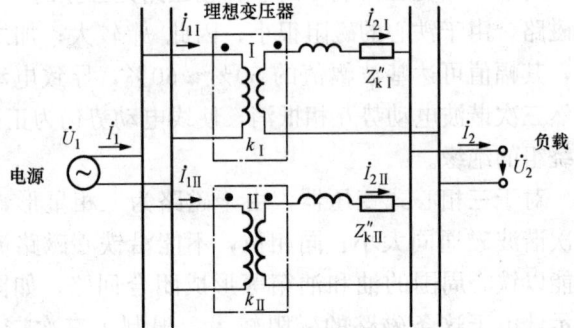

图 9 - 19 两台变压器的并联运行

一定的情况下，并联的台数越多、单台容量越小，就越不经济，应综合考虑可靠性、效率、负载等方面的因素。

一、理想并联运行的条件

变压器并联运行的最理想情况是：①空载时并联运行的各台变压器二次侧之间没有环流，二次侧无铜损耗，一次侧的铜损耗也较小；②负载时能够按照各台变压器的容量成比例地分担负载，变电站的装机容量能得到充分利用；③负载时各台变压器的二次侧电流应为同相位，这样在总的负载电流一定时，各台变压器所分担的电流最小，如果各台变压器二次侧电流一定时，则共同承担的负载电流最大。

为达到上述理想并联运行，并联运行的各变压器应满足的基本条件是二次侧电压必须相

等且同相位，具体要求为：①各变压器的额定电压与变比应当相等；②各变压器的短路阻抗标幺值要相等，阻抗角要相同；③各变压器的联结组号应相同。

变比和短路阻抗标幺值允许有微小的差别，一般变比不得超过±0.5%，短路阻抗标幺值不得超过±10%。联结组号则必须绝对保证相同，否则会因二次绕组的线电压相位不同，将有很大的电动势差作用在二次绕组的闭合回路中，导致很大的环流，烧毁变压器绕组。

二、并联运行的负载分配

现以两台变压器的并联运行为例来说明，多台变压器并联时依此类推。第一台变压器的各量用下标 Ⅰ 表示；第二台用 Ⅱ 表示。为便于计算，采用归算到二次侧的简化等效电路，如图 9-19 所示，其中分别置有变比为 $k_Ⅰ$ 和 $k_Ⅱ$ 的理想变压器。在三相对称运行时，可取两变压器中对应的任一相来分析。归算到二次侧时，两台变压器的电压方程和负载电流应为

$$\left.\begin{aligned}
\dot{U}_{20Ⅰ} &= \dot{U}_2 + \dot{I}_{2Ⅰ} Z''_{kⅠ} \\
\dot{U}_{20Ⅱ} &= \dot{U}_2 + \dot{I}_{2Ⅱ} Z''_{kⅡ} \\
\dot{I}_2 &= \dot{I}_{2Ⅰ} + \dot{I}_{2Ⅱ}
\end{aligned}\right\} \tag{9-2}$$

式中：$\dot{I}_2$ 为总的负载电流；$\dot{U}_2$ 为负载电压；$\dot{U}_{20Ⅰ}$ 和 $\dot{U}_{20Ⅱ}$ 分别为两台变压器二次侧的空载电压；$Z''_{kⅠ}$ 和 $Z''_{kⅡ}$ 分别为归算到二次侧时的两台变压器的等效短路阻抗。

求解式（9-2）可得两台变压器的二次侧电流为

$$\left.\begin{aligned}
\dot{I}_{2Ⅰ} &= \dot{I}_2 \frac{Z''_{kⅡ}}{Z''_{kⅠ} + Z''_{kⅡ}} + \frac{\dot{U}_{20Ⅰ} - \dot{U}_{20Ⅱ}}{Z''_{kⅠ} + Z''_{kⅡ}} = \dot{I}_{LⅠ} + \dot{I}_c \\
\dot{I}_{2Ⅱ} &= \dot{I}_2 \frac{Z''_{kⅠ}}{Z''_{kⅠ} + Z''_{kⅡ}} - \frac{\dot{U}_{20Ⅰ} - \dot{U}_{20Ⅱ}}{Z''_{kⅠ} + Z''_{kⅡ}} = \dot{I}_{LⅡ} - \dot{I}_c
\end{aligned}\right\} \tag{9-3}$$

可见，每台变压器的电流均包括两个分量：第一个分量为所分担的负载电流 $\dot{I}_{LⅠ}$ 和 $\dot{I}_{LⅡ}$，第二个分量为由两台变压器的开路电压差 $\Delta\dot{U}_{20} = \dot{U}_{20Ⅰ} - \dot{U}_{20Ⅱ}$ 所引起的环流 $\dot{I}_c$。

环流在两台变压器内部流动（一次侧和二次侧都有），其值与两台变压器在二次侧开路时的电压差 $\Delta\dot{U}_{20}$ 成正比，与两台变压器的等效短路阻抗之和 $Z''_{kⅠ} + Z''_{kⅡ}$ 成反比，而与负载的大小无关。只要 $\Delta\dot{U}_{20} \neq 0$，即使在空载时，两台变压器内部也会出现环流。由于变压器的短路阻抗很小，即使开路电压差很小，也会引起较大的环流。空载时，环流通过二次绕组电阻，增大了空载损耗；负载时，环流使得变比较小的那一台变压器（E_2 较高的）输出电流增大，变比较大（E_2 较小）的那台输出电流减小，因此，当负载电流达到两台额定值之和时，前者过载，后者则未达到额定值。可见，环流不通过负载，却占用了变压器的容量，影响变压器功率和效率。因此在制造变压器时，应对环流严加控制。

1. 变比不同所引起的环流

设两台变压器的联结组号相同、但变比不相等，第一台为 $k_Ⅰ$，第二台为 $k_Ⅱ$，且 $k_Ⅰ < k_Ⅱ$。从式（9-3）可见，环流为

$$\dot{I}_c = \frac{\Delta\dot{U}_{20}}{Z''_{kⅠ} + Z''_{kⅡ}} = \frac{\dot{U}_{20Ⅰ} - \dot{U}_{20Ⅱ}}{Z''_{kⅠ} + Z''_{kⅡ}} = \frac{\dot{U}_1}{Z''_{kⅠ} + Z''_{kⅡ}}\left(\frac{1}{k_Ⅰ} - \frac{1}{k_Ⅱ}\right) \tag{9-4}$$

只要 $k_Ⅰ \neq k_Ⅱ$，两台变压器内部就会出现环流。因此，为达到理想并联运行的第一种情况必须，并联变压器的变比应当相等。

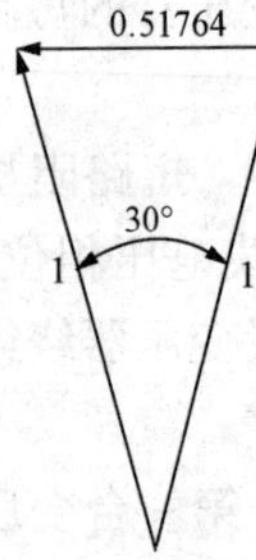

图 9-20 联结组号
不相同时开路电压差

2. 联结组号不同所引起的环流

若两台变压器的变比相等、联结组号不相同，虽然两台变压器二次侧的开路电压幅值相等，但相位不同，还会有开路电压差，即 $\Delta \dot{U}_{20} \neq 0$。单相变压器的联结组号不相同，相位相差 180°，开路电压差可达 $2U_{20}$；三相变压器的联结组号不相同，相位至少相差 30°，开路电压差可达 $0.51764U_{20}$，如图 9-20 所示，将产生很大的环流。因此，为达到理想并联运行的第一种情况必须，联结组号必须相同。

3. 变比相同、短路阻抗不同时的负载分配

若并联的两台变压器变比相等、联结组号也相同，则环流为零，只剩下负载分量。此时两台变压器所负担的负载电流应为

$$\dot{I}_{\text{LI}} = \dot{I}_2 \frac{Z''_{\text{kII}}}{Z'_{\text{kI}} + Z'_{\text{kII}}}, \quad \dot{I}_{\text{LII}} = \dot{I}_2 \frac{Z''_{\text{kI}}}{Z'_{\text{kI}} + Z'_{\text{kII}}} \tag{9-5}$$

或

$$\frac{\dot{I}_{\text{LI}}}{\dot{I}_{\text{LII}}} = \frac{Z'_{\text{kII}}}{Z'_{\text{kI}}} \tag{9-6}$$

式（9-6）说明，在并联变压器之间，负载电流按其短路阻抗成反比分配。将负载电流除以额定电流，并考虑到两台变压器具有同样的额定电压，可导出用标幺值表示的负载电流分配，即

$$\frac{\dot{I}_{\text{LI}}}{\dot{I}_{\text{LII}}} \frac{I_{\text{NII}}}{I_{\text{NI}}} = \frac{Z'_{\text{kII}}}{Z'_{\text{kI}}} \frac{I_{\text{NII}}}{I_{\text{NI}}} \frac{U_{\text{N}}}{U_{\text{N}}} \quad 或 \quad \frac{\dot{I}^*_{\text{LI}}}{\dot{I}^*_{\text{LII}}} = \frac{Z^*_{\text{kII}}}{Z^*_{\text{kI}}} \tag{9-7}$$

式（9-7）说明，并联变压器所分担的负载电流标幺值，与其短路阻抗的标幺值成反比。短路阻抗标幺值大的变压器所负担的负载电流标幺值小，短路阻抗标幺值小的变压器所负担的负载电流标幺值大。理想的负载分配是，各变压器按其容量大小来分担负载，即希望负载电流标幺值相等。这就要求各变压器具有相同的短路阻抗标幺值，即 $Z^*_{\text{kI}} = Z^*_{\text{kII}}$，因而 Z^*_{k} 相差太大的变压器不宜并联运行。

从式（9-7）可以看出，如果要使各变压器的负载电流均为同相，则各变压器的短路阻抗应当具有相同的阻抗角。

综上所述，实际并联运行时，变压器的联结组号必须相同，变比偏差要严格控制，短路阻抗的标幺值不要相差太大，阻抗角可以有一定差别。

【例 9-1】 两台额定电压相同的变压器并联运行，其额定容量分别为 $S_{\text{NI}} = 5000\text{kVA}$，$S_{\text{NII}} = 6300\text{kVA}$，短路阻抗为 $|Z_{\text{kI}}^*| = 0.07$，$|Z_{\text{kII}}^*| = 0.075$，不计阻抗角的差别，试计算：

（1）两台变压器变比相差 0.5% 时的空载环流。

（2）若两台变压器的联结组号不相同，二次侧的开路电压相位相差 30° 时的空载环流。

（3）联结组号和变比均相同时并联组的最大容量。

解 （1）以第一台变压器的额定容量作为基值。在变比相差不大时，可以证明，以第一台变压器的额定电流作为基值时，环流的标幺值为

$$\dot{I}^*_{\text{c}} = \frac{\dot{I}_{\text{c}}}{I_{2\text{NI}}} = \frac{\dot{U}_1}{U_{1\text{Nph}}} \frac{\left(\frac{1}{k_{\text{I}}} - \frac{1}{k_{\text{II}}}\right)k}{Z^*_{\text{kI}} + \frac{S_{\text{NI}}}{S_{\text{NII}}} Z^*_{\text{kII}}} \approx \frac{\dot{U}^*_1 \Delta k^*}{Z^*_{\text{kI}} + \frac{S_{\text{NI}}}{S_{\text{NII}}} Z^*_{\text{kII}}}$$

式中：k 为平均变比，$k = \sqrt{k_{\text{I}} k_{\text{II}}}$；$\Delta k *$ 为变比差的标幺值，$\Delta k^* = \dfrac{k_{\text{II}} - k_{\text{I}}}{\sqrt{k_{\text{I}} k_{\text{II}}}}$。

于是

$$\dot{I}_c^* \approx \frac{0.005}{0.07 + \dfrac{5000}{6300} \times 0.075} = 0.038603$$

即环流为第 I 台变压器额定电流的 3.8603%。

（2）联结组号不相同，开路电压相位相差 30°时，开路电压差的标幺值为 0.51764。于是环流的标幺值为

$$\dot{I}_c^* = \frac{\Delta \dot{U}_{20}^*}{Z_{k\text{I}}^* + \dfrac{S_{N\text{I}}}{S_{N\text{II}}} Z_{k\text{II}}^*} = \frac{0.51764}{0.07 + \dfrac{5000}{6300} \times 0.075} = 3.9965$$

即空载环流达到变压器额定电流的 4 倍，故不同组号的变压器决不允许并联。

（3）由

$$\frac{I_{\text{I}}^*}{I_{\text{II}}^*} = \left| \frac{Z_{k\text{II}}^*}{Z_{k\text{I}}^*} \right| = \frac{0.075}{0.07} = 1.0714$$

第一台变压器的阻抗标幺值小，故先达到满载。当 $I_1^* = 1$ 时

$$I_{\text{II}}^* = \frac{1}{1.0714} = 0.93333$$

不计阻抗角的差别时，两台变压器所组成的并联组的最大容量为

$$S_{\max} = 5000 + 0.934 \times 6300 = 10880 (\text{kVA})$$

并联组的利用率为

$$\frac{S_{\max}}{S_{N\text{I}} + S_{N\text{II}}} = \frac{10880}{5000 + 6300} = 0.96283$$

第十章 特殊变压器

前面分析了普通的两绕组变压器，本章将分析三绕组变压器、自耦变压器、仪用互感器以及分裂变压器等特殊变压器。此外，还有一些其他用途的变压器，如调压变压器、试验变压器、整流变压器、电焊变压器、脉冲变压器、电炉变压器、旋转变压器、直流互感器、音频输出变压器等，本章不一一介绍，有兴趣的读者请参考有关书籍和资料。

第一节 三绕组变压器

电力系统常需要把三个电压等级不同的电网相互连接，或向两条不同电压等级的线路供电，可采用三绕组变压器来实现。此外在发电厂中，一般都有多台发电机运行，每台发电机配一台变压器，然后并联输电。随着科学技术的进步、材料性能的改善，变压器、发电机的单台容量不断提高。由于单台变压器的容量可做得比单台发电机的容量更大，而单机容量越大则效率越高、成本越低。因此，采用三绕组变压器，将两台发电机分别接到三绕组变压器的两个低压绕组，电能则经高压绕组传送至电网。另外，发电厂用变压器担负着风机、水泵、照明和仪表等负载，也采用三绕组降压变压器供电。

一、结构特点

三绕组变压器的铁心一般为心式结构，每个心柱上同心地套着高压、中压和低压三个绕组。三个绕组的容量可以相等、也可以不等；其中容量最大的规定为额定容量。

一般说来，相互间传递功率较多的绕组应当靠得近些。例如发电厂里的升压变压器，把由发电机提供的低压电功率经三绕组变压器升压传送到高压和中压电网，采用低压绕组放在中间，高压绕组放在外层，中压绕组放在里面的方案比较合理。变电站里的降压变压器，多半是从高压电网取得电功率，经三绕组变压器传送至中压和低压电网。最理想的方案应该是把高压绕组放在中间，但这将增加绝缘的困难。通常采用中压绕组放在中间，高压绕组放在外层，低压绕组放在里层的方案。

三绕组变压器的第三绕组常常接成三角形联结，供电给附近较低电压的配电线路。有时仅仅接有同步补偿机或静电电容器，以改善电网的功率因数。也有的第三绕组并不引出，专供三次谐波励磁电流形成通路，以改善电动势波形和减少不对称运行时中点的位移。

三相三绕组变压器的标准联结组有 YNyn0d11 和 YNyn0y0 两种。

二、磁通特点

三绕组变压器的磁通也可以分成主磁通和漏磁通，如图 10-1 所示。主磁通是指与三个绕组同时交链的磁通，由三个绕组的合成磁动势所建立，经铁心磁路而闭合，相应的励磁阻抗随铁心的饱和程度而变化。漏磁通是指只链过一个或两个绕组的磁通，前者叫自漏磁通，后者称互漏磁通。自漏磁通由一个绕组本身的磁动势所产生，互漏磁通由它所链过的两个绕组的合成磁动势产生。漏磁通主要通过空气或油而闭合，相应的漏抗为常值。主磁通和漏磁通在三个绕组中均产生感应电动势，漏磁通感应的电动势全部作为漏抗压降来处理。

三、数学模型

设一次、二次和第三绕组的匝数分别为 N_1、N_2 和 N_3，则一次和二次、一次和第三绕组、二次和第三绕组的变比分别为

$$k_{12} = \frac{N_1}{N_2},\ k_{13} = \frac{N_1}{N_3},\ k_{23} = \frac{N_2}{N_3} = \frac{k_{13}}{k_{12}} \tag{10-1}$$

按照图 10-1 中由惯例规定的正方向，并将二次绕组和第三绕组都归算到一次绕组，可写出三个绕组的电压方程为

$$\left.\begin{aligned}
\dot{U}_1 &= \dot{I}_1(R_1 + jX_{11\sigma}) + j\dot{I}'_2 X'_{12\sigma} + j\dot{I}'_3 X'_{13\sigma} - \dot{E}_1 \\
-\dot{U}'_2 &= \dot{I}'_2(R'_2 + jX'_{22\sigma}) + j\dot{I}_1 X'_{21\sigma} + jX'_{23\sigma}\dot{I}'_3 - \dot{E}'_2 \\
-\dot{U}'_3 &= \dot{I}'_3(R'_3 + jX'_{33\sigma}) + jX'_{31\sigma}\dot{I}_1 + jX'_{32\sigma}\dot{I}'_2 - \dot{E}'_3
\end{aligned}\right\} \tag{10-2}$$

式中：R_1、R'_2 和 R'_3 分别为各绕组的电阻，加 "′" 的量表示归算值；$X_{11\sigma}$、$X'_{22\sigma}$ 和 $X'_{33\sigma}$ 分别为各绕组的自漏抗；$X'_{12\sigma}$、$X'_{23\sigma}$ 和 $X'_{31\sigma}$ 分别为各绕组间的互漏抗，$X'_{12\sigma} = X'_{21\sigma}$，$X'_{23\sigma} = X'_{32\sigma}$，$X'_{31\sigma} = X'_{13\sigma}$；$\dot{E}_1$、$\dot{E}'_2$ 和 $\dot{E}'_3$ 分别为主磁通在各绕组内所感应的电动势。

归算后有

$$\dot{E}_1 = \dot{E}'_2 = \dot{E}'_3 = -\dot{I}_m Z_m \tag{10-3}$$

式中：Z_m 为励磁阻抗。

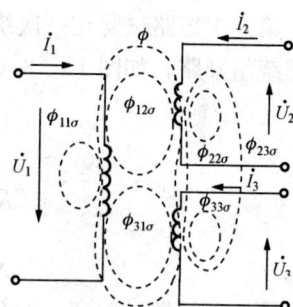

图 10-1　三绕组变压器的漏磁通示意图

三绕组变压器的磁动势方程为

$$\dot{I}_1 + \dot{I}'_2 + \dot{I}'_3 = \dot{I}_m \tag{10-4}$$

式中：$\dot{I}'_2$ 和 $\dot{I}'_3$ 分别为二次绕组和第三绕组电流的归算值。若忽略励磁电流，则

$$\dot{I}_1 + \dot{I}'_2 + \dot{I}'_3 = 0 \tag{10-5}$$

将电压方程中的第一式减去第二式，并以 $\dot{I}'_3 = -(\dot{I}_1 + \dot{I}'_2)$ 代入；再以第一式减去第三式，并以 $\dot{I}'_2 = -(\dot{I}_1 + \dot{I}'_3)$ 代入，可得

$$\left.\begin{aligned}
\dot{U}_1 - (-\dot{U}'_2) &= [R_1 + j(X_{11\sigma} - X'_{12\sigma} - X'_{13\sigma} + X'_{23\sigma})]\dot{I}_1 - \\
&\quad [R'_2 + j(X'_{22\sigma} - X'_{12\sigma} - X'_{23\sigma} + X'_{13\sigma})]\dot{I}'_2 \\
\dot{U}_1 - (-\dot{U}'_3) &= [R_1 + j(X_{11\sigma} - X'_{12\sigma} - X'_{13\sigma} + X'_{23\sigma})]\dot{I}_1 - \\
&\quad [R'_3 + j(X'_{33\sigma} - X'_{13\sigma} - X'_{23\sigma} + X'_{12\sigma})]\dot{I}'_3
\end{aligned}\right\} \tag{10-6}$$

如令

$$\left.\begin{aligned}
X_1 &= X_{11\sigma} - X'_{12\sigma} - X'_{13\sigma} + X'_{23\sigma} \\
X'_2 &= X'_{22\sigma} - X'_{12\sigma} - X'_{23\sigma} + X'_{13\sigma} \\
X'_3 &= X'_{33\sigma} - X'_{13\sigma} - X'_{23\sigma} + X'_{12\sigma}
\end{aligned}\right\} \tag{10-7}$$

则式（10-6）可写成

$$\left.\begin{aligned}
\dot{U}_1 - (-\dot{U}'_2) &= (R_1 + jX_1)\dot{I}_1 - (R'_2 + jX'_2)\dot{I}'_2 = Z_1\dot{I}_1 - Z'_2\dot{I}'_2 \\
\dot{U}_1 - (-\dot{U}'_3) &= (R_1 + jX_1)\dot{I}_1 - (R'_3 + jX'_3)\dot{I}'_3 = Z_1\dot{I}_1 - Z'_3\dot{I}'_3
\end{aligned}\right\} \tag{10-8}$$

式中：X_1、X'_2、X'_3 和 Z_1、Z'_2、Z'_3 分别为一次、二次和第三绕组的等效漏抗和等效漏阻抗。

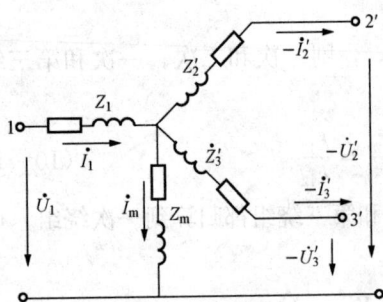

图 10 - 2 三绕组变压器的
简化等效电路

根据式（10 - 4）和式（10 - 8），即可画出三绕组变压器的简化等效电路，如图 10 - 2 所示。于是三绕组变压器的各种运行问题，例如电压调整率、效率、短路电流、并联运行时各绕组间的负载分配等，就可以用等效电路来计算。

四、参数的测定

三绕组变压器的等效漏阻抗不能直接测量，但从式（10 - 7）可见，它们两两之和则恰好为相应两绕组间的漏抗，即每两个绕组相当于一个两绕组变压器。为此，可进行三次不同的短路试验，测定每两绕组间的短路阻抗 Z_{k12}、Z_{k13}、Z'_{k23}，再分离出 R_1、R'_2、R'_3 和 X_1、X'_2、X'_3。

第一次短路试验在一次绕组和二次绕组间进行，一次绕组施加低电压，二次绕组短路，第三绕组开路，如图 10 - 3（a）所示。测得 U_{k12}、I_{k12} 和 P_{k12}，可计算出

$$\left.\begin{aligned}
|Z_{k12}| &= |Z_1 + Z'_2| = \frac{U_{k12}}{I_{k12}} \\
R_{k12} &= R_1 + R'_2 = \frac{P_{k12}}{I^2_{k12}} \\
X_{k12} &= X_1 + X'_2 = \sqrt{|Z_{k12}|^2 - R^2_{k12}}
\end{aligned}\right\} \tag{10 - 9}$$

第二次短路试验在一次绕组和第三绕组间进行，一次绕组施加低电压，第三绕组短路，二次绕组开路，如图 10 - 3（b）所示。测得 U_{k13}、I_{k13} 和 P_{k13}，同理可计算出

$$\left.\begin{aligned}
|Z_{k13}| &= |Z_1 + Z'_3| \\
R_{k13} &= R_1 + R'_3 \\
X_{k13} &= X_1 + X'_3
\end{aligned}\right\} \tag{10 - 10}$$

第三次短路试验在二次绕组和第三绕组间进行，一次绕组开路，二次绕组施加低电压，第三绕组短路，如图 10 - 3（c）所示。测得 U_{k23}、I_{k23} 和 P_{k23}，同理可计算出

$$\left.\begin{aligned}
k^2_{12}|Z_{k23}| &= |Z'_{k23}| = |Z'_2 + Z'_3| \\
k^2_{12}R_{k23} &= R'_{k23} = R'_2 + R'_3 \\
k^2_{12}X_{k23} &= X'_{k23} = X'_2 + X'_3
\end{aligned}\right\} \tag{10 - 11}$$

由于它们是在二次绕组端点测得的数值，应归算至一次绕组，即应乘以 k^2_{12}。用标幺值计算时，可不必归算。若三个绕组的容量不等，则通常选取最大容量（即额定容量）作为基值。

将式（10 - 9）～式（10 - 11）的第一式联立求解可得 Z_1、Z'_2、Z'_3，第二式联立求解可得 R_1、R'_2、R'_3，第三式联立求解可得 X_1、X'_2、X'_3，即

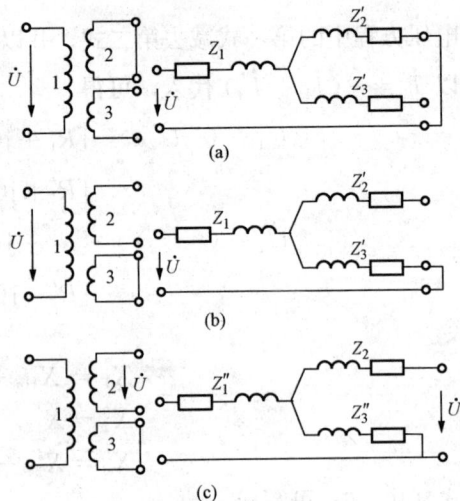

图 10 - 3 三绕组变压器的短路试验

$$Z_1 = \frac{Z_{k12} + Z_{k13} - Z'_{k23}}{2}, \quad R_1 = \frac{R_{k12} + R_{k13} - R'_{k23}}{2}, \quad X_1 = \frac{X_{k12} + X_{k13} - X'_{k23}}{2}$$

$$Z'_2 = \frac{Z'_{k23} + Z_{k12} - Z_{k13}}{2}, \quad R'_2 = \frac{R'_{k23} + R_{k12} - R_{k13}}{2}, \quad X'_2 = \frac{X'_{k23} + X_{k12} - X_{k13}}{2}$$

$$Z'_3 = \frac{Z_{k13} + Z'_{k23} - Z_{k12}}{2}, \quad R'_3 = \frac{R_{k13} + R'_{k23} - R_{k12}}{2}, \quad X'_3 = \frac{X_{k13} + X'_{k23} - X_{k12}}{2}$$

$$(10\text{-}12)$$

等效漏抗 X_1、X'_2、X'_3 的数值与各绕组在铁心上的相对位置有关。降压变压器的中压绕组放在中间，高、低压绕组距离为最大，因此 X_{k13} 最大，约为 X_{k12}、X'_{k23} 之和。由式 (10-12) 中第三组方程的第二式可以看出，二次绕组的等效漏抗 X'_2 为最小，常接近于零，甚至是微小的负值。而升压变压器的低压绕组放在中间，高、中压绕组距离为最大，因此 X_{k12} 最大，约为 X_{k13}、X'_{k23} 之和。由式 (10-12) 中第三组方程的第三式，第三绕组的等效漏抗为最小，也就是说，位于中间的绕组的等效漏抗接近于零或微小的负值。可见，排列在中间位置的绕组的电压降总是最小的。等效漏抗出现负值，并不表示变压器的绕组具有容性。实际上，各绕组间的漏抗分别为 $X_1 + X'_2$、$X_1 + X'_3$、$X'_2 + X'_3$，它们是不会有负值的。

第二节　自耦变压器

一次和二次绕组中有一部分绕组是公共绕组的变压器，称为自耦变压器。

（1）结构特点。如图 10-4 所示，把一台两绕组变压器的一次和二次绕组串联起来，把二次绕组作为公共绕组，一次绕组作为串联绕组，公共绕组加上串联绕组作为新的一次绕组，公共绕组兼作新的二次绕组，这就构成了一台降压自耦变压器。自耦变压器也可以作为升压变压器运行。自耦变压器可以看作是普通两绕组变压器的一种特殊连接，也可以看作是中间带抽头的单绕组变压器。自耦变压器的特点是，一次和二次绕组间不仅有磁的耦合，而且还有电的直接联系。

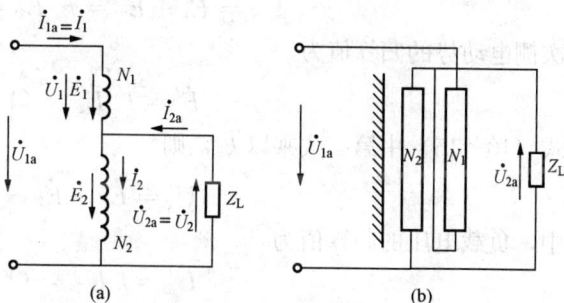

图 10-4　自耦变压器
（a）接线图；（b）绕组布置

（2）变比。设两绕组变压器的一次和二次绕组的匝数分别为 N_1 和 N_2，额定电压分别为 U_{1N} 和 U_{2N}，额定电流分别为 I_{1N} 和 I_{2N}，则变比为 $k = N_1/N_2$，额定容量为 $S_N = U_{1N} I_{1N} = U_{2N} I_{2N}$。若改为自耦变压器，则变比将成为

$$k_a = \frac{E_1 + E_2}{E_2} = \frac{N_1 + N_2}{N_2} = 1 + k \tag{10-13}$$

（3）功率传递。自耦连接时额定容量为

$$S_{aN} = (U_{1N} + U_{2N}) I_{1N} = U_{1N} I_{1N} + U_{2N} I_{1N} = U_{1N} I_{1N} + \frac{U_{2N} I_{2N}}{k} = S_N + \frac{S_N}{k_a - 1}$$

$$(10\text{-}14)$$

可见，自耦变压器的视在功率由两部分组成：一部分功率与普通两绕组变压器一样，由电磁感应关系传递到二次侧，称为感应功率；另一部分功率则是通过直接传导作用，由一次侧传送到二次侧，称为传导功率。由此可以看出，绕组的额定容量只需有铭牌上标称额定容量的 $(1-1/k_a)$ 倍，传导容量占标称容量的 $1/k_a$。传送传导功率时不需要耗费变压器的有效材料，所以自耦变压器具有重量轻、价格低、效率高的优点。变比 k_a 越接近于1，传导功率所占的比例就越大，经济效果越显著。当 $k_a=1$ 时，电磁感应功率为零，全部功率为直接传导，即不需要变压器。而 k_a 较大时，经济效益就不显著了。由于自耦变压器中存在传导功率，输出功率比两绕组变压器大 $k_a/(k_a-1)$ 倍，但是铜损耗、铁损耗是相同的，故效率较高，可达 99% 以上。

（4）基本方程。按照图 10-4（a）中标注的正方向，可列出基本方程式为

$$\left.\begin{aligned}
\dot{U}_{1a} &= -\dot{E}_1 - \dot{E}_2 + \dot{I}_{1a}Z_{1\sigma} + \dot{I}_2 Z_{2\sigma} \\
\dot{E}_2 &= \dot{U}_{2a} + \dot{I}_2 Z_{2\sigma} \\
\dot{I}_2 &= \dot{I}_{1a} + \dot{I}_{2a}
\end{aligned}\right\} \tag{10-15}$$

式中：$\dot{U}_{1a}$、$\dot{I}_{1a}$ 为外施电压和电流；$\dot{U}_{2a}$、$\dot{I}_{2a}$ 为负载电压和电流；$\dot{E}_1$、$\dot{U}_1$、$\dot{I}_1$、$Z_{1\sigma}$ 为串联绕组的电动势、电压、电流和漏阻抗；$\dot{E}_2$、$\dot{U}_2$、$\dot{I}_2$、$Z_{2\sigma}$ 为公共绕组的电动势、电压、电流和漏阻抗。

一次侧的电动势为

$$\dot{E}_{1a} = \dot{E}_1 + \dot{E}_2 = k_a \dot{E}_2 = \dot{E}'_2 = -\dot{I}_m Z_m \tag{10-16}$$

二次侧电动势的归算值为

$$\dot{E}'_2 = k_a \dot{E}_2 = (1+k)\dot{E}_2 \tag{10-17}$$

将式（10-15）中第二式乘以 k_a，则

$$\dot{U}'_2 = \dot{E}_1 + \dot{E}_2 - \dot{I}_2 k_a Z_{2\sigma} \tag{10-18}$$

其中，负载电压的归算值为

$$\dot{U}'_2 = k_a \dot{U}_2 = (1+k)\dot{U}_2 \tag{10-19}$$

磁动势方程为

$$\dot{I}_{1a}(N_1+N_2) + \dot{I}_{2a}N_2 = \dot{I}_m(N_1+N_2) \tag{10-20}$$

或

$$\dot{I}_m = \dot{I}_{1a} + \dot{I}_{2a}\frac{N_2}{N_1+N_2} = \dot{I}_{1a} + \frac{\dot{I}_{2a}}{k_a} = \dot{I}_{1a} + \dot{I}'_{2a} \tag{10-21}$$

其中，负载电流的归算值为

$$\dot{I}'_{2a} = \frac{\dot{I}_{2a}}{k_a} = \frac{\dot{I}_{2a}}{1+k} \tag{10-22}$$

（5）等效电路。将式（10-22）和式（10-21）代入式（10-15），可得

$$\left.\begin{aligned}
\dot{U}_{1a} &= \dot{I}_{1a}[Z_{1\sigma} - (k_a-1)Z_{2\sigma}] + \dot{I}_m(Z_m + k_a Z_{2\sigma}) \\
-\dot{U}'_{2a} &= \dot{I}'_{2a}k_a(k_a-1)Z_{2\sigma} + \dot{I}_m(Z_m + k_a Z_{2\sigma})
\end{aligned}\right\} \tag{10-23}$$

由式（10-23），即可画出自耦变压器的 T 形等效电路，如图 10-5 所示。如果把励磁分支

移到电源端，则可得 Γ 形近似等效电路；如果忽略励磁电流，可得简化等效电路。于是自耦变压器的短路阻抗为

$$Z_{ka} = Z_{1\sigma} - (k_a - 1)Z_{2\sigma} + k_a(k_a - 1)Z_{2\sigma}$$

$$= Z_{1\sigma} + (k_a - 1)^2 Z_{2\sigma} = Z_{1\sigma} + k^2 Z_{2\sigma} = Z_k \qquad (10-24)$$

式中：Z_k 为普通两绕组变压器工作时的短路阻抗。表明自耦变压器在高压侧的短路阻抗 Z_{ka}，恰好等于其被看成两绕组变压器时在一次绕组上测得的短路阻抗 Z_k。但是由于电压的基值较高，故短路阻抗的标幺值将比作为普通两绕组变压器工作时要小。因此，短路电流较大，电压调整率小。为此，串联绕组与公共绕组之间常设计成有较大的漏抗。

图 10-6 （a）是自耦变压器的短路试验接线图，它和图 10-6 （b）、（c）是等效的，无论采用哪种方式测量，均可测得 Z_{ka}。

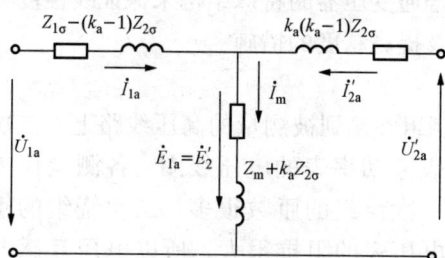

图 10-5 自耦变压器的 T 形等效电路

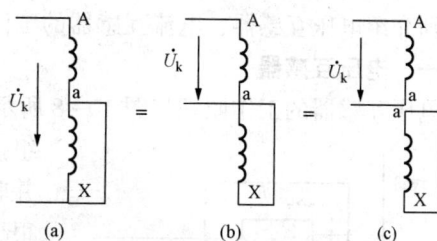

图 10-6 自耦变压器的短路试验
(a) 接线图；(b)、(c) 等效电路图

（6）应用范围。自耦变压器常用于高、低电压比较接近的场合，例如连接两个电压相近的电力系统，在工厂和实验室里用作调压器和启动补偿器。

由于自耦变压器的高、低压绕组间具有直接电的联系，在故障情况下，可能使低压边产生过电压，使用时需要使中心点可靠接地，且高、低压侧都需采取防雷保护措施。此外还要求低压侧与高压侧具有相同的绝缘水平。

【例 10-1】 将一台 5kVA、220/110V 的单相变压器接成 220/330V 的升压自耦变压器，试计算改接后一次和二次的额定电流、额定电压和额定容量。

解 自耦变压器如图 10-7 所示。作为普通两绕组变压器时

$$k = \frac{110}{220} = 0.5$$

$$I_{2N} = \frac{5 \times 10^3}{220} = 22.7(A)$$

$$I_{1N} = \frac{5 \times 10^3}{110} = 45.4(A)$$

接成升压自耦变压器时有

$$U_{1a} = 220V, U_{2a} = 330V$$

$$I_{1Na} = I_{1N} + I_{2N} = 68.1(A)$$

$$I_{2Na} = 45.4(A)$$

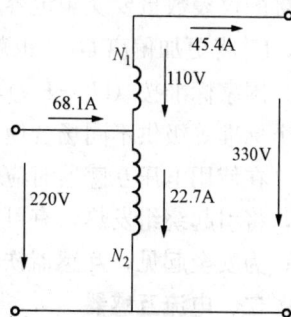

图 10-7 ［例 10-1］的自耦变压器

额定容量为

$$S_{aN} = 220 \times 68.1 = 330 \times 45.4 = 15000(VA) = 15(kVA)$$

其中传导功率为

$$\frac{S_N}{k_a - 1} = \frac{S_N}{k} = \frac{5}{0.5} = 10(\text{kVA})$$

第三节 互 感 器

在测量中应用的变压器称作互感器，常用的有电压互感器和电流互感器。在电力系统中，为了用常规量程的仪表测量高电压、大电流线路上的电压和电流，并使测量回路与高压线路隔离，以保障工作人员和测试设备安全，都要采用互感器。互感器的工作原理和变压器基本相同。

测量精度是互感器的主要性能指标。影响精度的重要因素是线性度，即转换值与被测量值之间接近线性的程度。通常互感器靠采用不同于普通变压器的特殊结构来保证线性度。下面分别介绍电压互感器、电流互感器的工作原理以及提高精度的措施。

一、电压互感器

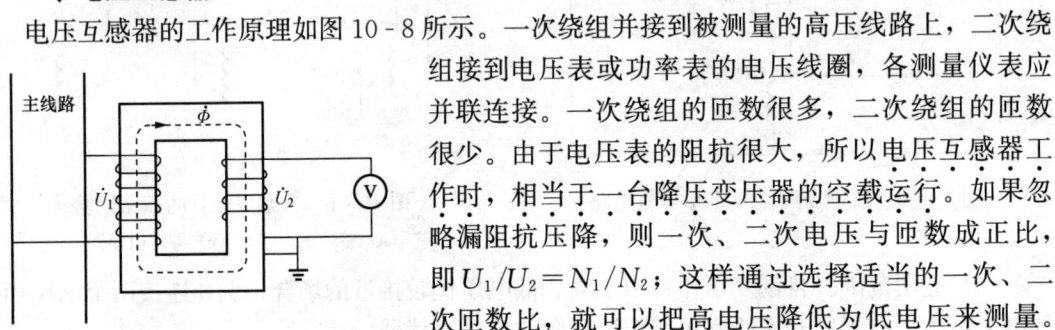

电压互感器的工作原理如图 10-8 所示。一次绕组并接到被测量的高压线路上，二次绕组接到电压表或功率表的电压线圈，各测量仪表应并联连接。一次绕组的匝数很多，二次绕组的匝数很少。由于电压表的阻抗很大，所以电压互感器工作时，相当于一台降压变压器的空载运行。如果忽略漏阻抗压降，则一次、二次电压与匝数成正比，即 $U_1/U_2 = N_1/N_2$；这样通过选择适当的一次、二次匝数比，就可以把高电压降低为低电压来测量。二次侧额定电压都统一设计成 100V。

图 10-8 电压互感器工作原理图

电压互感器有两种误差，一种是变比误差，另一种是相角误差。变比误差是由于电压互感器本身还有励磁电流、漏阻抗压降存在引起的；相角误差是由于一次、二次电压不同相引起的。为减小误差，在设计时应尽量减小励磁电流和漏阻抗值。因此，在铁心制作上通常采用导磁性能好，铁损耗小的电工钢片；工作磁通密度要低，一般为 0.6~0.8T，磁路应处于不饱和状态；在加工时尽可能使磁路有较小的间隙，一般采用卷制工艺，在绕组制作上应尽量减小漏磁，并适当采用较粗导线以减小电阻。电压互感器也有额定容量，电压互感器所能连接的仪表数量要受额定容量的限制。如有超过，则过大的负载电流将引起较大的漏阻抗压降，U_2' 将更加偏离 U_1，也就不能保证测量精度。提高电压互感器精度意味着增加制造成本。国家标准按 $(U_1 - U_2')/U_1 \times 100\%$ 计算电压器互感器的误差，规定了 0.2、0.5、1 和 3 四个标准等级供不同场合使用。

在使用电压互感器时应特别注意：二次侧绝对不允许短路，否则将产生很大的短路电流，将引起绕组发热，有可能破坏绕组绝缘，导致高电压侵入低压回路，危及人身和设备安全；为安全起见，互感器铁心和二次绕组的一端必须可靠接地。

二、电流互感器

电流互感器的工作原理如图 10-9 所示。一次绕组串联在被测量的线路中，二次绕组接到电流表或功率表的电流绕组，各测量仪表应串联连接。一次绕组的匝数很少，有时只有 1 匝，二次绕组的匝数很多。由于电流表的阻值很小，所以电流互感器工作时，相当于变压器的短路运行状态。如果忽略励磁电流，就有 $I_1/I_2 = N_2/N_1$，即一次、二次电流与匝数成反比。这样通过选择适当的一次、二次匝数比，就可以把大电流转变为小电流来测量。二次侧额定电流通常设计成 5A 或 1A。

电流互感器也有变比误差和相角误差。为减小误差，在设计时应尽量减小励磁电流和漏阻抗值。从使用角度看，二次侧所串联的仪表数量应受到额定容量

图 10-9 电流互感器工作原理图

的限制，否则，随着测量仪表数量的增多，电流互感器的二次侧端电压将增大，不再是短路状态，一次侧端电压也增大，从而使励磁电流增大，这将影响测量精度。使用时所接仪表的总阻抗不得大于规定值。从铁心制造来看，由于励磁电流受负载电流变化的影响较电压互感器更为严重，磁通密度应取更低，通常选取为 $0.08 \sim 0.1 T$，且制造时尽可能减小气隙。国家标准按 $(I_1 - I_2')/I_1 \times 100\%$ 计算电流互感器的误差，并规定 0.2、0.5、1、3 和 10 五个标准等级，供不同场合使用。

在使用电流互感器时应特别注意：绝对不允许二次侧开路。若二次侧开路，一次电流全部成为励磁电流，使铁心过饱和，铁损耗急剧增大，引起互感器严重发热。此外，由于二次绕组匝数较多，二次绕组突然开路，其中将感应出较高的过电压，对操作人员有极大的危险。为确保安全，电流互感器的二次绕组的一端以及铁心均应可靠接地。

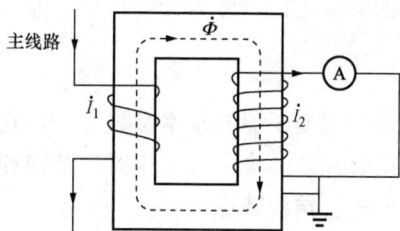

第四节 分裂变压器

一个或几个绕组分裂成互不联系的几个分支（各个分支可以单独或同时运行）的变压器称为分裂变压器。

在采用三绕组变压器方案时，由于两个低压绕组间有磁的联系，运行时两者将互相影响。在正常运行时，这个影响并不很大。但在短路故障时，如为高压绕组输电方式，则当一台发电机发生短路时，另一台发电机将通过磁场耦合向短路点供给短路电流；如为厂用电供电方式，则当一低压母线发生短路时，要求另一未发生短路的低压母线仍能维持有较高的电压（电厂中称为残余电压），以保证该低压母线上的设备能继续运行、电动机能紧急启动。为了限制短路电流，要求连接发电机的两个低压绕组之间有较大的短路阻抗。这是一般结构的三绕组变压器所不能胜任的，必须采用分裂绕组的特殊结构。无论是多台发电机向一个电压等级的电网送电，还是由一个电网向多个分支供电，使用的变压器通常为分裂低压绕组。在大容量机组的发电厂中，常采用分裂变压器的两个低压绕组作为厂用电源。

分裂变压器的种类有多种。除了低压绕组分裂为 2 个的双分裂外，在特殊用途时，还可分裂为 3 个或更多，分别称为三分裂或四分裂等。下面主要介绍大型发电厂中使用的双分裂变压器，它有 1 个高压绕组，2 个低压绕组；可作为升压变压器，也可作为降压变压器。

当低压的两个分支并联成为一个绕组对高压绕组运行时，称为穿越运行，此时变压器的短路阻抗叫作穿越阻抗 Z_k；低压的一个分支对高压绕组运行时，称为半穿越运行，此时变压器的短路阻抗叫作半穿越阻抗 Z_b，它是分裂变压器的主要运行方式；低压的一个分支对另一个分支运行时，称为分裂运行，这时变压器的短路阻抗叫作分裂阻抗 Z_f。分裂阻抗和

穿越阻抗之比，称为分裂系数，即

$$k_f = \frac{Z_f}{Z_k} \qquad (10-25)$$

它是分裂变压器的基本参数之一，它既用于定性分析分裂变压器的特性，又用作设计指标，在很大程度上决定着变压器的结构和性能。

一、结构特点

三相双分裂变压器绕组连接图如图 10-10 所示。高压绕组 1 采用并联，按额定容量设计，低压分裂绕组 2、3 分别按 50％额定容量设计。两个分裂绕组的电压可以相同，也可设计成不同的电压等级，但应很接近，例如一个为 6kV，另一个为 10kV，各绕组间没有电的联系。两个分裂绕组允许同时运行，也允许其中任意一个单独运行。如果 2 个分裂绕组的电压相同，还允许 2 个分裂绕组并联运行。

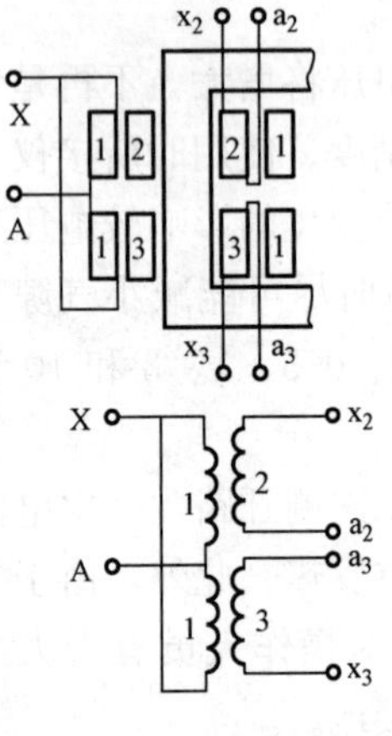

分裂变压器的绕组在铁心上的布置方式有多种，但都应满足两个要求：①分裂绕组之间应有较大的短路阻抗；②每一分裂绕组与高压绕组之间的短路阻抗应较小，且相等，即应满足 $Z_{k12} = Z_{k13}$，或应满足

$$Z_1 + Z_2' = Z_1 + Z_3' \text{ 或 } Z_2' = Z_3' \qquad (10-26)$$

从互感的角度来看漏抗，绕组之间距离越近，则磁场耦合越紧密，漏阻抗越小。反之，绕组之间距离远些，则磁场耦合松散，漏阻抗将大些。由于绕组 1、2 间要传递功率，所以应靠近些，使之有较小的 Z_{k12}；同理，绕组 1、3 间也要传递功率，故也应靠近些，使之有较小的 Z_{k13}；而绕组 2、3 之间不传递功率，并且为了限制短路电流，故两者距离应远些，使之有较大的 Z_{k23}。

图 10-10　三相双分裂
变压器绕组连接图
（只画出一相）

二、等效电路

双分裂变压器实质上是三绕组变压器，因此与普通的三绕组变压器有相同的等效电路，只是对其有特殊要求。有两种方法测量参数：一种方法是按普通的三绕组参数测量方法进行测量，求得各支路参数；第二种方法是考虑到分裂变压器的两个分裂绕组的参数相等，即 $Z_2' = Z_3'$，因此，只需两次试验就可求出全部参数。

第一次把绕组 1 开路，绕组 2 短路，在绕组 3 进行测量，得到分裂绕组之间的分裂阻抗（已归算到高压侧）

$$Z_f = Z_{k23}' = Z_2' + Z_3' \text{ 或 } Z_2' = Z_3' = \frac{Z_f}{2} \qquad (10-27)$$

第二次把绕组 2 和 3 均短路，在绕组 1 进行测量。所测得的阻抗为穿越阻抗，即在两个分裂绕组均短路时，在高压侧测得的阻抗为

$$Z_k = Z_1 + \frac{Z_2' Z_3'}{Z_2' + Z_3'} = Z_1 + \frac{Z_2'}{2} \qquad (10-28)$$

由此求得

$$Z_1 = Z_k - \frac{Z_2'}{2} \qquad (10-29)$$

由式（10-27）、式（10-29）可见，当测量出分裂阻抗 Z_f、穿越阻抗 Z_k 后，就可算出

各支路的阻抗 Z_1、Z'_2、Z'_3，进而可利用三绕组变压器的理论，分析分裂变压器的特性。

将分裂系数代入式（10 - 27）、式（10 - 29）得

$$Z_1 = \left(1 - \frac{k_f}{4}\right)Z_k, \quad Z'_2 = Z'_3 = \frac{1}{2}k_f Z_k \qquad (10 - 30)$$

分裂系数 k_f 是复数。由于 Z_f 与 Z_k 的阻抗角相差不大，如果略去它们的阻抗角后引起的误差不大的话，则可把 k_f 看作实数，并可把式（10 - 30）中的一切阻抗均取其模。

1. $k_f = 0$ 时

$Z'_2 = Z'_3 = 0$，$Z_1 = Z_k$，等效电路如图 10 - 11（a）所示。因为 $k_f = 0$，即 $Z_f = Z'_{k23} = 0$，这表明绕组 2、3 之间的磁场耦合最为紧密。这时，$U'_2 = U'_3$，如果分裂变压器的任何一个二次侧发生短路，则另一个二次侧端电压也将降至零，这就违背了采用分裂变压器的目的，因此是不可取的。Z'_2、Z'_3 为零在制造上也是无法实现的。

2. $k_f = 4$ 时

$Z_1 = 0$，$Z'_2 = Z'_3 = 2Z_k$，这表明两个分裂绕组之间的磁场耦合最弱，相应的等效电路如图 10 - 11（b）所示。这时，分裂变压器的

图 10 - 11　k_f 的取值对运行性能的影响
(a) $k_f = 0$；(b) $k_f = 4$

运行特性最为理想，犹如两台互不影响的独立变压器在运行。绕组 2 的负载变化只会引起绕组 2 本身的端电压变化，而绕组 3 的端电压不受绕组 2 负载变化的影响，反之亦然。其限制短路电流的效果是理想的，但是要使 $Z_1 = 0$，制造上是不能实现的。因此，设计时常取 k_f 接近于理想情况，例如一般取 $k_f = 3.5$ 左右。而分裂变压器特性的定量分析，则仍需采用三绕组变压器的分析计算方法。

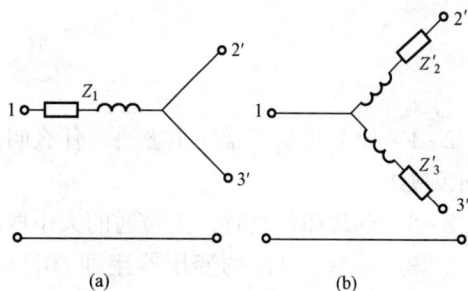

三、优缺点

由于分裂变压器的阻抗 Z'_2、Z'_3 比一般用途三绕组变压器的大，因此可对运行带来如下好处：

（1）可以降低短路电流，从而减小短路电流对母线和断路器的冲击，减小母线和断路器的一次投资费用。

（2）当一个分裂绕组发生短路故障时，在任一未出故障的绕组有较高残余电压，从而提高运行的可靠性。例如绕组 2 发生短路（见图 10 - 12），则 $U'_2 = 0$。设中心点电压为 U_0，如果略去 I_3 在线路中造成的电压降，则

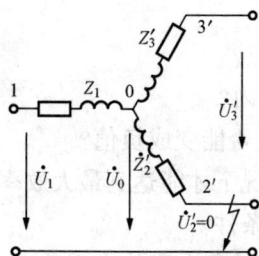

$$\dot{U}'_3 = \dot{U}_0 = \frac{Z'_2}{Z_1 + Z'_2}\dot{U}_1 \qquad (10 - 31)$$

如略去各阻抗间的相角差，并把式（10 - 30）代入到式（10 - 31），则可近似计算出未短路相残余电压的模，即

图 10 - 12　残余电压

$$U'_3 = \frac{\frac{1}{2}k_f Z_k}{\left(1 - \frac{k_f}{4}\right)Z_k + \frac{1}{2}k_f Z_k}U_1 = \frac{2k_f}{4 + k_f}U_1 \qquad (10 - 32)$$

可见，残余电压 U'_3 与分裂系数有关。例如，国产 SFFL-1500/10

变压器，分裂系数 $k_f = 3.42$，代入到式（10-32）得到 $U'_3 \approx 0.92U_1$。当然，在发生短路后，短路电流流经电网，U_1 也会下降，但降低有限。如不考虑这一影响，则 $U'_3 = 0.92U_N$。通常，高温高压电厂要求残余电压不低于 $0.65U_N$，因此，分裂变压器可以大大提高这类电厂厂用电的可靠性。

（3）由于任何一个低压侧发生短路故障时，在未发生短路故障的低压侧仍可维持较高的残余电压，因此电动机的启动条件有所改善。又因 Z_1 很小，启动电流引起的压降较小，允许的电动机启动容量要大些。

分裂变压器的缺点是价格较贵。

思 考 题

2-1 什么叫变压器的主磁通，什么叫漏磁通？它们的作用有什么不同？在等效电路中如何反映？

2-2 空载和负载时，主磁通的大小取决于哪些因素？

2-3 一台 50Hz 的变压器接到 60Hz 的电源上运行时，若额定电压不变，励磁电流、铁损耗、漏抗、电压变化率会有什么变化？

2-4 什么叫磁动势平衡？在变压器的分析中有何作用？

2-5 变压器的数学模型都包括哪些？它们之间有无关系？

2-6 在导出变压器的等效电路时，为什么要进行归算？归算应在什么条件下进行？

2-7 试述 T 形等效电路中各参数的意义。二次侧的各量如何归算到一次侧？反之如何归算？

2-8 利用 T 形等效电路进行实际问题计算时，算出的一次和二次侧电压、电流和损耗、功率是否均为实际值，为什么？

2-9 变压器的励磁阻抗和等效漏阻抗如何测定？

2-10 变压器的二次侧开路，一次侧施加额定电压时，尽管一次绕组的电阻很小，为什么一次侧电流却不大？

2-11 励磁阻抗代表什么物理意义？电力变压器不用铁心而用空气心行不行？

2-12 两绕组变压器的励磁电感 L_m、漏感 $L_{1\sigma}$、$L_{2\sigma}$ 与绕组的自感 L_1、L_2 和互感 M 有何关系？

2-13 三相变压器绕组联结时，什么叫组号的"时钟表示法"？

2-14 三相变压器的标准联结组有几种？常用的有几种？为什么三相变压器组不宜采用 Yy 联结？

2-15 什么叫标幺值？使用标幺值来计算变压器问题时有何优点？

2-16 用标幺值表示时，变压器的 I_0^* 和 Z_k^* 一般在什么范围之内？

2-17 什么叫变压器的电压调整率，它与哪些因素有关？Δu 是否能变成负值？

2-18 变压器的额定效率 η_N 与最大效率 η_{max} 是否同一，什么情况下才能达到最大效率？

2-19 变压器理想并联运行的条件有哪些？如何才能满足这些条件？

2-20 并联运行的变压器，若短路阻抗的标幺值或变比不相等时会出现什么现象？如果各变压器的容量不相等，大容量变压器的短路阻抗标幺值或变比是大些好，还是小些好？

为什么?

2-21　三绕组变压器中,为什么二次侧一个绕组的负载发生变化时对另一个二次侧绕组的端电压发生影响? 对于升压变压器,如何减小这种影响?

2-22　三绕组变压器的等效电抗与两绕组变压器的漏电抗在概念上有什么不同?

2-23　试述自耦变压器的优、缺点和应用范围。

2-24　变压器是机电能量转换装置吗? 为什么?

2-25　变压器空载时从电源吸取的有功功率主要消耗在什么地方? 短路时呢? 在一次侧和二次侧分别做同一试验时,测得的输入功率相同吗? 为什么?

2-26　变压器在额定电压下进行开路试验和额定电流下进行短路试验时,电压加在高压侧所测得的 P_0 和 P_k 与加在低压侧所测得的是否一样?

练 习 题

2-1　有一台单相变压器,额定容量 $S_N=500kVA$,额定电压 $U_{1N}/U_{2N}=35/11kV$,试求一次、二次侧的额定电流。

2-2　一台单相变压器,其一次电压为 220V,50Hz,一次绕组匝数为 $N_1=200$ 匝,铁心的有效截面积 $A=35\times10^{-4}m^2$,不计漏磁。试求:

(1) 铁心内的主磁通和磁通密度。

(2) 二次侧要得到 100V 和 36V 两种电压时,二次绕组的匝数。

(3) 如果一次绕组有 $\pm5\%$ 匝数的抽头(见题图2-1),二次绕组的电压是多少?

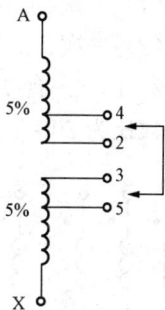

2-3　有一台 50Hz 的变压器,电压比 $k=N_1/N_2=2.4$,自感 $L_1=18H$、$L_2=3.1H$,耦合系数 $K=M/\sqrt{L_1L_2}=0.95$,不计电阻和铁损耗,试计算:

题图 2-1　绕组图

(1) 用自感和互感表示时,等效电路的各参数。

(2) 用漏感和激磁电感表示时,T 形等效电路的参数。

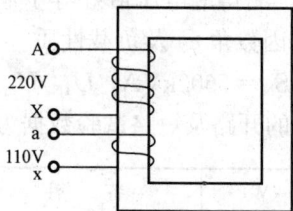

2-4　一台单相变压器 $U_{1N}/U_{2N}=220/110V$,当在高压侧加 220V 时,空载电流为 I_{10},主磁通为 ϕ,今将 X、a 端连在一起,在 A、x 端加 330V 电压,问此时空载电流和主磁通为多少(如题图2-2所示)?

2-5　变压器的二次侧分别带纯电阻、纯电感和纯电容性负载时,无功功率是从哪里吸取的? 电阻和电感、电阻和电容的组合性负载时呢?(提示:画相量图分析。)

题图 2-2　接线图

2-6　有一台单相变压器,已知参数为 $R_1=2.19\Omega$,$X_{1\sigma}=15.4\Omega$,$R_2=0.15\Omega$,$X_{2\sigma}=0.964\Omega$,$R_m=1250\Omega$,$X_m=12600\Omega$,$N_1/N_2=876$ 匝/260 匝。当二次侧电压 $U_2=6000V$,电流 $I_2=180A$,且 $\cos\varphi_2=0.8$(滞后)时,试完成:

(1) 画出归算到高压侧的 T 形等效电路。

(2) 用 T 形等效电路和简化等效电路求 $\dot{U}_1$ 和 $\dot{I}_1$,并比较其结果。

2 - 7　一台单相变压器，$S_N = 1000kVA$，$U_{1N}/U_{2N} = 66000/6300V$，$f = 50Hz$，开路试验在低压测进行，测得 $U_0 = 6300V$，$I_0 = 19.1A$，$P_0 = 9300W$；短路试验在高压侧进行，测得 $U_k = 3240V$，$I_k = I_{1N} = 15.15A$，$P_k = 7490W$，试验时环境温度为 20℃。设归算后一次和二次绕组的电阻相等，漏抗也相等。试计算：

（1）归算到一次侧和二次侧的 T 形等效电路的参数。

（2）用标幺值表示时 T 形等效电路的参数。

2 - 8　有一台 1000kVA、10/6.3kV 的单相变压器，额定电压下的空载损耗为 4900W，空载电流为 0.05A（标幺值），额定电流下 75℃ 时的短路损耗为 14000W，短路电压为 5.2%。设归算后一次和二次绕组的电阻相等，漏抗也相等，试计算：

（1）归算到一次侧时 T 形等效电路的参数。

（2）用标幺值表示时近似等效电路的参数。

（3）负载功率因数为 0.8（滞后）时，变压器的额定电压调整率和额定效率。

（4）变压器的最大效率，发生最大效率时负载的大小（$\cos\varphi_2 = 0.8$）。

2 - 9　有一台三相变压器，额定容量 $S_N = 5000kVA$，额定电压 $U_{1N}/U_{2N} = 10/6.3kV$，Yd 联结，试求：

（1）一次、二次侧的额定电流。

（2）一次、二次侧的额定相电压和相电流。

2 - 10　一台变压器满载时二次侧的电压为 115V，电压调整率为 2%，一次和二次的绕组匝数比为 20∶1，试求一次侧端电压。

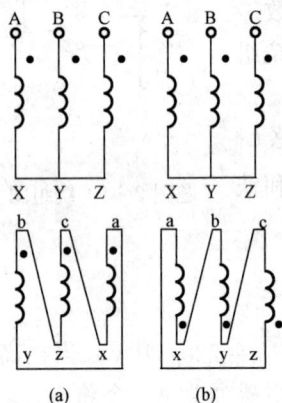

题图 2 - 3　联结组

2 - 11　在题图 2 - 3 中，各铅垂线上对应的高、低压绕组绕于同一铁心柱上。已知 A、B、C 为正相序，试判断各联结组的组号。

2 - 12　有一台三相变压器，原来组号是 Yd1，今将一次侧的 A 改成 C，C 改成 A，二次侧同样把 a 改成 c，c 改成 a，问改标后的组号。

2 - 13　有一台 5600kVA、Yd11 联结、35/6.6kV 的三相变压器，从短路试验得 $X_k^* = 5.25\%$，$R_k^* = 1\%$，当 $U_1 = U_{1N}$ 时，在低压侧加额定负载 $I_2 = I_{2N}$，测得端电压恰好等于额定值 $U_2 = U_{2N}$，试求此时负载的功率因数角 φ_2 及负载性质。

2 - 14　有一台三相变压器，$S_N = 5600kVA$，$U_{1N}/U_{2N} = 10/6.3kV$，Yd11 联结组。变压器的开路及短路试验数据为：

试验名称	线电压（V）	线电流（A）	三相功率（W）	备　　注
开路试验	6300	7.4	6800	电压加在低压侧
短路试验	550	323	18000	电压加在高压侧

试求一次侧加额定电压时：

（1）归算到一次侧时近似等效电路的参数（实际值和标幺值）。

（2）满载且 $\cos\varphi_2 = 0.8$（滞后）时，二次侧电压 $\dot{U}_2$ 和一次侧电流 $\dot{I}_1$。

（3）满载且 $\cos\varphi_2 = 0.8$（滞后）时的电压调整率和效率。

2-15 某变电站有两台联结组号为 Yyn0 的三相变压器并联运行，其数据为：第一台 $S_N = 180\text{kVA}$，$U_{1N}/U_{2N} = 6.3/0.4\text{kV}$，$Z_k^* = 0.07$；第二台 $S_N = 320\text{kVA}$，$U_{1N}/U_{2N} = 6.3/0.4\text{kV}$，$Z_k^* = 0.065$。试计算：

（1）当总负载为 400kVA 时，每台变压器应分担多少负载？

（2）在每台变压器均不过载的情况下，并联组的最大输出是多少？

2-16 两台 Yd11 联结的三相变压器并联运行，已知数据为：第一台 5600kVA，6000/3050V，$Z_k^* = 0.05$；第二台 3200kVA，6000/3000V，$Z_k^* = 0.055$。若不计阻抗角的差别，试求两台变压器一次和二次侧的空载环流（实际值）。

2-17 试画出三绕组变压器的简化等效电路，这个等效电路的参数如何测定？

2-18 一台三绕组变压器，额定电压为 110/38.5/11kV，YNyn0d11 联结，额定容量为 10000/10000/10000kVA，短路试验数据如表（短路电流为额定电流）：

电压加于绕组	短路损耗 P_k（kW）	短路电压 U_k（%）
高—中	111.2	16.95
高—低	148.7	10.1
中—低	82.7	6.06

试画出归算到高压侧的简化等效电路，并标出其参数值。

2-19 一台 5kVA、480/120V 的普通两绕组变压器，改接成 600/480V 的自耦变压器，试求改接后一次和二次侧的额定电流和变压器的容量。

第三篇 交 流 绕 组

交流绕组是构成交流电机的重要部件，在交流电机中，无论是把电能转换成机械能，还是把机械能转换成电能，都要在电机内通过一系列的电磁过程来实现，而交流电机中所发生的一切电磁过程和所产生的一切电磁作用无一不与绕组有关，都是依靠感应于绕组中的电动势和通过绕组电流产生电磁转矩来传递电磁功率，从而达到进行机电能量转换的目的。因此，交流绕组被称为"电机的心脏"或电枢。

最典型的交流电机是同步电机和感应电机，虽然它们的工作原理、励磁方式、转子结构和运行特性有所不同，但在它们的定子中所发生的电磁过程以及机电能量转换的机理和条件都是相同的，它们的电枢绕组都是交流绕组，其构成原则、方法和电磁作用都是相同的。要分析交流电机的原理和运行问题，必须首先对交流绕组的构成、连接规律和电磁现象有一个基本的了解。

绕组是按一定的规律连接的线圈的总称。交流绕组的线圈通常嵌放在电机定子铁心圆周上均匀分布的槽内。交流绕组的功用是：当绕组内流过正弦交流电流时产生旋转磁场；当绕组与磁场有相对运动时感应电动势。

本篇主要介绍交流绕组的连接规律、磁动势和电动势。

第十一章 交 流 绕 组 的 构 成

本章从最简单的交流电机模型入手，分析其基本工作原理、旋转磁场的作用和形成过程、交流绕组的构成及排列方法、几种常用的典型整数槽绕组、绕组的构成原则及分类。

第一节 交流电机的工作原理

一、工作原理

在一个可以自由旋转的圆筒内嵌装上磁铁，将另一个磁铁装在轴上，并架在圆筒中间，如图 11-1 所示。当转动圆筒时，由于磁场的作用，磁铁互相吸引，装在轴上的磁铁随之转动。转动速度与圆筒相同，这就是最简单的同步电机模型，如初始转动过快，轴上的磁铁不会旋转，称为失步。

如果把装在轴上的磁铁换成一个闭合的线圈，如图 11-2 所示，当转动圆筒时，线圈切割磁力线，产生感应电动势。由于线圈闭合，线圈中有电流通过，载流导体在磁场中要受到力的作用使线圈转动起来，转速低于圆筒转速，这就是最简单的感应电机模型。线圈转速永远不等于圆筒转速，否则线圈不切割磁力线，不会产生感应电动势、电流和转矩，线圈也不会转动，因此也称为异步电机。

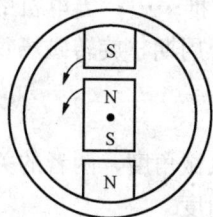

图 11-1 同步电机模型

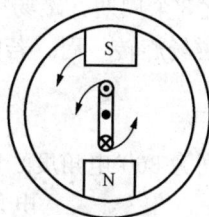

图 11-2 感应电机模型

转动圆筒时，使磁铁周围空间的磁场旋转，旋转的磁场称为旋转磁场，正是由于旋转磁场的存在，使同步电机和感应电机转动起来。

人工转动磁铁产生旋转磁场的方法实用价值不大。因此人们在固定的铁心上装有三相对称绕组，通以三相对称的正弦交流电来代替转动磁铁，自动地产生旋转磁场。铁心和绕组统称为定子，旋转的部分称为转子。对于同步电机，转子如果仍然采用永久磁铁，称为永磁同步电机。永磁电机容量有限，因此人们用直流励磁产生一个恒定磁场，如图 11-3 所示。当用原动机拖动转子旋转时，定子绕组中将感生电动势。对于感应电机，转子往往采用多个线圈，如图 11-4 所示。

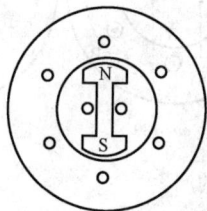

图 11-3 同步电机

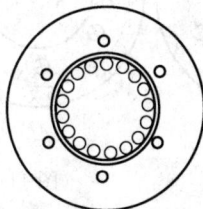

图 11-4 感应电机

二、旋转磁场

众所周知，电可以产生磁场，但是能不能产生旋转磁场，需要分析一下。取最简单的情况，在电机定子圆周上装有三相绕组，每相绕组只有 1 个线圈，每个线圈只有 1 匝，即每个槽中只有 1 根导体，3 个线圈在空间相隔 120°，如图 11-3 所示。通以三相对称的正弦交流电流的波形如图 11-5 所示。取 ωt 为 0°、30°、60°、90°、120°、150°、180°、210° 等几个时刻观察产生的磁场，如图 11-6 所示。可见三相绕组产生的旋转磁场与用机械方法拖动永久磁铁或直流励磁的主磁极所形成的旋转磁场效果相同。

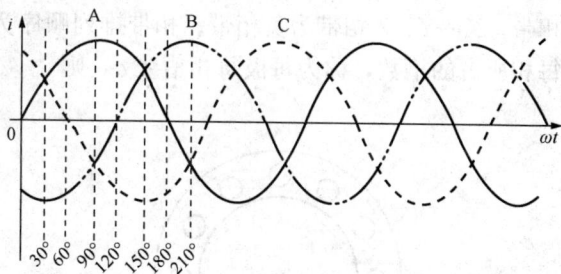

图 11-5 三相对称的正弦交流电流波形

当 ωt 由 0°变化到 360°时，电流变化一个周期，磁场按 A—Z—B—X—C—Y—A 的顺序沿定子内圆旋转一周，即转过一对磁极，电流继续变化形成旋转磁场。这是极数 $2p=2$ 时的情况。当 $2p=4$ 时，线圈多加一倍，如图 11-7 所示，当电流变化一个周期时，磁场旋转仍然转过一对磁极，即沿定子内圆旋转半周，当电流变化两个周期时，磁场才旋转一周。当

$2p=6$ 时，电流变化 3 个周期，磁场旋转一周；依此类推……；当电机的极数为 $2p$ 时，电流变化 p 个周期，磁场旋转一周。若电流每秒变化 f 个周期，旋转磁场每分钟的转速为

$$n = \frac{60f}{p} \tag{11-1}$$

一对磁极占有的空间为 360°电角度，电机圆周为 360°机械角度，两者的关系为

$$电角度 = p \times 机械角度 \tag{11-2}$$

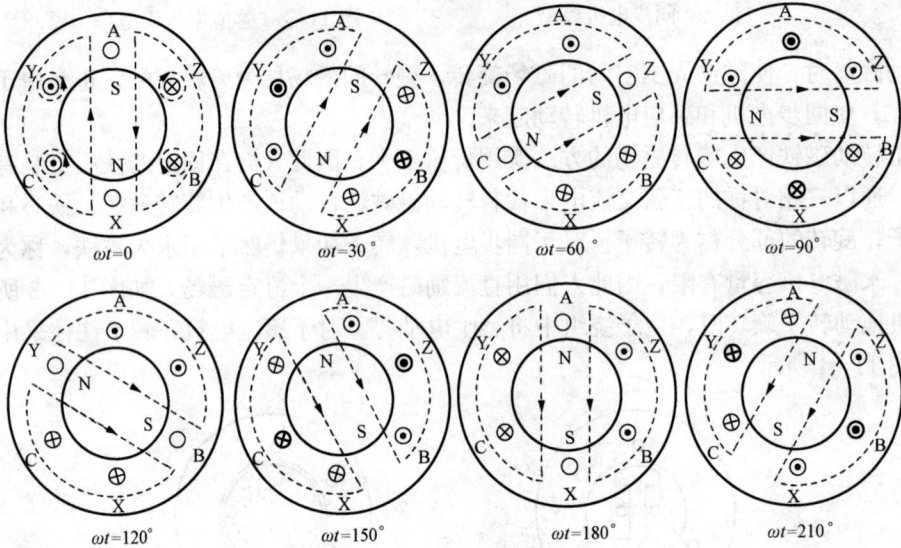

图 11 - 6　旋转磁场的产生

三、绕组的构成

为了提高电机铁心的利用率、每根导体可分成若干个，称为分布绕组，仍然可产生类似的旋转磁场，如图 11 - 8 所示。类似地，如果每槽内再分成上下两个导体，称为双层绕组，如图 11 - 9 所示。双层绕组一般采用短距，如图 11 - 10 所示，相当于将内层导体沿顺时针方向移动一定的槽距。导体 A 所占的区域，称为 A 相带，类似的还有 B、C 相带，称之为正相带，X、Y、Z 相带为负相带。相带排列顺序为 AZBXCY。相带的宽度恰好为每一个极下每相所占的槽数，称为每极每相槽数 q，则

图 11 - 7　$2p=4$

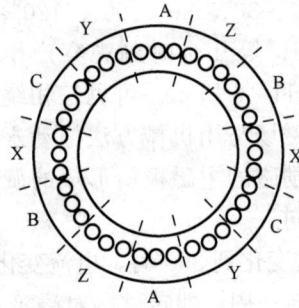

图 11 - 8　分布绕组

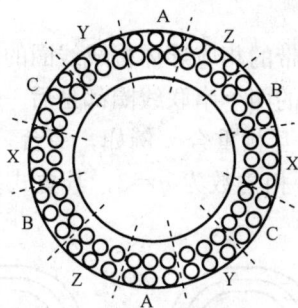

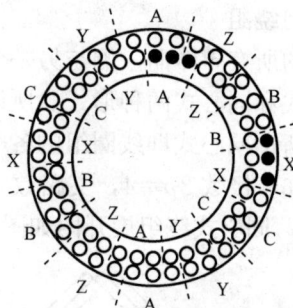

图 11-9　双层绕组　　　　　　　　图 11-10　双层短距绕组

$$q = \frac{Q}{2pm} \qquad (11-3)$$

式中：Q 为定子槽数；m 为相数。

每极所占的槽数或定子圆周长度，称为极距 τ，则

$$\tau = \frac{Q}{2p} = \frac{\pi D}{2p} \qquad (11-4)$$

式中：D 为定子内径，m。

以上分析可见，旋转磁场的分布情况与铁心截面的电流分布有关，在保持电流分布不变的情况下，线圈端部和连线可以任意连接，得到的是同一个旋转磁场。

三相电流之间的关系由电源规定。三相绕组只要匝数相等，线圈连接规律相同，并在空间相隔 120°，即可产生旋转磁场。由于三相对称，只需排出一相绕组即可，其他两相同样安排。对于每一相，正、负相带导体的电流方向相反。

以图 11-8 的 4 极为例，在 A—A 外割断展开立起，去掉铁心，如图 11-11 所示。

一根 A 导体和一根 X 导体通过连接端部可构成线圈。槽内的导体在"切割"主磁场时产生感应电动势，因而称为有效部分；伸出在槽外的前、后端接线称为端部，端部不切割主磁场，而仅起连接有效部分的作用。

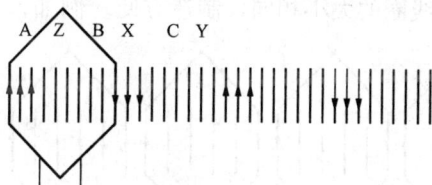

图 11-11　展开图

一个线圈的两边之间相隔的槽数称为节距 y_1。$y_1 = \tau$ 的绕组称为全距绕组，$y_1 < \tau$ 的绕组称为短距绕组，$y_1 > \tau$ 的绕组称为长距绕组。

综上所述，可总结出绕组排列步骤：①画出所有槽；②计算每极每相槽数；③划分相带，按 AZBXCY 顺序确定属相；④选出某一相，规定电流正方向；⑤连接端部，构成线圈；⑥连接线圈，构成绕组。这样的排列方法称为相带划分法，是一种最基本、最简单的排列方法。

第二节　单　层　绕　组

按照第一节所述的方法和原则，获得同一旋转磁场可以有许多个方案，但为了节省用铜，要考虑尽量选用端部短、连接线少、短的方案。这里介绍几种经典的单层绕组方案。

一、不分组绕组

每个相带的所有导体向一侧与另一个相邻同相相带的相应导体构成线圈的绕组称为不分组绕组，有叠式和同心式两种形式。所谓叠式即相邻的两个串联线圈都是后一个紧"叠"在前一个上面；所谓同心式即线圈组的各个线圈的轴线互相重合。例如，一台三相感应电机，定子槽数 $Q=36$，极数 $2p=4$，支路数 $a=1$，每极每相槽数为 $q=3$，其叠式绕组展开图如图 11 - 12所示，同心式绕组展开图如图 11 - 13 所示。

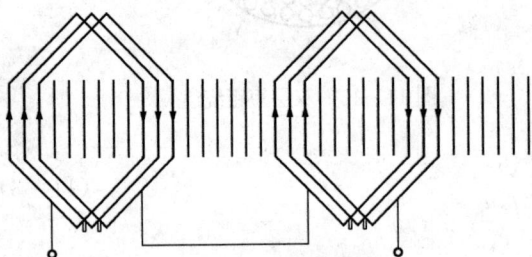

图 11 - 12 不分组叠式绕组展开图

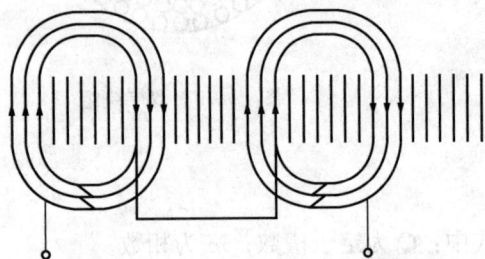

图 11 - 13 不分组同心式绕组展开图

二、分组绕组

为了节省绕组端部用铜，现代单层绕组一般采用分组绕组，即每个相带的导体分为两组向两侧与相邻同相相带的相应导体构成线圈。它也分叠式和同心式两种形式，但是由于工艺原因及某些特殊情况，主要有三种形式。

（1）当每极每相槽数 $q=2$ 时。每组线圈数为 1，没有其他的线圈与之相叠或同心，既可以称为叠式也可称为同心式。由于其形状像长链，故称为链式绕组。各个线圈具有相同的节距，用槽数表示时恒为奇数；即线圈的一条边若在奇数槽内，则另一边必在偶数槽内。每个线圈的大小相同，制造方便。例如，一台三相感应电机，定子槽数 $Q=24$，极数 $2p=4$，支路数 $a=1$，其链式绕组展开图如图 11 -14 所示。

（2）当每极每相槽数为 $q=3$ 时。一个相带内的槽数无法均分为二，必定出现一边多一边少的情况，因而线圈的节距也不一样。一般为叠式绕组，有时也接成同心式。由于各极下的线圈依次按"二大一小、二大一小"交叉布置，故称为交叉式绕组。例如，一台三相感应电机，定子槽数 $Q=36$，极数 $2p=4$，支路数 $a=1$，其交叉式绕组展开图如图 11 - 15 所示。

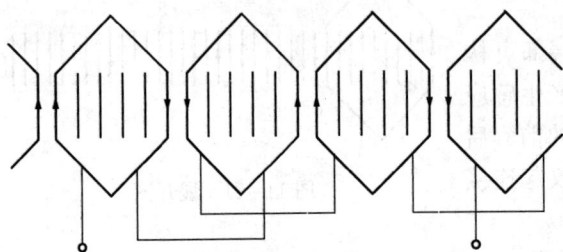

图 11 - 14 链式绕组展开图

（3）当每极每相槽数为 $q\geqslant4$ 时。为了工艺方便，一般采用同心式，故称为同心式绕组。例如，一台感应电机，定子槽数 $Q=24$，极数 $2p=2$，支路数 $a=1$，其同心式绕组展开图如图 11 - 16 所示。

以上都是支路 $a=1$ 的情况，也可以接成多支路，原则是各条支路要平衡。

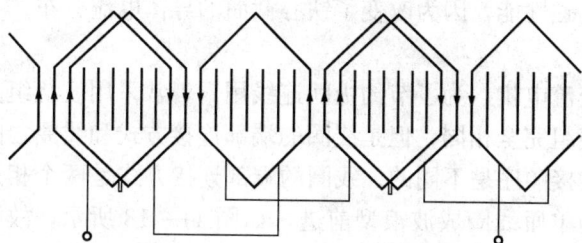

图 11 - 15　交叉式绕组展开图

图 11 - 16　同心式绕组展开图

三、单层绕组的特点

（1）每一个槽内只有一条线圈边，没有层间绝缘，槽利用率较高。

（2）整个绕组的线圈数等于总槽数的一半，节省绕线和嵌线的工时，且嵌线比较方便。

（3）采用分组绕组时，一般为短距线圈，节省线圈端部用铜，但没有改变导体的电流分布，因此电磁性能与整距绕组相同。

（4）电动势和磁动势波形比双层短距绕组稍差，故一般用在 $7\sim10kW$ 以下的小型异步电机中。不能采用短距的办法来有效地抑制谐波。

（5）同一槽内导体均属同一相，故槽漏抗比双层短距绕组大。

（6）不分组绕组的最多并联支路数为极对数 p；对于分组绕组，当每极每相槽数 q 为奇数时最多并联支路数仍为 p，当每极每相槽数 q 为偶数时最多并联支路数为 $2p$；最多并联支路数应是实际采用支路数的整数倍。

（7）分组绕组的线圈组连接规律为"尾—尾相连"或者"首—首相连"。不分组绕组的线圈组连接规律为"首—尾相连"。

第三节　双　层　绕　组

双层绕组的每个槽内有上、下两个线圈边。线圈的一边放在某一槽的上层，另一条边则放在相隔 y_1 槽的下层，y_1 为线圈节距，一般取极距的六分之五。根据线圈形状和连接规则，双层绕组分为叠绕组和波绕组两类。

一、叠绕组

双层叠绕组的线圈形状和嵌线形式与单层叠绕组的线圈相似。同一相带内 q 个相邻线圈串联成一组，称为极相组，属于分组绕组，上、下层线圈各为一组，因此最多并联支路数为 $2p$；实际采用支路数应与最多并联支路数为整数倍关系。线圈组连接规律仍为"尾—尾相连"或者"首—首相连"。一台三相四极 36 槽的定子双层叠绕组如图 11 - 17 所示，线圈的节距 $y_1=7$，上层圈边用实线表示，下层圈边用虚线表示。叠绕线圈一般为多匝，一般主要用于电压、额定电流不太大的中、小型同步电机和感应电机的定子绕组中。连接线较长，极数多、匝数少时耗铜相对较多。一台电机的最后几个线圈的嵌线较为困难；不能采用"掏把"嵌线，连接线需要许多绝缘套管。一般为短距

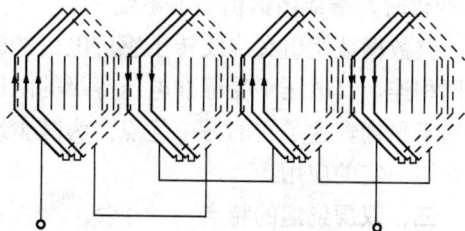

图 11 - 17　双层叠绕组

线圈，既节省线圈端部用铜，又改善了电磁性能，因为改变了铁心截面的导体电流分布。

二、波绕组

对于极数多、支路导线截面较大的交流电机，为了节约极间连线用铜，常采用波绕组。

波绕组的相带划分和槽号分配与叠绕组完全相同，但是线圈的端部连接方式和线圈之间的连接顺序是不同的。线圈的端部连接方式是两个相连接的单匝线圈成波浪型前进，如图 11-18 所示，故称为波绕组。波绕组的连接规律是把所有同一极性下属于同一相的线圈串联起来，组成一组；再把所有另一极性下属于同一相的线圈串联起来，组成另一组；最后把这两大组线圈根据需要连接成串联或并联，即可构成一相绕组。

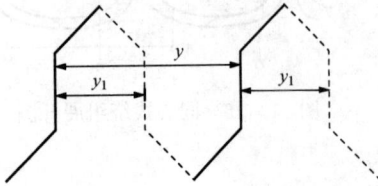

图 11-18　波绕线圈的节距

相串联的两个线圈，其对应线圈边之间的距离称为绕组的合成节距 y，如图 11-18 所示。合成节距表示每连接一个线圈时，绕组在空间前进的槽距，因此它是表征绕组连接规律的一个基本数据。由于波绕组是依次把 N1、N2…极下的线圈相连接，每次前进一对极的距离，故对整数槽波绕组而言，合成节距通常选为一对极距，即

$$y = \frac{Q}{p} = 2mq \tag{11-5}$$

连续地连接了 p 个线圈、前进了 p 对极，即沿定子绕行一周以后，绕组将回到出发槽号而形成闭路。为使绕组能够连续地绕行下去，每绕完一周，就需要人为地后退或前进一个槽。这样连续地绕接 q 周，就可以把所有 N 极下属于 A 相的线圈（共 pq 个）连成一组（A1A2组）。同理，把所有 S 极下属于 A 相的线圈连成另一组（X_1X_2 组）。最后再用组间连线把 A1A2 和 X1X2 串联或并联起来，即可得到 A 相绕组。

如把前述三相四极 36 槽、$y_1 = 7$ 的叠绕组改绕成波绕组（见图 11-19），不难看出，线圈连接时，节距 y_1 只影响各线圈的跨距，即同一线圈上、下层之间的距离，而不影响线圈之间的连接规律，线圈之间的连接次序完全取决于合成节距 y。

根据上面分析可知，整数槽波绕组中，无论多少极数，在自然连接的情况下，每相绕组只有两大组，仅需一根组间连线，并联支路最多只有两条。此外，波绕组线圈的短距仅起改善电动势、磁动势波形的作用，而不能节约端部用铜；

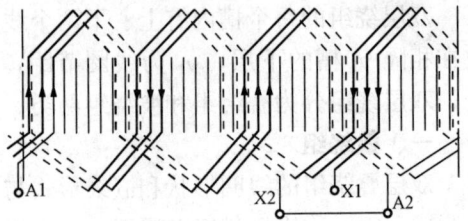

图 11-19　双层波绕组

这是因为绕组的合成节距为一常值，即 $y = y_1 + y_2 = 2\tau$，y_1 短了，y_2 就长，因此线圈节距 y_1 变化时，端部用铜仍基本不变。

整数槽波绕组在绕线转子感应电机的转子中获得广泛的应用。感应电机的转子通常不和电网相连，其电压不受标准电压等级的限制，因此制造时绑扎固定比较简单，同时使转子重量易于平衡，这是它的另一优点。为减少组间连线，整数槽波绕组在大、中型水轮发电机上也获得一定的应用。

三、双层绕组的特点

(1) 槽内上、下层线圈边之间要加层间绝缘，用料多，槽的利用率较低。

（2）整个绕组的线圈数等于总槽数，绕线和嵌线的工时较长。所有线圈具有同样的尺寸，便于制造。

（3）端部形状排列整齐，有利于散热和增强机械强度。

（4）短距有效地抑制了谐波，电动势和磁动势波形比单层绕组好。所以，现代 10kW 以上的三相交流电机，其定子绕组一般均采用双层绕组。

（5）有的槽内导体不属同一相，因此槽漏抗比单层绕组小。

第四节　交流绕组的构成原则与分类

一、交流绕组的构成原则

交流绕组的构成主要考虑运行和设计制造两个方面。虽然交流绕组的形式各不相同，但它们的构成原则却基本相同，具体要求是：

（1）在一定的导体数下，力求绕组的合成电动势和磁动势的波形接近正弦形，获得较大数值的基波电动势和基波磁动势。

（2）对三相绕组，各相的电动势和磁动势要对称，电阻和电抗要平衡。

（3）绕组的损耗要小，用铜量要省。

（4）绕组的绝缘和机械强度要可靠，散热条件要好。

（5）制造、安装、检修要方便。

二、交流绕组的分类

交流绕组可按相数、绕组层数、每极每相槽数、相带和绕法分类。

从相数上看，交流绕组可分为单相和多相绕组；根据槽内层数，可分为单层和双层绕组，还有单双层绕组；按每极每相槽数 q 等于整数或分数，则分为整数槽和分数槽绕组，分数槽绕组一般用于大型水轮发电机等多极电机上；由绕法可分叠式、同心式和波式绕组；按绕组是否可以改变极数可分为变极绕组和单速绕组；根据相带大小有 30°、60°、120°和 180°相带绕组，正规 120°相带绕组现已淘汰，120°和 180°相带绕组主要用于变极绕组，30°相带绕组为 Y \ D 并联联结的正弦绕组；按每个相带线圈的端部连接方向可分为分组绕组和不分组绕组，不分组绕组已淘汰；按多相绕组是否对称可分为对称绕组和不对称绕组。

单双层绕组和正弦绕组由两套绕组组成，工艺和生产管理较麻烦，不是在所有规格电机都实用，因此应用较少。

本书只讨论了 60°相带整数槽单速绕组，至于其他类型绕组，读者可查阅参考文献 [7]。

第十二章 交 流 绕 组 的 磁 动 势

当交流绕组内通有电流时，将在绕组周围的空间产生磁动势。如果电流大小发生变化，磁动势的大小也随之变化。前面对磁动势做了定性分析，本章将对磁动势做定量分析。为清晰起见，先研究绕组通有正弦电流时的磁动势，再研究绕组通有非正弦电流时的情况；先研究单相绕组的磁动势，再研究三相绕组的磁动势；先研究对称电流情况，再研究不对称电流情况。

为了便于分析，假定：

（1）铁心的磁导率 $\mu_{Fe}=\infty$，即不计铁心内的磁位降。

（2）定、转子之间的气隙为均匀。

（3）槽内电流集中于槽中心处，忽略槽开口的影响。

第一节 单相绕组的脉振磁动势

单相绕组由若干个线圈组连接而成，每个线圈组又由若干个分布在相邻槽中的线圈串联组成。本着由简入繁的原则，先分析一个线圈产生的磁动势，再分析一个线圈组的磁动势，最后分相一相绕组的磁动势。

一、整距线圈的磁动势

在电机定子上装有一个 N_c 匝的整距线圈，如图 12-1（a）所示，其节距等于定子内缘周长的一半（$y_1=\pi D/2=\tau$）。当线圈中通有电流 i_c 时，在线圈周围空间将产生一个两极磁场。如果电流从 X 流入，从 A 流出，根据右手螺旋定则，磁场的方向如图 12-1（a）中虚线所示。

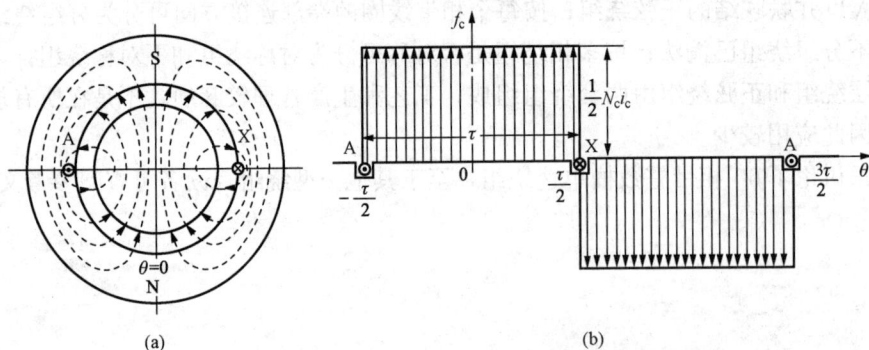

图 12-1 一个整距线圈的磁动势

（a）整距线圈所产生的磁场；（b）整距线圈的磁动势

每根磁力线都包围相同的电流 $N_c i_c$，根据全电流定律，每根磁力线构成的磁路上具有相同的磁动势。由于忽略铁心的磁位降，磁动势将全部作用在两段气隙上。因为气隙为均匀，则气隙各处的磁动势均为 $N_c i_c/2$。若把定子和转子从线圈边 A 的中心切割展开，并以线圈的轴线处作为原点，如图 12-1（b）所示，整距线圈的磁动势在气隙内的分布是一个矩形波，峰值等于 $N_c i_c/2$。由于槽内电流为集中，则磁动势波在经过载流线圈边的中心时，将发生大小为 $N_c i_c$ 的跃变。磁动势波为一周期函数，可表示为

$$
\left.
\begin{aligned}
f_c &= \frac{N_c i_c}{2}，当 -\frac{\pi}{2} \leqslant \theta \leqslant \frac{\pi}{2} \\
f_c &= -\frac{N_c i_c}{2}，当 \frac{\pi}{2} \leqslant \theta \leqslant \frac{3\pi}{2}
\end{aligned}
\right\}
\tag{12-1}
$$

当定子装有节距等于定子内缘 1/4 周长的两组整距线圈时，将产生一个四极磁场，如图 12-2 所示，磁动势的波形仍是峰值为 $N_c i_c/2$ 的周期性矩形波，……，依此类推，可得到 $2p$ 极的磁场或周期性矩形磁动势波。

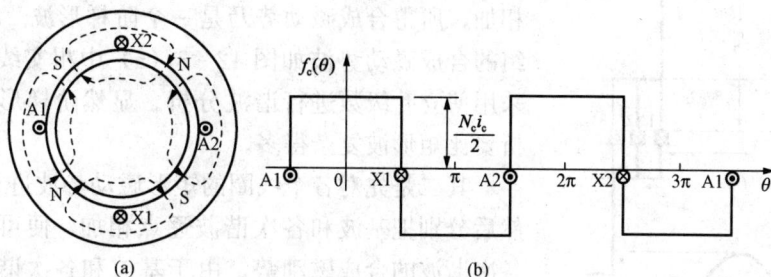

图 12-2　两组整距线圈的四极磁场（$y_1 = \pi D/4 = \tau$）

(a) 磁场分布；(b) 磁动势分布

利用傅立叶级数可将周期性矩形磁动势波分解为一系列奇次余弦波，称为谐波分析，即

$$
f_c(\theta) = F_{c1}\cos\theta + F_{c3}\cos 3\theta + F_{c5}\cos 5\theta + \cdots + F_{c\nu}\cos\nu\theta + \cdots
\tag{12-2}
$$

其中

$$
F_{c\nu} = \frac{1}{\pi}\int_0^{2\pi} f_c(\theta)\cos\nu\theta\,\mathrm{d}\theta = \frac{4}{\pi}\frac{N_c i_c}{2}\frac{1}{\nu}\sin\nu\frac{\pi}{2} = \frac{2}{\pi}N_c i_c\frac{1}{\nu}\sin\nu\frac{\pi}{2}
\tag{12-3}
$$

$\nu=1$ 的波称为基波，则有

$$
F_{c1} = \frac{2}{\pi}N_c i_c，\ \sin\nu\frac{\pi}{2} = 1
\tag{12-4}
$$

其余的波称为谐波，同理有

$$
F_{c\nu} = (-1)^{\frac{\nu-1}{2}}\frac{1}{\nu}F_{c1}，\ \sin\nu\frac{\pi}{2} = (-1)^{\frac{\nu-1}{2}}
\tag{12-5}
$$

若电流随时间按余弦规律变化，即 $i_c = \sqrt{2}I_c\cos\omega t$，矩形波的高度也随时间按余弦规律变化。这种空间位置固定不动，波幅随时间变化的磁动势称为脉振磁动势，物理学上称为驻波。脉振磁动势的脉振频率与交流电流的频率相同，于是脉振磁动势为

$$
f_c(\theta,t) = \frac{2\sqrt{2}}{\pi}N_c I_c\left[\cos\theta - \frac{1}{3}\cos 3\theta + \frac{1}{5}\cos 5\theta + \cdots + (-1)^{\frac{\nu-1}{2}}\frac{1}{\nu}\cos\nu\theta + \cdots\right]\cos\omega t
\tag{12-6}
$$

由此可见，整距线圈产生的磁动势的特点是：①在空间按矩形波分布，其幅值随时间以电流的频率脉振；②矩形波磁动势可分解为基波及一系列奇次谐波，各次谐波均以同频率脉振；③基波的极对数就是电机的极对数 p，ν 次谐波的极对数为 $p_\nu = \nu p$，极距为 $\tau_\nu = \tau/\nu$；

④基波的幅值 $F_{c1} = \dfrac{2\sqrt{2}}{\pi} I_c N_c$，谐波的幅值 $F_{c\nu} = \dfrac{1}{\nu} F_{c1}$；⑤各次谐波都有一个波幅在线圈的

轴线上，其正负由 $\sin\nu\dfrac{\pi}{2}$ 的正负决定。

二、分布线圈组的磁动势

1. 整距线圈组的磁动势

每极下属于同一相的 q 个整距线圈串联起来，就成为一个线圈组。若每个线圈的匝数相等，由于电流也相同，故产生的磁动势具有相同的幅值。但是由于线圈是分布的，相邻线圈在空间彼此移过一个槽的电角度 α，所以各个矩形磁动势波之间在空间也间隔 α 电角度。一个线圈组的磁动势可以看成是由 q 个整距线圈产生磁动势的合成。合成的方法有两种。

其一是把 q 个整距线圈所产生的矩形磁动势波逐点相加，所得合成磁动势乃是一个阶梯形波。$q=3$ 时线圈组的合成磁动势波如图 12-3（a）中粗实线所示。然后采用傅立叶级数进行谐波分析。显然阶梯形波的谐波分析要比矩形波复杂得多。

其二是先对各个线圈的矩形磁动势波进行谐波分析，然后分别把基波和各次谐波逐点相加，便可得到基波和各次谐波的合成磁动势。由于基波和各次谐波的磁动势在空间按余弦规律分布，故可用空间矢量表示和运算。于是，q 个线圈的合成磁动势矢量就等于各个线圈磁动势矢量的矢量和。

对于基波，逐点相加如图 12-3（b）所示，矢量合成如图 12-4 所示。不难看出，磁动势矢量相加的几何关系构成了正多边形的一部分。根据几何关系，可以求得 q 个线圈的合成磁动势有效值为

$$F_{q1} = 2R\sin\frac{q\alpha}{2}$$

而外接圆半径 R 与线圈磁动势 F_{c1} 之间的关系为

$$F_{c1} = 2R\sin\frac{\alpha}{2}$$

q 个分布线圈磁动势的矢量和 F_{q1} 与代数和 qF_{c1} 的比值为

$$k_{d1} = \frac{F_{q1}}{qF_{c1}} = \frac{\sin\dfrac{q\alpha}{2}}{q\sin\dfrac{\alpha}{2}} \qquad (12-7)$$

式中：k_{d1} 为绕组的基波分布因数，它表示 q 个分布线圈的合成磁动势 F_{q1} 小于 q 个集中线圈的合成磁动势 qF_{c1} 应打的折扣。因此一般 $k_{d1} \leqslant 1$。

于是整距线圈组的基波合成磁动势幅值应为

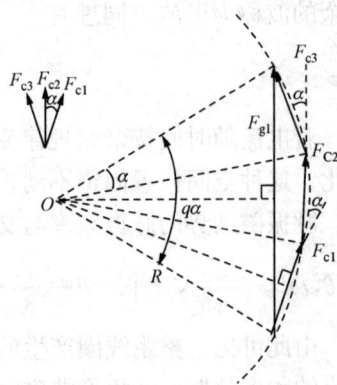

图 12-3　整距分布线圈组磁动势
（a）合成磁动势；（b）基波合成磁动势

图 12-4　线圈组的合成磁动势

$$F_{q1} = qF_{c1}k_{d1} = \frac{2\sqrt{2}}{\pi}I_c N_c q k_{d1} \tag{12-8}$$

同理可以得出整距线圈组的 ν 次谐波合成磁动势幅值为

$$F_{q\nu} = qF_{c\nu}k_{d\nu} = \frac{1}{\nu}\frac{2\sqrt{2}}{\pi}I_c N_c q k_{d\nu} \tag{12-9}$$

式中：$k_{d\nu}$ 为 ν 次谐波磁动势的分布因数。

对于 ν 次谐波磁场，相邻的线圈之间相距 $\nu\alpha$ 电角度，它们所感生的磁动势在空间也相差 $\nu\alpha$ 电角度；所以只要用 $\nu\alpha$ 来代替基波分布因数的 α，即可得到 ν 次谐波的基波分布因数为

$$k_{d\nu} = \frac{\sin\nu\dfrac{q\alpha}{2}}{q\sin\nu\dfrac{\alpha}{2}} \tag{12-10}$$

2. 短距线圈组的磁动势

单层绕组的短距相当于整距，一对极下每相有一个线圈组；而双层绕组则有两个线圈组。若采用短距线圈，如图 12-5（a）所示，$q=3$，$\tau=9$，$y_1=8$。

考虑到磁动势的大小和波形只与导体中的电流和槽内有效边的分布情况有关，而与线圈边的连接次序无关，故可把短距线圈组的上、下层线圈边各看作一个单层整距线圈组，如图 12-5（b）所示。这两个线圈组在空间彼此错开 ε 电角，则

$$\varepsilon = \frac{\tau - y_1}{\tau}\times 180° = \left(1 - \frac{y_1}{\tau}\right)\times 180° \tag{12-11}$$

于是上层和下层整距线圈组的基波磁动势的幅值 F_{q1u} 和 F_{q1d} 大小相等，在空间也错开 ε 电角度，如图 12-5（c）所示。把这两条曲线逐点相加，可得双层短距线圈组的基波磁动势。图 12-5（d）为对应的磁动势空间矢量图。可以看出，双层短距绕组的基波磁动势比双层整距时小，根据相量图中的几何关系，可求双层短距线圈组的基波磁动势幅值为

$$F'_{q1} = 2F_{q1}\cos\frac{\varepsilon}{2} = 2F_{q1}\cos\left(1 - \frac{y_1}{\tau}\right)90°$$

$$= 2F_{q1}\sin\frac{y_1}{\tau}90° = 2qF_{c1}k_{d1}k_{p1} = \frac{2\sqrt{2}}{\pi}I_c(2qN_c)k_{w1} \tag{12-12}$$

$$k_{p1} = \frac{F'_{q1}}{2F_{q1}} = \sin\frac{y_1}{\tau}90° \tag{12-13}$$

式中：k_{p1} 为基波节距因数，它表示线圈短距后磁动势小于整距时应打的折扣，整距时 $k_{p1}=1$，在短距或长距时 k_{p1} 都恒小于 1；k_{w1} 为基波磁动势的绕组因数，既考虑短距，又考虑分布时，整个线圈组的磁动势所打的折扣为

$$k_{w1} = k_{p1}k_{d1} \tag{12-14}$$

同理，对谐波磁动势，可得

$$F'_{q\nu} = \frac{1}{\nu}\frac{2\sqrt{2}}{\pi}I_c(2qN_c)k_{w\nu} \tag{12-15}$$

$$k_{w\nu} = k_{d\nu}k_{p\nu} \tag{12-16}$$

式中：$k_{w\nu}$ 为 ν 次谐波的绕组因数。

对于 ν 次谐波磁场，极距小了 $1/\nu$ 倍，所以只要用 τ/ν 来代替基波节距因数的 τ，即可得到 ν 次谐波的节距因数

$$k_{p\nu} = \sin\nu \frac{y_1}{\tau} 90° \qquad (12-17)$$

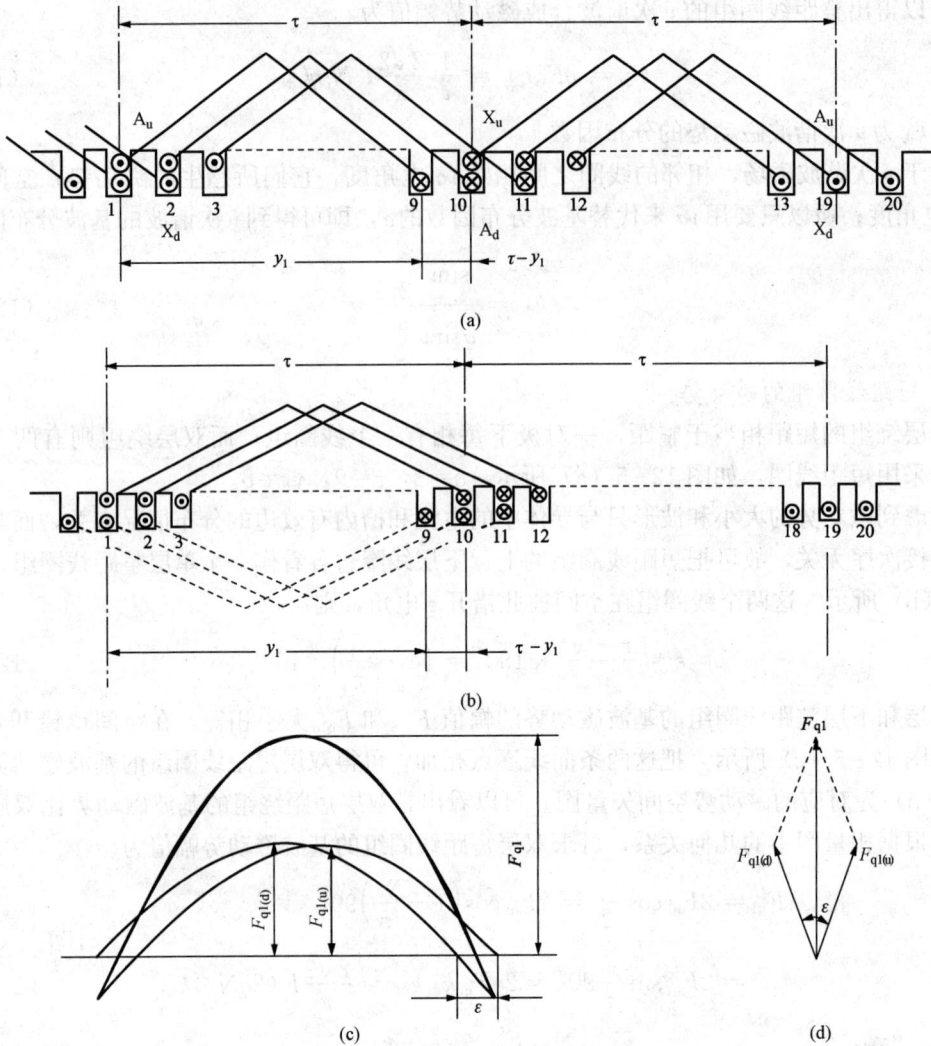

(a)

(b)

(c)   (d)

图 12-5 双层短距线圈组的磁动势

（a）双层短距绕组在槽内的布置；（b）改接线圈端部；（c）上、下层线圈组产生的
基波磁动势的图解合成；（d）上、下层线圈组产生的基波磁动势的矢量合成

三、单相绕组的磁动势

由于各对极下的磁动势和磁阻组成一个对称的分支磁路，所以，对单层绕组来说，一相绕组的磁动势就等于一个极相组的磁动势，即

$$F_{ph1} = F_{q1} = \frac{2\sqrt{2}}{\pi} I_c (qN_c) k_{w1} = \frac{2\sqrt{2}}{\pi} \frac{aI_c}{p} \frac{pqN_c}{a} k_{w1} = \frac{2\sqrt{2}}{\pi} \frac{IN}{p} k_{w1} \qquad (12-18)$$

式中：a 为并联支路数；I 为相电流，$I = aI_c$；N 为每相串联匝数，$N = pqN_c/a$。

而双层绕组则一相绕组的磁动势为 2 个极相组的磁动势，考虑到 $N = 2pqN_c/a$，则有

$$F_{ph1} = F'_{q1} = \frac{2\sqrt{2}}{\pi} I_c (2qN_c) k_{w1} = \frac{2\sqrt{2}}{\pi} \frac{aI_c}{p} \frac{2pqN_c}{a} k_{w1} = \frac{2\sqrt{2}}{\pi} \frac{IN}{p} k_{w1} \qquad (12-19)$$

可见，单相绕组的基波磁动势幅值正比于每极下每相的有效串联安匝数。同理可得谐波磁动势幅值为

$$F_{ph\nu} = \frac{1}{\nu}\frac{2\sqrt{2}}{\pi}\frac{IN}{p}k_{w\nu} \qquad (12\text{-}20)$$

于是，单相绕组的磁动势可改写成意义更为明显的常用形式，即

$$f_c(\theta,t) = \frac{2\sqrt{2}}{\pi}\frac{IN}{p}\Big(k_{w1}\cos\theta + \frac{1}{3}k_{w3}\cos3\theta + \frac{1}{5}k_{w5}\cos5\theta + \cdots + \frac{1}{\nu}k_{w\nu}\cos\nu\theta + \cdots\Big)\cos\omega t$$

$$(12\text{-}21)$$

该式的坐标原点取在该相绕组的轴线处。

综上所述，单相绕组的磁动势仍然是一个幅值随时间以电流的频率变化的脉振磁动势。与整距线圈相比，其特点为：①在空间按阶梯形波分布；②各次谐波的正负取决于绕组因数 $k_{w\nu}$ 的正负；③基波的幅值为 $F_{ph1} = \frac{2\sqrt{2}}{\pi}\frac{IN}{p}k_{w1}$，谐波的幅值为 $F_{ph\nu} = \frac{F_{ph1}}{\nu}\frac{k_{w\nu}}{k_{w1}}$。

四、脉振磁动势的分解

通过物理分析可知，驻波可以分解成两个行波。因此，脉振磁动势也可以分解。单相脉振磁动势的基波表达式为

$$f_{ph1}(\theta,t) = \frac{2\sqrt{2}}{\pi}\frac{IN}{p}k_{w1}\cos\theta\cos\omega t = F_{ph1}\cos\theta\cos\omega t \qquad (12\text{-}22)$$

利用余弦函数积化和差公式，有

$$f_{ph1}(\theta,t) = \frac{1}{2}F_{ph1}\cos(\omega t - \theta) + \frac{1}{2}F_{ph1}\cos(\omega t + \theta)$$

$$= f_{ph1+}(\theta,t) + f_{ph1-}(\theta,t) \qquad (12\text{-}23)$$

当时间 $t=0$ 时，$f_{ph1+}(\theta,\ t)=F_+\cos(-\theta)$；当 $t=t_1$ 时，$f_{ph1+}(\theta,\ t)=F_+\cos(\omega t_1-\theta)$。画出这两个瞬时的磁动势波，如图 12-6 所示。通过比较可看出，磁动势的幅值未变，但 $f_{ph1+}(\theta,\ t_1)$ 比 $f_{ph1+}(\theta,\ 0)$ 向前推进了 β 角度。随着时间的推移，$\beta=\omega t_1$ 角随之增大，磁动势波则不断地向 $+\theta$ 方向移动，可见 $f_{ph1+}(\theta,\ t)$ 是一个恒幅、正弦分布的正向行波。同理可知 $f_{ph1-}(\theta,\ t)$ 是一个反向行波。由于定子内腔为圆柱形，$f_{ph1+}(\theta,\ t)$ 和 $f_{ph1-}(\theta,\ t)$ 实质上是沿着气隙圆周连续推移的旋转磁动势波。

可见，单相绕组的磁动势可以看作两个幅值相等、转速相同、方向相反的旋转磁动势的合成，因此不加启动绕组，单相电机无法启动。脉振磁动势的分解用空间波形图表示如图 12-7 所示，用空间矢量表示如图 12-8 所示。单相脉振磁动势的谐波也可以同样处理，分解成两个旋转磁动势，即 $f_{ph\nu+}(\theta,\ t)$ 和 $f_{ph\nu-}(\theta,\ t)$。

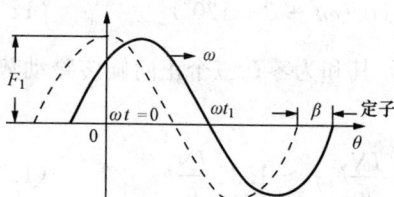

图 12-6　$t=0$ 和 $t=t_1$ 时磁动势行波的推移

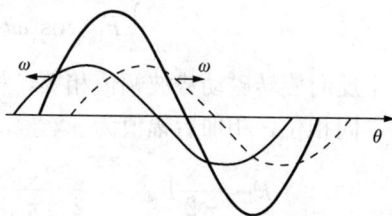

图 12-7　用空间波形图表示脉振磁动势的分解

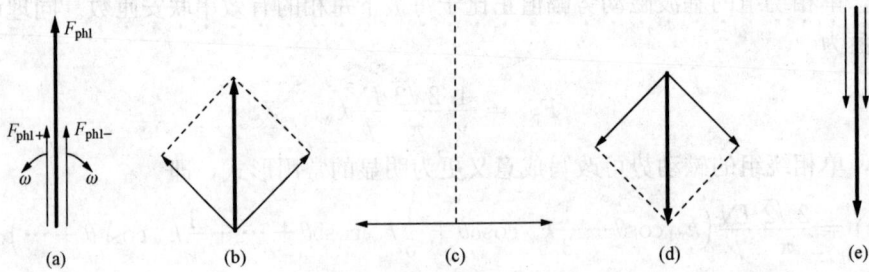

图 12 - 8　用空间矢量表示脉振磁动势的分解

第二节　三相绕组的旋转磁动势

把 A、B、C 三个单相绕组所产生的磁动势叠加，就可以得到三相绕组的合成磁动势。将基波和各次谐波分开讨论，总的磁动势是基波磁动势和谐波磁动势的叠加，可以用解析法、图解法和矢量法来研究其合成。

一、三相绕组的基波合成磁动势

交流电机中 A、B、C 三相定子绕组的轴线在空间相隔 $120°$ 电角度，因此三相绕组各自产生的基波磁动势在空间也相隔 $120°$ 电角度。三相电流的幅值相等，在时间相位上互差 $120°$ 电角度，因此 A、B、C 相所产生的三个脉振磁动势在时间相位上也互差 $120°$ 电角度。

1. 解析法

取 A 相绕组的轴线处作为空间坐标的原点，并以顺着相序的方向作为 θ 的正方向，同时选择 A 相电流达到最大值的瞬间作为时间的零点，即可写出三相绕组基波磁动势的表达式。则

$$\left.\begin{array}{l} f_{A1} = F_{ph1}\cos\theta\cos\omega t \\ f_{B1} = F_{ph1}\cos(\theta - 120°)\cos(\omega t - 120°) \\ f_{C1} = F_{ph1}\cos(\theta - 240°)\cos(\omega t - 240°) \end{array}\right\} \quad (12 - 24)$$

把三相绕组基波磁动势相加，并根据积化和差的三角函数关系进行分解，得

$$\begin{aligned} f_1(\theta,t) &= f_{A1} + f_{B1} + f_{C1} \\ &= \frac{1}{2}F_{ph1}\cos(\omega t - \theta) + \frac{1}{2}F_{ph1}\cos(\omega t + \theta) + \\ &\quad \frac{1}{2}F_{ph1}\cos(\omega t - \theta) + \frac{1}{2}F_{ph1}\cos(\omega t + \theta - 240°) + \\ &\quad \frac{1}{2}F_{ph1}\cos(\omega t - \theta) + \frac{1}{2}F_{ph1}\cos(\omega t + \theta - 120°) \end{aligned} \quad (12 - 25)$$

可见三个反向旋转磁动势波幅值相等，相位互差 $120°$，其和为零；三个正向旋转磁动势波幅值相等，同相位，相加后幅值为

$$F_1 = \frac{3}{2}F_{ph1} = \frac{3}{2}\frac{2\sqrt{2}}{\pi}\frac{IN}{p}k_{w1} = \frac{3\sqrt{2}}{\pi}\frac{IN}{p}k_{w1} \approx 1.35\frac{IN}{p}k_{w1} \quad (12 - 26)$$

可见三相绕组的基波合成磁动势只有正向旋转磁动势波，即

$$f_1(\theta,t) = F_1\cos(\omega t - \theta) \quad (12 - 27)$$

因此三相基波合成磁动势为一正向旋转磁动势波，如图 12-9 所示。

图 12-9 旋转磁动势波

从式（12-27）可见，旋转磁动势波 $f_1(\theta,t)$ 等于幅值时，有

$$\cos(\omega t - \theta) = 1, \ \omega t - \theta = 0, \ \theta = \omega t \quad (12-28)$$

对时间求导，可得波幅推移的角速度为

$$\frac{\mathrm{d}\theta}{\mathrm{d}t} = \omega \quad (\mathrm{rad/s}) \quad (12-29)$$

即磁动势波推移的角速度等于交流电流的角频率。由于一转的电弧度为 $2\pi p$，则旋转磁动势波的转速应为

$$n_\mathrm{s} = \frac{\omega}{2\pi p} = \frac{f}{p}(\mathrm{r/s}) = \frac{60f}{p} \quad (\mathrm{r/min}) \quad (12-30)$$

恰好等于同步转速。

当 $\omega t = 0$ 时，A 相电流达到最大值，根据式（12-27），基波合成磁动势为 $f_1(\theta,\ t) = F_1\cos(-\theta)$，可见合成磁动势的幅值位于 $\theta = 0$ 处，即在 A 相绕组的轴线上；当 $\omega t = 120°$ 时，B 相电流达到最大值，此时基波合成磁动势为 $f_1(\theta,\ t) = F_1\cos(120° - \theta)$，其幅值位于 $\theta = 120°$ 处，即在 B 相绕组的轴线上；同理，当 C 相电流达到最大值时，合成磁动势的幅值将在 C 相绕组的轴线上。可见，当某相电流达到最大值时，基波合成旋转磁动势的幅值就将与该相绕组的轴线重合。

综上所述，对称三相绕组中通有对称三相正相序交流电流时，基波合成磁动势是一个正弦分布，以同步转速向前推移的正向旋转磁动势波，即从 A 相轴线移向 B 相轴线、再移向 C 相轴线。三相合成磁动势的幅值为单相磁动势幅值的 3/2 倍。由于合成磁动势的幅值为一恒值，在磁动势波的推移过程中幅值的轨迹是一个圆，所以这种磁动势也叫作圆形旋转磁动势。

如果在同一三相绕组中通以对称的反相序电流，电流到达最大值的次序变为 A→C→B，可以推断，此时基波合成磁动势将成为反向推移的旋转磁动势波。因此，如果要改变交流电机内部旋转磁场的转向，只要改变通入电流的相序，即只要把三相绕组中任意两个线端对调一下即可。三相旋转磁动势的推移方向如图 12-10 所示。

同样方法可以证明，当在空间互差 90°的两相对称绕组中通有时间互差 90°的对称两相电流时，仍然可得到圆形旋转磁动势。由此可以推论，在 m 相对称绕组中通有对称 m 相电流时，可得到圆形旋转磁动势，幅值为单相磁动势幅值的 $m/2$ 倍，转速为同步转速，转向由超前相的绕组轴线移向滞后相的绕组轴线。

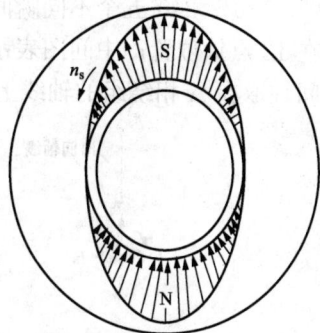

图 12-10 旋转磁动势的推移方向
（a）通入正向序电流时；（b）通入反向序电流时

2. 图解法和矢量法

所谓图解法就是把各个瞬时的三相各自产生的脉振磁动势按空间逐点相加；所谓矢量法就是把各个瞬时的三相脉振磁动势的空间矢量进行叠加。如图 12-11 所示，取 $\omega t = 0°$、$60°$、

120°、180°、240°五个不同瞬间分别来分析，左边图表示不同瞬时的三相电流相量，时间轴取在12点钟位置；中间图表示相应的磁动势正弦波形；右边图表示相应的磁动势空间矢量，空间轴取在 A 相绕组的轴线上。

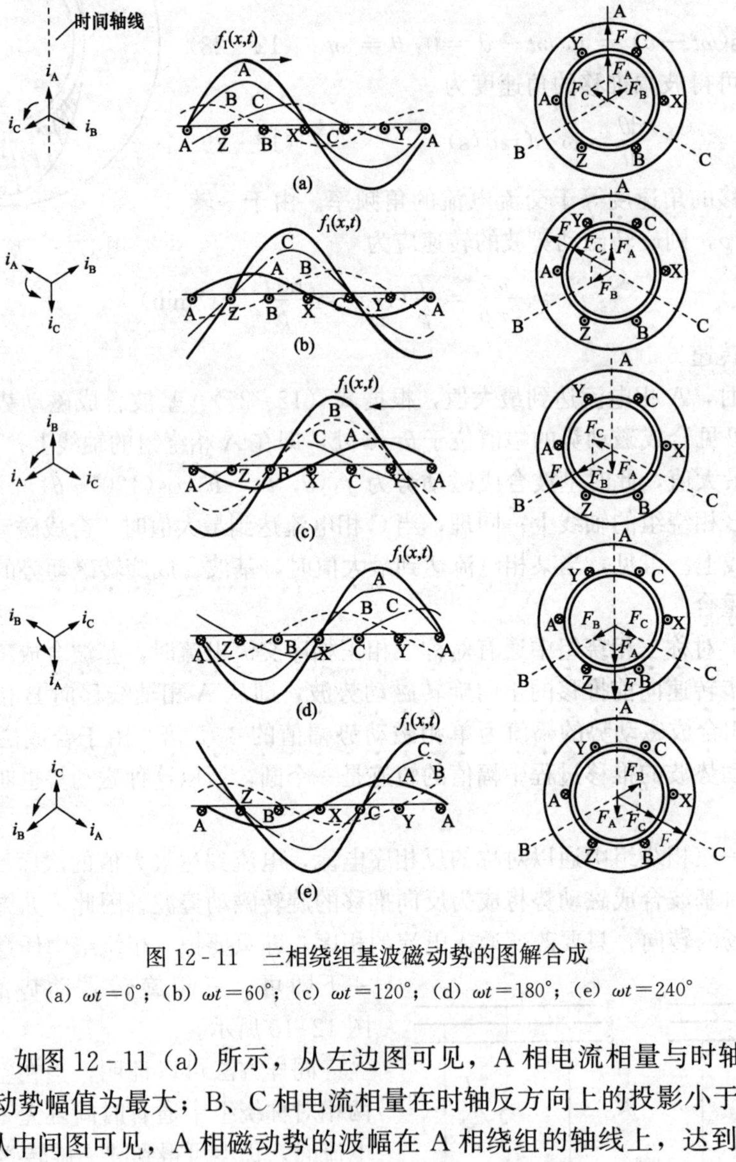

图 12 - 11　三相绕组基波磁动势的图解合成

(a) $\omega t = 0°$；(b) $\omega t = 60°$；(c) $\omega t = 120°$；(d) $\omega t = 180°$；(e) $\omega t = 240°$

$\omega t = 0°$ 时，如图 12 - 11 (a) 所示，从左边图可见，A 相电流相量与时轴重合，达到最大值，A 相磁动势幅值为最大；B、C 相电流相量在时轴反方向上的投影小于幅值，为 A 相电流的 1/2。从中间图可见，A 相磁动势的波幅在 A 相绕组的轴线上，达到最大值，B、C 相磁动势的波幅则分别在 B、C 相绕组轴线的反方向上，为 A 相波幅的 1/2。三个脉振磁动势波在空间互差 120°。把三个磁动势波逐点相加，可得三相合成磁动势，如图中粗线所示。此时三相合成磁动势的幅值恰好与 A 相绕组的轴线重合，大小则为 A 相磁动势幅值的 3/2 倍。从右边图可见，A 相磁动势空间矢量 F_A 的幅值最大，方向指向 A 相绕组轴线的正方向；B、C 相磁动势 F_B、F_C 的幅值为最大值的 1/2，方向分别指向 B、C 相绕组轴线的反方向。把这三个空间矢量叠加，可得三相合成磁动势矢量 F，不难看出，其大小为 F_A 幅值的 3/2 倍，方向恰好与 A 相绕组的轴线重合。

$\omega t = 60°$时，如图 12 - 11（b）所示，当 A 相电流由正的最大值逐步变小，B 相电流由负值逐渐变成正值，C 相电流逐渐变为负的最大值，各相磁动势的数值将随之而变化，此时合成磁动势的波幅将从 A 相绕组的轴线逐步向 B 相绕组的轴线推移，矢量 **F** 将从 A 相绕组的轴线逐步转向 B 相绕组的轴线，此时正在 C 相绕组轴线的反方向上，A、B 相绕组轴线的中间。

$\omega t = 120°$时，如图 12 - 11（c）所示，B 相电流达到最大值，B 相磁动势的幅值最大，A、C 相电流和磁动势为其幅值的 1/2。把三个磁动势波逐点相加或把三个空间矢量叠加，可知三相合成磁动势的波幅或矢量 **F** 恰好与 B 相绕组的轴线重合，大小仍为其幅值的 3/2 倍。依此类推。

$\omega t = 180°$时，如图 12 - 11（d）所示，合成磁动势的波幅及矢量 **F** 从 B 相绕组的轴线逐步向 C 相绕组的轴线推移或转向，此时正在 A 相绕组轴线的反方向上，B、C 相绕组轴线的中间。

$\omega t = 240°$时，如图 12 - 11（e）所示，C 相电流达到最大值，合成磁动势的轴线将与 C 相绕组的轴线重合。

由此可见，合成磁动势是一个正向推移的旋转磁动势波，与数学解析法所得结论相同。

二、三相绕组的谐波合成磁动势

同理，把 A、B、C 三相绕组的谐波脉振磁动势相加，可得三相绕组的谐波合成磁动势

$$f_\nu(\theta,t) = f_{A\nu}(\theta,t) + f_{B\nu}(\theta,t) + f_{C\nu}(\theta,t)$$

$$= F_{ph\nu}\cos\nu\theta\cos\omega t + F_{ph\nu}\cos\nu(\theta - 120°)\cos(\omega t - 120°) + F_{ph\nu}\cos\nu(\theta - 240°)\cos(\omega t - 240°)$$

$$= \frac{F_{ph\nu}}{2}\cos(\omega t - \nu\theta) + \frac{F_{ph\nu}}{2}\cos(\omega t + \nu\theta)$$

$$+ \frac{F_{ph\nu}}{2}\cos[\omega t - \nu\theta + (\nu - 1)120°] + \frac{F_{ph\nu}}{2}\cos[\omega t + \nu\theta - (\nu + 1)120°]$$

$$+ \frac{F_{ph\nu}}{2}\cos[\omega t - \nu\theta + (\nu - 1)240°] + \frac{F_{ph\nu}}{2}\cos[\omega t + \nu\theta - (\nu + 1)240°] \tag{12 - 31}$$

设 $k = 1, 2, 3, \cdots$。经过运算可知：

（1）当 $\nu = 3(2k-1)$，也即 $\nu = 3、9、15、\cdots$时，三个正、反向旋转磁动势波的幅值相等，相位互差 120°，其和全为零，即

$$f_{3(2k-1)}(\theta,t) = 0 \tag{12 - 32}$$

这说明对称三相绕组的磁动势中不存在 3 次及 3 的倍数次谐波合成磁动势。

（2）当 $\nu = 6k+1$，也即 $\nu = 7、13、19、\cdots$时，与基波的情况相同，有

$$f_\nu(\theta,t) = \frac{3}{2}F_{ph\nu}\cos(\omega t - \nu\theta) \tag{12 - 33}$$

合成磁动势是转速为 n_s/ν，幅值为 $3/2F_{ph\nu}$ 的正向旋转磁动势。

（3）当 $\nu = 6k-1$，也即 $\nu = 5、11、17、\cdots$时，三个正向旋转磁动势波幅值相等，相位互差 120°，其和为零，即

$$f_\nu(\theta_s,t) = \frac{3}{2}F_{ph\nu}\cos(\omega t + \nu\theta_s) \tag{12 - 34}$$

合成磁动势是转速为 n_s/ν，幅值为 $3/2F_{ph\nu}$ 的反向旋转磁动势。

三、谐波磁动势的消除

在感应电机中，谐波磁动势所产生的磁场会产生寄生转矩，影响电机的启动性能。在同步电机中，定子谐波磁场会在转子表面产生涡流损耗，必须设法抑制谐波磁动势。一般采用短距和分布绕组予以消弱。

1. 采用短距绕组

适当选择线圈的节距，使某一次谐波的节距因数等于零或接近零，即可以消除或削弱该次谐波。例如，要消除第 ν 次谐波，只要使

$$k_{p\nu} = \sin\nu\frac{y_1}{\tau}90° = 0 \tag{12-35}$$

即

$$\nu\frac{y_1}{\tau}90° = k \times 180° \quad \text{或} \quad y_1 = \frac{2k}{\nu}\tau \tag{12-36}$$

式中：k 为自然数，选任意整数 k 都能消除 ν 次谐波。但考虑到节约用铜，不过分地削弱基波，应该选用尽可能接近于整距的短节距，即应使 $2k = \nu - 1$，线圈的节距应为

$$y_1 = \left(1 - \frac{1}{\nu}\right)\tau \tag{12-37}$$

只要选用比整距短 $\frac{1}{\nu}\tau$ 的短距线圈即可消除第 ν 次谐波。例如为消除 5 次谐波，可以选 $k=1$，$y_1 = \frac{2}{5}\tau$；也可选 $k=2$，$y_1 = \frac{4}{5}\tau$；…，最好选 $y_1 = \frac{4}{5}\tau$。

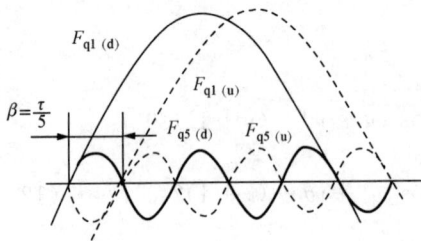

图 12-12　短距消除 ν 次谐波磁动势

当节距缩短 τ/ν 时，恰好是 ν 次谐波的极距，上、下层整距线圈组的 ν 谐波在空间相差 $180°$，互相抵消，故可消除 ν 次谐波，如图 12-12 所示。不同节距时谐波的节距因数如图 12-13 所示。

由于三相合成磁动势不存在 3 次谐波，所以选择三相绕组的节距时，主要考虑如何减小 5 次、7 次谐波。从图 12-13 可见，应选为 $y_1 = \frac{5}{6}\tau = 0.833\tau$。短距线圈虽然对基波磁动势的大小稍有影响，但能有效地抑制谐波磁动势，故交流绕组大多采用短距绕组。

2. 采用分布绕组

由图 12-3（a）中可以明显看出，分布绕组可以改善磁动势波形。每极每相槽数 q 越多合成磁动势的阶梯就越多，波形就越接近正弦，意味着磁动势波形越好，谐波含量大为削弱，各次谐波分布因数越小，如图 12-14 所示。

但是 q 增多，电枢的总槽数就增多，这将引起冲剪工时和绝缘材料消耗增多，槽内有效面积减少，从而使电机的成本提高。考虑到 $q > 6$ 时谐波分布因数的下降已经不太显著，因此除两极汽轮发电机外，交流电机的 q 值一般都选在 $6 \geqslant q \geqslant 2$。在水轮发电机中，由于极数过多，$q$ 常常达不到 2，常用分数槽绕组来消除谐波。

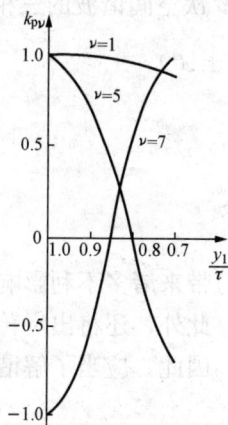

图 12-13　谐波的节距因数

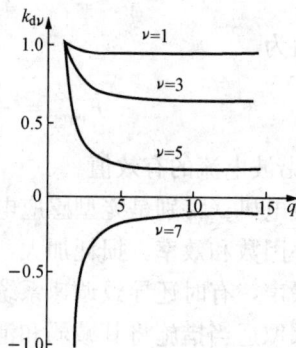

图 12-14　ν 次谐波分布因数

第三节　非正常电流情况下三相绕组的磁动势

在实际运行中，有时电源电压会不对称，此时三相绕组中将流过不对称的电流；当采用电力电子器件供电时，端电压和电流的波形常为非正弦波。这两种情况下都会影响交流绕组的磁动势，有必要进行分析。

一、不对称电流时三相绕组的磁动势

如果三相绕组通以不对称电流，考察式（12-25），三个反向旋转磁动势之和将不等于零，基波合成磁动势中将同时存在正向和反向的旋转磁动势，即

$$f_1(\theta,t) = f_{1+}(\theta,t) + f_{1-}(\theta,t) = F_{1+}\cos(\omega t - \theta) + F_{1-}\cos(\omega t + \theta)$$

式中：F_{1+} 和 F_{1-} 分别为正向和反向的旋转磁动势幅值。

把正向和反向的旋转磁动势分别用两个空间矢量 F_{1+} 和 F_{1-} 来表示，进行矢量合成，如图 12-15 所示。当正向和反向的旋转磁动势重合时，合成磁动势达最大幅值，为两者幅值之和 $F_{1+} + F_{1-}$，为椭圆的长轴；相反时，合成磁动势有最小幅值，为两者幅值之差 $F_{1+} - F_{1-}$，为椭圆的短轴。可见三相基波合成磁动势为一个正弦分布、变幅值、非恒速推移的椭圆形旋转磁动势，推移方向为较强的那个磁动势的方向。如果 $F_{1-} = 0$，椭圆的长、短轴相等，合成磁动势将成为圆形旋转磁动势。如果 $F_{1+} = F_{1-}$，合成磁动势将成为脉振磁动势。

图 12-15　椭圆形
旋转磁动势

反向旋转磁动势的存在，不仅会使合成电磁转矩减小，而且会造成电机过热，产生振动和噪声，因此电机不要长期在不对称电流下运行。

二、非正弦电流时三相绕组的磁动势

如果电机通入三相非正弦电流，则可利用傅立叶级数分析将它分解为基波及一系列谐波电流。通常的三相变频电源一般不存在偶次和 3 的倍数次谐波，此时相电流可表示为

$$i_{ph}(t) = \sqrt{2}(I_{ph1}\cos\omega t + I_{ph5}\cos5\omega t + I_{ph7}\cos7\omega t + \cdots + I_{ph\mu}\cos\mu\omega t + \cdots) \quad (12-38)$$

仿照式（12-33）和式（12-34），μ 次谐波电流产生的 ν 次空间谐波的三相合成磁动势为

$$f_{\mu\nu}(\theta,t) = \frac{3}{2}F_{\text{ph}\mu\nu}\cos(\mu\omega t \pm \nu\theta) \qquad (12-39)$$

每相磁动势的幅值为

$$F_{\text{ph}\mu\nu} = \frac{1}{\nu}\frac{2\sqrt{2}}{\pi}\frac{NI_{\text{ph}\mu}}{p}k_{\text{w}\nu} \qquad (12-40)$$

式中：$I_{\text{ph}\mu}$ 为 μ 次谐波电流的有效值。

谐波会给交流电机（特别是笼型感应电动机）的运行带来诸多不利影响。如增加电流的有效值，降低功率因数和效率，损耗加大，温升升高等。此外，还将出现转矩脉动、转速波动，产生振动和噪声，有时还导致调速系统失去稳定性。因此，应当了解谐波磁动势对电机运行的影响，并采取适当措施将其减弱和消除。

第十三章　交流绕组的感应电动势

交流绕组与磁场有相对运动时，将在绕组中感应电动势。本章首先分析磁场为正弦分布时的情况（即只有基波没有谐波），然后再讨论非正弦分布的磁场情况。

第一节　正弦磁场下绕组的感应电动势

本着由浅入深、由简到繁的原则，本节首先分析单个导体中的感应电动势，再求出线圈的感应电动势，然后根据线圈的连接方式，导出每相绕组的感应电动势表达式，最后讨论三相绕组的线电动势。

一、导体中的感应电动势

一台 2 极同步发电机如图 13-1（a）所示，在表面光滑的定子上安放一根导体，转子是一对主磁极（简称主极）。用原动机拖动转子旋转以后，气隙中形成旋转磁场。定子导体"切割"这个磁场后，将产生感应电动势。

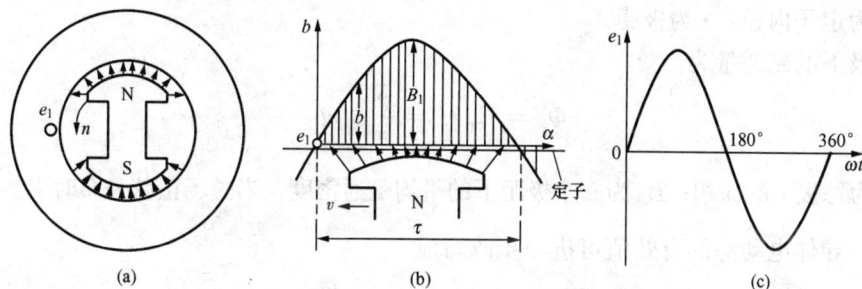

图 13-1　气隙磁场正弦分布时导体内的感应电动势
（a）2 极同步发电机；（b）主极磁场在空间的分布；（c）导体中感应电动势的波形

1. 感应电动势的波形

如图 13-1（b）所示，设气隙中的主极磁场为正弦分布，即

$$b = B_1 \sin\alpha \qquad (13-1)$$

式中：B_1 为气隙磁密的基波幅值；α 为距离原点的电角度。原点位于两极之间的中心位置，则当导体切割 N 极磁场时，根据右手定则，电动势的方向是出纸面；当导体切割 S 极磁场时，电动势的方向是进入纸面。由此可见，当交替排列的 N 极和 S 极磁场连续不断地掠过导体时，在导体内将感应一个交流电动势。

设 $t=0$ 时，导体位于极间、将要进入 N 极的位置，转子旋转的角频率为 ω，以每秒钟转过的电弧度计，当时间为 t 时，转子转过 $\alpha=\omega t$ 角，则导体中的感应电动势 e_1 为

$$e_1 = blv = B_1 lv \sin\alpha = \sqrt{2} E_1 \sin\omega t \qquad (13-2)$$

式中：l 为导体的有效长度；v 为导体"切割"主极磁场的速度；E_1 为感应电动势的有

效值。

由此可见，当主极为恒速旋转时，若磁场为正弦分布，则定子导体中的感应电动势随时间正弦变化，如图 13 - 1（c）所示。

2. 感应电动势的频率

当电机为 2 极时，转子旋转一周，导体内的电动势也恰好交变一次，为一周波。普遍而言，若电机为 p 对极，则转子每旋转一周，导体中的感应电动势将变化 p 个周波。设转子每分钟转数为 n，则感应电动势频率应为

$$f = \frac{pn}{60} \tag{13 - 3}$$

我国工业用标准频率规定为 50Hz，故 $pn = 60f = 3000\text{r/min}$，此时的转速称为同步转速 n_s。例如，$2p = 2$ 时，$n_\text{s} = 3000\text{r/min}$。

3. 导体电动势的有效值

根据式（13 - 2），导体电动势的有效值为

$$E_1 = \frac{B_1 l}{\sqrt{2}} v = \frac{B_1 l}{\sqrt{2}} 2\tau f = \sqrt{2} f B_1 \tau l \tag{13 - 4}$$

其中，转子的线速度为

$$v = \pi D \frac{n}{60} = 2 \frac{\pi D}{2p} \frac{pn}{60} = 2\tau f \tag{13 - 5}$$

式中：D 为定子内径；τ 为极距。

一个极下的磁通量为

$$\Phi_1 = B_\text{av} \tau l = \frac{2}{\pi} B_1 \tau l \tag{13 - 6}$$

式中：τl 为每极下的面积；B_av 为一个极距下的平均磁通密度，当磁场正弦分布时 $B_\text{av} = \frac{2}{\pi} B_1$。

于是，导体电动势的有效值可进一步改写成

$$E_1 = \frac{\sqrt{2}}{2} \pi f \left(\frac{2}{\pi} B_1 l\tau \right) = \frac{\sqrt{2}}{2} \pi f \Phi_1 \tag{13 - 7}$$

式中：磁通量 Φ_1 的单位为 Wb，电动势 E_1 的单位为 V。

二、线圈的电动势

由于导体中的电动势随时间正弦变化，故可用时间相量来表示和运算。

（1）单匝整距线圈时，其两根有效导体在空间相隔一个极距，即 $y_1 = \tau$，当一根导体位于 N 极下最大磁密处时，另一根导体恰好位于 S 极下最大磁密处，根据右手定则，可确定导体电动势的方向，如图 13 - 2（a）、（b）所示。因此，两根导体中电动势瞬时值总是大小相等、方向相反。但是从线圈的出线端看进去，则两导体电动势的方向是相同的，如图 13 - 2（c）所示。单匝线圈电动势应等于两导体电动势的代数和，即

$$\dot{E}_{c1} = \dot{E}'_1 + \dot{E}''_1 = 2\dot{E}_1 \tag{13 - 8}$$

有效值应为

$$E_{c1(N_c = 1)} = 2E_1 = \sqrt{2} \pi f \Phi_1 \tag{13 - 9}$$

式（13 - 9）也可以用法拉第电磁感应定律 $e = -N \dfrac{\mathrm{d}\Phi}{\mathrm{d}t}$ 直接导出。

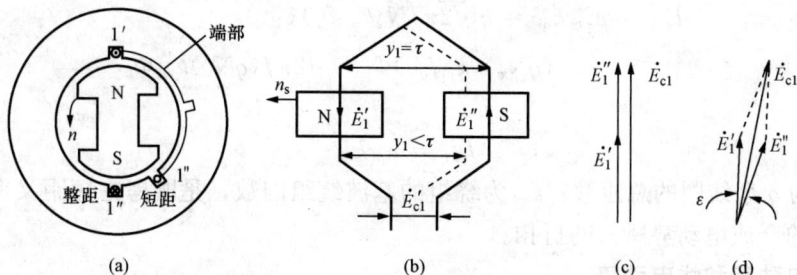

图 13 - 2　匝电动势

(a) 线圈的安置；(b) 展开图；(c) 全距线圈的电动势相量图；(d) 短距线圈的电动势相量图

　　(2) 单匝短距线圈时，即 $y_1 < \tau$，如图 13 - 2 (a) 所示。当一根导体位于 N 极下最大磁密处时，另一根导体还没有到达 S 极下最大磁密处，如图 13 - 2 (b)、(d) 所示，电动势滞后 ε 电角度，则

$$\varepsilon = \frac{\tau - y_1}{\tau} 180° = \left(1 - \frac{y_1}{\tau}\right) 180° \qquad (13 - 10)$$

此时线圈的电动势应等于两导体电动势的相量和，即

$$\dot{E}_{c1} = \dot{E}'_1 + \dot{E}''_1 = E_1 \underline{/0°} + E_1 \underline{/-\varepsilon} \qquad (13 - 11)$$

根据相量图中的几何关系，可求单匝线圈电动势的有效值为

$$E_{c1(N_c=1)} = 2E_1 \cos \frac{\varepsilon}{2} = 2E_1 \cos\left[\left(1 - \frac{y_1}{\tau}\right)90°\right] = 2E_1 \sin\left(\frac{y_1}{\tau}90°\right) = \sqrt{2}\pi f k_{p1} \Phi_1$$

$$(13 - 12)$$

式中：k_{p1} 为基波节距因数，它表示线圈短距后感应电动势小于整距时应打的折扣，即

$$k_{p1} = \frac{E_{c_1(y_1 < \tau)}}{E_{c_1(y_1 = \tau)}} = \sin\left(\frac{y_1}{\tau}90°\right) \qquad (13 - 13)$$

整距时 $k_{p1} = 1$，在短距或长距时 k_{p1} 都恒小于 1。

　　(3) 多匝线圈时，若线圈有 N_c 匝，则线圈电动势为

$$E_{c1} = \sqrt{2}\pi f N_c k_{p1} \Phi_1 \qquad (13 - 14)$$

三、分布线圈组的电动势

　　设每个线圈组由 q 个嵌放在相邻槽内的线圈串联组成，它们先后切割气隙磁场，在每个线圈中感应的电动势幅值都相等，相位差两个槽间的电角度 α。线圈组的合成电动势应为这 q 个线圈电动势的相量和，如图 13 - 3 所示。可见电动势相量相加的几何关系与磁动势矢量相加类似，同样可得出绕组的基波分布因数为

$$k_{d1} = \frac{E_{q1}}{qE_{c1}} = \frac{\sin \frac{q\alpha}{2}}{q\sin \frac{\alpha}{2}} \qquad (13 - 15)$$

式中：k_{d1} 表示 q 个分布线圈的合成电动势 E_{q1} 小于 q 个集中线圈的合成电动势 qE_{c1} 应打的折扣，因此一般 $k_{d1} \leqslant 1$。

　　于是线圈组的电动势为

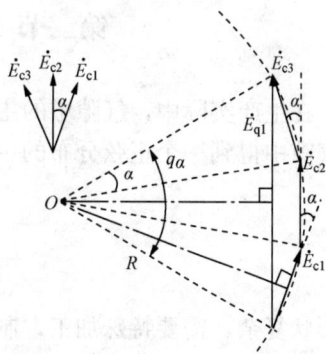

图 13 - 3　线圈组的合成电动势

$$E_{q1} = qE_{c1}k_{d1} = q(\sqrt{2}\pi f N_c k_{p1}\Phi_1)k_{d1}$$

$$= \sqrt{2}\pi f(qN_c)(k_{p1}k_{d1})\Phi_1 = \sqrt{2}\pi f(qN_c)k_{w1}\Phi_1 \tag{13-16}$$

其中

$$k_{w1} = k_{p1}k_{d1} \tag{13-17}$$

式中：qN_c 为 q 个线圈的总匝数；k_{w1} 为绕组的基波绕组因数，是既考虑短距又考虑分布时，整个线圈组的合成电动势所打的折扣。

四、相电动势和线电动势

每极每相下的线圈构成的线圈组称为极相组，一相绕组是由若干个极相组互相串联或并联构成的，其合成电动势应为每个并联支路的电动势。

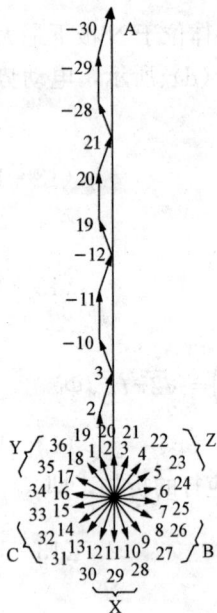

图 13-4 相电动势的
相量图

对于双层绕组，每相绕组有 $2p$ 个极相组，设并联支路数为 a，则相电动势为

$$E_{ph1} = \frac{2p}{a}E_{q1} = \sqrt{2}\pi f\left(\frac{2p}{a}qN_c\right)k_{w1}\Phi_1 \tag{13-18}$$

如果一相绕组的总串联匝数表示为

$$N = \frac{2p}{a}qN_c \tag{13-19}$$

则交流绕组的相电动势公式为

$$E_{ph1} = \sqrt{2}\pi f N k_{w1}\Phi \approx 4.44 f N k_{w1}\Phi \tag{13-20}$$

它是分析和设计交流电机时常用公式之一。

对于单层绕组，每相绕组总共有 p 个极相组，则每相绕组的总串联匝数为

$$N = \frac{p}{a}qN_c \tag{13-21}$$

例如，一台三相 4 极同步发电机，定子为 36 槽，并联支路数为 $a=1$。A 相交流绕组电动势的合成情况如图 13-4 所示，其他两相的合成电动势与 A 相相差 120°。

对于对称的三相绕组，星形联结时，线电动势应为相电动势的 $\sqrt{3}$ 倍，三角形联结时，线电动势等于相电动势。

第二节 非正弦磁场下绕组的感应电动势

在生产实际中，气隙中的主磁场常常不是正弦分布。例如，对于凸极同步发电机，要想在气隙中得到一个正弦分布的主磁场，根据电磁场分析[34]，主极表面应满足

$$\delta = \frac{\tau}{\pi}\text{arcsh}\frac{\text{sh}\dfrac{\pi}{\tau}\delta_0}{\cos\dfrac{\pi}{\tau}x} \tag{13-22}$$

其形状复杂，需要特殊加工，制造成本较高，故常常采用偏心圆弧来代替；此外，铁心的饱和、定子开槽等原因，使气隙磁场在空间非正弦分布，如图 13-5 所示。利用傅立叶级数可将非正弦磁场分解为基波和一系列谐波，谐波磁场将在绕组中感应谐波电动势。

一、谐波电动势

1. 谐波电动势

主磁场的分布通常是关于磁极中心线对称的，故仅含有奇次谐波，即谐波次数为 $\nu=1$，3，5，…，即 $\nu=2k+1$。谐波磁场的特点为

$$p_\nu = \nu p, \quad \tau_\nu = \frac{\tau}{\nu}, \quad n_\nu = n_s \qquad (13-23)$$

谐波电动势的频率为

$$f_\nu = \frac{p_\nu n_\nu}{60} = \nu \frac{p n_s}{60} = \nu f_1 \qquad (13-24)$$

与基波相似的推导，可得谐波电动势的有效值为

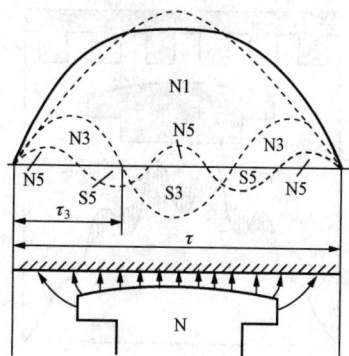

图 13-5 凸极同步电机的主磁场

$$E_{ph\nu} = \sqrt{2}\pi f_\nu N k_{w\nu}\Phi_\nu \qquad (13-25)$$

其中，ν 次谐波的每极磁通量为

$$\Phi_\nu = \frac{2}{\pi}B_\nu\tau_\nu l \qquad (13-26)$$

式中：B_ν 为 ν 次谐波的磁通密度，l 为电枢有效长度。

ν 次谐波的绕组因数为

$$k_{w\nu} = k_{p\nu}k_{d\nu} \qquad (13-27)$$

对于 ν 次谐波磁场，相邻的线圈之间相距 $\nu\alpha$ 电角度，它们所感生的电动势在时间上也相差 $\nu\alpha$ 电角度；极距小了 $1/\nu$ 倍，所以只要用 $\nu\alpha$、τ/ν 来代替基波分布因数和节距因数的 α 和 τ，就可得到 ν 次谐波的分布因数和节距因数，即

$$k_{p\nu} = \sin\nu\frac{y_1}{\tau}90°, \quad k_{d\nu} = \frac{\sin\nu\frac{q\alpha}{2}}{q\sin\nu\frac{\alpha}{2}} \qquad (13-28)$$

2. 齿谐波电动势

在谐波中，有一种次数 ν 与一对极下的齿数 Q/p 之间具有特定关系的谐波，称为齿谐波，次数为

$$\nu = \frac{Q}{p}k \pm 1 = 2mqk \pm 1 \qquad (13-29)$$

当 $k=1$ 时，为一阶齿谐波。齿谐波的绕组因数恰好等于基波绕组因数，即

$$k_{w\nu(\nu=2mq\pm1)} = \pm k_{w1} \qquad (13-30)$$

齿谐波磁场如果与定子绕组有相对运动，在定子绕组中将感应齿谐波电动势。齿谐波磁场是由定子铁心开有带槽口的槽而引起的，可分为磁导齿谐波、固有齿谐波和绕组齿谐波三类。

(1) 磁导齿谐波。主极磁场开槽前为正弦形，开槽后气隙磁导变为不均匀。对应于齿的位置气隙较小，磁导较大，磁场较大；对应于槽的位置气隙较大，磁导较小，磁场减少；导致气隙磁场的分布发生改变，如图 13-6 所示，可分解出齿谐波磁场。若主极有效极弧的宽度等于定子齿距的整数倍，由于定子齿、槽不动，空间周期性的附加磁导不随时间而变化，磁导齿谐波磁场与定子绕组没有相对运动，故不产生齿谐波电动势；若转子有效极弧的宽度

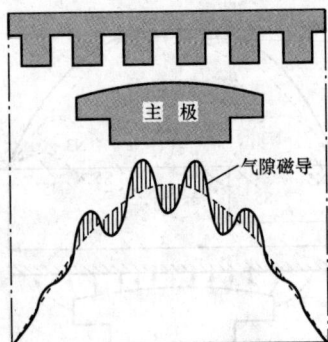

图 13 - 6　定子开槽后磁场分布

不是定子齿距的整数倍，则主极移动时，处于主极下的齿数将不断地发生变化，因此一个极下的总磁导将不断地变化，并产生齿谐波电动势。

（2）固有齿谐波。主极磁场开槽前为非正弦形，其中某些谐波与定子齿数 Q/p 具有特定关系的谐波磁场。定子开槽以后，周期性空间附加磁导对固有齿谐波有"调制"和"放大"作用，在整数槽绕组和气隙较小的情况下，定子绕组中的齿谐波电动势可能比不开槽时增大很多倍，从而使发电机的电动势波形出现明显的齿谐波纹波。

（3）绕组齿谐波。绕组齿谐波由定子绕组齿谐波磁动势产生，在定子绕组中感应基波频率的电动势。

3. 相电动势和线电动势的有效值

考虑到谐波电动势时，相电动势的有效值为

$$E_{ph} = \sqrt{E_{ph1}^2 + E_{ph3}^2 + E_{ph5}^2 + \cdots}$$
$$= E_{ph1} \sqrt{1 + \left(\frac{E_{ph3}}{E_{ph1}}\right)^2 + \left(\frac{E_{ph5}}{E_{ph1}}\right)^2 + \cdots} \tag{13 - 31}$$

在对称三相系统中，各相的三倍数次谐波幅值相等、时间相位相同。当三相绕组采用 Y 联结时，线电压等于相电压之差，相减时三倍数次谐波电动势互相抵消，所以发电机出线端没有三倍数次谐波电动势。故线电动势的有效值为

$$E_L = \sqrt{3} \sqrt{E_{ph1}^2 + E_{ph5}^2 + E_{ph7}^2 + \cdots} \tag{13 - 32}$$

采用 D 联结时，在闭合的三角形回路中，三相的三倍数次谐波电动势相加，产生环流，如图 13 - 7 所示。例如，三次谐波环流为

$$\dot{I}_{3\triangle} = \frac{3\dot{E}_{ph3}}{3Z_3} \quad \text{或} \quad \dot{E}_{ph3} = \dot{I}_{3\triangle} Z_3 \tag{13 - 33}$$

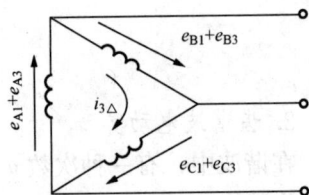

图 13 - 7　三角形联结时回路中的三倍数次谐波环流

式中：$3Z_3$ 为回路的三次谐波阻抗。由于 E_{ph3} 完全消耗于克服环流所产生的压降 $3I_{3\triangle}Z_3$，所以出线端也不出现三次谐波电压。环流将产生杂散损耗，使电机的效率下降，温升增高，所以交流发电机多采用 Y 形联结而不用 D 形联结。

4. 谐波的弊处

高次谐波的存在，使发电机的电动势波形变坏，供电质量下降，用电设备的运行性能受到影响；增大了发电机本身的杂散损耗，使效率下降，温升增加。输电线中的高次谐波电流所产生的电磁场，还会干扰邻近电信线路的正常通信。因此在设计交流电机时，应当根据有关国家标准，把电动势中的谐波含量限制在一定范围内。

对不同类型的谐波电动势应采用不同的削弱方法。

二、削弱一般谐波电动势的方法

谐波电动势 $E_{ph\nu} = \sqrt{2}\pi f_\nu N k_{w\nu} \Phi_\nu$，故可通过减小 $k_{w\nu}$ 或 Φ_ν 来降低 $E_{ph\nu}$，具体方法如下。

1. 采用短距绕组和分布绕组

在数值上，采用短距绕组和分布绕组与减少谐波磁动势的原理相同，可减小节距因数和分布因数，从而减小了绕组因数 $k_{w\nu}$。

在物理意义上，采用短距绕组后，在 ν 次谐波磁场中，比整距缩短 $\frac{1}{\nu}\tau$ 的线圈的两线圈边总是处在同一极性的相同磁场位置下，因此就整个线圈来看，两条线圈边的 ν 次谐波电动势互相抵消，这就是短距可以消除谐波电动势的实质。例如，节距 $y_1 = \frac{4}{5}\tau$ 的线圈放在 5 次谐波磁场中的情况，如图 13 - 8 所示。

2. 改善主极磁场分布

在凸极同步发电机中，可设法改善主极极靴外形，以改善气隙磁场，削弱 Φ_ν。为此，应使极靴宽度与极距的比值为 $0.7 \sim 0.75$，最大气隙与最小气隙之比值为 $1.5 \sim 2.0$。近年来也有采用三段圆弧的主极。在隐极同步电机中，可通过改善励磁磁动势的分布来使主极磁场在气隙中接近正弦分布。为此，应使励磁绕组的下线部分与极距之比在 $0.7 \sim 0.8$ 的范围内。

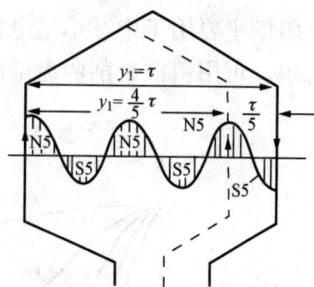

图 13 - 8　短距消除 5 次谐波

三、齿谐波的削弱方法

由于齿谐波的绕组因数恰好等于基波绕组因数，不能采用短距和分布绕组的方法来削减，需要采取如下的专门措施。

1. 斜槽

斜槽就是将导体斜过一定的距离 c，此时导体的各个小段在磁场内的位置不再相同，如图 13 - 9 所示。导体中的基波电动势将比直槽时小，以斜槽因数计。可以把斜槽内的导体看作为无限多根短小直导体相串联的分布线圈组，相邻导体间的相位差为 $\alpha \to 0$，导体数为 $q \to \infty$，整个导体斜过的电角度（弧度）为 $\beta = q\alpha$，因此斜槽因数可由分布因数导出，即

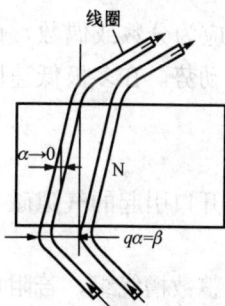

图 13 - 9　斜槽内的导体

$$k_{sk1} = \lim_{\substack{\alpha \to 0 \\ q\alpha \to \beta}} \frac{\sin\frac{q\alpha}{2}}{q\sin\frac{\alpha}{2}} = \frac{\sin\frac{\beta}{2}}{\frac{\beta}{2}} = \frac{\sin\frac{c}{\tau}\frac{\pi}{2}}{\frac{c}{\tau}\frac{\pi}{2}} \qquad (13 - 34)$$

其中

$$\beta = \frac{c}{\tau}\pi$$

ν 次谐波的斜槽因数应为

$$k_{sk\nu} = \frac{\sin\nu\frac{\beta}{2}}{\nu\frac{\beta}{2}} = \frac{\sin\nu\frac{c}{\tau}\frac{\pi}{2}}{\nu\frac{c}{\tau}\frac{\pi}{2}} \qquad (13 - 35)$$

ν 次谐波的斜槽因数随 β 的变化情况如图 13 - 10 所示。

要消除第 ν 次谐波，只要使该次谐波的斜槽因数 $k_{sk\nu} = 0$，即使

$$\nu\frac{c}{\tau}\frac{\pi}{2} = \pi \ \text{或} \ c = \frac{2\tau}{\nu} = 2\tau_\nu \qquad (13 - 36)$$

可见，只要使斜过的距离等于该次空间谐波的波长，导体内的 ν 次谐波电动势便互相抵消，如图 13 - 11 所示。要消除齿谐波电动势，则

$$c = \frac{2\tau}{\nu} = \frac{2\tau}{2mqk \pm 1} \qquad\qquad (13 - 37)$$

为使 $\nu = 2mq \pm 1$ 这两个一阶齿谐波都能得到削弱，通常取 $c = \dfrac{2\tau}{2mq} = t_z$，即斜过的距离恰好等于一个齿距 t_z。

斜槽主要用于中、小型电机。大型电机采用斜槽时，铁心叠压工艺较复杂。在凸极同步电机中，可用斜极来削弱齿谐波。

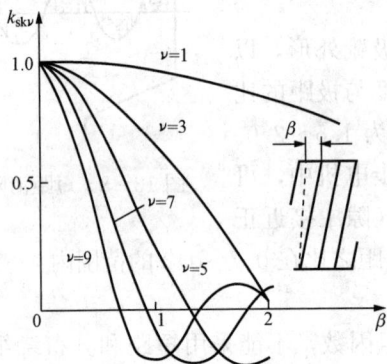

图 13 - 10　ν 次谐波的斜槽因数随 β 的
变化情况

图 13 - 11　斜槽消除
谐波电动势

2. 分数槽绕组

由于每极每相槽数 q 为分数，则齿谐波的次数 $\nu_z = 2mqk \pm 1$ 一般应为分数或偶数，而主极磁场中都是奇次谐波，故不存在齿谐波磁场，从而避免了齿谐波电动势。在多极低速同步发电机中一般都采用分数槽绕组，可以削弱齿谐波。

3. 其他措施

小型电机采用半闭口槽，中型电机采用磁性槽楔，都可以减小槽开口引起的气隙磁导变化和齿谐波。

大型凸极同步发电机的转子主极上，多数装闭合的阻尼绕组。对整数槽绕组，若阻尼条之间的距离 t_2 选择得当，可以削弱齿谐波，明显地改善空载电动势波形；若选择不当，也可能产生不良影响，使波形进一步变坏。通常取 $t_2 = (0.75 \sim 0.8)t_1$ 时，能得到较好的电动势波形。

思 考 题

3 - 1　同步电机和感应电机是靠什么转动的？原理有何差别？电机中的旋转磁场是如何产生的？

3 - 2　试述相带划分法排列交流绕组的步骤。分数槽绕组可否用相带划分法排列？

3 - 3　什么叫相带？相带属性如何确定？在三相电机绕组中为什么常采用 60° 相带而不

用120°相带？

3-4 分组绕组和不分组绕组的区别在哪里？目前常采用的是哪一种？为什么？

3-5 单层绕组和双层绕组有什么不同？各应用在什么场合？各有哪些基本类型？各有哪些优缺点？

3-6 为什么极相组 A 和极相组 X 串联时必须反接？如果正接将引起什么后果？

3-7 交流绕组的构成原则有哪些？如何分类？你知道哪些类型？

3-8 交流绕组的感应电动势公式是如何导出的？它与变压器的电动势公式有何类似和不同之处？

3-9 试述分布因数、节距因数和绕组因数的物理意义。它们是大于1、小于1，还是等于1，为什么？

3-10 为什么用于计算交流绕组感应电动势的绕组因数，也适用于计算磁动势？

3-11 试述谐波电动势和齿谐波电动势产生的原因以及抑制方法。能采用分布和短距消除齿谐波吗？

3-12 斜槽是怎样消除谐波电动势的？能消除所有的齿谐波吗？应消除哪次？斜过多少距离？

3-13 为什么交流发电机的定子绕组一般都采用星形联结，而不采用三角形联结？

3-14 整距线圈与一相绕组的磁动势有什么共同点和区别？

3-15 一相绕组的谐波磁动势和整距线圈的谐波磁动势正负都取决于节距因数吗？

3-16 磁动势中的余弦函数可不可以都用正弦函数？为什么？

3-17 为什么说交流绕组的磁动势既是时间函数又是空间函数？试写出单相绕组磁动势的表达式。

3-18 交流绕组产生的磁动势相加为什么能用矢量来运算？有什么条件？

3-19 单相绕组的磁动势具有什么性质？单相电机为什么需要启动绕组，而三相电机不需要？

3-20 三相基波旋转磁动势的幅值、转向和转速各取决于什么？为什么？

3-21 圆形旋转磁动势与脉振磁动势和椭圆形旋转磁动势之间有什么关系？

3-22 如何改变三相电机的转向？

3-23 五相对称绕组通五相对称交流电能否产生圆形旋转磁动势？幅值、转向和转速将是怎样的？

3-24 两相对称绕组通两相对称交流电产生的是脉振磁动势，还是圆形旋转磁动势或椭圆形旋转磁动势？

3-25 三相绕组的磁动势为什么没有 3 的倍数次谐波？哪些次谐波与基波同转向？哪些次转向相反？

3-26 单相绕组的磁动势有没有 3 的倍数次谐波？有没有偶次谐波？为什么？

3-27 一相绕组的电动势是由支路中各个极相组的电动势叠加而得，磁动势也是吗？

3-28 定子绕组齿谐波磁动势建立的磁场会不会在定子绕组中感应谐波电动势？为什么？

3-29 线圈采用短距和分布后，基波的磁动势和电动势都要减小，电机中为什么还要采用？

3-30 线圈短距后，对本书中介绍的所有类型绕组都能既省铜又能改善波形吗？各有什么特点？

3-31 各种类型绕组的最多并联支路是多少？如何选取并联支路数？

3-32 试述谐波电动势和谐波磁动势对电机运行性能的影响。

练 习 题

3-1 试证明在槽数相等的情况下，无论每极每相槽数 q 等于多少，三相 60°相带和 120°相带绕组的分布因数具有以下关系

$$k_{d1(60°相带)} = 1.155 k_{d1(120°相带)}$$

3-2 有一三相双层绕组，定子槽数 $Q=48$，$2p=4$，节距比 $y_1/\tau=10/12$，试分别画出支路数 $a=1$ 时的叠绕组和波绕组的一相展开图。

3-3 有一台三相 4 极感应电动机，$Q=24$，$a=2$，试分别画出单层交叉式和同心式绕组的一相展开图。

3-4 有一台 2 极交流发电机，每极下有 6 个匝数相等的线圈组，每组分布在 30°电角度范围内，试把这 6 个线圈组分别连成：①六相绕组；②二相绕组；③单相绕组。问此时电机容量与连成三相绕组时的容量比。

3-5 试绘制 $Q=36$，$2p=6$，$a=3$ 的三相单层链式绕组的一相展开图，并说明链式绕组应属于叠式还是同心式。

3-6 有一台三相汽轮发电机，$2p=2$，$f_1=50\text{Hz}$，$Q=54$，每槽内有两根导体，$a=1$，$y_1=22$ 槽，星形联结，已知空载线电压为 $U_0=6300\text{V}$，求每极基波磁通量 Φ_1。

3-7 有一台三相同步发电机，$f_1=50\text{Hz}$，$n_N=1500\text{r/min}$，定子采用双层短距分布绕组，$q=3$，$y_1/\tau=8/9$，每相串联匝数 $N=108$，星形联结，各次谐波的每极磁通量分别为 $\Phi_1=1.015\times10^{-2}\text{Wb}$，$\Phi_3=0.66\times10^{-2}\text{Wb}$，$\Phi_5=0.24\times10^{-2}\text{Wb}$，$\Phi_7=0.09\times10^{-2}\text{Wb}$。试求：

(1) 电机的极对数。

(2) 定子槽数。

(3) 各次谐波的绕组因数。

(4) 各次谐波的相电动势。

(5) 合成相电动势。

(6) 合成线电动势。

3-8 什么是一阶齿谐波？试证明齿谐波与基波的节距因数和分布因数相等（指数值）。

3-9 有一台三相电机，$Q=48$，$2p=4$，每相串联匝数 $N=96$，星形联结，各次谐波的每极磁通量分别为 $\Phi_1=1.115\times10^{-2}\text{Wb}$，$\Phi_3=0.356\times10^{-2}\text{Wb}$，$\Phi_5=0.21\times10^{-2}\text{Wb}$，$\Phi_7=0.093\times10^{-2}\text{Wb}$。试求：

(1) 若同时削弱 5 次和 7 次谐波电动势，绕组的节距为多少？

(2) 此时的合成相电动势和合成线电动势。

3-10 有一台 2 极电机，定子表面有两根导体，其有效长度为 l，两根导体相距 α 电角度；转子的主磁极在气隙中形成正弦分布的气隙磁场，转子速度为 n，极距为 τ。试求：

（1）这两根导体中感应电动势的幅值和相位有何关系。

（2）分别写出两根导体中感应电动势瞬时值的表达式。

（3）若把这两根导体组成一匝线圈，写出线圈感应电动势瞬时值的表达式。

3-11 有一三相双层绕组，$Q=36$，$2p=4$，$f=50\text{Hz}$，$y_1/\tau=7/9$，试求基波、5次、7次和一阶齿谐波的绕组因数。若绕组为星形联结，每个线圈有2匝，基波磁通量 $\Phi_1=0.74\text{Wb}$，谐波磁场与基波磁场之比 $B_5/B_1=1/25$，$B_7/B_1=1/49$，每相只有一条支路，试求基波、5次和7次谐波的相电动势值。

3-12 有一台三相2极50Hz的同步发电机，容量为12000kW，$\cos\varphi_N=0.8$，额定电压（线电压）为6.3kV，$Q=48$，每槽内有两根导体，$a=1$，$y_1=20$，双层绕组、星形联结，基波磁通量 $\Phi_1=1.11\text{Wb}$。试计算：

（1）定子的基波绕组因数和空载相电动势、线电动势。

（2）发电机通有额定电流时，一相和三相绕组所产生的基波磁动势幅值和3、5、7次空间谐波磁动势的幅值、转速和转向。

3-13 从交流绕组的电动势公式出发，导出三相交流发电机的额定视在功率公式

$$S_N=\frac{\pi^2}{\sqrt{2}}k_{w1}D^2l\frac{n}{60}AB_1$$

式中：k_{w1} 为定子的绕组因数；n 为转子的额定转速，r/min；B_1 为气隙基波磁通密度；A 为定子电负荷，即定子内缘每单位长度的安培导体数，$A=2mNI_N/\pi D$；D 和 l 为定子的内径和长度，m。

3-14 试分析下列情况是否会产生旋转磁动势，转向怎样？

（1）当对称两相绕组内通以对称两相正序电流时［见题图3-1（a）］。

（2）当两相绕组两个角度均为180°时。

（3）星形联结的对称三相绕组通的电流为 $\dot{I}_A=100\underline{/0°}\text{A}$，$\dot{I}_B=80\underline{/-100°}\text{A}$，$\dot{I}_C=90\underline{/-250°}\text{A}$ 时。

（4）星形联结的对称三相绕组一相（如C相）断线时［见题图3-1（b）］。

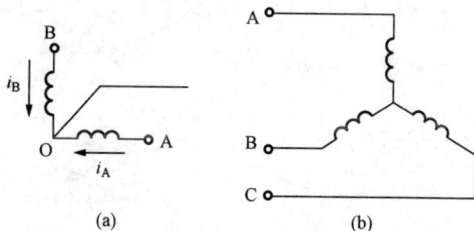

题图3-1

3-15 试分析一个短距线圈内通以正弦交流电流时所产生的磁动势（分布规律，基波幅值，谐波幅值）。

3-16 一台2极交流电机的定子铁心上装置一个100匝的整距线圈，当分别通入电流 $i=\sqrt{2}\times10\cos\omega t(\text{A})$ 和 $i=\sqrt{2}\times10(\cos\omega t+1/7\times\cos7\omega t)(\text{A})$ 时，试写出基波和3次谐波脉振磁动势的表达式，并说明7次谐波电流能否产生基波磁动势？

3-17 试用解析法证明，三相绕组通以负序电流时将形成反向推移的旋转磁动势。

3-18 两个绕组A和B，其匝数和绕组因数均相同，A在空间超前于B90°+α电角度。若 $i_A=I_m\cos\omega t$，要使A和B的基波合成磁动势成为正向推移（从A到B）的恒幅旋转磁动势时，i_B 的表达式应是什么样？

3-19 一台交流电机的定子铁心上装置一个两相绕组，其中，A相绕组与B相绕组相

距 60°电角度，有效匝数比为 1∶2。当 A 相绕组中通入电流 $i_A = 0.5\cos\omega t$，如果要获得圆形旋转磁动势，求 B 相绕组应通入的电流表达式。

3-20　一台交流电机的定子铁心上装置一个对称的 m 相绕组，各相绕组在空间相隔 $2\pi/m$ 电角度；绕组中通入对称的 m 相电流，各相电流在时间上相差 $2\pi/m$ 电角度。绕组产生的合成磁动势具有什么性质，其基波幅值与每相基波磁动势幅值的比值是多少？

3-21　一台三相 4 极交流电机的定子铁心上装置一个对称双层绕组，$q = 3$，每线圈匝数 $N_c = 4$，$y_1 = 7$ 槽。当通入下列各组电流时，求所产生磁动势的基波和 3 次谐波幅值，并说明其性质。

(1) $i_A = 141\sin 314t$，$i_B = 141\sin(314t - 120°)$，$i_C = 141\sin(314t + 120°)$。

(2) $i_A = i_B = i_C = 141\sin 314t$。

(3) $i_A = -i_B = 141\sin 314t$，$i_C = 0$。

(4) $i_A = 141\sin 314t$，$i_B = -70.7\sin(314t - 60°)$，$i_C = -122\sin(314t + 30°)$。

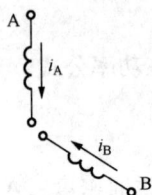
题图 3-2

3-22　两个绕组在空间相距 120°电角度，它们的匝数彼此相等，如题图 3-2 所示。当 A 相绕组中流过电流为 $i_A = \sqrt{2}I\cos\omega t$，如果要获得圆形旋转磁动势，求 B 相绕组应通入的电流表达式。

3-23　某交流绕组产生的合成磁动势有两个，$f_A = F_5\cos(\omega t - 5\alpha)$，$f_B = F_5\cos(\omega t + 5\alpha)$，试分析它们的极数、极距、转速、转向，它们是否同时存在？为什么？

3-24　一台三相感应电动机，定子绕组三角形联结，如果一相绕组断线，试分析磁动势的性质；如果一相电源断线，情况又是如何？

第四篇 感 应 电 机

感应电机是一种靠电磁感应作用来实现机电能量转换的电器，与变压器相类似。感应电机的优点是结构简单，制造方便，价格便宜，运行可靠；但是不能在较宽的范围内经济地实现平滑调速，而且使电网的功率因数变坏，因为感应电机建立磁场，必须从电网吸取滞后的无功电流。因此，感应电机大多数都用作电动机，但在风力发电及偏远的乡村等少数场合，也作为发电机来用。

感应电机有三相和单相，三相感应电动机在工业中应用得非常广泛，而家用电器和医疗器械中则多采用单相感应电动机。

本篇以分析一般用途的三相感应电动机为主。单相感应电动机、感应发电机和直线感应电动机只作简单介绍。三相感应电动机的不对称运行在第六篇中讨论，动态分析在第七篇中介绍。

第十四章 概 述

本章首先介绍感应电机的典型结构，以建立实物模型；然后阐述感应电机的运行状态及转差率。

第一节 感应电机的典型结构

感应电机主要由定子、转子、端盖和一些附件构成，如图 14-1 所示。定子和转子之间的间隙称为气隙。

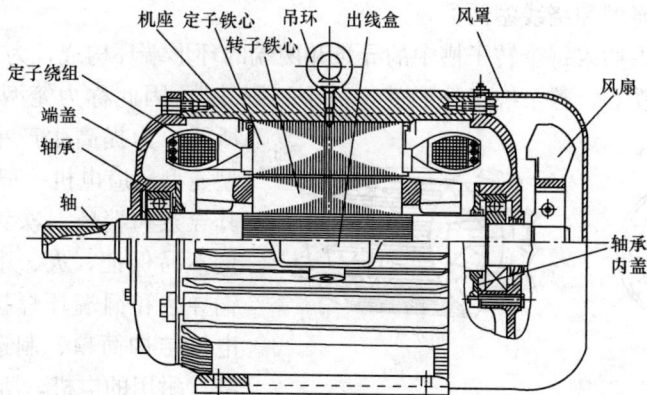

图 14-1 感应电机的典型结构

一、感应电机的定子

感应电机的定子由定子铁心、定子绕组和机座三部分组成。

定子铁心是主磁路的一部分。为了减少励磁电流和旋转磁场在铁心中产生的涡流损耗和磁滞损耗，铁心由厚 0.5mm 的硅钢片叠成，硅钢片两面涂以绝缘漆作为片间绝缘。小型定子铁心用圆形硅钢片冲片叠装、压紧成为一个整体后，固定在机座内；中型和大型定子铁心由扇型冲片拼成，分段叠装，段间留有径向通风道。

在定子铁心内圆，均匀地冲有许多形状相同的槽，用以嵌放定子绕组，定子冲片如图14-2所示。小型感应电机通常采用半闭口槽，可以减少主磁路的磁阻，使励磁电流减小，但嵌线较不方便，故绕组采用由高强度漆包线绕成的散下式软线圈，与铁心之间垫有槽绝缘；中、大型感应电机的绕组为包扎好绝缘的硬线圈，为便于嵌线，中型感应电机通常采用半开口槽，大型高压感应电机都用开口槽。小功率采用单层绕组，大功率采用双层短距绕组以便得到较好的电磁性能。

机座主要用来固定和支撑定子铁心，并通过机座的底脚将电机安装固定，大型电机采用钢板焊接机座，中小型采用铸铁机座，目前小型电机也有采用铝合金和工程塑料的机座。

二、感应电机的转子

感应电机的转子由转子铁心、转子绕组和转轴组成。

转子铁心也是主磁路的一部分，也用厚 0.5mm 的硅钢片叠成，转子冲片如图14-3所示。铁心固定在转轴或转子支架上。整个转子的外表呈圆柱形。

图 14-2　定子冲片　　　　　　图 14-3　转子冲片

转轴由碳素钢制成，用来支撑转子、传递转矩。

转子绕组分为笼型和绕线型两类。

(1) 笼型绕组由插入每个转子槽中的导条和两端的环形端环构成，为自行闭合的对称多相绕组，如果去掉铁心，整个绕组外形就像一个"圆笼"，因此称为笼型绕组，如图14-4所示。为提高生产率和节约用铜，小型笼型感应电机一般都采用铸铝转子，其导条和端环一次铸出。由于铸铝质量不易保证，大、中型感应电机都用铜导条和铜端环焊接而成。笼型感应电机结构简单、制造方便，是一种经济、耐用的电机，所以应用极广。

图 14-4　笼型绕组
(a) 铜条；(b) 铸铝

(2) 绕线型绕组为与定子绕组相类似的三相交流绕组，三个出线端接到装设在转轴上的三个集电环上，再通过电刷引出，如图 14-5 所示。绕线型转子绕组中可以接入外加电阻，用来改善电动机的启动性能、调节转速，如图 14-6 所示。为了提高运行的可靠性，减少电刷与集电环的磨损，避免不必要的摩擦损耗，有的绕线型电机还装有一种短路提刷装置。当电动机启动完毕后，移动手柄，提起电刷，同时将三个集电环彼此短接。与笼型转子相比较，绕线型转子的结构稍复杂，价格偏高，因此只有在要求启动转矩大、启动电流小或平滑调速的场合使用。

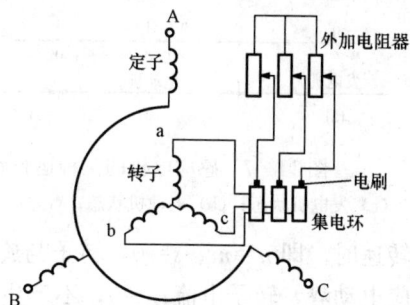

图 14-5 绕线型绕组　　　　　图 14-6 绕线型感应电动机示意图

三、感应电机的端盖

端盖主要是用来支撑转子和保护绕组，由端盖体、轴承盖和轴承组成，共有两套分别装在机座两端。端盖通过止口与机座相配合，并用螺栓固定。轴承和螺栓为标准件，其他零件均采用与机座相同的材料制成。

四、感应电机的附件

感应电动机的附件有风扇、风扇罩、出线盒、连接键和铭牌等，稍大一点的电机还装有吊钩，用来搬运。风扇用来给电机提供冷却空气。

五、感应电机的气隙

感应电动机的气隙很小，中小型电机一般为 0.2~2mm，虽不算构件，但对电机的性能影响很大。当电机中需要产生的主磁通一定时，气隙越小所需要的励磁电流就越小，电机的功率因数也越高，因为励磁电流基本上是无功电流。但是气隙过小，会使装配困难，运行也不可靠。通常根据制造以及运行可靠性等因素来决定气隙的最小值。

第二节　感应电机的运行状态

根据电机的可逆性，感应电机可以分为发电机、电动机和电磁制动三种运行状态，表征这些运行状态的基本变量是转差率。

（1）转差率。感应电机的转子转速总是与旋转磁场的同步转速 n_s 不相等，旋转磁场的转速 n_s 与转子转速 n 之差称为转差 Δn，转差 Δn 与同步转速的比值称为转差率，即

$$s = \frac{n_s - n}{n_s} \tag{14-1}$$

感应电机的转速随负载的变化而变化，转差率也随之变化。

（2）电动机状态。设旋转磁场以同步转速逆时针方向旋转。当转子转速低于旋转磁场转速（$n_s > n > 0$）时，则转差率 $0 < s < 1$，如图 14-7（b）所示。由右手定则，可确定转子导体中的感应电动势和电流的方向；按左手定则，电磁转矩的方向与转子旋转方向相同，即电

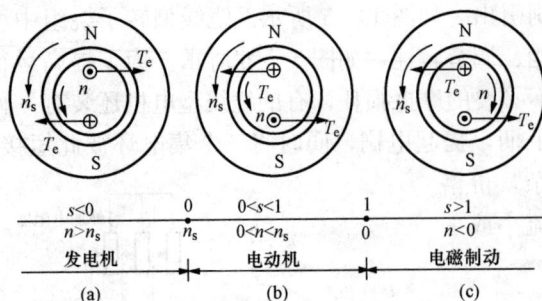

图 14-7　感应电机的三种运行状态

(a) 发电机状态；(b) 电动机状态；(c) 电磁制动状态

磁转矩属于驱动性质的转矩。此时电机从电网输入电功率，通过电磁感应由转子输出机械功率，电机处于电动机状态。当转子不带机械负载时，为使转子旋转，需要一定的电磁转矩，转子导体中的电流并不等于零但很小，输入的功率用于克服转子的机械损耗和通风损耗。此时的运行状态称为实际空载。严格说，实际空载属于轻载。此时转速非常接近于同步转速，即 $n \approx n_s$，$s \approx 0$。当用原动机将转子拖至同步转速时，即 $n = n_s$、$s = 0$，转子与旋转磁场没有相对运动，转子导体不"切割"磁场，不感应电动势，转子电流 $I_2 = 0$，不产生电磁转矩，原动机的驱动转矩只用于克服转子的机械损耗转矩。此时的运行状态称为理想空载。

（3）发电机状态。当加大原动机的驱动转矩，使感应电机的转子转速高于旋转磁场转速（$n > n_s$）时，则转差率 $s < 0$，如图 14-7（a）所示。转子导体"切割"旋转磁场的方向相反，转子导体感应电动势和电流的方向将与电动机状态时相反，电磁转矩的方向与转子的转向也相反，即电磁转矩属于制动性质的转矩。为使转子持续地以高于旋转磁场的转速旋转，原动机的驱动转矩必须克服制动的电磁转矩。此时转子从原动机输入机械功率，通过电磁感应由定子输出电功率，电机处于发电机状态。

（4）电磁制动状态。当因某些外来因素使转子逆着旋转磁场方向旋转（$n < 0$）时，则转差率 $s > 1$，如图 14-7（c）所示。此时转子导体与旋转磁场的相对方向与电动机状态时相同，故转子导体中感应电动势和电流的方向也与电动机状态时相同，电磁转矩方向也与图 14-5（b）中相同。但对转子而言，由于转向改变，此电磁转矩表现为制动转矩。此时电机处于电磁制动状态，它一方面从外界输入机械功率，同时又从电网吸取电功率，两者都变成电机内部的损耗被消耗掉。

第十五章 感应电动机的运行原理

本章主要分析三相感应电动机的电磁关系，以建立物理模型；推导方程式，以建立数学模型。先以研究绕线型转子为例，再介绍笼型转子的特点；先分析空载情况，后分析负载情况。本章的内容是感应电机理论的核心和基础。

第一节 感应电动机的空载运行

感应电动机的定子绕组接电源，转轴上不带任何机械负载时，称为空载运行。此时属于实际空载。

一、空载运行时的磁动势

当定子绕组施加三相对称正序电压时，定子绕组中将流过三相对称的正序电流，于是将产生一个以同步转速、逆时针方向旋转的正向基波旋转磁动势 F_1，如图 15 - 1 所示。

磁动势 F_1 将在电机内建立主磁场和定子漏磁场。主磁场同时"切割"定、转子绕组，并产生感应电动势。由于转子绕组自行短接，将流过三相对称电流，在气隙磁场的作用下，产生电磁转矩，使转子沿着旋转磁场方向转动起来，转速非常接近同步转速，即 $n \approx n_s$、$s \approx 0$。此时电磁转矩只用来克服空载制动转矩，所以转子电流很小，可以忽略，不产生磁动势，即近似为理想空载。

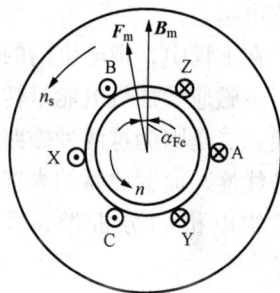

图 15 - 1 空载磁动势和磁场

磁动势 F_1 基本上就是产生气隙主磁场 B_m 的励磁磁动势 F_m，定子空载电流 I_{10} 近似地等于励磁电流 I_m。计及铁心损耗时，B_m 在空间滞后于 F_m 以铁心损耗角 α_{Fe}，如图 15 - 1 所示。

二、主磁通和励磁阻抗

主磁场的磁通经过的路径称为主磁路，包括气隙、定子齿、定子轭、转子齿、转子轭五部分，如图 15 - 2 所示。主磁通 Φ_m 同时与定、转子绕组相交链，在定子绕组中感生对称三相电动势 E_1，其中一相为

$$\dot{E}_1 = -\mathrm{j}\sqrt{2}\pi f_1 N_1 k_{w1} \dot{\Phi}_m \qquad (15 - 1)$$

类似变压器，E_1 与 I_m 之间具有下列关系

$$\dot{E}_1 = -\dot{I}_m Z_m = -\dot{I}_m (R_m + \mathrm{j}X_m) \qquad (15 - 2)$$

式中：Z_m 为励磁阻抗；X_m 为励磁电抗；R_m 为励磁电阻。

与其他电抗相似，$X_m \propto f_1 N_1^2 \Lambda_m$，所以气隙 δ 越小，主磁导 $\Lambda_m = \mu A / \delta$ 越大，X_m 就越大，Z_m 也越大；同一定子电压下，励磁电流 I_m 就越小。

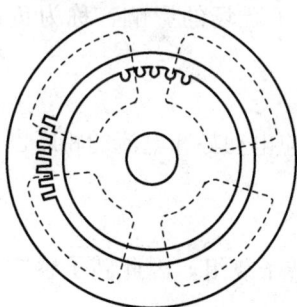

图 15 - 2 主磁通的磁路

三、定子漏磁通和漏抗

漏磁场的磁通经过的路径称为漏磁路，根据漏磁路的不同，定子漏磁通又可以分为槽漏磁通、端部漏磁通和谐波漏磁通三部分，如图 15 - 3 所示。槽漏磁通和端部漏磁通只与定子绕组相交链。谐波磁场虽然也通过气隙，同时与定、转子绕组交链，但不产生有用的转矩；另一方面，定子谐波磁场在定子绕组中感应的电动势是基波频率，因此通常把它作为定子漏磁通的一部分来处理，称为谐波漏磁通。

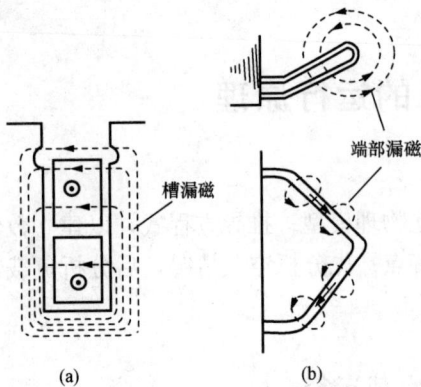

图 15 - 3　定子漏磁通

定子漏磁通 $\phi_{1\sigma}$ 将在定子绕组中感应漏磁电动势 $E_{1\sigma}$。和变压器中一样，可以把 $E_{1\sigma}$ 作为负漏抗压降来处理，即

$$\dot{E}_{1\sigma} = -\mathrm{j}\dot{I}_1 X_{1\sigma} \tag{15 - 3}$$

式中：I_1 为定子电流；$X_{1\sigma}$ 为定子一相的漏磁电抗，简称定子漏抗。和其他电抗相类似，有

$$X_{1\sigma} = 2\pi f_1 L_{1\sigma} = 2\pi f N_1^2 \Lambda_{1\sigma} \tag{15 - 4}$$

即定子漏抗与定子漏磁路的磁导 $\Lambda_{1\sigma}$ 成正比，所以定子的槽型越深越窄，槽漏磁导越大，槽漏抗也越大。

在工程中，把电机内的磁通分为主磁通和漏磁通两部分来处理，一是因为它们的作用不同，主磁通参加机电能量转换，在电机中产生主电磁转矩，而漏磁通并不直接参加机电能量转换；二是因为这两种磁路的磁导不同，主磁路的大部分是铁心，受磁饱和的影响较大，属于非线性，而漏磁路的大部分则是空气，受饱和的影响较小，属于线性。把两者分开处理，常常给电机的分析带来很大的方便。但是，在有些工况下（如启动）会带来很大的误差[8、10]。

第二节　感应电动机的负载运行

当感应电动机的转轴上带机械负载时称为负载运行。此时，电机的转速将下降，需要产生较大的电磁转矩来克服负载制动转矩，转子绕组中将流过较大的电流，产生转子磁动势，同时定子电流将增大。负载时感应电机的转子磁动势基波对定子磁场的影响，称为负载反应。

一、转子磁动势

若定子旋转磁场为正向旋转（即从 A→B→C 相），则转子感应电动势和电流的相序也是正相序。同定子一样，将产生正向旋转磁动势 F_2。

1. 转子磁动势的转速

由于定子旋转磁场以 $\Delta n = n_s - n = s n_s$ 的相对速度"切割"转子绕组，因此转子感应电动势和电流的频率 f_2 应为

$$f_2 = \frac{p(n_s - n)}{60} = \frac{n_s - n}{n_s} \frac{p n_s}{60} = s f_1 \tag{15 - 5}$$

称为转差频率。转子电流产生的磁动势 F_2 与转子的相对转速为

$$n_2 = \frac{60f_2}{p} = \frac{60sf_1}{p} = sn_s = \Delta n \qquad (15\text{-}6)$$

而转子本身又以转速 n 在旋转，因此 F_2 在空间的绝对转速应为

$$\Delta n + n = (n_s - n) + n = n_s$$

即无论转子的实际转速是多少，转子磁动势 F_2 和定子磁动势 F_1 的绝对转速都等于同步转速 n_s，它们在空间始终保持相对静止。所以感应电动机在任何异步转速下均能产生恒定的电磁转矩，并实现机电能量转换。定、转子磁动势之间的速度关系，如图 15-4 所示。

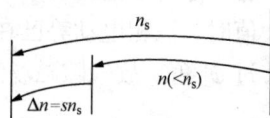

图 15-4 定、转子磁动势之间的速度关系

【例 15-1】 一台三相感应电动机，$2p = 4$，接 50Hz 电源。若转子的转差率 $s = 0.04$，试求：

(1) 转子电流的频率。

(2) 转子磁动势与转子的相对转速。

(3) 转子磁动势的绝对转速。

解 (1) 转子电流的频率为

$$f_2 = sf_1 = 0.04 \times 50 = 2(\text{Hz})$$

(2) 转子磁动势与转子的相对转速为

$$n_2 = \frac{60f_2}{p} = \frac{60 \times 2}{2} = 60(\text{r/min})$$

(3) 转子的转速为

$$n = n_s(1-s) = 1500 \times (1 - 0.04) = 1440(\text{r/min})$$

所以转子磁动势在空间的绝对转速应为

$$n + n_2 = 1440 + 60 = 1500(\text{r/min})$$

即为同步转速。

2. 转子磁动势的空间位置

为了分析简便，三相绕线型转子的绕组用 3 个集中线圈来表示，如图 15-5 所示。气隙磁场 B_m 以同步转速 n_s 在气隙中旋转，转向从左向右；转子以速度 n 旋转，所以气隙磁场以转差速度 $\Delta n = n_s - n$ "切割"转子绕组。

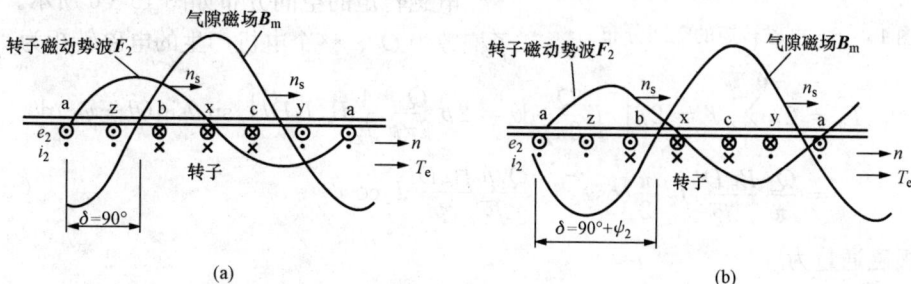

图 15-5 转子磁动势波在空间的位置
(a) $X_{2\sigma} = 0$；(b) $X_{2\sigma} \neq 0$

当 a 相感应电动势达到最大值时，若不计转子漏抗，即 $X_{2\sigma}=0$，则该相电流也为最大。此时三相合成磁动势的轴线恰好与 a 相绕组轴线重合，气隙磁场波与转子磁动势波之间的空间夹角 $\delta=90°$，如图 15 - 5（a）所示。

若考虑转子漏抗的影响，转子电流将滞后于感应电动势一个阻抗角 ψ_2。当 a 相电流达到最大值时，该相电动势已在超前 ψ_2 电角度时就达到最大值；也就是说，气隙磁场波已经向前移过 ψ_2 角，故气隙磁场波和转子磁动势波之间的空间夹角 $\delta=90°+\psi_2$，如图 15 - 5（b）所示。

二、负载反应

负载反应使气隙磁场的大小和空间相位发生变化，从而引起定子感应电动势 E_1 变化，使定子电流 $\dot{I}_1$ 中除励磁分量 $\dot{I}_m$ 以外，还增加一个补偿转子磁动势的"负载分量" $\dot{I}_{1L}$，即

$$\dot{I}_1 = \dot{I}_m + \dot{I}_{1L} \tag{15 - 7}$$

$\dot{I}_{1L}$ 的出现，使得感应电动机将从电源吸收一定的电功率。$\dot{I}_{1L}$ 所产生的磁动势 F_{1L} 与转子磁动势 F_2 大小相等而方向相反，即

$$F_{1L} = -F_2 \tag{15 - 8}$$

用以维持气隙内的主磁通基本不变，并使定子感应电动势 $-E_1$ 仍能与电源电压和定子漏阻抗压降相平衡。

转子磁动势还与主磁场相互作用，产生所需要的电磁转矩，以带动轴上的机械负载。这是负载反应的另一作用。设磁通密度的空间分布为

$$b = B_m \sin\theta \tag{15 - 9}$$

电流的空间分布为

$$i_2 = \sqrt{2} I_2 \sin(\theta - \psi_2) \tag{15 - 10}$$

根据电磁力定律，转子各导体受到的电磁转矩为

$$T = f\frac{D}{2} = bil\frac{D}{2}$$

$$= \frac{1}{\sqrt{2}} B_m I_2 Dl \sin\theta\sin(\theta - \psi_2) \tag{15 - 11}$$

式中：f 为电磁力；D 为转子直径；l 为转子导体的有效长度。

电磁转矩的空间分布如图 15 - 6 所示。如果转子槽数为 Q_2，整个电机产生的电磁转矩为

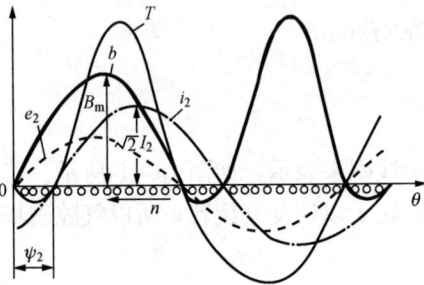

图 15 - 6 电磁转矩的空间分布

$$T_e = 2p\sum_1^{Q_2/2p} T = 2p\int_0^\pi T\frac{Q_2}{2\pi p}\mathrm{d}\theta = 2p\frac{Q_2}{2\pi p}\frac{1}{\sqrt{2}}B_m I_2 Dl\int_0^\pi \sin\theta\sin(\theta - \psi_2)\mathrm{d}\theta$$

$$= \frac{Q_2}{\pi}\frac{B_m Dl}{\sqrt{2}}I_2\frac{\pi}{2}\cos\psi_2 = \frac{Q_2 p}{2\sqrt{2}}\frac{B_m Dl}{p}I_2\cos\psi_2 \tag{15 - 12}$$

由于每极磁通量为

$$\Phi_m = \frac{2}{\pi}B_m l\tau = \frac{2}{\pi}B_m l\frac{\pi D}{2p} = \frac{B_m Dl}{p} \tag{15 - 13}$$

如果转子绕组为多相多匝短距分布绕组，则用有效导体数 $2N_2 k_{w2} m_2$ 代替槽数 Q_2。于是电磁转矩为

$$T_e = \frac{1}{\sqrt{2}} p m_2 N_2 k_{w2} \Phi_m I_2 \cos\psi_2 = C_T \Phi_m I_2 \cos\psi_2 \qquad (15\text{-}14)$$

式中：C_T 为转矩常数，$C_T = p m_2 N_2 k_{w2}/\sqrt{2}$。

式（15-14）说明，感应电动机的电磁转矩与气隙合成磁场的磁通量 Φ_m 和转子电流的有功分量 $I_2\cos\psi_2$ 成正比；要想增大电磁转矩，应增加转子电流的有功分量。

负载反应的这两个作用综合地体现了通过电磁感应作用实现机电能量转换的机理。一台感应电动机负载时的磁场分布如图 15-7 所示[4]。

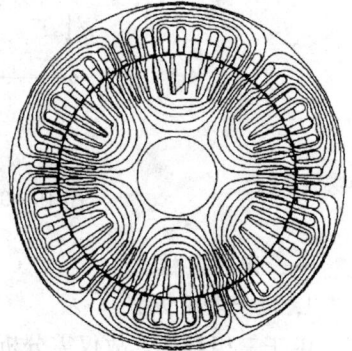

图 15-7 感应电动机负载时的磁场分布

三、磁动势方程

负载时，与定子电流 I_1 相对应，定子磁动势 F_1 由两部分组成：一部分是产生主磁通的励磁磁动势 F_m，另一部分是抵消转子磁动势的负载分量 $-F_2$，即

$$F_1 = F_m + (-F_2) \quad \text{或} \quad F_1 + F_2 = F_m \qquad (15\text{-}15)$$

式（15-15）就是感应电动机的磁动势方程。说明负载时电动机的励磁磁动势是定、转子绕组的合成磁动势。电机内的磁场由定、转子磁动势共同建立。考虑到

$$F_1 = \frac{\sqrt{2}}{\pi} m_1 \frac{N_1 k_{w1} I_1}{p}, \ F_2 = \frac{\sqrt{2}}{\pi} m_2 \frac{N_2 k_{w2} I_2}{p}, \ F_m = \frac{\sqrt{2}}{\pi} m_1 \frac{N_1 k_{w1} I_m}{p}$$

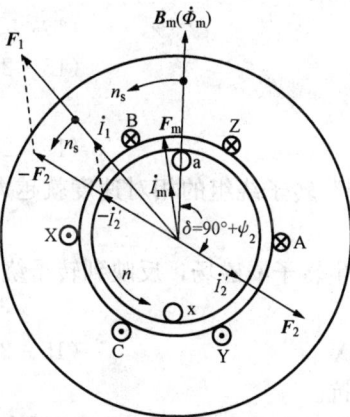

图 15-8 磁动势空间矢量和电流时间相量

且 F_1、F_2 和 F_m 在空间的相位差就等于产生这些磁动势的电流相量 I_1、I_2 和 I_m 在时间上的相位差，故磁动势方程式（15-15）也可以改写为电流表达的形式

$$\dot{I}_1 + \frac{\dot{I}_2}{k_i} = \dot{I}_m \quad \text{或} \quad \dot{I}_1 + \dot{I}_2' = \dot{I}_m \qquad (15\text{-}16)$$

式中：k_i 为电流变比；I_2' 为当转子流过电流 I_2 时，定子边应供给的负载分量电流，即

$$\dot{I}_{1L} = -\dot{I}_2', \ \dot{I}_2' = \frac{\dot{I}_2}{k_i}, \ k_i = \frac{m_1 N_1 k_{w1}}{m_2 N_2 k_{w2}} \qquad (15\text{-}17)$$

负载时定、转子磁动势间的空间关系，以及定子电流与励磁电流和转子电流的时间关系，如图 15-8 所示。为方便起见，图 15-8 中把磁动势和磁场的空间矢量（用黑体字表示）和磁通、电流的时间相量（用打点的量表示）画在了一起。

第三节 感应电动机的数学模型

感应电动机的数学模型主要包括基本方程、等效电路和相量图，是分析和计算感应电动机性能的有力工具。为了分析简便，设定子的三相对称绕组为星形联结，电源电压三相对称。定子电路和旋转的转子电路通过气隙旋转磁场（主磁场）耦合起来，如图 15-9 所示。

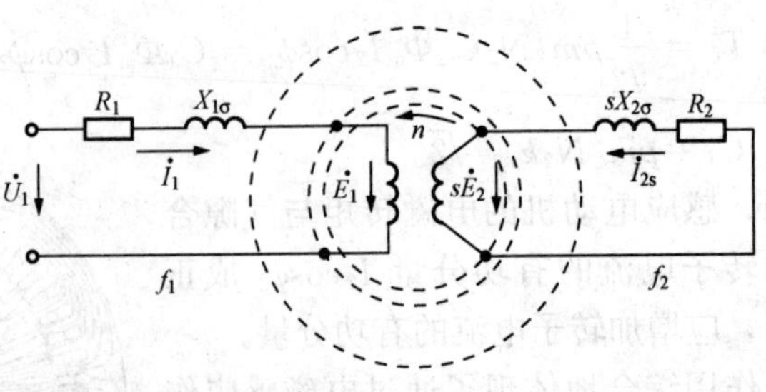

图 15 - 9 感应电动机定、转子的耦合电路示意图

一、电压方程

1. 定子电压方程

由于三相对称，故仅需分析其中的一相。根据基尔霍夫第二定律，可写出用瞬时值表示的定子电压方程为

$$\dot{U}_1 e^{j\omega_1 t} = \dot{I}_1 e^{j\omega_1 t}(R_1 + jX_{1\sigma}) - \dot{E}_1 e^{j\omega_1 t} \tag{15-18}$$

式中：$\dot{U}_1$ 为定子每相所加的电源电压；$\dot{I}_1$ 为定子相电流；R_1、$X_{1\sigma}$ 为定子每相的电阻和漏抗；$\dot{E}_1$ 为定子绕组中感应电动势。

2. 转子电压方程

气隙主磁通在转子绕组内感应出每相电动势的有效值为

$$E_{2s} = \sqrt{2}\pi f_2 N_2 k_{w2}\Phi_m = \sqrt{2}\pi s f_1 N_2 k_{w2}\Phi_m \tag{15-19}$$

当转子不转时，$s=1$，转子每相的感应电动势为

$$E_2 = \sqrt{2}\pi f_1 N_2 k_{w2}\Phi_m \tag{15-20}$$

从式（15-19）和式（15-20）不难看出，在数值上

$$E_{2s} = sE_2 \tag{15-21}$$

即转子的感应电动势正比于转差率 s，s 越大，主磁场"切割"转子绕组的相对速度就越大，转子的感应电动势也就越大。

转子磁动势除了与定子磁动势共同建立主磁场外，还产生转子漏磁场，反映到转子绕组的漏抗 $X_{2\sigma s}$ 正比于转子频率 $f_2 = sf_1$，即

$$X_{2\sigma s} = 2\pi f_2 L_{2\sigma} = 2\pi s f_1 L_{2\sigma} = sX_{2\sigma} \tag{15-22}$$

式中：$X_{2\sigma}$ 为转子频率等于 f_1 时的漏抗，即转子不转时的漏抗。

感应电机的转子绕组通常为短接，即端电压 $U_2 = 0$。根据基尔霍夫第二定律，可写出转子绕组一相的瞬时电压方程为

$$\dot{E}_{2s} e^{j\omega_2 t} = \dot{I}_2 e^{j\omega_2 t}(R_2 + jsX_{2\sigma}) \tag{15-23}$$

式中：$\dot{I}_2$ 为转子电流；R_2 为转子绕组每相电阻。

归纳起来，感应电动机内各物理量的关系如图 15-10 所示。由于定、转子频率不同，相数和有效匝数也不同，故定、转子的电压方程不能联立求解，定、转子电路联不到一起。为得到定、转子的等效电路，必须把转子频率变换为定子频率，转子的相数、有效匝数变换为定子的相数、有效匝数。为此要进行频率归算和绕组归算。

二、频率归算

把转子瞬时电压方程式（15-23）的两端同时乘以 $\frac{1}{s}e^{j(\omega_1-\omega_2)t}$，则有

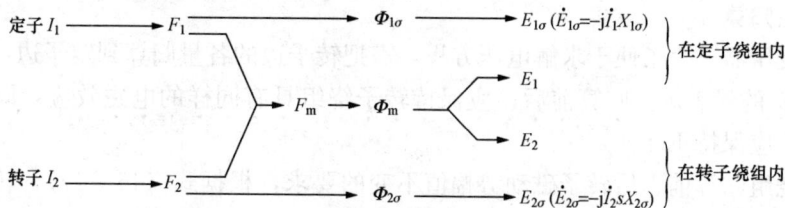

图 15 - 10　感应电机内各物理量的关系

$$\dot{E}_2 \mathrm{e}^{\mathrm{j}\omega_1 t} = \dot{I}_2 \mathrm{e}^{\mathrm{j}\omega_1 t} \left(\frac{R_2}{s} + \mathrm{j} X_{2\sigma} \right) \tag{15 - 24}$$

式中：I_2 的幅值不变，转子电阻由 R_2 变为 R_2/s，频率已从 f_2 变成 f_1，即把转子的频率归算到了定子边，此时转子应为静止的。

频率归算以后，虽然转子转速 $n=0$，但转子电流的频率却变为 f_1，所产生的磁动势与转子的相对转速为 $\Delta n = n_s$，在空间仍以同步转速旋转，即 $\Delta n + n = n_s$，与实际转子所产生的磁动势同转速；由于转子 I_2 的幅值没变，则磁动势的幅值也不变；归算后转子的阻抗角为

$$\psi_2 = \arctan \frac{X_{2\sigma}}{R_2/s} = \arctan \frac{s X_{2\sigma}}{R_2} \tag{15 - 25}$$

可见，与频率归算前相同，没有变化，所以转子磁动势的相位也不变。这说明频率归算前后，负载反应是相同的，那么定子的所有物理量以及定子传送到转子的功率也保持不变；即旋转的实际转子和等效的静止转子对定子的效果完全相同。

由此可见，频率归算的物理含义是用一个静止的、电阻为 R_2/s 的等效转子代替旋转的、电阻为 R_2 的实际转子，等效转子产生的磁动势 F_2 将与实际转子的磁动势同幅值、同空间相位、同空间转速。

频率归算后，转子电阻变成

$$\frac{R_2}{s} = R_2 + \frac{1-s}{s} R_2 \tag{15 - 26}$$

其中，第一项 R_2 就是转子本身电阻，第二项 $(1-s)R_2/s$ 代表与转子所产生的机械功率相对应的等效电阻。由于静止的转子不能输出机械功率，转轴的总机械功率就等效为转子电路的电阻损耗 $m_2 I_2^2 (1-s) R_2/s$。电阻 $(1-s)R_2/s$ 与转差率 s 有关，s 增大时，$(1-s)R_2/s$ 就减小，意味着负载增大，与实际情况符合。

频率归算后，感应电动机定、转子的电路如图 15 - 11 所示，相当于带有可变纯阻性负载的变压器。

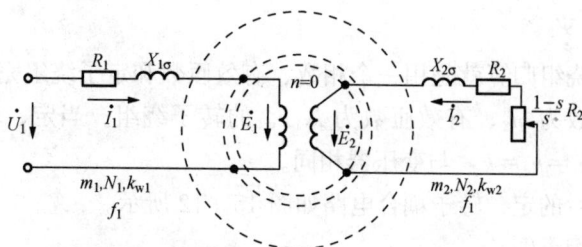

图 15 - 11　频率归算后感应电动机的定、转子电路图

三、绕组归算

类似于变压器，为了便于求解电压方程，需把转子边的各量归算到定子边，相应的归算值都用加"′"的量表示。归算前后，应保持转子绕组具有同样的电磁效应，即转子磁动势的大小和相位应保持不变。

为达到绕组归算前、后转子磁动势幅值不变的要求，根据式（15 - 17），转子绕组电流实际值除以电流变比 k_i，相当于在定子绕组中应供给的电流值，可作为电流的归算值 I'_2。归算后，转子的有效匝数已变换成定子的有效匝数，由于主磁通不变，所以归算后的电动势 E'_2 应为

$$E'_2 = \frac{N_1 k_{w1}}{N_2 k_{w2}} E_2 = k_e E_2 \tag{15 - 27}$$

式中：k_e 为电压变比，$k_e = \dfrac{N_1 k_{w1}}{N_2 k_{w2}}$。

于是归算前、后转子的总视在功率保持不变，即

$$m_2 E_2 I_2 = m_2 \frac{E'_2}{k_e} k_i I'_2 = m_2 \frac{N_2 k_{w2}}{N_1 k_{w1}} \frac{m_1 N_1 k_{w1}}{m_2 N_2 k_{w2}} E'_2 I'_2 = m_1 E'_2 I'_2 \tag{15 - 28}$$

在转子电压方程式（15 - 24）的两边同时乘以 k_e，并将转子电流 $\dot{I}_2$ 同时乘以除以 k_i，即

$$k_e \dot{E}_2 e^{j\omega_1 t} = k_e k_i \frac{\dot{I}_2}{k_i} \left(\frac{R_2}{s} + jX_{2\sigma} \right) e^{j\omega_1 t} = \frac{\dot{I}_2}{k_i} \left(k_e k_i \frac{R_2}{s} + jk_e k_i X_{2\sigma} \right) e^{j\omega_1 t} \tag{15 - 29}$$

于是可得归算后转子的电压方程为

$$\dot{E}'_2 e^{j\omega_1 t} = \dot{I}'_2 \left(\frac{R'_2}{s} + jX'_{2\sigma} \right) e^{j\omega_1 t} \tag{15 - 30}$$

$$\left. \begin{array}{l} R'_2 = k_e k_i R_2 = \dfrac{m_1}{m_2} \left(\dfrac{N_1 k_{w1}}{N_2 k_{w2}} \right)^2 R_2 \\[3mm] X'_{2\sigma} = k_e k_i X_{2\sigma} = \dfrac{m_1}{m_2} \left(\dfrac{N_1 k_{w1}}{N_2 k_{w2}} \right)^2 X_{2\sigma} \end{array} \right\} \tag{15 - 31}$$

式中：R'_2 和 $X'_{2\sigma}$ 为转子电阻和漏抗的归算值。

类似于式（15 - 28）推导方法可得

$$\left. \begin{array}{l} m_2 I_2^2 R_2 = m_1 I_2'^2 R'_2 \\[3mm] \dfrac{1}{2} m_2 I_2^2 X_{2\sigma} = \dfrac{1}{2} m_1 I_2'^2 X'_{2\sigma} \end{array} \right\} \tag{15 - 32}$$

归纳起来，绕组归算时，转子电动势和电压应乘以 k_e，转子电流应除以 k_i，转子电阻和漏抗则乘以 $k_e k_i$；归算前后转子的总视在功率、有功功率、转子的铜损耗和漏磁场储能均保持不变，且 $\Psi'_2 = \Psi_2$。

由此可见，所谓绕组归算就是用一个相数、有效匝数和定子绕组完全相同的等效转子绕组，去代替原来的相数为 m_2、有效匝数为 $N_2 k_{w2}$ 的转子绕组。当定、转子绕组均为集中绕组，且相数相同时，$k_i = k_e = k$，与变压器相同。

频率和绕组归算后的定、转子耦合电路如图 15 - 12 所示。

四、等效电路和相量图

将电压方程消去时间因子，归算后感应电动机的基本方程就归纳为

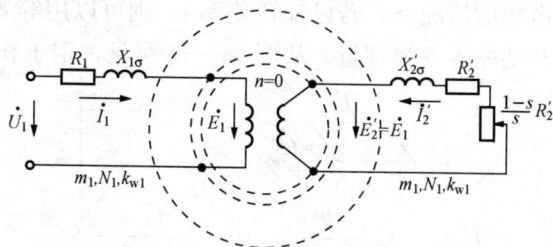

图 15 - 12　频率和绕组归算后的定、转子耦合电路

$$
\left.
\begin{aligned}
\dot{U}_1 &= \dot{I}_1(R_1 + \mathrm{j}X_{1\sigma}) - \dot{E}_1 \\
\dot{E}'_2 &= \dot{I}'_2\left(\frac{R'_2}{s} + \mathrm{j}X'_{2\sigma}\right) \\
\dot{E}_1 &= \dot{E}'_2 = -\dot{I}_\mathrm{m}Z_\mathrm{m} \\
\dot{I}_1 + \dot{I}'_2 &= \dot{I}_\mathrm{m}
\end{aligned}
\right\}
\tag{15 - 33}
$$

类似于变压器，根据基本方程即可画出感应电动机的 T 形等效电路，如图 15-13 所示，相对应的相量图如图 15-14 所示。

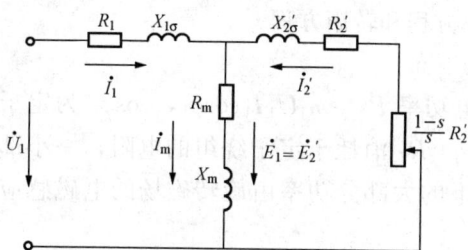

图 15 - 13　感应电动机的 T 形等效电路

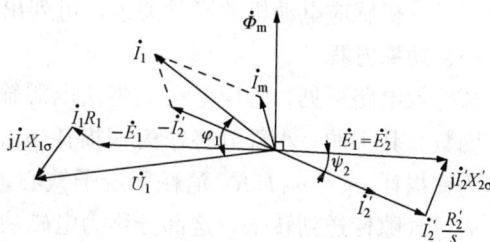

图 15 - 14　感应电动机的相量图

空载时，$n \approx n_\mathrm{s}$，$s \approx 0$，$(1-s)R'_2/s \to \infty$，从等效电路可见，相当于转子开路。此时转子电流接近于零，定子电流基本上就是励磁电流，用以产生主磁通，所以定子的功率因数很低。

额定负载时，$s_\mathrm{N} = 0.02 \sim 0.05$，$(1-s)R'_2/s$ 约为 $(20 \sim 30)R'_2$，转子电路基本上呈电阻性，使定子的功率因数提高到 $0.8 \sim 0.85$ 左右。由于定子电流和漏阻抗压降的增加，感应电动势和相应的主磁通值将略小于空载时。

启动时，$s = 1$，$(1-s)R'_2/s = 0$，相当于转子短路。这时转子电流很大，定子电流也很大，使得漏阻抗压降很大，导致感应电动势和主磁通值大为减小。如果定、转子漏阻抗近似相等，则启动时主磁通仅为空载时的一半左右。由于转子电路的电阻性降低，因此功率因数较低。

从图 15-14 可见，定子电流 I_1 总是滞后于电源电压 U_1，这主要是因为感应电动机要从电源输入一定的感性无功功率来维持气隙中的主磁场和定、转子的漏磁场。相应的磁化电流和定、转子漏抗越大，I_1 滞后于 U_1 的角度也越大，电机的功率因数就越低。

这里应当注意，由等效电路算出的所有定子量均为电机中的实际值，算出的转子电动势、电流则是归算值而不是实际值，而转子有功功率、损耗和转矩均与实际值相同。

在给定参数和电源电压的情况下，若已知转差率 s，则可以用等效电路算出电动机的转速、转矩、电流、损耗和功率等各物理量。从图 15-13 可见，定子和转子电流应为

$$\left.\begin{array}{l}\dot{I}_1 = \dfrac{\dot{U}_1}{Z_{1\sigma} + \dfrac{Z_m Z_2'}{Z_m + Z_2'}} \\[3ex] \dot{I}_2' = -\dot{I}_1 \dfrac{Z_m}{Z_m + Z_2'} = -\dfrac{\dot{U}_1}{Z_{1\sigma} + \dot{c} Z_2'} \\[3ex] \dot{I}_m = \dot{I}_1 \dfrac{Z_2'}{Z_m + Z_2'} = \dfrac{\dot{U}_1}{Z_m} \dfrac{1}{\dot{c} + \dfrac{Z_{1\sigma}}{Z_2'}}\end{array}\right\} \tag{15-34}$$

式中：$Z_{1\sigma}$ 为定子的漏阻抗，$Z_{1\sigma} = R_1 + jX_{1\sigma}$；$Z_2'$ 为转子的等效阻抗，$Z_2' = \dfrac{R_2'}{s} + jX_{2\sigma}'$；$\dot{c}$ 为修正系数，$\dot{c} = 1 + \dfrac{Z_{1\sigma}}{Z_m} \approx 1 + \dfrac{X_{1\sigma}}{X_m}$。

第四节　感应电动机的功率方程和转矩方程

通过分析感应电动机的能量关系，可列出功率方程和转矩方程。

一、功率方程

从等效电路可见，感应电动机将从电源输入电功率 $P_1 = m_1 U_1 I_1 \cos\varphi_1$，$\cos\varphi_1$ 为定子的功率因数。其中的一小部分将作为铜损耗 $p_{Cu1} = m_1 I_1^2 R_1$ 消耗于定子绕组的电阻，一小部分将作为铁损耗 $p_{Fe} = m_1 I_m^2 R_m$ 消耗于定子铁心，余下的大部分功率由旋转磁场的电磁感应作用，通过气隙传送到转子，这部分称为电磁功率

$$P_e = m_1 E_2' I_2' \cos\psi_2' = m_1 I_2'^2 \frac{R_2'}{s} \tag{15-35}$$

式中：$\cos\psi_2'$ 为转子的功率因数。

于是根据能量守恒定律，可列出定子边的功率方程

$$P_1 = p_{Cu1} + p_{Fe} + P_e \tag{15-36}$$

电磁功率 P_e 传送到转子后，在转子绕组中要消耗一小部分铜损耗 $p_{Cu2} = m_1 I_2'^2 R_2' = s P_e$，也称为转差功率；而在转子铁心中消耗的铁损耗很小，可忽略不计，因为正常运行时转差率很小，转子中磁通的变化频率通常仅有 $1\sim3$ Hz。剩下的电功率转换为机械功率，也称转换功率

$$P_\Omega = P_e - p_{Cu2} = (1-s)P_e = m_1 I_2'^2 \frac{1-s}{s} R_2' \tag{15-37}$$

式（15-37）说明：在感应电动机中，转换功率和电磁功率是不同的；传送到转子的电磁功率 P_e 中，s 部分变为转子铜损耗，$(1-s)$ 部分转换为机械功率。

从机械功率 P_Ω 中再扣除转子的机械损耗 p_Ω 和杂散损耗 p_Δ，可得转子轴上的输出功率

$$P_2 = P_\Omega - (p_\Omega + p_\Delta) \tag{15-38}$$

p_Δ 的大小与槽配合、槽开口、气隙大小和制造工艺等因素有关。在小型铸铝笼型转子感应电动机中，满载时 $p_\Delta = (1\% \sim 3\%)P_2$，在大型铜条笼型转子感应电动机中，$p_\Delta = (0.5\%)$

P_2。感应电动机的功率图如图 15 - 15 所示。

二、转矩方程

将感应电动机转子输出功率方程式（15 - 38）除以机械角速度 Ω，可得转子的转矩方程，即

$$T_e = T_0 + T_2 \qquad (15 - 39)$$

式中：T_2 为电动机的输出转矩，$T_2 = P_2/\Omega$；T_0 为与机械损耗和杂散损耗所对应的阻力转矩，$T_0 = (p_\Omega + p_\Delta)/\Omega$，如忽略杂散损耗，它就是空载转矩；电磁转矩为 $T_e = P_\Omega/\Omega$。

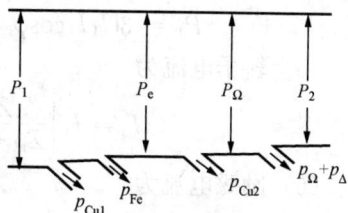

图 15 - 15　感应电动机的功率图

由于机械功率 $P_\Omega = (1-s)P_e$，转子的机械角速度 $\Omega = (1-s)\Omega_s$，所以电磁转矩 T_e 也可写成

$$T_e = \frac{P_\Omega}{\Omega} = \frac{P_e}{\Omega_s} \qquad (15 - 40)$$

式（15 - 40）表明，电磁转矩 T_e 既可由机械功率 P_Ω 除以转子的机械角速度 Ω 算出，也可由电磁功率 P_e 除以同步角速度 Ω_s 算出。这是因为电磁功率是同步速度的气隙旋转磁场传送到转子的功率。考虑到

$$P_e = m_1 E_2' I_2' \cos\psi_2, \quad E_2' = \sqrt{2}\pi f_1 N_1 k_{w1} \Phi_m, \quad I_2' = \frac{m_2 k_{w2} N_2}{m_1 k_{w1} N_1} I_2, \quad \Omega_s = \frac{2\pi f_1}{p} \quad (15 - 41)$$

把这些关系代入式（15 - 40），经过整理，同样可得式（15 - 14）。

【例 15 - 2】　有一台三相 4 极笼型感应电动机，额定功率 $P_N = 10\text{kW}$，额定电压 $U_{1N} = 380\text{V}$，三角形联结。定子每相电阻 $R_1 = 1.35\Omega$，漏抗 $X_{1\sigma} = 2.4\Omega$；转子电阻的归算值 $R_2' = 1.15\Omega$，漏抗归算值 $X_{2\sigma}' = 4.45\Omega$；励磁阻抗 $R_m = 7.5\Omega$，$X_m = 95\Omega$。电动机的机械损耗 $p_\Omega \approx 80\text{W}$，额定负载时的杂散损耗 $p_\Delta \approx 150\text{W}$。试求额定负载时电动机的定子和转子的相电流、定子功率因数、效率、转速、输出转矩和电磁转矩。

解　（1）阻抗计算。设额定负载时的转差率 $s_N = 0.033$（试探值），则转子的等效阻抗为

$$Z_2' = \frac{R_2'}{s} + jX_{2\sigma}' = \frac{1.15}{0.033} + j4.45 = 34.848 + j4.45 = 35.131\underline{/7.2771°}(\Omega)$$

励磁阻抗为

$$Z_m = R_m + jX_m = 7.5 + j95 = 95.296\underline{/85.486°}(\Omega)$$

Z_2' 与 Z_m 的并联值为

$$\frac{Z_m Z_2'}{Z_m + Z_2'} = \frac{95.296\underline{/85.486°} \times 35.131\underline{/7.2771°}}{7.5 + j95 + 34.848 + j4.45} = 30.972\underline{/25.828°} = 27.878 + j13.494(\Omega)$$

（2）定子电流计算。相电流为

$$\dot{I}_1 = \frac{\dot{U}_1}{Z_{1\sigma} + \dfrac{Z_m Z_2'}{Z_m + Z_2'}} = \frac{380\underline{/0°}}{1.35 + j2.45 + 27.878 + j13.494} = 11.413\underline{/-28.613°}(\text{A})$$

线电流为 $\sqrt{3} \times 11.413 = 19.768(\text{A})$

（3）定子功率因数为

$$\cos\varphi_1 = \cos 28.613° = 0.87787$$

（4）定子输入功率为

$$P_1 = 3U_1 I_1 \cos\varphi_1 = 3 \times 380 \times 11.413 \times 0.87787 = 11422(\text{W})$$

（5）转子电流为

$$I_2' = I_1 \left| \frac{Z_\text{m}}{Z_\text{m} + Z_2'} \right| = 11.413 \times \frac{95.296}{108.09} = 10.062(\text{A})$$

（6）励磁电流为

$$I_\text{m} = I_1 \left| \frac{Z_2'}{Z_\text{m} + Z_2'} \right| = 11.413 \times \frac{35.131}{108.09} = 3.7094(\text{A})$$

（7）损耗为

$$p_\text{Cu1} = 3I_1^2 R_1 = 3 \times 11.413^2 \times 1.35 = 527.54(\text{W})$$

$$p_\text{Fe} = 3I_\text{m}^2 R_\text{m} = 3 \times 3.7094^2 \times 7.5 = 309.59(\text{W})$$

$$p_\text{Cu2} = 3I_2'^2 R_2' = 3 \times 10.062^2 \times 1.15 = 349.29(\text{W})$$

$$\sum p = p_\text{Cu1} + p_\text{Fe} + p_\text{Cu2} + p_\Omega + p_\Delta = 527.54 + 309.59 + 349.29 + 80 + 150 = 1416.42(\text{W})$$

（8）输出功率为

$$P_2 = P_1 - \sum p = 11422 - 1416.4 \approx 10005.6(\text{W})$$

从上面的计算可见，在所设转差率下，输出功率 $P_2 \approx 10\text{kW}$，即电动机在额定负载下运行，符合题目要求。如果算出的 $P_2 \neq P_\text{N}$，则要重新假设一个转差率 s，直到算出的 $P_2 = P_\text{N}$ 为止。

（9）效率为

$$\eta = 1 - \frac{\sum p}{P_1} = 1 - \frac{1416.4}{11422} = 87.599\%$$

（10）电磁功率为

$$P_\text{e} = 3I_2'^2 \frac{R_2'}{s} = 3 \times 10.062^2 \times \frac{1.15}{0.033} = 10585(\text{W})$$

（11）机械功率为

$$P_\Omega = 3I_2'^2 \frac{1-s}{s} R_2' = 3 \times 10.062^2 \times \frac{1-0.033}{0.033} \times 1.15 = 10235(\text{W})$$

（12）额定负载时的转速

$$n_\text{N} = n_\text{s}(1 - s_\text{N}) = 1500(1 - 0.033) = 1450.5(\text{r/min})$$

转子的机械角速度为

$$\Omega = \frac{2\pi n}{60} = \frac{2\pi \times 1450.5}{60} = 151.896(\text{rad/s})$$

同步角速度为

$$\Omega_\text{s} = 2\pi \frac{n_\text{s}}{60} = 2\pi \frac{1500}{60} = 157.08(\text{rad/s})$$

（13）输出转矩为

$$T_2 = \frac{P_2}{\Omega} = \frac{10005.6}{151.896} = 65.871(\text{N} \cdot \text{m})$$

（14）电磁转矩为

用电磁功率计算

$$T_\text{e} = \frac{P_\text{e}}{\Omega_\text{s}} = \frac{10585}{157.08} = 67.386(\text{N} \cdot \text{m})$$

用机械功率计算

$$T_e = \frac{P_\Omega}{\Omega} = \frac{10235}{151.896} = 67.382(\text{N} \cdot \text{m})$$

可见用两种方法算出的结果相同。

第五节 感应电动机的笼型转子

绕线型感应电动机的结论同样适用于笼型感应电动机，但由于结构不同，笼型转子的极数、相数和参数的归算具有自己的特点。

一、极数

任何电机的定子和转子都应有相同的极数，否则，合成电磁转矩就等于零，使电机无法工作。绕线型转子的极数在设计时就与定子极数相一致。笼型转子的极数则取决于气隙磁场的极数，而本身并没有固定的极数。

一个处于两极气隙磁场里的笼型转子的磁动势如图 15 - 16 所示。气隙旋转磁场 B_m 先后"切割"处在不同位置的导条，在每根导条中将感生不同电动势 e_2，其瞬时值与导条所"切割"的瞬时磁通密度成正比。由于导条和端环具有电阻和漏抗，所以导条电流 i_2 要滞后于导条电动势一个阻抗角 ψ_2。导条电流所产生的转子磁动势 $\boldsymbol{F}_2$ 的基波幅值在电流分布的轴线上。由于导条内的电流分布取决于气隙主磁场的极数，故笼型转子的极数与产生它的定子磁场的极数恒相一致；且定、转子磁动势波始终保持相对静止。气隙磁场波和转子磁动势波之间的空间夹角 δ 仍为 $90° + \psi_2$。

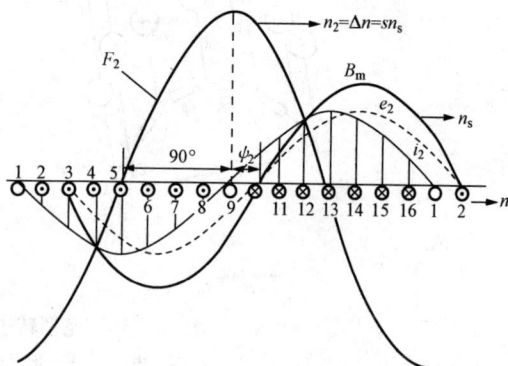

图 15 - 16 笼型转子的磁动势

二、相数

设气隙磁场为正弦分布，则导条中的感应电动势也随时间正弦变化；相邻导条的电动势相量之间将互差 α_2 电度角，即

$$\alpha_2 = \frac{p \times 360°}{Q_2} \tag{15 - 42}$$

式中：Q_2 为转子槽数（即转子的导条数）。

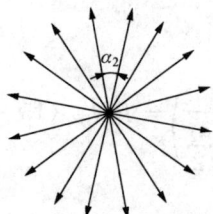

图 15 - 17 Q_2/p 为整数时一对极下导条的电动势星形图

若 Q_2/p 为整数，则一对极下（360°电角度），所有导条的电动势相量将构成一个均匀分布的电动势星形图，如图 15 - 17 所示。可见笼型绕组是一个幅值相等、相位相差 α_2 电度角的多相对称绕组，其中每对极下的每一根导条就构成一相，所以笼型转子的相数为 $m_2 = Q_2/p$。各对极下占有相同位置的导条，可看作属于一相的并联导体，即每相有 p 根导条并联。由于一根导条相当于半匝，所以每相串联匝数 $N_2 = 1/2$。因为每相仅有一根导条，不

存在"短距"或"分布"问题，故笼型绕组的节距因数和分布因数都等于 1，于是绕组因数 $k_{w2}=1$。若 Q_2/p 为分数，可认为在 p 对极内总共有 Q_2 相，此时 $m_2=Q_2$，并联导条数为 1。

三、参数的归算

笼型转子的电路如图 15 - 18（a）所示，其中 Z_B 为每根导条的漏阻抗，Z_R 为每段端环的漏阻抗。每段端环同时与相邻两根导条连接，导条与端环内的电流互不相等，端环漏阻抗很难分清属于哪一相。因此要确定每相的阻抗，需要进行电路的等效变换，把端环的多边形阻抗化成等效的星形阻抗，然后才能将它归并到导条阻抗中去。

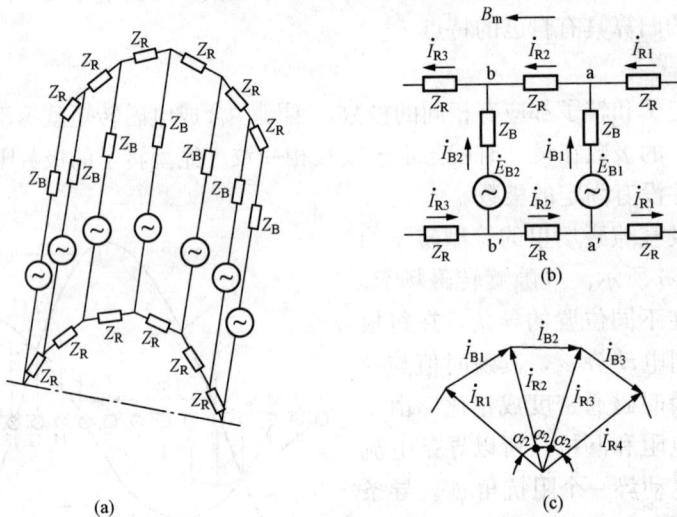

图 15 - 18　笼型转子的电路和电流相量图
(a) 电路；(b) 部分电路；(c) 电流相量图

首先分析端环电流与导条电流之间的关系。为清楚起见，把图 15 - 18（a）中的部分电路画出，如图 15 - 18（b）所示。每根导条感应电动势的幅值都相等，相邻两根导条在时间上相差 α_2 电角度。由于笼型转子的结构对称，相邻两根导条中的电流也幅值相等、时间上彼此也相差 α_2 电角度。同理，相邻两段端环中的电流幅值也相等，相位也相差 α_2 电角度。根据基尔霍夫第一定律可知，各节点的导条电流等于相邻两段端环电流的相量差，于是可画出导条和端环电流相量图如图 15 - 18（c）所示。从图 15 - 18（c）可见，导条电流的有效值 I_B 与端环电流的有效值 I_R 之间具有下列关系

$$\frac{I_B}{2I_R} = \sin\frac{\alpha_2}{2} \tag{15 - 43}$$

一根导条和对应的前、后两段端环中的铜损耗为

$$p_{Cu(B+R)} = I_B^2 R_B + 2I_R^2 R_R = I_B^2\left(R_B + \frac{R_R}{\frac{I_B^2}{2I_R^2}}\right) = I_B^2\left(R_B + \frac{R_R}{2\sin^2\frac{\alpha_2}{2}}\right) = I_B^2 R_{BR} \tag{15 - 44}$$

式中：R_B、R_R 分别为每根导条和每段端环的电阻。

把两段端环电阻并入导条后的等效电阻为

$$R_{BR} = R_B + \frac{R_R}{2\sin^2\frac{\alpha_2}{2}} \tag{15 - 45}$$

考虑到各对极下属于同一相的 p 根导条是并联的，所以转子每相的等效电阻 R_2 应为

$$R_2 = \frac{R_{BR}}{p} = \frac{1}{p}\left(R_B + \frac{R_R}{2\sin^2\frac{\alpha_2}{2}}\right) \tag{15-46}$$

同理，根据导条和端环的漏磁场储能，可以导出转子每相的等效漏抗 $X_{2\sigma}$ 为

$$X_{2\sigma} = \frac{1}{p}\left(X_B + \frac{X_R}{2\sin^2\frac{\alpha_2}{2}}\right) \tag{15-47}$$

式中：X_B 和 X_R 为每根导条和端环的漏抗。

把等效阻抗乘以电流变比 k_i 和电压变化 k_e，即归算到定子边，再考虑到笼型转子的特点，即可得到笼型转子电阻和漏抗的归算值为

$$\left.\begin{array}{l} R'_2 = k_e k_i R_2 = \dfrac{m_1}{m_2}\left(\dfrac{N_1 k_{w1}}{N_2 k_{w2}}\right)^2 R_2 = \dfrac{4pm_1(N_1 k_{w1})^2}{Q_2}R_2 \\[4mm] X'_{2\sigma} = k_e k_i X_{2\sigma} = \dfrac{4pm_1(N_1 k_{w1})^2}{Q_2}X_{2\sigma} \end{array}\right\} \tag{15-48}$$

第十六章 感应电动机的运行特性

第一节 感应电动机的基本特性

感应电动机的基本特性与变压器的相似，包括空载特性和短路特性，也是通过空载试验和短路试验来获得。空载试验和短路试验更重要的目的是测定感应电动机的参数。

一、空载试验

试验在实际空载情况下进行，即转轴上不带任何负载，电源频率 $f = f_N$，转速 $n \approx n_s$。用调压器调节定子端电压，从 $(1.1 \sim 1.2) U_{1N}$ 逐步下降到 $0.3 U_{1N}$ 左右，每次记录电动机的端电压 U_1、空载电流 I_{10} 和空载功率 P_{10}，即可绘出电动机的空载特性曲线 $I_{10} = f(U_1)$ 和 $P_{10} = f(U_1)$，如图 16-1 所示。

空载试验除了确定励磁参数 R_m、X_m 外，还可以确定铁损耗 p_{Fe} 和机械损耗 p_Ω。

（1）铁损耗和机械损耗。空载时，电动机的输入功率全部用以克服定子的铜损耗、铁损耗和转子的机械损耗，即

$$P_{10} \approx m_1 I_{10}^2 R_1 + p_{Fe} + p_\Omega \tag{16-1}$$

从空载功率减去定子铜损耗即为铁损耗和机械损耗之和

$$P_{10} - m_1 I_{10}^2 R_1 = p_{Fe} + p_\Omega \tag{16-2}$$

铁损耗的大小基本上与端电压的平方成正比，机械损耗则与端电压的高低无关，仅与转速有关。把铁损耗和机械损耗之和与端电压平方值的关系画成曲线 $p_{Fe} + p_\Omega = f(U_1^2)$，如图 16-2所示。该曲线基本上是一条直线，把该线延长到 $U_1 = 0$ 处，则该点的纵坐标就表示与端电压大小无关的机械损耗 p_Ω，虚线以上部分则是随电压而变化的铁损耗。

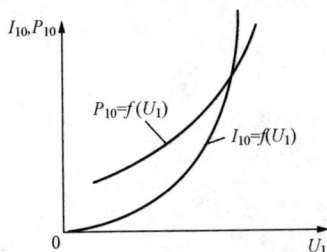

图 16-1 空载特性曲线 　　　　　　　图 16-2 铁损耗和机械损耗的分离

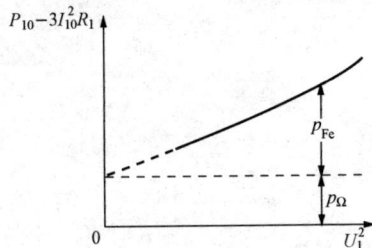

（2）励磁参数。空载时，转差率 $s \approx 0$，转子可近似地认为是开路，于是根据等效电路，定子的空载电抗 X_0 为

$$X_0 = \sqrt{|Z_0|^2 - R_0^2} \tag{16-3}$$

式中：Z_0 为空载阻抗，$Z_0 = \dfrac{U_1}{I_{10}}$；$R_0$ 为空载电阻，$R_0 = R_1 + R_m$；$X_0 = X_{1\sigma} + X_m$。

R_1 可用电桥事先测出，励磁电阻 R_m 为

$$R_{\mathrm{m}} = \frac{p_{\mathrm{Fe}}}{m_1 I_{10}^2} \tag{16-4}$$

定子漏抗 $X_{1\sigma}$ 可由短路试验测定，于是励磁电抗 X_{m} 为

$$X_{\mathrm{m}} = X_0 - X_{1\sigma} \tag{16-5}$$

二、短路试验

试验在转子堵转条件下（$s=1$）进行，因此也称堵转试验。调节试验电压，使 $U_1 \approx 0.4U_{1\mathrm{N}}$（若条件具备，小型电动机最好从 $U_1 \approx U_{1\mathrm{N}}$ 做起），然后逐步降低电压，每次记录定子的端电压 U_1、电流 $I_{1\mathrm{k}}$ 和功率 $P_{1\mathrm{k}}$，即可绘出电动机的短路特性曲线 $I_{1\mathrm{k}} = f(U_1)$ 和 $P_{1\mathrm{k}} = f(U_1)$，如图 16-3 所示。

堵转时感应电动机的等效电路如图 16-4 所示，由于 Z_{m} 比 $Z'_{2\sigma}$ 大很多，所以定子电流主要由定、转子的漏阻抗所限制。因此即使在 $0.4U_{1\mathrm{N}}$ 下进行短路试验，定子电流仍然很大，可达额定电流的 2.5～3.5 倍；为避免定子绕组过热，试验应尽快进行。

图 16-3　短路特性

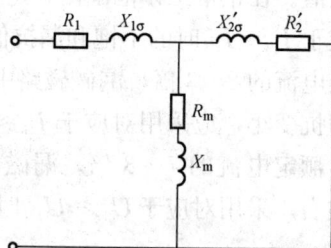

图 16-4　堵转时感应电动机的等效电路

根据短路试验数据，可求出短路时的阻抗 Z_{k}、电阻 R_{k} 和电抗 X_{k}，即

$$Z_{\mathrm{k}} = \frac{U_1}{I_{1\mathrm{k}}}, \quad R_{\mathrm{k}} = \frac{P_{1\mathrm{k}}}{m_1 I_{1\mathrm{k}}^2}, \quad X_{\mathrm{k}} = \sqrt{|Z_{\mathrm{k}}|^2 - R_{\mathrm{k}}^2} \tag{16-6}$$

根据图 16-4，若不计铁损耗（即认为 $R_{\mathrm{m}} \approx 0$），假设 $X_{1\sigma} = X'_{2\sigma}$，可得短路阻抗为

$$Z_{\mathrm{k}} = R_{\mathrm{k}} + \mathrm{j}X_{\mathrm{k}} = R_1 + \mathrm{j}X_{1\sigma} + \frac{\mathrm{j}X_{\mathrm{m}}(R'_2 + \mathrm{j}X_{1\sigma})}{R'_2 + \mathrm{j}(X_{\mathrm{m}} + X_{1\sigma})} \tag{16-7}$$

$$\left. \begin{aligned} R_{\mathrm{k}} &= R_1 + R'_2 \frac{X_{\mathrm{m}}^2}{R'^2_2 + (X_{\mathrm{m}} + X_{1\sigma})^2} \\ X_{\mathrm{k}} &= X_{1\sigma} + X_{\mathrm{m}} \frac{R'^2_2 + X_{1\sigma}^2 + X_{1\sigma}X_{\mathrm{m}}}{R'^2_2 + (X_{\mathrm{m}} + X_{1\sigma})^2} \end{aligned} \right\} \tag{16-8}$$

将式（16-5）代入式（16-8），则有

$$\left. \begin{aligned} R_{\mathrm{k}} &= R_1 + R'_2 \frac{(X_0 - X_{1\sigma})^2}{R'^2_2 + X_0^2} \\ X_{\mathrm{k}} &= X_{1\sigma} + (X_0 - X_{1\sigma}) \frac{R'^2_2 + X_{1\sigma}X_0}{R'^2_2 + X_0^2} \end{aligned} \right\} \tag{16-9}$$

将式（16-9）中的第二式进行整理，配方可得

$$\frac{X_0 - X_{\mathrm{k}}}{X_0} = \frac{(X_0 - X_{1\sigma})^2}{R'^2_2 + X_0^2} \tag{16-10}$$

把式（16-10）代入式（16-9）中第一式，可解得

$$R_2' = (R_k - R_1) \frac{X_0}{X_0 - X_k} \tag{16-11}$$

将 R_2' 代入式（16-10），经整理可得

$$X_{1\sigma} = X_{2\sigma}' = X_0 - \sqrt{\frac{X_0}{X_0 - X_k}[(R_k - R_1)^2 + (X_0 - X_k)^2]} \tag{16-12}$$

于是根据短路试验测出的 R_k 和 X_k 以及空载试验测出的 X_0，即可确定转子阻抗的归算值 R_2' 和 $X_{2\sigma}'$ 以及定子漏抗 $X_{1\sigma}$。

对于大型感应电动机，一般 $Z_m \gg Z_{2\sigma}'$，堵转时励磁电流可略去不计，可近似认为

$$R_k \approx R_1 + R_2', \quad X_k \approx X_{1\sigma} + X_{2\sigma}' \tag{16-13}$$

于是

$$R_2' \approx R_k - R_1, \quad X_{1\sigma} \approx X_{2\sigma}' \approx \frac{X_k}{2} \tag{16-14}$$

在做短路试验时，应力求测得 $I_{1k} = I_{1N}$、$I_{1k} \approx (2\sim3)I_{1N}$ 和 $U_{1k} \approx U_{1N}$ 三点的数据，然后分别算出漏抗值。在正常工作范围内，定、转子的漏抗基本为一常值，可近似认为磁路不饱和，采用对应于 $I_{1k} = I_{1N}$ 时的不饱和漏抗值计算工作特性；当电机以最大转矩运行时，定子电流可达额定电流的 2～3 倍，漏磁磁路中的铁磁部分出现一定程度饱和，从而使总的漏磁磁阻变大、漏抗变小，应采用对应于 $I_{1k} \approx (2\sim3)I_{1N}$ 时的漏抗值计算最大转矩；启动时定、转子电流可达额定电流的 7～8 倍，漏磁磁路将高度饱和，从而使漏抗值比正常工作时小 15％～35％左右，采用对应于 $U_{1k} \approx U_{1N}$ 时的饱和漏抗值计算启动特性，可使计算结果接近于实际情况。

第二节 感应电动机的转矩—转差率特性

由于感应电动机的转速可由转差率表征，机械特性通常以 $T_e = f(s)$ 关系体现，称为转矩—转差率特性或 T_e—s 曲线。

一、转矩—转差率特性

（1）特性。从式（15-40）可知，电磁转矩 T_e 等于

$$T_e = \frac{P_e}{\Omega_s} = \frac{m_1}{\Omega_s} I_2'^2 \frac{R_2'}{s} \tag{16-15}$$

从式（15-34）可知，转差率为 s 时，转子电流为

$$\dot{I}_2' = -\frac{\dot{U}_1}{Z_{1\sigma} + \dot{c}Z_2'} = -\frac{\dot{U}_1}{\left(R_1 + c\frac{R_2'}{s}\right) + j(X_{1\sigma} + cX_{2\sigma}')} \tag{16-16}$$

取 $\dot{I}_2'$ 的模代入电磁转矩 T_e 的表达式，可得

$$T_e = \frac{m_1}{\Omega_s} \frac{U_1^2 \frac{R_2'}{s}}{\left(R_1 + c\frac{R_2'}{s}\right)^2 + (X_{1\sigma} + cX_{2\sigma}')^2} \tag{16-17}$$

当电源电压和频率恒定（为额定）、电动机的参数已知时，把不同的转差率 s 代入式（16-17）便可算出对应的电磁转矩 T_e，从而可得转矩—转差率特性，如图 16-5 所示。其中，$0 < s < 1$

的范围是电动机状态，$s<0$ 的范围为发电机状态，$s>1$ 的范围属于电磁制动状态。

（2）最大转矩。从图 16-5 可见，T_e—s 曲线有一个最大转矩 T_{max} 值，相对应的转差率称为临界转差率 s_m。把 T_e 对 s 求一阶导数，并令之为零，即可求出临界转差率为

$$s_m = \pm \frac{cR_2'}{\sqrt{R_1^2 + (X_{1\sigma} + cX_{2\sigma}')^2}} \tag{16-18}$$

将 s_m 代入式（16-17），可得最大转矩为

$$T_{max} = \pm \frac{m_1}{\Omega_s} \frac{U_1^2}{2c\left[\pm R_1 + \sqrt{R_1^2 + (X_{1\sigma} + cX_{2\sigma}')^2}\right]} \tag{16-19}$$

式中：正号对应于电动机状态，负号对应于发电机状态。

从式（16-19）可见：

1）当电源频率和电机参数不变时，感应电机的最大转矩与电源电压的平方成正比。

2）当电源电压和频率一定时，最大转矩近似地与定、转子漏抗之和成反比。

3）最大转矩的大小与转子电阻的数值无关；临界转差率 s_m 与转子电阻 R_2' 成正比，R_2' 增大时 s_m 增大，但 T_{max} 保持不变，此时 T_e—s 曲线的最大值将向左偏移，如图 16-6 所示。电动机的最大转矩与额定转矩之比称为过载能力 k_T，即

$$k_T = \frac{T_{max}}{T_N} \tag{16-20}$$

如果负载的制动转矩大于最大转矩，电动机就会停转。为保证电动机不因短时过载而停转，要求电动机具有一定的过载能力，通常 $k_T \approx 1.6 \sim 2.5$。

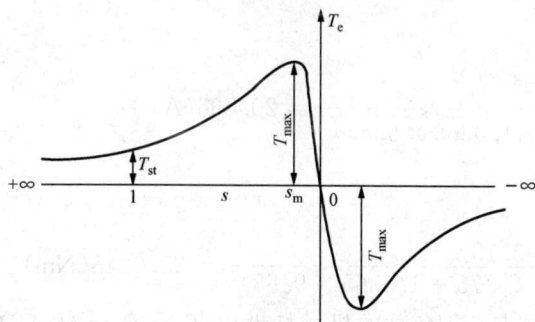

图 16-5　感应电动机的转矩—转差率特性

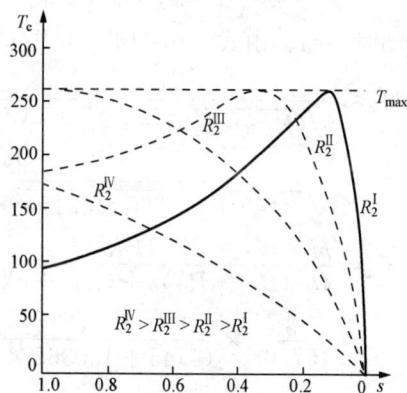

图 16-6　转子电阻变化时的 T_e—s 曲线

（3）启动转矩。电动机启动时（$s=1$）的电磁转矩称为启动转矩 T_{st}。将 $s=1$ 代入式（16-17），可得

$$T_{st} = \frac{m_1}{\Omega_s} \frac{U_1^2 R_2'}{(R_1 + cR_2')^2 + (X_{1\sigma} + cX_{2\sigma}')^2} \tag{16-21}$$

从图 16-6 可见，增大转子电阻，s_m 就增大，启动转矩 T_{st} 将随之增大。若要求启动时的电磁转矩达到最大转矩值，可令 $s_m=1$，根据式（16-18），此时转子电阻应为

$$R_2' = \frac{1}{c} \sqrt{R_1^2 + (X_{1\sigma} + cX_{2\sigma}')^2} \tag{16-22}$$

对于绕线型感应电动机，可以在转子回路中串入外加电阻来实现。当 $s_m>1$ 时，启动转矩将

减小。

【例 16 - 1】 一台三角形联结的三相感应电动机，$2p=4$，$U_N=380V$，其参数为 $R_1=4.45\Omega$，$R_2'=3.15\Omega$，$X_{1\sigma}=6.75\Omega$，$X_{2\sigma}'=9.85\Omega$，$X_m=185\Omega$，R_m 忽略不计，试求该电动机的最大转矩 T_{max} 及出现最大转矩时的转速 n_m，启动电流 I_{st} 和启动转矩 T_{st}。

解 系数 c 为

$$c \approx 1 + \frac{X_{1\sigma}}{X_m} = 1 + \frac{6.75}{185} = 1.0365$$

由式（16 - 18），临界转差率为

$$s_m = \frac{c_1 R_2'}{\sqrt{R_1^2 + (X_{1\sigma} + cX_{2\sigma}')^2}} = \frac{1.0365 \times 3.15}{\sqrt{4.45^2 + (6.75 + 1.0365 \times 9.85)^2}} = 0.18621$$

于是，达到最大转矩时的转速为

$$n_m = n_s(1 - s_m) = 1500 \times (1 - 0.18621) = 1220.7(r/min)$$

同步角速度为

$$\Omega_s = \frac{2\pi}{60} n_s = \frac{2\pi}{60} \times 1500 = 157.08$$

由式（16 - 19）可知，最大转矩为

$$T_{max} = \frac{m_1}{\Omega_s} \frac{U_1^2}{2c[\pm R_1 + \sqrt{R_1^2 + (X_{1\sigma} + cX_{2\sigma}')^2}]}$$

$$= \frac{3}{157.08} \times \frac{380^2}{2 \times 1.0365[4.45 + \sqrt{4.45^2 + (6.75 + 1.0365 \times 9.85)^2}]} = 60.516(Nm)$$

启动时 $s=1$，由式（16 - 16）和式（16 - 21）可得启动电流和启动转矩分别为

$$I_{st} \approx \frac{U_1}{\sqrt{(R_1 + cR_2')^2 + (X_{1\sigma} + cX_{2\sigma}')^2}}$$

$$= \frac{380}{\sqrt{(4.45 + 1.0365 \times 3.15)^2 + (6.75 + 1.0365 \times 9.85)^2}} = 20.395(A)$$

$$T_{st} = \frac{m_1}{\Omega_s} \frac{U_1^2 R_2'}{(R_1 + cR_2')^2 + (X_{1\sigma} + cX_{2\sigma}')^2}$$

$$= \frac{3}{157.08} \times \frac{380^2 \times 3.15}{(4.45 + 1.0365 \times 3.15)^2 + (6.75 + 1.0365 \times 9.85)^2} = 25.0245(Nm)$$

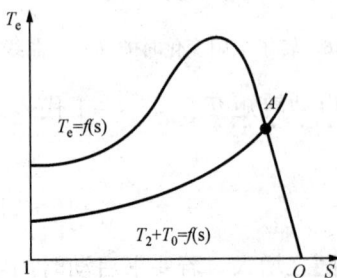

图 16 - 7　感应电动机的机械特性

（4）工作点。把负载的机械特性以 $T_2 + T_0 = f(s)$ 关系表示，并与转矩—转差率特性 $T_e = f(s)$ 画在一起，交点 A 即为电动机组的运行点，其对应的横、纵坐标即为负载工作时的转矩和转差率（或转速）。此处，电动机发出的电磁转矩与负载所需要的转矩相平衡，如图 16 - 7 所示。

二、谐波磁场对转矩—转差率曲线的影响

感应电机的气隙中除了基波磁场之外，还存在一系列谐波磁场。这些谐波磁场与转子中的感应电流相互作用，也会产生电磁转矩，这一系列的谐波转矩也称为寄生转矩。低速时，谐波磁场及其产生的寄生转矩可能达到较大的数值，从而直接影响到电动机的启动。寄生转矩可分为异步寄生转矩和同步寄生转矩两类。

1. 异步寄生转矩

定子的各次谐波磁场将切割转子导条，并感应相应的转子电流。对于笼型绕组，该转子电流所产生的转子磁动势恒与感生它的谐波磁场具有同样的极数，在空间具有同样的转速，因而在任何异步转速下，该转子电流与感生它的谐波磁场相互作用，总能得到一定的平均转矩。在异步的情况下，由于谐波磁场的感应作用而产生的电磁转矩称为异步寄生转矩。可见笼型转子对谐波磁场的作用特别敏感。

例如，定子 7 次谐波旋转磁场相当于一台极对数为 $7p$ 的感应电机，它的同步转速是 $n_s/7$。当 $0<n<n_s/7$ 时，转子转速 n 低于 7 次谐波磁场的同步转速，7 次谐波感应电机处于电动机状态，因此谐波转矩 T_{e7} 为驱动性质的转矩。当 $n>n_s/7$ 时，转子转速超过 7 次谐波磁场的同步转速，相当于发电机状态，此时谐波转矩 T_{e7} 的方向将与转子的转向相反，属于制动转矩。当转速 $n=n_s/7$，即 $s=1-1/7=0.857$ 时，转子转速恰好达到 7 次谐波的同步点，此时 7 次谐波磁场与转子之间没有相对运动，转子绕组中没有 7 次谐波磁场感生的电流，故 7 次谐波转矩等于零。

同理，对 5 次谐波而言，它是反转的旋转磁场，同步点落在 $-n_s/5$，即 $s=1+1/5=1.2$ 处。故当 $s<1.2$ 时，5 次谐波转矩 T_{e5} 应为负值（制动性质）；当 $s>1.2$ 时，谐波转矩为正值（驱动性质）。

基波、5 次和 7 次谐波磁场各自所产生的转矩曲线和合成的 T_e—s 曲线如图 16-8 所示。靠近 $n_s/7$ 处，由于 7 次谐波转矩的影响，使合成电磁转矩的曲线出现下凹，有一个最小值 T_{min}。如果电动机轴上的负载转矩 T_2+T_0 超过电动机的最小转矩 T_{min}，则启动时转子将在 P 点低速爬行，而达不到正常的速度。

谐波磁动势的相对幅值 $\dfrac{F_\nu}{F_1}=\dfrac{1}{\nu}\dfrac{k_{w\nu}}{k_{w1}}$，所以谐波的次数越高，谐

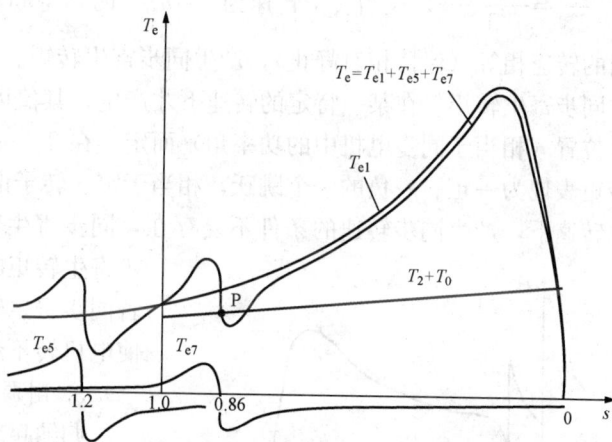

图 16-8　异步寄生转矩对 T_e—s 曲线的影响

波磁动势的相对幅值就越小。通常对高于 7 次的谐波可不予考虑。但齿谐波的次数为 $Q_1/p\pm1$，其特点是它的绕组因数与基波的绕组因数相等，因而齿谐波磁动势的幅值相对比较大。分析表明，绕组齿谐波的大小与定子电流成正比，磁导齿谐波则与励磁电流成正比。由于启动时感应电机的定子电流要比励磁电流大得多，所以启动时绕组齿谐波将起主要作用，磁导齿谐波的作用可以忽略不计。正常运行时，励磁电流将达到定子电流的 20%～50%，此时磁导齿谐波的影响就不容易忽视，因而两者的作用都要考虑。

2. 同步寄生转矩

定子的某次（如 ν_1 次）谐波磁场切割转子导条时，在导条感应的电流 $I_{2\nu}$ 不仅会产生一个与定子谐波磁场同极数、同转速的 ν_1 次转子谐波磁场，而且还会产生一系列其他次数的

转子谐波磁场。如果其中有一个 μ_1 次转子谐波磁场与另一个非感生它的 ν_2 次定子谐波磁场的次数相等，即 $|\mu_1| = |\nu_2|$，仅在某个特定的转子转速时，这两个磁场在空间才具有相同的转速，而产生平均转矩，这种转矩就称为同步寄生转矩。因为它们并无直接感应关系，而是彼此有其独立的来源，类似于同步电机中的情况。

在感应电机里，最主要的同步寄生转矩是定子和转子的齿谐波磁场相互作用所产生的。例如一台四极笼型感应电动机，定子 24 槽、转子 28 槽，定子的齿谐波次数 ν 为

$$\nu = \frac{Q_1}{p} \pm 1 = \frac{24}{2} \pm 1 = \begin{matrix} 13(正转) \\ 11(反转) \end{matrix} \quad \cdots \nu_2 \text{ 次}$$

由定子基波磁场感应的转子电流 I_2 所产生的转子齿谐波磁场的次数 μ 为

$$\mu = \frac{Q_2}{p} \pm 1 = \frac{28}{2} \pm 1 = \begin{matrix} 15(正转) \\ 13(反转) \end{matrix} \quad \cdots \mu_1 \text{ 次}$$

可见定、转子齿谐波中都有 13 次谐波磁场，但转子的 13 次谐波磁场并不是由定子的 13 次谐波磁场感应产生的。定子 13 次谐波磁场在空间的转速为 $n_s/13$；由定子基波磁场感应产生的转子 13 次谐波对转子本身的相对速率为 $\frac{\Delta n}{-13} = \frac{n_s - n}{-13}$，它在空间（即对定子）的转速为 $n + \frac{n_s - n}{-13} = \frac{14n - n_s}{13}$，仅当转子转速为 $n = n_s/7$ 时，空间转速也为 $n_s/13$。这两个谐波磁场在空间的转速相等（保持相对静止），产生同步寄生转矩。

同步寄生转矩仅在某一特定的转速下才产生，其值可正、可负，视定、转子谐波磁场的相对位置（相当于同步电机中的功率角）而定。在 T_e—s 曲线中，在该特定转速时，同步寄生转矩表现为一正、一负的一个跳跃，相当于定、转子谐波磁场间的相对位置移过 $360°$。在其他转速下，产生同步转速的条件不复存在，同步寄生转矩随之消失。在 $n_s/7$ 处有显著同步寄生转矩的 T_e—s 曲线如图 16 - 9（a）所示。若同步寄生转矩发生在 $s = 1$ 处，常能形成死点，使电机转不起来，如图 16 - 9（b）所示。

3. 削弱寄生转矩的方法

归纳起来，两种寄生转矩的起因如图 16 - 10 所示。

减小谐波磁场即可削弱寄生转矩，方法在交流绕组一篇中已介绍。转子采用斜槽可使定子齿谐波磁场几乎不在转子导条中感生电动势和电流，从而大大削弱齿谐波所产生的寄生转矩，同时也减小了电机的杂散损耗。斜槽后，电机的差漏抗将稍有增加，使最大转矩和额定功率因数略有下降。适当地选择定、转子的槽配合，使定子的谐波次数 ν_2 与转子的谐波次数 μ_1 没有相等的机会，从而达到消除同步寄生转矩的目的。

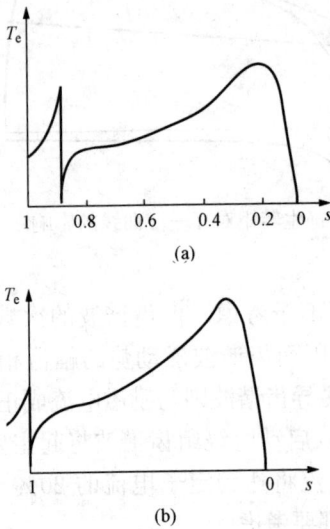

图 16 - 9 T_e—s 曲线中的同步寄生转矩
（a）同步寄生转距发生在 $n = n_s/7$ 处；
（b）同步寄生转距发生在 $n = 0$ 处

定子v_1次磁场 —感生→ 转子μ_1次磁场 ⟶ 若$\mu_1 = v_1$，则在任何转速下，此两谐波磁场在空间均保持相对静止，并产生异步寄生转矩

定子v_2次磁场 ⟶ 若$\mu_1 |=| v_2$，则在某一特定转速下，此两谐波磁场可达到相对静止，并产生同步寄生转矩

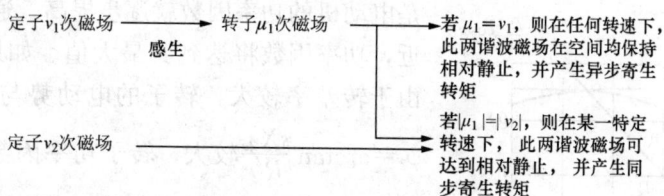

图 16 - 10　寄生转矩的起因

第三节　感应电动机的工作特性

感应电动机的工作特性包括转速特性可以用直接负载法测得，也可以用 T 形等效电路求取。标志工作特性的主要指标有额定效率 η_N、额定功率因数 $\cos\varphi_N$、最大转矩倍数 T_{max}/T_N，其中 η_N、$\cos\varphi_N$ 属于力能指标，T_{max}/T_N 表示电动机的过载能力。为保证感应电动机运行可靠、使用经济，国家标准对电动机的主要性能指标都作了具体规定。

一、工作特性

(1) 转速特性 $n = f(P_2)$。根据 $p_{Cu2} = sP_e$，电动机的转差率和转速为

$$s = \frac{p_{Cu2}}{P_e}, \; n = n_s(1-s) \tag{16 - 23}$$

空载时，$P_2 = 0$，此时转子电流很小，转差率 $s \approx 0$，转子的转速非常接近于同步转速 n_s。随着负载的增大，转子电流增大。转子铜损耗 p_{Cu2} 与转子电流的平方成正比增大，而电磁功率 P_e 则近似与转子电流的一次方成正比增大。p_{Cu2} 比 P_e 增长得要快，所以随着 P_2 的增大，转差率 s 也增大。一般，电动机在额定负载时的转差率 $s_N \approx 2\% \sim 5\%$，即额定转速仅比同步转速低 $2\% \sim 5\%$。一台 10kW 的三相感应电动机的转速特性如图 16 - 11 所示。将转速换成转差率可得转差率特性 $s = f(P_2)$。

(2) 定子电流特性 $I_1 = f(P_2)$。电动机的定子电流 $\dot{I}_1 = \dot{I}_m + (-\dot{I}_2')$，空载时转子电流 $\dot{I}_2 \approx 0$，定子电流几乎全部是励磁电流 I_m；随着负载的增大，转子电流增大，定子电流将随之增大，如图 16 - 11 所示。

(3) 转矩特性 $T_e = f(P_2)$。由转矩方程，感应电动机的转矩特性可表示为

$$T_e = T_0 + T_2 = T_0 + \frac{P_2}{\Omega} \tag{16 - 24}$$

由于从空载到额定负载之间电动机的转速变化很小，而空载转矩 T_0 可认为不变，故 $T_e = f(P_2)$ 近似为一直线，如图 16 - 12 所示。

(4) 功率因数特性 $\cos\varphi_1 = f(P_2)$。由于感应电动机的等效电路呈感性，就必须从电网吸收无功功率，所以功率因数恒小于1。空载运行时，定子电流基本上是励磁电流，并以无功的磁化电流为主，所以空载时功率因数很低，约为 $0.1 \sim 0.2$。随着负载的增大，输出的机械功率 P_2 增加，定子电流中的有功分量也增大，于

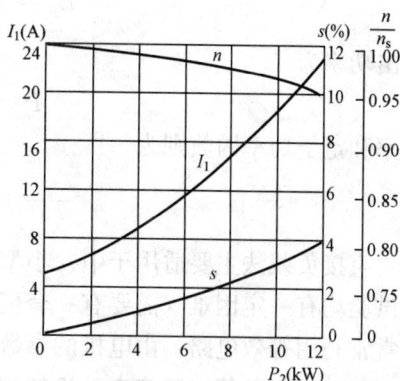

图 16 - 11　转速特性和定子电流特性

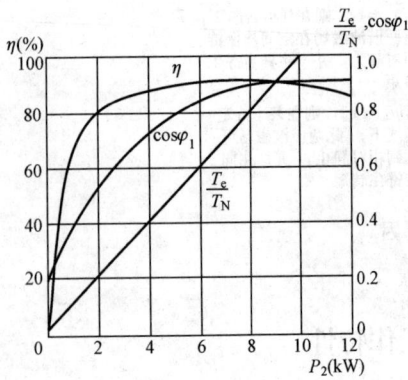

图 16-12　功率因数特性、转矩特性和
效率特性

是电动机的功率因数就逐步提高。通常在额定负载附近，功率因数将达到其最大值。如果负载继续增大，由于转差率较大，转子的电动势与电流间的相位角 $\psi_2 = \arctan \dfrac{sX'_{2\sigma}}{R'_2}$ 较大，转子功率因数 $\cos\psi_2$ 下降得较快，于是定子功率因数 $\cos\varphi_1$ 开始下降，如图 16-12 所示。

(5) 效率特性 $\eta = f(P_2)$。感应电动机的效率特性曲线如图 16-12 所示。最大效率一般发生在 $(0.7 \sim 1.1)P_N$ 范围内；额定效率 η_N 约在 $74\% \sim 94\%$ 之间，容量越大，η_N 就越高。

二、用直接负载法求取工作特性

用直接负载法求取工作特性时，应先用电桥测出定子电阻 R_1，然后做空载试验测出电动机的铁损耗 p_{Fe}、机械损耗 p_Ω。

负载试验是在电源电压 $U_1 = U_{1N}$、频率 $f_1 = f_N$ 的条件下进行，改变电动机的负载，分别记录不同负载下定子的输入功率 P_1、定子电流 I_1 和转差 Δn，由此即可算出不同负载下电动机的输出功率、转速、功率因数和效率等。

转差率应为

$$s = \frac{\Delta n}{n_s} \tag{16-25}$$

定、转子铜损耗和杂散损耗分别为

$$p_{Cu1} = m_1 I_1^2 R_{1(75°)}, \quad p_{Cu2} = sP_e, \quad p_\Delta \approx (0.5 \sim 2.0)\% P_N \left(\frac{I_1}{I_{1N}}\right)^2 \tag{16-26}$$

电磁功率和电磁转矩为

$$P_e = P_1 - p_{Cu1} - p_{Fe}, \quad T_e = \frac{P_e}{\Omega_s} \tag{16-27}$$

输出功率为

$$P_2 = P_e - p_{Cu2} - p_\Omega - p_\Delta \tag{16-28}$$

效率和定子功率因数则为

$$\eta = 1 - \frac{\sum p}{P_1}, \quad \cos\varphi_1 = \frac{P_1}{m_1 U_1 I_1} \tag{16-29}$$

直接负载法主要适用于中、小型感应电机。对大容量感应电机，在制造厂或现场进行负载试验均有一定困难（需要有一套恒压电源和一个合适的负载，还要有一套测试设备），因此常常利用等效电路，由电机的参数算出其工作特性和运行数据。

三、由参数算出感应电动机的主要运行数据

在参数已知的情况下（根据试验或设计值），给定转差率 s，由 T 形等效电路，根据式 (15-34) 即可算出定、转子电流和励磁电流。

定、转子电流求出后，即可算出定、转子铜损耗，电磁功率，转子的机械功率，电磁转矩和输入功率。若已知机械损耗和杂散损耗，可进一步算出输出功率和电动机的效率。

在分析感应电动机的性能时，通常应算出：①额定点的全部数据；②最大转矩值；③启

动电流和启动转矩值。

　　计算额定点的数据时，应先假设一个额定转差率 s_N，计算出输出功率后，看是否等于额定功率；如果不等，可利用输出功率与转差率近似成正比的关系，再设一个额定转差率，重新进行计算，直到输出功率等于额定功率为止。

　　电动机的最大转矩和启动转矩可用式（16-19）和式（16-21）算出。为得到较准确的值，式中的漏抗应当用对应于 $s＝s_m$ 和 $s＝1$ 时的漏抗值代入。

　　通过对［例15-2］的电机进行额定点的计算，由于计算过程有重复且较繁琐，计算量较大，最好编制程序，采用计算机计算。先输入计算所需全部数据，并设转差率 $s＝0.04$；设定输出功率的误差 $\varepsilon \leqslant 10^{-6}$，经过 7 次调整，最后（第 8 次）得到输出功率 $P_2＝10\mathrm{kW}$，此时的转差率为 0.03199，额定点的全部数据在最后输出。

第十七章　感应电动机的启动、调速和制动

与直流电动机相类似，感应电动机也有启动、调速和制动的问题，这是三个常见的特殊运行工况。

第一节　感应电动机的启动

当感应电动机投入电网时，电动机从静止状态转动起来，然后到达稳定运行的转速，这个过程称为启动过程，简称启动。

标志感应电动机启动特性的主要指标是启动转矩倍数 T_{st}/T_N 和启动电流倍数 I_{st}/I_N。通常希望电动机具有足够大的启动转矩、较小的启动电流、很短的启动时间、较少的能量损耗；且要求启动设备尽可能简单、价格便宜，操作和维护要方便。

一、笼型感应电动机的启动

笼型感应电动机的启动方法主要有直接启动和降压启动两类。

1. 直接启动

直接启动就是用刀开关或接触器将电机的定子绕组直接接到具有额定电压的电源上。启动时，转差率 $s=1$，所以笼型感应电动机的启动电流就是堵转电流。一般笼型电动机的启动电流倍数 $I_{st}/I_N=5\sim7$，启动转矩倍数 $T_{st}/T_N=1\sim2$。

直接启动法的优点是操作和设备都最简单；缺点是启动电流很大。现代电机都设计成允许直接启动，直接启动法的应用主要受电网容量的限制。启动电流会使电网电压显著下降，影响其他电气设备的正常运行。一般要求电网电压降落在 5％ 以内。随着电网容量的日益增大，可以容纳较大的启动电流，直接启动法的适用范围将越来越大。

2. 降压启动

为了减小启动电流，可采用降低电动机端电压的办法。称为降压启动。

如果忽略励磁电流，启动时则有 $I_{st}=I_1=I_2'$，由电磁转矩和电磁功率，可得启动转矩

$$T_e = \frac{P_e}{\Omega_s} = \frac{m_1 I_2'^2 \dfrac{R_2'}{s}}{\Omega_s} = \frac{m_1 I_{st}^2 R_2'}{\Omega_s} = T_{st} \tag{17-1}$$

额定负载时则有 $I_N=I_1=I_2'$，电磁转矩近似地认为等于额定转矩，即

$$T_e = \frac{P_e}{\Omega_s} = \frac{m_1 I_2'^2 \dfrac{R_2'}{s}}{\Omega_s} = \frac{m_1 I_N^2 \dfrac{R_2'}{s_N}}{\Omega_s} = T_N \tag{17-2}$$

于是可得

$$\frac{T_{st}}{T_N} = \left(\frac{I_{st}}{I_N}\right)^2 s_N \tag{17-3}$$

由此可见，启动转矩倍数正比于启动电流倍数的平方和额定转差率。即当启动电流减小 k 倍时，启动转矩将减小 k^2 倍。故降压启动法只适用于空载或轻载，如风扇等。降压启动

方法有电抗启动法、自耦变压器启动法、星三角启动法以及延边三角形启动法。

（1）电抗启动法。启动时在定子电路中串入电抗，由于在电抗上有一部分压降，加在电动机上的端电压就降低了。如上所述，这种方法的启动转矩很小。

（2）自耦变压器启动法。其接线如图 17-1 所示。先将 Q1 合闸；启动时将 Q2 投向启动侧，此时电源通过自耦变压器降压后接到电动机上；正常运行时将 Q2 投入运行侧，自耦变压器被切除，电动机与电网直接接通。如果电源电压为 U_1，自耦变压器的电压比为 k_a（$k_a > 1$），则加到电动机端点的电压应为 U_1/k_a。如果在额定电压下电动机的启动电流为 I_{st}，此时电动机的启动电流则为 $I_{st(2)} = I_{st}/k_a$，而在自耦变压器一次侧的电流 $I_{st(1)}$ 应为

$$I_{st(1)} = \frac{I_{st(2)}}{k_a} = \frac{I_{st}}{k_a^2} \qquad (17-4)$$

由此可见，利用自耦变压器启动时，电网所负担的启动电流将比直接启动减小 $1/k_a^2$ 倍。由于端电压减小为 U_1/k_a，所以启动转矩也减小为 $1/k_a^2$ 倍。自耦变压器启动法的优点是：①在同样的电网电流允许值下，启动转矩要比电抗启动法大 k_a^2 倍；②不受电机绕组接线方式的限制；③由于自耦变压器通常备有好几个抽头，故可按允许的启动电流和所需的启动转矩值进行选择。此法的缺点是设备费用较高。

（3）星三角（Yd）启动法。这种方法只适用于正常运行时定子绕组为三角形联结的电动机。将定子绕组的六个出线端全部引出，接到转换开关上，如图 17-2 所示。首先合上电源开关 Q1；启动时把转换开关 Q2 投向 Y 侧，定子绕组接成星形；待转子转速接近额定转速时，再把 Q2 投向 D 侧，此时定子绕组接成三角形。设电动机在 $s=1$ 时的每相阻抗为 Z_k。星形启动时定子每相电压为额定线电压 U_{1N} 的 $1/\sqrt{3}$ 倍，相电流等于线电流 $I_{st(Y)} = U_{1N}/(\sqrt{3}\,|Z_k|)$；用三角形联结直接启动时，每相绕组所加电压即为额定电压 U_{1N}，每相绕组中启动电流为 $U_{1N}/|Z_k|$，线电流 $I_{st(D)} = \sqrt{3}U_{1N}/|Z_k|$。两种情况下启动电流之比为

$$\frac{I_{st(Y)}}{I_{st(D)}} = \frac{\dfrac{U_{1N}}{\sqrt{3}\,|Z_k|}}{\sqrt{3}\,\dfrac{U_{1N}}{|Z_k|}} = \frac{1}{3} \qquad (17-5)$$

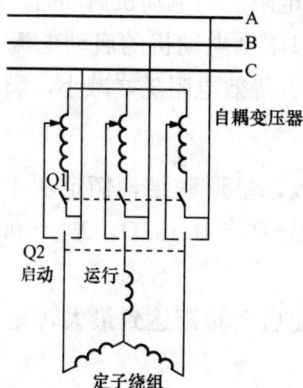

图 17-1　自耦变压器启动法的接线图　　　　图 17-2　星三角启动法的接线图

由于端电压降低了 $1/\sqrt{3}$ 倍，所以启动转矩也降到原先的 1/3，相当于电压比为 $\sqrt{3}$ 的自耦

变压器。星三角启动法所用设备比较简单，故常采用此法，但受电机绕组接线方式的限制。

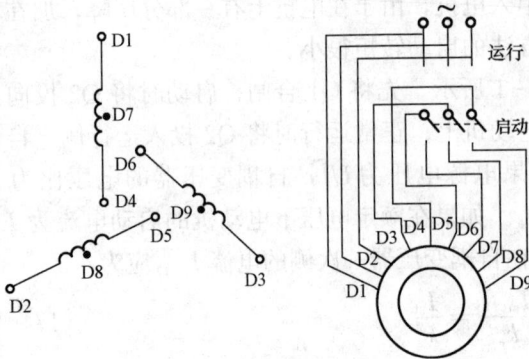

图 17 - 3 延边三角形启动法的接线图

（4）延边三角形启动法。启动时，定子绕组的一部分接成三角形，另一部分接成星形；当启动完毕，再接成三角形。如果接线适当，可只用一个转换开关，如图 17 - 3 所示。此法结构简单、维修方便，启动电流和启动转矩介于直接启动和星三角启动之间，而且可以通过改变星接和角接部分的匝数比来适应不同的要求。其缺点是定子绕组较复杂。

二、绕线型感应电动机的启动

绕线型感应电动机的启动特点就是转子中可以接入启动电阻，如图 17 - 4 所示。正常运行时，三相绕组通过集电环短接。启动时，转子中串入适当的启动电阻 R_{st}，不仅可以使启动电流减小，而且由于转子功率因数 $\cos\psi_2$ 和转子电流有功分量增大，启动转矩也可增大，所以这是一种理想的启动方法。转子串入电阻后，还可进行调速。

如果想使启动转矩达到电动机的最大转矩，只要使临界转差率等于 1；由式（16 - 18），可得需要串入的启动电阻为

$$R_{st} = \frac{\sqrt{R_1^2 + (X_{1\sigma} + cX'_{2\sigma})^2}}{ck_i k_e} - R_2 \quad (17 - 6)$$

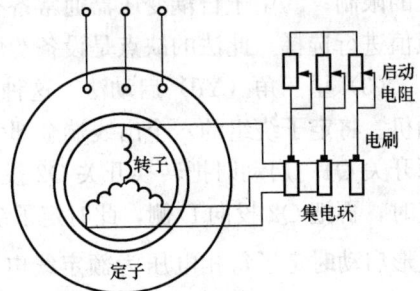

图 17 - 4 绕线型感应电动机转子串入启动电阻

绕线型感应电动机的缺点是结构稍复杂，故价格较贵，因此大多应用在启动性能要求比较高的场合，例如铲土机、卷扬机、起重用吊车中。

中、大容量感应电动机的启动电阻以前均用铸铁电阻片制成，现多采用频敏变阻器。频敏变阻器是一种无触点的变阻器，相当于一台采用厚钢板叠成铁心且无二次绕组的变压器，以随着频率的变化而变化铁损耗的等效电阻作为启动电阻。当电动机启动时，转子频率较高（$f_2 = f_1 = 50Hz$），此时变阻器的等效电阻较大，可以限制电动机的启动电流、增加启动转矩；启动以后，随着转速的上升，转子频率逐渐降低，等效电阻随之减小，满足了工作时的要求。

【例 17 - 1】 一台三相绕线型感应电动机，8 极，星形联结，额定功率为 30kW，接 380V 的电源。其参数为：$R_1 = 0.145\Omega$，$X_{1\sigma} = 0.26\Omega$，$R'_2 = 0.135\Omega$，$X'_{2\sigma} = 0.33\Omega$。电压比和电流比 $k_e = k_i = 1.34$。试求（计算时取 $c = 1$）：

（1）转子回路中每相应串入多大的启动电阻可使启动转矩达到最大转矩？这时启动电流、启动转矩各为多少？

（2）若转子直接短接，启动电流、启动转矩又为多大？

解 根据式（17 - 6），若 $c = 1$，启动转矩达到最大转矩时每相应串入的启动电阻值为

$$R'_{st} = \sqrt{R_1^2 + (X_{1\sigma} + X'_{2\sigma})^2} - R'_2 = \sqrt{0.145^2 + (0.26 + 0.33)^2} - 0.135 = 0.47256(\Omega)$$

$$R_{\mathrm{st}} = R'_{\mathrm{st}}/k_i k_e = 0.47256/1.34^2 = 0.26318(\Omega)$$

启动转矩为

$$T_{\mathrm{st}} = T_{\max} = \frac{m_1}{\Omega_s} \frac{U_1^2(R'_2 + R'_{\mathrm{st}})}{(R_1 + R'_2 + R'_{\mathrm{st}})^2 + (X_{1\sigma} + X'_{2\sigma})^2}$$

$$= \frac{3}{2\pi \frac{750}{60}} \times \frac{220^2 \times (0.135 + 0.47256)}{(0.145 + 0.135 + 0.47256)^2 + (0.26 + 0.33)^2} = 1228.3(\mathrm{Nm})$$

启动电流为

$$I_{\mathrm{st}} \approx \frac{U_1}{\sqrt{(R_1 + R'_2 + R'_{\mathrm{st}})^2 + (X_{1\sigma} + X'_{2\sigma})^2}}$$

$$= \frac{220}{\sqrt{(0.145 + 0.135 + 0.47256)^2 + (0.26 + 0.33)^2}} = 230.06(\mathrm{A})$$

若转子回路直接短接，$R_{\mathrm{st}} = 0$，此时启动转矩为

$$T_{\mathrm{st}} = \frac{m_1}{\Omega_s} \frac{U_1^2 R'_2}{(R_1 + R'_2)^2 + (X_{1\sigma} + X'_{2\sigma})^2}$$

$$= \frac{3}{2\pi \times \frac{750}{60}} \times \frac{220^2 \times 0.135}{(0.145 + 0.135)^2 + (0.26 + 0.33)^2} = 585.18(\mathrm{Nm})$$

启动电流为

$$I_{\mathrm{st}} \approx \frac{U_1}{\sqrt{(R_2 + R'_2)^2 + (X_{1\sigma} + X'_{2\sigma})^2}}$$

$$= \frac{220}{\sqrt{(0.145 + 0.135)^2 + (0.26 + 0.33)^2}} = 336.87(\mathrm{A})$$

三、深槽和双笼感应电动机

对于笼型感应电动机，如果采用深槽和双笼型的特殊转子结构，也可以得到类似于绕线型感应电动机接频敏变阻器的启动效果，即启动时转子电阻自动增大，正常运行时转子电阻自动变小。

1. 深槽感应电动机

深槽感应电动机利用转子槽漏磁在导条内所引起的电流集肤效应来改善启动特性。

当转子导条中通过电流时，将产生槽漏磁场，分布如图 17-5 （a）所示。将整个导条看成为沿槽高方向由许多根股线并联组成，可见，槽底部分股线所交链的漏磁通多，槽口部分的漏磁通少；所以槽底部分股线的漏抗大，槽口部分的漏抗小；于是槽口股线流过的电流就较大，槽底股线的电流就很小；大部分电流将集中到导条的上部，如图 17-5

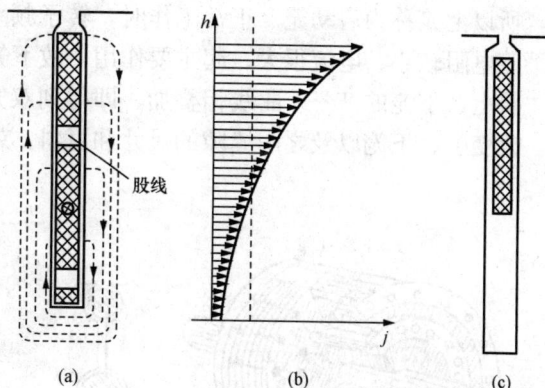

图 17-5 深槽感应电动机的集肤效应
（a）转子漏磁通；（b）导条内电流密度的分布；
（c）导条有效截面积

（b）所示。这种现象称为集肤效应，也称为挤流效应。电流集中到导条上部，相当于导条的有效截面积减小，转子的有效电阻增大，如图 17-5（c）所示。

图 17-6　铜导条电阻
增大系数

根据时变电磁场理论分析，频率越高，槽形越深，集肤效应就越显著。当磁场频率为 50Hz 时，对于铜制导条，若导条高度 $h > 1.5$cm，由集肤效应所引起的导条电阻增大系数 $k_r \approx h$（以 cm 计），如图 17-6 所示。所以为增加集肤效应，深槽感应电动机的转子槽形做得深而窄，通常槽深 h 与槽宽 b 之比 $h/b = 10 \sim 12$。

启动时 $s = 1$，转子电流频率较高（$f_2 = f_1 = 50$Hz），集肤效应较强，类似于转子串入较大的启动电阻，将产生较大的启动转矩，并限制了启动电流过大；当电机转入正常转速运行时，转子频率变得很低（仅 $1 \sim 3$Hz），集肤效应基本消失。于是导条内的电流密度接近于均匀分布，电动机的工作特性接近于一般的笼型转子电机。

由于深槽感应电动机的转子槽形较深，正常工作时转子漏抗比一般笼型电动机稍大，因此额定功率因数和最大转矩比普通笼型电动机稍低一些。

深槽电动机的等效电路形式上仍与普通笼型电动机一样，但是它的转子参数（有效电阻、漏抗）是随转差率的变化而变化的。

2. 双笼感应电动机

为了进一步加强集肤效应，在感应电动机的转子上装两套笼型绕组，其结构与槽形如图 17-7 所示。上笼通常用黄铜或铝、青铜等电阻率较高的材料制成，且导条截面积较小，电阻较大；下笼用电阻率较低的紫铜制成，且导条截面积较大，电阻较小。不难看出，在同样的导条电流下，下笼交链的漏磁通总要比上笼多得多，即下笼的漏抗要比上笼大得多。

启动时，转子频率较高，转子的漏阻抗中漏抗起主要作用，因此上、下导条中电流的分配主要取决于其漏抗。由于下笼漏抗很大，故电流很小，电流多挤集于上笼，类似于深槽电机中的集肤效应；然而上笼的电阻较大，可产生较大的启动转矩。由于启动时上笼起主要作用，所以上笼称为启动笼。正常工作时，转子频率很低，转子的漏阻抗中电阻起主要作用，而下笼电阻较小、电流很大、起主要作用，故下笼称为工作笼。

将上、下笼的 T_e—s 曲线相叠加，即得到双笼感应电动机的 T_e—s 曲线，如图 17-8 所示。改变上、下笼以及之间缝隙的尺寸和材料，就可以改变上、下笼的参数，从而得到不同

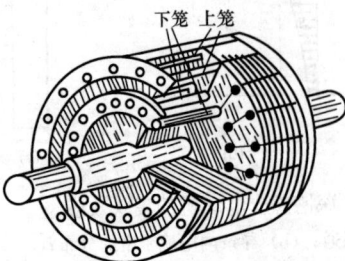

图 17-7　双笼转子的结构和槽形

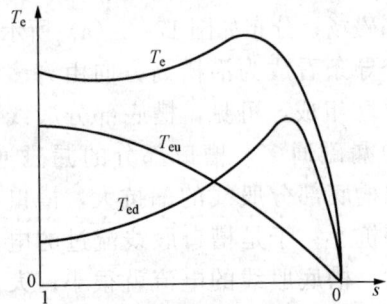

图 17-8　双笼电动机的 T_e—s 曲线

的启动性能和工作性能的配合，以满足各种不同负载的要求，这是双笼感应电机优于深槽感应电机之处。同理，双笼感应电机的功率因数和最大转矩要比一般笼型电机稍差一些。

双笼感应电动机的等效电路可仿照一般笼型感应电动机的等效电路导出，其特点是转子边有两个绕组，这两个绕组同时被气隙主磁通所交链，因此等效电路中有两个并联的转子回路。另外，上笼与下笼除本身有电阻、漏抗外，上、下笼之间还有互漏磁通 $\Phi_{23\sigma}$ 的交链，如图 17-9（a）所示。所以在转子两个并联回路的前面有一个串联的互漏电抗 $X'_{23\sigma}$，如图 17-9（b）所示。

在有些中小型笼型感应电动机中，为了采用铸铝生产工艺，参照双笼电动机的特点，将深槽改成凸形槽，如图 17-10 所示。

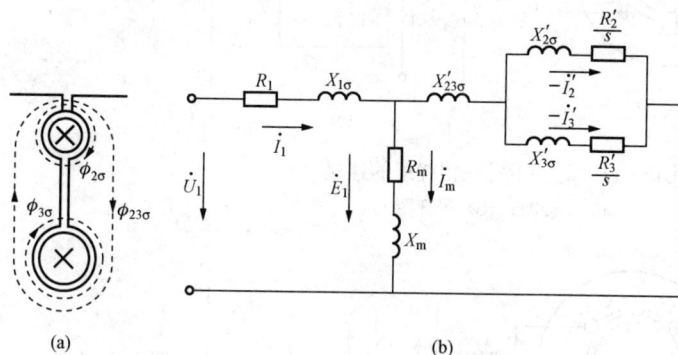

图 17-9　双笼电动机的等效电路
（a）双笼转子的漏磁通；（b）双笼电动机的等效电路

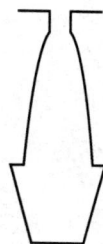

图 17-10　凸形槽

第二节　感应电动机的调速

感应电动机是一种接近于恒速、性能良好的驱动装置，但是调速性能不如直流电机。感应电动机的调速问题长期以来一直是人们关心和研究的问题之一。

由于感应电动机的转速可表示为

$$n = n_s(1 - s) = \frac{60 f_1}{p}(1 - s) \tag{17-7}$$

所以有三个途径可以调节感应电动机的转速：①改变定子绕组的极对数 p；②改变电源频率 f_1；③改变电动机的转差率 s。下面分别讨论这三种调速方法。

一、变极调速

在恒定的频率下，改变电动机定子绕组的极对数，就可以改变旋转磁场和转子的转速。通常利用改变绕组接法，使一套定子绕组具备两种或三种极对数，从而得到 2 个或 3 个同步转速，称为单绕组变速电机；也可以采用两套独立的定子绕组，从而得到 2～6 个转速的电机。变极调速属于有级调速，不能平滑地调速。

由于笼型转子的极对数能随着定子极对数的改变而自动改变，从而保持定、转子的极对数始终相等，因此变极电动机一般都采用笼型转子。对于绕线型感应电动机，当定子绕组变极时，转子绕组也必须相应地改变其极对数，这就极不方便，因此很少采用。

双速电机的尺寸一般要比同容量的单速普通感应电机稍大，运行性能也稍差，电机的出线端较多，并要装设换接开关。但是总的讲来，这是一种经济的调速方法，故在不需要平滑调速的场合，常常采用这种方法。

设定子每相有两组集中线圈，为简明起见，仅画出 A 相。如果把两组线圈 A1X1 和 A2X2 串联，则气隙中将形成 4 极磁场，如图 17 - 11 所示。若把绕组中的一半线圈（A2X2）反接并联，使该组线圈中的电流反向，则气隙中将形成两极磁场，如图 17 - 12 所示。变极后两组线圈也可串联，但无论是串联还是并联，第二组线圈 A2X2 中的电流均应反向。

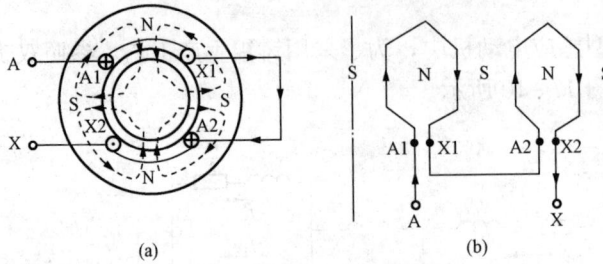

(a)　　　　　　　　　　　(b)

图 17 - 11　　2p＝4 时一相绕组的连接

(a) 连接图；(b) 展开图

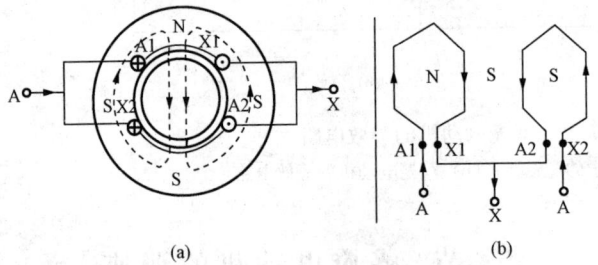

(a)　　　　　　　　　　　(b)

图 17 - 12　　2p＝2 时一相绕组的连接

(a) 把每相绕组分成两组；(b) 两组线圈反向并联

由此可见，欲使极对数改变一倍，只要改变定子绕组的接线，使每相绕组的两组线圈中有一组电流反向流通即可，称为反接变极绕组。

要使极对数任意改变，则应推广到一般情况。以一台三相 12 槽、2 极变 4 极的感应电动机为例。2 极时每极每相槽数为 2，绕组展开图如图 17 - 13 所示，联结方法如图 17 - 14 所示。变极前后各槽上层线圈边的属相见表 17 - 1。可以看出，整个绕组变极时被分成 6 段，其中间隔的 3 段不反接，另外 3 段反接。这相当于用一个 6 极的空间矩形波去调制原来的 2 极梯形旋转磁动势波，得到 4 极的旋转磁动势波。这个现象称为极幅调制，可采用数学分析。为了方便，均取其基波。

表 17 - 1　　　　　　　　　　变 极 绕 组 排 列

2　极	A	A	Z	Z	B	B	X	X	C	C	Y	Y
反接指示			—	—			—	—			—	—
4　极	A	A	C	C	B	B	A	A	C	C	B	B

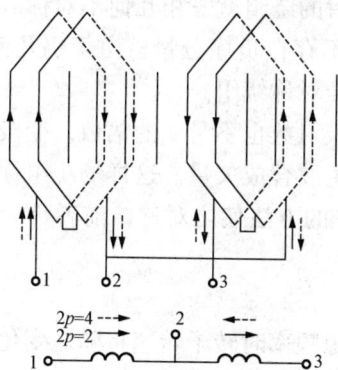

图 17-13　变极绕组展开图　　　　　图 17-14　绕组联结方法图

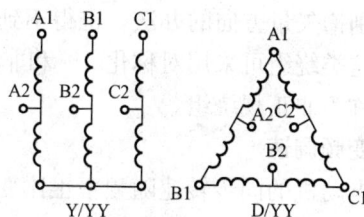

设三相对称电流通过变极前极对数为 p_1 的绕组，得到旋转磁动势为

$$f_1(\theta, t) = F_1\cos(\omega t - p_1\theta) \tag{17-8}$$

式中：θ 为几何角度。

现用一个极对数为 p_0 的空间波 $\cos[p_0(\theta+\varphi)]$ 去调制它，φ 表示调制波的起始几何角度，调制后可得

$$\begin{aligned}f_2(\theta, t) &= F_1\cos(\omega t - p_1\theta)\cos[p_0(\theta+\varphi)]\\&=\frac{F_1}{2}\{\cos[\omega t-(p_1+p_0)\theta-p_0\varphi]+\cos[\omega t-(p_1-p_0)\theta+p_0\varphi]\}\end{aligned} \tag{17-9}$$

这里得到一个极对数为 (p_1+p_0) 且相序与原绕组相同的旋转磁动势波，称为和调制，都属于正向调制；一个极对数为 (p_1-p_0) 的旋转磁动势波，称为差调制，当 $p_1>p_0$ 时相序与原绕组相同，属于正向调制，$p_1<p_0$ 时却相反，属于反向调制。这两个极数不同的旋转磁动势波，其中一个极数是所需要的，它的磁动势波称为主波；另一个伴随产生而并不需要的极数，称为共轭极数，它的磁动势波称为共轭谐波，可采用短距的方式来消除。所选的绕组节距尽量使变极前后的主波节距因数最大，共轭谐波的节距因数最小。

根据以上理论可采用更简单的公式

$$p_1\pm p_0 = \begin{cases} p_2 \\ p_2^* \end{cases} \tag{17-10}$$

对本例来说，$p_2=2-6=-4$ 是需要的极数；$p_2^*=2+6=8$ 为共轭极数。

式（17-10）只是简单地表明极幅调制的最基本原理，而用它来编排一具体的双速绕组是远远不够的。因为原来变极前的绕组含有一系列谐波，再加上调制波是一个矩形波，更含有一系列幅值较大的谐波。调制后的极对数实际上是 $(K_1p_1\pm K_2p_0)$，其中 K_1、K_2 各为它们的谐波次数，如：$K_1=1$、5、7、11、13、…，$K_2=1$、3、5、7、9、…。此外尚有一个重要因素，就是式（17-9）认为变极前后的三相绕组都是对称的，没有考虑到变极后三相绕组可能形成的不对称。正是由于上述原因，迄今为止还不能藉一组数学公式就对具体问题编排出一个变极绕组，要用矢量法进行具体分析。

对于两种极数 p_1/p_2 的比值约分后都没有 3 的倍数，且用极对数为 3 的倍数的调制波来调制，则可编排出变极前后都是三相对称的绕组，称为全对称绕组。

若 p_2 为 3 的倍数，则 p_1 不为 3 的倍数，调制波极对数不为 3 的倍数。那么对变极前三相几何对称绕组，每相所受调制波的影响不同，变极后的绕组就三相几何不对称。但可采用调整个别槽矢量方向的方法，使主波矢量三相对称而不存在负序分量；由于仍几何不对称，谐波分量可能同时存在正负序分量。这样的绕组称为准对称绕组。

若 p_1 为 3 的倍数，则 p_2 不为 3 的倍数，调制波极对数也不是 3 的倍数。变极后的绕组用调整个别槽矢量方向的办法，也得不到三相对称的主波合成矢量。这样的绕组称为不对称绕组。对这类绕组可采用对称化[7,17]和非正规排列[7,11]的方法使之对称，前者称为对称化绕组，后者称为非正规绕组。

二、变频调速

由于电动机的同步转速随频率正比变化，改变电源频率时转子转速将随之变化。如果电源频率可以连续调节，就可以平滑地调节电动机的转速。

如果希望磁路的饱和程度、励磁电流和电动机的功率因数保持基本不变，最大转矩也保持不变，变频调速时，气隙磁通量 Φ_m 应基本保持不变。如果忽略定子的漏阻抗压降，根据 $U_1 \approx E_1 = \sqrt{2}\pi f_1 N_1 k_\mathrm{w1} \Phi_\mathrm{m}$，则应使定子端电压与频率成正比地调节，即

$$\frac{U_1}{f_1} = 常值 \tag{17-11}$$

如果忽略定子电阻 R_1，令 $c \approx 1$，根据式（16-19），最大转矩则近似等于

$$T_\mathrm{max} \approx \frac{m_1}{2\Omega_\mathrm{s}} \frac{U_1^2}{X_{1\sigma} + X_{2\sigma}'} = k \frac{U_1^2}{f_1^2}$$

其中

$$k = \frac{m_1 p}{8\pi^2 (L_{1\sigma} + L_{2\sigma}')}$$

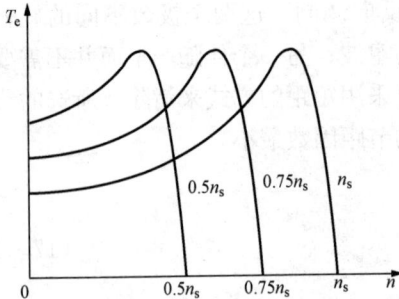

图 17-15　U_1/f_1 为常值时的 T_e—n 曲线

如果 U_1/f_1 为常值，则最大转矩也将保持不变，如图 17-15 所示。如进一步忽略调频前、后通风情况的变化，上述调速方案将允许同样大小的转子电流，因而具有同样的额定转矩，所以这是一种恒转矩的调速方案。

若要实现恒功率调速，即在调速前后保持输出功率不变，则应保持 $T_\mathrm{e} f_1 = 常值$。此时若要保持同样的过载能力，则定子电压调节规律应为

$$\frac{U_1}{\sqrt{f_1}} = 常值 \tag{17-12}$$

此时最大转矩将随着频率的上升而下降。

变频调速可使感应电动机实现平滑、宽范围的调速，而且调速前后电机的性能都很好，但需要专门的变频电源，且谐波含量较大。近年来，由于变频技术的发展，变频装置的价格不断降低，性能不断提高，促进了变频调速的应用，目前已有取代直流电机调速系统的趋势。

变频装置有多种类型，最基本的是交—直—交变频器，即把工频交流电网电压通过整流器变成直流电压，然后通过逆变器把直流电压变换成频率可变的交流输出电压，有电压型和电流型两种。20 世纪 70 年代出现了一种脉冲宽度调制（PWM）控制方式，对电压型或电

流型变频器都适用，这种控制方式的变频器称为 PWM 变频器，目前应用较多。

三、改变转差率调速

1. 改变电动机的端电压调速

从式（16-17）可知，在一定的转差率下，电动机的电磁转矩与端电压的平方成正比，因此改变电动机的端电压时，T_e—s 曲线沿纵坐标上下移动，改变工作点而达到调速的目的。若电动机的端电压从 U_{1N} 降到 $0.7U_{1N}$，则电动机的转速将从 n_1 降到 n_2，如图 17-16 所示。对恒转矩负载，当转差率大于临界转差率 s_m 时，T_e—s 曲线与负载特性无交点，电动机不能稳定运行，因此这种方法的调速范围为 $0 \sim s_m$，而 s_m 一般又很小，故调速范围小。对于风机负载，当大于 s_m 时，电动机仍可以稳定运行，调速范围显著扩大。使用此法调速时，必须注意转速下降时转子的发热情况。

2. 转子加电阻调速

这种方法只适用于绕线型感应电动机。当转子中加入调速电阻时，电动机的 T_e—s 曲线将左移，如图 17-17 所示，若负载转矩 $T_2 + T_0$ 不变，转子的转差率将从 s_1 增大到 s_2，即转速将下降。调速范围为 $s = 0 \sim 1$。由于转子回路的铜损耗 $p_{Cu2} = sP_e$，故转速调得越低，转差率就越大，铜损耗就越多，效率就越低。如把转差率调到 0.5，则电磁功率中的 50% 将变成转子回路铜损耗。

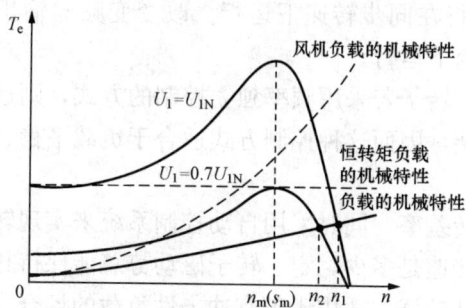

图 17-16　改变电动机的定子端电压调速

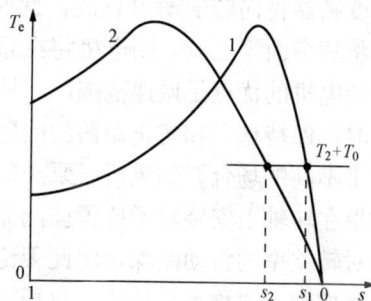

图 17-17　转子回路中串入电阻调速

可见，这种方法的优点是方法简单、调速范围广；缺点是调速电阻中要消耗一定的能量。另外，电动机的机械特性变软，于是负载变化时电动机的转速将发生显著变化。这种方法主要用在中、小容量的感应电动机中，如交流供电的桥式起重机。

3. 串级调速

转子加入电阻来调速相当于在转子回路中加入一个附加的反电动势，如果这个电压降用其他装置提供，也可以达到调速的目的，称为串级调速。这个附加反电动势可以由其他电机，也可以由电子线路，或者其他设备提供。

例如一台感应电动机转子回路加入一个变频器，如图 17-18 所示。转差频率的交流电流由半导体整流器整流为直流，再经逆变器把直流变为工频交流，把能量送回到交流电网中去。控制逆变器的逆变角，就可以改变所提供的电动势，从

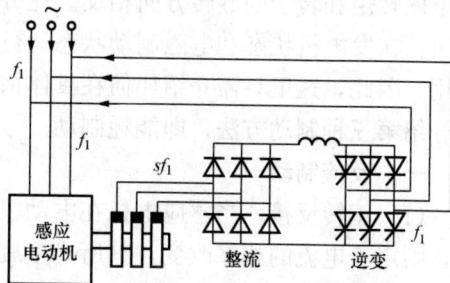

图 17-18　转子带变频器的调速系统

而达到调速的目的。可见，串级调速可以将原来调速电阻上消耗的电能回馈给电网，从而获得较高的效率，优于串电阻调速，但成本较高。

4. 双馈电机

如果绕线型感应电动机定、转子两边均由交流电源供电，称为双馈电机。双馈电机也是一种改变转差率的调速方法。转子外接电源的频率、幅值、相位和相序均可调节。

一台绕线型感应电动机，定子由三相交流电源供电，转子由三相交流电源经变压器降压，再经交-交变频器把工频变为转差频率，然后接到转子上，如图 17-19 所示。

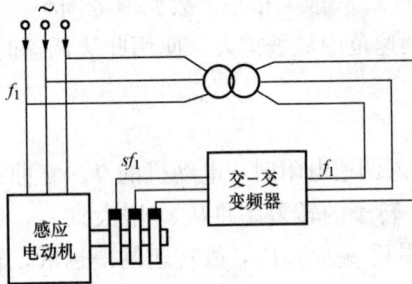

图 17-19　双馈电机示意图

由于转子接入的交流电流为转差频率，所以转子磁动势波在气隙中的转速恒为同步转速，从而可以产生恒定的电磁转矩并实现机电能量转换。调节变频器的输出频率，电动机的转速就会改变；调节输出电压的幅值和相位，还可以调节定子边的功率因数，达到 1 或超前。

当转子转速低于同步转速时，双馈电机的工作情况与普通感应电动机相似，只是转子的转差功率将由变频器回馈给电源。当变频器的输出频率调到零时，变频器将向转子输出直流，此时电动机将在同步转速下运行。改变变频器输出的相序，并将频率由零上调，则电机将在超同步转速下运行。

双馈电机的优点是调速范围广、性能好，但转子若采用频率独立控制的方式，则运行情况突变时，保持稳定和防止振荡的问题较为复杂，因而这种控制方式适合于负载平稳、对调速性要求不高的场合，如风机、泵类的调速。

如果在转轴上安装转子位置监测器以检测转差率，同时采用自动控制系统来实现转子电源频率对转差率的自动跟踪，因此无论转子的转速是多少，定、转子磁动势总能保持相对静止。这种控制方式称为自控式。自控式的稳定性较好，适用于带有冲击性负载的场合。

近年来又出现了无刷双馈电机。

第三节　感 应 电 动 机 的 制 动

感应电动机在拖动生产机械时，有时要求迅速停止运行，如机床等；有时要减速，如起重机把重物下放时、电气机车下坡时，都需要对电动机进行制动。所谓制动是指电动机产生的电磁转矩和转子的旋转方向相反。在分析感应电机的三种状态（第十四章第二节）时已经指出：在发电机状态和电磁制动状态运行时，电磁转矩方向与转子转向相反，对转子起制动作用。因此，这里只需介绍如何在具体情况下造成上述两种运行状态来实行制动。此外，还将介绍第三种制动方法，即能耗制动。

一、反接制动

（1）正转反接。当感应电机在电动机状态下运行时，将定子端三相电源线的任意两根对调，则定子电流的相序改变，其所产生旋转磁场立即反转，从原来与转子转向一致变为与转子转向相反，于是电机立即进入相当于 $s \approx 2$ 时的电磁制动运行状态，对转子产生较强的制动作用。为了使反接时电流不至过大，若为绕线型感应电动机，反接时应该在转子回路串入附加电阻。当电动机转速降至零时，必须立即切断定子电源，否则电动机将向相反方向旋转。

（2）正接反转。当绕线型感应电动机拖动的起重机下放重物时，其运行状态便是正接反转的反接制动。这是电机定子接线仍按作电动机运行时的接法（即所谓正接）不改变，而利用在转子回路串入较大电阻 R_t 来使转子反转。其原理和在转子回路串入电阻调速（见图 17 - 17）一样，当串入转子的电阻 R_t 逐步增至很大时，转子转速 n 逐步减小至零，如图 17 - 20 中 a→b→c 所示。此

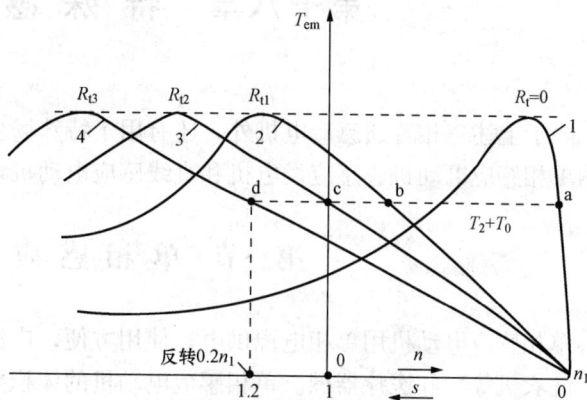

图 17 - 20 绕线型感应电动机的正接反转的反接制动

时如 R_t 继续增加，由于电磁转矩小于总负载转矩（T_2+T_0），转子就开始反转（重物向下降落）而进入反接制动状态。当 R_t 增加到 R_{t3} 时，电动机稳定运行于 d 点，转差率 $s=1.2$，而转子反转的转速为 $0.2n$，从而保证了重物以较低的均匀转速慢慢下降，而不致把重物损坏。显然，这时可用调节 R_t 大小来平滑控制重物下降的速度。

二、回馈制动

当感应电动机拖动电气机车下坡时，在电动机的电磁转矩和机车重力产生的转矩双重作用下，机车以越来越快的速度下坡，当转子转速超过同步转速，即 $n>n_s$ 时，电机就进入发电机制动状态运行，电磁转矩方向开始改变，一直到电磁转矩与重力转矩平衡时，转子转速才稳定不变，使机车恒速下坡。这时机车下坡时失去的位能转换为电能，通过电机送入电网，故称为回馈制动。

此外，当感应电动机进行变极调速并由少极数变为多极数时，由于同步转速突然下降很多，使转子转速变为高于同步转速。可见，在从少极数过渡到多极数时，感应电机运行于发电机制动状态。起重机下放重物时的现象也与此类似。

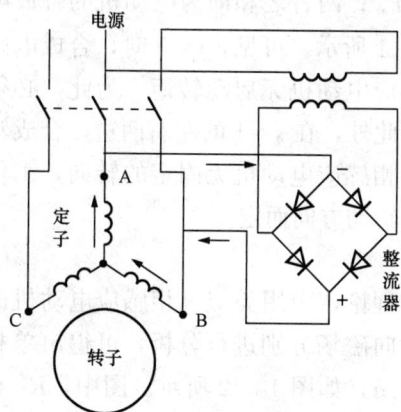

图 17 - 21 能耗制动线路图

三、能耗制动

将正在运行中的感应电动机的定子绕组从电网断开，接到一个直流电源上，由直流电流励磁在气隙中建立一个静止磁场。于是，从正在旋转的转子上来看此磁场将是向后旋转的，因此由它感应于转子中的电流所产生的电磁转矩的方向应为向后转，即对转子起制动作用。这时转子的动能全部消耗于转子上的铜损耗和铁损耗中，故称能耗制动。

一个典型的能耗制动线路图如图 17 - 21 所示，在制动时，定子两相绕组接成串联，由整流器供给直流励磁。调节此直流电流或改变绕线型转子回路中的附加电阻可以控制制动力矩的大小。

第十八章 特殊感应电机

除了上述三相普通感应电机外，还有用于特殊场合的特种感应电机。本章只介绍较为常见的单相感应电动机、感应发电机和直线感应电动机，其他种类请查阅有关文献[18,19]。

第一节 单相感应电动机

单相感应电动机用单相电源供电，使用方便，广泛地应用于家用电器（如电冰箱、电风扇、洗衣机等）和医疗器械。单相感应电动机的体积要比同容量的三相感应电动机大、运行性能稍差，因此容量不能太大，一般在几百瓦以下。

一、结构特点

除罩极电动机具有凸出的磁极外，单相感应电动机的铁心均与普通三相感应电动机相类似；转子都是普通的笼型转子；定子上装有单相绕组，称为工作绕组。小型单相感应电动机的定子内径较小，嵌线比较困难，故大多采用单层绕组。为了削弱定子磁动势中的 3 次谐波，也有采用双层绕组和正弦绕组的，以改善启动性能。

二、工作原理

单相感应电动机的定子工作绕组通入正弦交流电时，会产生一个脉振磁动势，可以看作两个大小相等、转向相反、转速相同的旋转磁动势 F_f 和 F_b，这在交流绕组的磁动势一章已经讨论过。若不考虑磁饱和，可分别研究两个旋转磁动势的作用，然后叠加起来，即可得到脉振磁动势的结果，这种分析方法称为双旋转磁场理论。

若转子转速为 n，则转子对正、反向旋转磁场的转差率分别为

$$\frac{n_s - n}{n_s} = s, \quad \frac{-n_s - n}{-n_s} = 2 - s \qquad (18-1)$$

正向旋转磁动势所产生的磁场与其所感应的转子电流作用，产生正向电磁转矩 T_{ef}；反向旋转磁场与其所感应的转子电流作用，产生反向电磁转矩 T_{eb}；两者之和即为电动机的合成电磁转矩 T_e，如图 18-1 所示。可见，$s=1$ 时，合成电磁转矩为零，故单相感应电动机无启动转矩。为此，必须采用其他措施启动。此外，在 $s=1$ 的左右两边，合成转矩是对称的，因此单相感应电动机无固定的转向，工作时的转向由启动时的转动方向而定。

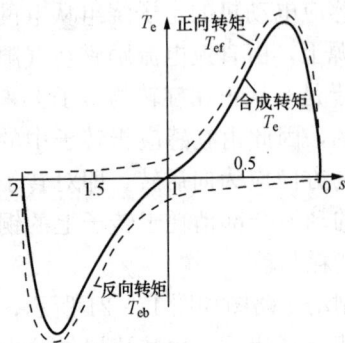

图 18-1 单相感应电动机
T_e—s 曲线

三、等效电路

根据双旋转磁场理论，引用类似三相感应电动机的研究方法，对正、反向磁场分别进行分析，可得出单相感应电动机的等效电路，如图 18-2 所示。图中，R_1 和 $X_{1\sigma}$ 为定子绕组的电阻和漏抗；E_f 和 E_b 分别为气隙中的正、反向合成磁场在定子工作绕组中感应的电动势；Z_m

为励磁阻抗，对应于脉振磁场在工作绕组中的反应；R'_2 和 $X'_{2\sigma}$ 为归算到工作绕组时转子的电阻和漏抗。由于定子正、反转磁动势的幅值分别为脉振磁动势的 $1/2$，故在对应的正转和反转电路中，励磁阻抗各为 $0.5Z_m$，转子电阻和漏抗的归算值各为 $0.5R'_2$ 和 $0.5X'_{2\sigma}$。转子回路的机械功率等效电阻分别为 $0.5\dfrac{1-s}{s}R'_2$ 和 $0.5\dfrac{1-s}{2-s}R'_2$。

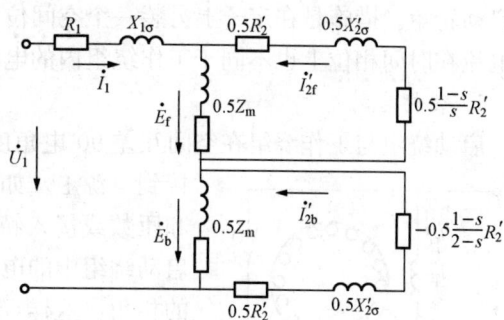

图 18-2 单相感应电动机的等效电路

若电源电压 U_1 和电动机的参数均为已知，则从等效电路即可算出定子和转子电流为

$$
\left.
\begin{aligned}
&\dot I_1 = \cfrac{\dot U_1}{R_1 + jX_{1\sigma} + \cfrac{0.5Z_m\left(\dfrac{R'_2}{s} + jX'_{2\sigma}\right)}{Z_m + \dfrac{R'_2}{s} + jX'_{2\sigma}} + \cfrac{0.5Z_m\left(\dfrac{R'_2}{2-s} + jX'_{2\sigma}\right)}{Z_m + \dfrac{R'_2}{2-s} + jX'_{2\sigma}}} \\[2mm]
&\dot I'_{2f} = -\dot I_1 \cfrac{Z_m}{Z_m + \dfrac{R'_2}{s} + jX'_{2\sigma}},\quad \dot I'_{2b} = -\dot I_1 \cfrac{Z_m}{Z_m + \dfrac{R'_2}{2-s} + jX'_{2\sigma}}
\end{aligned}
\right\}
\tag{18-2}
$$

正向电磁转矩 T_{ef} 和反向电磁转矩 T_{eb} 分别为

$$
T_{ef} = \frac{1}{\Omega_s} I'^2_{2f}\frac{0.5R'_2}{s},\quad T_{eb} = -\frac{1}{\Omega_s} I'^2_{2b}\frac{0.5R'_2}{2-s}
\tag{18-3}
$$

合成电磁转矩 T_e 为

$$
T_e = T_{ef} + T_{eb} = \frac{0.5R'_2}{\Omega_s}\left(\frac{I'^2_{2f}}{s} - \frac{I'^2_{2b}}{2-s}\right)
\tag{18-4}
$$

当转子不动时，$s=1$，等效电阻均等于零。从等效电路可见，正、反向转子回路完全相同，于是转子的电流 $I'_{2f} = I'_{2b}$。定子绕组中的感应电动势 E_f 和 E_b 大小相等，且为气隙合成磁场所感生的总电动势的 $1/2$，这意味着气隙中正、反向旋转磁场的幅值也相等。由式 (18-4) 可见，$T_e = 0$。

当转子旋转时，$s < 1$，$2-s > 1$，等效电阻 $0.5\dfrac{1-s}{s}R'_2 > 0.5\dfrac{1-s}{2-s}R'_2$，故 $E_f > E_b$。这说明随着转速的上升，气隙中的正向旋转磁场逐渐增大，反向旋转磁场逐渐减小，于是正向电磁转矩大于反向电磁转矩，使合成电磁转矩成为正值，如图 18-1 所示。正常运行时，s 很小，正向旋转磁场的幅值数倍于反向旋转磁场的幅值，故气隙中的合成磁场接近于圆形旋转磁场，此时反向电磁转矩的作用不太明显。

由于单相感应电动机中始终存在着一个反向旋转磁场，因此最大转矩倍数、效率和功率因数等均稍低于三相感应电动机。

单相感应电动机的参数也可以用空载试验和堵转试验来确定。

四、启动方法

要使单相感应电动机启动，应设法在气隙中形成一个椭圆或圆形的合成旋转磁场，以产生启动转矩。措施是在定子上另装一个空间位置不同于工作绕组的启动绕组，且使启动绕组的电流在时间相位上也不同于工作绕组内的电流。常用的启动方法有裂相法和罩极法。

1. 裂相启动

启动绕组与工作绕组在空间互差 90°电角度，启动绕组经离心开关 Q，与工作绕组并联

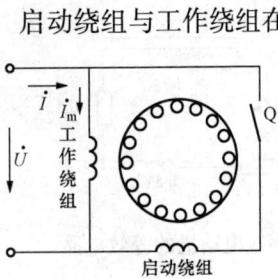

图 18 - 3 单相感应
电动机的接线

接到电源上，如图 18 - 3 所示。适当选择启动绕组的导线线规和匝数或接入特殊的电阻元件，使启动绕组的电阻增大，则启动绕组中的电流 I_{st} 在时间上可超前于工作绕组电流 I_m 一定的相角。这样，两个绕组就会在气隙中形成椭圆形旋转磁动势和磁场，并产生一定的启动转矩，使电机转动起来。当转子转速达到同步转速的 $75\% \sim 80\%$ 时，离心开关将启动绕组从电源断开。正常运行时，只有工作绕组接在电源上。这种靠启动绕组的电阻增大以造成裂相作用的电动机，称为裂相电动机。

裂相电动机的启动转矩较小，为了增加启动转矩，可在启动绕组回路中串入一个电容 C，如图 18 - 4（a）所示，这种电动机称为电容启动电动机。在电容启动的单相感应电动机中，工作绕组占定子总槽数的 2/3，启动绕组占 1/3。适当选择电容的大小，使启动绕组中的电流 I_{st} 超前于工作绕组中的电流 I_m 约 90°电角度［见图 18 - 4（b）］，这样启动绕组和工作绕组就可以在气隙中形成一个接近于圆形的旋转磁场，并产生较大的启动转矩。这种电动机的 T_e—s 曲线如图 18 - 4（c）所示，当离心开关 Q 闭合时为曲线 2，Q 开关开断时为曲线 1，S 表示动作点。

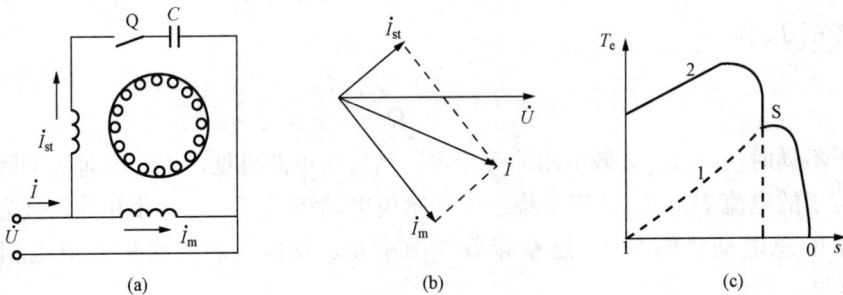

图 18 - 4 单相电容启动电动机
(a) 接线图；(b) 相量图；(c) T_e—s 曲线

如果电动机启动完毕后启动绕组不断开，一直接入电容运行，这种电机就称为电容运行电动机。电容运行电动机的力能指标较高，但启动性能较电容启动电动机稍差。如果电动机启动完毕后去掉部分电容，使启动和运行时都得到接近圆形的旋转磁场、性能都较佳的电机，则称它为电容启动运行电动机。

2. 罩极启动

罩极式单相感应电动机的定子铁心多数做成凸极式（也有隐极式），每个极上装有工作绕组。在磁极极靴的一边开有一个小槽，槽内嵌有短路铜环（称为罩极线圈）把部分磁极"罩"起来，如图 18 - 5（a）所示。

当工作绕组通入单相交流电流时，将产生脉振磁通。当通过铜环的部分磁通 $\dot{\Phi}'$ 脉振时，将在铜环中感生电动势和电流，电流在被罩部分又产生磁通 $\dot{\Phi}_k$。于是通过磁极被罩部分的合成磁通 $\dot{\Phi}''$ 应为

$$\dot{\Phi}'' = \dot{\Phi}' + \dot{\Phi}_k \qquad (18-5)$$

合成磁通 $\dot{\Phi}''$ 在铜环中感应的电动势为

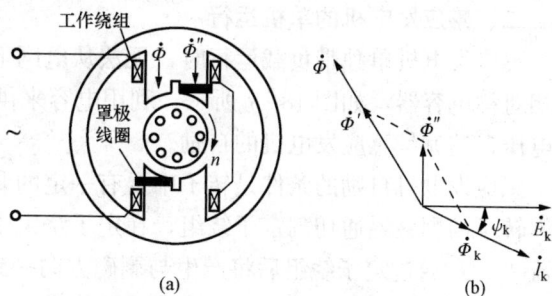

图 18-5 罩极式单相感应电动机
(a) 结构简图；(b) 相量图

$\dot{E}_k$，$\dot{E}_k$ 滞后于 $\dot{\Phi}''$90°相角，电流 $\dot{I}_k$ 又滞后于 $\dot{E}_k$ 以 ψ_k 角，$\dot{\Phi}_k$ 与 $\dot{I}_k$ 同相，整个相量图如图 18-5（b）所示。

由于短路环的作用，通过被罩部分的合成磁通 $\dot{\Phi}''$ 与未罩部分的磁通 $\dot{\Phi}$ 在时间和空间上都有一定的相位差，类似于裂相，于是气隙内的合成磁场将是一个具有一定推移速度的移行磁场，移行的方向为从超前的 $\dot{\Phi}$ 移向滞后的 $\dot{\Phi}''$。在移行磁场的作用下，电动机将产生一定的启动转矩，使转子顺着磁场移行的方向转动起来。

罩极法得到的启动转矩较小，但因结构简单，故多用于小型电扇、电唱机和录音机中。

第二节 感应发电机

一、工作原理

如前所述，用原动机将感应电动机的转子拖到同步速度 n_s，即转差率 $s=0$，此时电机为理想空载状态，处于电动机转变为发电机的临界状态。继续增加原动机的驱动转矩，则转子转速 n 将超过同步速度 n_s，转差率 $s<0$；此时转子导体切割旋转磁场的方向将相反，因此转子的感应电动势 sE_2 也将随之反向。但通过频率归算，s 计入转子等效电阻，仍可认为 E_2 方向不变。根据转子电压方程式（15-33），转子电流为

$$\dot{I}_2' = \frac{s\dot{E}_2'}{R_2'+jsX_{2\sigma}'} = \frac{s\dot{E}_2'(R_2'-jsX_{2\sigma}')}{(R_2'+jsX_{2\sigma}')(R_2'-jsX_{2\sigma}')} = \frac{s\dot{E}_2'R_2'}{R_2'^2+s^2X_{2\sigma}'^2} - j\frac{s^2\dot{E}_2'X_{2\sigma}'}{R_2'^2+s^2X_{2\sigma}'^2} \qquad (18-6)$$

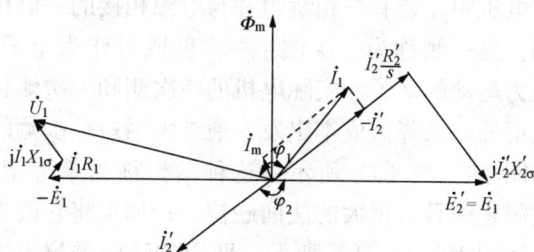

图 18-6 感应发电机的相量图

可见，转子电流的有功分量将随转差率变负而反向，但无功分量不反向。电磁转矩也将随之反向，而变成制动转矩，于是电机就成为发电机。感应发电机的相量图如图 18-6 所示，功率因数角 $\varphi_1>90°$，表示定子输入功率为负值（电动机惯例），即已向电网输出有功功率。

感应发电机接在电网上运行时，定子的电压和频率取决于电网的电压和频率，与其转速无关；此外，主磁场和漏磁场所需的滞后无功功率均由电网供给。

二、感应发电机的单机运行

感应发电机单独带负载运行时,无法从电网上获得励磁电流,必须在定子端点并联一组三相对称电容器,如图 18 - 7 所示。利用电容来供给励磁电流,以建立气隙磁场和发电机的端电压,这就是感应发电机的自励。

感应发电机自励的条件是转子中要有一定的剩磁。在空载情况下,用原动机带动转子旋转,转子的剩磁磁通切割定子绕组,在定子绕组中感生剩磁电动势,并向并联电容送出容性电流 I_c;I_c 通过定子绕组后将产生与剩磁方向一致的增磁性磁动势,使气隙磁场得到加强,并使发电机的电压逐步建立起来。最后的稳态空载电压,取决于空载曲线与电容线的交点,如图 18 - 8 所示。

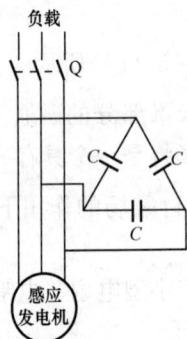

图 18 - 7 单机运行时感应发电机

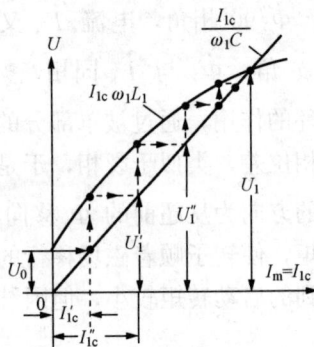

图 18 - 8 感应发电机的自励

单机负载运行时,感应发电机的电压和频率将随负载的变化而变化;为保持电压和频率恒定,必须相应地调节原动机的驱动转矩和电容 C 的大小。

感应发电机结构简单、运行可靠,投入电网比较简单。但它会降低电网的功率因数、影响送电效率,单机运行时电压和频率不稳定,这些都限制了它的应用。

第三节 直 线 感 应 电 机

一、基本结构

设想把感应电机沿径向剖开,展成直线,则可得到直线感应电机,如图 18 - 9 所示。在直线感应电机中,装有三相绕组并与电源相接的一侧称为一次侧,另一侧称为二次侧。一次侧既可作为定子,也可以作为运动的动子。实际电机的一次侧和二次侧长度常做成不等,从降低成本出发,通常采用短一次侧的形式,如图 18 - 10(a)所示。这种结构称为单边型,一、二次侧之间具有很大的法向磁拉力;如果将它改成双边型,如图 18 - 10(b)所示,两边的法向磁拉力将互相抵消。

直线感应电机一次侧的铁心由硅钢片叠成,表面开槽,三相绕组嵌在槽内。二次侧有很多形式,一种是在钢板上开槽,槽内嵌入铜条或铝条,两侧用铜带或铝带

(a)

(b)

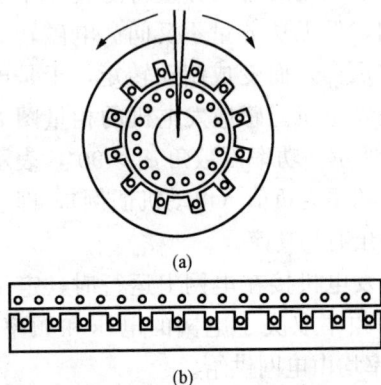

图 18 - 9 直线感应电机的演变

连接起来，形成类似于笼型转子的短路绕组。这种结构性能较好，但制造复杂，因此较少采用。当二次侧较长时，通常采用整块钢板或在钢板上复合铜或铝等金属作为二次侧。此外，也有仅用铜或铝构成的非磁性二次侧。为保证长距离运动中定子和动子不致相擦，直线电机的气隙一般要比普通感应电机大得多。把平板型直线感应电机的定子和动子沿着运动方向平行的轴线卷成圆筒，便成为圆筒形直线感应电机，如图 18-11 所示。

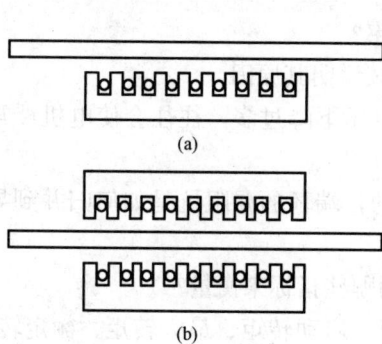

图 18-10 直线感应电机的型式

(a) 单边型；(b) 双边型

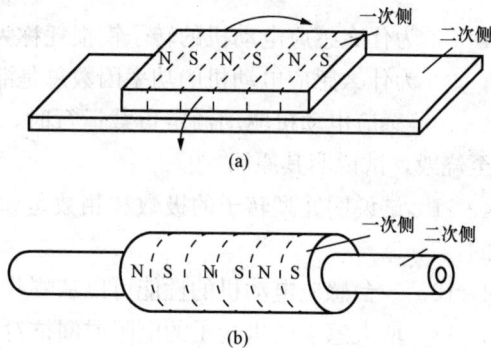

图 18-11 圆筒形直线感应电机的演变

(a) 平板型；(b) 圆筒形

二、工作原理

当直线感应电机的一次侧接到三相交流电源时，与普通感应电机相似，气隙内将形成一个从 A 相移向 B 相、从 B 相移向 C 相的平移行波磁场。行波磁场的推移速度是同步速度 $v_s = \pi D n_s / 60 = f \pi D / p = 2\tau f (\text{m/s})$。行波磁场将在二次侧感生电动势和电流，此电流与行波磁场相互作用产生切向电磁力，使动子作直线运动。设动子的运动速度为 v，则转差率 $s = (v_s - v)/v_s$。直线感应电机通常作为电动机使用，故 $0 < s < 1$。

直线感应电机可用于高速地面运输系统和工业中的各种直线传动设备（如直线传动带）。与旋转电机相比较，此时可以省去把旋转运动转换为直线运动的传动装置。直线电机的缺点是由于气隙较大，一次侧铁心两端开断，故电机的功率因数和效率较低；此外，由于三相阻抗不对称，所以即使在三相对称电压下运行，三相电流也不对称。

思 考 题

4-1 把一台三相感应电动机用原动机驱动，使其转速 n 高于旋转磁场的转速 n_s，定子接到三相交流电源，试分析转子导条中感应电动势和电流的方向。这时电磁转矩的方向和性质是怎样的？若把原动机去掉，电机的转速有何变化？为什么？

4-2 有一台三相绕线型感应电动机，若将其定子三相短路，转子中通入频率为 f_1 的三相交流电流，问气隙旋转磁场相对于转子和相对于空间的转速及转子的转向。

4-3 三相感应电动机的转速变化时，转子所生磁动势在空间的转速是否改变？为什么？

4-4 频率归算时，用等效的静止转子去代替实际旋转的转子，这样做是否会影响定子边的电流、功率因数、输入功率和电机的电磁功率？为什么？

4-5 三相感应电动机的定、转子电路其频率互不相同，在 T 形等效电路中为什么能把它们画在一起?

4-6 感应电动机等效电路中的 $\dfrac{1-s}{s}R_2'$ 代表什么? 能否不用电阻而用一个电抗去代替? 为什么?

4-7 感应电动机轴上所带的负载增大时,定子电流就会增大,试说明其原因和物理过程。

4-8 为什么感应电动机的转子铜损耗称为转差功率?

4-9 为什么感应电动机的功率因数总是滞后的,试说明其原因。

4-10 感应电动机驱动额定负载运行时,若电源电压下降过多,往往会使电机严重过热甚至烧毁,试说明其原因。

4-11 试说明笼型转子的极数和相数是如何确定的,端环的漏阻抗是如何归并到导条中去的。

4-12 一台感应电动机的性能可以从哪些方面和用哪些指标来衡量?

4-13 增大感应电机转子的电阻或漏抗对启动电流、启动转矩、最大转矩、额定转速、额定效率有何影响?

4-14 试述转子电阻、电源电压对感应电动机 T_e—s 曲线的影响。

4-15 三相感应电动机的参数如何测定? 如何利用参数算出电动机的主要性能数据?

4-16 有一台 50Hz、380V 的三相感应电动机,若运行在 60Hz、380V 的电源上,问电动机的最大转矩、启动转矩和启动电流有何变化?

4-17 为什么绕线型感应电动机的转子中串入启动电阻后,启动电流减小而启动转矩反而增大? 若串入启动电抗,是否会有同样效果?

4-18 深槽和双笼感应电动机为什么具有较好的启动性能?

4-19 试述双速感应电动机的变极原理。

4-20 试分析绕线型感应电动机的转子中串入调速电阻时,电机内部所发生的物理过程。若负载为恒转矩负载,问调速前、后转子电流是否改变? 为什么?

4-21 怎样改变单相电容电动机的转向? 单相罩极电动机的转向能否改变,为什么?

4-22 单相电容电动机的旋转磁动势启动时是圆形的,如果不改变电容,运行时旋转磁动势还是圆形的吗?

练习题

4-1 试写出感应电机电磁转矩的三种表达形式:①用电磁功率表达;②用总机械功率表达;③用主磁通、转子电流和转子的内功率因数表达。

4-2 有一台 Y 联结、380V、50Hz、额定转速为 1444r/min 的三相绕线型感应电动机,其参数为 $R_1=0.4\Omega$, $R_2'=0.4\Omega$, $X_{1\sigma}=X_{2\sigma}'=1\Omega$, $X_m=40\Omega$, R_m 略去不计,定、转子的电压比为 4。试求:

(1) 额定负载时的转差率。

(2) 额定负载时的定、转子电流。

(3) 额定负载时转子的频率和每相电动势值。

4-3　有一台 4 极、220V 的单相感应电动机，其参数为 $R_1=R_2'=8\Omega$，$X_{1\sigma}=X_{2\sigma}'=12\Omega$，$X_m=200\Omega$，$R_m=10.33\Omega$，机械损耗和杂散损耗 $p_{\Omega+\Delta}=13W$。试计算转差率 $s=0.04$ 时，电动机的：

(1) 定子电流和输入功率。

(2) 转子电流 I_{2f}' 和 I_{2b}'。

(3) 电磁功率和电磁转矩。

(4) 输出功率和效率。

4-4　有一台三相 4 极的笼型感应电动机，电动机的额定功率 $P_N=17kW$，额定电压 $U_{1N}=380V$（D 联结），参数为 $R_1=0.715\Omega$，$X_{1\sigma}=1.74\Omega$，$R_2'=0.416\Omega$，$X_{2\sigma}'=3.03\Omega$，$R_m=6.2\Omega$，$X_m=75\Omega$，电动机的机械损耗 $p_\Omega=139W$，额定负载时的杂散损耗 $p_\Delta=320W$，试求额定负载时的转差率、定子电流、定子功率因数、电磁转矩、输出转矩和效率。

4-5　有一台 50Hz 的三相感应电动机，其铭牌数据为 $P_N=10kW$，$2p=4$，$U_N=380V$，Y 联结，$I_{1N}=19.8A$。已知 $R_1=0.5\Omega$，空载试验数据：$U_1=380V$，$I_{10}=5.4A$，$P_{10}=425W$，$p_\Omega=90W$，短路试验数据如下表：

U_{1k}(线)(V)	200	160	120	80	40
I_{1k}(A)	36	27	18.1	10.5	4
P_{1k}(W)	3680	2080	920	290	40

试求：

(1) X_m、$X_{1\sigma}$、$X_{2\sigma}'$ 和 R_2'，设（$X_{1\sigma}=X_{2\sigma}'$）。

(2) 用 T 形等效电路确定额定电流 I_{1N} 和额定功率因数 $\cos\varphi_N$（杂耗设为 $1\%P_N$）。

(3) T_{max}。

4-6　一台三相 8 极的感应电动机，$P_N=260kW$，$U_{1N}=380V$，$n_N=722r/min$，过载能力为 2.13，试求：

(1) 产生最大电磁转矩时的转差率。

(2) 转差率为 0.02 时的电磁转矩。

4-7　有一台笼型感应电动机，$P_N=17kW$，$2p=4$，$U_{1N}=380V$，Y 联结，电动机的参数为 $X_{1\sigma}=0.55\Omega$，$X_{2\sigma}'=0.75\Omega$，$X_m=18.5\Omega$，R_m 略去不计，$R_1=0.228\Omega$，$R_2'=0.224\Omega$，铁损耗 $p_{Fe}=350W$，机械损耗 $p_\Omega=250W$，额定负载时的杂耗 $p_\Delta=0.5\%P_N$，试求：

(1) 额定负载时电动机的转速、定子电流和电磁转矩（用计算机算）。

(2) 电机的额定功率因数和效率（用计算机算）。

(3) 最大转矩 T_{max}、启动转矩 T_{st} 和启动电流 I_{st}（设发生最大转矩时，定、转子漏抗为上述给定值的 90%，启动时为给定值的 80%）。

4-8　一台三相 4 极的感应电动机额定功率为 28kW，$U_{1N}=380V$，$\eta_N=0.9$，$\cos\varphi_N=0.88$，定子为 D 联结，在额定电压下直接启动时，启动电流为额定电流的 6 倍。试求用 Yd 启动时，启动电流是多少？

4-9　有一台三相绕线型感应电动机，$P_N=155kW$，$n_N=1450r/min$，$U_{1N}=380V$，定转子均为 Y 联结，$\cos\varphi_N=0.89$，$\eta_N=0.89$，参数 $R_1=R_2'=0.012\Omega$，$X_{1\sigma}=X_{2\sigma}'=0.06\Omega$，$k_e=k_i=1.73$，励磁电流略去不计。现要把该电机的启动电流限制在 $1.5I_{1N}$，试计算启动电

阻的值以及启动转矩倍数。

4-10 有一台三相绕线型感应电动机，$n_N=1460r/min$，转子每相电阻 $R_2=0.015\Omega$。设电源电压、频率和负载转矩保持为额定值不变，把转速下降到 $1100r/min$，转子每相应串入多大的调速电阻？

4-11 有一台三相 4 极笼型感应电动机，$P_N=200kW$，$U_{1N}=380V$，定子为 D 联结，$I_{1N}=234A$，$p_{Cu1}=5.12kW$，$p_{Cu2}=2.85kW$，$p_{Fe}=3.8kW$，$p_\Omega=0.98kW$，$p_\Delta=3kW$，$R_1=0.0345\Omega$，$X_m=5.9\Omega$；正常运行时 $X_{1\sigma}=0.202\Omega$，$R'_2=0.022\Omega$，$X'_{2\sigma}=0.195\Omega$；启动时，由于磁路饱和与集肤效应的影响，$X_{1\sigma}=0.1375\Omega$，$X'_{2\sigma}=0.11\Omega$。试求：

（1）额定负载下的转速、电磁转矩和效率。

（2）最大转矩倍数和启动转矩倍数。

4-12 有一台三相笼型感应电动机，其额定数据为：$P_N=10kW$，$U_{1N}=380V$，$I_{1N}=19.7A$，$n_N=1445r/min$，Y 联结，电动机的参数为：$R_1=0.488\Omega$，$R'_2=0.408\Omega$，$X_{1\sigma}=1.2\Omega$，$X'_{2\sigma}=1.333\Omega$，$R_m=3.72\Omega$，$X_m=39.5\Omega$。现把该机接在额定电压的电网上做发电机运行，并用原动机把它拖到 $1550r/min$，试计算：

（1）此时电机向电网输出的有功功率 P 和无功功率 Q，此无功功率是感性还是容性？

（2）电机的电磁功率 P_e。

（3）电机输入的机械功率（已知电机的机械损耗为 $0.14kW$，杂散损耗不计）。

4-13 有一台三相绕线型感应电动机，转轴上同轴连接一个半径为 $20cm$ 的轮轴，轮轴上缠绕钢丝来带一个 $30kg$ 重物升降。转子为 Y 联结，每相电阻为 0.05Ω。如果忽略机械摩擦转矩，当重物上升时，电动机转速为 $1440r/min$，今欲使电动机以 $750r/min$ 的转速把重物下放，问转子每相需串入多大的附加电阻？附加电阻需要多大的电流容量？如果考虑机械摩擦转矩，当重物上升时，电动机转速为 $1434r/min$，当重物下降时，在转子回路中仍串联同样大的附加电阻，问电动机转速是多少？附加电阻的电流容量够不够？并证明：重物在下降时，转子铜损耗是来自定子的电磁功率与重物所做的机械功率之和。

4-14 有一台三相 Y 联结感应电动机，启动时发现有一相断线，问电动机投入电网后能否启动起来？如果在运行时发生一相断线，问定子电流、转速和最大转矩有何变化，断线后电机能否继续长期带上额定负载？

4-15 有一台三相 Y 联结感应电动机，其额定数据为：$P_N=1.7kW$，$U_{1N}=380V$，$I_{1N}=3.9A$，$n_N=1445r/min$。拖动一恒转矩 $M_2=1.16kgm$ 的负载连续工作，此时定子绕组平均温度已达到绝缘材料的允许限度。若电网电压下降为 $300V$，在上述负载下电动机转速为 $1400r/min$，铜损耗为原来的多少倍？此时电机能否长期工作下去（已知 $r_1=r'_2$，忽略励磁电流和机械损耗）？

4-16 从以下三方面比较三相和单相感应电动机的 T_e—s 曲线：①$s=1$ 时；②$s=0$ 时；③电动机的最大转矩。

4-17 有一台单相感应电动机，若启动绕组和工作绕组在空间互差 α 电角度，有效匝比为 k，问启动绕组中的电流满足什么条件时，定子的基波合成磁动势可成为圆形旋转磁动势？

4-18 有一台 $110V$、$50Hz$ 的 4 极单相感应电动机，参数为 $R_1=R'_2=2\Omega$，$X_{1\sigma}=X'_{2\sigma}=2\Omega$，$X_m=50\Omega$，$R_m=4.5\Omega$，机械损耗和杂散损耗为 $10W$，试求转差率 $s=0.05$ 时电动

机的：

(1) 定子电流和功率因数。

(2) 电磁功率和电磁转矩。

(3) 输出功率和效率。

(4) 正向和反向旋转磁场幅值之比。

4-19　有一台三相 4 极 Y 联结的感应电动机并联在 $U_N = 380\text{V}$ 的电网上。参数为 $R_1 = 0.488\Omega$、$X_{1\sigma} = 1.2\Omega$、$R_m = 3.72\Omega$、$X_m = 39.5\Omega$、$R'_2 = 0.408\Omega$，$X'_{2\sigma} = 1.333\Omega$。现由原动机将转子拖至 1550r/min 作发电机运行。试求：

(1) 转差率 s。

(2) 电机输出的有功功率 P_1、无功功率 Q 及无功功率的性质。

(3) 电磁功率 P_e 及能量转换方向。

(4) 转子吸收的机械功率 P_Ω。

(5) 输入功率 P_2（设机械损耗和杂散损耗之和为 140W）。

(6) 单机空载运行时每相 D 接并联电容。

(7) 当负载的有功功率不变，而功率因数为 0.85（滞后）时，单机运行每相并联电容。

第五篇 同 步 电 机

同步电机的转速 n 在稳态运行时，与极对数 p 和频率 f 之间具有固定不变的关系，$n=60f/p=n_s$，即等于同步转速 n_s。若电网的频率不变，同步电机的转速恒为常值，而且与负载的大小无关，这是与感应电机不同的。

同步电机也是一种常用的交流电机。根据电机的可逆性原理，同步电机既可作为发电机，也可作为电动机或补偿机。现代发电站中的交流发电机几乎全部都是同步发电机，在工矿企业和电力系统中，同步电动机和补偿机也有应用。

由于同步电机大多数情况下是作为发电机运行，因此本篇先以发电机为主进行分析，最后再介绍同步电动机和同步补偿机的特点。首先简要地介绍同步电机的典型结构和空载磁路，然后说明负载时的电枢反应，进而建立同步发电机的数学模型；再进一步讨论同步电机内的能量转换，同步发电机的稳态运行性能以及发电机与电网的并联运行。

第十九章 概 述

本章主要介绍同步电机的典型结构，以建立实物模型；并简要说明同步电机的运行状态与励磁方式。

第一节 同步电机的典型结构

一、旋转电枢式和旋转磁极式

同步电机与感应电机相比较，定子的结构大体相同，绕组采用交流绕组，铁心用 0.5mm 厚的硅钢片叠成；转子的结构有所差别。感应电机的转子为铁心上嵌多相交流绕组，而同步电机的转子则为磁极上装置直流励磁绕组，如图 19-1 所示。这种结构称为旋转磁极式，把电枢装在定子上，主磁极装在转子上，由于励磁部分的容量和电压常较电枢小得多，电刷和集电环的负荷大为减轻，工作条件得以改善。所以，目前旋转磁极式结构已成为中、大型同步电机的基本结构形式，现代发电厂中见到的同步发电机几乎都是旋转磁极式，故本篇只讨论旋转磁极式同步电机。

如果将电枢装在转子上，主磁极装在定子上，则称为旋转电枢式。这种结构曾在小容量同步电机中得到一定应用。

对于大型同步电机，铁心采用分段式，每段厚度为 30～60mm，段间留有宽 8～10mm 的通风槽，整个铁心用非磁性压板

图 19-1 凸极同步电机的转子

压紧，固定在机座上；定子绕组采用空心导线，用来通水内冷；机座一般用钢板焊接而成；端盖与轴承分离，归于定子，只起封闭作用；采用滑动轴承，装在轴承座内。

二、隐极式和凸极式

按照主磁极的形状，旋转磁极式又可分为隐极式和凸极式两种形式，如图 19-2 所示。

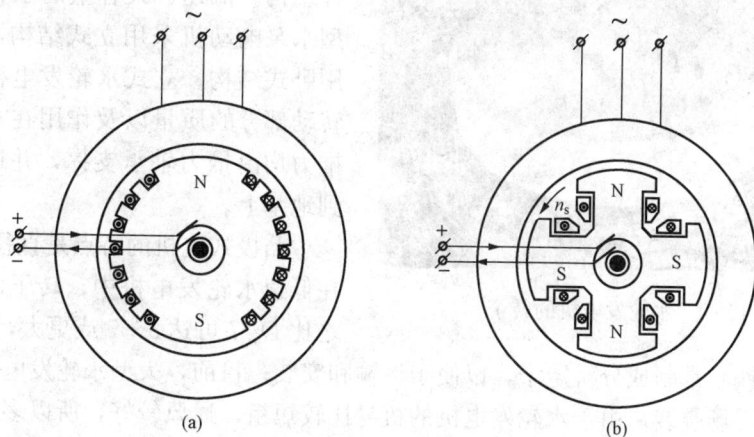

图 19-2　旋转磁极式同步电机按转子外形分类
(a) 隐极式；(b) 凸极式

1. 隐极同步电机

隐极同步电机的转子做成圆柱形，气隙为均匀，由转子铁心、励磁绕组、转轴、风扇、集电环和护环等部件组成。铁心与转轴用整块的具有良好导磁性的高强度合金钢锻成；励磁绕组用非磁性的金属槽楔固定在转子槽内、端部用高强度非磁性钢锻成的护环固定。它具有较高的机械强度，可以承受极大的机械应力和发热，常用于离心力较大的高速同步电机，如用高速汽轮机作为原动机来驱动的汽轮发电机和少数的高速同步电动机。

现代的汽轮发电机均为卧式结构，即转子轴线位于水平方向。一般都是二极电机，同步转速为 3000r/min（50Hz 时）或 3600r/min（60Hz 时）。由于转速高，所以汽轮发电机的直径较小，长度较长，转子的长度与直径之比 $l_2/D_2 = 2 \sim 6$，如图 19-3 所示，容量越大，此比值也越大。

提高转速可以提高汽轮机的运行效率，减小整个机组的尺寸、降低机组的造价。由于汽轮发电机的机身比较细长，转子和电机中部的通风比较困难，所以汽轮发电机的通风、冷却系统要比其他电机复杂得多。

2. 凸极同步电机

凸极同步电机的转子有明显凸出的磁极，气隙不均匀，由主磁极、磁轭、励磁绕组、阻尼绕组、集电环和转轴等部件组成。

图 19-3　隐极同步电机的转子

主磁极和磁轭一般用 1～1.5mm 厚的钢板叠压而成，励磁绕组采用集中绕组。凸极式同步

电机机械强度较差，常用于低速电机（1000r/min 以下），如用水轮机作为原动机来驱动的

图 19-4　水轮发电机的转子

水轮发电机，由内燃机驱动的同步发电机、同步电动机和同步补偿机。

凸极同步电机通常分为卧式和立式两种结构。低速、大容量的水轮发电机和大型水泵电动机采用立式结构，其他的都采用卧式结构。立式水轮发电机的整个机组转动部分的质量以及作用在水轮机上的水推力均由推力轴承支撑，并通过机架传递到地基上。

凸极式电机的特点是直径大、长度短。在低速水轮发电机中，转子的外径和长度之比 D_a/l 可达 5～7 或更大，如图 19-4 所示。以前定子铁心常制成分辨定子，以便于运输和安装；目前，大型水轮发电机的定子铁心一般都在运行现场叠装。由于水轮发电机的机身比较短粗，通风较好，所以多采用较简单的空冷系统。

除励磁绕组外，同步电机的转子上还常装有阻尼绕组，是由插入主极极靴槽中的铜条和两端的端环焊成的一个闭合绕组，与感应电机转子的笼形绕组结构相似，如图 19-5 所示。在同步发电机中，当转子发生振荡、转速高于或低于同步转速时，阻尼绕组将切割气隙旋转磁场，感生一低频电流，所产生的电磁转矩总是对偏离同步转速起阻尼作用，削弱或抑制转子的机械振荡。在同步电动机和补偿机中，阻尼绕组主要用来启动电机。

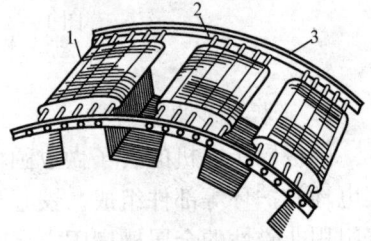

图 19-5　阻尼绕组
1—极靴；2—阻尼铜条；3—端环

第二节　同步电机的运行状态

当同步电机的定子绕组中通过对称的三相电流时，定子将产生一个以同步转速推移的旋转磁场。定子旋转磁场带动转子以恒定的、与旋转磁场相同的转速旋转，这就是"同步"一词的含义。在稳态情况下，同步电机的转速恒为同步转速。于是，定子旋转磁场与直流励磁的转子主极磁场保持相对静止，它们相互作用产生电磁转矩，进行机电能量转换。

根据电机的可逆原理，同步电机有发电、电动机和补偿机三种运行状态。发电机把机械能转换为电能；电动机把电能转换为机械能；补偿机不转换有功功率，专门发出或吸收无功功率、调节电网的功率因数，因此也称调相机。同步电机实际运行状态取决于定、转子磁场的相对位置，其空间夹角称为转矩角 δ_{sr}。一般以功率角 δ 来表征，它是定、转子的合成磁场与转子磁场之间的夹角，也是同步电机的一个基本变量。

当 $\delta > 0$ 时，转子主磁场超前于合成磁场，此时转子上将受到一个制动性质的电磁转矩，作用方向与转子旋转方向相反，如图 19-6（a）所示。为使转子能以同步转速持续旋转，转子必须从原动机输入驱动转矩。此时，转子输入机械功率，定子绕组向电网或负载输出电功

率，电机作发电机运行。此时，在定子绕组中感应电动势的频率为

$$f = \frac{pn}{60} \qquad (19 - 1)$$

可见，为了使频率恒定，在特定极数 $2p$ 下，转子的转速 n 也必须恒定，即同步转速。

当 $\delta = 0$ 时，转子主磁场与合成磁场的轴线重合，此时电磁转矩为零，如图 19-6（b）所示。此时，电机内没有有功功率的转换，电机处于补偿机状态或空载状态。

当 $\delta < 0$ 时，转子主磁场滞后于合成磁场，则转子上将受到一个驱动性质的电磁转矩作用，作用方向与其旋转方向相同，如图 19-6（c）所示。此时，定子绕组从电网吸收电功率，转子可拖动负载输出机械功率，电机作电动机运行，电机的转速为

$$n = \frac{60f}{p} = n_s \qquad (19 - 2)$$

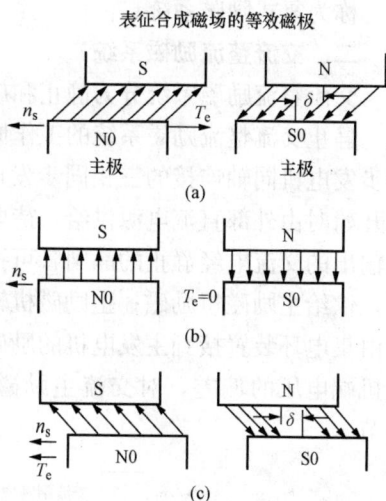

图 19-6　同步电机的三种运行状态
（a）发电机；（b）补偿机；（c）电动机

第三节　同步电机的励磁方式

供给同步电机励磁的装置，称为励磁系统。获得励磁电流的方式则称为励磁方式。为保证同步电机的正常运行，励磁系统应满足以下要求：

（1）当同步电机从空载到满载以及过载时，应能稳定地提供所需的励磁电流。

（2）当电力系统发生故障，使得电网电压下降时，应能快速强行励磁，以提高系统的稳定性。

（3）当同步电机内部发生故障时，应能快速灭磁，以便迅速排除故障，并使故障局限在最小范围内。

（4）励磁系统应能长期可靠地运行，且维护要方便，力求简单、经济。

目前采用的励磁系统主要可分为两类：一类是用直流发电机作为励磁电源的直流励磁机励磁系统；另一类是用交流发电机配合半导体整流装置将交流变成直流作为励磁电源的交流整流励磁系统。

一、直流励磁机励磁系统

直流励磁机通常与同步发电机同轴，最简单的方式是采用并励。有时为了使励磁机在较低电压下也能稳定运行，并提高励磁系统的反应速度，励磁机也有采用他励的，此时励磁机由另一台与主励磁机同轴的副励磁机供给励磁，如图 19-7 所示。为使同步电机的输出电压保持恒定，常在励磁电流中加进一个反映发电机负载电流的反馈分量，当负载增加时，励磁电流相应地增大，以补偿电枢反应和漏抗压降的作

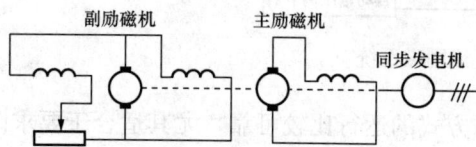

图 19-7　带副励磁机的励磁系统

用，称为复式励磁系统。

二、交流整流励磁系统

交流整流励磁系统分为静止和旋转两类。

静止交流整流励磁系统的工作原理如图 19-8 所示。交流主励磁机和副励磁机都是与主同步发电机同轴连接的三相同步发电机，频率通常分别为 100Hz 和 400Hz。副励磁机的励磁开始时由外部直流电源供给，待电压建起后再转为自励（有时采用永磁发电机）；副励磁机输出的交流电经静止的晶闸管可控整流器整流之后，由集电环装置接到主励磁机的励磁绕组，供给主励磁机励磁；主励磁机输出的交流电经静止的三相桥式不可控硅整流器整流后，再由集电环装置接到主发电机的励磁绕组，以供给其直流励磁。自动电压调整器系根据主发电机端电压的偏差，对交流主励磁机的励磁进行调节，从而实现对主发电机励磁的自动调节。

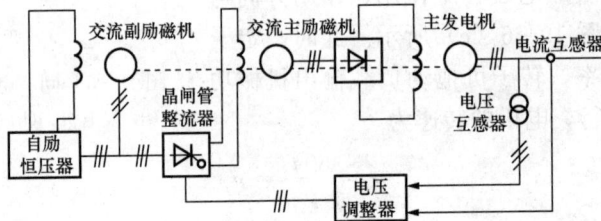

图 19-8　静止交流整流励磁系统

这种励磁系统的运行和维护都比较方便，由于取消了直流励磁机，使励磁容量得以提高，因而在大容量汽轮发电机中获得广泛应用。然而现代大容量汽轮发电机所需的励磁容量很大，即使采用 400～500V 的励磁电压，励磁电流仍可达到 4000A 以上。实践表明，当励磁电流超过 2000A 时，会引起集电环的严重过热而烧伤，可采用旋转的交流整流励磁系统。

旋转交流整流励磁系统的工作原理如图 19-9 所示。交流主励磁机改用旋转电枢式，旋转电枢输出的交流电经与主轴一起旋转的不可控硅整流器整流后，直接送到汽轮发电机的转子励磁绕组。交流主励磁机的励磁，由同轴的交流副励磁机经静止的晶闸管可控整流器整流后供给。发电机的励磁由电压调节器自动调节。这种系统的交流主励磁机的电枢绕组、硅整流装置、主发电机的励磁绕组均装设在同一旋转体上（图 19-9 中用虚线框出），不再需要集电环和电刷装置，所以又称为无刷励磁系统。

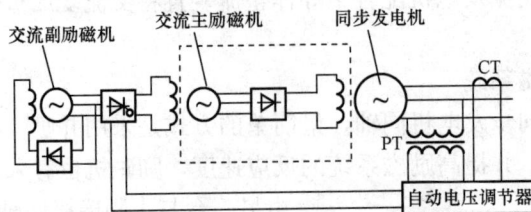

图 19-9　旋转交流整流励磁系统

由于取消了集电环和电刷装置，所以这种励磁方式的运行比较可靠，尤其适合于要求防燃、防爆的特殊场合。其缺点是发电机励磁回路的灭磁时间常数较大，对迅速消除主发电机的内部故障是不利的。这种励磁系统大多用于大、中容量的汽轮发电机、补偿机以及在特殊环境中工作的同步电动机中。

三、其他励磁系统

晶闸管自励恒压励磁系统的原理如图 19-10 所示。当发电机空载时，单独由半控整流桥供给励磁；当发电机负载时，复励变流器经整流桥又给主发电机提供复励电流，可在一定程度上对发电机随负载而变化的电压进行自动调节。在机端三相短路的情况下，发电机端电压为零，但此时电流将急剧增大，使得整流桥的输出电流也急剧增大，从而产生一定的强励效应。此外，图 19-10 中还简要地示出了自动电压调整器的控制线路。这种励磁方式适用于几千千瓦到几万千瓦的同步发电机。

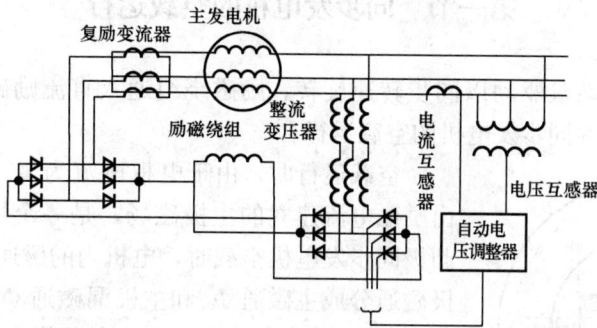

图 19-10　晶闸管自励恒压励磁系统的原理图

在小型同步发电机中，还经常采用具有结构简单、自励恒压等特点的 3 次谐波励磁、电抗移相励磁或感应励磁等励磁方式。

第二十章　同步发电机的运行原理

　　本章主要分析三相同步发电机的电磁关系，以建立物理模型；推导方程式，以建立数学模型。先分析空载情况，后分析负载情况；再分别建立隐极和凸极同步发电机的数学模型；最后研究同步发电机的功率和转矩。本章的内容是同步电机理论的核心和基础。

第一节　同步发电机的空载运行

　　同步发电机被原动机驱动以同步转速旋转，励磁绕组通入直流励磁电流，电枢绕组开路，这种运行情况称为同步发电机的空载运行。

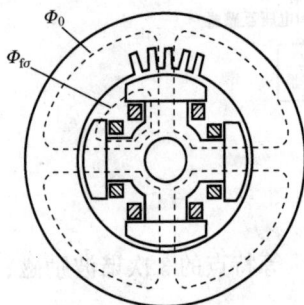

图 20-1　同步发电机的
空载磁路

　　空载运行时，由于电枢电流为零，同步发电机内仅有由励磁电流建立的主极磁场，是一个恒定磁场。一台 4 极凸极同步发电机空载时，电机内的磁通如图 20-1 所示。主极磁通分成主磁通 Φ_0 和主极漏磁通 $\Phi_{f\sigma}$ 两部分，Φ_0 通过气隙并与定子绕组交链，能在定子绕组中感应交流电动势，$\Phi_{f\sigma}$ 不通过气隙，仅与励磁绕组相交链。主磁通经过的路径称为主磁路，包括空气隙、电枢齿、电枢轭、磁极和转子轭五部分。

　　当转子以同步转速旋转时，主磁场就在气隙中形成旋转磁场，它切割对称的三相定子绕组后，就在定子绕组内感应出频率为 f 的三相对称电动势，称为励磁电动势，即

$$\dot{E}_{0A} = E_0 \underline{/0°}, \quad \dot{E}_{0B} = E_0 \underline{/-120°}, \quad \dot{E}_{0C} = E_0 \underline{/-240°} \tag{20-1}$$

忽略高次谐波时，每相励磁电动势的有效值 E_0 为

$$E_0 = \sqrt{2}\pi f N_1 k_{w1} \Phi_0 \tag{20-2}$$

式中：Φ_0 为每极的磁通量。

第二节　对称负载时的电枢反应

　　当同步发电机带上对称负载后，电枢绕组中就流过对称的三相电流，产生电枢磁动势，并影响主极磁动势建立的气隙磁场。电枢磁动势基波对气隙磁场的影响称为电枢反应，或称为负载反应。若仅考虑其基波，电枢磁动势与转子同方向、同转速旋转。电枢磁动势和主极磁动势在电机内的相对位置始终保持不变，共同建立气隙磁场。

　　电枢反应的性质取决于电枢磁动势和主磁场在空间的相对位置，与励磁电动势 $\dot{E}_0$ 和负载电流 $\dot{I}$ 之间的相角差 ψ_0 有关。ψ_0 称为内功率因数角，与负载的性质有关（感性、容性或阻性）。下面根据不同的 ψ_0 值，分别来分析。

一、$\psi_0 = 0°$，电枢电流 $\dot{I}$ 与励磁电动势 $\dot{E}_0$ 同相时

一台 2 极同步发电机的空间相量图如图 20 - 2（a）所示。为简明起见，图 20 - 2（a）中每相电枢绕组和励磁绕组均用一个单匝线圈来表示。在主极轴线与电枢 A 相绕组轴线正交的瞬间，A 相绕组链过的主磁通为零，由于电动势滞后于产生它的磁通 90°，故 A 相的励磁电动势 $\dot{E}_{0A}$ 的瞬时值为最大值，其方向为从 X 入，从 A 出。B、C 两相的励磁电动势 $\dot{E}_{0B}$ 和 $\dot{E}_{0C}$ 分别滞后 A 相 120°和 240°，如图 20 - 2（b）所示。A 相的励磁电动势 $\dot{E}_{0A}$ 位于时间参考轴上，主极磁通相量超前 90°。

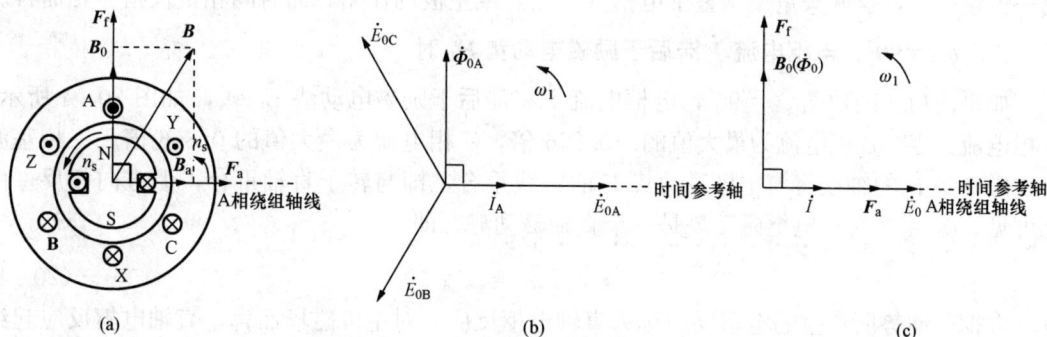

图 20 - 2　$\psi_0 = 0°$时同步发电机的电磁关系
(a) 空间相量图；(b) 时间相量图；(c) 时—空统一矢量图

如果内功率因数角 $\psi_0 = 0°$，电枢电流 $\dot{I}$ 与励磁电动势 $\dot{E}_0$ 同相位 [见图 20 - 2（b）]，A 相电流达到最大值，三相基波合成磁动势 F_a 的轴线应位于 A 相绕组的轴线上 [见图 20 - 2 (a)]。

此时电枢磁动势的轴线与主极磁动势 F_f 的轴线正交。由于它们均以同步速率旋转，其相对位置始终保持不变，所以在其他任意瞬间，电枢磁动势的轴线恒与转子交轴重合。由此可见，$\psi_0 = 0°$时，电枢磁动势是一个交轴磁动势，即

$$F_{a(\psi_0 = 0°)} = F_{aq} \tag{20-3}$$

交轴电枢磁动势所产生的电枢反应称为交轴电枢反应。对主极磁场而言，交轴电枢反应在前极尖起去磁作用，在后极尖起增磁作用，称为交磁性质，使气隙磁场发生畸变，如图 20 - 3 所示。

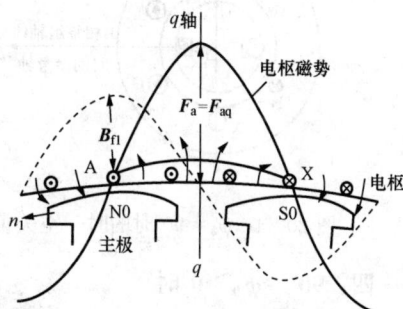

图 20 - 3　交轴电枢磁动势与主磁场的相对位置

由于交轴电枢反应的存在，使气隙合成磁场 B 与主磁场 B_0 之间形成一定的空间相角差，从而产生一定的电磁转矩。所以电磁转矩和能量转换与交轴电枢磁动势相关联。从图 20 - 2（a）可见，对于同步发电机，当 $\psi_0 = 0°$时，主磁场将超前于气隙合成磁场，于是主极上将受到一个制动性质的电磁转矩。原动机的驱动转矩克服制动的电磁转矩而做功，并通过在电枢绕组内产生运动电动势向电网送出有功电流，将机械能转换为电能。

　　用电角度表示时，图 20-2（a）的空间向量和图20-2（b）的时间相量均为同步旋转，于是，若把时间参考轴置于 A 相绕组轴线上，就可以把两图合并，得到一个统一的时—空矢量图，如图 20-2（c）所示。主磁场 $\boldsymbol{B}_0$ 与电枢磁动势 $\boldsymbol{F}_a$ 之间的空间相位关系，恰好同链过 A 相的主磁通 Φ_{0A} 与 A 相电流 $\dot{I}_A$ 的时间相位关系一致。由于三相电动势和电流均为对称，所以在统一矢量图中，仅画出 A 相一相的励磁电动势、电流和与之匝链的主磁通，并省略下标 A；空间矢量 $\boldsymbol{F}_f$ 与时间相量 $\dot{\Phi}_0$ 重合，A 相电流相量 $\dot{I}$ 与电枢磁动势矢量 $\boldsymbol{F}_a$ 重合，考虑到 $F_a \propto I$、$\Phi_0 \propto F_f$，因此常常利用相量 $\dot{I}$ 和 $\dot{\Phi}_0$ 表达矢量 $\boldsymbol{F}_a$ 和 $\boldsymbol{F}_f$ 的作用。应当注意，在统一矢量图中，空间矢量是指整个电枢（三相）或主极的作用，而时间相量仅指一相而言。

二、$\psi_0 = 90°$，电枢电流 $\dot{I}$ 滞后于励磁电动势 $\dot{E}_0$ 时

　　如果内功率因数角 $\psi_0 = 90°$，电枢电流 $\dot{I}$ 将滞后于励磁电动势 $\dot{E}_0$ 90°，如图 20-4 所示。A 相电流为零，B 相电流为最大值的 -0.866 倍，C 相电流为最大值的 0.866 倍，三相基波合成磁动势 $\boldsymbol{F}_a$ 的轴线将与主极磁动势 $\boldsymbol{F}_f$ 的轴线重合，即与转子直轴重合，但方向相反。由此可见，$\psi_0 = 90°$ 时，电枢磁动势是一个直轴磁动势，即

$$\boldsymbol{F}_{a(\psi_0 = 90°)} = \boldsymbol{F}_{ad} \tag{20-4}$$

直轴电枢磁动势所产生的电枢反应称为直轴电枢反应。对主极磁场而言，直轴电枢反应起纯去磁作用。

三、$\psi_0 = -90°$，电枢电流 $\dot{I}$ 超前于励磁电动势 $\dot{E}_0$ 时

　　如果内功率因数角 $\psi_0 = -90°$，电枢电流 $\dot{I}$ 将超前于励磁电动势 $\dot{E}_0$ 90°，如图 20-5 所示。A 相电流也为零，B 相电流为最大值的 0.866 倍，C 相电流为最大值的 -0.866 倍，三相基波合成磁动势 $\boldsymbol{F}_a$ 的轴线也与主极磁动势 $\boldsymbol{F}_f$ 的轴线重合，但方向相同。由此可见，$\psi_0 = -90°$ 时，电枢磁动势是一个直轴磁动势，但电枢反应性质是纯增磁作用。

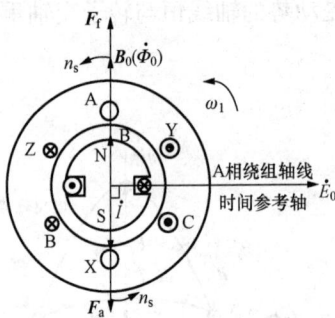

图 20-4　$\psi_0 = 90°$时的时—空矢量图

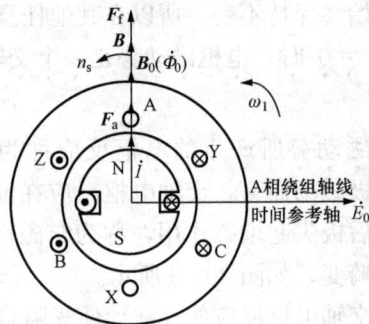

图 20-5　$\psi_0 = -90°$时的时—空矢量图

四、$90° > \psi_0 > 0°$ 时

　　一般情况下，电枢绕组都带电感和电阻组合性负载，使得内功率因数角 $\psi_0 = 0° \sim 90°$ 之间，电枢电流 $\dot{I}$ 将滞后于励磁电动势 $\dot{E}_0$ ψ_0 角度，如图 20-6 所示。电枢磁动势 $\boldsymbol{F}_a$ 应在距离 A 相轴线 ψ_0 电角度处，此时电枢磁动势 $\boldsymbol{F}_a$ 可以分解为交轴电枢磁动势 $\boldsymbol{F}_{aq}$ 和直轴电枢磁动势 $\boldsymbol{F}_{ad}$ 两个分量，即

$$\boldsymbol{F}_a = \boldsymbol{F}_{ad} + \boldsymbol{F}_{aq} \tag{20-5}$$

其中

$$F_{ad} = F_a \sin\psi_0, \quad F_{aq} = F_a \cos\psi_0 \tag{20-6}$$

电枢反应性质分别为交磁和去磁。

五、$-90° < \psi_0 < 0°$时

电枢绕组带电容和电阻组合性负载时，使得内功率因数角 $\psi_0 = 0° \sim -90°$ 之间，电枢电流 $\dot{I}$ 将超前于励磁电动势 $\dot{E}_0$ ψ_0 角度，如图 20-7 所示。电枢磁动势 F_a 应在距离 A 相轴线 $-\psi_0$ 电角度处，此时电枢磁动势 F_a 也可以分解为交轴和直轴两个分量，电枢反应性质分别为交磁和增磁。

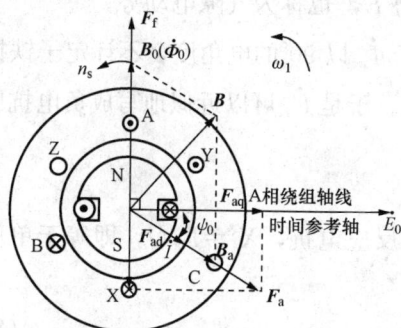

图 20-6　$90° > \psi_0 > 0°$时的
时—空矢量图

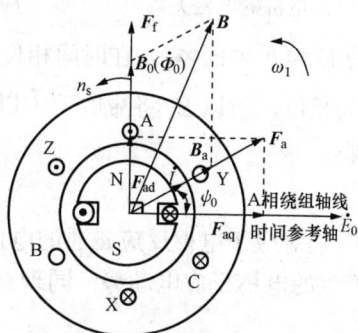

图 20-7　$-90° < \psi_0 < 0°$时的
时—空矢量图

直轴电枢反应对同步电机的运行性能影响很大。若同步发电机单独供电给一组负载，则负载后，直轴电枢反应将使气隙内的合成磁通减少或增加，从而使发电机的端电压产生波动。若发电机接在电网上，其无功功率和功率因数与直轴电枢反应密切相关。

隐极同步发电机负载 c 时的磁场分布如图 20-8 所示。

上面分析了负载时同步发电机内部的电磁关系，建立了物理模型。在此基础上可写出同步发电机的电压方程，画出相应的相量图和等效电路，即建立数学模型。由于隐极电机和凸极式电机的磁路有明显区别，因此它们的分析方法也有所不同，下面两节将分别分析。

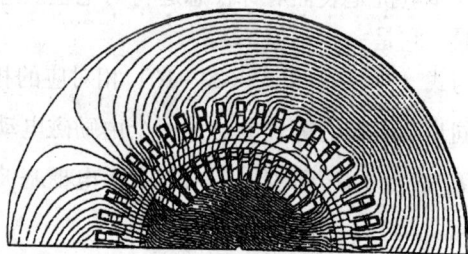

图 20-8　隐极式同步发电机负载时的磁场分布

第三节　隐极同步发电机的数学模型

一、不考虑磁饱和时

如果不计磁饱和，即磁路为线性，可应用叠加原理来分析隐极同步发电机的负载运行，即分别考虑主极磁动势和电枢磁动势的单独作用。主极磁动势建立主磁通 $\dot{\Phi}_0$ 和漏磁通 $\dot{\Phi}_{f\sigma}$，$\dot{\Phi}_0$ 在定子绕组内感应励磁电动势 $\dot{E}_0$，$\dot{\Phi}_{f\sigma}$ 不感应电动势；电枢磁动势建立电枢磁通 $\dot{\Phi}_a$ 和定子

漏磁通 $\dot{\Phi}_\sigma$，分别在定子绕组内感应出相应的电枢反应电动势 $\dot{E}_a$ 和漏磁电动势 $\dot{E}_\sigma$，其关系如图 20-9 所示。

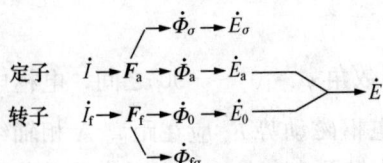

图 20-9 不考虑磁饱和时隐极同步发电机的电磁关系

在定子回路中，采用发电机惯例，根据基尔霍夫第二定律可列出电压方程式

$$\dot{E}_0 + \dot{E}_a + \dot{E}_\sigma = \dot{U} + \dot{I}R_a \qquad (20-7)$$

式中：各项均为每相值；$\dot{U}$ 为电枢端电压；R_a 为电枢绕组的电阻；$\dot{E}_0$ 和 $\dot{E}_a$ 相量相加为气隙磁场在电枢绕组感应的合成电动势 $\dot{E}$，也称为气隙电动势。

因为 $E_a \propto \Phi_a \propto F_a \propto I$，在时间相位上，$\dot{E}_a$ 滞后于 $\dot{\Phi}_a$ 以 90° 的电角度，不计定子铁损耗时 $\dot{\Phi}_a$ 与 $\dot{I}$ 同相位，所以 $\dot{E}_a$ 将滞后于 $\dot{I}$ 以 90° 的电角度。于是 $\dot{E}_a$ 可以近似地写成负电抗压降的形式，即

$$\dot{E}_a \approx -j\dot{I}X_a \qquad (20-8)$$

其中，X_a 是对应于电枢反应磁通的电抗，称为电枢反应电抗，$X_a = E_a/I$，即等于单位电枢电流所产生的电枢反应电动势。同理有

$$\dot{E}_\sigma = -j\dot{I}X_\sigma \qquad (20-9)$$

式中：X_σ 为电枢绕组的漏电抗。

于是式（20-7）可表示为

$$\dot{E}_0 = \dot{U} + \dot{I}R_a + j\dot{I}X_\sigma + j\dot{I}X_a = \dot{U} + \dot{I}R_a + j\dot{I}X_s \qquad (20-10)$$
$$X_s = X_\sigma + X_a \qquad (20-11)$$

式中：X_s 为隐极同步电机的同步电抗。

同步电抗是表征对称稳态运行时电枢反应和电枢漏磁这两个效应的一个综合参数，不计饱和时，它是一个常值。

与式（20-7）和式（20-10）相对应的相量图和等效电路如图 20-10 所示。可以看出，隐极同步发电机的等效电路是一个由励磁电动势 $\dot{E}_0$ 和同步阻抗 $R_a + jX_s$ 相串联组成的电路，其中 $\dot{E}_0$ 表示主磁场的作用，X_s 表示电枢基波旋转磁场（电枢反应）和电枢漏磁场的作用。

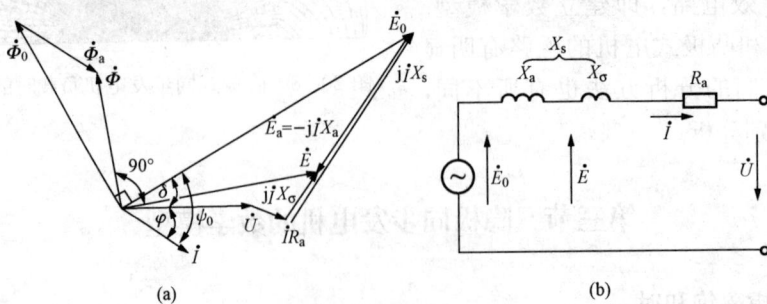

图 20-10 隐极同步发电机的相量图和等效电路

（a）相量图；（b）等效电路

二、考虑磁饱和时

如果考虑磁饱和，磁路为非线性，叠加原理就不再适用。此时，应先求出作用在主磁路上的合成磁动势 F，然后利用电机的磁化曲线求出负载时的气隙磁通 Φ 及相应的气隙电动势 $\dot{E}$，如图 20-11 所示。

气隙电动势 $\dot{E}$ 与电枢绕组的电阻和漏抗压降以及端电压 $\dot{U}$ 相平衡，即得电压方程

$$\dot{E} = \dot{I}(R_a + jX_\sigma) + \dot{U} \qquad (20\text{-}12)$$

与式（20-12）相应的相量图如图 20-12 所示，此时 $\dot{E}_0$ 与 $\dot{E}$ 不再构成封闭的三角形。实际的同步电机常常运行在接近饱和的区域。

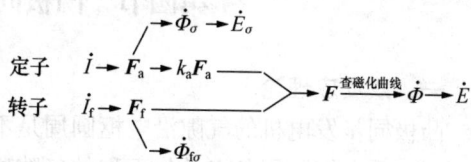

图 20-11　考虑磁饱和时隐极同步
发电机的电磁关系

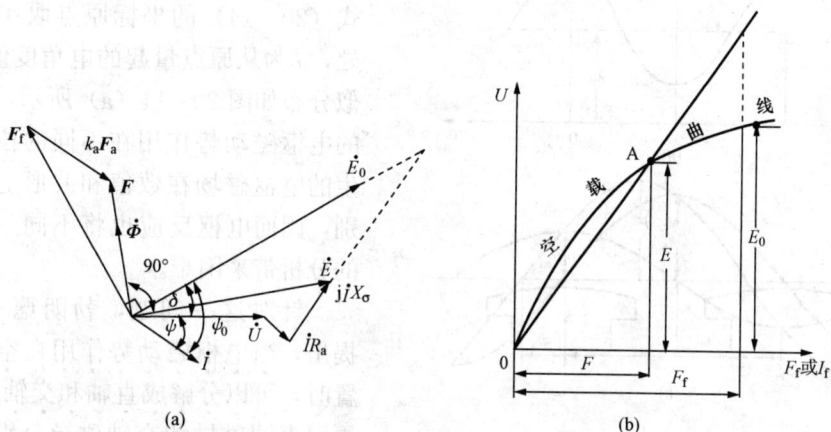

(a)　　　　　　　　(b)

图 20-12　考虑饱和时隐极同步发电机的矢量图

这里有一点需要注意，电枢磁动势 F_a 的基波是正弦波，而励磁磁动势则为一阶梯形波，如图 20-13 所示。通常的磁化曲线（即空载曲线）习惯上都用励磁磁动势的幅值或励磁电流值作为横坐标。需要把基波电枢磁动势 F_a 换算为等效阶梯形波的作用后再与励磁磁动势叠加，以便利用通常的磁化曲线。所以在作相量图（见图 20-12）时，F_a 都乘上了一个电枢磁动势换算系数 k_a。k_a 的意义为产生同样大小的基波气隙磁场时，1 安·匝的电枢磁动势相当于多少安·匝的梯形波主极磁动势，一般 $k_a \approx 0.93 \sim 1.03$。可以将励磁磁动势的阶梯形波近似为梯形波，再应用傅氏级数分析求出基波。由于隐极电机的气隙均匀，磁场与磁动势的波形相同，所以不必分析到磁场。最后根据其定义可推出换算系数的近似表达式为

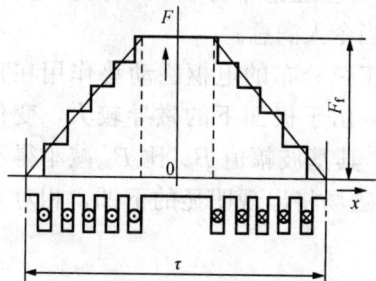

图 20-13　汽轮发电机主极磁动势

$$k_a = \frac{\pi^2 \gamma}{8\sin\dfrac{\pi\gamma}{2}} \qquad (20\text{-}13)$$

式中：γ 为转子的实际槽数与槽分度数之比，也是转子每极下嵌放绕组部分与极距之比。若要精确计算，可按阶梯形波进行傅氏级数分析或采用电磁场数值分析。

　　考虑饱和效应的另一种方法是根据运行点的饱和程度，找出相应同步电抗的饱和值 $X_{s(饱和)}$，然后通过运行点将磁化曲线线性化，把问题作为线性问题来处理。

第四节　凸极同步发电机的数学模型

一、双反应理论

　　凸极同步发电机的气隙沿电枢圆周是不均匀的，极面下的气隙较小，两极之间的气隙较大，因而沿电枢圆周各点单位面积的气隙磁导 $\lambda(\lambda=\mu_0/\delta)$ 有所不同。由于 λ 的变化关于主极轴线对称，并以 $180°$ 电角度为周期，因此可用仅含偶次谐波的余弦级数来表示。若忽略 λ 中 4 次及以上的谐波项，可得

$$\lambda = \lambda_0 + \lambda_2\cos2\alpha \quad (20\text{-}14)$$

式（20-14）的坐标原点取在主极轴线处，α 为从原点量起的电角度值。λ 的近似分布如图 20-14（a）所示，同样大小的电枢磁动势作用在不同的位置时，产生的电枢磁场在数值和波形上有明显差别，因而电枢反应也将不同。这给问题的分析带来困难。

　　针对这一问题，勃朗德（Blondel）提出，当电枢磁动势作用在空间任意位置时，可以分解成直轴和交轴两个分量，再用直轴磁导和交轴磁导分别算出直轴和交轴电枢磁场，最后再把它们的反应效果叠加起来。这就是著名的双反应理论。式（20-5）和式（20-6）为双反应理论的数学描述，图 20-14（b）则为其图形描述。实践证明，不计磁饱和时，采用双反应理论来分析凸极同步电机，效果相当令人满意。

　　当正弦分布的电枢磁动势作用在直轴上时，由于极面下的磁导较大，变化较小，直轴电枢磁场的幅值 B_{ad} 较大，波形接近正弦分布，其基波幅值 B_{ad1} 比 B_{ad} 减小得不多；作用在交轴上时，由于极间的磁导非常小，交轴电枢磁场将出现明显的下凹，相对来讲，基波幅值 B_{aq1} 将明显减小，如图 20-14（c）中所示。

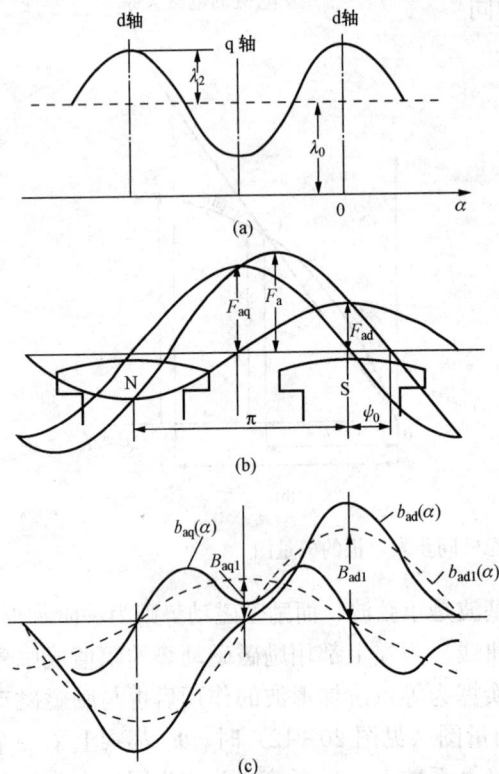

图 20-14　凸极同步发电机的双反应理论
(a) 单位面积气隙磁导的近似分布；(b) 电枢磁动势分解；(c) 直轴和交轴电枢磁场分布

二、电压方程和相量图

　　不计磁饱和时，根据双反应理论，分别求出直轴和交轴磁动势所产生的磁通 $\dot{\Phi}_{ad}$、$\dot{\Phi}_{aq}$ 和电枢绕组中相应的电动势 $\dot{E}_{ad}$、$\dot{E}_{aq}$，其他各量的情况与隐极电机相同，电磁关系如图 20-15 所示。

采用发电机惯例，根据基尔霍夫第二定律可列出定子回路中的电压方程

$$\dot{E}_0 + \dot{E}_{ad} + \dot{E}_{aq} + \dot{E}_\sigma = \dot{U} + \dot{I}R_a$$

(20 - 15)

与隐极同步发电机相类似，$E_{ad} \propto \Phi_{ad} \propto F_{ad} \propto I_d$，$E_{aq} \propto \Phi_{aq} \propto F_{aq} \propto I_q$，而

$$\left. \begin{array}{l} I_d = I\sin\psi_0 \\ I_q = I\cos\psi_0 \\ \dot{I} = \dot{I}_d + \dot{I}_q \end{array} \right\}$$

(20 - 16)

图 20 - 15　不考虑磁饱和时隐极同步
发电机的电磁关系

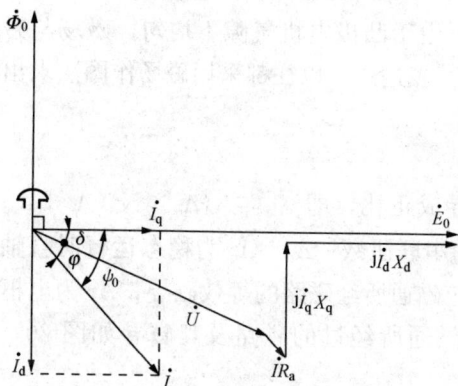

在时间相位上，$\dot{E}_{ad}$ 和 $\dot{E}_{aq}$ 分别滞后于 $\dot{I}_d$、$\dot{I}_q$ 以 90°电角度，所以 $\dot{E}_{ad}$ 和 $\dot{E}_{aq}$ 可以用相应的负电抗压降来表示

$$\left. \begin{array}{l} \dot{E}_{ad} = -\mathrm{j}\dot{I}_d X_{ad} \\ \dot{E}_{aq} = -\mathrm{j}\dot{I}_q X_{aq} \end{array} \right\}$$

(20 - 17)

式中：X_{ad} 为直轴电枢反应电抗，表征单位直轴电流所产生的直轴电枢反应电动势，$X_{ad} = E_{ad}/I_d$；X_{aq} 为交轴电枢反应电抗，表征单位交轴电流所产生的交轴电枢反应电动势，$X_{aq} = E_{aq}/I_q$。

将式（20 - 17）代入式（20 - 15），并考虑到 $\dot{I} = \dot{I}_d + \dot{I}_q$，$\dot{E}_\sigma = -\mathrm{j}\dot{I}X_\sigma$ 可得

$$\begin{aligned} \dot{E}_0 &= \dot{U} + \dot{I}R_a + \mathrm{j}\dot{I}X_\sigma + \mathrm{j}\dot{I}_d X_{ad} + \mathrm{j}\dot{I}_q X_{aq} \\ &= \dot{U} + \dot{I}R_a + \mathrm{j}\dot{I}_d(X_\sigma + X_{ad}) + \mathrm{j}\dot{I}_q(X_\sigma + X_{aq}) \\ &= \dot{U} + \dot{I}R_a + \mathrm{j}\dot{I}_d X_d + \mathrm{j}\dot{I}_q X_q \end{aligned}$$

(20 - 18)

式中：X_d 为直轴同步电抗，$X_d = X_\sigma + X_{ad}$，X_q 为交轴同步电抗，$X_q = X_\sigma + X_{aq}$，它们是表征对称稳态运行时电枢漏磁和直轴或交轴电枢反应的综合参数。

与式（20 - 18）相对应的相量图如图 20 - 16 所示。要画出该相量图，除需要给定发电机的端电压 $\dot{U}$、电流 $\dot{I}$、负载的功率因数角 φ 以及电机的参数 R_a、X_d 和 X_q 之外，还必须先确定 ψ_0 角，以便把电枢电流分解成直轴和交轴两个分量。

图 20 - 16　凸极同步发电机的相量图

将式（20 - 18）两边同时减去 $\mathrm{j}\dot{I}_d(X_d - X_q)$，并设 $\dot{E}_0 - \mathrm{j}\dot{I}_d(X_d - X_q) = \dot{E}_Q$，经整理后，可得

$$\begin{aligned} \dot{E}_Q &= \dot{E}_0 - \mathrm{j}\dot{I}_d(X_d - X_q) \\ &= \dot{U} + \dot{I}R_a + \mathrm{j}\dot{I}_d X_d + \mathrm{j}\dot{I}_q X_q - \mathrm{j}\dot{I}_d(X_d - X_q) \\ &= \dot{U} + \dot{I}R_a + \mathrm{j}(\dot{I}_d + \dot{I}_q)X_q = \dot{U} + \dot{I}R_a + \mathrm{j}\dot{I}X_q \end{aligned}$$

(20 - 19)

式中：$\dot{E}_Q$ 为虚拟电动势。

因为相量 $\dot{I}_d$ 与 $\dot{E}_0$ 相垂直，故 $\mathrm{j}\dot{I}_d(X_d - X_q)$ 必与 $\dot{E}_0$ 同相位，因此 $\dot{E}_Q$ 与 $\dot{E}_0$ 也是同相位，

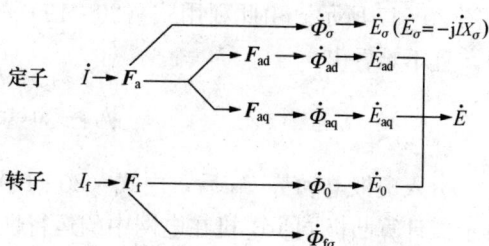

如图 20-17 所示。由此利用式（20-19）的右端项计算出电动势 $\dot{E}_Q$ 的相位，即可确定 ψ_0 角，且不难看出

$$\psi_0 = \arctan \frac{U\sin\varphi + IX_q}{U\cos\varphi + IR_a} \qquad (20-20)$$

引入虚拟电动势 $\dot{E}_Q$ 后，由式（20-19）可得凸极同步发电机的等效电路，如图 20-18 所示。计算凸极同步电机在电网中的运行性能和功角时常常用到此电路。

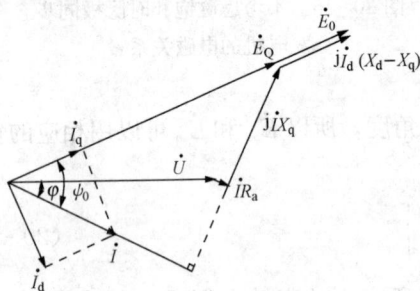

图 20-17　ψ_0 角的确定

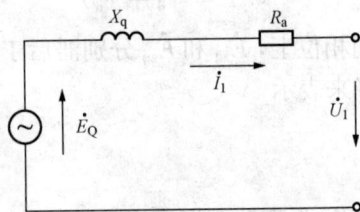

图 20-18　凸极同步发电机的等效电路

考虑饱和时，由于交轴下的气隙较大，交轴磁路可以近似认为不饱和，直轴磁路则要受到饱和的影响。如果近似认为直轴和交轴方面的磁场相互没有影响，则可将直轴电枢磁动势与励磁磁动势相叠加求出合成磁动势，并与交轴电枢磁动势分别用电机的磁化曲线得出感应电动势，再用基尔霍夫第二定律列出定子回路中的电压方程，画出等效电路图。另一种办法是采用适当的饱和参数来计及饱和的影响。

直轴电枢磁动势 F_{ad} 换算到励磁绕组磁动势时应乘以直轴换算系数 k_{ad}，交轴电枢磁动势换算到励磁绕组磁动势时应乘以交轴换算系数 k_{aq}。由于凸极电机气隙不均匀，磁场与磁动势的波形不同，所以必须分析到磁场，且无法得出其表达式，以往都采用磁场作图法求出曲线，近年来有人采用有限元法计算[12,13]。

三、直轴和交轴同步电抗的比较

由于电抗与绕组匝数的平方和所经磁路的磁导成正比，即 $X_d \propto N_1^2 \Lambda_d \propto N_1^2(\Lambda_\sigma + \Lambda_{ad})$，$X_q \propto N_1^2 \Lambda_q \propto N_1^2(\Lambda_\sigma + \Lambda_{aq})$，其中，$N_1$ 为电枢每相的串联匝数；Λ_d、Λ_q 为稳态运行时直轴和交轴电枢等效磁导；Λ_{ad}、Λ_{aq} 为直轴和交轴电枢反应磁通所经磁路的等效磁导；Λ_σ 为电枢漏磁通所经磁路的等效磁导。直轴和交轴电枢反应磁通所经过的磁路及其磁导如图 20-19 所示。

对于凸极电机，直轴下的气隙较交轴下为小，$\Lambda_{ad} > \Lambda_{aq}$，所以 $X_{ad} > X_{aq}$，因此在凸极同步电机中，$X_d > X_q$。对于隐极电机，由于气隙是均匀的，直轴和交轴方面没有区别，故 $X_d = X_q = X_s$。

【例 20-1】　一台凸极同步发电机，其直轴和交轴同步电抗的标幺值为 $X_d^* = 0.95$，$X_q^* = 0.55$，如果忽略电枢电阻，不计饱和，试计算该机在额定电压、额定电流、$\cos\varphi = 0.85$（滞后）时的励磁电动势标幺值 E_0^*。

解　以端电压作为参考相量，则有

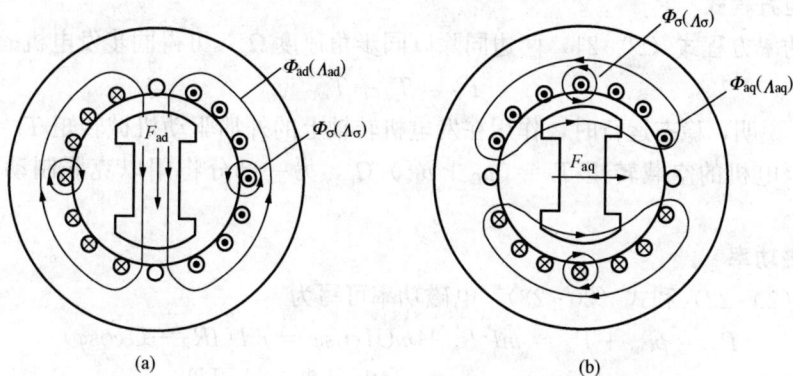

图 20-19　凸极同步电机电枢反应磁通所经磁路及其磁导

(a) 直轴电枢反应磁路的磁导；(b) 交轴电枢反应磁路的磁导

$$\dot{U}^* = 1\underline{/0°}, \quad \dot{I}^* = 1\underline{/-31.788°}$$

虚拟电动势为

$$\dot{E}_Q^* = \dot{U}^* + \mathrm{j}\dot{I}^* X_q^* = 1 + \mathrm{j}0.55\underline{/-31.788°} = 1.3718\underline{/19.925°}$$

即 δ 角为 $19.925°$，于是

$$\psi_0 = \delta + \varphi = 19.925° + 31.788° = 51.713°$$

电枢电流的直轴和交轴分量分别为

$$I_d^* = I^* \sin\psi_0 = 0.78492$$
$$I_q^* = I^* \cos\psi_0 = 0.6196$$

于是

$$E_0^* = E_Q^* + I_d^* (X_d^* - X_q^*) = 1.3718 + 0.78492 \times (0.95 - 0.55) = 1.6858$$

或

$$\dot{E}_0^* = 1.6858\underline{/19.925°}$$

第五节　同步发电机的功率方程和转矩方程

一、功率方程式

设另外的直流电源供给转子励磁损耗，则转轴上输入的机械功率 P_1 一部分用于支付机械损耗 p_Ω，一部分用于支付定子铁损耗 p_{Fe}，余下部分为电磁功率 P_e，通过电磁感应作用转换成定子的电功率，即电磁功率等于转换功率。于是可写出同步发电机的转子功率方程

$$P_1 = p_\Omega + p_{Fe} + P_e \tag{20-21}$$

电磁功率 P_e 中一小部分将消耗于电枢绕组的电阻而变成铜损耗 p_{Cua}，大部分为电枢端点输出的电功率 P_2；则同步发电机的定子功率方程可写为

$$P_e = p_{Cua} + P_2 \tag{20-22}$$

其中

$$p_{Cua} = m I^2 R_a, \quad P_2 = m U I \cos\varphi \tag{20-23}$$

式中：m 为定子相数；U 和 I 均为每相值。

其功率图与直流发电机等相似，这里不再叙述。

二、转矩方程式

把转子功率方程式（20-21）两边同除以同步角速度 Ω_s，可得同步发电机的转矩方程为

$$T_1 = T_0 + T_e \qquad (20-24)$$

式（20-24）说明，稳态运行时，作用在发电机转轴上的外加驱动机械转矩 $T_1 = P_1/\Omega_s$，一部分用以克服电机的空载转矩 $T_0 = (p_\Omega + p_{Fe})/\Omega_s$，另一部分将用以克服制动的电磁转矩 $T_e = P_e/\Omega_s$。

三、电磁功率

根据式（20-22）和式（20-23），电磁功率可写为

$$P_e = p_{Cua} + P_2 = mI^2R_a + mUI\cos\varphi = mI(IR_a + U\cos\varphi) \qquad (20-25)$$

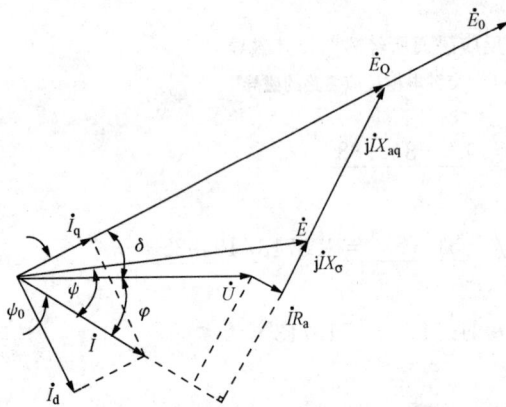

图 20-20 相量图

由图 20-20 可见

$$IR_a + U\cos\varphi = E\cos\psi = E_Q\cos\psi_0 \qquad (20-26)$$

于是电磁功率也可写成

$$P_e = mEI\cos\psi \qquad (20-27)$$

与感应电机的电磁功率表达式相同。针对同步电机，电磁功率还可写成

$$P_e = mE_QI\cos\psi_0 = mE_QI_q \qquad (20-28)$$

对于隐极同步电机，由于 $X_d = X_q$，$E_Q = E_0$，故有

$$P_e = mE_0I\cos\psi_0 \qquad (20-29)$$

式（20-28）和式（20-29）表明，要进行能量转换，电枢电流中必须要有有功分量。对 $\dot{E}_Q$ 来说，这个有功分量就是电枢电流的交轴分量 $\dot{I}_q$。所以，交轴电枢反应对产生电磁转矩和进行能量转换有直接关系。

励磁电动势 $\dot{E}_0$ 与端电压 $\dot{U}$ 之间的夹角称为功率角 δ。不难看出，交轴电枢反应越强（即电枢电流的交轴分量 $\dot{I}_q$ 越大），功率角 δ 就越大。以后可以证明，在一定的范围内，功率角越大，同步电机的电磁转矩和电磁功率也越大。

四、功率角的空间含意

由于励磁电动势 $\dot{E}_0$ 由主磁场 B_0 感应产生，电枢端电压 $\dot{U}$（即电网电压）可认为由电枢的合成磁场 B_u（包括主磁场、电枢反应磁场和电枢漏磁场）感应产生，在时—空统一矢量图中，B_0 和 B_u 分别超前于 $\dot{E}_0$ 和 $\dot{U}$ 以 90°电角度，于是也可以近似地认为，功率角 δ 是主磁场 B_0 与电枢合成磁场 B_u 之间的空间相角差（这里，电枢的合成磁场是指有效长度范围内的合成磁场，不包括电枢端部的漏磁场。因此只有忽略端部漏磁时，才能把主磁场和电枢合成磁场之间的空间夹角看作为功率角 δ），如图 20-21 所示。对于同步发电机，B_0 总是领先于 B_u，若采用发电机惯例，这时 δ 角定为正值，电磁功率也是正值。

功率角是同步电机的基本变量之一，近似地赋予功率角以空间含义，这对于掌握负载变化时主磁场和电枢合成磁场之间的相对位移，以及理解负载时同步电机内部所发生的物理过程，是很有帮助的。

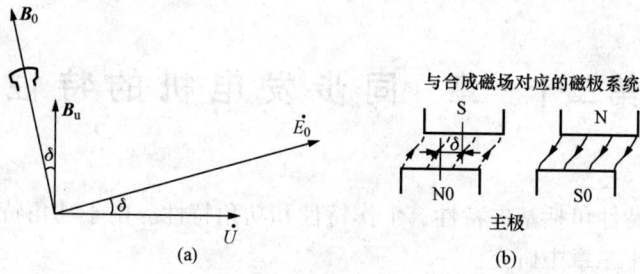

图 20 - 21　功率角的空间含义图

(a) 相量图；(b) 功率角的近似空间表达

第二十一章 同步发电机的特性

同步发电机的特性包括基本特性、工作特性和功角特性。由于功角特性与并联运行关系密切，故放在第二十二章中研究。

第一节 同步发电机的基本特性

一、同步发电机的空载特性

同步发电机的空载特性可用空载试验测得。试验时，电枢绕组开路，用原动机拖动被试发电机以同步转速旋转，此时电枢电流 $I=0$，电枢空载端电压 U_0 等于励磁电动势 E_0；改变励磁电流 I_f，并记录不同的 I_f 和相应的电枢端电压 U_0，直到 $U_0 \approx 1.25 U_N$，就可得到空载特性曲线 $E_0 = f(I_f)$，如图 21-1 所示。与空载曲线下部相切的直线称为气隙线。

二、同步发电机的短路特性

同步发电机的短路特性可由三相稳态短路试验测得，试验线路如图 21-2 （a）所示。将被试同步发电机的电枢端点三相短路，即 $U=0$，用原动机把被试电机拖动到同步转速，即 $n=n_s$，从零开始逐步增加励磁电流 I_f，使电枢电流 I 从零开始一直增加到 $1.2 I_N$ 左右，记录对应的数据便可得到短路特性 $I=f(I_f)$，如图 21-2 （b）所示。

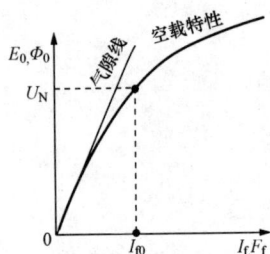

图 21-1 同步电机的
空载特性曲线

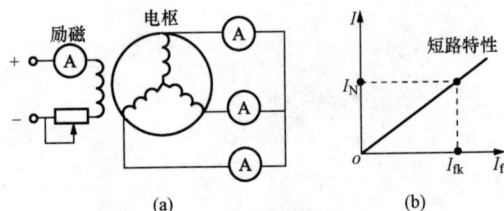

图 21-2 三相短路试验和短路特性
(a) 短路试验接线图；(b) 短路特性

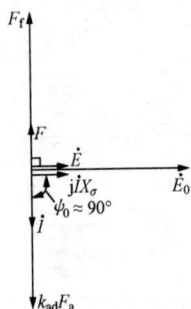

图 21-3 三相短路时同步
发电机的时—空矢量图

短路时限制短路电流的仅仅是电机本身阻抗。电枢电阻通常远小于同步电抗，可认为是纯感性的，即 $\psi_0 \approx 90°$。于是 $\dot{I} = \dot{I}_d$，$\dot{I}_q = 0$，因此

$$\dot{E}_0 = \dot{U} + \dot{I} R_a + j\dot{I}_d X_d + j\dot{I}_q X_q \approx j\dot{I} X_d \quad (21-1)$$

电枢磁动势接近于纯去磁的直轴磁动势，故短路时电机的合成磁动势 F 很小，气隙电动势 E 也很小，仅需用以克服电枢的漏阻抗压降。此时同步发电机的时—空矢量图如图 21-3 所示。若忽略电枢电阻，则有

$$\dot{E} = \dot{U} + \dot{I} R_a + j\dot{I} X_\sigma \approx j\dot{I} X_\sigma \quad (21-2)$$

同步电机的电枢漏抗标幺值一般约为 $X_\sigma^* = 0.1 \sim 0.2$，短路电流为额定电流时，$I^* = 1$，气隙电动势的标幺值仅为 $0.1 \sim 0.2$，短路时电机的磁路处于不饱和状态，于是 $F \propto E \propto I$，又 $F_a \propto I$，必然有 $F_f = F + k_{ad}F_a \propto I$，而 $F_f \propto I_f$，因此 $I \propto I_f$，所以短路特性是一条直线。由于气隙电动势很小，短路电流不致过大，所以三相稳态短路没有危险。

三、同步发电机的零功率因数负载特性

在不同的功率因数下，会有不同的负载特性曲线。这些曲线中以零功率因数负载特性最具实用价值，因为它可以用来确定发电机的定子漏抗和特定负载电流时的电枢反应磁动势。为此，这里只介绍零功率因数负载特性。

零功率因数负载试验时的接线图如图 21-4 所示。试验时电枢接到一个三相可调纯感性负载，使负载的功率因数 $\cos\varphi \approx 0$。用原动机把同步发电机驱动到同步转速，调节发电机的励磁电流和负载电抗，使电枢电流保持为常值（一般 $I = I_N$）；然后记录不同励磁下发电机的端电压，可得零功率因数负载特性 $U = f(I_f)$，如图 21-5（b）所示。

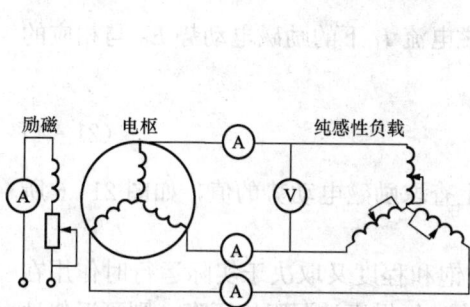

图 21-4　零功率因数负载试验时的接线图

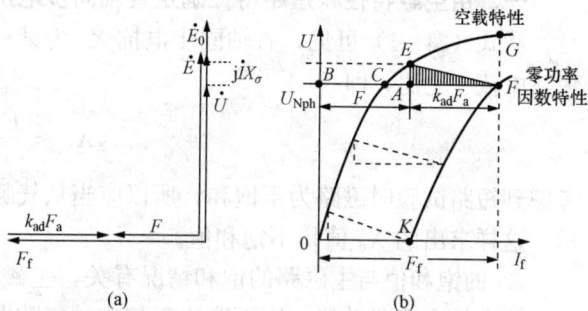

图 21-5　零功率因数负载特性的分析
（a）零功率因数负载时的时—空矢量图；（b）零功率因数负载特性与空载特性之间的联系

当电机较大、无法用电抗器试验时，可以将电机并联运行于 $U = U_N$ 的电网上。发电机的有功功率应为零，调节发电机的励磁电流，使它发出的无功电流达到 I_N，这样即得到零功率因数负载特性上 $U = U_N$ 的一点。再作电机的稳态短路试验，测出 $I = I_N$ 所对应的励磁电流 I_{fk}，则 $I_f = I_{fk}$、$U = 0$ 为零功率因数负载特性上的另一点。实用中，往往有这两点就够了。

在发电机的空载特性、电枢漏抗和电枢反应等效磁动势已知的情况下，零功率因数负载特性也可由作图法求出。零功率因数负载时发电机的时—空矢量图如图 21-5（a）所示。由于负载为纯感性，电机本身的阻抗也接近于纯感性，电机的内功率因数角 $\psi_0 \approx 90°$，所以零功率因数负载时电枢磁动势是纯直轴去磁磁动势。于是，励磁磁动势 $\boldsymbol{F}_f$、电枢等效磁动势 $k_{ad}\boldsymbol{F}_a$ 和合成磁动势 $\boldsymbol{F}$ 之间的矢量关系将简化为代数关系；相应地，气隙电动势 $\dot{E}$、电枢漏抗压降 $j\dot{I}X_\sigma$ 和端电压 $\dot{U}$ 之间的相量关系也简化为代数关系（忽略电枢电阻）；即

$$\left.\begin{array}{l} F_f \approx F + k_{ad}F_a \\ E \approx U + IX_\sigma \end{array}\right\} \tag{21-3}$$

这样，在图 21-5（b）中，空载时产生额定电压所需的励磁电流为 $\overline{BC}$，在零功率因数负载时，为保持端电压为额定值，所需励磁电流 $\overline{BF}$ 应当大于 $\overline{BC}$。增加的励磁电流有两部分：

$\overline{CA}$将用以克服电枢漏抗压降IX_σ的作用；$\overline{AF}$则用以抵消电枢等效磁动势$k_{ad}F_a$的去磁作用。电枢漏抗压降IX_σ（铅垂边）和用励磁电流表示的电枢等效磁动势$k_{ad}F_a$（水平边）所组成的直角三角形，称为特性三角形。由于零功率因数特性是在电枢电流保持不变的条件下作出的，因此IX_σ和$k_{ad}F_a$均保持不变，特性三角形的大小也不变。这样，零功率因数负载特性和空载特性之间相差一个特性三角形，若保持特性三角形的底边为水平，将顶点E沿空载特性移动，则右顶点F的轨迹即为零功率因数特性。把三角形下移，直到其水平边与横坐标重合，此时右顶点K的端电压为零，故K点即为短路点。

第二节　同步发电机的参数测定

同步发电机的参数可由其基本特性求得。在已知端电压、电枢电流和功率因数等额定数据后，可求取工作特性，以便计算稳态性能。

一、用空载特性和短路特性确定直轴同步电抗

从式（21-1）可见，直轴同步电抗X_d为某一励磁电流I_f下的励磁电动势E_0与相应的短路电流I之比，即

$$X_d \approx \frac{E_0}{I} \tag{21-4}$$

考虑到短路试验时磁路为不饱和，所以应当从气隙线上查取励磁电动势的值，如图21-6所示。这样求出的X_d值是不饱和值。

X_d的饱和值与主磁路的饱和情况有关，主磁路的饱和程度又取决于实际运行时作用在主磁路上的合成磁动势，因而取决于相应的气隙电动势；如果不计漏阻抗压降，则可近似地认为取决于电枢的端电压。正常运行时，同步电机的端电压变化不大，所以通常用对应于额定电压时的X_d值作为其饱和值。为此，从空载曲线上查出对应于额定端电压时的励磁电流I_{f0}，再从短路特性上查出与该励磁电流相对应的短路电流I'，这样可求出$X_{d(饱和)}$的近似值（见图21-7），即

$$X_{d(饱和)} \approx \frac{U_{Nph}}{I'} \tag{21-5}$$

式中：U_{Nph}为额定相电压。

对于隐极同步电机，X_d就是同步电抗X_s。

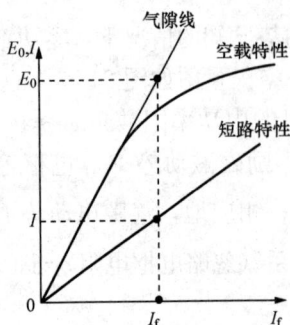

图21-6　用空载和短路特性确定X_d

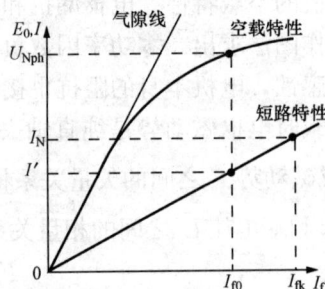

图21-7　$X_{d(饱和)}$和短路比的确定

二、短路比

短路比是指产生空载额定电压所需励磁电流 I_{f0} 与产生短路额定电流所需励磁电流 I_{fk} 之比，即

$$K_c = \frac{I_{f0(U=U_{Nph})}}{I_{fk(I=I_N)}} \tag{21-6}$$

短路比是同步电机设计中的一个重要数据，由图 21-7 可见

$$K_c = \frac{I_{f0}}{I_{fk}} = \frac{I'}{I_N} = \frac{I'}{U_{Nph}} \frac{U_{Nph}}{I_N} \approx \frac{Z_b}{X_{d(饱和)}} = \frac{1}{X_{d(饱和)}^*} \tag{21-7}$$

式中：I' 为与 I_{f0} 对应的短路电流，Z_b 为阻抗基值，$Z_b = U_{Nph}/I_N$；$X_{d(饱和)}$ 为对应于额定电压处直轴同步电抗的饱和值。

式（21-7）表明，短路比近似地等于 $X_{d(饱和)}$ 标幺值的倒数，因此短路比也可以认为是一个计及饱和影响的参数。短路比大就意味着 $X_{d(饱和)}^*$ 小，即电枢反应弱，发电机的电压调整率小，并联运行时发电机的稳定度高；但此时电机的气隙较大，转子的额定励磁安匝和用铜量增多，电机的成本相应提高。反之，短路比小，则电枢反应就强，电压调整率大，稳定度较低，但电机的造价也较低。所以，正确地选择短路比是同步电机设计中的一个重要问题。

【例 21-1】 有一台 25000kW、10.5kV（Y 联结）、$\cos\varphi_N = 0.85$（滞后）的汽轮发电机，从空载特性上查得：线电压 $U_L = 10.5kV$ 时，$I_{f0} = 155A$；从短路特性上查得：$I = I_N = 1718A$ 时，$I_{fk} = 280A$；从气隙线上查得：$I_f = 280A$ 时，$U_L = 22.4kV$。试求同步电抗和短路比。

解 从气隙线上查出，$I_f = 280A$ 时，励磁电动势 $E_0 = 22400/\sqrt{3} = 12933(V)$；在同一励磁电流下，短路电流 $I = 1718A$，所以同步电抗为

$$X_d（即 X_s） = \frac{E_0}{I} = \frac{12933}{1718} = 7.5277(\Omega)$$

用标幺值计算时，$E_0^* = \dfrac{E_0}{U_{Nph}} = \dfrac{22.4}{10.5} = 2.1333$，$I^* = 1$，故

$$X_d^* = \frac{E_0^*}{I^*} = \frac{2.1333}{1} = 2.1333$$

从空载和短路特性可知，$I_{f0} = 155A$，$I_{fk} = 280A$，于是短路比为

$$K_c = \frac{I_{f0}}{I_{fk}} = \frac{155}{280} = 0.55357$$

同步电抗饱和值的标幺值则为

$$X_{d(饱和)}^* \approx \frac{1}{K_c} = \frac{1}{0.55357} = 1.8065$$

三、转差法测定 X_d 和 X_q

X_d 和 X_q 也可以用转差法测定。将被试同步电机的励磁绕组开路，转子用另一台电机拖动到接近同步转速（转差率小于 1%），但不被牵入同步；在电枢绕组上外施三相对称低电压（约为 $0.1U_N$），其相序应使电枢旋转磁场的转向与转子转向相同。此时，转子与电枢旋转磁场之间将保持一个低速的相对运动，使电枢旋转磁场的轴线缓缓交替地与转子的直轴和交轴相重合。相应地，电枢所表现的电抗也将在其最大值 X_d 和最小值 X_q 之间以转差频

率作周期性变化。

当电枢旋转磁场的轴线与直轴重合时，电枢所表现的电抗为 X_d，此时磁导最大，电枢电抗也为最大，电枢电流最小，线路压降最小，端电压则为最大。如果忽略电枢电阻，即

$$X_d = \frac{U_{max}}{I_{min}} \qquad (21-8)$$

电枢旋转磁场的轴线与交轴重合时，电枢所表现的电抗为 X_q，此时磁导最小，电枢电抗也为最小，电枢电流最大，线路压降最大，端电压便为最小。若忽略电枢电阻，即

$$X_q = \frac{U_{min}}{I_{max}} \qquad (21-9)$$

转差试验时用录波器录下的电枢端电压和电流的波形如图 21-8 所示，由于试验所加电压很低，磁路为不饱和，故测得的 X_d 和 X_q 均为不饱和值。

四、用零功率因数负载试验确定定子漏抗和直轴电枢等效磁动势

实践中，在已知零功率因数特性和空载特性的情况下，可以确定发电机的特性三角形和电枢漏抗、直轴电枢等效磁动势。如图 21-9 所示，在零功率因数特性上取两点，一点为额定电压点 F，另一点为短路点 K。过 F 点作水平线，平行于横坐标，并截取线段 $\overline{O'F} = \overline{OK}$。再作气隙线的平行线过 O' 点，并交空载特性于 E 点。然后从 E 点作铅垂线，并交 $\overline{O'F}$ 于 A 点，则 $\triangle AEF$ 即为电机的特性三角形。由此可得，电枢漏抗为

$$X_\sigma = \frac{\overline{EA}（相电压值）}{I} \qquad (21-10)$$

电枢电流为 I 时所产生的直轴电枢等效磁动势（用励磁电流表示）为

$$k_{ad}F_a = \overline{AF} \qquad (21-11)$$

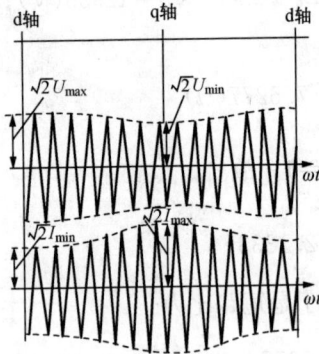

图 21-8　转差试验时电枢端电压
和电流的波形

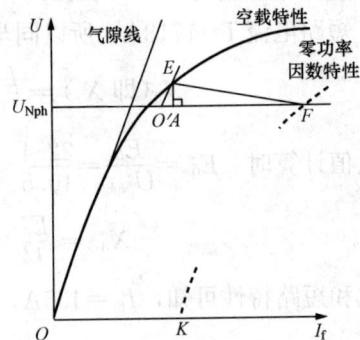

图 21-9　电枢漏抗和电枢等效
磁动势的确定

研究表明，零功率因数负载时，为了补偿电枢直轴去磁磁动势而增加主极磁动势的同时，转子的漏磁将随之增加，使得转子磁路的饱和程度增加、磁阻变大，因而需要额外再增加一些主极磁动势。这样，零功率因数特性的实测曲线要比理想曲线低，因此用实测的零功率因数特性和空载特性所确定的漏抗将比实际的电枢漏抗略大。为了加以区别，通常把由零功率因数特性和空载特性所确定的漏抗称为坡梯（Potier）电抗，并用 X_p 表示。

第三节 同步发电机的运行特性

一、外特性

同步发电机的外特性在同步转速，励磁电流和负载功率因数不变的条件下获得，即 $n=n_s$，$I_f=$常值，$\cos\varphi=$常值时，$U=f(I)$。外特性既可用直接负载法测取，也可用作图法求出。

带有不同功率因数的负载时，同步发电机的外特性如图 21-10 所示。可见，在感性负载和纯电阻负载时，外特性是下降的，这是由电枢反应的去磁作用和漏阻抗压降所引起的；在容性负载且内功率因数角达到超前时，由于电枢反应的增磁作用和容性电流的漏抗电压上升，外特性也可能是上升的。

从外特性可以求出发电机的电压调整率，如图 21-11 所示。首先调节发电机的励磁电流，使电枢电流、功率因数、端电压均为额定值，此时的励磁电流就称为发电机的额定励磁电流；然后保持励磁电流为额定励磁电流，转速为同步速率，卸去负载，使 $I=0$，此时空载端电压即为励磁电动势 E_0，由此可得出电压调整率 Δu。

对于凸极同步发电机，Δu 最好控制在 $18\%\sim30\%$ 以内；对于隐极同步发电机，由于电枢反应较强，Δu 最好控制在 $30\%\sim48\%$ 范围内。

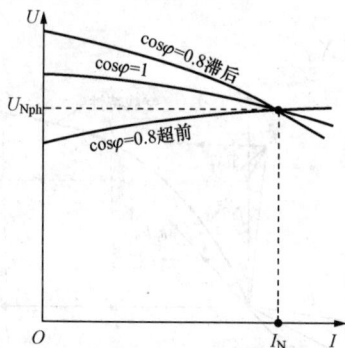

图 21-10 同步发电机的外特性

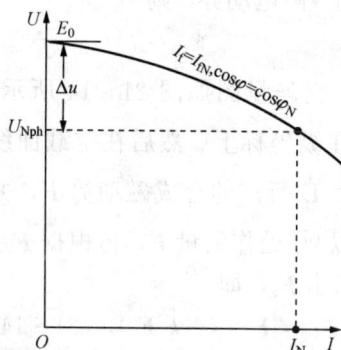

图 21-11 从外特性求电压调整率

二、调整特性

同步发电机的调整特性在保持同步转速和负载的功率因数不变，端电压为额定电压的条件下获得，即 $n=n_s$，$U=U_N$，$\cos\varphi=$常值时，$I_f=f(I)$。

带有不同功率因数的负载时，同步发电机的调整特性如图 21-12 所示。可见，在感性负载和纯电阻负载时，随着电枢电流的增加，为补偿由此产生的去磁性电枢反应和漏阻抗压降，以维持端电压为额定电压，必须相应地增加励磁电流，故此时的调整特性是上升的。在容性负载时，调整特性也可能是下降的。

从调整特性可以确定同步发电机的额定励磁电流 I_{fN}，

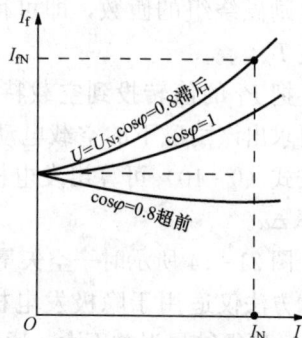

图 21-12 同步发电机的
调整特性

它是对应于额定电压、额定电流和额定功率因数时的励磁电流。

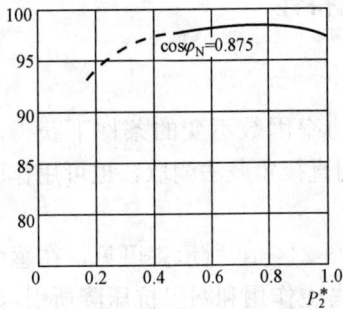

图 21-13 国产 300MW 双水
内冷水轮发电机的效率特性曲线

三、效率特性

国产 300MW 双水内冷水轮发电机的效率特性曲线 $\eta = f(P_2)$ 如图 21-13 所示。和其他电机一样，同步电机的效率可以用直接负载法或损耗分析法求出。

同步电机的损耗包括电枢的基本铁损耗 p_{Fe} 和基本铜损耗 p_{Cua}、励磁损耗 p_{Cuf}、机械损耗 p_Ω 和杂散损耗。总损耗 $\sum p$ 求出后，即可确定效率

$$\eta = \left(1 - \frac{\sum p}{P_2 + \sum p}\right) \times 100\% \qquad (21-12)$$

现代空气冷却的大型水轮发电机的额定效率大致在 $96\% \sim 98.5\%$ 范围内，空气冷却的大型汽轮发电机的额定效率大致在 $94\% \sim 97.8\%$ 范围内。氢气冷却时，额定效率约可增高 0.8%。

四、用时—空矢量图求取额定励磁电流和电压调整率

同步发电机的额定励磁电流和电压调整率也可用考虑饱和时的时—空矢量图求出。

设发电机的空载特性 $E_0 = f(I_f)$、电枢电阻 R_a、电枢漏抗（坡梯电抗）X_p、额定电流时的电枢等效磁动势 $k_a F_a$ 以及电机的额定数据（每相值）均为已知。首先，求出额定情况下发电机的气隙电动势，则

$$\dot{E} = \dot{U} + \dot{I}R_a + j\dot{I}X_p \qquad (21-13)$$

相应的时—空矢量图如图 21-14 所示，相量 $\dot{U}$ 画在纵坐标上。然后在空载曲线上查取产生 $\dot{E}$ 所需的合成磁动势 F，并在超前 $\dot{E}$ 以 $90°$ 处作矢量 $\boldsymbol{F}$，再根据 $\boldsymbol{F} = \boldsymbol{F}_f + k_a \boldsymbol{F}_a$ 求出 $\boldsymbol{F}_f$，即

$$\boldsymbol{F}_f = \boldsymbol{F} + (-k_a \boldsymbol{F}_a) \qquad (21-14)$$

其中，$k_a \boldsymbol{F}_a$ 与 $\dot{I}$ 同相，相应的向量图也画在图 21-14 中。把额定励磁磁动势 $\boldsymbol{F}_{fN}$ 除以励磁绕组的匝数，即可得额定励磁电流 I_{fN}。

把 F_f 的值转投到空载特性曲线上，即可求出该励磁下的空载电动势 E_0，然后按式（0-10）可算出发电机的电压调整率 Δu。

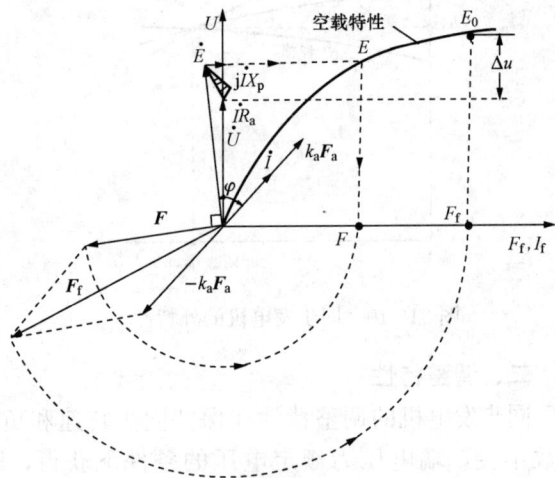

图 21-14 用电动势—磁动势图（坡梯图）
确定同步发电机的 I_{fN} 和 Δu

图 21-14 所示时—空矢量图通常称为坡梯图，也称为电动势—磁动势图。从理论上讲，这种方法仅适用于隐极发电机。但是实践表明，对于凸极同步发电机，若以 $k_{ad} F_a$ 代替 $k_a F_a$，所得结果误差不大，通常不超过 $5\% \sim 10\%$。因此工程上也用此法来确定凸极同步发电机的 I_{fN} 和 Δu。

【例 21-2】 一台水轮发电机，额定容量 $S_N = 16667\text{kVA}$，额定电压 $U_N = 13.8\text{kV}$（Y

联结），额定功率因数 $\cos\varphi_N = 0.8$（滞后），额定转速 $n_N = 100\text{r/min}$，坡梯电抗的标幺值 $X_p^* = 0.24$，电枢电阻忽略不计。发电机的短路特性为一直线，当短路电流等于额定电流时，励磁电流 $I_{fk} = 178\text{A}$。试用坡梯图法求该发电机的额定励磁电流和电压调整率。空载特性的数据为：

E_0^*	0.25	0.45	0.79	1.00	1.14	1.20	1.25
I_f（A）	45	85	150	205	250	300	350

解 首先画出空载特性曲线，并根据 I_{fk} 值（178A）确定短路点 K，如图 21-15 所示。

在空载特性曲线上取 R 点，即使 $\overline{RT} = I^* X_p^* = 0.24$，于是可查得与 $I^* X_p^*$ 对应的励磁磁动势 $\overline{OT} = 43\text{A}$（以下磁动势均用励磁电流表示）。因为短路时主极的励磁磁动势 $\overline{OK}$ 包括两部分，一部分用以克服漏抗压降，另一部分用以克服电枢的去磁磁动势，由此可得额定电流时电枢的等效磁动势 $k_{ad}F_a = \overline{TK} = \overline{OK} - \overline{OT} = 178 - 43 = 135$（A）。

然后在图 21-15 的纵坐标上取电压相量 $\dot{U}^* = 1$，并画出漏抗压降 $I^* X_p^* = 1 \times$

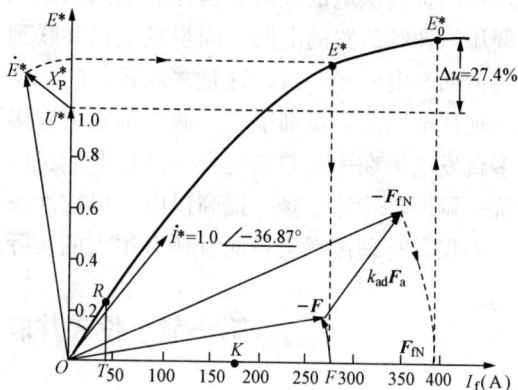

图 21-15 ［例 21-2］的电动势—磁动势图

$0.24 = 0.24$，再根据相量关系求出额定情况下的气隙电动势 $E^* = 1.16$。再由空载特性曲线查得产生 $E^* = 1.16$ 时的合成磁动势 $F = 275\text{A}$。作合成磁动势矢量 F，其大小为 275A，方向超前于 $\dot{E}^*$ 以 90°。再作电枢等效磁动势矢量 $k_{ad}F_a$，其大小为 135A，方向与 $\dot{I}^*$ 同向。把 F 与 $-k_{ad}F_a$ 矢量相加，即得额定励磁磁动势 F_{fN}。为紧凑起见，把所有磁动势都转 180°，所以各个磁动势均冠以负号。

从图 21-15 中量得与 F_{fN} 对应的额定励磁电流 $I_{fN} = 384\text{A}$。再从空载特性曲线上查出与 I_{fN} 相对应的空载电动势 $E_0^* = 1.274$，于是可得发电机的电压调整率为 27.4%。整个计算过程可采用计算机来完成。

第二十二章　同步发电机的并联运行

同步发电机单机运行时，负载发生变化，发电机的频率和端电压将相应地随之变化，可靠性和供电的质量较差。如果组成较大的电力系统（电网），当电网的容量远大于发电机容量时，发电机单机的功率调节、个别负载的变动或其他扰动对整个电网的电压、频率影响甚微，可以提高供电的质量。这样的电网可以认为是恒频、恒压的"无穷大电网"，尤其是装有调压、调频装置的电网。同步发电机并联到无穷大电网之后，其频率和端电压将受到电网的约束而与电网相一致，这是并联运行的一个特点。

现代电网的容量都很大，通常都是由许多不同类型的发电厂并联组成，每个发电厂内又有多台发电机在一起并联运行。这样既能经济、合理地利用各种动力资源和发电设备，也便于统一调度、轮流检修，提高供电的可靠性。由此可见，研究同步发电机与电网并联运行问题，不仅具有理论意义，而且还有很大的实际意义。

第一节　投入并联运行的条件和方法

一、投入并联的条件

同步发电机投入并联时的情况如图 22-1 所示，为了避免电机和电网中产生冲击电流，以及由此而在电机转轴上产生的冲击转矩，应使发电机的励磁电动势与电网电压的瞬时值一直保持相等。为使这一原则得以保证，应当满足下列条件：

（1）发电机与电网的相序一致。

（2）发电机与电网的电压波形相同。

（3）发电机与电网的频率相等。

（4）发电机的励磁电动势 $\dot{E}_0$ 与电网电压 $\dot{U}$ 大小相等、相位相同，即 $\dot{E}_0 = \dot{U}$。

如果 $\dot{E}_0$ 与 $\dot{U}$ 大小不等［见图 22-1（b）］或相位不同［见图 22-1（c）］时，把发电机投入并联，则在开关 Q 的两端出现电压差 $\Delta\dot{U}$，在发电机与电网中产生一定的瞬态冲击电流。严重时，该电流可达额定电流的 5～8 倍。定子绕组端部可能受到电磁力的冲击而发生损伤。

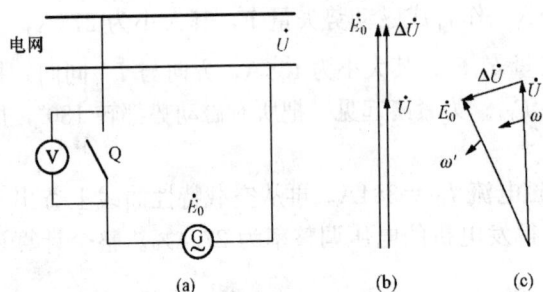

图 22-1　发电机投入并联时的情况

(a) 投入并联示意图；(b) $\dot{E}_0$ 和 $\dot{U}$ 大小不等；

(c) $\dot{E}_0$ 和 $\dot{U}$ 相位不同

如果相序不同，则当某相满足并联条件时，其他两相相位将差别很大，并联时电流和转矩冲击都很大，必须避免这种情况的发生。

如果频率不同，$\dot{E}_0$ 与 $\dot{U}$ 之间便有相对运动，如图 22-1（c）所示。设 $\dot{E}_0$ 与 $\dot{U}$ 的幅值大小相等，发电机的频率 f' 大于电网的频率 f，$\dot{E}_0$ 对于 $\dot{U}$ 的相对转速为 $2\pi(f'-f)$，即 $\dot{E}_0$ 围

绕 $\dot{U}$ 每秒钟转 $(f'-f)$ 圈。因而造成其相位不同，相角差将在 $0°\sim360°$ 之间变化，电压差 $\Delta\dot{U}=\dot{E}_0-\dot{U}$ 忽大忽小，每秒钟 $(f'-f)$ 次为零或最大值。电压差的瞬时值可表示为

$$\Delta u = e - u = \sqrt{2}U(\sin2\pi f't - \sin2\pi ft)$$

$$= 2\sqrt{2}U\sin2\pi\frac{f'-f}{2}t\cos2\pi\frac{f'+f}{2}t \qquad (22-1)$$

可见，Δu 的瞬时值幅值以 $(f'-f)/2$ 的差拍频率在 $0\sim2\sqrt{2}U$ 之间往复变化，而其本身又是一个 $(f'+f)/2$ 频率的交流电压，故波形如图 22-2 所示。由此可见，当 $\Delta u\approx0$ 时是并联合闸的最好时机，而且 f' 越接近于 f，时机越容易掌握。频率相差越大，并联操作就越困难，即使投入电网，也不易牵入同步，在电机与电网之间引起很大的电流和功率振荡。

如果波形不同，将在发电机和电网内产生高次谐波环流，使运行损耗加大，温度升高，影响电机的寿命。

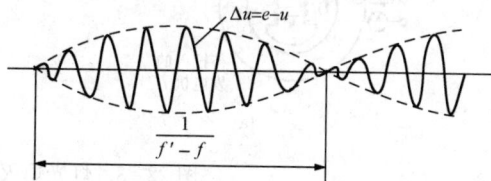

图 22-2　发电机与电网电压差波形

综上所述，四个条件最好同时满足。条件（1）必须满足，其他三个条件允许稍有出入。电压波形在设计和制造时就按照国家标准控制在一定范围内；转向和相序在出厂以前都已标明，对于没有标明转向和相序的电机，安装时可以利用相序指示器来确定。可见，条件（1）和（2）并联前就已自动满足，投入并联时只需注意条件（3）和（4），从公式 $f=pn/60$ 和 $E_0=\sqrt{2}\pi fN_1k_{w1}\phi_0$ 可以看出，分别调节原动机的转速和发电机的励磁电流就可以使发电机的频率、电压与电网相同，相位则可通过调节发电机的瞬时速度来调整。

二、投入并联的方法

发电机投入并联所进行的调节和操作过程，称为整步过程。实用的整步方法有两种，一种叫准确整步法；另一种叫自整步法。

1. 准确整步法

准确整步是把发电机调整到完全合乎投入并联条件后再投入电网。常常采用同步指示器来判断并联条件。最简单的同步指示器由三个指示灯组成，根据接法不同有灯光熄灭法和灯光旋转法两种方法。

（1）灯光熄灭法的接线如图 22-3（a）所示，即把三个同步指示灯分别直接跨接在发电机和电网的对应相之间。发电机和电网的相序一致时，电压的相量图如图 22-3（b）所示，$\dot{U}_A$、$\dot{U}_B$、$\dot{U}_C$ 和 $\dot{U}_{A'}$、$\dot{U}_{B'}$、$\dot{U}_{C'}$ 分别表示电网和发电机的三相电压相量。如果 $f'\neq f$，则发电机和电网的电压相量之间就有相对运动，三个指示灯上的电压 $\Delta\dot{U}$ 将同时发生时大时小的变化，于是三个灯将同时呈现出时亮时暗的现象；调节发电机的转速，三个灯的闪烁速度逐渐变慢，直到不再闪烁时，$f'=f$。再调节发电机电压的大小和相位使得三个灯同时熄灭，此时就意味着发电机已经满足投入并联的条件，即可合闸投入并联。由于一般白炽灯在 1/3 额定电压时就不亮了，所以合闸时刻应在灯光熄灭时段的中间。最好在 A'、A 间接电压表，观测其指示是否为零。若三个灯轮流亮暗，则表示发电机和电网的相序不同，应改变发电机的相序。

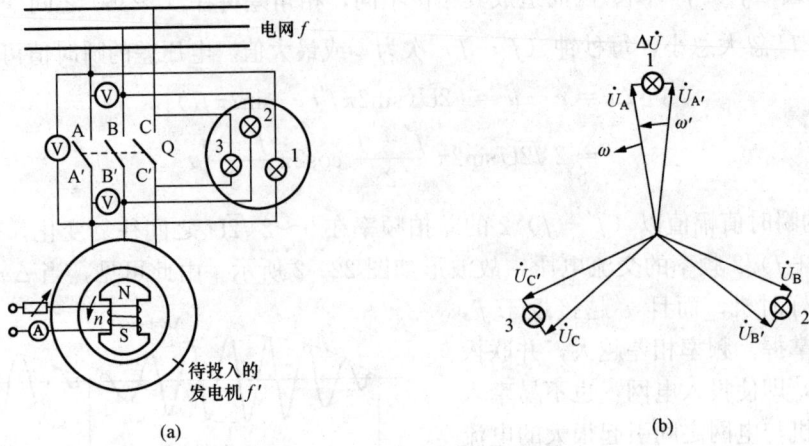

图 22-3 灯光熄灭法的接线和相量图
(a) 接线图;(b) 相量图

(2) 灯光旋转法的接线如图 22-4(a) 所示。其中灯 1 仍接在 A′、A 之间,而灯 2 交叉地接在 B、C′之间,灯 3 接在 C、B′之间。此时发电机和电网的电压相量图如图 22-4(b) 所示。如果 $f' \neq f$,则三个同步指示灯将轮流亮暗,形成灯光旋转现象。若灯光按图中灯 1→灯 2→灯 3 的次序逆时针旋转,则说明 $f' > f$;若灯光按顺时针旋转,则说明 $f' < f$。调节发电机的转速,使灯光旋转速度逐渐变慢,直到灯光不再旋转时,就表示 $f' = f$。再调节发电机电压的大小和相位,直到灯 1 熄灭、灯 2 和灯 3 的亮度相同时,即表示发电机已满足投入并联的条件,可合闸并网。灯光旋转法的优点是能够判断出发电机的频率比电网高还是低,且不必在 A′、A 间接电压表,故用得较多。

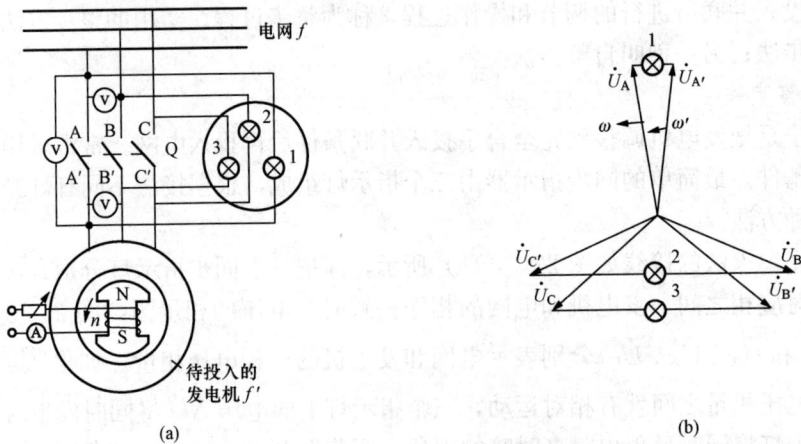

图 22-4 灯光旋转法的接线和相量图
(a) 接线图;(b) 相量图

准确整步法的优点是投入瞬间电网和电机基本没有冲击电流,缺点是并网手续比较复杂。要想把发电机迅速投入电网,可采用自整步法。

2. 自整步法

自整步法首先将励磁绕组经限流电阻短路，如图22-5所示；再校验发电机的相序，确定转向；然后把发电机拖动到接近于同步转速；最后把发电机投入电网，并立即加上直流励磁。此时依靠定、转子磁场间所形成的电磁转矩，就可以把转子自动牵入同步。

自整步法操作简便，投入迅速，不需复杂的装置，缺点是投入时定子冲击电流稍大。

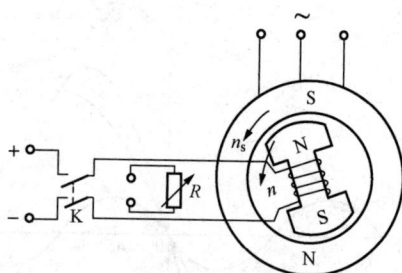

图22-5　自整步法的接线示意图

第二节　同步发电机的功角特性

同步发电机的功角特性是指E_0和U保持不变时，发电机发出的电磁功率与功率角之间的关系$P_e = f(\delta)$。功角特性可以用来研究同步电机接在电网上运行时发出的有功功率，并进一步揭示机组的稳定性和阐明发电机与电动机之间的联系和转化。

下面先研究不计电枢电阻时的功角特性，然后说明电枢电阻的影响。

一、功角特性

中、大型同步发电机的电枢电阻远小于同步电抗，因此常可忽略不计。相应的相量图如图22-6所示，可见功率因数角$\varphi = \psi_0 - \delta$。不计电枢电阻时，电磁功率将与电枢端点输出的电功率相等，即

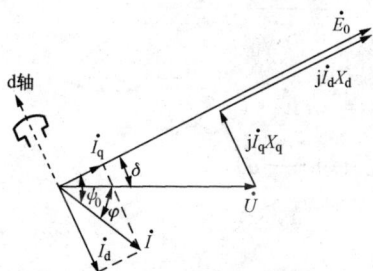

图22-6　不计电枢电阻时凸极同步发电机的相量图

$$P_e \approx mUI\cos\varphi = mUI\cos(\psi_0 - \delta)$$
$$= mUI(\cos\psi_0\cos\delta + \sin\psi_0\sin\delta)$$
$$= mU(I_q\cos\delta + I_d\sin\delta) \tag{22-2}$$

从图22-6还可以得出

$$I_qX_q = U\sin\delta, \ I_dX_d = E_0 - U\cos\delta \tag{22-3}$$

将电流解出代入式（22-2），并加以整理，最后可得

$$P_e = m\frac{E_0U}{X_d}\sin\delta + m\frac{U^2}{2}\left(\frac{1}{X_q} - \frac{1}{X_d}\right)\sin2\delta = P_{e1} + P_{e2}$$

$$\tag{22-4}$$

这就是功角特性的表达式。式中第一项P_{e1}称为基本电磁功率，第二项P_{e2}称为附加电磁功率。附加电磁功率与E_0（即励磁）的大小无关，且仅当$X_d \neq X_q$时才存在，由交、直轴磁阻不相等的凸极效应所引起，也称为磁阻功率。没有励磁绕组的同步电机称为磁阻电机。

从式（22-4）可见，若电网电压U和频率f恒定，X_d、X_q为常值，E_0又保持不变，则电磁功率的大小将仅仅取决于功率角δ。当$\delta = 90°$时，基本电磁功率达到其最大值$P_{e1,max} = m\frac{E_0U}{X_d}$。$\delta = 45°$时，附加电磁功率达到其最大值，$P_{e2,max} = m\frac{U^2}{2}\left(\frac{1}{X_q} - \frac{1}{X_d}\right)$。总的电磁功率在$\delta = 45° \sim 90°$之间达到最大值，其具体位置和数值视$P_{e1,max}$和$P_{e2,max}$的相对大小而定。

由于隐极发电机的$X_d = X_q = X_s$，附加电磁功率为零，故电磁功率为

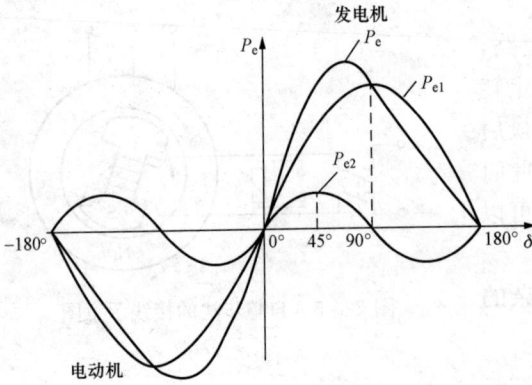

图 22-7 同步电机的功角特性曲线

$$P_e = m\frac{E_0 U}{X_s}\sin\delta \qquad (22-5)$$

由式（20-28），凸极发电机的电磁功率也可写成

$$P_e = mE_Q I_q = m\frac{E_Q U}{X_q}\sin\delta \qquad (22-6)$$

凸极同步电机的功角特性曲线如图 22-7所示，$0°\leqslant\delta\leqslant 180°$时，电磁功率为正值，对应于发电机状态；$-180°\leqslant\delta\leqslant 0°$时，电磁功率为负值，对应于电动机状态。

二、电枢电阻的影响

小型同步发电机的电枢电阻较大，需要考虑其影响。计及电枢电阻时隐极同步发电机的相量关系如图 22-8所示。取端电压为参考相量，则有

$$\dot{U} = U\underline{/0°},\ \dot{E}_0 = E_0\underline{/\delta},\ Z_s = Z_s\underline{/90°-\alpha} \qquad (22-7)$$

式中：Z_s 为隐极同步发电机的同步阻抗，$Z_s = \sqrt{R_a^2 + X_s^2}$；$\alpha$ 为同步发电机的阻抗角，$\alpha = \arcsin(R_a/Z_s)$。

而电枢电流为

$$\dot{I} = \frac{\dot{E}_0 - \dot{U}}{Z_s} = \frac{E_0}{Z_s}\underline{/\delta-90°+\alpha} - \frac{U}{Z_s}\underline{/-90°+\alpha} \qquad (22-8)$$

于是隐极同步发电机的电磁功率为

$$\begin{aligned}
P_e &= mUI\cos\varphi + mI^2 R_a = mE_0 I\cos\psi_0 = m\dot{E}_0 \cdot \dot{I} \\
&= m\frac{E_0^2}{Z_s}\cos(90°-\alpha) - m\frac{E_0 U}{Z_s}\cos(\delta+90°-\alpha) \\
&= m\frac{E_0}{Z_s}[U\sin(\delta-\alpha) + E_0\sin\alpha] \qquad (22-9)
\end{aligned}$$

$E_0 =$ 常值、$U =$ 常值（$E_0 > U$），$\alpha = 15°$和 $0°$（即不计电阻）时隐极同步发电机的功角特性如图 22-9所示。从图可见，计及电阻时，若 $E_0 > U$，则在功率角 $\delta = 0°$时，同步发电机将有微小的正值电磁功率。

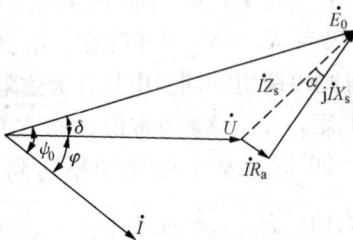

图 22-8 计及电枢电阻时隐极
同步发电机的相量图

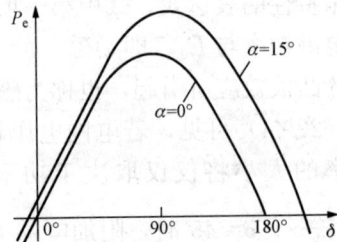

图 22-9 计及电枢电阻时隐极
同步发电机的功角特性

根据等效电路图 20-15，可以导出考虑电枢电阻时凸极同步发电机电磁功率为

$$P_e = m \frac{E_Q}{Z_q}[U\sin(\delta - \alpha_q) + E_Q\sin\alpha_q] \tag{22-10}$$

式中：E_Q 为凸极同步电机的虚拟电动势；Z_q 为交轴同步阻抗，$Z_q = \sqrt{R_a^2 + X_q^2}$；$\alpha_q$ 为交轴同步阻抗的阻抗角，$\alpha_q = \arcsin(R_a/Z_q)$。

【例 22-1】 有一台三相水轮发电机直接与电网相接，额定容量为 70000kVA、额定电压为 13.8kV（Y 联结）、$\cos\varphi_N = 0.866$（滞后）。已知电机的参数为：$X_d = 2.7\Omega$，$X_q = 1.8\Omega$，电枢电阻忽略不计，不考虑饱和。试求额定负载时发电机的功率角和励磁电动势，以及保持该励磁不变时发电机的最大电磁功率。

解 先算出额定负载时的 ψ_0 角。由于额定相电压和额定相电流分别为

$$U = \frac{13.8 \times 10^3}{\sqrt{3}} = 7967.4(V)$$

$$I = \frac{70000 \times 10^3}{\sqrt{3} \times 13.8 \times 10^3} = 2928.6(A)$$

而 $\varphi = \arccos 0.866 = 30°$，$\sin\varphi = 0.5$，于是

$$\psi_0 = \arctan\frac{U\sin\varphi + IX_q}{U\cos\varphi} = \arctan\frac{7967.4 \times 0.5 + 2928.6 \times 1.8}{7967.4 \times 0.866} = 53.295°$$

功率角则为

$$\delta = \psi_0 - \varphi = 53.295° - 30° = 23.295°$$

励磁电动势为

$$E_0 = U\cos\delta + I_d X_d = 7967.4\cos 23.295° + 2928.6\sin 53.295° \times 2.7 = 13657(V)$$

保持该 E_0 不变时，$P_{e1,max}$ 和 $P_{e2,max}$ 分别为

$$P_{e1,max} = m\frac{E_0 U}{X_d} = 3 \times \frac{13657 \times 7967.4}{2.7}(W) = 120.9 \times 10^3(kW)$$

$$P_{e2,max} = m\frac{U^2}{2}\left(\frac{1}{X_q} - \frac{1}{X_d}\right) = 3 \times \frac{7967.4^2}{2}\left(\frac{1}{1.8} - \frac{1}{2.7}\right)(W) = 17.633 \times 10^3(kW)$$

第三节　有功功率的调节和静态稳定

一、有功功率的调节

发电机投入并联的目的，就是要向电网输出功率。这里以隐极发电机为例，说明一台同步发电机与无穷大电网并联时有功功率的调节，如图 22-10（a）所示。为简化分析，不计电枢电阻和磁饱和的影响。开始投入并联时，设 $\dot{E}_0 = \dot{U}$，功率角 $\delta = 0°$，如图 22-10（b）所示。此时发电机输出的有功功率为 $P_2 = P_e = m\frac{E_0 U}{X_s}\sin\delta = 0$，电磁转矩 $T_e = 0$，发电机在电网上处于空载状态；原动机的驱动转矩只用来克服发电机的空载转矩。

开大汽轮机的汽门（或水轮机的水门），则原动机的驱动转矩 T_1 增大，使发电机的转子瞬时加速，与转子主磁场相对应的励磁电动势 $\dot{E}_0$ 将超前于电网电压 $\dot{U}$ 以 δ 角，同时产生电枢电流 $\dot{I}$，如图 22-10（c）所示。根据功角特性，此时发电机将产生一定的电磁功率 $P_e = m\frac{E_0 U}{X_s}\sin\delta$，向电网输出一定的有功功率 $P_2 = P_e - mI^2 R_a$，同时作用于转子上一个制动

的电磁转矩 T_e，与增加的驱动转矩相平衡；转子转速仍然保持为同步转速。发电机此时已是负载运行状态，如图 22-10（d）中的 A 点所示。

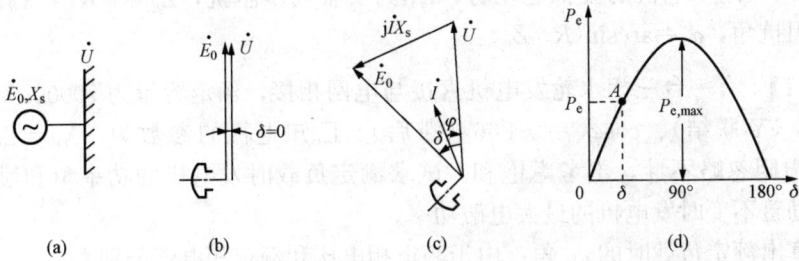

图 22-10　同步发电机与电网并联时有功功率的调节

（a）发电机与无穷大电网并联；（b）功角 $\delta=0°$ 时的相量图；

（c）功率为 δ 时的相量图；（d）功角为 δ 时的电磁功率 P_e

由此可见，要增加发电机输出的有功功率，必须增加原动机的输入功率，使功率角 δ 增大，电磁功率和输出功率便会相应增加，这符合能量守恒定律。直到 $\delta=90°$ 时，电磁功率达到最大值

$$P_{e,max} = m\frac{E_0 U}{X_s} \qquad (22-11)$$

称为隐极同步发电机的功率极限。

二、静态稳定

并联在电网上的同步发电机，在某一工作点运行时，如果外界（电网或原动机）发生微小的扰动，在扰动消失后，发电机能否回复到原先的状态下稳定地运行，称为同步发电机的静态稳定问题。如能回复，说明同步发电机是稳定的；反之，则是不稳定的。

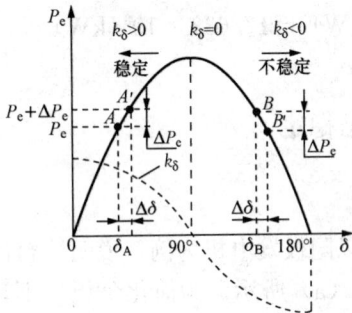

图 22-11　与无穷大电网并联时同步发电机的静态稳定性

假定发电机原先在 A 点运行，如图 22-11 所示。其功率角为 δ_A，$0<\delta_A\leqslant90°$，电磁功率为 P_e。若此时输入功率有一微小增量 ΔP_1，则功率角将增大 $\Delta\delta$，电磁功率将相应地增加 ΔP_e，因此制动的电磁转矩也将增大，以抑制功率角的进一步增大。当外界扰动消失，多余的制动转矩使机组回复到 A 点运行；反之亦然。所以 A 点是稳定的。

如果发电机原先在 B 点运行，其功率角为 δ_B，$90°<\delta_B\leqslant180°$，功率角位于功角特性的下降部分。则当输入功率增加 ΔP_1 时，功率角也将增大，但此时将使电磁功率和制动的电磁转矩减小，不能抑制功率角的增大。扰动消失后，无多余的制动转矩使机组回复到 B 点运行，所以 B 点是不稳定的，严重时将导致发电机失去同步。

为了判断同步发电机是否稳定，衡量稳定程度，引入整步功率系数

$$k_\delta = \frac{dP_e}{d\delta} = m\frac{E_0 U}{X_s}\cos\delta \qquad (22-12)$$

可见，当 $\delta<90°$ 时，$k_\delta>0$，发电机是稳定的。δ 越接近 $90°$，k_δ 越小，稳定程度也越低。当

$\delta=90°$时，$k_\delta=0$，达到静态稳定极限。当$\delta>90°$时，$k_\delta<0$，发电机就变为不稳定。k_δ与δ的关系曲线如图22-11中虚线所示。

发电机的最大电磁功率与额定功率之比称为过载能力，则

$$k_p = \frac{P_{e,max}}{P_N} \approx \frac{m\dfrac{E_0 U}{X_s}}{m\dfrac{E_0 U}{X_s}\sin\delta_N} = \frac{1}{\sin\delta_N} \tag{22-13}$$

为使同步发电机能够稳定地运行，额定功率要小于最大电磁功率。额定情况下，汽轮发电机的功率角一般为$\delta_N \approx 30°\sim40°$，而$k_p \approx 1.6\sim2.0$。

从式（22-11）和式（22-12）可见，发电机的功率极限和整步功率系数都正比于E_0、反比于X_s，所以增加励磁、减小同步电抗（即增大短路比）可以提高同步电机的功率极限和静态稳定度。

第四节　无功功率的调节

电网上一般都带有大量的电感性负载，因此需要一定的无功功率。并联在电网中的同步发电机不仅要向电网输出有功功率，而且还要输出无功功率。这里仍以隐极电机为例，说明同步发电机与无穷大电网并联时，无功功率的调节。

为简明起见，忽略电枢电阻和磁饱和的影响，并假定调节励磁前、后，原动机的输入有功功率保持不变。根据功率平衡关系，发电机的电磁功率也应近似保持不变，于是有

$$\left.\begin{aligned}P_e = m\frac{E_0 U}{X_s}\sin\delta = 常值\\ P_2 = mUI\cos\varphi = 常值\end{aligned}\right\} \tag{22-14}$$

由于电网电压U、发电机的相数m和同步电抗X_s均为定值，所以

$$\left.\begin{aligned}E_0\sin\delta = 常值\\ I\cos\varphi = 常值\end{aligned}\right\} \tag{22-15}$$

同步发电机与电网并联时无功功率调节的相量关系如图22-12所示。可见无论励磁怎样调节，励磁电动势$\dot{E}_0$的端点始终都落在水平线AB上；电枢电流$\dot{I}$的端点始终落在铅垂线CD上。

当励磁电动势为$\dot{E}_0$、电枢电流为$\dot{I}$、功率因数$\cos\varphi=1$时，励磁电流I_f称为正常励磁，此时发电机的电枢电流全部为有功电流，输出功率全部为有功功率。

如果增加励磁电流使$I_f' > I_f$，励磁电动势增加到$\dot{E}_0'$，相应地，电枢电流变为$\dot{I}'$。从图22-12可见，此时的电枢电流将滞后于电网电压，电枢电流中除有功分量外，还有滞后的无功分量；换言之，发电机除输出有功功率外，还将输出滞后

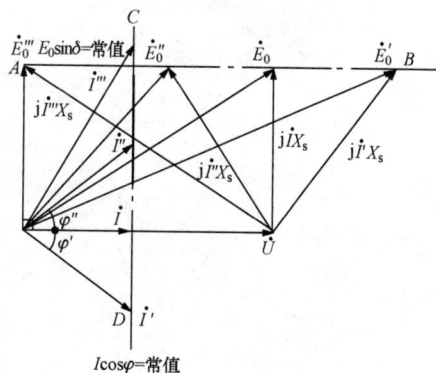

图22-12　同步发电机与电网并联时
无功功率调节的相量图

的无功功率。此时发电机的运行状态称为过励。

如果减少励磁电流，使 $I'_f < I_f$，此时励磁电动势减小到 $\dot{E}''_0$，相应的电枢电流变为 $\dot{I}''$。此时电枢电流超前于电网电压，电枢电流中除有功分量外，还有超前的无功分量；换言之，发电机除输出有功功率外，还将输出超前的无功功率。此时发电机的运行状态称为欠励，也称进相运行。

如果进一步减少励磁电流，励磁电动势达到 $\dot{E}'''_0$ 时，电枢电流相应地变为 $\dot{I}'''$。此时 $\delta = 90°$，发电机达到稳定运行的极限。如再减少励磁电流，发电机则不能稳定运行。

由此可见，调节发电机的励磁，即可调节其无功功率。这一现象，还可以用磁动势平衡关系来解释。发电机与无穷大电网并联时，其端电压恒为常值，所以无论励磁如何变化，电枢绕组的合成磁通应基本不变。当励磁电流为过励时，主磁通增多，为维持电枢绕组的合成磁通不变，发电机应输出滞后电流，使去磁性的电枢反应增加，以削弱过多的主磁通。励磁电流为欠励时，主磁通减少，为维持合成磁通不变，发电机必须输出超前电流，使电枢反应变为增磁性，以补偿主磁通的不足。

无功功率的调节情况可用电枢电流 I 与励磁电流 I_f 之间的关系曲线 $I = f(I_f)$ 来描述，如图 22-13 所示。由于这条曲线形如 V 字，故也称 V 形曲线，是在保持电网电压和输出功率不变的条件下，改变励磁电流测定对应的定子电流得出的。对应于不同的电磁功率，可得出一簇曲线。最低的 V 形曲线对应于 $P_e = 0$，表征了空载状况。功率加大时，曲线上移。每条曲线的最低点表示 $\cos\varphi = 1$，电枢电流最小，全部为有功分量，这点的励磁是正常励磁。将各曲线最低点连接起来得到一条 $\cos\varphi = 1$ 的曲线，曲线的右侧为过励状态，功率因数为滞后；左侧为欠励状态，功率因数为超前。当励磁减小至稳定极限（图 22-13 中虚线）时，电机将出现不稳定现象。发电机处于欠励运行时，应注意控制励磁。

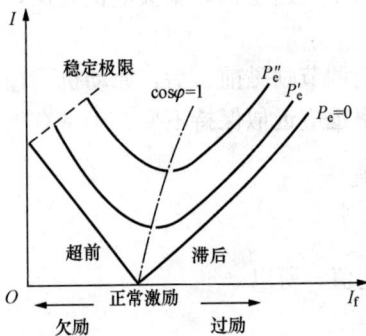

图 22-13　同步发电机的 V 形曲线

第二十三章　同步电动机和同步补偿机

前面研究了同步电机的发电机运行状态，本章将讨论同步电机的另外两种运行状态，即电动机和补偿机。

同步电动机与感应电动机相比较，具有转子转速恒为同步转速且与负载大小无关、其功率因数可以调节的特点，因此在恒速负载及需要改善功率因数的场合，应用较为广泛。同步电动机的功率多在 250kW 以上，转速在 100～1500r/min，额定电压为 6kV 或 10kV，额定功率因数为 0.9 超前。

同步补偿机则是一种专门用来改善电网功率因数、补偿电网的无功功率、不带任何机械负载的同步电动机。

第一节　同步电动机的运行原理

一、同步电动机的电压方程

同步电动机由电网输入电功率，从转轴输出机械功率。若仍用发电机惯例（输出电流为正方向）来分析，可看作电动机向电网输送负的电流，发出负的电功率，即电磁功率 $P_e < 0$；相应地，功率角 δ 也成为负值，即励磁电动势 $\dot{E}_0$ 滞后于端电压 $\dot{U}$，电磁转矩则成为驱动转矩；同步电动机的功率因数角 φ 和内功率因数角 ψ_0 均在 $-90° \sim +90°$ 的范围外，即 $\cos\varphi$ 和 $\cos\psi_0$ 均为负值。此时隐极同步电动机的相量图如图 23-1 所示。

为了应用方便，改用电动机惯例，即以输入电流作为正方向，以输入电功率作为正值，有关物理量的下标加 M，以 $\dot{I}_M = -\dot{I}$ 代入发电机的电压方程式（20-10）可得到隐极同步电动机的电压方程为

$$\dot{U} = \dot{E}_0 + (-\dot{I})R_a + j(-\dot{I})X_s = \dot{E}_0 + \dot{I}_M R_a + j\dot{I}_M X_s \tag{23-1}$$

相应的相量图和等效电路如图 23-2 所示。对于电动机，这样做可以避免功率出现负值，并可使功率因数角 φ_M 定义在 $-90° \sim +90°$ 之内。

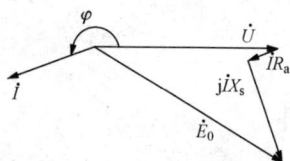

图 23-1　隐极同步电动机的相量图

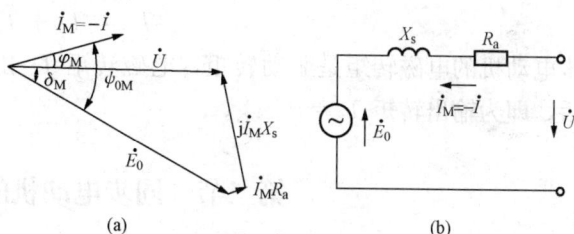

图 23-2　隐极同步电动机的相量图和等效电路
(a) 相量图；(b) 等效电路

同理，凸极同步电动机的电压方程为

$$\dot{U} = \dot{E}_0 + \dot{I}_M R_a + j\dot{I}_{dM}X_d + j\dot{I}_{qM}X_q \tag{23-2}$$

式中：$\dot{I}_{dM}$ 和 $\dot{I}_{qM}$ 分别为定子电流的直轴和交轴分量。

凸极同步电动机的相量图如图 23-3 所示。

同步电动机的电枢反应性质与发电机相反。即电枢电流 $\dot{I}_M$ 滞后于励磁电动势 $\dot{E}_0$ 时，电枢反应有增磁作用；$\dot{I}_M$ 超前于 $\dot{E}_0$ 时，有去磁作用。

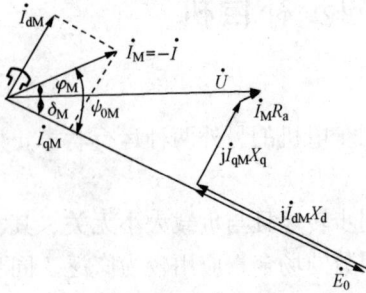

图 23-3 凸极同步电动机的相量图

二、同步电动机的功角特性和功率方程

采用电动机惯例，把 $\dot{E}_0$ 滞后于 $\dot{U}$ 的功率角和电磁功率 P_e 规定为正值，用 δ_M 表示，即 $\delta_M = -\delta$，则同步电动机的功角特性表达式与发电机的相同，即

$$P_e = m\frac{E_0 U}{X_d}\sin\delta_M + m\frac{U^2}{2}\left(\frac{1}{X_q} - \frac{1}{X_d}\right)\sin 2\delta_M \tag{23-3}$$

正常工作时，同步电动机从电网输入电功率 P_1，小部分消耗于定子铜损耗 p_{Cua}，大部分通过定、转子磁场的相互作用，由电能转换为机械能，此转换功率就是电磁功率 P_e，于是定子功率方程为

$$P_1 = p_{Cua} + P_e \tag{23-4}$$

从电磁功率 P_e 中扣除定子铁损耗 p_{Fe}、机械损耗 p_Ω 和杂散损耗 p_Δ 后，可得轴上输出的机械功率 P_2，故转子功率方程为

$$P_e = p_{Fe} + p_\Omega + p_\Delta + P_2 \tag{23-5}$$

这里定子铁损耗计入转子功率方程，与感应电动机有所不同。这是因为同步电动机的磁场是由转子励磁磁动势建立的，旋转磁场不光在电枢绕组感应电动势，同时在定子铁心中也感应电动势，在铁心中产生涡流，相当一个发电端口，产生一个制动电磁转矩，应通过转轴支付机械功率。而感应电动机的磁场是由定子磁动势建立的，在铁心中产生涡流，相当一个变压器的次级，应由电源支付电功率[16]。

三、同步电动机的电磁转矩和转矩方程

将同步电动机的功角特性表达式和转子功率方程除以 Ω_s，可得电磁转矩表达式和转矩方程，即

$$T_e = \frac{P_e}{\Omega_s} = m\frac{E_0 U}{\Omega_s X_d}\sin\delta_M + \frac{mU^2}{2\Omega_s}\left(\frac{1}{X_q} - \frac{1}{X_d}\right)\sin 2\delta_M \tag{23-6}$$

$$T_e = T_0 + T_2 \tag{23-7}$$

同步电动机的电磁转矩是驱动转矩，电磁转矩 T_e 扣除了空载转矩 $T_0 = (p_{Fe} + p_\Omega + p_\Delta)/\Omega_s$ 以后，即为输出转矩 $T_2 = P_2/\Omega_s$。

第二节　同步电动机的运行特性

同步电动机的运行特性包括工作特性和无功功率调节特性。

一、同步电动机的工作特性

同步电动机的工作特性是在 $U = U_N$、$I_f = I_{fN}$ 时获得的，包括电磁转矩、电枢电流、效

率、功率因数等特性，即 T_e、I_M、η、$\cos\varphi_M = f(P_2)$ 曲线，如图 23-4 所示。

由转矩方程式，当输出功率 $P_2 = 0$ 时，$T_e \approx T_0 + T_2 = T_0 + P_2/\Omega_s = T_0$，此时电枢电流为空载电流，数值很小。随着输出功率的增加，电磁转矩将正比增大，电枢电流也随之增大。因此，$T_e = f(P_2)$ 是一条直线，而 $I_M = f(P_2)$ 近似为一条直线，功率因数特性是一条下降的曲线。

同步电动机的效率特性与其他电机基本相似。空载时，$\eta = 0$；随着输出功率的增加，效率逐步增加，达到某个最大值后开始下降。

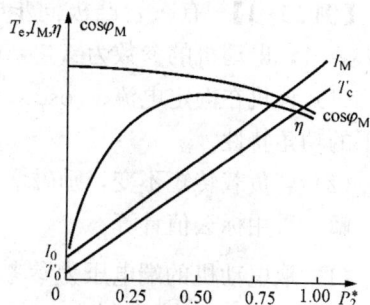

图 23-4　同步电动机的工作特性

同步电动机的最大电磁功率与额定功率之比，也称为过载能力。和发电机一样，增加电动机的励磁（即增大 E_0），可以提高最大电磁功率 $P_{e,max}$，从而提高过载能力。这也是同步电动机的特点之一。

二、无功功率调节特性

同步电动机的无功功率和功率因数也可以采用调节励磁来调节，相应的相量图如图 23-5所示，V 形曲线与发电机相似，也有正常励磁、过励、欠励以及稳定极限，只是过励时功率因数为超前，欠励时功率因数为滞后，与发电机相反。

不同励磁时同步电动机的功率因数特性如图 23-6 所示。曲线 1 对应于空载时 $\cos\varphi_M = 1$ 的情况，此时励磁电流较小，随着负载的增加，功率因数逐步下降且为滞后；曲线 2 对应于半载时功率因数 $\cos\varphi_M = 1$ 的情况，此时励磁电流稍大，负载低于半载时功率因数为超前，超过半载后功率因数将变成滞后；曲线 3 对应于满载时 $\cos\varphi_M = 1$ 的情况，此时励磁电流更大。可见，改变励磁电流，可使电动机在任一特定负载下的功率因数达到 1，甚至变成超前。

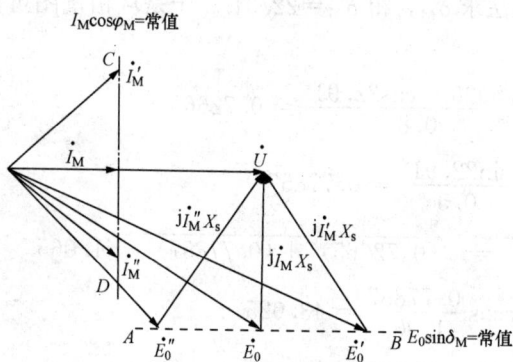

图 23-5　恒功率、变励磁时隐极同步电动机的相量图

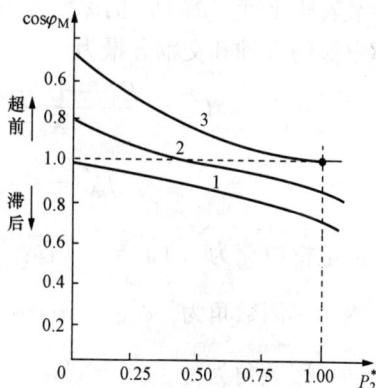

图 23-6　不同励磁时同步电动机的功率因数特性

无功电流和功率因数可以调节是同步电动机的主要优点。同步电动机通常在过励状态下运行，从电网吸收超前电流，相当一个容性负载，可以改善电网功率因数。但是，过励时电机的效率有所降低。

【例 23 - 1】　有一台凸极同步电动机接在无穷大电网上运行，电动机的额定功率因数 $\cos\varphi_M=1$，电动机的参数为 $X_d^*=0.8$，$X_q^*=0.5$，电枢电阻和磁饱和忽略不计，试求：

（1）该机在额定电流、$\cos\varphi_M=1$ 的情况下运行时，励磁电动势的标幺值和该励磁电动势下的功角特性。

（2）若负载转矩不变，励磁增加 20%，问电枢电流和功率因数将变成多少？

解　采用标幺值计算。

（1）取电动机的端电压为参考相量，$\dot{U}^*=1.0\underline{/0^\circ}$。由于 $\cos\varphi_M=1$，故电枢电流 $\dot{I}_M^*=1.0\underline{/0^\circ}$，于是内功率因数角 ψ_{0M} 为

$$\psi_{0M}=\arctan\frac{U^*\sin\varphi_M+I_M^*X_q^*}{U^*\cos\varphi_M}=\arctan\frac{0.5}{1}=26.565^\circ$$

由于 $\varphi_M=0^\circ$，故功率角为 $\delta_M=\psi_{0M}=26.565^\circ$，于是电流的直轴和交轴分量为

$$I_{dM}^*=I_M^*\sin\psi_{0M}=\sin26.565^\circ=0.44721$$
$$I_{qM}^*=I_M^*\cos\psi_{0M}=\cos26.565^\circ=0.89443$$

励磁电动势为

$$E_0^*=U^*\cos\delta_M+I_{dM}^*X_d^*=1\times\cos26.565^\circ+0.44721\times0.8=1.2522$$

将有关数据代入功角特性公式，可得

$$P_e^*=\frac{E_0^*U^*}{X_d^*}\sin\delta_M+\frac{U^{*2}}{2}\left(\frac{1}{X_q^*}-\frac{1}{X_d^*}\right)\sin2\delta_M=\frac{1.2522\times1}{0.8}\sin\delta_M+\frac{1^2}{2}\left(\frac{1}{0.5}-\frac{1}{0.8}\right)\sin2\delta_M$$

$$=1.5653\sin\delta_M+0.375\sin2\delta_M$$

注意：用标幺值表示时，式中无相数 m，且以电动机的额定视在功率作为功率基值。

（2）若励磁增加 20%、不计磁饱和时，$E_0^{*'}=1.2E_0^*=1.2\times1.2522=1.5026$，功角特性为

$$P_e^*=\frac{1.5026\times1}{0.8}\sin\delta_M'+\frac{1^2}{2}\left(\frac{1}{0.5}-\frac{1}{0.8}\right)\sin2\delta_M'=1.8783\sin\delta_M'+0.375\sin2\delta_M'$$

因负载转矩不变，故 P_e^* 仍保持为 1，用试探法求 δ_M'，得 $\delta_M'=22.91^\circ$。于是从相量图可知，电枢电流的直轴和交轴分量为

$$I_{dM}^{*'}=\frac{E_0^{*'}-U^*\cos\delta_M'}{X_d^*}=\frac{1.5026-\cos22.91^\circ}{0.8}=0.72665$$

$$I_{qM}^{*'}=\frac{U^*\sin\delta_M'}{X_q^*}=\frac{\sin22.91^\circ}{0.5}=0.77857$$

故电枢电流为　$I_M^{*'}=\sqrt{(I_{dM}^{*'})^2+(I_{qM}^{*'})^2}=\sqrt{(0.72665)^2+(0.77857)^2}=1.065$

内功率因数角为　$\psi_{0M}'=\arccos\dfrac{I_{qM}^{*'}}{I_M^{*'}}=\arccos\dfrac{0.77857}{1.065}=43.025^\circ$

功率因数角为　　$\varphi_M'=\psi_{0M}'-\delta_M'=43.025^\circ-22.91^\circ=20.115^\circ$

功率因数为　　　$\cos\varphi_M'=\cos20.115^\circ=0.939$（超前）

即过励时功率因数将从 1 变为超前。

【例 23 - 2】　某工厂电力设备所消耗的总功率为 2100kW，$\cos\varphi=0.7$（滞后），今欲添置功率为 400kW 的电动机。现有 400kW、$\cos\varphi=0.7$（滞后）的感应电动机和 400kW、$\cos\varphi=0.8$（超前）的同步电动机可供选用，试问在这两种情况下，工厂的总视在功率和功

率因数各为多少（电动机的损耗略去不计）？

解　工厂原来所消耗的功率情况为

有功功率
$$P = 2100(\text{kW})$$

视在功率
$$S = \frac{P}{\cos\varphi} = \frac{2100}{0.7} = 3000(\text{kVA})$$

由于 $\cos\varphi = 0.7$（滞后），故 $\sin\varphi = 0.71414$，于是无功功率为

$$Q = S\sin\varphi = 3000 \times 0.71414 = 2142.4(\text{kvar})$$

（1）选用感应电动机时

总有功功率
$$P' = 2100 + 400 = 2500(\text{kW})$$

总无功功率　$Q' = 2142.4 + \dfrac{400}{0.7} \times 0.71414 = 2550.5(\text{kvar})$（滞后）

总视在功率　$S' = \sqrt{P'^2 + Q'^2} = \sqrt{2500^2 + 2550.5^2} = 3571.4(\text{kVA})$

总功率因数不变，为
$$\cos\varphi' = 0.7 \text{（滞后）}$$

（2）选用同步电动机时

总有功功率
$$P'' = 2100 + 400 = 2500(\text{kW})$$

总无功功率　$Q'' = 2142.4 - \dfrac{400}{0.8} \times 0.6 = 1842.4(\text{kvar})$（滞后）

总视在功率　$S'' = \sqrt{P''^2 + Q''^2} = \sqrt{2500^2 + 1842.4^2} = 3105.5(\text{kVA})$

总功率因数
$$\cos\varphi'' = \frac{P''}{S''} = \frac{2500}{3105} = 0.80502 \text{（滞后）}$$

计算表明，若选用同步电动机，则工厂所需的总视在功率较小，总功率因数较高。

第三节　同步电动机的启动

同步电动机直接启动时，定子旋转磁场以同步转速旋转，而转子静止不动。定、转子磁场在空间不能相对静止，不能产生恒定的同步电磁转矩，作用在转子上的同步电磁转矩正、反交变，平均转矩为零，因此同步电动机是不能自行启动的，必须借助于其他方法。

一、异步启动法

多数的同步电动机都是在主极极靴上装设启动绕组来启动，它相当于感应电动机转子上的笼型绕组，因此称为异步启动法。

启动时，定子旋转磁场在启动绕组中感应电流，产生的异步电磁转矩，类似于感应电动机，使电机启动起来。待转速上升到接近同步转速时，再将励磁绕组通入励磁电流，依靠定、转子磁场间相互作用所产生的同步电磁转矩可将转子牵入同步。牵入同步后，启动绕组与定子旋转磁场间没有相对运动而不起作用。可见，异步启动过程包括异步启动和牵入同步两个阶段。

在异步启动阶段，表征启动性能的指标有启动转矩 T_{st} 和牵入转矩 T_{pi}，如图 23-7 所示。启动转矩越大启动越顺利，牵入转矩越大牵入同步越容易。所谓牵入转矩，是指转速达到 $0.95n_{\text{s}}$（即转差率 $s = 0.05$）时，启动绕组所产生的异步转矩值。启动转矩和牵入转矩的大小与启动绕组的电阻有关。根据感应电机的理论可知，启动绕组的电阻大，启动转矩就大，但牵入转矩则将变小。因此在设计电动机时应根据实际需要协调解决两者之间的矛盾。

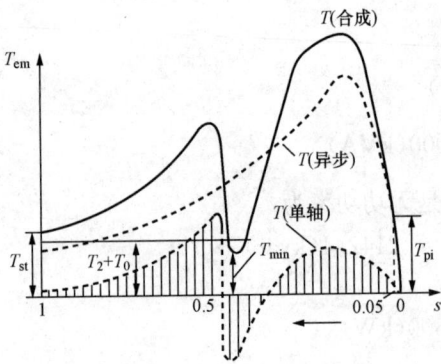

图 23 - 7　同步电动机异步启动时转矩曲线

启动时定子旋转磁场会在匝数较多的励磁绕组中感应出高电压，容易引起人身事故或击穿励磁绕组的绝缘，因此励磁绕组不能开路；如果将其直接短路，励磁绕组中的感应电流将产生脉振磁场，其正向旋转磁场与定子旋转磁场相互作用，产生异步电磁转矩；反向旋转磁场与定子绕组相互作用，将会产生"单轴转矩"，使合成电磁转矩在 $n_s/2$ 附近产生明显的下凹，当最小转矩 $T_{\min}$ 小于负载转矩 T_2+T_0 时，电动机的转速停滞在 $n_s/2$ 附近而不能继续上升，如图 23 - 7 所示。为减小单轴转矩，可在励磁绕组内串接一个约为本身电阻值 5～10 倍的限流电阻，如图 23 - 8 所示。

牵入同步的过程如图 23 - 9 所示。当转子接近同步转速，磁阻转矩开始起作用，它叠加在异步转矩上，使转子转速发生振荡（有时光靠磁阻转矩也可牵入同步）。加入直流励磁后，主极将呈现出固定的极性，产生同步电磁转矩。此时转速振荡增加一倍，转矩增加很多，使转子转速瞬时值超过同步转速。当转子回降到同步转速时，将受到一个整步转矩，经过一段衰减振荡，通常都可牵入同步。一般来讲，负载越轻，加入直流励磁时的电动机转差越小，就越易牵入同步。若负载过重，励磁过小，或接入励磁的瞬间不当，也可能牵不进同步。

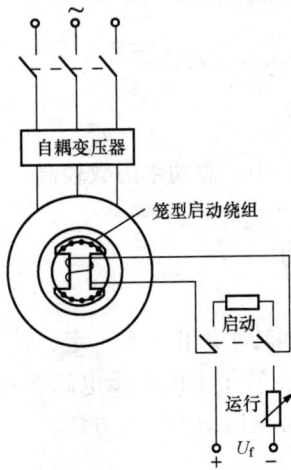

图 23 - 8　异步启动的线路图

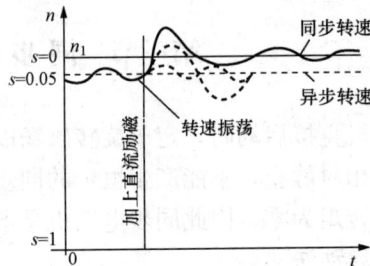

图 23 - 9　牵入同步过程

二、其他启动方法

同步电动机的启动也可用与主机极数相同的其他感应电动机来拖动，其容量约为主机的 10%～15%。当把主机拖动到接近同步速率时，再用自整步法把主机投入电网。也可采用其他辅助动力机来启动，如直流电动机、内燃机等。

同步电动机的启动也可采用变频启动法。启动时，电动机的转子上加励磁，把电源的频率调得很低，使定子旋转磁场的同步转速极慢，定、转子磁场之间相互作用产生同步电磁转矩，使电动机启动，此时转速很低。再逐步提高电源的频率，使定子旋转磁场和转子的转速逐步加快，一直到额定转速为止。

第四节 同 步 补 偿 机

一、同步补偿机的原理

同步补偿机可以看作为空载运行的同步电动机,其 V 形曲线相当于电磁功率 $P_e \approx 0$ 时电动机的 V 形曲线。在正常励磁时,补偿机的电枢电流接近于零;过励时,补偿机能从电网吸取超前的无功电流;欠励时,则从电网吸取滞后的无功电流。

电网中大部分的负载为感应电动机,还有大量的变压器。它们要从电网中吸取一定的滞后无功电流来建立磁场,致使整个电网的功率因数降低。发电厂中同步发电机的容量便不能充分利用,在输电线和发电机中流动的无功电流增大了线路的电压降和铜损耗。

如果能在受电端装设同步补偿机,如图 23-10(a)所示。设感应电动机的滞后电流为 $\dot{I}_a$,补偿机的超前无功电流为 $\dot{I}_c$,于是线路电流为

$$\dot{I} = \dot{I}_a + \dot{I}_c \tag{23-8}$$

相应的相量图如图 23-10(b)所示。可见,补偿机从电网吸收的超前无功电流完全(或部分)补偿了感应电动机所需的滞后无功电流,使线路电流减小,显著提高了功率因数。如果采用发电机惯例来分析,可认为感应电动机所需的滞后无功电流,实质上是由过励的同步补偿机直接供给的,从而避免了无功电流的远程输送,改善了电网的功率因数。

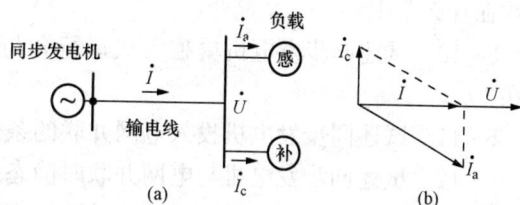

图 23-10 用同步补偿机来改善电网的功率因数
(a)在受电端装设补偿机;(b)相量图

对于远距离的输电线路,当线路重载运行时,负载滞后无功电流使线路电压下降;轻载时,输电线路本身电容电流可使受电端的电压升高。如果想使各种工况下受电端的电压基本保持不变,可在受电端装设自动励磁调节的同步补偿机。线路重载时,补偿机做过励运行,轻载时做欠励运行,以减小线路中的无功电流。

二、同步补偿机的额定容量和结构特点

同步补偿机的额定容量是按过励时所能补偿的无功功率来确定的,其容量主要受定、转子绕组温升的限制。

同步补偿机的结构要比电动机简单,成本较低。一是补偿机不带任何机械负载,故对其机械强度要求稍低,转轴可以没有轴伸,不必采用太好的材料,或做得细一些;二是没有过载和稳定要求,故允许其同步电抗稍大,因而减少了电机的用铜量、造价降低。

大型补偿机常常采用氢气冷却来提高材料利用率。同步补偿机的转子上常装有启动绕组。

思 考 题

5-1 汽轮发电机和水轮发电机在结构上有何区别,原因何在?

5-2　同步电机有哪几种运行状态，如何区分？

5-3　同步电机有哪些励磁方式？

5-4　何谓同步发电机的电枢反应？电枢反应的性质取决于什么？试讨论下列各种情况下的电枢反应：

(1) 电枢电流超前于励磁电势以 ψ_0 角时。

(2) 电枢电流滞后于励磁电势以 $(\pi-\psi_0)$ 角时，其中 $\psi_0 < 90°$。

5-5　试述交轴和直轴电枢反应对同步发电机中能量转换和运行性能的影响。

5-6　试述电枢反应电抗 X_a 的意义。

5-7　试画出隐极同步发电机在纯电阻负载时的相量图，并说明这种情况下的电枢反应的性质。

5-8　为什么分析凸极同步电机时要用双反应理论？凸极同步发电机负载运行时，若 ψ_0 既不等于 0° 又不等于 90°，问电枢磁场的基波与电枢磁动势的基波在空间是否同相，为什么？

5-9　试述直轴和交轴同步电抗的意义。X_d 和 X_q 的大小与哪些因素有关？X_d^* 和 X_q^* 通常在什么范围？

5-10　试述同步发电机单独负载运行和与电网并联运行时，性能上有哪些差别，原因何在？

5-11　试述同步发电机投入电网并联的条件和方法。

5-12　试述同步发电机与电网并联时静态稳定的概念。

5-13　试述同步电动机的异步启动法。表征异步启动性能的主要数据是什么？

5-14　试述同步补偿机的原理和用途。同步补偿机应当装设在送电端还是受电端？为什么？

5-15　试述同步电机作为发电机和电动机运行时，φ、ψ_0 和 δ 角的变化范围。

5-16　有一台同步电动机在额定电压、额定频率、额定负载下（功率因数为超前）运行时，功率角 $\delta = 25°$，现因电网发生故障，情况有如下改变时，功率角有何变化？

(1) 电网频率下降 5%，负载转矩不变。

(2) 电网电压和频率都下降 5%，负载转矩不变；设励磁一直保持不变，电枢电阻、凸极效应和饱和效应均忽略不计。

5-17　有一无穷大电网，受电端的线电压 $U_N = 6\text{kV}$，供电给一个 $I = 1000\text{A}$，$\cos\varphi = 0.8$（滞后）的三相负载。今欲加装同步补偿机以把线路的功率因数提高到 0.95（滞后），此补偿机将输出多少滞后无功电流？

5-18　一台 10000kW、$\cos\varphi_N = 0.9$、500r/min 的三相同步电动机接到无穷大电网，该机组（包括负载）的转动惯量为 20000kg·m²。已知电机的动态标幺功角特性近似为 $2.0\sin\delta$（以电动机的额定容量作为功率基值），试问：

(1) 电动机原为空载运行，现突加 10000kW 的负载，电动机能否保持同步运行？

(2) 突加多大负载，电动机将达到动态稳定极限？

5-19　为什么将感应电机的定子铁心损耗列在定子功率方程中，而同步电机却列在转子功率方程中？

5-20　某水电站为一远距离用户供电，为改善功率因数添置一台补偿机，此机应装在水电站内还是装在用户附近？为什么？

练习题

5-1 有一台 400kW、6300V（Y 联结）、$\cos\varphi_N = 0.8$（滞后）的三相凸极同步发电机，若发电机在额定状态下运行时，$\psi_0 = 60°$，$E_0 = 7400$V（每相），试求该机的 X_d 和 X_q（不计磁饱和与电枢电阻）。

5-2 有一台 70000kVA、60000kW、13.8kV（Y 联结）的三相水轮发电机，交、直轴同步电抗的标幺值分别为 $X_d^* = 1.0$，$X_q^* = 0.7$，电枢的坡梯电抗 $X_p^* = 0.295$，短路比 $K_c = 1.08$，试求：

(1) 额定负载时发电机的励磁电动势 E_0^*（不计磁饱和和定子电阻）。

(2) 发电机的额定励磁电流和电压调整率（用电动势—磁动势图）。

发电机的空载曲线如下：

E_0^*	0.5	0.7	0.8	0.9	1.0	1.1	1.15	1.25
I_f (A)	254	353	411	475	548	678	715	900

5-3 有一台汽轮发电机的数据为：额定容量 $S_N = 15000$kVA，额定电压 $U_N = 6.3$kV（Y 联结），额定功率因数 $\cos\varphi_N = 0.8$（滞后），电枢的波梯电抗 $X_p = 0.42\Omega$。试求：

(1) 同步电抗的实际值和标幺值。

(2) 短路比。

(3) 不计饱和与电枢电阻时，发电机的励磁电动势 E_0。

(4) 发电机的额定励磁电流和电压调整率（用电动势—磁动势图）。

由空载、短路试验得到下列数据：

励磁电流 I_f (A)	102	158
电枢电流 I (A)（从短路特性上查）	887	1375
线电压 U_L (V)（从空载特性上查）	6300	7350
线电压 U_L (V)（从气隙线上查）	8000	12390

电机的空载特性如下：

U_L (V)	4500	5500	6000	6500	7000	7500	8000
I_f (A)	60	80	92	111	130	190	286

5-4 有一台 25000kW、10kV（Y 联结）、$\cos\varphi_N = 0.8$（滞后）的汽轮发电机，其空载、短路试验的数据如表，已知发电机的坡梯电抗 $X_p = 0.432\Omega$，基本铁损耗 $p_{Fe75°(U=U_N)} = 138$kW，杂散损耗 $p_\Delta \approx 100$kW，定子基本铜损耗 $p_{Cu75°(I=I_N)} = 147$kW，机械损耗 $p_\Omega = 260$kW，励磁绕组电阻 $R_{f75°} = 0.461\Omega$，试求发电机的额定励磁电流、电压调整率和额定效率。

空载曲线					短路曲线	
U_L (kV)	6.2	10.5	12.3	13.46	14.1	I (A)	1718
I_f (A)	77.5	155	232	310	388	I_f (A)	280

5-5　试证明考虑电枢电阻时，水轮发电机的功角特性为

$$P_e = m \frac{E_Q}{Z_q} [U \sin(\delta - \alpha_q) + E_Q \sin\alpha_q]$$

其中，$E_Q = E_0 - I_d(X_d - X_q)$，$Z_q = \sqrt{R_a^2 + X_q^2}$，$\alpha_q = \arcsin(R_a/Z_q)$。

5-6　有一台 $X_d^* = 0.8$，$X_q^* = 0.5$ 的凸极同步发电机与电网并联运行，已知发电机的 $U^* = 1$，$I^* = 1$，$\cos\varphi = 0.8$（滞后），电枢电阻略去不计，试求发电机的：

（1）E_0^*、δ_N。

（2）$P_{e,max}^*$（E_0^* 保持为上值不变）。

（3）绘出 $P_e^* = f(\delta)$ 的曲线。

5-7　一台汽轮发电机与无穷大电网并联运行，已知原先运行时的功率角 $\delta = 20°$，后因电网发生故障使电网电压下降到原来的 60%，假定故障前、后发电机输出的有功功率保持不变，试问欲保持 δ 不大于 25° 时，应使发电机的 E_0 上升到原先的多少倍（电枢电阻忽略不计）？

5-8　一台 31250kVA、10.5kV（Y 联结）、$\cos\varphi_N = 0.8$（滞后）的汽轮发电机与无穷大电网并联运行，已知发电机的同步电抗 $X_s = 7.53\Omega$，额定负载时的励磁电动势 $E_0 = 17.2$kV，不计饱和与电枢电阻，试求：

（1）发电机在额定负载时，电磁功率 P_e、功率角 δ_N、输出的无功功率 Q_2 及过载能力各为多少？

（2）维持额定励磁不变，减少汽轮机的输出，使发电机输出的有功功率减少一半，问此时的 P_e、δ、$\cos\varphi$ 及 Q_2 将变为多少？

（3）若维持发电机的有功功率为额定负载时的有功功率不变，减少发电机的励磁，使 $E_0 = 13$kV，试求此时发电机的 P_e、δ、$\cos\varphi$ 和 Q_2 各为多少？

5-9　两台相同的汽轮发电机并联运行，共同供电给一个 40000kW、$\cos\varphi = 0.85$（滞后）的感性负载。已知发电机的额定容量为 30000kVA，额定电压 $U_N = 13.8$kV（Y 联结），同步电抗 $X_s^* = 0.98$，原先每台发电机各负担一半负载，且功率因数均为 0.85（滞后），今调节其中第一台的励磁，使 $E_{0(I)} = 14.5$kV，假定负载电压保持不变，试求每台电机的下列数据：

（1）视在、有功和无功功率。

（2）电枢电流和功率因数。

（3）励磁电动势和功率角。

5-10　有一台三相同步电动机接于无穷大电网，已知 $U_N = 6$kV（Y 联结），$n_N = 300$r/min，$I_N = 57.8$A，$\cos\varphi = 0.8$（超前），$X_d = 64.2\Omega$，$X_q = 40.8\Omega$，电枢电阻忽略不计，试求：

（1）额定负载时电动机的励磁电动势、功率角、电磁功率和电磁转矩。

（2）若负载转矩保持为额定值不变，调节励磁使 $\cos\varphi = 1$，问此时的励磁电动势、功率

角变成多少?

5-11 有一台同步电动机接到无穷大电网，电动机在额定电压下运行，已知电动机的同步电抗 $X_d^* = 0.8$，$X_q^* = 0.5$，定子电流为额定电流时的功率角 $\delta_N = 25°$，试求:

(1) 此时的 E_0^* 和 $\cos\varphi$。

(2) 该励磁下电动机的过载能力。

(3) 在此负载转矩下电动机能保持同步运行的最低 E_0^*。

(4) 转子失去励磁时电动机的最大电磁功率（标幺值）。

5-12 某工厂电力设备的总功率为 4500kW，$\cos\varphi = 0.7$（滞后），由于生产发展，欲新添一台 500kW 的同步电动机，并使工厂的总功率因数提高到 0.9（滞后），问此电动机的容量及功率因数应为多少（电动机的损耗略去不计）?

5-13 某工厂动力车间所消耗的功率为 200kW，$\cos\varphi = 0.65$，其中两台感应电动机输出的功率和功率因数各为: $P_I = 40kW$，$\cos\varphi_I = 0.625$（滞后）；$P_{II} = 20kW$，$\cos\varphi_{II} = 0.7$（滞后）。今以一台同步电动机来代替这两台感应电动机，并使车间的功率因数提高到 0.8（滞后），试求这台同步电动机的容量和功率因数各为多少（忽略电动机的损耗）?

5-14 一台 50000kW、10.5kV、$\cos\varphi_N = 0.85$ 的二极汽轮发电机，其过载能力为 1.9，转子的转动惯量为 $8000kg \cdot m^2$，试求该机接在电网并带有额定负载时的自然振荡频率（不计阻尼作用）。

5-15 一台 90000kW、13.8kV、$\cos\varphi_N = 0.9$（滞后）、88.2r/min 的水轮发电机，其参数为 $X_d^* = 0.765$、$X_q^* = 0.53$；转子的 $GD^2 = 33000tm^2$。试求该机在额定负载运行时的自然振荡频率（不计阻尼作用）。

5-16 某工厂变电站的变压器容量为 2000kVA，平均负载为 1200kW，$\cos\varphi = 0.65$（滞后）。若新添一台 500kW、$\cos\varphi = 0.8$（超前）、$\eta = 0.95$ 的同步电动机。当其满载时全厂的功率因数是多少? 变压器是否过载?

第六篇　机电能量转换装置

　　以上几篇针对几种经典电机的稳态运行进行了讨论，然而还有其他种类的机电能量转换装置，简称机电装置。为了使读者对各种电机中的能量转换机制有一个总体概念，本篇将阐明机电能量转换的机制和条件，是对各种电机运行机制的总结和提升，为将来从事各种新型和特殊电机的开发和研制提供了理论基础，也是十分重要和具有启发意义的。

　　此外经典电机还会在不正常状态下运行，如电源电压不对称、暂态运行等情况，将给电机的运行带来一些不良的影响。此时传统的对称稳态分析方法已不再适用，也需要采用本篇的一些理论来分析。

第二十四章　机电能量转换原理

　　无论是庞大的水轮发电机，还是小巧的机电信号变换器，各种机电能量转换装置的结构和用途虽然各不相同，但其机电能量转换的基本原理和过程却是相同的，都是电磁场和运动的载电物体相互作用的结果。当机电装置的可动部分发生位移，使装置内部耦合电磁场的储能发生变化，并在输入（或输出）电能的电路系统内产生一定的反应时，电能就会转换成机械能或反之。所以，任何机电能量转换装置中都有载流的电系统（绕组）、机械系统、用作耦合和储存能量的电磁场，都有固定部分和可动部分。

　　机电能量转换过程又是可逆的，大多数情况下，发电机可以作为电动机来运行；反之，电动机也可以作为发电机来运行。

　　本章将进一步研究各种旋转电机中耦合场的作用，机电能量转换的原理、过程和条件，以及在各种经典电机中的具体体现。

第一节　机电能量转换过程中的能量关系

　　机电装置属于一种物理系统。在物理系统中，能量遵循能量守恒原理，即能量既不能产生、也不能消灭，仅能改变其存在形态。能量守恒原理是研究机电装置的基本理论之一，因为它对所有的物理系统都适用。

一、机电能量转换过程中的能量关系

　　根据能量守恒原理，机电能量转换装置从电源输入的电能，一部分用于增加耦合磁场内的储能，一部分用于支付装置内部的能量损耗，剩余部分为输出的机械能。能量损耗通常分为三类：一类是电系统内部的电阻损耗；一类是机械部分的机械损耗，包括摩擦损耗和通风损耗；一类是耦合电磁场在介质内产生的损耗，如磁滞和涡流损耗等。

　　为了方便分析，将机电能量转换装置作为一个具有两端口的装置，即电端口和机械端

口。把电阻损耗和机械损耗移出，在电路和机械回路中分别用电阻 R 和机械阻力系数 R_Ω 来表示其效果，介质损耗忽略不计，则装置的中心部分将变成为一个"无损耗磁储能系统"，如图 24-1 所示。这样做既便于导出磁场储能和相应的机电耦合项——电磁转矩，又使过程成为单值、可逆。

在时间 dt 内，无损耗磁储能系统的输入电能 dW_e 与磁能增量 dW_m 和系统输出的机械能 dW_{mech} 相平衡，即

$$dW_e = dW_m + dW_{mech} \tag{24-1}$$

对电动机，电能和机械能均为正值；对发电机，则均为负值。

图 24-1　把损耗移出使系统成为"无损耗磁储能系统"

二、单边激励机电装置的磁场储能

单边激励机电装置如图 24-2 所示，由定、转子铁心和气隙组成一个闭合磁路，定子铁心上装有线圈，与电源相接，以便输入电能，这是一个最简单的机电装置。耦合场通过电路输入电能的同时，磁场将发生变化，并对电路作出反应。

在时间 dt 内，输入耦合磁场的净电能为

$$dW_e = -ei\,dt \tag{24-2}$$

根据法拉第电磁感应定律，线圈内产生的感应电动势为

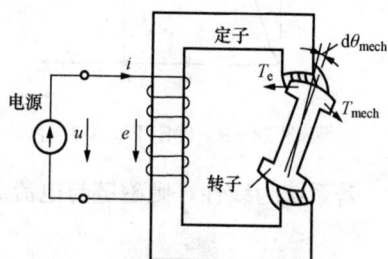

图 24-2　单边激励机电装置

$$e = -\frac{d\psi}{dt} \tag{24-3}$$

式中：ψ 为磁链。

代入式（24-2）得

$$dW_e = i\,d\psi \tag{24-4}$$

e 与 i 的正方向一致，i 与 ψ 之间符合右手螺旋定则关系。装置输出的总机械能为

$$dW_{mech} = T_e\,d\theta_{mech} \tag{24-5}$$

式中：T_e 为作用在转子上的电磁转矩；$d\theta_{mech}$ 为转子在 dt 内转过的机械角度。

将式（24-4）和式（24-5）代入式（24-1），可得磁能增量为

$$dW_m = i\,d\psi - T_e\,d\theta_{mech} \tag{24-6}$$

由于无损耗磁储能系统属于保守系统，因此这个装置的磁场储能 W_m 是一个状态函数，其值将由独立变量 ψ 和 θ（θ 为电角）的即时值唯一地确定，而与如何达到该值无关。因此，可以从不同的路径中选取一条易于积分的路径，来确定某一磁链和转子位置（ψ_0，θ_0）处的磁能 $W_m(\psi_0, \theta_0)$，如图 24-3 所示。图中，路径①是一条积分十分困难的任意路径；路径②则是一条较易积分的路径，分 a、b 两段，按此路径积分时有

$$W_\mathrm{m}(\psi_0, \theta_0) = \int_a \mathrm{d}W_\mathrm{m} + \int_b \mathrm{d}W_\mathrm{m} \tag{24-7}$$

在 a 段上，$\psi=0$，则电磁转矩 $T_\mathrm{e}=0$，由于 $\mathrm{d}\psi=0$，根据式（24-6）得 $\mathrm{d}W_\mathrm{m}=0$；在 b 段上，$\mathrm{d}\theta=0$，$\mathrm{d}W_\mathrm{m}$ 中仅剩下第一项。于是式（24-7）变成

$$W_\mathrm{m}(\psi_0, \theta_0) = \int_0^{\psi_0} i(\psi, \theta_0)\mathrm{d}\psi \tag{24-8}$$

式（24-8）就是单边激励机电装置的磁场能量公式，对线性或非线性系统均适用。式（24-8）表明，要确定（ψ_0, θ_0）点的磁场能量 $W_\mathrm{m}(\psi_0, \theta_0)$，可先把转子位置固定于 θ_0，则此位置下磁链从 0 增长到 ψ_0 时，耦合场从电源输入的净电能就是 $W_\mathrm{m}(\psi_0, \theta_0)$，磁场能量的图解如图 24-4 所示。图中 $\psi-i$ 曲线是 $\theta=\theta_0$ 时磁路的磁化曲线，面积 $oabo$ 则代表系统的磁场能量。

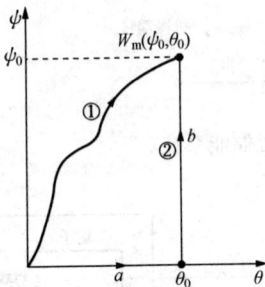

图 24-3 确定 W_m 的路径

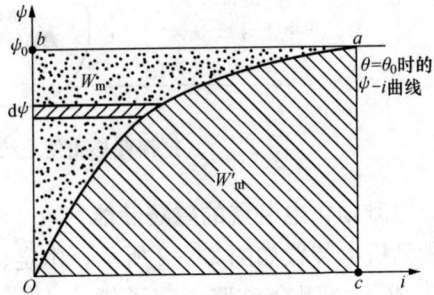

图 24-4 磁能和磁共能

若系统为线性，则磁链与电流成正比，即

$$\psi = L(\theta)i \tag{24-9}$$

式中：$L(\theta)$ 为线圈的电感，与转子的位置 θ 有关。

于是 $i(\psi, \theta)=\psi/L(\theta)$，式（24-8）变为

$$W_\mathrm{m}(\psi_0, \theta_0) = \int_0^{\psi_0} \frac{\psi}{L(\theta_0)}\mathrm{d}\psi = \frac{1}{2}\frac{\psi_0^2}{L(\theta_0)} \tag{24-10}$$

这里磁链是自变量。若以电流 i 为自变量，对磁链 ψ 进行积分，可得磁共能

$$W'_\mathrm{m}(i_0, \theta_0) = \int_0^{i_0} \psi(i, \theta_0)\mathrm{d}i \tag{24-11}$$

面积 $oaco$ 代表磁共能，如图 24-4 所示，且

$$W_\mathrm{m} + W'_\mathrm{m} = i\psi \tag{24-12}$$

即磁能与磁共能之和可用 $\psi-i$ 图中的矩形面积 $obac$ 来代表，"磁共能"的名称由此而得。不难看出，在一般情况下，磁能不等于磁共能；只有当装置的磁路为线性时，磁能与磁共能才相等。此时 $\psi-i$ 曲线是一条直线，代表磁能和磁共能的两块面积相等，即

$$W_\mathrm{m} = W'_\mathrm{m} = \frac{1}{2}i\psi = \frac{1}{2}Li^2 \tag{24-13}$$

引入磁共能可以方便地计算电磁转矩。

实际上，磁场能量分布在磁场所在的整个空间。根据电磁场理论，磁能密度为

$$w_\mathrm{m} = \int_0^{B_0} \boldsymbol{H} \cdot \mathrm{d}\boldsymbol{B} \tag{24-14}$$

当磁性介质的 μ 为常值时

$$w_m = \frac{1}{2}\frac{B^2}{\mu} = \frac{1}{2}BH \qquad (24 - 15)$$

这表明，在磁通密度一定的情况下，介质的磁导率越大，磁场的储能密度就越小。所以对于通常的机电装置，铁心中的磁能很少，常可忽略不计。当磁通量从 0 开始上升时，大部分磁场能量将储存在气隙中；当磁通量减少时，大部分磁能将从气隙通过电路释放出来。

三、双边激励机电装置的磁场储能

大多数的机电装置都装有多个绕组，一般分成两组，一组装在定子上，一组装在转子上。若定、转子绕组都接到电源上，就称为双边激励的机电装置。

一台最简单的双边激励机电装置如图 24-5 所示，定、转子上各有一个绕组，分别接到电压为 u_1 和 u_2 的电源；绕组内电流为 i_1 和 i_2，磁链为 ψ_1、ψ_2，感应电动势为

$$\left.\begin{array}{l} e_1 = -\dfrac{\mathrm{d}\psi_1}{\mathrm{d}t} \\[2mm] e_2 = -\dfrac{\mathrm{d}\psi_2}{\mathrm{d}t} \end{array}\right\} \qquad (24 - 16)$$

在时间 $\mathrm{d}t$ 内由定、转子绕组输入耦合场的净电能为

$$\mathrm{d}W_e = -(e_1 i_1 + e_2 i_2)\mathrm{d}t = i_1 \mathrm{d}\psi_1 + i_2 \mathrm{d}\psi_2 \qquad (24 - 17)$$

相应地，微分磁能增量 $\mathrm{d}W_m$ 为

$$\mathrm{d}W_m(\psi_1, \psi_2, \theta) = i_1 \mathrm{d}\psi_1 + i_2 \mathrm{d}\psi_2 - T_e \mathrm{d}\theta_{mech} \qquad (24 - 18)$$

积分可得磁场能量 W_m。由于磁能 W_m 的值仅仅取决于终值 ψ_{10}、ψ_{20}、θ_0，而与达到终值的路径无关，可选取最简单的积分路径 abc 来求 W_m，如图 24-6 所示。在 a 段上，$\psi_1 = \psi_2 = 0$，则 $T_e = 0$，由于 $\mathrm{d}\psi_1 = \mathrm{d}\psi_2 = 0$，故整个积分值为 0。在 b 段上，$\mathrm{d}\theta = 0$，$\psi_2 = 0$，$\mathrm{d}\psi_2 = 0$，只有第一项的积分。在 c 段上，$\mathrm{d}\theta = 0$，$\psi_1 = \psi_{10}$，$\mathrm{d}\psi_1 = 0$，只有第二项的积分。于是

$$W_m(\psi_{10}, \psi_{20}, \theta_0) = \int_0^{\psi_{10}} i_1(\psi_1, 0, \theta_0)\mathrm{d}\psi_1 + \int_0^{\psi_{20}} i_2(\psi_{10}, \psi_2, \theta_0)\mathrm{d}\psi_2 \qquad (24 - 19)$$

可见，磁场储能 $W_m(\psi_1, \psi_2, \theta)$ 是 ψ_1、ψ_2 和转子转角 θ 的函数，这是因为该装置有两个电端口和一个机械端口，需由三个独立变量来描述该系统。

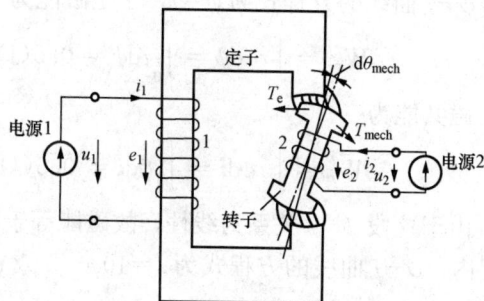

图 24-5 双边激励机电装置

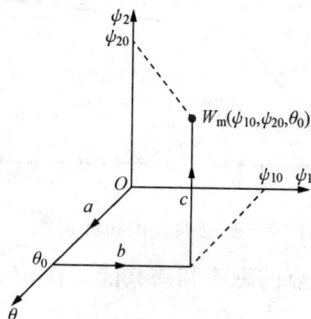

图 24-6 两绕组系统中磁能的
积分路径

与式（24-12）相类似，有

$$W'_m + W_m = i_1 \psi_1 + i_2 \psi_2 \qquad (24 - 20)$$

于是微分磁共能 dW'_m 为

$$dW'_m = d(i_1\psi_1 + i_2\psi_2) - dW_m$$
$$= (i_1 d\psi_1 + i_2 d\psi_2 + \psi_1 di_1 + \psi_2 di_2) - (i_1 d\psi_1 + i_2 d\psi_2 - T_e d\theta_{mech})$$
$$= \psi_1 di_1 + \psi_2 di_2 + T_e d\theta_{mech} \tag{24-21}$$

若采用电流作为自变量，同样选取最简单的路径积分。转子位于 θ_0，先建立 i_1 到终值 i_{10}，再建立 i_2 直到终值 i_{20}，可得磁共能 W'_m 为

$$W'_m(i_{10}, i_{20}, \theta_0) = \int_0^{i_{10}} \psi_1(i_1, 0, \theta_0) di_1 + \int_0^{i_{20}} \psi_2(i_{10}, i_2, \theta_0) di_2 \tag{24-22}$$

当系统为线性时，定、转子绕组的磁链可分别表示为

$$\left. \begin{array}{l} \psi_1 = L_{11}(\theta)i_1 + L_{12}(\theta)i_2 \\ \psi_2 = L_{21}(\theta)i_1 + L_{22}(\theta)i_2 \end{array} \right\} \tag{24-23}$$

式中：$L_{11}(\theta)$ 和 $L_{22}(\theta)$ 分别表示定子和转子绕组的自感；$L_{12}(\theta)$ 和 $L_{21}(\theta)$ 表示定、转子绕组间的互感，而 $L_{12}(\theta) = L_{21}(\theta)$。

于是

$$\left. \begin{array}{l} i_1 = \dfrac{L_{22}(\theta)}{D}\psi_1 - \dfrac{L_{12}(\theta)}{D}\psi_2 \\[3mm] i_2 = -\dfrac{L_{21}(\theta)}{D}\psi_1 + \dfrac{L_{11}(\theta)}{D}\psi_2 \end{array} \right\} \tag{24-24}$$

式中：$D = L_{11}(\theta)L_{22}(\theta) - L_{12}^2(\theta)$。

把式（24-23）和式（24-24）分别代入式（24-19）和式（24-22），不难得到

$$W_m = W'_m = \frac{1}{2}L_{11}(\theta)i_1^2 + L_{12}(\theta)i_1 i_2 + \frac{1}{2}L_{22}(\theta)i_2^2 \tag{24-25}$$

对于具有 n 个绕组的系统，也可以采用类似的方法来分析，并得到相应的表达式。

【**例 24-1**】　有一单边激励的机电装置，转子的位置位于 θ_0。当磁路未饱和时，其 $\psi-i$ 曲线为一直线；当磁路开始饱和时（从 a 点开始），$\psi-i$ 曲线用另一直线 ab 去近似表示，如图 24-7 所示。试求系统的状态达到 a 点和 b 点时的磁能和磁共能。

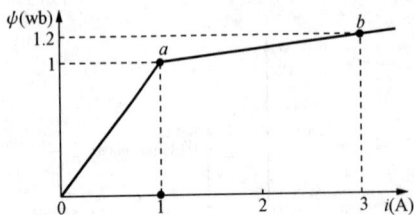

解　（1）a 点的磁能和磁共能。在 oa 区间内，$\psi-i$ 曲线的方程式为 $\psi = i$，于是磁能为

$$W_m = \int_0^{\psi_a} i d\psi = \int_0^1 i d\psi = 0.5(\mathrm{J})$$

磁共能为

$$W'_m = \int_0^{i_a} \psi di = \int_0^1 \psi di = 0.5(\mathrm{J})$$

由于这段 $\psi-i$ 关系为线性，故磁能等于磁共能。

图 24-7　$\psi-i$ 曲线的折线近似

（2）b 点的磁能和磁共能。在 ab 区间内，$\psi-i$ 曲线的方程式为 $i = 10\psi - 9$ 或 $\psi = 0.1i + 0.9$，于是

$$W_m = \int_0^{\psi_a} i d\psi + \int_{\psi_a}^{\psi_b} i d\psi = 0.5 + \int_1^{1.2} (10\psi - 9) d\psi = 0.9(\mathrm{J})$$

$$W'_m = \int_0^{i_a} \psi di + \int_{i_a}^{i_b} \psi di = 0.5 + \int_1^3 (0.1i + 0.9) di = 2.7(\mathrm{J})$$

可见，b 点的磁共能要比磁能大。

【**例 24-2**】　铁心磁路如图 24-8 所示，其中 $l_{Fe}=100mm$，$\delta=1mm$；铁心内的磁通密度 $B=1T$，铁心的磁导率 $\mu_{Fe}\approx1000\mu_0$。试求气隙和铁心内储存的磁能之比（不计气隙磁场的边缘效应）。

解　气隙和铁心中单位体积的磁能分别为

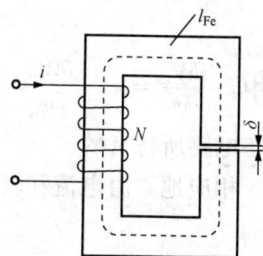

$$w_{m\delta}=\frac{B^2}{2\mu_0},\quad w_{mFe}=\frac{B^2}{2\mu_{Fe}}$$

故有

$$\frac{w_{m\delta}}{w_{mFe}}=\frac{\mu_{Fe}}{\mu_0}\approx1000$$

设 A 为磁路截面积，整个铁心和整个气隙内的磁能比为

$$\frac{W_{m\delta}}{W_{mFe}}=\frac{w_{m\delta}A\delta}{w_{mFe}Al_{Fe}}=\frac{w_{m\delta}}{w_{mFe}}\frac{\delta}{l_{Fe}}\approx1000\times\frac{1}{100}=10$$

图 24-8　［例 24-2］的铁心磁路

由此可见，虽然气隙很小，但绝大部分磁场能量却储存在气隙中。

第二节　机电能量转换的过程

这里仍以图 24-5 所示双边激励机电装置为例，来研究机电能量转换的过程。

一、感应电动势

由于磁链 ψ_1、ψ_2 既是电流 i_1、i_2 的函数，又是转子转角 θ 的函数，即 $\psi_1=\psi_1(i_1,i_2,\theta)$，$\psi_2=\psi_2(i_1,i_2,\theta)$，因此感应电动势 e_1 和 e_2 可以写成

$$\left.\begin{aligned}e_1&=-\frac{d\psi_1}{dt}=-\left(\frac{\partial\psi_1}{\partial i_1}\frac{di_1}{dt}+\frac{\partial\psi_1}{\partial i_2}\frac{di_2}{dt}+\frac{\partial\psi_1}{\partial\theta}\frac{d\theta}{dt}\right)=e_{1t}+e_{1\Omega}\\e_2&=-\frac{d\psi_2}{dt}=-\left(\frac{\partial\psi_2}{\partial i_1}\frac{di_1}{dt}+\frac{\partial\psi_2}{\partial i_2}\frac{di_2}{dt}+\frac{\partial\psi_2}{\partial\theta}\frac{d\theta}{dt}\right)=e_{2t}+e_{2\Omega}\end{aligned}\right\}\tag{24-26}$$

式中：e_{1t} 和 e_{2t} 为变压器电动势，由电流的变化所引起（第一项和第二项）；$e_{1\Omega}$ 和 $e_{2\Omega}$ 为运动电动势，由转子的旋转运动所引起（第三项）。

是否存在运动电动势，是静止电路与动态电路的主要差别之一；运动电动势和电磁转矩一起构成机电装置中的一对机电耦合项。

当系统为线性时，将式（24-23）代入式（24-26）可得

$$\left.\begin{aligned}e_1&=-\left[L_{11}(\theta)\frac{di_1}{dt}+L_{12}(\theta)\frac{di_2}{dt}\right]+\left[i_1\frac{\partial L_{11}(\theta)}{\partial\theta}+i_2\frac{\partial L_{12}(\theta)}{\partial\theta}\right]\frac{d\theta}{dt}\\e_2&=-\left[L_{21}(\theta)\frac{di_1}{dt}+L_{22}(\theta)\frac{di_2}{dt}\right]+\left[i_1\frac{\partial L_{21}(\theta)}{\partial\theta}+i_2\frac{\partial L_{22}(\theta)}{\partial\theta}\right]\frac{d\theta}{dt}\end{aligned}\right\}\tag{24-27}$$

在时间 dt 内，输入系统的微分净电能为

$$\begin{aligned}dW_e&=-(e_1i_1+e_2i_2)dt=i_1d\psi_1+i_2d\psi_2\\&=-(e_{1t}i_1+e_{2t}i_2)dt-(e_{1\Omega}i_1+e_{2\Omega}i_2)dt\end{aligned}\tag{24-28}$$

式（24-28）说明，电能的输入通过线圈内的磁场发生变化，使线圈产生感应电动势 e 而实现；换言之，产生感应电动势是耦合场从电源输入电能的必要条件。

二、磁场储能的变化

在时间 dt 内，若磁链和转角都发生变化，则磁能的变化 dW_m 应为

$$dW_m(\psi_1, \psi_2, \theta) = \frac{\partial W_m}{\partial \psi_1}d\psi_1 + \frac{\partial W_m}{\partial \psi_2}d\psi_2 + \frac{\partial W_m}{\partial \theta}d\theta$$

$$= i_1 d\psi_1 + i_2 d\psi_2 + \frac{\partial W_m}{\partial \theta}d\theta \qquad (24-29)$$

式中：$\dfrac{\partial W_m}{\partial \psi_1}=i_1$，$\dfrac{\partial W_m}{\partial \psi_2}=i_2$；右端项中的第三项是由转子的角位移所引起的磁能变化，它是动态电路所特有的。

相应地，由电流和转角的变化所引起的磁共能的变化 dW'_m 为

$$dW'_m = \frac{\partial W'_m}{\partial i_1}di_1 + \frac{\partial W'_m}{\partial i_2}di_2 + \frac{\partial W'_m}{\partial \theta}d\theta$$

$$= \psi_1 di_1 + \psi_2 di_2 + \frac{\partial W'_m}{\partial \theta}d\theta \qquad (24-30)$$

式中：$\dfrac{\partial W'_m}{\partial i_1}=\psi_1$，$\dfrac{\partial W'_m}{\partial i_2}=\psi_2$。

对于线性系统，把式（24-23）和式（24-25）代入式（24-30），可得

$$dW_m = dW'_m = (L_{11}i_1 + L_{12}i_2)di_1 + (L_{21}i_1 + L_{22}i_2)di_2$$

$$+ \left(\frac{1}{2}i_1^2 \frac{\partial L_{11}}{\partial \theta} + i_1 i_2 \frac{\partial L_{12}}{\partial \theta} + \frac{1}{2}i_2^2 \frac{\partial L_{22}}{\partial \theta}\right)d\theta$$

$$= \left(L_{11}\frac{di_1}{dt} + L_{21}\frac{di_2}{dt}\right)i_1 dt + \left(L_{12}\frac{di_1}{dt} + L_{22}\frac{di_2}{dt}\right)i_2 dt$$

$$+ \frac{1}{2}\left[\left(i_1\frac{\partial L_{11}}{\partial \theta} + i_2\frac{\partial L_{12}}{\partial \theta}\right)\frac{d\theta}{dt}i_1 + \left(i_1\frac{\partial L_{21}}{\partial \theta} + i_2\frac{\partial L_{22}}{\partial \theta}\right)\frac{d\theta}{dt}i_2\right]dt$$

$$= -(e_{1t}i_1 + e_{2t}i_2)dt - \frac{1}{2}(e_{1\Omega}i_1 + e_{2\Omega}i_2)dt \qquad (24-31)$$

式（24-31）表明，磁能的变化是由两个绕组中的变压器电动势从电源所吸收的电能和运动电动势从电源所吸收电能的一半所提供。

三、电磁转矩

电磁转矩是机电耦合项的另一重要方面。设在时间 dt 内转子转过 $d\theta_{mech}$，若引起系统的磁能发生变化，则转子将受到电磁转矩 T_e 的作用；电磁转矩所做的机械功应为

$$dW_{mech} = T_e d\theta_{mech} = dW_e - dW_m$$

$$= (i_1 d\psi_1 + i_2 d\psi_2) - \left(i_1 d\psi_1 + i_2 d\psi_2 + \frac{\partial W_m}{\partial \theta}d\theta\right) = -\frac{\partial W_m}{\partial \theta}d\theta \qquad (24-32)$$

考虑到 $\theta = p\theta_{mech}$，于是电磁转矩 T_e 应为

$$T_e = -\frac{\partial W_m(\psi_1, \psi_2, \theta)}{\partial \theta_{mech}} = -p\frac{\partial W_m(\psi_1, \psi_2, \theta)}{\partial \theta} \qquad (24-33)$$

式（24-33）说明，当转子的微小角位移（既可以是实际角位移，也可以是设想的虚角位移）引起系统的磁场能量变化时，转子上将受到电磁转矩的作用。电磁转矩的大小等于单位微小角位移时磁能的变化率 $\dfrac{\partial W_m}{\partial \theta_{mech}}$（磁链约束为常值），电磁转矩的方向为在恒磁链下驱使磁能减小的方向。

电磁转矩式（24-33）是以磁链 ψ 和转角 θ 作为自变量的。若以电流 i 和转角 θ 作为自变量，则电磁转矩从磁共能导出较为方便。由于

$$T_\mathrm{e}\mathrm{d}\theta_\mathrm{mech} = \mathrm{d}W_\mathrm{e} - \mathrm{d}W_\mathrm{m} = (i_1\mathrm{d}\psi_1 + i_2\mathrm{d}\psi_2) - \mathrm{d}(i_1\psi_1 + i_2\psi_2 - W'_\mathrm{m})$$

$$= -\psi_1\mathrm{d}i_1 - \psi_2\mathrm{d}i_2 + \left(\psi_1\mathrm{d}i_1 + \psi_2\mathrm{d}i_2 + \frac{\partial W'_\mathrm{m}}{\partial\theta}\mathrm{d}\theta\right) = \frac{\partial W'_\mathrm{m}}{\partial\theta}\mathrm{d}\theta \qquad (24\text{-}34)$$

于是电磁转矩就等于

$$T_\mathrm{e} = \frac{\partial W'_\mathrm{m}(i_1,\ i_2,\ \theta)}{\partial\theta_\mathrm{mech}} = p\ \frac{\partial W'_\mathrm{m}(i_1,\ i_2,\ \theta)}{\partial\theta} \qquad (24\text{-}35)$$

式（24-35）表明，当转子的微小角位移引起系统的磁共能发生变化时，就会产生电磁转矩。电磁转矩的大小等于单位微小角位移时磁共能的变化率 $\dfrac{\partial W'_\mathrm{m}}{\partial\theta_\mathrm{mech}}$（电流约束为常值），方向为在恒电流下驱使磁共能增加的方向。

电磁转矩式（24-33）和式（24-35）对线性和非线性情况均适用，其中 W_m 或 W'_m 对 θ 求偏导数时，ψ 或 i 约束为常值，这仅是自变量的选择所带来的一种数学制约，并不涉及实际端口处电的制约（如电源电压、实际绕组中电流的变化规律等），因此不影响这两个公式的普遍性。

在线性情况下，用式（24-25）的 W'_m 代入式（24-35），可得

$$T_\mathrm{e} = p\left(\frac{1}{2}i_1^2\ \frac{\partial L_{11}}{\partial\theta} + i_1 i_2\ \frac{\partial L_{12}}{\partial\theta} + \frac{1}{2}i_2^2\ \frac{\partial L_{22}}{\partial\theta}\right) \qquad (24\text{-}36)$$

式中：第一项和第三项称为磁阻转矩，是由定子、转子电流和各自的自感随转角 θ 的变化所引起的；第二项称为主电磁转矩，是由定、转子电流和互感随转角的变化所引起的。

同理可以导出，对于具有 n 个绕组的情况

$$T_\mathrm{e} = p\ \frac{\partial W'_\mathrm{m}(i_1,\ i_2,\ \cdots,\ i_n,\ \theta)}{\partial\theta} = -p\ \frac{\partial W_\mathrm{m}(\psi_1,\ \psi_2,\ \cdots,\ \psi_n,\ \theta)}{\partial\theta} \qquad (24\text{-}37)$$

【例 24-3】 有一台单相磁阻电动机，其定子上装有一个线圈，转子为凸极没有线圈，如图 24-9（a）所示。已知磁路为线性，定子自感随转子转角的变化规律如图 24-9（b）所示，为

$$L(\theta) = L_0 + L_2\cos2\theta$$

试求定子线圈通有正弦电流 $i = \sqrt{2}I\sin\omega t$ 时，电磁转矩的瞬时值和平均值。

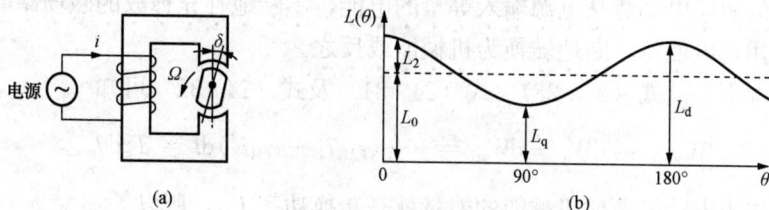

图 24-9 单相磁阻电动机

（a）电动机示意图；（b）自感 $L(\theta)$ 的变化

解 对线性系统，电机的磁共能 $W'_\mathrm{m} = 0.5Li^2$，$p = 1$ 时，电磁转矩为

$$T_\mathrm{e} = \frac{1}{2}i^2\ \frac{\partial L}{\partial\theta} = -\frac{1}{2}(\sqrt{2}I\sin\omega t)^2(2L_2\sin2\theta)$$

$$= -2I^2 L_2\sin2\theta\sin^2\omega t$$

设转子的机械角速度为 Ω，$t=0$ 时转子的初相角为 δ，则 $p=1$ 时，$\theta=\Omega t+\delta$，于是电磁转矩为

$$T_e=-I^2L_2\left[\sin2(\Omega t+\delta)-\frac{1}{2}\sin2(\Omega t+\omega t+\delta)-\frac{1}{2}\sin2(\Omega t-\omega t+\delta)\right]$$

不难看出，若 $\Omega\neq\omega$，则转矩为脉振，一个周期内的平均电磁转矩 $T_{e(av)}=0$；若 $\Omega=\omega$，则平均电磁转矩为

$$T_{e(av)}=\frac{1}{2}I^2L_2\sin2\delta=\frac{1}{4}I^2(L_d-L_q)\sin2\delta$$

式中：L_d 和 L_q 分别为直轴和交轴电感。

所以磁阻电动机是一种同步电动机，它仅在同步转速、且 $L_d\neq L_q$ 时才有平均电磁转矩。这种由直轴磁阻和交轴磁阻不同所引起的转矩，称为磁阻转矩；可以看出，磁阻转矩与 $\sin2\delta$ 成正比。

四、机电能量转换过程

机电能量转换过程为在时间 dt 内，系统从电源输入电能 dW_e，使耦合场的磁能发生变化，产生增量 dW_m，系统将输出机械能 dW_{mech}。从式（24-29）可见，磁能的增量 dW_m 包括两部分，一部分由磁链变化所引起磁能的增量 $i_1d\psi_1+i_2d\psi_2$，恰好等于从电源吸收的净电能 dW_e，见式（24-28）；另一部分是由角位移的变化所引起磁能的增量 $\frac{\partial W_m}{\partial\theta}d\theta$，恰好等于输出的微分机械能 dW_{mech} 的负值，见式（24-32）。在能量转换过程中，作为耦合场的磁场既可以从电系统输入或输出能量，也可以对机械系统输出或输入能量，主要取决于对磁链 ψ 和可动部分角位移 θ 的变化。

（1）若装置的可动部分静止不动，$d\theta_{mech}=0$，则 $dW_{mech}=0$，由式（24-32）可知 $dW_e=dW_m$。此时没有机械能输出，从电系统输入的电能通过磁链的变化将全部转换为磁能。

（2）若装置的磁链不变，$d\psi=0$，则 $dW_e=0$，于是 $-dW_m=dW_{mech}$。此时装置无电能输入，随着可动部分的转动，磁能逐渐释放出来变为输出的机械能。

（3）一般情况下，既有可动部分产生位移，又有磁链发生变化。此时由位移引起的磁能变化将产生电磁力，并使部分磁场储能释放出来变为机械能；由磁链变化引起的磁能变化，将通过线圈内的感应电动势从电源输入等量的电能，不断地补充释放的磁场储能。于是通过耦合磁场的作用，电能将不断地转换为机械能或反之。

在线性情况下，从式（24-28）、式（24-31）及式（24-32）可知

$$dW_{mech}=dW_e-dW_m=-\frac{1}{2}(e_{1\Omega}i_1+e_{2\Omega}i_2)dt=T_ed\theta_{mech} \tag{24-38}$$

由于单位时间内由电能转换成机械能的能量就是转换功率 P_Ω，所以

$$P_\Omega=\frac{dW_{mech}}{dt}=-\frac{1}{2}(e_{1\Omega}i_1+e_{2\Omega}i_2)=T_e\Omega \tag{24-39}$$

式中：Ω 为转子的机械角速度，$\Omega=\dfrac{d\theta_{mech}}{dt}$。

式（24-39）说明，只有绕组中存在运动电动势，才会产生机电能量转换；转换功率的值等于运动电动势所吸收的电功率的一半。产生运动电动势和电磁转矩是实现机电能量转换的关键。

第三节 机电能量转换的条件

一、机电能量转换的条件

若要机电能量转换连续地进行，转换功率的平均值在一个周期内就不应等于零，即

$$-\frac{1}{2}(\mathbf{i}^{\mathrm{T}}\mathbf{e}_\Omega)_{\mathrm{av}} = (T_e\Omega)_{\mathrm{av}} \neq 0 \tag{24-40}$$

为此，运动电动势 e_Ω 和电磁转矩 T_e 不能为零，转子的机械角速度 Ω 更不能为零，即机电能量间的转换必定在旋转过程中进行。

稳态运行时，转子转过 1 圈，定、转子电流的瞬时值和转子的位置与转动前的值相同，磁场能量的值也相同，所以磁能变化率在一个周期内的平均值必定等于零，即

$$\left(\frac{\mathrm{d}W_{\mathrm{m}}}{\mathrm{d}t}\right)_{\mathrm{av}} = \left(\mathbf{i}^{\mathrm{T}}\mathbf{L}\frac{\mathrm{d}\mathbf{i}}{\mathrm{d}t} - \frac{1}{2}\mathbf{i}^{\mathrm{T}}\mathbf{e}_\Omega\right)_{\mathrm{av}} = 0 \tag{24-41}$$

根据式（24-40）的条件，则要求

$$\left(\mathbf{i}^{\mathrm{T}}\mathbf{L}\frac{\mathrm{d}\mathbf{i}}{\mathrm{d}t}\right)_{\mathrm{av}} \neq 0 \tag{24-42}$$

式（24-42）说明，要使机电能量转换连续进行，绕组内的电流必定有交流，而不能全部是直流，即定、转子绕组内电流的频率要满足一定的约束。如果所有绕组内的电流都是直流，则

$$\frac{\mathrm{d}\mathbf{i}}{\mathrm{d}t} = 0, \quad \left[\mathbf{i}^{\mathrm{T}}\mathbf{L}\frac{\mathrm{d}\mathbf{i}}{\mathrm{d}t}\right]_{\mathrm{av}} = 0, \quad -\frac{1}{2}(\mathbf{i}^{\mathrm{T}}\mathbf{e}_\Omega)_{\mathrm{av}} = 0$$

即不会产生机电能量转换。

二、定、转子电流的频率约束

稳态运行时，Ω＝常值，根据式（24-40），要使能量转换连续进行，就要求电磁转矩在一转内的平均值不等于零，即

$$T_{e(\mathrm{av})} = p\frac{1}{2}\left(\mathbf{i}^{\mathrm{T}}\frac{\partial \mathbf{L}}{\partial \theta}\mathbf{i}\right)_{\mathrm{av}} \neq 0 \tag{24-43}$$

由此即可导出定、转子电流的频率约束。下面仍以双边激励的装置为例进行讨论。

（1）当电机的定、转子都为隐极时。如果不计齿、槽影响，无论转子转到什么位置，定、转子的自感均为常值，与 θ 角无关，即

$$L_{11} = 常值, \quad L_{22} = 常值, \quad \frac{\partial L_{11}}{\partial \theta} = \frac{\partial L_{22}}{\partial \theta} = 0 \tag{24-44}$$

于是磁阻转矩为零，根据式（24-36），电磁转矩中仅有主电磁转矩，即

$$T_e = pi_1 i_2 \frac{\partial L_{12}}{\partial \theta} \tag{24-45}$$

设定、转子绕组之间的互感系数随转子转角 θ 的关系为

$$L_{12} = M\cos\theta \tag{24-46}$$

式中：M 为定、转子绕组轴线重合时（$\theta=0$）互感的最大值。

再设定、转子绕组中通入的正弦交流电流分别为

$$\left.\begin{array}{l} i_1 = \sqrt{2}I_1\cos(\omega_1 t + \varphi_1) \\ i_2 = \sqrt{2}I_2\cos(\omega_2 t + \varphi_2) \end{array}\right\} \tag{24-47}$$

式中：ω_1 和 ω_2 分别为定、转子电流角频率。

把式（24-46）和式（24-47）代入式（24-45），可得

$$
\begin{aligned}
T_e &= -p\sqrt{2}I_1\cos(\omega_1 t+\varphi_1)\sqrt{2}I_2\cos(\omega_2 t+\varphi_2)M\sin\theta \\
&= -pI_1 I_2 M\{\cos[(\omega_1+\omega_2)t+\varphi_1+\varphi_2] \\
&\quad +\cos[(\omega_1-\omega_2)t+\varphi_1-\varphi_2]\}\sin(p\Omega t+\theta_0) \\
\end{aligned}
\tag{24-48}
$$

$$
\theta = p\Omega t+\theta_0
$$

式中：θ_0 为 $t=0$ 时转子的初相角。

根据正弦函数的正交性，只有当两个正弦函数的频率相等时，其乘积在一个周期内的平均值才不等于零。因此要使电磁转矩的平均值不等于零，则应使

$$
p\Omega = \pm(\omega_1\pm\omega_2) \tag{24-49}
$$

式（24-49）就是连续进行机电能量转换时，隐极电机的定、转子电流所需满足的主频率约束。可见，若 ω_1 和 ω_2 中有一个是可变的，则隐极电机可在不同转速下产生平均电磁转矩。

（2）当电机转子为凸极时。定子绕组的自感 L_{11} 将近似地随着 2θ 角按余弦规律变化，即

$$
L_{11} \approx L_{s0}+L_{s2}\cos2\theta \tag{24-50}
$$

其他条件与隐极电机相同。此时，除主电磁转矩外，还将有一个仅与定子激励有关的磁阻转矩

$$
\begin{aligned}
T_{e(s)} &= p\frac{1}{2}i_1^2\frac{\partial L_{11}}{\partial\theta} = -2pI_1^2 L_{s2}\cos^2(\omega_1 t+\varphi_1)\sin2\theta \\
&= -pI_1^2 L_{s2}[1+\cos2(\omega_1 t+\varphi_1)]\sin2(p\Omega t+\theta_0) \\
\end{aligned}
\tag{24-51}
$$

根据正弦函数的正交性，要使此转矩的平均值不等于零，必有

$$
p\Omega = \pm\omega_1 \tag{24-52}
$$

式（24-52）可称为定子频率约束。由此可见，对于凸极电机，为使磁阻转矩和主电磁转矩均能发挥作用，电机仅能在恒定的同步转速下运行。

（3）若电机定子为凸极时。转子绕组的自感 L_{22} 将近似地随 2θ 作余弦变化，即

$$
L_{22} \approx L_{r0}+L_{r2}\cos2\theta \tag{24-53}
$$

其他条件与隐极电机相同。此时，除主电磁转矩外，还将有一个与转子激励有关的磁阻转矩

$$
T_{e(r)} = p\frac{1}{2}i_2^2\frac{\partial L_{22}}{\partial\theta} = -pI_2^2 L_{r2}[1+\cos2(\omega_2 t+\varphi_2)]\sin2(p\Omega t+\theta_0) \tag{24-54}
$$

要使此转矩的平均值不为零，必有

$$
p\Omega = \pm\omega_2 \tag{24-55}
$$

式（24-55）可称为转子频率约束。为使此转矩发挥作用，电机也应在同步速度下运行。

（4）若定、转子两边都做成凸极结构，电机将有两个同步速度。但电机实际仅能在某一个转速下运行，因而两个磁阻转矩的平均值必有一个等于零而成为脉振转矩，这将引起不希望有的速度振荡。所以实用中，除了特种电机外，旋转电机极少采用双边凸极结构。

三、频率约束在各种电机中的体现

（1）直流电机。通入定子绕组的是直流励磁电流，其角频率 $\omega_1=0$；转子电枢线圈内的电流是交流，其频率 $f_2=pn_s/60$，$\omega_2=2\pi f_2=p\Omega$，所以直流电机满足主频率约束式（24-49）和转子频率约束式（24-55）。当转速变化时，转子电流的频率随着自动变化，所以直流电机在任何转速下均能满足频率约束，进行机电能量转换。

（2）同步电机。如果是旋转磁极式，转子通入直流励磁电流，$\omega_2=0$；定子若接到电网，定子电流频率 $f_1=pn_s/60$，$\omega_1=2\pi f_1=p\Omega$，所以仅在同步转速下才能满足主频率约束式（24-49）和定子频率约束式（24-52），进行机电能量转换。若为单机运行，则当转速变化时，定子电流的频率随着自动变化，故在任何转速下均能满足频率约束，进行机电能量转换。

（3）感应电机。定子电流的频率为 f_1（电源频率），$\omega_1=2\pi f_1=p\Omega_s$；转子电流的频率为转差频率 $\omega_2=s\omega_1$，转子的机械角速度 $\Omega=\Omega_s(1-s)$，所以

$$p\Omega=p\Omega_s(1-s)=\omega_1(1-s)=\omega_1-\omega_2 \tag{24-56}$$

式（24-56）表明，由于转子电流是感应得到的，其频率随着转速的变化而自动变化，所以在任何转速下，感应电机都能满足主频率约束式（24-49），以进行机电能量转换。

第四节 产生恒定电磁转矩的条件

综上所述，为实现机电能量转换，要求电磁转矩的平均值不等于零；但要可靠地运行，还希望有一个恒定的电磁转矩，而不是脉振转矩，以便减小功率波动、振动和噪声。下面推导交流电机的电磁转矩通用公式，并讨论恒定电磁转矩的产生条件。

一、交流电机电磁转矩的通用公式

为简明起见，以隐极电机为例，不计磁饱和的影响，设定子和转子磁动势在气隙中产生正弦分布的磁场为 b_s 和 b_r，且转子磁场滞后于定子磁场以 δ_{sr} 电角度，如图 24-10（a）所示。于是气隙合成磁场应为

$$b=b_s+b_r=B_s\cos\theta+B_r\cos(\theta-\delta_{sr}) \tag{24-57}$$

这里的 b_s、b_r 既可以表示旋转磁场，也可以表示静止不动的磁场，取决于式（24-57）所采用的坐标系是旋转的还是静止的。气隙内的磁共能则为

$$\begin{aligned}
W'_m &= \int_v \frac{b^2}{2\mu_0}\mathrm{d}v = \frac{gl}{2\mu_0}\int_0^{2\pi}[B_s\cos\theta+B_r\cos(\theta-\delta_{sr})]^2 r\mathrm{d}\theta_{mech} \\
&= \frac{gl}{2\mu_0}\frac{r}{p}\int_0^{2\pi p}[B_s^2\cos^2\theta+2B_sB_r\cos\theta\cos(\theta-\delta_{sr})+B_r^2\cos^2(\theta-\delta_{sr})]\mathrm{d}\theta \\
&= \frac{gl}{2\mu_0}\frac{r}{p}\left[2\pi p\frac{B_s^2}{2}+2\pi pB_sB_r\cos\delta_{sr}+2\pi p\frac{B_r^2}{2}\right] \\
&= \frac{gl\pi D}{4\mu_0}[B_s^2+2B_sB_r\cos\delta_{sr}+B_r^2]
\end{aligned} \tag{24-58}$$

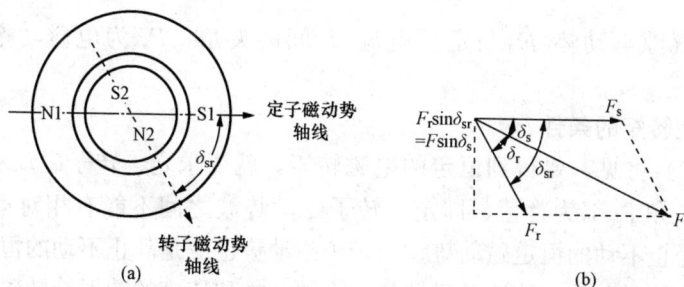

图 24-10 定、转子磁动势的 2 极模型
(a) 定、转子磁动势；(b) 空间矢量合成得到气隙合成磁动势

式中：g 为气隙长度；l 为电机铁心的轴向长度；r 为气隙的平均半径；D 为气隙的平均直径。

如果气隙均匀，气隙磁密与相应的磁动势间有 $B=\mu_0 F/\delta$，于是磁共能又可用磁动势表示为

$$W'_{\rm m}=\frac{\mu_0\pi Dl}{4g}(F_{\rm s}^2+2F_{\rm s}F_{\rm r}\cos\delta_{\rm sr}+F_{\rm r}^2) \tag{24-59}$$

式中：$F_{\rm s}$ 和 $F_{\rm r}$ 分别为正弦分布的定、转子磁动势的幅值。

保持定、转子电流不变，转子作微分虚位移 $\Delta\delta_{\rm sr}$。换言之，磁动势幅值不变，转子磁动势的位置移动 $\Delta\delta_{\rm sr}$，可得电磁转矩 $T_{\rm e}$ 为

$$T_{\rm e}=p\frac{\partial W'_{\rm m}}{\partial\delta_{\rm sr}}=-p\frac{\mu_0\pi Dl}{2g}F_{\rm s}F_{\rm r}\sin\delta_{\rm sr} \tag{24-60}$$

由于定、转子磁动势在空间正弦分布，可用空间矢量来表示，如图 24-10（b）所示。从图可得出 $F_{\rm r}\sin\delta_{\rm sr}=F\sin\delta_{\rm s}$，因此电磁转矩也可改写成

$$T_{\rm e}=-p\frac{\mu_0\pi Dl}{2\delta}F_{\rm s}F\sin\delta_{\rm s} \tag{24-61}$$

式中：$\delta_{\rm s}$ 为定子磁动势与气隙合成磁场间的夹角。

从式（24-60）和式（24-61）可见，电磁转矩与定、转子磁动势（或定子磁动势与气隙合成磁动势）的幅值以及它们之间夹角的正弦成正比；负号表示转矩的方向为使 $\delta_{\rm sr}$（或 $\delta_{\rm s}$）角减小的方向。

再考虑到 $F=\dfrac{B}{\mu_0}g$，$\Phi=\dfrac{2}{\pi}B\tau l$，$\pi D=2p\tau$，最后可得交流电机电磁转矩的通用公式

$$T_{\rm e}=-\frac{\pi}{2}p^2F_{\rm s}\Phi\sin\delta_{\rm s} \tag{24-62}$$

式（24-62）对同步电机和感应电机都适用；但对凸极同步电机，$F_{\rm s}$ 必须是非凸极边的磁动势，$\delta_{\rm s}$ 角则是此磁动势与气隙合成磁场间的夹角。

忽略定子损耗，再考虑到

$$F_{\rm s}=\frac{\sqrt{2}}{\pi}m_1\frac{N_1k_{\rm w1}}{p}I,\ \Phi=\frac{E_1}{\sqrt{2}\pi f_1N_1k_{\rm w1}},\ \sin\delta_{\rm s}=\cos\psi_1,\ \Omega_{\rm s}=\frac{2\pi f_1}{p}$$

并只考虑转矩的值，从式（24-62）即可导出同步电机和感应电机中常用的电磁转矩公式

$$T_{\rm e}=\frac{1}{\Omega_{\rm s}}m_1E_1I_1\cos\psi_1=\frac{P_{\rm e}}{\Omega_{\rm s}} \tag{24-63}$$

式中：ψ_1 为定子气隙电动势 $\dot{E}_1$ 与定子电流 $\dot{I}_1$ 间的夹角；$P_{\rm e}$ 为电磁功率；$\Omega_{\rm s}$ 为同步角速度。

二、产生恒定转矩的条件

从式（24-60）可见，要得到恒定的电磁转矩，就要求定、转子磁动势的幅值 $F_{\rm s}$、$F_{\rm r}$ 以及它们之间的夹角 $\delta_{\rm sr}$ 都为常值，即定、转子磁动势波之间不能有相对运动。具体来说，若定子磁动势为静止不动的恒定磁动势，则转子磁动势也应是静止不动的恒定磁动势；若定子磁动势为圆形旋转磁动势，则转子磁动势应为同一推移速度的圆形旋转磁动势。

由此可知，稳态对称运行时，对称三相（或多相）交流电机的电磁转矩是恒定的；而三相不对称运行情况和单相电机，由于定子和气隙合成磁动势是椭圆形旋转磁动势（或脉振磁

动势），其幅值和推移速度不断地作周期性变化，故电磁转矩中除恒定分量外，还有脉振分量。至于瞬态情况，电磁转矩中除稳态分量外，还有一个或数个随时间衰减的脉振分量。

此外，定、转子极数相等是产生电磁转矩的必要条件。若定、转子的极数不同，则

$$b_\mathrm{s} = B_\mathrm{s}\cos p_\mathrm{s}\theta, \; b_\mathrm{r} = B_\mathrm{r}\cos p_\mathrm{r}(\theta - \delta_\mathrm{sr})$$

由于

$$\int_0^{2\pi p} \cos p_\mathrm{s}\theta \cos p_\mathrm{r}(\theta - \delta_\mathrm{sr})\mathrm{d}\theta = 0$$

故整个气隙内的磁共能 W'_m 将是一个常值而与 δ_sr 无关，于是电磁转矩 $T_\mathrm{e} = p \dfrac{\partial W'_\mathrm{m}}{\partial \delta_\mathrm{sr}} = 0$。

第五节　交流电机的功率因数

一、交流电机的功率因数

综上所述，实现机电能量转换的必要条件是要有耦合磁场。对于交流电机，主磁场既可由定子的磁动势所建立，也可由转子的磁动势所建立，也可以由两者的合成磁动势所建立。

（1）单边激励。三相感应电机就是单边激励的一个典型例子，转子短接、定子接到电网。气隙主磁场由输入定子三相交流绕组的励磁电流所建立，由于励磁电流基本上是滞后的无功电流，所以感应电机的功率因数总是滞后的。

（2）双边激励。双边激励的例子较多。如同步电机，气隙主磁场由定子的三相绕组接到三相交流电源后所产生的旋转磁动势和转子接到直流电源后由于转子旋转所形成的旋转磁动势共同建立；又如双馈电机，定子仍接三相交流电源，转子接变频电源后形成转差频率的交流磁动势。与单边激励相比较，双边激励时，由于转子边的电源可以提供部分可调的励磁磁动势，所以由定子边提供的用以建立主磁场的感性电流就可以减少。如果调节转子边的电流，使定子边的无功电流可减小到零，功率因数则变成 1，即正常励磁状态；如果调节为过励，则定子边输入的无功电流可以变成负值，此时功率因数将成为超前。调节转子电流可以调节定子边的功率因数是双边激励交流电机的特点。

二、功率因数对电机造价和运行性能的影响

交流发电机、变压器和输电设备运行时，其损耗和发热情况主要取决于电压和电流，所以它们的额定容量通常把无功功率也考虑进来，单位用 kVA，而它们的造价大体上与额定容量成正比。当负载的有功功率一定时，设备的投资大体上与功率因数成反比；功率因数越低，发电机、变压器、输电设备和电动机中的电流就越大，铜损耗 I^2R 也越大，使效率降低，发电机、变压器以及输电线路的电压调整率也越大。因此，交流电机的功率因数受到用户、发电厂和电力系统方面的广泛关注。

第二十五章　机电能量转换装置的基本方程式

对于任意一个机电能量转换装置来说，其分析步骤与经典电机的稳态分析大体相似，最终建立数学模型。由于机电能量转换装置的种类较多，等效电路难以统一，有的甚至没有相量图，因此这里只讨论基本方程式。基本方程式包括电压方程、转矩方程和功率方程。电压方程和转矩方程又称为运动方程。基本方程式一般都是以微分方程形式列出，既可以进行动态运行分析，也可以进行稳态运行分析，稳态运行时退化为代数方程或复代数方程。

运动方程一般是非线性的，或者是带有变系数的线性微分方程。为了简化计算，一般多采用坐标变换。在一定的条件下，通过坐标变换或者线性化处理，可将运动方程变为常系数线性方程，以得到解析解。如果不能得到解析解时，可采用数值解法。

第一节　基本方程式的建立

仍以图 24-5 中所示的双边激励机电能量转换装置为例，分别讨论运动方程和功率方程的建立。

一、运动方程

机电能量转换装置可用动态耦合电路法或变分原理法来建立运动方程；而实心转子的感应电动机等少数含有连续介质的机电装置，则应从麦克斯韦方程和坡印亭矢量出发来建立。

1. 动态耦合电路法

机电能量转换装置一般是由具有相对运动的电磁耦合线圈所组成。把处于运动状态的机电系统作为一个动态电路来看待，可以利用基尔霍夫定律列出系统的电压方程；利用牛顿定律列出系统的转矩方程。这种方法称作动态耦合电路法。

根据图 24-5 中所规定的正方向，采用电动机惯例，定、转子的电压方程应为

$$\left.\begin{aligned} u_1 &= i_1 R_1 - e_1 = i_1 R_1 + \frac{\mathrm{d}\psi_1}{\mathrm{d}t} \\ u_2 &= i_2 R_2 - e_2 = i_2 R_2 + \frac{\mathrm{d}\psi_2}{\mathrm{d}t} \end{aligned}\right\} \tag{25-1}$$

若系统为线性，根据式（24-27），定、转子绕组的电压方程可改写为

$$\left.\begin{aligned} u_1 &= i_1 R_1 + \left(L_{11}\frac{\mathrm{d}i_1}{\mathrm{d}t} + L_{12}\frac{\mathrm{d}i_2}{\mathrm{d}t}\right) + \left(i_1\frac{\mathrm{d}L_{11}}{\mathrm{d}\theta} + i_2\frac{\mathrm{d}L_{12}}{\mathrm{d}\theta}\right)\frac{\mathrm{d}\theta}{\mathrm{d}t} \\ u_2 &= i_2 R_2 + \left(L_{21}\frac{\mathrm{d}i_1}{\mathrm{d}t} + L_{22}\frac{\mathrm{d}i_2}{\mathrm{d}t}\right) + \left(i_1\frac{\mathrm{d}L_{21}}{\mathrm{d}\theta} + i_2\frac{\mathrm{d}L_{22}}{\mathrm{d}\theta}\right)\frac{\mathrm{d}\theta}{\mathrm{d}t} \end{aligned}\right\} \tag{25-2}$$

用矩阵表示时，考虑到 $\theta = p\theta_{\mathrm{mech}}$ 和 $\Omega = \frac{\mathrm{d}\theta_{\mathrm{mech}}}{\mathrm{d}t}$，可简写为

$$\boldsymbol{u} = \boldsymbol{R}\boldsymbol{i} + \boldsymbol{L}\frac{\mathrm{d}\boldsymbol{i}}{\mathrm{d}t} + \left(\frac{\partial \boldsymbol{L}}{\partial \theta}p\Omega\right)\boldsymbol{i} = \boldsymbol{R}\boldsymbol{i} + \boldsymbol{L}\frac{\mathrm{d}\boldsymbol{i}}{\mathrm{d}t} - \boldsymbol{e}_\Omega \tag{25-3}$$

式中：$\boldsymbol{u}$，$\boldsymbol{i}$ 分别为绕组的电压和电流矩阵；$\boldsymbol{R}$，$\boldsymbol{L}$ 分别为绕组的电阻和电感矩阵；$\boldsymbol{e}_\Omega$ 为运动

电动势矩阵。

$$\boldsymbol{u} = \begin{bmatrix} u_1 \\ u_2 \end{bmatrix}, \quad \boldsymbol{i} = \begin{bmatrix} i_1 \\ i_2 \end{bmatrix}, \quad \boldsymbol{R} = \begin{bmatrix} R_1 & 0 \\ 0 & R_2 \end{bmatrix}, \quad \boldsymbol{L} = \begin{bmatrix} L_{11} & L_{12} \\ L_{21} & L_{22} \end{bmatrix}, \quad \boldsymbol{e}_\Omega = -\frac{\partial}{\partial\theta}\begin{bmatrix} L_{11} & L_{12} \\ L_{21} & L_{22} \end{bmatrix}\begin{bmatrix} i_1 \\ i_2 \end{bmatrix} p\Omega$$

$$(25\text{-}4)$$

转矩方程为

$$J\frac{\mathrm{d}^2\theta}{\mathrm{d}t^2} + R_\Omega\frac{\mathrm{d}\theta}{\mathrm{d}t} = p\left(\frac{1}{2}i_1^2\frac{\partial L_{11}}{\partial\theta} + i_1 i_2\frac{\partial L_{12}}{\partial\theta} + \frac{1}{2}i_2^2\frac{\partial L_{22}}{\partial\theta}\right) - T_2 = T_e - T_2 \quad (25\text{-}5)$$

式中：T_2 为转轴上的负载转矩，R_Ω 为旋转阻力系数，J 为转动部分的转动惯量，T_e 为电磁转矩。

由此可见，由于机电系统是一种动态电路，所以与一般的静止电路相比较，电压方程中将多出一项由于机械运动所引起的运动电动势项；与一般的纯机械系统相比较；转矩方程中将多出一项电磁转矩项。总之，在运动方程中多出一项机电耦合项。

2. 变分原理法

变分原理法是通过分析系统的拉格朗日状态函数 L 的积分达到极值的条件，来导出系统的数学模型。

（1）拉格朗日状态函数。若系统为线性，拉格朗日状态函数 L 定义为机电系统的总动能 T 与总势能 V 之差，即

$$L = T - V$$

$$(25\text{-}6)$$

式中：T 包括机械系统的动能和电磁系统的磁场储能；V 包括机械系统的势能和电磁系统的电场储能。

动力学系统即时状态的完整描述，不光要选用坐标，还需要坐标的导数，即速度。在电磁系统中，如果电荷为坐标，则相应的速度就是电流，称为广义坐标和广义速度。广义坐标通常用 q_k 表示，$k=1,2,\cdots,N$；广义速度则用 $\dot{q}_k$ 表示。机电耦合系统中，广义坐标是最低数目的独立坐标；在完整约束系统中，广义坐标的个数就是系统自由度的数目 N。通常，总动能 T 是广义速度和时间的函数；总势能 V 则是广义坐标和时间的函数。

若系统为非线性时，需要引进动共能 T'，此时拉格朗日状态函数的定义为

$$L = T' - V$$

$$(25\text{-}7)$$

电磁系统的动共能就是磁共能 W'_m，机械系统的动能和动共能两者相等。

（2）汉密尔顿原理。在一定的时间和约束条件下，一个机电系统的运动仅能由一条真实路线来描述。汉密尔顿原理指出：对于保守系统，系统运动的真实线路是使拉格朗日状态函数 L 在时间 t_1 和 t_2 之间的积分 I 达到极值（变分 δI 为零）时所确定的路线。用数学形式表示时，有

$$\delta I = \delta\left(\int_{t_1}^{t_2} L\mathrm{d}t\right) = 0$$

$$(25\text{-}8)$$

由变分原理可以证明，若 N 个广义坐标的变分都是独立的，则 I 达到极值的条件是

$$\frac{\mathrm{d}}{\mathrm{d}t}\left(\frac{\partial L}{\partial\dot{q}_k}\right) - \frac{\partial L}{\partial q_k} = 0, \quad k = 1, 2, \cdots, N$$

$$(25\text{-}9)$$

该式称为拉格朗日方程，即机电系统的真实运动路线由拉格朗日方程所确定。拉格朗日方程是由 N 个方程组成的方程组。

进一步分析不难看出，式（25-9）中的第一项则是广义惯性力，第二项实质上是与系统势能所对应的广义力。因此拉格朗日方程的实质含义是保守系统在动力平衡时，作用在第 k 个坐标上的广义力总和恒等于零。可以看出，从力学方面来看，这与达朗贝尔原理相一致；从电路方面看，这与基尔霍夫定律相吻合。

（3）非保守系统的拉格朗日方程。对于非保守系统，广义力的总和就不再恒等于零，而是等于一切非保守力的总和，即

$$\frac{\mathrm{d}}{\mathrm{d}t}\left(\frac{\partial L}{\partial \dot{q}_k}\right)-\frac{\partial L}{\partial q_k}=Q_k-\frac{\partial F_R}{\partial \dot{q}_k} \tag{25-10}$$

或

$$\frac{\mathrm{d}}{\mathrm{d}t}\left(\frac{\partial L}{\partial \dot{q}_k}\right)-\frac{\partial L}{\partial q_k}+\frac{\partial F_R}{\partial \dot{q}_k}=Q_k \tag{25-11}$$

$$F_R=\frac{1}{2}\sum_1^N R_k \dot{q}_k^2 \tag{25-12}$$

式中：Q_k 为外加的广义驱动力，包括电系统的外施电源电压和机械系统的外加驱动转矩等；$\frac{\partial F_R}{\partial \dot{q}_k}$ 为广义的损耗力，而 F_R 则为由电损耗和机械损耗所组成的损耗函数；R_k 为损耗系数。式（25-11）就是推广到非保守系统时的拉格朗日方程。

（4）运动方程的导出。对于双边激励的机电装置，设磁路为线性。该系统可选取三个广义坐标 q_k，电磁系统有两个，定子设为 $k=1$，转子设为 $k=2$，机械系统有一个设为 $k=3$，即 $q_3=\theta=\theta_{\mathrm{mech}}$；相应地有三个广义速度 $\dot{q}_k$，$\dot{q}_1=i_1$，$\dot{q}_2=i_2$，$\dot{q}_3=\dot{\theta}$；三个非保守广义驱动力 Q_k，$Q_1=u_1$，$Q_2=u_2$，$Q_3=-T_2$。

系统的总势能 $V=0$，拉格朗日状态函数 L 和总动能 T 为

$$L=T-V=T=W_m+\frac{1}{2}J\dot{\theta}^2=\frac{1}{2}L_{11}i_1^2+L_{12}i_1i_2+\frac{1}{2}L_{22}i_2^2+\frac{1}{2}J\dot{\theta}^2 \tag{25-13}$$

损耗函数为

$$F_R=\frac{1}{2}R_1i_1^2+\frac{1}{2}R_2i_2^2+\frac{1}{2}R_\Omega\dot{\theta}^2 \tag{25-14}$$

将式（25-13）和式（25-14）代入非保守系统时的拉格朗日方程，可得运动方程。

$k=1$ 时，有

$$\frac{\mathrm{d}}{\mathrm{d}t}\left(\frac{\partial L}{\partial \dot{q}_1}\right)=\frac{\mathrm{d}}{\mathrm{d}t}\left(\frac{\partial L}{\partial i_1}\right)=\frac{\mathrm{d}}{\mathrm{d}t}(L_{11}i_1+L_{12}i_2)$$

$$=L_{11}\frac{\mathrm{d}i_1}{\mathrm{d}t}+L_{12}\frac{\mathrm{d}i_2}{\mathrm{d}t}+\left(i_1\frac{\mathrm{d}L_{11}}{\mathrm{d}\theta}+i_2\frac{\mathrm{d}L_{12}}{\mathrm{d}\theta}\right)\frac{\mathrm{d}\theta}{\mathrm{d}t} \tag{25-15}$$

$$\frac{\partial L}{\partial q_1}=0,\ \frac{\partial F_R}{\partial \dot{q}_1}=\frac{\partial F_R}{\partial i_1}=R_1i_1,\ Q_1=u_1 \tag{25-16}$$

于是可得定子的电压方程，见式（25-2）第一式。

$k=2$ 时，同理可得转子的电压方程，见式（25-2）第二式。

$k=3$ 时，有

$$\frac{\mathrm{d}}{\mathrm{d}t}\left(\frac{\partial L}{\partial \dot{q}_3}\right)=\frac{\mathrm{d}}{\mathrm{d}t}\left(\frac{\partial L}{\partial \dot{\theta}}\right)=J\frac{\mathrm{d}\dot{\theta}}{\mathrm{d}t}=J\frac{\mathrm{d}\Omega}{\mathrm{d}t} \tag{25-17}$$

$$\frac{\partial L}{\partial q_3} = \frac{\partial L}{\partial \theta} = \frac{1}{2} i_1^2 \frac{\mathrm{d}L_{11}}{\mathrm{d}\theta} + i_1 i_2 \frac{\mathrm{d}L_{12}}{\mathrm{d}\theta} + \frac{1}{2} i_2^2 \frac{\mathrm{d}L_{22}}{\mathrm{d}\theta} \qquad (25\text{-}18)$$

$$\frac{\partial F_R}{\partial \dot{q}_3} = \frac{\partial F_R}{\partial \dot{\theta}} = R_\Omega \dot{\theta} = R_\Omega \Omega, \ Q_3 = -T_2 \qquad (25\text{-}19)$$

于是可得与式（25-5）相同的转矩方程。

动态耦合电路法的物理意义比较清楚，容易理解；但如系统比较复杂时，列运动方程就比较麻烦。变分原理法处理问题的步骤比较单一和系统化，可以自动导出运动方程中的机电耦合项，因此适用于解决较为复杂的机电系统问题；缺点是物理上不太直观，不易于洞察系统的内部关系，而且只适用于完整的约束系统。

二、功率方程

把式（25-3）乘以电流矩阵的转置矩阵 $\boldsymbol{i}^{\mathrm{T}}$ 可得功率方程为

$$\boldsymbol{i}^{\mathrm{T}}\boldsymbol{u} = \boldsymbol{i}^{\mathrm{T}}\boldsymbol{R}\boldsymbol{i} + \boldsymbol{i}^{\mathrm{T}}\boldsymbol{L}\frac{\mathrm{d}\boldsymbol{i}}{\mathrm{d}t} - \boldsymbol{i}^{\mathrm{T}}\boldsymbol{e}_\Omega \qquad (25\text{-}20)$$

展开为

$$u_1 i_1 + u_2 i_2 = (i_1^2 R_1 + i_2^2 R_2) + \left(L_{11}\frac{\mathrm{d}i_1}{\mathrm{d}t} + L_{12}\frac{\mathrm{d}i_2}{\mathrm{d}t}\right)i_1 + \left(L_{21}\frac{\mathrm{d}i_1}{\mathrm{d}t} + L_{22}\frac{\mathrm{d}i_2}{\mathrm{d}t}\right)i_2$$
$$+ \left(i_1^2 \frac{\partial L_{11}}{\partial \theta} + i_1 i_2 \frac{\partial L_{12}}{\partial \theta}\right)p\Omega + \left(i_1 i_2 \frac{\partial L_{21}}{\partial \theta} + i_2^2 \frac{\partial L_{22}}{\partial \theta}\right)p\Omega \qquad (25\text{-}21)$$

式（25-21）表明：输入装置的电功率，一部分消耗于绕组的电阻损耗 $i^2 R$，余下部分分别被绕组内的变压器电动势和运动电动势所吸收。

根据式（24-31），装置内磁能的变化率为

$$\frac{\mathrm{d}W_{\mathrm{m}}}{\mathrm{d}t} = (L_{11} i_1 + L_{12} i_2)\frac{\mathrm{d}i_1}{\mathrm{d}t} + (L_{21} i_1 + L_{22} i_2)\frac{\mathrm{d}i_2}{\mathrm{d}t} + \left(\frac{1}{2} i_1^2 \frac{\partial L_{11}}{\partial \theta} + i_1 i_2 \frac{\partial L_{12}}{\partial \theta} + \frac{1}{2} i_2^2 \frac{\partial L_{22}}{\partial \theta}\right)p\Omega$$
$$= \boldsymbol{i}^{\mathrm{T}}\boldsymbol{L}\frac{\mathrm{d}\boldsymbol{i}}{\mathrm{d}t} - \frac{1}{2}\boldsymbol{i}^{\mathrm{T}}\boldsymbol{e}_\Omega \qquad (25\text{-}22)$$

于是式（25-20）可表示为

$$\underbrace{\boldsymbol{i}^{\mathrm{T}}\boldsymbol{u}}_{\text{输入电功率}} = \underbrace{\boldsymbol{i}^{\mathrm{T}}\boldsymbol{R}\boldsymbol{i}}_{\text{电阻损耗}} + \underbrace{\boldsymbol{i}^{\mathrm{T}}\boldsymbol{L}\frac{\mathrm{d}\boldsymbol{i}}{\mathrm{d}t} - \frac{1}{2}\boldsymbol{i}^{\mathrm{T}}\boldsymbol{e}_\Omega}_{\text{耦合场内磁能的变化率}} - \underbrace{\frac{1}{2}\boldsymbol{i}^{\mathrm{T}}\boldsymbol{e}_\Omega}_{\text{转换功率}} \qquad (25\text{-}23)$$

式（25-23）就是装置的功率方程，说明被变压器电动势吸收的功率和运动电动势吸收的一半功率将变成耦合场内磁能的变化率；由运动电动势吸收的另外一半电功率将转换为机械功率，即为转换功率。这就是以定、转子绕组的实际轴线作为坐标系的轴线时（这种坐标系称为完整坐标系），磁能变化率和转换功率的表达式。坐标系不同，表达式将随之而变化。

对于 n 个绕组的线性系统，用矩阵形式表示时，电压方程式（25-3）、功率方程式（25-20）和式（25-23）和转换功率的表达式仍然成立，只要把电压和电流、电阻和电感矩阵扩展成与 n 个绕组相应的列阵和方阵即可。因此为了简洁和通用，工程上常常用矩阵形式来表达多绕组系统的方程。

第二节 坐 标 变 换

从数学角度来说，坐标变换就是用一组新的变量来代替方程式中原来的一组变量，使分

析和计算得到简化。若新旧变量之间为线性关系，则变换为线性变换。机电能量转换装置电压方程中变换的变量主要是电流、电压和阻抗，在坐标变换时这些量将遵循一定的规律。

一、电流、电压和阻抗的变换规律

设线性电路的电压方程为

$$\left.\begin{aligned} u_1 &= Z_{11}i_1 + Z_{12}i_2 + Z_{13}i_3 \\ u_2 &= Z_{21}i_1 + Z_{22}i_2 + Z_{23}i_3 \\ u_3 &= Z_{31}i_1 + Z_{32}i_2 + Z_{33}i_3 \end{aligned}\right\} \tag{25-24}$$

写成矩阵形式时

$$\begin{bmatrix} u_1 \\ u_2 \\ u_3 \end{bmatrix} = \begin{bmatrix} Z_{11} & Z_{12} & Z_{13} \\ Z_{21} & Z_{22} & Z_{23} \\ Z_{31} & Z_{32} & Z_{33} \end{bmatrix} \begin{bmatrix} i_1 \\ i_2 \\ i_3 \end{bmatrix} \quad \text{或} \quad \boldsymbol{u} = \boldsymbol{Z}\boldsymbol{i} \tag{25-25}$$

式中：$\boldsymbol{u}$、$\boldsymbol{i}$ 分别为电路的电压和电流矩阵；$\boldsymbol{Z}$ 为阻抗矩阵。

现通过坐标变换，将旧的电压 $\boldsymbol{u}$ 和电流 $\boldsymbol{i}$ 变换为新的电压 $\boldsymbol{u}'$ 和电流 $\boldsymbol{i}'$。设电压和电流的变换矩阵元素都是常数（实数或复数），则

$$\boldsymbol{u} = \boldsymbol{C}_u \boldsymbol{u}', \quad \boldsymbol{i} = \boldsymbol{C}_i \boldsymbol{i}' \tag{25-26}$$

于是用新变量表示时的电压方程为

$$\boldsymbol{u}' = \boldsymbol{C}_u^{-1}\boldsymbol{u} = \boldsymbol{C}_u^{-1}\boldsymbol{Z}\boldsymbol{i} = (\boldsymbol{C}_u^{-1}\boldsymbol{Z}\boldsymbol{C}_i)\boldsymbol{i}' = \boldsymbol{Z}'\boldsymbol{i}' \tag{25-27}$$

式（25-27）表示，若变换矩阵为常数矩阵，则变换前、后电压方程的形式将保持不变。

变换后的阻抗矩阵 $\boldsymbol{Z}'$ 为

$$\boldsymbol{Z}' = \boldsymbol{C}_u^{-1}\boldsymbol{Z}\boldsymbol{C}_i \tag{25-28}$$

即在新坐标系中，阻抗矩阵 $\boldsymbol{Z}'$ 等于原先的阻抗矩阵 $\boldsymbol{Z}$ 前乘 $\boldsymbol{C}_u^{-1}$、后乘 $\boldsymbol{C}_i$。为使新、旧变量之间对应关系为单值，变换矩阵必须是方阵，且存在逆矩阵，因此其行列式值必须不等于零。此外坐标变换要唯一，必须保持功率不变，即

$$\boldsymbol{i}_t^* \boldsymbol{u} = \boldsymbol{i}_t'^* (\boldsymbol{C}_i^*)_t \boldsymbol{C}_u \boldsymbol{u}' = \boldsymbol{i}_t'^* \boldsymbol{u}' \tag{25-29}$$

因此应满足功率不变约束

$$(\boldsymbol{C}_i^*)_t \boldsymbol{C}_u = 1 \tag{25-30}$$

坐标变换是多种多样的，甚至有时电压和电流采用相同的变换矩阵，实际应用时，应当根据问题的性质和目标来选择变换矩阵，使问题的求解得以简化。下面介绍电机中常用的几种坐标变换，都满足功率不变约束。

二、对称分量变换

稳态运行时，对于三相对称电路，若外加电源不对称，总可以把不对称的电源电压分解成正序、负序和零序三组对称电压，即

$$\left.\begin{aligned} \dot{U}_A &= \dot{U}_+ + \dot{U}_- + \dot{U}_0 \\ \dot{U}_B &= a^2 \dot{U}_+ + a \dot{U}_- + \dot{U}_0 \\ \dot{U}_C &= a \dot{U}_+ + a^2 \dot{U}_- + \dot{U}_0 \end{aligned}\right\} \tag{25-31}$$

式中：$\dot{U}_+$、$a^2 \dot{U}_+$、$a \dot{U}_+$ 为一组对称的正序电压，其中 B 相的正序电压 $a^2 \dot{U}_+$ 滞后于 A 相正序电压 $\dot{U}_+$ 以 120°，C 相正序电压 $a \dot{U}_+$ 又滞后于 B 相正序电压 $a^2 \dot{U}_+$ 以 120°；$\dot{U}_-$、$a \dot{U}_-$、$a^2 \dot{U}_-$ 为一组对称的负序电压，其中 B 相的负序电压 $a \dot{U}_-$ 超前于 A 相负序电压 $\dot{U}_-$

以 120°，C 相负序电压 $a^2\dot{U}_-$ 又超前于 B 相负序电压 $a\dot{U}_-$ 以 120°；$\dot{U}_0$ 为零序电压，三相的零序电压为同大小、同相位，故零序电压实质是一组单相电压；$a=\mathrm{e}^{\mathrm{j}120°}$ 为复数算子。$\dot{U}_+$、$\dot{U}_-$、$\dot{U}_0$ 就称为原来不对称电压的对称分量，如图 25-1 所示。

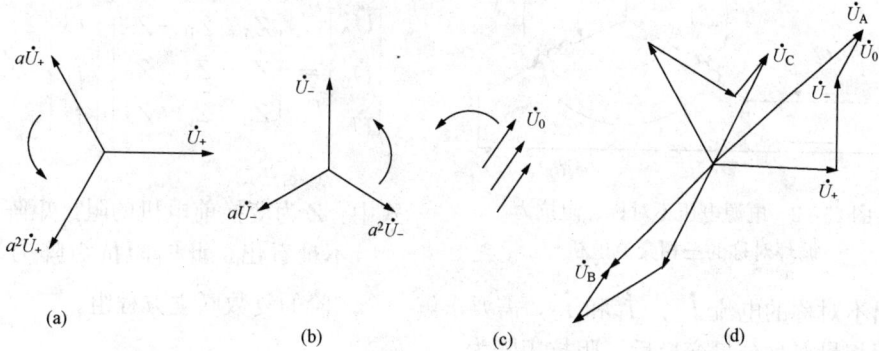

图 25-1 不对称电压与对称分量的关系

(a) 正序分量；(b) 负序分量；(c) 零序分量；(d) 对称分量合成

将式（25-31）写成矩阵形式为

$$\begin{bmatrix}\dot{U}_A\\\dot{U}_B\\\dot{U}_C\end{bmatrix}=\begin{bmatrix}1&1&1\\a^2&a&1\\a&a^2&1\end{bmatrix}\begin{bmatrix}\dot{U}_+\\\dot{U}_-\\\dot{U}_0\end{bmatrix}\quad \text{或}\quad \dot{U}=C\dot{U}' \qquad (25-32)$$

式中：C 为变换矩阵；$\dot{U}$ 为旧变量；$\dot{U}'$ 为新变量。同理，三相不对称电流也可以用正序、负序和零序分量 $\dot{I}_+$、$\dot{I}_-$、$\dot{I}_0$ 来代替，即

$$\begin{bmatrix}\dot{I}_A\\\dot{I}_B\\\dot{I}_C\end{bmatrix}=\begin{bmatrix}1&1&1\\a^2&a&1\\a&a^2&1\end{bmatrix}\begin{bmatrix}\dot{I}_+\\\dot{I}_-\\\dot{I}_0\end{bmatrix}\quad \text{或}\quad \dot{I}=C\dot{I}' \qquad (25-33)$$

式（25-32）和式（25-33）的逆变换为

$$\dot{U}'=C^{-1}\dot{U},\ \dot{I}'=C^{-1}\dot{I} \qquad (25-34)$$

$$C^{-1}=\frac{1}{3}\begin{bmatrix}1&a&a^2\\1&a^2&a\\1&1&1\end{bmatrix} \qquad (25-35)$$

交流电路中的电压和电流等都用相量表示，因此也称为相量对称分量变换。

三相功率为

$$\dot{U}_A\dot{I}_A^*+\dot{U}_B\dot{I}_B^*+\dot{U}_C\dot{I}_C^*=\dot{I}^{*\mathrm{T}}\dot{U}=3(\dot{U}_+\dot{I}_+^*+\dot{U}_-\dot{I}_-^*+\dot{U}_0\dot{I}_0^*)=3\dot{I}'^{*\mathrm{T}}\dot{U}'$$
$$(25-36)$$

对称分量变换又称为对称分量法，用于分析电路不对称运行。

例如对称交流电机加上三相不对称电压时的情况如图 25-2 所示，阻抗为循环对称，即每相的自阻抗和相间的互阻抗均相等。自阻抗用 Z_A 表示，A→C、C→B、B→A 相之间的互

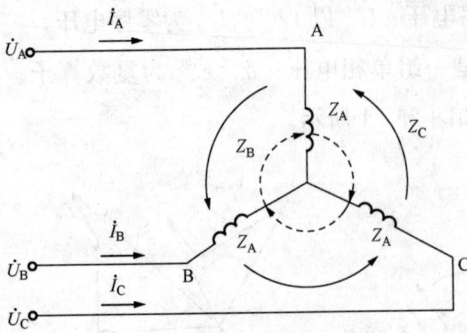

图 25 - 2　电源电压不对称、阻抗为
循环对称的三相交流电机

阻抗用 Z_B 表示，A→B、B→C、C→A 相之间的互阻抗用 Z_C 表示。当转子旋转时，由于转子对正转和反转磁场的反应不同，故 $Z_B \neq Z_C$。此时，电机的电压方程为

$$\begin{bmatrix} \dot{U}_A \\ \dot{U}_B \\ \dot{U}_C \end{bmatrix} = \begin{bmatrix} Z_A & Z_B & Z_C \\ Z_C & Z_A & Z_B \\ Z_B & Z_C & Z_A \end{bmatrix} \begin{bmatrix} \dot{I}_A \\ \dot{I}_B \\ \dot{I}_C \end{bmatrix} \text{ 或} \dot{U} = \mathbf{Z}\dot{I}$$

$$(25 - 37)$$

式中：$\mathbf{Z}$ 为变换前电机的阻抗矩阵。

不难看出，此时阻抗矩阵为满阵，所以要算出不对称的电流 $\dot{I}_A$、$\dot{I}_B$ 和 $\dot{I}_C$，需要求解一个三阶的复数联立方程组。

采用相量对称分量变换后，阻抗矩阵为

$$\begin{aligned} \mathbf{Z}' = \mathbf{C}^{-1}\mathbf{Z}\mathbf{C} &= \frac{1}{3} \begin{bmatrix} 1 & a & a^2 \\ 1 & a^2 & a \\ 1 & 1 & 1 \end{bmatrix} \begin{bmatrix} Z_A & Z_B & Z_C \\ Z_C & Z_A & Z_B \\ Z_B & Z_C & Z_A \end{bmatrix} \begin{bmatrix} 1 & 1 & 1 \\ a^2 & a & 1 \\ a & a^2 & 1 \end{bmatrix} \\ &= \begin{bmatrix} Z_A + a^2 Z_B + a Z_C & 0 & 0 \\ 0 & Z_A + a Z_B + a^2 Z_C & 0 \\ 0 & 0 & Z_A + Z_B + Z_C \end{bmatrix} \\ &= \begin{bmatrix} Z_+ & 0 & 0 \\ 0 & Z_- & 0 \\ 0 & 0 & Z_0 \end{bmatrix} \end{aligned}$$

$$(25 - 38)$$

式中：Z_+、Z_- 和 Z_0 分别为电机的正序、负序和零序阻抗，可见，变换后的阻抗矩阵 $\mathbf{Z}'$ 已变成对角线矩阵。于是从变换后的电压方程 $\dot{U}' = \dot{Z}'\dot{I}'$ 可知

$$\dot{U}_+ = \dot{I}_+ Z_+, \quad \dot{U}_- = \dot{I}_- Z_-, \quad \dot{U}_0 = \dot{I}_0 Z_0 \qquad (25 - 39)$$

或

$$\dot{I}_+ = \frac{\dot{U}_+}{Z_+}, \quad \dot{I}_- = \frac{\dot{U}_-}{Z_-}, \quad \dot{I}_0 = \frac{\dot{U}_0}{Z_0} \qquad (25 - 40)$$

算出 $\dot{I}_+$、$\dot{I}_-$ 和 $\dot{I}_0$ 后，从 $\dot{i} = \mathbf{C}\dot{i}'$ 即可求出各相的实际电流。此处由于没有中线，线路的零序阻抗 $Z_{L0} = \infty$，因而零序电流为零。

由此可见，对于阻抗为循环对称的三相电机，经过相量对称分量变换以后，阻抗矩阵将转化为对角线矩阵；正序、负序和零序三个电压方程将互相独立（解耦），各序电压仅产生该序电流，因此各序可以单独求解而不用联立求解，使求解过程简化。这就是相量对称分量变换的主要优点。

三相感应电机的气隙均匀，磁路对称，定、转子绕组通常为对称多相绕组，所以阻抗是循环对称的，通过相量对称分量变换能够各序解耦。而同步电机，尤其是凸极同步电机，d 轴和 q 轴的磁路和电路两方面均为不对称，相量对称分量变换不能使阻抗矩阵对角线化。因此，凸极同步电机的不对称问题用相量对称分量变换来求解时，得到的只是近似结果。

当电机为对称，且不考虑饱和时，可以应用叠加原理。首先将不对称的电压分解为对称分量，分别求出正序、负序和零序电压在电机中所产生的各序电流和转矩，然后把它们叠加起来，得到总的电流和转矩，这就是对称分量法。所以对称分量法的实质就是把一个不对称运行问题分解成正序、负序和零序三个彼此独立的对称运行问题，再把结果叠加。由于对称，只要抽出一相计算即可，故整个计算得以简化。

各序电流单独流过电机时，所遇到的阻抗称为相序阻抗。正序电流所遇到的阻抗称为正序阻抗；负序电流所遇到的阻抗称为负序阻抗；零序电流所遇到的阻抗称为零序阻抗。旋转电机的负序旋转磁场与转子之间具有相对运动，其大小取决于转子感应电流所生阻尼作用的强弱，正序阻抗与负序阻抗是不相等的；变压器或其他静止电器的正序阻抗与负序阻抗是相等的。因此应用对称分量法就更加必要。

对称分量法只适用于对称电机的不对称运行，对于不对称电机应采用磁动势分量法[7,9]。

【例 25 - 1】 有一组三相不对称电流，$\dot{I}_A = 500\underline{/0°}$A，$\dot{I}_B = 520\underline{/-125°}$A，$\dot{I}_C = 490\underline{/-235°}$A。试求这组电流的对称分量。

解 根据对称分量的计算公式（25 - 35），可知正序分量、负序分量和零序分量分别为

$$\dot{I}_+ = \frac{1}{3}(\dot{I}_A + a\dot{I}_B + a^2\dot{I}_C) = \frac{1}{3}(500\underline{/0°} + \underline{/120°} \times 520\underline{/-125°} + \underline{/240°} \times 490\underline{/-235°})$$

$$= \frac{1}{3}(500 + 520\underline{/-5°} + 490\underline{/5°}) = 502.05\underline{/-0.1°}(A)$$

$$\dot{I}_- = \frac{1}{3}(\dot{I}_A + a^2\dot{I}_B + a\dot{I}_C) = \frac{1}{3}(500\underline{/0°} + \underline{/240°} \times 520\underline{/-125°} + \underline{/120°} \times 490\underline{/-235°})$$

$$= \frac{1}{3}(500 + 520\underline{/115°} + 490\underline{/-115°}) = 26.02\underline{/19.95°}(A)$$

$$\dot{I}_0 = \frac{1}{3}(\dot{I}_A + \dot{I}_B + \dot{I}_C) = \frac{1}{3}(500\underline{/0°} + 520\underline{/-125°} \times 490\underline{/-235°})$$

$$= -28.84\underline{/16.65°}(A)$$

三、dq0 变换

dq0 变换是一种实变换，变换矩阵的元素都是实数。新变量为直轴电流 i_d、交轴电流 i_q 和孤立的零轴电流 i_0，变换公式为

$$\begin{bmatrix} i_A \\ i_B \\ i_C \end{bmatrix} = \begin{bmatrix} \cos\theta & -\sin\theta & 1 \\ \cos(\theta - 120°) & -\sin(\theta - 120°) & 1 \\ \cos(\theta + 120°) & -\sin(\theta + 120°) & 1 \end{bmatrix} \begin{bmatrix} i_d \\ i_q \\ i_0 \end{bmatrix} \quad \text{或} \quad \dot{I} = C\dot{I}' \quad (25 - 41)$$

式中：C 为变换矩阵；θ 为 d 轴（主极轴线）与 A 相轴线的夹角。

逆变换为

$$\begin{bmatrix} i_d \\ i_q \\ i_0 \end{bmatrix} = \frac{2}{3} \begin{bmatrix} \cos\theta & \cos(\theta - 120°) & \cos(\theta + 120°) \\ -\sin\theta & -\sin(\theta - 120°) & -\sin(\theta + 120°) \\ \frac{1}{2} & \frac{1}{2} & \frac{1}{2} \end{bmatrix} \begin{bmatrix} i_A \\ i_B \\ i_C \end{bmatrix} \quad \text{或} \quad \dot{I}' = C^{-1}\dot{I}$$

$$(25 - 42)$$

式（25 - 42）的含义是定子三相绕组（固定轴线）的电流 i_A、i_B、i_C 分别投影到与转子一起旋转的 d 轴和 q 轴上，再乘以 2/3，以得到 i_d、i_q 和 i_0，i_0 与 θ 无关，如图 25 - 3（a）所示。

按转子旋转方向，q 轴领先于 d 轴 90°电角度。而式（25-41）的含义是把旋转轴线上的电流 i_d 和 i_q 投影到 A、B、C 三相定子绕组的固定轴线上，再加上零轴电流，以得到 i_A、i_B 和 i_C。所以 dq0 变换代表一种固定轴线与和转子一起旋转的旋转轴线之间的变换。

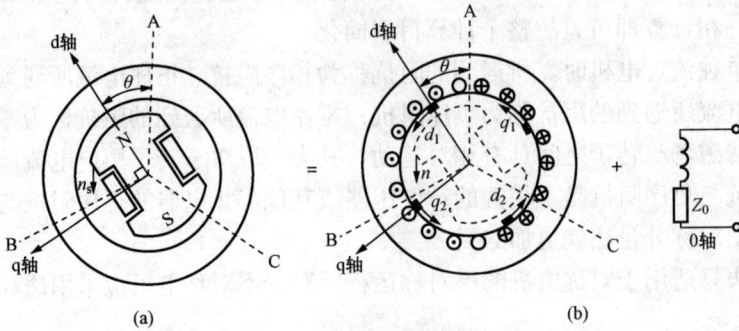

图 25-3 dq0 变换的意义

(a) ABC 坐标系；(b) 与转子一起旋转的 dq 坐标系和孤立的 0 轴系统

对于三相凸极同步电机，定子绕组的电感矩阵 L_s 为

$$L_s = \begin{bmatrix} L_{AA} & M_{AB} & M_{AC} \\ M_{BA} & L_{BB} & M_{BC} \\ M_{CA} & M_{CB} & L_{CC} \end{bmatrix} \qquad (25-43)$$

式中：L_{AA}、L_{BB} 和 L_{CC} 分别为 A、B、C 三相绕组的自感；M_{AB}、M_{BC} 和 M_{CA} 分别为三相绕组间的互感。

从附录三可见，对于理想同步电机，有

$$\left. \begin{aligned} L_{AA} &= L_{s0} + L_{s2}\cos2\theta \\ L_{BB} &= L_{s0} + L_{s2}\cos2(\theta - 120°) \\ L_{CC} &= L_{s0} + L_{s2}\cos2(\theta + 120°) \end{aligned} \right\} \qquad (25-44)$$

$$\left. \begin{aligned} M_{BC} &= M_{CB} = -M_{s0} + M_{s2}\cos2\theta \\ M_{CA} &= M_{AC} = -M_{s0} + M_{s2}\cos(2\theta - 120°) \\ M_{AB} &= M_{BA} = -M_{s0} + M_{s2}\cos(2\theta + 120°) \end{aligned} \right\} \qquad (25-45)$$

式中：L_{s0} 及 M_{s0} 分别为定子自感和互感的平均值；L_{s2} 和 M_{s2} 分别为定子自感及互感的二次谐波幅值，$L_{s2} = M_{s2}$。

可见电感矩阵中的自感和互感随转子转角 θ 而变化。

引入 dq0 变换后，定子的电感矩阵 L_s' 将变成

$$L_s' = C^{-1} L_s C$$

$$= \frac{2}{3} \begin{bmatrix} \cos\theta & \cos(\theta - 120°) & \cos(\theta + 120°) \\ -\sin\theta & -\sin(\theta - 120°) & -\sin(\theta + 120°) \\ \frac{1}{2} & \frac{1}{2} & \frac{1}{2} \end{bmatrix}$$

$$\begin{bmatrix} L_{AA} & M_{AB} & M_{AC} \\ M_{BA} & L_{BB} & M_{BC} \\ M_{CA} & M_{CB} & L_{CC} \end{bmatrix} \begin{bmatrix} \cos\theta & -\sin\theta & 1 \\ \cos(\theta - 120°) & -\sin(\theta - 120°) & 1 \\ \cos(\theta + 120°) & -\sin(\theta + 120°) & 1 \end{bmatrix}$$

$$
= \begin{bmatrix} L_{s0} + M_{s0} + \dfrac{3}{2}L_{s2} & 0 & 0 \\ 0 & L_{s0} + M_{s0} - \dfrac{3}{2}L_{s2} & 0 \\ 0 & 0 & L_{s0} - 2M_{s0} \end{bmatrix}
$$

$$
= \begin{bmatrix} L_d & 0 & 0 \\ 0 & L_q & 0 \\ 0 & 0 & L_0 \end{bmatrix} \tag{25-46}
$$

式中：L_d、L_q 和 L_0 分别为直轴同步电感、交轴同步电感和零轴电感。

可以看出，经过 dq0 变换，定子的电感改用 d、q、0 三根特定轴线上的电感 L_d、L_q 和 L_0 来表示时，由于 d、q 轴与转子相对静止，故电感矩阵将成为常数矩阵；同时，由于 d 轴和 q 轴互相垂直，二者之间没有互感，而零轴又是一个孤立系统，所以变换后的电感矩阵将成为对角线阵，使求解大为简化。这是 dq0 变换的主要优点。

从物理上看，相当于把定子三相绕组变换成一个换向器绕组，其换向器上装有两组随凸极转子一起旋转的电刷，一组与 d 轴重合，一组与 q 轴重合，再加上一组孤立的零轴系统，如图 25-3（b）所示。变换后，定子的等效 dq 轴绕组与转子绕组的轴线相对静止并重合，于是就消除了电感系数随 θ 而变化的问题；在转速为常值情况下，电压方程就变成常系数线性微分方程。此外，dq0 变换是一种等效的三相（静止）到两相（旋转）的变换。在坐标变换过程中，气隙磁场保持不变，即变换前后基波合成磁动势等效。

四、MT0 变换

MT0 变换主要用于研究三相感应电动机的矢量控制，与 dq0 变换类似。即把 d 轴取在感应电机转子磁链空间矢量的方向，称为 M 轴，此时的 q 轴改称为 T 轴，零轴的变换式和含义不变，就可以得到 MT0 坐标系，如图 25-4 所示。不难看出，MT0 变换矩阵同 dq0 变换矩阵具有相同的形式，如式（25-41）中的 $\boldsymbol{C}$，只是将 θ 改为 θ_M

$$
\theta_M = \int \omega_M \mathrm{d}t + \theta_0 \tag{25-47}
$$

式中：ω_M 为用电角度表示时 M 轴的角速度，θ_0 为 $t=0$ 时 M 轴的初相位。稳态对称运行时，ω_M 为常值，就是气隙旋转磁场的电角速度；动态情况下，ω_M 通常不再是常值。

图 25-4　从 dq0 坐标系
转变为 MT0 坐标系

此外还有 $\alpha\beta$ 坐标系、空间矢量坐标系、磁动势分量等。这里不一一叙述。

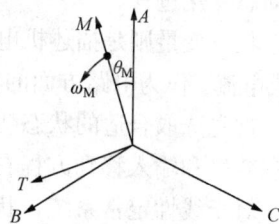

第三节　运动方程的求解

机电系统的运动方程可分为线性和非线性两类，而线性微分方程又分为常系数和变系数两种。运动方程中的变系数主要是由定、转子绕组的自感和互感随转角而变化所引起，但有时可以通过坐标变换将其转化为常系数线性微分方程。因此，这里主要讨论常系数线性微分方程和非线性微分方程的解法。

一、常系数线性微分方程的解法

不论外加激励是什么形式，常系数线性微分方程总可以用解析法求出其响应，从而确定系统的运行情况。如果激励形式较为复杂，可以利用叠加原理求解，这是线性微分方程的一个显著特点。常系数线性微分方程既可以用古典法求解，也可以用拉氏变换法求解。

古典法的要点是先求出齐次方程的通解，然后求出给定驱动函数时的特解，最后根据给定的初始条件确定解答中的所有任意常数。从物理上看，齐次方程的通解相当于解答中的瞬态分量，特解则相当于稳态分量。如只求解稳态情况，则仅需求出特解。

拉氏变换法求解时，先把所研究的问题从实时域变换到复频域，把原来的线性微分方程变换为复代数方程，求出该代数方程的解后再用逆变换找出时域内的解答。求解复代数方程要比微分方程容易得多，而且同时计及了初始条件，所以拉氏变换法要比古典法简便得多。

二、非线性微分方程的解法

由于转矩方程中的电磁转矩是一个非线性项，因此机电系统的数学模型几乎都是非线性微分方程。只是在特定条件和某些假定下才能将方程简化为线性，从而得到近似解析解。例如不考虑磁饱和，保持电机转速恒定或在工作点附近作微增运动时等。如果系统处于动态的大变动情况下，就必须直接求解非线性方程。这时只能用数字计算机或模拟计算机来求解，没有通用的解析方法可以套用。

1. 数值计算机求解

数值计算机求解适用于含有时变系数的线性微分方程和非线性微分方程，可求出其数值解。此时的运动方程需要改写成状态方程的形式。

状态方程是用状态变量来表达的一组独立的一阶微分方程组，用来描述系统动态过程。有了状态方程，根据某一初始时刻 t_0 的状态，以及 t_0 以后的输入，就可以确定 $t > t_0$ 时系统的动态变化过程。

状态变量则是描述机电系统即时状态的最低数目的独立变量。对旋转电机，通常取磁链 ψ 或电流 i 作为电路方面的状态变量；取角位移 θ 或角速度 Ω 作为机械方面的状态变量。

首先选取合适的状态变量，再将运动方程中状态变量的一阶导数项移到方程的左端，将状态变量和输入移到方程右端，然后将方程整理成状态方程的形式。

对于线性定常系统，状态方程的标准形式用矩阵表示为

$$\dot{x} = Ax + Bv \qquad\qquad (25 - 48)$$

式中：x 称为状态向量，是由状态变量 x_1、x_2、$\cdots$ 所构成的列向量；v 称为输入向量，是输入量 v_1、v_2、$\cdots$ 所构成的列向量；A 为系统矩阵；B 为控制矩阵。

对于具有时变系数和非线性的机电系统，由于系统矩阵 A 中部分元素是时变的或者是状态变量的函数，即 $A = A(x, t)$，所以状态方程一般可写成

$$\dot{x} = F(x, t) \qquad\qquad (25 - 49)$$

式中：F 为非线性的向量函数。

求解状态方程的最简单的方法是欧拉法，要求高精度时，可采用四阶龙格—库塔法。

2. 模拟计算机求解

模拟计算机求解适用于非线性微分方程。首先需要构造模拟计算机的演算回路，即是将微分方程框图化，这是一种时域内的框图。框图中常用到加法器（求和）、比例放大器（放大常数倍）、乘法器、函数发生器和积分器，如图 25 - 5 所示。模拟机框图中一般不用微分

器，因为微分器会放大高频干扰，引起误差和不稳定；所以在演算回路中，微分运算总是化成逆积分运算。至于模拟图中实用符号的表示形式，以及模拟机中的各种功能部件的构成，这里不作介绍。

仍以双边激励的机电装置为例，说明如何把定子的电压方程转变成模拟计算机的演算回路。方程为式（25-2）第一式，对应于定子电压方程的模拟计算机回路如图 25-6 所示。左边的输入信号有：① u_1 来自电源，为给定；②转子电压方程演算回路的输出信号 $i_2 \dfrac{\mathrm{d}L_{12}}{\mathrm{d}\theta}\dfrac{\mathrm{d}\theta}{\mathrm{d}t}$；③ $L_{12}\dfrac{\mathrm{d}i_2}{\mathrm{d}t}$ 由 L_{12} 和转子电压方程演算回路的中间输出 $\dfrac{\mathrm{d}i_2}{\mathrm{d}t}$ 通过乘法器得

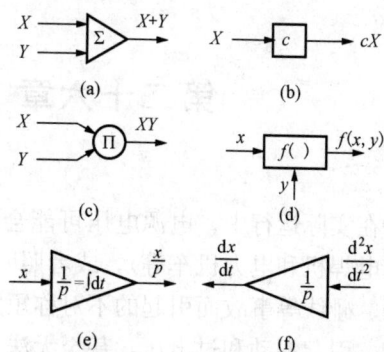

图 25-5　模拟计算机中各运算器的符号
（a）加法器；（b）比例放大器；（c）乘法器；
（d）函数发生器；（e）积分器；（f）逆积分器

到；④ $i_1 R_1$ 是 i_1 通过比例放大器放大 R_1 倍得到；⑤ $i_1\left(\dfrac{\mathrm{d}L_{11}}{\mathrm{d}\theta}\dfrac{\mathrm{d}\theta}{\mathrm{d}t}\right)$ 是 i_1 和 $\dfrac{\mathrm{d}L_{11}}{\mathrm{d}\theta}\dfrac{\mathrm{d}\theta}{\mathrm{d}t}$ 通过乘法器相乘得到。将这五个输入信号通过加法器相加，可得 $L_{11}\dfrac{\mathrm{d}i_1}{\mathrm{d}t}$；再通过乘法器把 $L_{11}\dfrac{\mathrm{d}i_1}{\mathrm{d}t}$ 与 $\dfrac{1}{L_{11}}$ 相乘，得到中间输出信号 $\dfrac{\mathrm{d}i_1}{\mathrm{d}t}$；把 $\dfrac{\mathrm{d}i_1}{\mathrm{d}t}$ 通过积分器对时间积分，最后可得输出信号 i_1。此外右边的输出信号还有 $\dfrac{\mathrm{d}L_{12}}{\mathrm{d}\theta}\dfrac{\mathrm{d}\theta}{\mathrm{d}t}$ 与 i_1 通过乘法器相乘得到的 $i_1\left(\dfrac{\mathrm{d}L_{12}}{\mathrm{d}\theta}\dfrac{\mathrm{d}\theta}{\mathrm{d}t}\right)$，连同 $\dfrac{\mathrm{d}i_1}{\mathrm{d}t}$ 与 L_{12} 相乘后，都将作为转子电压方程演算回路的输入，如本回路的 $i_2\left(\dfrac{\mathrm{d}L_{12}}{\mathrm{d}\theta}\dfrac{\mathrm{d}\theta}{\mathrm{d}t}\right)$ 和 $L_{12}\dfrac{\mathrm{d}i_2}{\mathrm{d}t}$。其中 L_{12}、$\dfrac{1}{L_{11}}$、$\dfrac{\mathrm{d}L_{11}}{\mathrm{d}\theta}\dfrac{\mathrm{d}\theta}{\mathrm{d}t}$、$\dfrac{\mathrm{d}L_{12}}{\mathrm{d}\theta}\dfrac{\mathrm{d}\theta}{\mathrm{d}t}$ 则是转矩方程演算回路的输出信号。

由于转子与定子的电压方程对称，所以把图 25-6 中所有物理量的下标 1 和 2 互换，既可得到转子电压方程的演算回路。

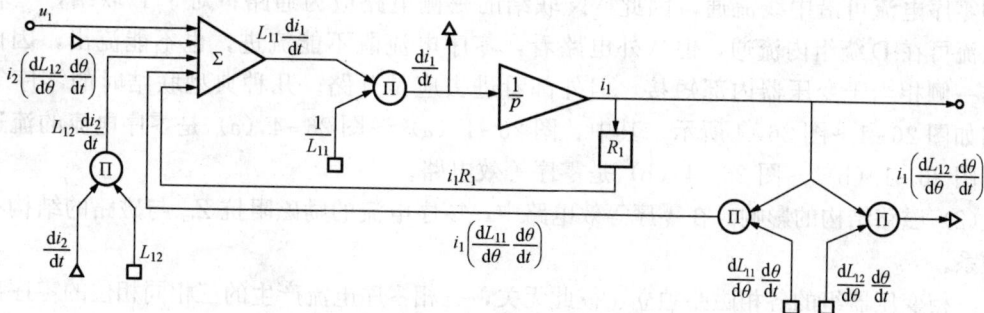

图 25-6　对应于定子电压方程的模拟计算机回路

第二十六章 电机的不对称运行

在实际运行中，电源电压可能会出现不对称的情况，如带有较大的单相负载（单相电炉、电焊机和电力机车等），或者照明负载三相分布不平衡，或者一相断电检修，或者由于雷击、碰线等事故而引起的不对称短路等。不对称运行会使电机损耗增大，效率降低，温度升高，引起振动和过电压，甚至无法正常工作，因此需要研究电机的不对称运行。

不对称运行时就不能取一相来分析，应列出三相的电压方程，而且互相联立，不能解耦，给求解带来困难。可以采用对称分量变换，即对称分量法，使问题简化。

第一节 变压器的不对称运行

当变压器不对称运行时，电流不对称对电压的不对称度影响不大，因为内部的漏阻抗压降较小；但在某种绕组联结（如 Yyn 联结）和某些磁路系统（如各相具有独立的磁路）中，负载的不对称可能引起电压的显著不对称，致使变压器无法正常工作。

一、变压器的相序阻抗

由于变压器是静止的，正、负序电流均是对称的，仅存在 B 相超前还是 C 相超前的差别，对变压器的电磁本质没有什么不同，因此正、负序系统的等效电路相同，与以前所讨论的对称系统等效电路是一样的，正、负序阻抗相等，即 $Z_- = Z_+$。

零序阻抗比较复杂，不仅与三相变压器绕组的联结方式有关，而且与磁路的结构有关。

（1）绕组联结方式的影响。三相绕组的联结方式不会影响漏阻抗的大小，但对零序电流的流通影响很大。对于 Y 联结，三相同相位的零序电流不能流通，因此在零序等效电路中，Y 联结的一侧电路应是开路，即从该侧看进去的零序阻抗 $Z_0 = \infty$；对于 YN 联结，三相零序电流可沿中线流通，因此 YN 联结的一侧电路应为通路；对于 D 联结，三相零序电流可在 D 绕组内流通，但从外电路看，零序电流既不能流进，也不能流出，因此 D 联结一侧相当于变压器内部短接，但外部看进去应是开路。几种典型联结时的零序等效电路如图 26-1～图 26-4 所示。其中，图 26-1（a）～图 26-4（a）是零序电流的流通情况，图 26-1（b）～图 26-4（b）是零序等效电路。

（2）磁路结构的影响。在零序等效电路中，零序电流的励磁阻抗 Z_{m0} 与磁路的结构有很大关系。

三相变压器组的各相磁路独立、彼此无关，三相零序电流产生的三相同相位的零序磁通可沿各相自己的铁心闭合，其磁路为主磁路，因此零序励磁阻抗与正序励磁阻抗相同，即

$$Z_{m0} = Z_m = R_m + jX_m \tag{26-1}$$

三相心式变压器的各相磁路互相关联，三相零序磁通不能沿铁心闭合，只能像 3 次谐波磁通那样沿油箱壁闭合，其磁阻比较大，因而零序励磁阻抗比较小，一般电力变压器的 $Z_{m0}^* = 0.3 \sim 1.0$，平均值为 0.6；而 $Z_m^* = 20$ 以上，$Z_k^* = 0.05 \sim 0.1$，可见 $Z_m \gg Z_{m0}$，Z_{m0} 更接近于 Z_k 的大小。

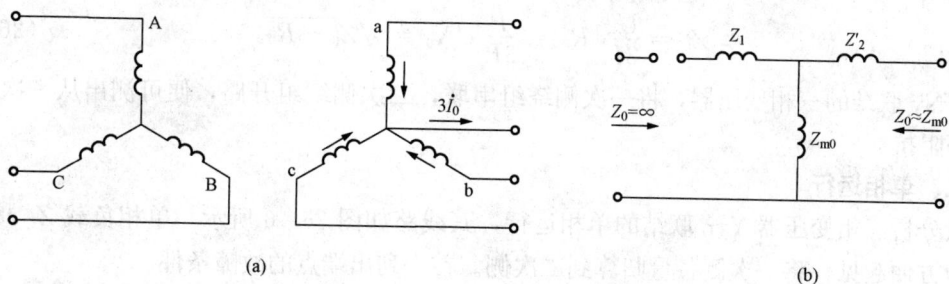

图 26 - 1　Yyn 联结时的零序等效电路

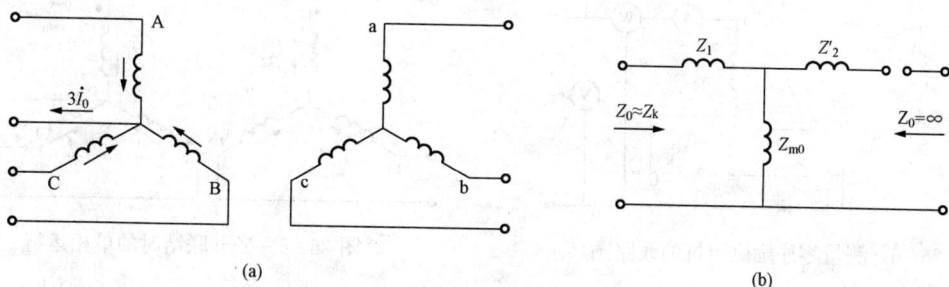

图 26 - 2　YNy 联结时的零序等效电路

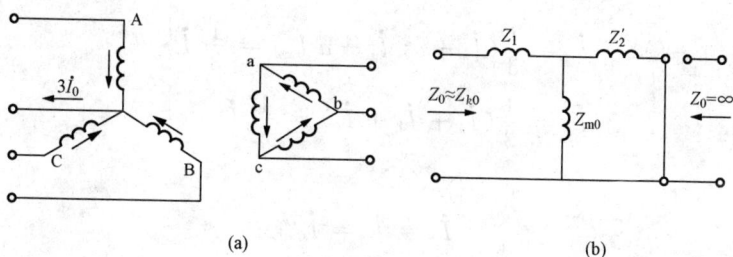

图 26 - 3　YNd 联结时的零序等效电路

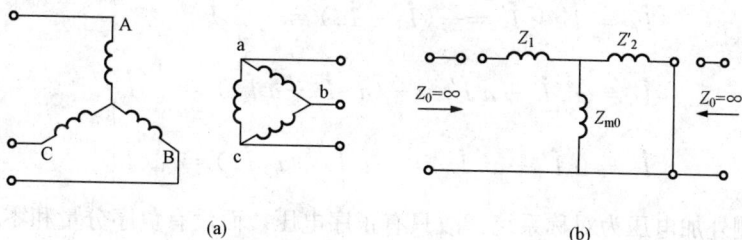

图 26 - 4　Yd 联结时的零序等效电路

（3）零序阻抗的测定。YNd 和 Dyn 联结的三相变压器 $Z_0 = Z_k$，无需另行测量。Yyn 联结的三相变压器 Z_0 的测量方法是：把二次侧 3 个绕组首尾串联接到单相电源上，以模拟零序电流和零序磁通的流通情况，一次侧开路，如图 26 - 5 所示。测量电压 U、电流 I 和功率 P，则从二次侧看零序阻抗为

$$Z_0 = \frac{U}{3I}, \ R_0 = \frac{P}{3I^2}, \ X_0 = \sqrt{Z_0^2 - R_0^2} \tag{26-2}$$

对于 YNy 联结的三相变压器，将一次侧绕组串联，二次侧绕组开路，便可测出从一次侧看的零序阻抗。

二、单相运行

只分析三相变压器 Yyn 联结的单相运行，其线路如图 26-6 所示。单相负载 Z_L 接在 a 相，为方便起见，将一次侧各量归算到二次侧。首先列出端点的故障条件

$$\dot{I}_a = \dot{I}, \ \dot{I}_b = \dot{I}_c = 0, \ \dot{U}_a = \dot{I} Z_L \tag{26-3}$$

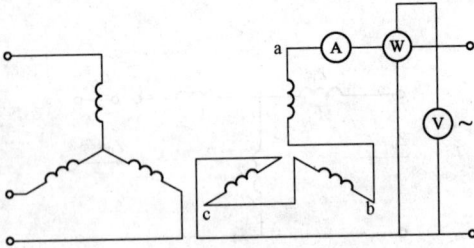

图 26-5　测量零序励磁阻抗的线路图

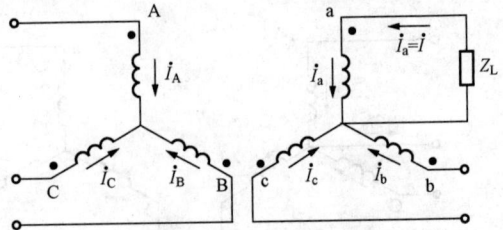

图 26-6　Yyn 联结时的单相运行

将二次侧电流分解为对称分量

$$\begin{rcases} \dot{I}_+ = \frac{1}{3}(\dot{I}_a + a \dot{I}_b + a^2 \dot{I}_c) = \frac{1}{3} \dot{I} \\[2mm] \dot{I}_- = \frac{1}{3}(\dot{I}_a + a^2 \dot{I}_b + a \dot{I}_c) = \frac{1}{3} \dot{I} \\[2mm] \dot{I}_0 = \frac{1}{3}(\dot{I}_a + \dot{I}_b + \dot{I}_c) = \frac{1}{3} \dot{I} \end{rcases} \tag{26-4}$$

可见

$$\dot{I}_+ = \dot{I}_- = \dot{I}_0 \tag{26-5}$$

在忽略励磁电流的情况下，一次侧归算电流 $\dot{I}'_+ = -\dot{I}_+$，$\dot{I}'_- = -\dot{I}_-$。由于一次侧为 Y 联结，相电流只有正序分量和负序分量，则

$$\begin{rcases} \dot{I}_A = \dot{I}'_+ + \dot{I}'_- = -(\dot{I}_+ + \dot{I}_-) = -\frac{2}{3} \dot{I} \\[2mm] \dot{I}_B = a^2 \dot{I}'_+ + a \dot{I}'_- = -(a^2 \dot{I}_+ + a \dot{I}_-) = \frac{1}{3} \dot{I} \\[2mm] \dot{I}_C = a \dot{I}'_+ + a^2 \dot{I}'_- = -(a \dot{I}_+ + a^2 \dot{I}_-) = \frac{1}{3} \dot{I} \end{rcases} \tag{26-6}$$

由于一次侧外加电压为对称系统，故只有正序电压，而没有负序分量和零序分量。但由于负载电流不对称，在二次侧会产生负序电流和零序电流及相应的磁通，它们会在一次侧、二次侧绕组中产生负序电动势和零序电动势。

一次侧的负序电流以电源为回路。由于一、二次侧负序电流产生的磁动势平衡，负序压降仅为负序阻抗压降，其值不大。

零序电流只能在二次侧流通，在一次侧电路中虽有零序电动势，却无零序电流。因此二次侧的零序电流全部为励磁电流，一次侧的零序电压即为零序电动势。

Yyn 联结时各相序等效电路如图 26-7 所示。各相序电压平衡方程式为

$$
\left.\begin{array}{l}
-\dot{U}_+ = \dot{U}'_+ + \dot{I}_+ Z_k \\
-\dot{U}_- = \dot{I}_- Z_k \\
-\dot{U}_0 = \dot{I}_0 Z_2 - \dot{E}_0
\end{array}\right\} \tag{26-7}
$$

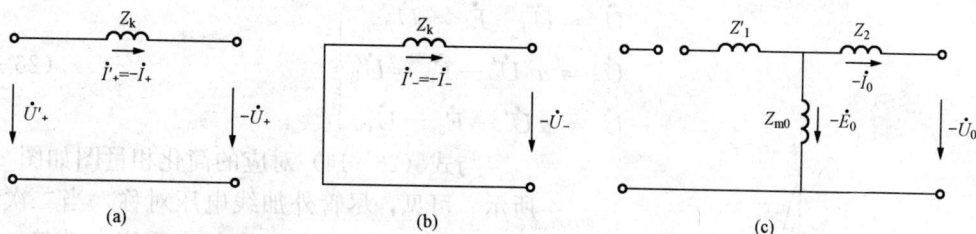

图 26-7 Yyn 联结时各相序等效电路

而

$$
\dot{U}'_0 = -\dot{E}_0 = \dot{I}_0 Z_{m0} \tag{26-8}
$$

二次侧的三相电压为

$$
\left.\begin{array}{l}
\dot{U}_a = \dot{U}_+ + \dot{U}_- + \dot{U}_0 \\
\dot{U}_b = a^2 \dot{U}_+ + a \dot{U}_- + \dot{U}_0 \\
\dot{U}_c = a \dot{U}_+ + a^2 \dot{U}_- + \dot{U}_0
\end{array}\right\} \tag{26-9}
$$

只考虑 a 相，将电压故障条件用对称分量表示，有

$$
\dot{U}_+ + \dot{U}_- + \dot{U}_0 = (\dot{I}_+ + \dot{I}_- + \dot{I}_0) Z_L = 3 \dot{I}_+ Z_L \tag{26-10}
$$

式（26-5）和式（26-10）称为约束关系，根据约束关系式（26-5）中正序、负序和零序电流相等这一条件，应把正序、负序和零序三个等效电路串联起来；再根据式（26-10）正序、负序和零序电压之和为 $3\dot{I}_+ Z_L$ 这一条件，把串联以后的电路接以 3 倍负载阻抗。如图 26-8 所示。即可求出各序电流为

$$
-\dot{I}_+ = -\dot{I}_- = -\dot{I}_0
$$

$$
= \frac{\dot{U}'_+}{2Z_k + Z_2 + Z_{m0} + 3Z_L} \tag{26-11}
$$

式中参数均为已知，电源相电压、负载阻抗也为已知。式（26-11）也可从式（26-5）和式（26-7）整理得出，但没有用等效电路图求解更为方便。而负载电流为

$$
-\dot{I} = -(\dot{I}_+ + \dot{I}_- + \dot{I}_0)
$$

$$
= \frac{3\dot{U}'_+}{2Z_k + Z_2 + Z_{m0} + 3Z_L} \tag{26-12}
$$

由于 $Z_k \ll Z_{m0}$，$Z_2 \ll Z_{m0}$，如果忽略 Z_k 和 Z_2，则

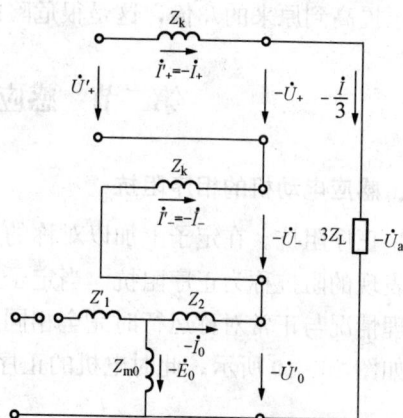

图 26-8 Yyn 联结时带单相负载的
等效电路

$$-\dot{I} = \frac{3\dot{U}'_+}{Z_{m0} + 3Z_L} = \frac{\dot{U}'_+}{\frac{1}{3}Z_{m0} + Z_L} \tag{26-13}$$

三、中点漂移

忽略 Z_k 和 Z_2 后，一、二次侧相电压相等，考虑式（26-7）和式（26-9）的关系，有

$$\left.\begin{array}{l} -\dot{U}_a = \dot{U}'_+ - \dot{E}_0 = \dot{U}'_A \\ -\dot{U}_b = a^2\dot{U}'_+ - \dot{E}_0 = \dot{U}'_B \\ -\dot{U}_c = a\dot{U}'_+ - \dot{E}_0 = \dot{U}'_C \end{array}\right\} \tag{26-14}$$

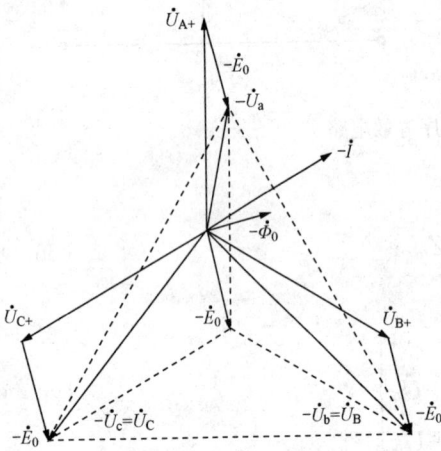

图 26-9　Yyn 联结时带单相负载的相量图

与式（26-14）对应的简化相量图如图 26-9 所示。可见，尽管外加线电压对称，当二次侧接单相负载后，在每相上叠加有零序电动势，造成相电压不对称。在相量图中表现为相电压中点偏离了线电压三角形的几何中心，这种现象称为中点漂移。中点漂移的程度取决于 $\dot{E}_0$ 及零序电流的大小和磁路结构。

如果是三相心式变压器，由于零序磁通遇到的磁阻较大，Z_{m0} 较小，因此只要适当限制中线电流，则 $\dot{E}_0$ 不致太大，所造成的相电压偏移不大。负载电流的大小主要决定于负载阻抗 Z_L，因此这种结构的三相变压器可以带一相到中点的负载。

如为三相变压器组，零序磁通遇到的磁阻较小，$Z_{m0} = Z_m$。很小的零序电流就会产生很大的零序电动势，造成中点漂移较大，相电压严重不对称。负载电流的大小主要受 Z_{m0} 的限制，即使负载阻抗 Z_L 很小，负载电流也不大。在极端的情况下，如一相发生短路，$Z_L = 0$，则 $-\dot{I} = \frac{3\dot{U}_{A+}}{Z_m}$，即短路电流仅为正常励磁电流的 3 倍。但此时 $\dot{U}_a = 0$，$\dot{E}_{a0} = \dot{U}_{A+}$，使其余两相电压提高到原来的 $\sqrt{3}$ 倍，这是很危险的，因此三相变压器组不能接成 Yyn 联结组。

第二节　感应电动机的不对称运行

一、感应电动机的相序阻抗

（1）正序阻抗。在定子上加以对称的三相正序电压 $\dot{U}_{1+}$，转子以转速 n 旋转时，感应电动机所表现的阻抗称为正序阻抗。当定子上加以正序电压时，电动机内部定、转子的旋转磁场和物理情况与正常对称运行时完全相同，所以正序等效电路和以前所导出的等效电路完全相同，如图 26-10 所示。此时电机的正序阻抗为

$$Z_+ = Z_{1\sigma} + \frac{Z_m\left(\dfrac{R'_2}{s} + jX'_{2\sigma}\right)}{Z_m + \left(\dfrac{R'_2}{s} + jX'_{2\sigma}\right)} \tag{26-15}$$

（2）负序阻抗。转子以转速 n 旋转，定子上加上一组对称的负序电压 $\dot{U}_{1-}$ 时，感应电动机所表现的阻抗称为负序阻抗。当定子端加以一组对称的负序电压时，定子绕组将产生一反转的旋转磁场，其转速为 $-n_s$。由于转子的转速为 n，故转子对负序磁场的相对速度 $\Delta n = -n_s - n$，转差率应为

$$s_- = \frac{-n_s - n}{-n_s} = 2 - \frac{n_s - n}{n_s} = 2 - s$$

（26 - 16）

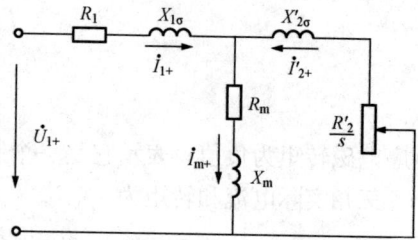

图 26 - 10　感应电动机的正序等效电路

如图 26 - 11 所示。所以经过频率归算后的转子等效电阻为 $\dfrac{R'_2}{2-s}$，整个电机的负序等效电路则如图 26 - 12 所示。感应电动机的负序阻抗 Z_- 应为

$$Z_- = Z_{1\sigma} + \frac{Z_m\left(\dfrac{R'_2}{2-s} + jX'_{2\sigma}\right)}{Z_m + \left(\dfrac{R'_2}{2-s} + jX'_{2\sigma}\right)}$$

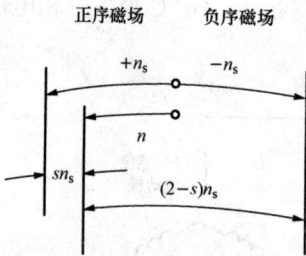

（26 - 17）

图 26 - 11　转子对负序磁场的转差率

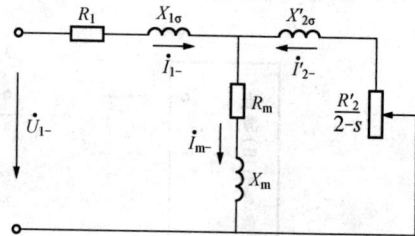

图 26 - 12　感应电动机的负序等效电路

（3）零序阻抗。三相感应电动机一般无中线，所以零序分量电流不能流通，故不考虑零序阻抗。

二、感应电动机不对称运行的分析

定子的正、负序电流分别为

$$\left.\begin{aligned}
\dot{I}_{1+} &= \frac{\dot{U}_{1+}}{Z_+} \\
\dot{I}_{1-} &= \frac{\dot{U}_{1-}}{Z_-}
\end{aligned}\right\}$$

（26 - 18）

转子的正、负序电流分别为

$$\left.\begin{aligned}
\dot{I}'_{2+} &= \dot{I}_{1+} \frac{Z_+ - Z_{1\sigma}}{\dfrac{R'_2}{s} + jX'_{2\sigma}} \\
\dot{I}'_{2-} &= \dot{I}_{1-} \frac{Z_- - Z_{1\sigma}}{\dfrac{R'_2}{2-s} + jX'_{2\sigma}}
\end{aligned}\right\}$$

（26 - 19）

正、负序电磁转矩分别为

$$T_{e+} = \frac{1}{\Omega_s} I_{2+}'^2 \frac{R_2'}{s} \left.\right\}$$
$$T_{e-} = -\frac{1}{\Omega_s} I_{2-}'^2 \frac{R_2'}{2-s} \left.\right\}$$

$$(26\text{-}20)$$

负序电磁转矩为负值，表示它是一个制动转矩，因为负序磁场和转子的转向相反。

三相实际电流和转矩为

$$\dot{I}_A = \dot{I}_{1+} + \dot{I}_{1-} \left.\right\}$$
$$\dot{I}_B = a^2 \dot{I}_{1+} + a \dot{I}_{1-} \left.\right\}$$
$$\dot{I}_C = a \dot{I}_{1+} + a^2 \dot{I}_{1-} \left.\right\}$$

$$(26\text{-}21)$$

$$T_e = T_{e+} + T_{e-} \qquad (26\text{-}22)$$

由于感应电机的负序阻抗较小，故较小的负序电压即可引起相当大的负序电流，使电机发热，且使合成电磁转矩减小。因此，感应电动机长期在严重的不对称电压下运行是不允许的。

三、感应电动机一相断线时的运行

三相感应电动机一相断线时，电机变成单相运行，如图 26-13 所示。此时，电源电压虽然对称，但由于断线处出现电压 $\Delta \dot{U}_A$，所以在电动机端点 A、B、C 处，三相电压是不对称的。

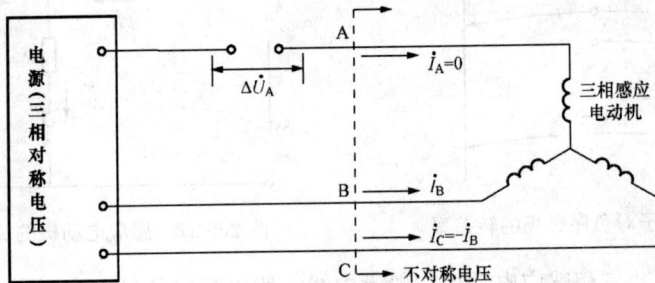

图 26-13　三相感应电动机一相断线时的运行

一相断线时，电动机端点的故障条件为

$$\dot{I}_A = 0 \left.\right\}$$
$$\dot{I}_C = -\dot{I}_B \left.\right\}$$
$$\dot{U}_{BC} = \dot{U}_B - \dot{U}_C \left.\right\}$$

$$(26\text{-}23)$$

利用对称分量法把电动机端点的不对称电压 $\dot{U}_A$、$\dot{U}_B$、$\dot{U}_C$ 分解为对称分量 $\dot{U}_{1+}$ 和 $\dot{U}_{1-}$，则正序电压 $\dot{U}_{1+}$ 将产生正序定子电流 $\dot{I}_{1+}$，负序电压 $\dot{U}_{1-}$ 将产生负序定子电流 $\dot{I}_{1-}$，零序电流为零。根据式（25-35）和式（26-23），可知定子电流的对称分量为

$$\dot{I}_{1+} = \frac{1}{3}(\dot{I}_A + a\dot{I}_B + a^2\dot{I}_C) = \frac{1}{3}(a - a^2)\dot{I}_B = \frac{j}{\sqrt{3}}\dot{I}_B$$

$$\dot{I}_{1-} = \frac{1}{3}(\dot{I}_A + a^2\dot{I}_B + a\dot{I}_C) = \frac{1}{3}(a^2 - a)\dot{I}_B = -\frac{j}{\sqrt{3}}\dot{I}_B$$

将线电压 $\dot{U}_{BC}$ 用对称分量表示为

$$\dot{U}_{BC} = \dot{U}_B - \dot{U}_C = (a^2 \dot{U}_{1+} + a \dot{U}_{1-}) - (a \dot{U}_{1+} + a^2 \dot{U}_{1-})$$
$$= (a^2 - a)(\dot{U}_{1+} - \dot{U}_{1-}) = -j\sqrt{3}(\dot{U}_{1+} - \dot{U}_{1-})$$

由此可得约束关系为

$$\dot{I}_{1+} = -\dot{I}_{1-} \tag{26-24}$$

$$(\dot{U}_{1+} - \dot{U}_{1-}) = j\frac{\dot{U}_{BC}}{\sqrt{3}} \tag{26-25}$$

根据约束关系，可把三相感应电动机的正序和负序等效电路反向串联，并在电路两端加以电压 $j\dot{U}_{BC}/\sqrt{3}$，如图 26-14 所示。由此可解出定子的正、负序电流 $\dot{I}_{1+}$ 和 $\dot{I}_{1-}$，即

$$\dot{I}_{1+} = -\dot{I}_{1-} = \frac{j\dot{U}_{BC}}{\sqrt{3}(Z_+ + Z_-)} \tag{26-26}$$

电动机中的电流则为

$$\dot{I}_B = -j\sqrt{3}\,\dot{I}_{1+} = \frac{\dot{U}_{BC}}{Z_+ + Z_-} \tag{26-27}$$

相应的等效电路如图 26-15 所示。该等效电路中的电流为电动机中的实际电流 $\dot{I}_B$，外加电压为电源电压 $\dot{U}_{BC}$。

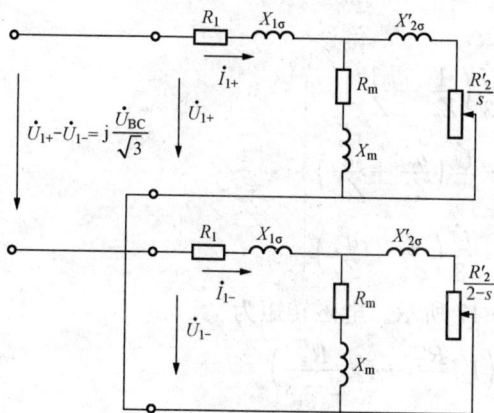

图 26-14　正序和负序等效电路反向串联

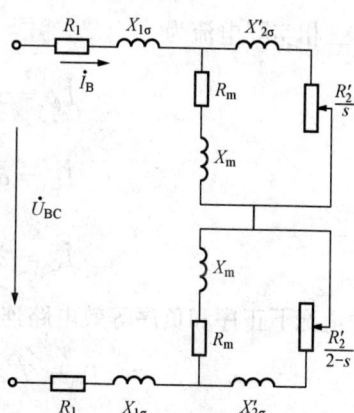

图 26-15　三相感应电动机一相
断线运行时的等效电路

电磁转矩为

$$T_e = T_{e+} + T_{e-} = \frac{1}{\Omega_s}\left(I'^2_{2+}\frac{R'_2}{s} - I'^2_{2-}\frac{R'_2}{2-s}\right) \tag{26-28}$$

此时由于负序磁场所产生的制动转矩，电机的转速将下降，定、转子电流则上升。若不及时减轻负载或停止运行，就会引起绕组过热而烧坏电机。

【例 26-1】　有一台三相 Y 联结的感应电动机，现把 B、C 两相的出线接在一起作单相运行，如图 26-16 所示。若外加电压为 U，试求电动机的电流和电磁转矩。

解　根据图 26-16，可列出不对称时电动机端点的故障条件为

$$\dot{I}_A = -(\dot{I}_B + \dot{I}_C), \quad \dot{U} = \dot{U}_A - \dot{U}_B, \quad \dot{U}_B = \dot{U}_C$$

把 $\dot{U}_A$、$\dot{U}_B$、$\dot{U}_C$ 分解为对称分量，根据式（25-35）和上述故障条件，可得

$$\dot{U}_{1+} = \frac{1}{3}(\dot{U}_A + a\dot{U}_B + a^2\dot{U}_C) = \frac{1}{3}(\dot{U}_A - \dot{U}_B) = \frac{\dot{U}}{3}$$

$$\dot{U}_{1-} = \frac{1}{3}(\dot{U}_A + a^2\dot{U}_B + a\dot{U}_C) = \frac{1}{3}(\dot{U}_A - \dot{U}_B) = \frac{\dot{U}}{3}$$

由此可得

$$\dot{U}_{1+} = \dot{U}_{1-} = \frac{\dot{U}}{3}$$

于是定子电流的正、负序分量分别为

$$\dot{I}_{1+} = \frac{\dot{U}_{1+}}{Z_+} = \frac{\dot{U}}{3Z_+}, \quad \dot{I}_{1-} = \frac{\dot{U}_{1-}}{Z_-} = \frac{\dot{U}}{3Z_-}$$

转子的正、负序电流分量分别为

$$\dot{I}'_{2+} = \dot{I}_{1+} \frac{Z_m}{Z_m + \left(\dfrac{R'_2}{s} + jX'_{2\sigma}\right)},$$

$$\dot{I}'_{2-} = \dot{I}_{1-} \frac{Z_m}{Z_m + \left(\dfrac{R'_2}{2-s} + jX'_{2\sigma}\right)}$$

三相实际电流为

$$\left.\begin{array}{l}
\dot{I}_A = \dot{I}_{1+} + \dot{I}_{1-} = \dfrac{\dot{U}}{3}\left(\dfrac{1}{Z_+} + \dfrac{1}{Z_-}\right) \\[2mm]
\dot{I}_B = a^2\dot{I}_{1+} + a\dot{I}_{1-} = \dfrac{\dot{U}}{3}\left(\dfrac{a^2}{Z_+} + \dfrac{a}{Z_-}\right) \\[2mm]
\dot{I}_C = a\dot{I}_{1+} + a^2\dot{I}_{1-} = \dfrac{\dot{U}}{3}\left(\dfrac{a}{Z_+} + \dfrac{a^2}{Z_-}\right)
\end{array}\right\}$$

这种情况下正序和负序等效电路连接图如图 26-17 所示。电磁转矩为

$$T_e = T_{e+} + T_{e-} = \frac{1}{\Omega_s}\left(I'^2_{2+}\frac{R'_2}{s} - I'^2_{2-}\frac{R'_2}{2-s}\right)$$

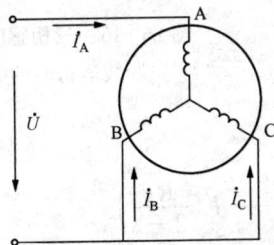

图 26-16　接线图

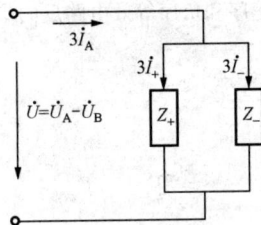

图 26-17　正序和负序等
效电路连接图

第三节 同步发电机的不对称运行

一、同步发电机的相序阻抗

1. 正序阻抗和等效电路

在转子正向同步旋转、励磁绕组接通、电枢三相绕组流过一组对称的正序电流时，同步电机所表现的阻抗称为正序阻抗，实质上就是前面所研究的对称运行情况。所以稳定状态下，同步发电机的正序阻抗就是同步阻抗，即

$$Z_+ = R_+ + jX_+ \tag{26-29}$$

式中：正序电阻就是电枢电阻，$R_+ = R_a$；对于隐极电机，正序电抗就是同步电抗，$X_+ = X_s$。对于凸极电机，当电枢磁动势与直轴重合时，$X_+ = X_d$；当电枢磁动势与交轴重合时，$X_+ = X_q$；在其他位置时，X_+ 的值将在 X_d 和 X_q 之间。直流励磁所建立的主磁通在电枢绕组中感应的对称励磁电动势 $\dot{E}_0$ 为正序电动势 $\dot{E}_+$。同步发电机的稳态正序等效电路如图 26-18 所示，相应的正序电压方程式为

$$\dot{E}_+ = \dot{U}_+ + \dot{I}_+ Z_+ \tag{26-30}$$

在研究不对称短路问题时，由于电枢电阻常远小于电抗，短路电流中的正序分量基本为一感性的直轴电流 $I_+ \approx I_{+d}$，$I_{+q} \approx 0$，此时 $X_+ = X_d$。

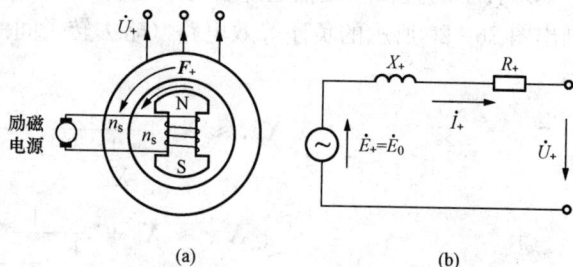

图 26-18 同步发电机的正序等效电路
(a) 线路示意图；(b) 正序等效电路

2. 负序阻抗和等效电路

在转子正向同步旋转、励磁绕组短接，电枢三相绕组流过一组对称的负序电流时，同步电机所表现的阻抗称为负序阻抗。

当电枢三相绕组通过对称的负序电流时，将产生反向的同步旋转磁场。它与转子的相对速度等于 $2n_s$，此时相当于转差率 $s = 2$ 的感应电动机运行状态。故把 $s = 2$ 代入感应电动机的等效电路，并考虑到交轴和直轴的差别，即可得到同步电机的负序阻抗。

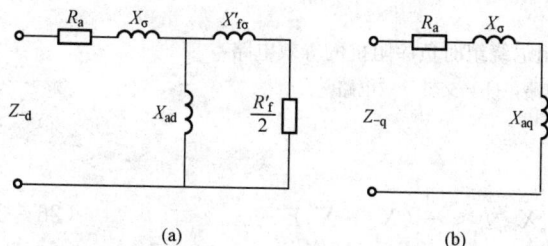

图 26-19 转子上仅有励磁绕组时负序阻抗的等效电路
(a) 直轴等效电路；(b) 交轴等效电路

若转子上仅有励磁绕组，则直轴和交轴的负序等效电路如图 26-19 所示。由图可见，直轴负序阻抗应为

$$Z_{-d} = R_a + jX_\sigma + \cfrac{jX_{ad}\left(\dfrac{R'_f}{2} + jX'_{f\sigma}\right)}{jX_{ad} + \dfrac{R'_f}{2} + jX'_{f\sigma}} \tag{26-31}$$

式中：X_σ 为定子漏抗；X_{ad} 为直轴电枢反应电抗；R'_f 和 $X'_{f\sigma}$ 分别为励磁绕组电阻和漏抗的归算值。当 $X_{ad} \gg X'_{f\sigma}$，$X_{ad} \gg R'_f$ 时，有

$$Z_{-\mathrm{d}} \approx \left(R_\mathrm{a} + \frac{R'_\mathrm{f}}{2}\right) + \mathrm{j}\left(X_\sigma + \frac{X_\mathrm{ad}X'_\mathrm{f\sigma}}{X_\mathrm{ad} + X'_\mathrm{f\sigma}}\right) = \left(R_\mathrm{a} + \frac{R'_\mathrm{f}}{2}\right) + \mathrm{j}X'_\mathrm{d} \qquad (26\text{-}32)$$

其中，直轴瞬态电抗为

$$X'_\mathrm{d} = X_\sigma + \frac{X_\mathrm{ad}X'_\mathrm{f\sigma}}{X_\mathrm{ad} + X'_\mathrm{f\sigma}} = X_\sigma + \frac{1}{\dfrac{1}{X_\mathrm{ad}} + \dfrac{1}{X'_\mathrm{f\sigma}}} \qquad (26\text{-}33)$$

交轴负序阻抗则为

$$Z_{-\mathrm{q}} = R_\mathrm{a} + \mathrm{j}X_\mathrm{q} = R_\mathrm{a} + \mathrm{j}(X_\sigma + X_\mathrm{aq}) \qquad (26\text{-}34)$$

由于负序旋转磁场与转子之间具有 2 倍同步转速的相对运动，所以负序磁场的轴线时而与转子直轴重合，时而与交轴重合，因此负序阻抗的值将介于直轴和交轴负序阻抗之间，则负序阻抗可近似地取其算术平均值，即

$$Z_- \approx \frac{1}{2}(Z_{-\mathrm{d}} + Z_{-\mathrm{q}}) \qquad (26\text{-}35)$$

如果转子的直轴和交轴上都装有阻尼绕组，则参照双笼转子感应电动机的等效电路，可以画出图 26-20 所示的负序等效电路（略去转子间的互漏抗）。不难导出直轴和交轴负序电抗为

$$X_{-\mathrm{d}} \approx X_\sigma + \frac{1}{\dfrac{1}{X_\mathrm{ad}} + \dfrac{1}{X'_\mathrm{f\sigma}} + \dfrac{1}{X'_\mathrm{D\sigma}}} = X''_\mathrm{d} \qquad (26\text{-}36)$$

$$X_{-\mathrm{q}} \approx X_\sigma + \frac{1}{\dfrac{1}{X_\mathrm{aq}} + \dfrac{1}{X'_\mathrm{Q\sigma}}} = X''_\mathrm{q} \qquad (26\text{-}37)$$

式中：$X'_\mathrm{D\sigma}$ 和 $X'_\mathrm{Q\sigma}$ 分别为直轴和交轴阻尼绕组漏抗的归算值；X''_d 和 X''_q 分别为直轴和交轴的超瞬态电抗。

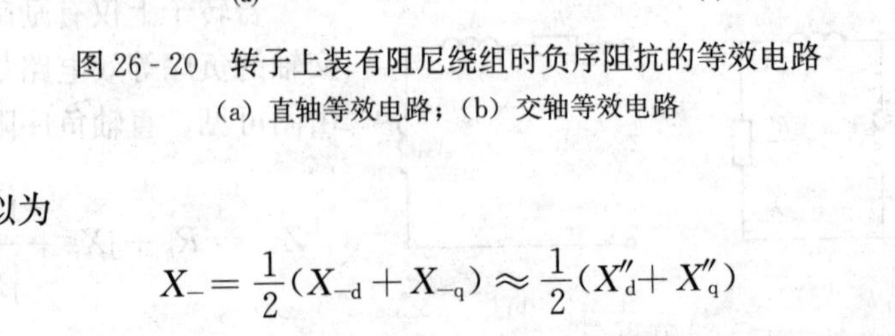

图 26-20 转子上装有阻尼绕组时负序阻抗的等效电路
(a) 直轴等效电路；(b) 交轴等效电路

负序电抗近似为

$$X_- = \frac{1}{2}(X_{-\mathrm{d}} + X_{-\mathrm{q}}) \approx \frac{1}{2}(X''_\mathrm{d} + X''_\mathrm{q}) \qquad (26\text{-}38)$$

从式（26-36）~式（26-38）可见，阻尼回路的参数对负序电抗有很大的影响。转子的阻尼作用越强（即阻尼绕组漏阻抗越小），同样负序电流下，气隙内的合成磁场就越弱，所以相应的负序电抗就越小。如果转子的阻尼作用极强（即阻尼绕组的漏阻抗接近于零），以致电枢电流所产生的负序气隙磁场绝大部分被转子感应电流所产生的去磁磁场所抵消，则负序电抗将接近于定子漏抗值。

同步发电机的负序等效电路如图 26-21 所示。由于电枢绕组内的励磁电动势是对称的，没有负序分量，故 $\dot{E}_- = 0$。负序电压方程为

$$0 = \dot{U}_- + \dot{I}_- Z_- \tag{26-39}$$

3. 零序阻抗和等效电路

在正向同步旋转、励磁绕组短接、电枢三相绕组流过一组对称的零序电流时，同步电机所表现的阻抗称为零序阻抗。

当电枢内流过对称的零序电流时，产生的

图 26-21 同步发电机的负序等效电路
(a) 线路示意图；(b) 负序等效电路

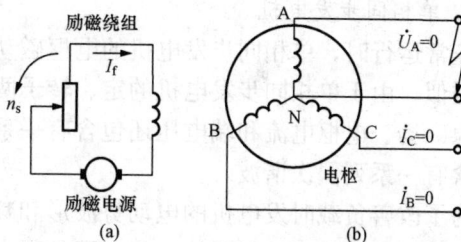

三相脉振磁动势幅值相同、时间上同相位，而三相绕组在空间互差120°电度角，故三相零序基波合成磁动势将等于零。换言之，零序电流将不形成基波旋转磁场，零序阻抗的大小与转子结构基本无关，零序电抗属于漏抗的性质。分析表明，绕组为整距时，零序电抗和定子漏抗基本相等；绕组为短距时，零序电抗小于定子漏抗；当节距为极距的 2/3 时，零序槽漏磁接近于零，此时零序电抗接近于定子绕组的端部漏抗 $X_{e\sigma}$ 的数值。零序电阻近似等于电枢电阻，零序阻抗为

$$Z_0 = R_0 + jX_0 \tag{26-40}$$

同步发电机的零序等效电路如图 26-22 所示。由于励磁电动势通常是对称的，故电动势中没有零序分量。零序电压方程为

$$0 = \dot{U}_0 + \dot{I}_0 Z_0 \tag{26-41}$$

二、同步发电机不对称运行的分析

1. 单相短路

设 A 相对中点短路，B、C 相为开路。如图 26-23 所示，端点的故障条件为

$$\left.\begin{array}{l}\dot{U}_A = 0 \\ \dot{I}_B = \dot{I}_C = 0\end{array}\right\} \tag{26-42}$$

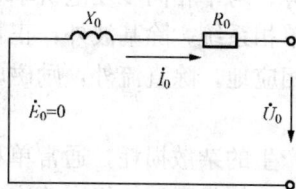

图 26-22 同步发电机的零序等效电路

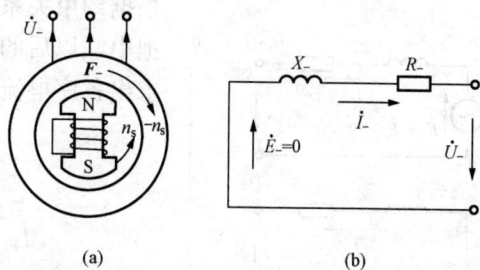

图 26-23 同步发电机的单相短路

利用对称分量法，把发电机端点的三相不对称电流分解成正序、负序和零序三组对称电流，把电压用对称分量表示，可得约束关系为

$$\dot{U}_+ + \dot{U}_- + \dot{U}_0 = 0 \tag{26-43}$$

$$\dot{I}_+ = \dot{I}_- = \dot{I}_0 = \frac{1}{3}\dot{I}_A \tag{26-44}$$

根据约束关系把正序、负序和零序三个等效电路串联起来，再把串联以后的电路加以短接，如图 26-24 所示。由此，即可求出各序电流和短路电流为

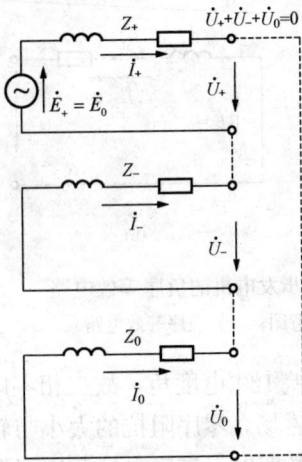

图 26-24 单相短路时的
等效电路

$$\dot{I}_+ = \dot{I}_- = \dot{I}_0 = \frac{\dot{E}_0}{Z_+ + Z_- + Z_0} \qquad (26-45)$$

$$\dot{I}_{k1} = \dot{I}_A = \dot{I}_+ + \dot{I}_- + \dot{I}_0 = \frac{3\dot{E}_0}{Z_+ + Z_- + Z_0} \qquad (26-46)$$

发电机端点的各序电压为

$$\left. \begin{aligned} \dot{U}_+ &= \dot{E}_+ - \dot{I}_+ Z_+ = \frac{\dot{E}_0(Z_- + Z_0)}{Z_+ + Z_- + Z_0} \\ \dot{U}_- &= -\dot{I}_- Z_- = -\frac{\dot{E}_0 Z_-}{Z_+ + Z_- + Z_0} \\ \dot{U}_0 &= -\dot{I}_0 Z_0 = -\frac{\dot{E}_0 Z_0}{Z_+ + Z_- + Z_0} \end{aligned} \right\} \qquad (26-47)$$

B 相和 C 相的开路电压为

$$\left. \begin{aligned} \dot{U}_B &= a^2 \dot{U}_+ + a \dot{U}_- + \dot{U}_0 = \dot{E}_0 \frac{(a^2-a)Z_- + (a^2-1)Z_0}{Z_+ + Z_- + Z_0} \\ \dot{U}_C &= a \dot{U}_+ + a^2 \dot{U}_- + \dot{U}_0 = \dot{E}_0 \frac{(a-a^2)Z_- + (a-1)Z_0}{Z_+ + Z_- + Z_0} \end{aligned} \right\} \qquad (26-48)$$

以上分析的是短路电流的基波。实际上单相短路时，定子绕组所产生的磁场是脉振磁场。把此脉振磁场分解为两个大小相等、转向相反的旋转磁场，则反向旋转的负序磁场将以 $2n_s$ 的相对速度切割转子，并在励磁绕组内感应一个频率为 $2f_1$（100Hz）的感应电流。此感应电流又将产生一个频率为 $2f_1$ 的脉振磁场，且分解为两个大小相等、转向相反的旋转磁场，再考虑到转子本身在空间以正向同步速度旋转，可知该两磁场在空间的旋转速度应分别等于 $-n_s$ 和 $3n_s$。$3n_s$ 的这个旋转磁场将在定子绕组内感生 $3f_1$（150Hz）的电动势和短路电流。依此往复作用，除基波外，定子的短路电流中还将包含一系列奇次谐波。相应地，转子电流中除直流励磁分量外，还将包含一系列偶次谐波。

2. 单相同步发电机

正常运行时，单相同步发电机的电枢磁动势是脉振磁动势。与单相同步发电机单相短路时相类似，由于单相同步发电机的定、转子两边为不对称的单相系统，除基波外，正常工作时气隙磁场、电枢电流和端电压还包含有一系列奇次谐波。相应地，除直流外，励磁电流中还包含有一系列偶次谐波。

为了改善负载时发电机的电动势波形和减少谐波电流所产生的杂散损耗，通常单相同步发电机的转子上都装有低漏抗、低电阻的强力阻尼绕组。这样，依靠阻尼绕组中感应电流所产生的去磁磁动势的作用，气隙中的合成磁场可基本成为正弦形。

3. 线间短路

设同步发电机的 B、C 两相之间发生线间短路，A 相为开路，如图 26-25 所示。此时故障条件为

$$\left. \begin{aligned} \dot{U}_{BC} &= \dot{U}_B - \dot{U}_C = 0 \\ \dot{I}_B &= -\dot{I}_C, \; \dot{I}_A = 0 \end{aligned} \right\} \qquad (26-49)$$

把发电机端点的不对称电压和电流分解为对称分量，根据故障条件，经过简单的推导，可得约束关系

$$\left.\begin{array}{c} \dot{I}_+ = -\dot{I}_- \\[4pt] \dot{I}_0 = 0 \\[4pt] \dot{U}_+ = \dot{U}_- \end{array}\right\} \qquad (26\text{-}50)$$

根据式（26-50），零序电流为零，所以零序系统不予考虑。正序和负序电流大小相等、方向相反，正序电压等于负序电压，可以把正序和负序等效电路对接起来，如图 26-26 所示。由此即可求出

$$\dot{I}_+ = -\dot{I}_- = \frac{\dot{E}_0}{Z_+ + Z_-} \qquad (26\text{-}51)$$

短路电流则为

$$\dot{I}_{k2} = \dot{I}_B = -\dot{I}_C = (a^2 - a)\,\dot{I}_+ = -\mathrm{j}\sqrt{3}\,\dot{I}_+ = -\mathrm{j}\frac{\sqrt{3}\,\dot{E}_0}{Z_+ + Z_-} \qquad (26\text{-}52)$$

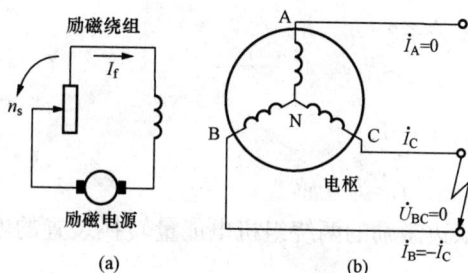

图 26-25　线间短路

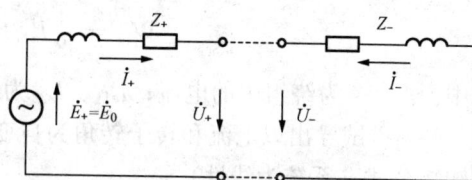

图 26-26　线间短路时正序和负序等效电路的连接

线间短路时，发电机端点的正、负序电压为

$$\left.\begin{array}{c} \dot{U}_+ = \dot{E}_+ - \dot{I}_+ Z_+ = \dfrac{\dot{E}_0 Z_-}{Z_+ + Z_-} \\[8pt] \dot{U}_- = -\dot{I}_- Z_- = \dfrac{\dot{E}_0 Z_-}{Z_+ + Z_-} \end{array}\right\} \qquad (26\text{-}53)$$

A 相开路的相电压为

$$\dot{U}_A = \dot{U}_+ + \dot{U}_- + \dot{U}_0 = \dot{E}_0\,\frac{2Z_-}{Z_+ + Z_-} \qquad (26\text{-}54)$$

与单相短路时相似，线间短路时定子磁场也是脉振磁场，故除基波外，短路电流中也包括一系列奇次谐波。除直流外，励磁电流中还包含有一系列偶次谐波。

4. 不同稳态短路情况的比较

在第五篇中已经知道，当忽略电枢电阻时三相稳态短路电流为

$$\dot{I}_{k3} = -\mathrm{j}\frac{\dot{E}_0}{X_d} = -\mathrm{j}\frac{\dot{E}_0}{X_+} \qquad (26\text{-}55)$$

一般说来，同步电机的 X_+ 比 X_- 和 X_0 大得多，在忽略 X_- 和 X_0 后，由式（26-46）、式（26-52）和式（26-55）可知，当励磁电流相同时，不同稳态短路情况下短路电流值之

间的关系近似为

$$I_{k1} : I_{k2} : I_{k3} = 3 : \sqrt{3} : 1 \tag{26-56}$$

这表明,在同一励磁电流下,单相稳态短路电流最大,三相稳态短路电流最小。

综上所述,用对称分量法分析不对称短路步骤可总结如下:

(1) 首先列出该种故障的故障条件。

(2) 采用对称分量变换并由故障条件找出故障处各序电流、各序电压间的特定约束关系。

(3) 按照特定的约束关系,在故障处把各序的等效电路连接起来,形成一个统一的电路。

(4) 从统一电路解出各序电流和电压。

(5) 最后再把正序、负序和零序分量叠加,求得各相的电流和电压。

思 考 题

6-1　试述磁共能的意义。磁能和磁共能有什么关系?

6-2　试导出线性两绕组系统的磁能公式

$$W_m = \frac{1}{2}L_{11}i_1^2 + L_{12}i_1i_2 + \frac{1}{2}L_{22}i_2^2$$

式中:i_1、i_2 为绕组中的电流;L_{11}、L_{22} 为绕组的自感;L_{12} 为互感。

6-3　试导出以电流和转子转角为自变量时,双边激励的两绕组机电能量转换装置的电磁转矩公式(系统为线性)。

6-4　运动电动势是如何产生的,运动电动势从电源吸收的功率是如何分配的?运动电动势于变压器电动势有何区别?

6-5　试述双边激励的机电装置中进行连续机电能量转换的条件,对于隐极电机和凸极电机,为进行连续的机电能量转换时,定、转子电流的频率约束有何不同?

6-6　试述耦合磁场在机电能量转换中的作用。

6-7　哪些项是"机电耦合项"?它们在机电能量转换中起什么作用?

6-8　什么叫做广义坐标?什么叫做广义速度?广义坐标的数目如何确定?试分别列举出机电能量转换系统的两个广义坐标和广义速度。

6-9　汉密尔顿原理和拉各朗日方程之间有什么关系?

6-10　试述推导机电系统运动方程的基本方法。

6-11　试述如何用数值法求解非线性状态方程。

6-12　若在同步电机的三相绕组中通入一组对称的负序电流,试求其 dq0 分量。

6-13　为什么说零序分量是孤立的,它不影响机电能量转换过程?

6-14　如果电流与电压的变换矩阵不同,要使变换前后方程式形式不变,阻抗矩阵应如何变换?书中都列举了哪些变换矩阵?一般应用到什么场合?

6-15　无损耗磁储能系统是如何得到的,意义何在?

6-16　动态耦合电路法和变分原理法建立机电能量转换系统的运动方程,都采用了哪些原理和定律,各有什么优缺点?

6-17　机电能量转换装置中，耦合场从电源输入电能的必要条件是什么？大部分磁场能量是存储在铁心中，还是存储在气隙中？为什么？

6-18　静止电路和动态电路的主要差别是什么？

6-19　磁能变化是什么提供的？

6-20　如何采用对称分量法来分析电机的不对称运行。对于一般不对称问题和特殊故障问题是采用相同的方法吗？具体有哪些步骤？

练 习 题

6-1　试导出题图 6-1 所示双边激励机电装置的电磁转矩 T_e，已知：$L_{11}=L_{22}=L_0+L_2\cos2\theta$，$L_{12}=L_{21}=M\cos\theta$，$2p=2$，电源电压 $u_1=u_2=U_m\sin\omega t$，绕组电阻忽略不计。

6-2　某一机电系统上装有两个绕组，其中绕组 1 装在定子上、绕组 2 装在转子上。设绕组的电感为 $L_{11}=2H$，$L_{22}=1H$，$L_{12}=1.4\cos\theta H$（式中 θ 为定、转子绕组轴线间的夹角），绕组的电阻忽略不计，$2p=2$，试求：

（1）两个绕组串联，通入电流 $i=\sqrt{2}I\sin\omega t$ 时，作用在转子上的电磁转矩的瞬时值 T_e 和平均值 $T_{e(av)}$。

（2）转子不动、绕组 2 短路，绕组 1 通以电流 $i_1=14\sin\omega t\,A$ 时，作用在转子上的电磁转矩值。

6-3　磁阻电动机如题图 6-2 所示，试导出其运动方程。已知电源电压 $u=\sqrt{2}U\cos\omega t$，线圈电阻为 R，电感为 $L=L_0+L_2\cos2\theta$，其中 $\theta=\Omega t+\delta$ 为转子的转角；转子转动惯量为 J，旋转阻力系数为 R_Ω。

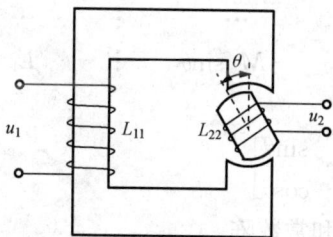

题图 6-1　题 6-1 的	题图 6-2　题 6-2 的
双边激励机电装置	磁阻电动机

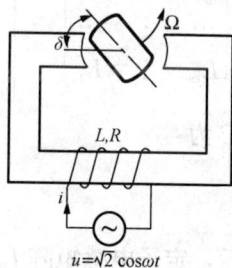

6-4　有一双边激励的两绕组无损耗磁场式机电系统，$2p=2$，其电压方程为

$$u_1 = 2ai_1\frac{di_1}{dt} + \frac{d}{dt}[b(\theta)i_2]$$
$$u_2 = \frac{d}{dt}[b(\theta)i_1] + 2ci_2\frac{di_2}{dt}$$

式中：$a>0$，$c>0$。试求：

（1）系统的磁能和磁共能。

（2）用 i_1、i_2 和转角 θ 表达时电磁转矩的表达式。

6-5　设隐极同步电机定子三相绕组的自感为 $L_{AA}=L_{BB}=L_{CC}=L_s$，互感为 $L_{BC}=L_{CB}=$

$M_s\cos\theta$，$L_{CA}=L_{AC}=M_s\cos(\theta-120°)$，$L_{AB}=L_{BA}=M_s\cos(\theta+120°)$，定子绕组与转子励磁绕组的互感为 $M_{Af}=M_f\cos\theta$，$M_{Bf}=M_f\cos(\theta-120°)$，$L_{Cf}=M_f\cos(\theta+120°)$，不计饱和，试求定子电流为三相对称、励磁电流为 I_f，转子为同步转速时，电机的电磁转矩（电机为 $2p$ 极）。

6-6 试导出如题图 6-3 所示电机的运动方程。定子绕组的电阻和自感分别为 R_s 和 L_s，转子绕组的电阻和自感分别为 R_r 和 L_r，转子的旋转阻力系数和转动惯量分别为 R_Ω 和 J，定、转子绕组的最大互感为 M，定、转子绕组之间的夹角为 $\theta=\omega t+\varphi$，φ 为初始角。

6-7 试导出 dq 坐标系与 MT 坐标系之间的变换矩阵。

6-8 试写出凸极同步电机定子绕组的自感和互感与转子偏转角 θ 的关系式。

6-9 有一台两相同步电机如题图 6-4 所示，其电感矩阵 L 为

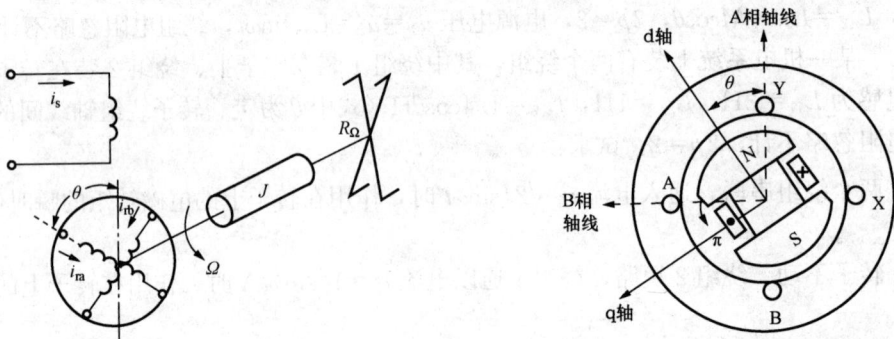

题图 6-3 题 6-6 的旋转电机

题图 6-4 题 6-9 的两相同步电机

$$L=\begin{bmatrix} L_s & \vdots & L_{sr} \\ \cdots & \vdots & \cdots \\ L_{rs} & \vdots & L_r \end{bmatrix}=\begin{bmatrix} L_0+L_2\cos2\theta & -L_2\cos2\theta & \vdots & M_{sr}\cos\theta \\ -L_2\cos2\theta & L_0-L_2\cos2\theta & \vdots & -M_{sr}\sin\theta \\ \cdots & \cdots & \vdots & \cdots \\ M_{sr}\cos\theta & -M_{sr}\sin\theta & \vdots & L_f \end{bmatrix}$$

设 dq 变换矩阵 C 为

$$C=\begin{bmatrix} \cos\theta & \sin\theta \\ -\sin\theta & \cos\theta \end{bmatrix}$$

试证明 dq 变换后，定子电感矩阵 L_s 成为对角线和常数阵

$$L_s'=\begin{bmatrix} L_d & 0 \\ 0 & L_q \end{bmatrix}$$

式中：$L_d=L_0+L_2$；$L_q=L_0-L_2$。

6-10 试求题图 6-5 中输出量的稳态值

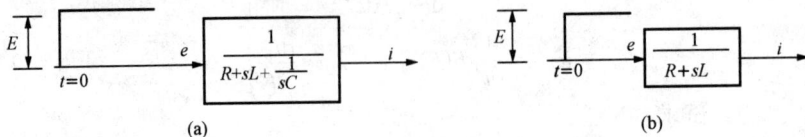

题图 6-5 传递函数和输入量

6-11　一台两极同步电机，定子对称三相电流 $i_a = I_m \cos\omega t$、$i_b = I_m \cos(\omega t - 120°)$、$i_b = I_m \cos(\omega t + 120°)$。转子以同步速度旋转，在 $t = 0$ 时刻转子直轴 d 与定子 a 相绕组轴线重合。试求定子电流的直轴和交轴分量 i_d、i_q。并从物理概念上对结果作出解释。

6-12　如题图 6-6 所示，简化框图。

6-13　试导出三相同步发电机两相对中点短路时的短路电流。

6-14　有一台凸极同步发电机，测得各参数 $X_d^* = 1.0$，$X_d''^* = 0.2$，$X_q''^* = 0.21$，$X_0^* = 0.1$，试求额定电压下发电机的三相、线间和单相稳态短路电流的标幺值（电阻不计）。

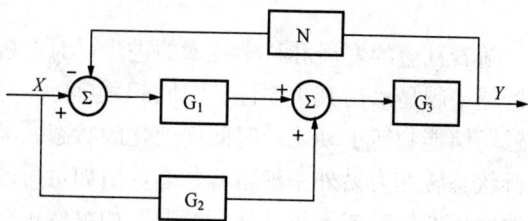

题图 6-6　框图

第七篇　电机的动态分析

随着社会的发展和科学技术的进步，对电机的控制和调节的要求日益提高，电机的动态分析越来越显示出其重要性。"动态"也称为"瞬态"，或者"过渡过程"它是一种电机内部电磁场储能和转子动能随时间而变化的状态。动态问题一般分为两大类，一类是电机从一种运行状态转变为另外一种运行状态，诸如负荷改变、启动、励磁或转速的调节等；另一类是突然发生的故障或不正常运行情况，如突然短路、断线等。此时传统的稳态分析方法已不再适用。

电机的动态分析步骤与稳态分析大体相似。不同的是稳态分析时各物理量不随时间而变化，数学模型是代数方程或复代数方程；动态分析时，由于各物理量随时间而变化，所以各量均用瞬时值表示，基本方程将以微分形式表示，则求解的数学模型为微分方程。此外动态问题的数学模型一般是非线性的，或是带有变系数的线性微分方程。动态时即使电机对称，瞬时电流也可能不对称，因此需列出各相的方程。为了简化，动态分析时一般多采用坐标变换。在一定的条件下，通过坐标变换或线性化处理，可将数学模型变为常系数线性方程，以得到解析解。如果不能得到解析解时，可采用数值解法。

第二十七章　同步电机的动态分析

同步电机的动态过程相当复杂，既有电磁瞬态，又有机械瞬态，而且两者相互影响。本章只研究电磁瞬态过程，它主要由电机内的磁场储能不能瞬时跃变所引起；由于电磁瞬态比机械瞬态过程短暂得多，故研究时可忽略转速变化的影响。

本章首先建立同步电机的运动方程，并进行 dq0 坐标变换；然后写出用标幺值表示的运动方程；再消去转子电流，导出同步电机的直轴和交轴运算电抗以及相应的等效电路；最后对同步发电机的三相突然短路过程进行详细的数学分析和物理分析。

第一节　相坐标系中的运动方程

一台凸极同步电机的定、转子绕组布置如图 27-1（a）所示，定子上有 A、B、C 三相对称绕组，转子上有励磁绕组 f。假定电机为理想情况，首先规定正方向。对定子电枢绕组，采用发电机惯例，即以输出电流为正，如图 27-1（b）所示；各线圈流过正向电流时，产生负值磁链。对转子励磁绕组 f，采用电动机惯例，即以输入电流为正；线圈流过正向电流时，产生正值磁链。转矩的正方向符合发电机惯例，即外加驱动转矩取为与转子转向同向，电磁转矩为制动转矩。

根据规定的正方向，采用动态耦合电路法，可列出 ABC 坐标系中定子的电压方程为

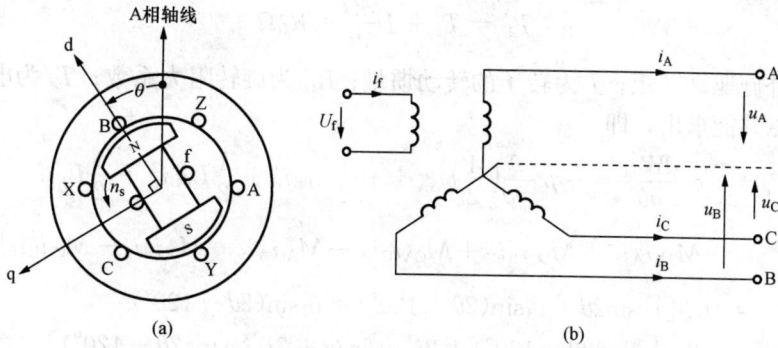

图 27 - 1 凸极同步电机的定、转子绕组布置示意图

(a) 绕组布置图;(b) 电压与电流的正方向

$$\begin{bmatrix} u_A \\ u_B \\ u_C \end{bmatrix} = \frac{\mathrm{d}}{\mathrm{d}t} \begin{bmatrix} \psi_A \\ \psi_B \\ \psi_C \end{bmatrix} - \begin{bmatrix} R_a & 0 & 0 \\ 0 & R_a & 0 \\ 0 & 0 & R_a \end{bmatrix} \begin{bmatrix} i_A \\ i_B \\ i_C \end{bmatrix} \quad 或 \quad \boldsymbol{u}_s = \frac{\mathrm{d}}{\mathrm{d}t} \boldsymbol{\psi}_s - \boldsymbol{R}_a \boldsymbol{i}_s \qquad (27-1)$$

式中:R_a 为定子每相的电阻。

定子各相的磁链为

$$\begin{bmatrix} \psi_A \\ \psi_B \\ \psi_C \end{bmatrix} = \begin{bmatrix} -L_{AA} & -M_{AB} & -M_{AC} \\ -M_{BA} & -L_{BB} & -M_{BC} \\ -M_{CA} & -M_{CB} & -L_{CC} \end{bmatrix} \begin{bmatrix} i_A \\ i_B \\ i_C \end{bmatrix} + \begin{bmatrix} M_{Af} \\ M_{Bf} \\ M_{Cf} \end{bmatrix} i_f \quad 或 \quad \boldsymbol{\psi}_s = -\boldsymbol{L}_s \boldsymbol{i}_s + \boldsymbol{M}_{sf} i_f \quad (27-2)$$

式中:M_{Af}、M_{Bf}、M_{Cf} 为定子相绕组与励磁绕组间的互感;$\boldsymbol{L}_s$ 为电感矩阵,其中元素的定义和性质同式(25-45)和式(25-46),均为转子角位移 θ 的函数。

励磁绕组的电压方程为

$$u_f = \frac{\mathrm{d}\psi_f}{\mathrm{d}t} + R_f i_f \qquad (27-3)$$

式中:R_f 为励磁绕组的电阻。

励磁绕组的磁链为

$$\psi_f = -M_{fA} i_A - M_{fB} i_B - M_{fC} i_C + L_{ff} i_f \qquad (27-4)$$

式中:L_{ff} 为转子励磁绕组的自感,当定子铁心内圆为光滑圆柱(不计齿槽效应)时,无论转子转到什么位置,转子磁动势所遇磁阻不变,L_{ff} 为常值,而与转子位置无关;M_{fA}、M_{fB}、M_{fC} 为励磁绕组与定子相绕组间的互感。

如果气隙磁场为正弦分布,则有

$$\left. \begin{aligned} M_{Af} = M_{fA} = M_{sf} \cos\theta \\ M_{Bf} = M_{fB} = M_{sf} \cos(\theta - 120°) \\ M_{Cf} = M_{fC} = M_{sf} \cos(\theta + 120°) \end{aligned} \right\} \qquad (27-5)$$

式中:M_{sf} 为励磁绕组轴线与定子 A 相绕组轴线重合时互感的幅值。

可见,除 L_{ff} 外,凸极同步电机的自感和互感都是 θ 角的正弦函数,因此磁链方程式(27-2)和式(27-4)是含有正弦函数的联立方程。因此,电压方程式(27-1)和式(27-3)是含有周期性时变系数的微分方程组。

根据规定的正方向,转矩方程可写成

$$T_1 = T_e + J\frac{d\Omega}{dt} + R_\Omega\Omega \qquad (27\text{-}6)$$

式中：T_1 为外施驱动转矩；J 为转子的转动惯量；R_Ω 为旋转阻力系数；T_e 为电磁转矩。

T_e 可由磁共能求出，即

$$T_e = -p\frac{\partial W'_m}{\partial\theta} = -p\frac{\partial}{\partial\theta}\Big(\frac{1}{2}L_{AA}i_A^2 + \frac{1}{2}L_{BB}i_B^2 + \frac{1}{2}L_{CC}i_C^2 + \frac{1}{2}L_{ff}i_f^2$$

$$+ M_{AB}i_Ai_B + M_{BC}i_Bi_C + M_{CA}i_Ci_A - M_{Af}i_Ai_f - M_{Bf}i_Bi_f - M_{Cf}i_Ci_f\Big)$$

$$= pL_{s2}\big[i_A^2\sin2\theta + i_B^2\sin(2\theta+120°) + i_C^2\sin(2\theta-120°)$$

$$+ 2i_Ai_B\sin(2\theta-120°) + 2i_Bi_C\sin2\theta + 2i_Ci_A\sin(2\theta+120°)\big]$$

$$- pM_{sf}i_f\big[i_A\sin\theta + i_B\sin(\theta-120°) + i_C\sin(\theta+120°)\big] \qquad (27\text{-}7)$$

式中：p 为极对数。

为使算出 T_e 的方向与式（27-6）的规定一致，故在 $\dfrac{dW'_m}{d\theta}$ 前加负号。

第二节　dq0 变换后的运动方程

从第一节的分析可见，由于凸极同步电机的自感和互感都是 θ 角的周期性函数，因此电压方程将是含有时变系数的微分方程。为了便于求解，可以采用 dq0 变换。

一、dq0 变换后的磁链方程

首先对磁链方程进行 dq0 变换，则有

$$\boldsymbol{\psi}' = \boldsymbol{C}^{-1}\boldsymbol{\psi}_s = \boldsymbol{C}^{-1}(-\boldsymbol{L}_s\boldsymbol{i}_s + \boldsymbol{M}_{sf}i_f) = -\boldsymbol{C}^{-1}\boldsymbol{L}_s\boldsymbol{C}\boldsymbol{i}'_s + \boldsymbol{C}^{-1}\boldsymbol{M}_{sf}i_f \qquad (27\text{-}8)$$

根据式（25-47）得

$$\begin{bmatrix}\psi_d\\\psi_q\\\psi_0\end{bmatrix} = -\begin{bmatrix}L_d & 0 & 0\\0 & L_q & 0\\0 & 0 & L_0\end{bmatrix}\begin{bmatrix}i_d\\i_q\\i_0\end{bmatrix} + \frac{2}{3}\begin{bmatrix}\cos\theta & \cos(\theta-120°) & \cos(\theta+120°)\\-\sin\theta & -\sin(\theta-120°) & -\sin(\theta+120°)\\\dfrac{1}{2} & \dfrac{1}{2} & \dfrac{1}{2}\end{bmatrix}\begin{bmatrix}M_{Af}\\M_{Bf}\\M_{Cf}\end{bmatrix}i_f$$

$$= \begin{bmatrix}L_d & 0 & 0\\0 & L_q & 0\\0 & 0 & L_0\end{bmatrix}\begin{bmatrix}-i_d\\-i_q\\-i_0\end{bmatrix} + \begin{bmatrix}M_{sf}\\0\\0\end{bmatrix}i_f \qquad (27\text{-}9)$$

式中：L_d、L_q、L_0 分别为直轴、交轴同步电感和零轴电感。

用直轴和交轴电流 i_d、i_q 表示时，励磁绕组的磁链方程为

$$\psi_f = -M_{sf}\big[i_A\cos\theta + i_B\cos(\theta-120°) + i_C\cos(\theta+120°)\big] + L_{ff}i_f$$

$$= -\frac{3}{2}M_{sf}i_d + L_{ff}i_f \qquad (27\text{-}10)$$

写成矩阵形式时，dq0 变换后的磁链方程为

$$\begin{bmatrix}\psi_d\\\psi_q\\\psi_0\\\psi_f\end{bmatrix} = \begin{bmatrix}L_d & 0 & 0 & M_{sf}\\0 & L_q & 0 & 0\\0 & 0 & L_0 & 0\\\dfrac{3}{2}M_{sf} & 0 & 0 & L_{ff}\end{bmatrix}\begin{bmatrix}-i_d\\-i_q\\-i_0\\i_f\end{bmatrix} \qquad (27\text{-}11)$$

由此可见，经过 dq0 变换后，由于 d、q 轴与转子间无相对运动，零序磁链又不穿过气隙，所以变换以后电感矩阵中的各个元素不再是 θ 的函数，使电感矩阵常数化；同时由于 d、q 轴互相垂直，等效绕组之间无互感，而零轴又是一个孤立的系统，所以变换后定子电感矩阵将成为对角线矩阵，从而定子的磁链方程解耦；此外，定子 d 轴与励磁绕组的互感成为不可逆（相差 3/2）。

二、dq0 变换后的电压方程

再对定子电压进行 dq0 变换，可得

$$\boldsymbol{u}'_s = \boldsymbol{C}^{-1}\boldsymbol{u}_s = \boldsymbol{C}^{-1}\left(\frac{\mathrm{d}}{\mathrm{d}t}\boldsymbol{\psi}_s - \boldsymbol{R}_a\boldsymbol{i}_s\right)$$

$$= \boldsymbol{C}^{-1}\frac{\mathrm{d}}{\mathrm{d}t}\boldsymbol{\psi}_s - \boldsymbol{R}_a\boldsymbol{C}^{-1}\boldsymbol{i}_s = \boldsymbol{C}^{-1}\frac{\mathrm{d}}{\mathrm{d}t}\boldsymbol{\psi}_s - \boldsymbol{R}_a\boldsymbol{i}'_s \tag{27-12}$$

或

$$\begin{bmatrix} u_d \\ u_q \\ u_0 \end{bmatrix} = \frac{2}{3}\begin{bmatrix} \cos\theta & \cos(\theta-120°) & \cos(\theta+120°) \\ -\sin\theta & -\sin(\theta-120°) & -\sin(\theta+120°) \\ \frac{1}{2} & \frac{1}{2} & \frac{1}{2} \end{bmatrix}\frac{\mathrm{d}}{\mathrm{d}t}\begin{bmatrix} \psi_A \\ \psi_B \\ \psi_C \end{bmatrix} - \begin{bmatrix} R_a & 0 & 0 \\ 0 & R_a & 0 \\ 0 & 0 & R_a \end{bmatrix}\begin{bmatrix} i_d \\ i_q \\ i_0 \end{bmatrix}$$

$$\tag{27-13}$$

考虑到

$$\frac{\mathrm{d}}{\mathrm{d}t}\begin{bmatrix} \psi_d \\ \psi_q \\ \psi_0 \end{bmatrix} = \frac{\mathrm{d}}{\mathrm{d}t}\boldsymbol{\psi}'_s = \frac{\mathrm{d}}{\mathrm{d}t}(\boldsymbol{C}^{-1}\boldsymbol{\psi}_s) = \boldsymbol{C}^{-1}\frac{\mathrm{d}\boldsymbol{\psi}_s}{\mathrm{d}t} + \frac{\mathrm{d}\boldsymbol{C}^{-1}}{\mathrm{d}t}\boldsymbol{\psi}_s \tag{27-14}$$

其中

$$\frac{\mathrm{d}\boldsymbol{C}^{-1}}{\mathrm{d}t}\boldsymbol{\psi}_s = \frac{2}{3}\frac{\mathrm{d}}{\mathrm{d}t}\begin{bmatrix} \cos\theta & \cos(\theta-120°) & \cos(\theta+120°) \\ -\sin\theta & -\sin(\theta-120°) & -\sin(\theta+120°) \\ \frac{1}{2} & \frac{1}{2} & \frac{1}{2} \end{bmatrix}\begin{bmatrix} \psi_A \\ \psi_B \\ \psi_C \end{bmatrix}$$

$$= -\frac{2}{3}\begin{bmatrix} \sin\theta & \sin(\theta-120°) & \sin(\theta+120°) \\ \cos\theta & \cos(\theta-120°) & \cos(\theta+120°) \\ 0 & 0 & 0 \end{bmatrix}\frac{\mathrm{d}}{\mathrm{d}t}\theta\begin{bmatrix} \psi_A \\ \psi_B \\ \psi_C \end{bmatrix} = \begin{bmatrix} \psi_q \\ -\psi_d \\ 0 \end{bmatrix}\dot{\theta}$$

$$\tag{27-15}$$

代入式（27-14）可得

$$\frac{\mathrm{d}}{\mathrm{d}t}\begin{bmatrix} \psi_d \\ \psi_q \\ \psi_0 \end{bmatrix} = \frac{2}{3}\begin{bmatrix} \cos\theta & \cos(\theta-120°) & \cos(\theta+120°) \\ -\sin\theta & -\sin(\theta-120°) & -\sin(\theta+120°) \\ \frac{1}{2} & \frac{1}{2} & \frac{1}{2} \end{bmatrix}\frac{\mathrm{d}}{\mathrm{d}t}\begin{bmatrix} \psi_A \\ \psi_B \\ \psi_C \end{bmatrix} + \begin{bmatrix} \psi_q \\ -\psi_d \\ 0 \end{bmatrix}\dot{\theta}$$

$$\tag{27-16}$$

于是式（27-13）可改写成著名的派克方程

$$\begin{bmatrix} u_d \\ u_q \\ u_0 \end{bmatrix} = \frac{\mathrm{d}}{\mathrm{d}t}\begin{bmatrix} \psi_d \\ \psi_q \\ \psi_0 \end{bmatrix} - \begin{bmatrix} \psi_q \\ -\psi_d \\ 0 \end{bmatrix}\dot{\theta} - R_a\begin{bmatrix} i_d \\ i_q \\ i_0 \end{bmatrix} \quad 或 \quad \left.\begin{array}{l} u_d = p\psi_d - \psi_q\dot{\theta} - R_a i_d \\ u_q = p\psi_q + \psi_d\dot{\theta} - R_a i_q \\ u_0 = p\psi_0 - R_a i_0 \end{array}\right\} \tag{27-17}$$

式中：微分算子 $p = \dfrac{d}{dt}$，$\dot{\theta} = p\theta$。

转子励磁绕组的电压方程不进行变换，仍保持式（27-3）的形式，即

$$u_f = p\psi_f + R_f i_f \tag{27-18}$$

在转速恒定的情况下，经 dq0 变换后，定、转子的磁链和电感不再是 θ 的函数，因此定、转子的电压方程式（27-17）、式（27-18）将是一组常系数线性微分方程，从而得到很大简化；此外，定子直轴和交轴电压方程中，各出现了一项运动电动势 $\psi_q\dot{\theta}$ 和 $-\psi_d\dot{\theta}$；这是由于 ABC 坐标系是静止不动的，而 dq 坐标系则与转子一起同速旋转，因而 ψ_d、ψ_q 除在 d、q 轴中分别感应变压器电动势外，还在其正交轴线上感生运动电动势。

三、用 dq0 变量表述的功率和转矩

dq0 变换后，输出电功率的表达式为

$$P_2 = u_A i_A + u_B i_B + u_C i_C = \frac{3}{2}(u_d i_d + u_q i_q + 2u_0 i_0) \tag{27-19}$$

将派克方程式（27-17）代入式（27-19），整理后可得

$$P_2 = \frac{3}{2}(i_d p\psi_d + i_q p\psi_q + 2i_0 p\psi_0)$$
$$+ \frac{3}{2}(i_q \psi_d - i_d \psi_q)\dot{\theta} - \frac{3}{2}(i_d^2 + i_q^2 + 2i_0^2)R_a \tag{27-20}$$

式中各项的意义对应为

输出电功率＝（磁场储能的变化率）＋（转换为电能的转换功率）－（定子绕组的电阻损耗）

由此可得转换功率 P_Ω 和电磁转矩 T_e 的表达式为

$$P_\Omega = \frac{3}{2}(i_q \psi_d - i_d \psi_q)\dot{\theta} = \frac{3}{2}p(i_q \psi_d - i_d \psi_q)\Omega \tag{27-21}$$

$$T_e = \frac{P_\Omega}{\Omega} = \frac{3}{2}p(i_q \psi_d - i_d \psi_q) \tag{27-22}$$

对发电机，式中的 T_e 为正值，且为制动性质的转矩。式（27-22）也可从式（27-7）直接导出。

转矩方程式（27-6）的形式保持不变。

第三节　同步电机的标幺值

在电机的稳态分析中，标幺值已经得到广泛应用。在同步电机的动态分析中，将更加显示出标幺值的必要性。标幺值的确定，关键在于基值的选择。对同步电机来说，转子各基值的选取尤为重要，因此这里将进一步介绍。

一、定子各量的基值

在定子各量中，有三个基本量，其基值可以独立、任意选取；这三个量除了稳态分析用到的电压和电流外，还有时间（或角频率）。其他各量的基值将由此派生出来，可采用与实在值之间相同形式的关系式来确定。这样做可使各个标幺值之间的关系式和实在值之间的关系式相同。例如，只考虑基波时，感应电压的实在值为 $u = \omega\psi$，故磁链的基值选用 $\psi_b = u_b/\omega_b$。同步电机的定子各量的基值通常选用额定值（或其幅值），用下表 b 表示。基值与实

在值的单位应当一致，一般采用国际单位。

定子基本量的基值为：

（1）定子相电流的基值 i_b 选用定子额定相电流的幅值。

（2）定子相电压的基值 u_b 选用定子额定相电压的幅值。

（3）定子角频率的基值 ω_b 选用定子（电网）的额定角频率 ω_1。

（4）时间的基值 t_b 选用额定角频率下，经过一个电弧度所需的时间，即 $t_b = 1/\omega_b = 1/\omega_1$。由此可得

$$t^* = \frac{t}{t_b} = \omega_1 t, \ \sin\omega_1 t = \sin t^*, \ u^* = \frac{\dfrac{d\psi}{dt}}{u_b} = \frac{\dfrac{d\psi}{dt}}{\omega_b \psi_b} = \frac{d\psi^*}{d\omega_b t} = \frac{d\psi^*}{dt^*} \quad (27\text{-}23)$$

定子各派生量的基值为：

（1）定子阻抗的基值 $Z_b = u_b/i_b$。

（2）定子功率的基值 $S_b = \dfrac{3}{2} u_b i_b$，为电机的三相额定容量。

（3）定子磁链的基值 $\psi_b = u_b/\omega_b$。

（4）定子电感的基值 $L_b = Z_b/\omega_b$。

（5）机械角速度的基值 $\Omega_b = \omega_b/p$。

（6）转矩的基值 $T_b = S_b/\Omega_b$。

由此可得

$$\Omega^* = \frac{\Omega}{\Omega_b} = \frac{\dfrac{d\theta}{dt}}{\omega_b} = \frac{d\theta}{dt^*} = \dot{\theta}^* \quad (27\text{-}24)$$

即机械角速度的标幺值与电角计算时角速度的标幺值相等。

二、转子各量的基值

1. 选择转子基值时应满足的要求

转子的时间基值和定子一样，电压和电流两个基本量的基值需要另行选定，其余各量的基值均由基本量的基值派生。除此之外，在选定转子各量的基值时要满足：①保持运动方程形式不变；②用标幺值表示时，应使定子 d、q 轴绕组和转子绕组间的互感成为可逆。

为使运动方程在用标幺值时的表达形式与用实在值时相同，应保持各基值间的关系式和相应的实在值之间的关系式的形式相同。这与定子各量基值的选择原则相同。

从式（27-11）可见，定子 d 轴等效绕组与励磁绕组之间的互感实在值是不可逆的，相差 3/2；为使标幺值可逆，需要满足一定的条件，下面进行详细分析。

对于无阻尼绕组的情况，定、转子互感仅出现在 d 轴方向，如图 27-2 所示。设励磁电流的基值为 i_{fb}，励磁电压的基值为 u_{fb}，则定、转子基值电流的电流比 k_i 和基值电压的电压比 k_u 分别为

图 27-2 无阻尼绕组
时定、转子 d 轴的
耦合情况

$$k_i = \frac{i_b}{i_{fb}}, \ k_u = \frac{u_b}{u_{fb}} \quad (27\text{-}25)$$

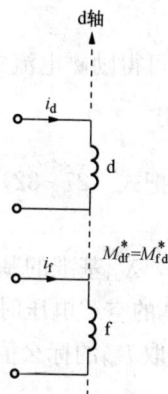

由励磁电流 i_f 在定子 d 轴绕组中产生的互感磁链的标幺值为

$$\psi_{df}^* = \frac{\psi_{df}}{\psi_b} = \frac{M_{af} i_f}{L_b i_b} = \frac{M_{af}}{L_b k_i} i_f^* = M_{af}^* i_f^* \tag{27-26}$$

$$M_{af}^* = \frac{M_{af}}{L_b k_i} \tag{27-27}$$

式中：M_{af}^* 为励磁绕组对定子 d 轴绕组互感的标幺值。

由定子 d 轴电流在励磁绕组 f 中产生的互感磁链的标幺值 ψ_{fd}^* 为

$$\psi_{fd}^* = \frac{\psi_{fd}}{\psi_{fb}} = \frac{\frac{3}{2} M_{fa} i_d}{\frac{\psi_b}{k_u}} = \frac{\frac{3}{2} M_{fa} k_u}{L_b i_b} i_d = M_{fa}^* i_d^* \tag{27-28}$$

$$M_{fa}^* = \frac{\frac{3}{2} M_{fa}}{L_b} k_u \tag{27-29}$$

式中：M_{fa}^* 为定子 d 轴绕组对励磁绕组互感的标幺值。

由式（27-27）和式（27-29）可见，为使 $M_{fa}^* = M_{af}^*$，应使

$$\frac{3}{2} k_u = \frac{1}{k_i} \quad \text{或} \quad k_u k_i = \frac{2}{3} \tag{27-30}$$

即

$$u_{fb} i_{fb} = \frac{3}{2} u_b i_b \tag{27-31}$$

式（27-31）说明，为使定、转子互感标幺值成为可逆，转子基值电流和基值电压的乘积应当等于定子基值电流和基值电压的乘积再乘以 3/2；或者说，定、转子的基值功率必须相等。

2. 转子电流基值的选择

转子电流的基值可以有几种不同的选法，这里选用工程上最为常用的 X_{ad} 基准，即励磁绕组中通入基值电流 i_{fb} 时产生的 d 轴互感磁链 $M_{af} i_{fb}$ 与定子三相绕组中通入基值电流 i_b 时所产生的直轴电枢反应磁链 $L_{ad} i_b$ 相等，即

$$i_{fb} M_{af} = i_b L_{ad} \tag{27-32}$$

由此可得励磁电流的基值为

$$i_{fb} = \frac{L_{ad}}{M_{af}} i_b \tag{27-33}$$

把式（27-32）两边乘以 ω_b，可得

$$\omega_b M_{af} i_{fb} = X_{ad} i_b \tag{27-34}$$

所以，X_{ad} 基准的基值励磁电流还可以看作是在基值角频率下，能在定子绕组感应幅值为 $X_{ad} i_b$ 的空载电压时的励磁电流值。

取 L_{ad} 的标幺值，根据式（27-32），可得

$$L_{ad}^* = \frac{L_{ad}}{L_b} = \frac{M_{af}}{L_b} \frac{i_{fb}}{i_b} = \frac{M_{af}}{L_b k_i} = M_{af}^* \tag{27-35}$$

由于基值角频率的标幺值 $\omega_b^* = 1$，则在基值角频率下电抗与电感的标幺值相等，即

$$X_L^* = \omega_b^* L^* = L^*, \quad X_M^* = \omega_b^* M^* = M^* \tag{27-36}$$

于是式（27-35）可以写成

$$X_{af}^* = X_{ad}^*$$
(27-37)

式（27-37）表明，定子 d 轴绕组和励磁绕组的互感电抗的标幺值 X_{af}^* 等于直轴电枢反应电抗的标幺值 X_{ad}^*。利用 X_{ad} 基准的这一特点，可以简化同步电机的等效电路。

综上所述，在具有电磁耦合的定、转子电路中，选择转子电流的基值，就相当于选择归算时的变化或有效匝比。在选择适当的基值后，就会得到互感的标幺值互为相等的结果。必须指出，转子电流的基值选择得不同，转子自感和定、转子互感的标幺值也将随之而变化；但是无论转子电流采用哪一种基值，从定子端点来看，同步电机的各个等效电抗（X_d、X_q、X_d'、X_d''、X_q'、X_q''、X_- 和 X_0 等）的标幺值均将保持不变。这是可以证明的。

3. 转子各量基值的确定

励磁电流的基值 i_{fb} 一旦选定，转子各量的基值即随之确定。

（1）转子电压的基值

$$u_{fb} = \frac{3}{2} u_b \frac{i_b}{i_{fb}} = \frac{3}{2} u_b k_i$$

（2）转子磁链的基值

$$\psi_{fb} = \frac{u_{fb}}{\omega_b} = \frac{3}{2} \psi_b \frac{i_b}{i_{fb}} = \frac{3}{2} \psi_b k_i$$

（3）转子电感的基值

$$L_{fb} = \frac{\psi_{fb}}{i_{fb}} = \frac{3}{2} \psi_b \frac{i_b}{i_{fb}^2} = \frac{3}{2} L_b \left(\frac{i_b}{i_{fb}}\right)^2 = \frac{3}{2} L_b k_i^2$$

（4）转子阻抗的基值

$$Z_{fb} = \frac{u_{fb}}{i_{fb}} = \frac{3}{2} \frac{u_b}{i_b} \left(\frac{i_b}{i_{fb}}\right)^2 = \frac{3}{2} Z_b k_i^2$$

三、用标幺值表示时同步电机的运动方程

将派克方程式（27-17）除以定子电压基值 $u_b = \omega_b \psi_b = Z_b i_b$，可得标幺值表示的电压方程

$$\left. \begin{array}{l} u_d^* = \dfrac{d\psi_d^*}{dt^*} - \psi_q^* \Omega^* - R_a^* i_d^* \\[2mm] u_q^* = \dfrac{d\psi_q^*}{dt^*} + \psi_d^* \Omega^* - R_a^* i_q^* \\[2mm] u_0^* = \dfrac{d\psi_0^*}{dt^*} - R_a^* i_0^* \end{array} \right\}$$
(27-38)

将式（27-18）除以转子电压基值 $u_{fb} = Z_{fb} i_{fb}$，可得励磁绕组的标幺值表示的电压方程

$$u_f^* = \frac{d\psi_f^*}{dt^*} + R_f^* i_f^*$$
(27-39)

其中，磁链标幺值可将定、转子的磁链方程式（27-11）除以相应的磁链基值，根据式（27-36）而得，则

$$\left. \begin{array}{l} \psi_d^* = -L_d^* i_d^* + M_{af}^* i_f^* = -X_d^* i_d^* + X_{af}^* i_f^* \\[1mm] \psi_q^* = -L_q^* i_q^* = -X_q^* i_q^* \\[1mm] \psi_0^* = -L_0^* i_0^* = -X_0^* i_0^* \\[1mm] \psi_f^* = -M_{fa}^* i_d^* + L_{ff}^* i_f^* = -X_{fa}^* i_d^* + X_{ff}^* i_f^* \end{array} \right\}$$
(27-40)

将式（27-6）除以转矩基值 $T_b = \dfrac{S_b}{\Omega_b} = \dfrac{3}{2} p \psi_b i_b$，并考虑到式（27-22），可得转矩方程

$$T_1^* = H_j \frac{\mathrm{d}\Omega^*}{\mathrm{d}t^*} + R_\Omega^* \Omega^* + T_e^* \qquad (27-41)$$

$$T_e^* = \frac{\dfrac{3}{2} p(\psi_d i_q - \psi_q i_d)}{\dfrac{3}{2} p \psi_b i_b} = \psi_d^* i_q^* - \psi_q^* i_d^* \qquad (27-42)$$

式中：H_j 为惯性常数，$H_j = J\Omega_b^3 p/S_b$；R_Ω^* 为旋转阻力系数的标幺值，$R_\Omega^* = R_\Omega \Omega_b^2/S_b$；$T_e^*$ 为电磁转矩的标幺值。

以下各节均采用标幺值。为了简化，省去标幺值的上标"*"。

第四节　同步电机的直轴、交轴等效电路和运算电抗

在研究同步电机的动态问题时，人们最关心的是定子各量（特别是定子电流）的大小和变化规律，因此希望建立一个能够反映动态过程中定、转子间电磁感应关系的等效电路和一个等效的输入阻抗。

一、直轴等效电路和直轴运算电抗

根据 X_{ad} 基准写出的定子直轴磁链方程及励磁绕组的电压方程为

$$\left.\begin{aligned} \psi_d &= -X_d i_d + X_{ad} i_f \\ u_f &= \frac{\mathrm{d}\psi_f}{\mathrm{d}t} + R_f i_f = \frac{\mathrm{d}}{\mathrm{d}t}(-X_{ad} i_d + X_{ff} i_f) + R_f i_f \end{aligned}\right\} \qquad (27-43)$$

式（27-43）是常系数线性微分方程，对其进行拉氏变换，并将第二式两边除以 s，可得

$$\left.\begin{aligned} \psi_d(s) &= -X_d I_d(s) + X_{ad} I_f(s) \\ \frac{U_f(s) + \psi_{f0}}{s} &= -X_{ad} I_d(s) + \left(X_{ff} + \frac{R_f}{s}\right) I_f(s) \end{aligned}\right\} \qquad (27-44)$$

式中：ψ_{f0} 为 $t=0$ 时励磁绕组的磁链初值。

这样，原来的微分方程就变成复代数方程。考虑到 $X_d = X_\sigma + X_{ad}$，$X_{ff} = X_{f\sigma} + X_{ad}$，式（27-44）可改写成

$$\left.\begin{aligned} \psi_d(s) &= -X_\sigma I_d(s) + X_{ad}[I_f(s) - I_d(s)] \\ \frac{U_f(s) + \psi_{f0}}{s} &= X_{ad}[I_f(s) - I_d(s)] + \left(X_{f\sigma} + \frac{R_f}{s}\right) I_f(s) \end{aligned}\right\} \qquad (27-45)$$

式中：$X_{f\sigma}$ 为励磁绕组漏抗的标幺值。

于是可画出相应的直轴等效电路，如图 27-3（a）所示。

从式（27-44）的第二式中可解出励磁电流 $I_f(s)$

$$I_f(s) = \frac{U_f(s) + \psi_{f0}}{R_f + sX_{ff}} + \frac{sX_{ad}}{R_f + sX_{ff}} I_d(s)$$

再把式 $I_f(s)$ 代入式（27-44）的第一式，由此可得

$$\begin{aligned} \psi_d(s) &= -\left(X_d - \frac{sX_{ad}^2}{R_f + sX_{ff}}\right) I_d(s) + \frac{X_{ad}}{R_f + sX_{ff}}[U_f(s) + \psi_{f0}] \\ &= -X_d(s) I_d(s) + G_f(s)[U_f(s) + \psi_{f0}] \end{aligned} \qquad (27-46)$$

$$X_{\mathrm{d}}(s) = X_{\mathrm{d}} - \frac{sX_{\mathrm{ad}}^2}{R_{\mathrm{f}} + sX_{\mathrm{ff}}} = X_{\sigma} + \frac{X_{\mathrm{ad}}\left(X_{\mathrm{f}\sigma} + \dfrac{R_{\mathrm{f}}}{s}\right)}{X_{\mathrm{ad}} + \left(X_{\mathrm{f}\sigma} + \dfrac{R_{\mathrm{f}}}{s}\right)} \tag{27-47}$$

$$G_{\mathrm{f}}(s) = \frac{X_{\mathrm{ad}}}{R_{\mathrm{f}} + sX_{\mathrm{ff}}} \tag{27-48}$$

式中：$X_{\mathrm{d}}(s)$ 为直轴运算电抗；$G_{\mathrm{f}}(s)$ 为励磁电压对定子直轴磁链的传递函数。

与式（27-46）相应的等效电路如图 27-3（b）所示。

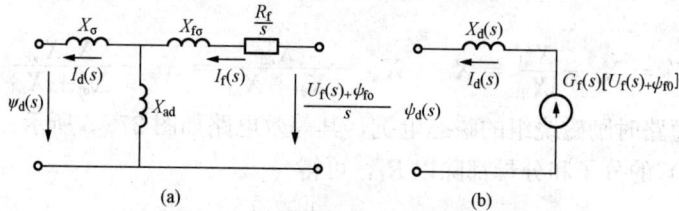

图 27-3　无阻尼绕组时同步电机的直轴等效电路
(a) 直轴磁链的等效电路；(b) 用运算电抗和传递函数表示时的等效电路

把图 27-3（a）化成图 27-3（b），实质上是根据戴维南定理把一个有源二端网络化成一个等效源和一个串联的输入电抗；图 27-3（b）中的等效源 $G_{\mathrm{f}}(s)\left[U_{\mathrm{f}}(s) + \psi_{\mathrm{f}0}\right]$，就是图 27-3（a）中定子开路时由 $\left[U_{\mathrm{f}}(s) + \psi_{\mathrm{f}0}\right]/s$ 所产生的开路磁链；$X_{\mathrm{d}}(s)$ 则是电枢直轴的输入电抗，即把图 27-3（a）中所有的源都短路时，从电枢端点看进去的直轴等效电抗，其等效电路如图 27-4（a）所示。由于考虑了 i_{d} 的变化所感应的励磁电流对直轴磁链的影响，所以 $X_{\mathrm{d}}(s)$ 除与定子参数有关外，还与励磁绕组的参数有关。

由于 $G_{\mathrm{f}}(s)$ 和 $X_{\mathrm{d}}(s)$ 都是具有恒值系数的运算式，并且与电机的转速无关，因而可以用来研究任意转速时电机的各种运行情况。

当 $s=\infty$（即 $t=0$）时，由式（27-47）得直轴运算电抗 $X_{\mathrm{d}}(s)$ 的初值为

$$X_{\mathrm{d}}' = X_{\mathrm{d}}(\infty) = X_{\sigma} + \frac{1}{\dfrac{1}{X_{\mathrm{ad}}} + \dfrac{1}{X_{\mathrm{f}\sigma}}} \tag{27-49}$$

即瞬态初始瞬间从电枢端点看到的同步电机所表现的直轴电抗，称为直轴瞬态电抗，X_{d}' 的等效电路如图 27-4（b）所示。从图 27-4（b）可见，X_{d}' 是不计励磁绕组电阻 R_{f} 时运算电抗 $X_{\mathrm{d}}(s)$ 的值。

当 $s=0$（即 $t=\infty$）时，由式（27-47）得直轴运算电抗 $X_{\mathrm{d}}(s)$ 的终值为

$$X_{\mathrm{d}} = X_{\mathrm{d}}(0) = X_{\sigma} + X_{\mathrm{ad}} \tag{27-50}$$

即稳态运行时同步电机所表现的直轴同步电抗 X_{d}，相应的等效电路如图 27-4（c）所示。

此外，式（27-47）还可以写成

$$X_{\mathrm{d}}(s) = X_{\mathrm{d}} - \frac{sX_{\mathrm{ad}}^2}{R_{\mathrm{f}} + sX_{\mathrm{ff}}} = X_{\mathrm{d}}\left(1 - \frac{1}{R_{\mathrm{f}} + sX_{\mathrm{ff}}} \cdot \frac{sX_{\mathrm{ad}}^2}{X_{\mathrm{d}}}\right)$$

$$= X_{\mathrm{d}} \frac{R_{\mathrm{f}} + s\left(X_{\mathrm{ff}} - \dfrac{X_{\mathrm{ad}}^2}{X_{\mathrm{d}}}\right)}{R_{\mathrm{f}} + sX_{\mathrm{ff}}} = X_{\mathrm{d}} \frac{R_{\mathrm{f}} + sX_{\mathrm{ff}}'}{R_{\mathrm{f}} + sX_{\mathrm{ff}}} \tag{27-51}$$

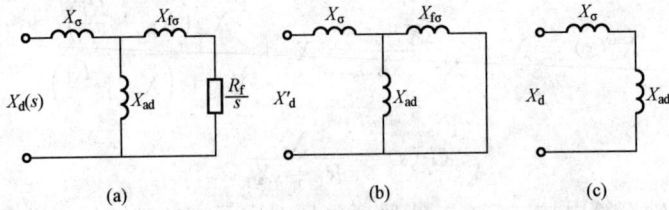

图 27 - 4 无阻尼绕组时直轴运算电抗 $X_d(s)$ 及其初值和终值的等效电路

(a) 直轴运算电抗；(b) 直轴瞬态电抗；(c) 直轴同步电抗

$$X'_{ff} = X_{ff} - \frac{X_{ad}^2}{X_d} = X_{f\sigma} + X_{ad} - \frac{X_{ad}^2}{X_\sigma + X_{ad}} = X_{f\sigma} + \frac{X_\sigma X_{ad}}{X_\sigma + X_{ad}} \qquad (27 - 52)$$

式中：X'_{ff} 为定子短路时励磁绕组的瞬态电抗，其等效电路如图 27 - 5 所示。

将式（27 - 51）的分子和分母都除以 R_f，可得

$$X_d(s) = X_d \frac{1 + sT'_f}{1 + sT_f} \qquad (27 - 53)$$

式中：T_f 为励磁绕组的时间常数（标幺值），$T_f = X_{ff}/R_f$；T'_f 为励磁绕组的瞬态时间常数，即定子绕组短路时励磁绕组的等效时间常数，$T'_f = X'_{ff}/R_f$。

无阻尼绕组时，时间常数 T'_f 就是电机的直轴瞬态时间常数 T'_d，时间常数 T_f 也是定子开路时电机的直轴时间常数 T_{d0}，故式（27 - 53）也可写成

$$X_d(s) = X_d \frac{1 + sT'_d}{1 + sT_{d0}} \qquad (27 - 54)$$

式（27 - 54）即为用时间常数表示的直轴运算电抗。在求解突然短路等瞬态问题时，常常用到直轴运算电抗的倒数。利用部分分式展开，从式（27 - 54）可得

$$\frac{1}{X_d(s)} = \frac{1}{X_d} \frac{1 + sT_{d0}}{1 + sT'_d} = \frac{1}{X_d} + \left(\frac{1}{X'_d} - \frac{1}{X_d}\right)\frac{sT'_d}{1 + sT'_d} \qquad (27 - 55)$$

二、交轴等效电路

同理，对定子交轴磁链的标幺值方程进行拉氏变换，可得

$$\psi_q(s) = -X_q(s)I_q(s) \qquad (27 - 56)$$

式中：$X_q(s)$ 为交轴运算电抗。

因交轴无励磁绕组，故

$$X_q(s) = X_q = X_\sigma + X_{aq} \qquad (27 - 57)$$

式中：X_{aq} 为交轴电枢反应电抗。

交轴的等效电路如图 27 - 6 所示。

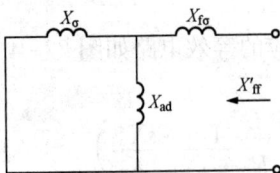

图 27 - 5 X'_{ff} 的等效电路

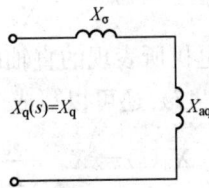

图 27 - 6 无阻尼绕组时 $X_q(s)$ 的等效电路

第五节 同步发电机的三相突然短路

同步发电机突然短路时，各绕组中会出现很大的冲击电流，其峰值可达额定电流的 10 倍以上，因而将在电机内产生很大的电磁力和电磁转矩。如果在设计或制造时未加充分考虑，就可能损坏定子绕组的端部，或使转轴发生有害变形；还可能损坏与电机相连接的其他电气设备，破坏电网的稳定和正常运行。因此，尽管突然短路的瞬态过程很短，却十分引人关注。

同步电机突然短路时，电枢电流和相应的电枢磁场幅值发生突然变化，转子绕组中将会感生电动势和电流，此电流又会反过来影响定子绕组的电流。因此，突然短路过程要比稳态短路复杂得多。为了简化分析，做如下假设：

（1）转子转速在整个电磁瞬态过程中保持为同步转速。

（2）不计磁饱和，可以利用叠加原理来分析。

（3）发电机在突然短路前为空载运行。

一台三相同步发电机定子上装有 A、B、C 三相绕组，转子上仅有励磁绕组，如图 27 - 7 所示。设电机为空载运行，当转子主极轴线转到与 A 相绕组轴线垂直时，定子端点发生了三相突然短路，此时 A 相磁链为零。

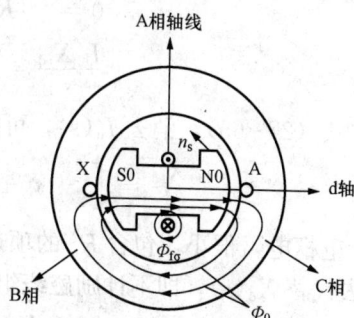

图 27 - 7　A 相磁链 $\psi_A(0)=0$ 时发生三相突然短路

首先采用数学分析导出短路电流的表达式，再说明三相突然短路时电机内的电磁过程，最后讨论阻尼绕组的影响。

一、数学分析

采用拉氏变换法求解派克方程式，可得出突然短路时各绕组内的电流。

1. 初始条件

由于短路前是在空载情况下运行，所以短路前一瞬间，定子 d、q 轴等效绕组及励磁绕组的磁链初始值 ψ_{d0}、ψ_{q0} 及 ψ_{f0} 为

$$\psi_{d0} = X_{ad}I_{f0}, \quad \psi_{q0} = 0, \quad \psi_{f0} = X_{ff}I_{f0} \qquad (27 - 58)$$

三相短路后，定子各相的端电压为零，因此

$$u_d = u_q = 0 \qquad (27 - 59)$$

在短路过程中，若励磁电压一直保持不变，转子保持为同步转速，则

$$u_f = I_{f0}R_f = 常值, \quad \Omega = 1 \qquad (27 - 60)$$

把式（27 - 60）利用拉氏变换转换到复频域，则有

$$U_f(s) = \frac{I_{f0}R_f}{s} \qquad (27 - 61)$$

此外

$$G_f(s)\left[U_f(s) + \psi_{f0}\right] = \frac{X_{ad}}{R_f + sX_{ff}}\left(\frac{I_{f0}R_f}{s} + I_{f0}X_{ff}\right) = \frac{I_{f0}X_{ad}}{s} \qquad (27 - 62)$$

2. 求解微分方程

$\Omega=1$ 时，把定子 d、q 轴的派克方程式 (27-38) 进行拉氏变换，可得

$$\left.\begin{array}{l}U_d(s) = s\psi_d(s) - \psi_q(s) - R_a I_d(s) - \psi_{d0}\\U_q(s) = s\psi_q(s) + \psi_d(s) - R_a I_q(s) - \psi_{q0}\end{array}\right\} \tag{27-63}$$

将式 (27-46)、式 (27-56) 代入式 (27-63)，整理后得

$$\left.\begin{array}{l}U_d(s) = -[R_a + sX_d(s)]I_d(s) + X_q I_q(s) + sG_f(s)[U_f(s) + \psi_{f0}] - \psi_{d0}\\U_q(s) = -X_d(s)I_d(s) - (R_a + sX_q)I_q(s) + G_f(s)[U_f(s) + \psi_{f0}] - \psi_{q0}\end{array}\right\} \tag{27-64}$$

代入初始条件式 (27-58)、式 (27-59)，并考虑到式 (27-62)，可得

$$\left.\begin{array}{l}0 = -[R_a + sX_d(s)]I_d(s) + X_q I_q(s)\\\dfrac{I_{f0}X_{ad}}{s} = X_d(s)I_d(s) + (R_a + sX_q)I_q(s)\end{array}\right\} \tag{27-65}$$

联解式 (27-65)，消去 $I_q(s)$，可得

$$\frac{I_{f0}X_{ad}}{s} = \left[1 + s^2 + sR_a\left(\frac{1}{X_d(s)} + \frac{1}{X_q}\right) + \frac{R_a^2}{X_d(s)X_q}\right]X_d(s)I_d(s) \tag{27-66}$$

由于电枢电阻很小，包含 R_a^2 的项远小于 1，可以忽略不计；对于包含 R_a 的项，可近似地用 X_d' 去代替 $X_d(s)$，即不计励磁绕组电阻 R_f 的作用，于是有

$$\frac{I_{f0}X_{ad}}{s} \approx [s^2 + 2\alpha_a s + 1]X_d(s)I_d(s) \tag{27-67}$$

$$\alpha_a = \frac{R_a}{2}\left(\frac{1}{X_d'} + \frac{1}{X_q}\right) = \frac{1}{T_a} \tag{27-68}$$

式中：α_a 为电枢的衰减系数，是电枢时间常数 T_a 的倒数。

再考虑到派克方程式 (27-38) 和初始条件式 (27-58)，短路前 A 相的空载电压为

$$u_{A0} = u_{d0}\cos\theta - u_{q0}\sin\theta + u_0 = -I_{f0}X_{ad}\sin\theta = -\sqrt{2}E_0\sin\theta \tag{27-69}$$

由此可得

$$I_{f0}X_{ad} = \sqrt{2}E_0 \tag{27-70}$$

于是由式 (27-67) 可以解出直轴电流

$$I_d(s) \approx \frac{\sqrt{2}E_0}{s}\frac{1}{s^2 + 2\alpha_a s + 1}\frac{1}{X_d(s)} \tag{27-71}$$

再将 $1/X_d(s)$ 的展开式 (27-55) 代入式 (27-71)，最后可得

$$I_d(s) \approx \frac{\sqrt{2}E_0}{s(s^2 + 2\alpha_a s + 1)}\left[\frac{1}{X_d} + \left(\frac{1}{X_d'} - \frac{1}{X_d}\right)\frac{sT_d'}{1 + sT_d'}\right] \tag{27-72}$$

在 $\alpha_a \ll 1$，$1/T_d' \ll 1$ 的情况下，式 (27-72) 的逆变换为

$$i_d \approx \sqrt{2}E_0\left[\frac{1}{X_d} + \left(\frac{1}{X_d'} - \frac{1}{X_d}\right)e^{-\frac{t}{T_d'}}\right] - \frac{\sqrt{2}E_0}{X_d'}e^{-\frac{t}{T_a}}\cos t \tag{27-73}$$

同理，可解出交轴电流

$$I_q(s) = \frac{\sqrt{2}E_0}{X_q}\frac{1}{s^2 + 2\alpha_a s + 1} \tag{27-74}$$

其逆变换为

$$i_q \approx \frac{\sqrt{2}E_0}{X_q}e^{-\frac{t}{T_a}}\sin t \tag{27-75}$$

3. 定子短路电流

将直轴和交轴的电流转换到 ABC 坐标系，并考虑到 $\theta=t+\theta_0$，即可得到三相电流，其中 A 相电流为

$$i_A=\sqrt{2}E_0\left[\frac{1}{X_d}+\left(\frac{1}{X_d'}-\frac{1}{X_d}\right)e^{-\frac{t}{T_d'}}\right]\cos(t+\theta_0)$$

$$-\frac{\sqrt{2}E_0}{2}\left(\frac{1}{X_d'}+\frac{1}{X_q}\right)e^{-\frac{t}{T_a}}\cos\theta_0-\frac{\sqrt{2}E_0}{2}\left(\frac{1}{X_d'}-\frac{1}{X_q}\right)e^{-\frac{t}{T_a}}\cos(2t+\theta_0)\quad(27\text{-}76)$$

将式（27-76）中的 θ_0 换以（$\theta_0-120°$）和（$\theta_0+120°$），即可得到 i_B 和 i_C。

由此可见，无阻尼绕组时定子突然短路，电流通常由以下三个分量组成：

(1) 周期基波分量，包括稳态分量和瞬态分量。稳态分量的幅值为 $I_m=\frac{\sqrt{2}E_0}{X_d}$，瞬态分量的初始值为 $\sqrt{2}E_0\left(\frac{1}{X_d'}-\frac{1}{X_d}\right)$，以瞬态时间常数 T_d' 衰减。在短路初瞬，这两部分之和为 $I_m'=\frac{\sqrt{2}E_0}{X_d'}$。

(2) 非周期自由分量，以电枢时间常数 T_a 衰减，其初始幅值为 $\frac{\sqrt{2}}{2}E_0\left(\frac{1}{X_d'}+\frac{1}{X_q}\right)\cos\theta_0$。

(3) 2 次谐波分量，以电枢时间常数 T_a 衰减，其初始值幅值为 $\frac{\sqrt{2}}{2}E_0\left(\frac{1}{X_d'}-\frac{1}{X_q}\right)$。

对于图 27-7 所示的情况，$\theta_0=-90°$，于是

$$i_A=\sqrt{2}E_0\left[\frac{1}{X_d}+\left(\frac{1}{X_d'}-\frac{1}{X_d}\right)e^{-\frac{t}{T_d'}}\right]\sin t-\frac{\sqrt{2}E_0}{2}\left(\frac{1}{X_d'}-\frac{1}{X_q}\right)e^{-\frac{t}{T_a}}\sin 2t\quad(27\text{-}77)$$

即 A 相电流无非周期分量，若再忽略 2 次谐波，则仅有周期分量。三相突然短路时 A 相电流的波形如图 27-8（a）所示，A 相电流的上、下包络线与横坐标对称；在短路初瞬，A 相电流的初始值 I_m' 很大，标幺值可达 4～7，以后 A 相电流逐步衰减，经过 2～4s，瞬态过程消失，短路电流下降到稳态值 I_m。

B 相电流的波形如图 27-8（b）所示，上、下包络线与横坐标不对称，这说明除了周期分量外，B 相电流中还有一个非周期分量。同理可知，C 相电流除了周期分量外，也有非周期分量，波形如图 27-8（c）所示。把 B、C 两相的周期分量与 A 相相比较，可知这三个周期分量的初始幅值、衰减速率和稳态幅值完全相同，差别仅在于相位互差 120° 电角度。

4. 励磁电流

$I_d(s)$ 解出后，从式（27-44）即可

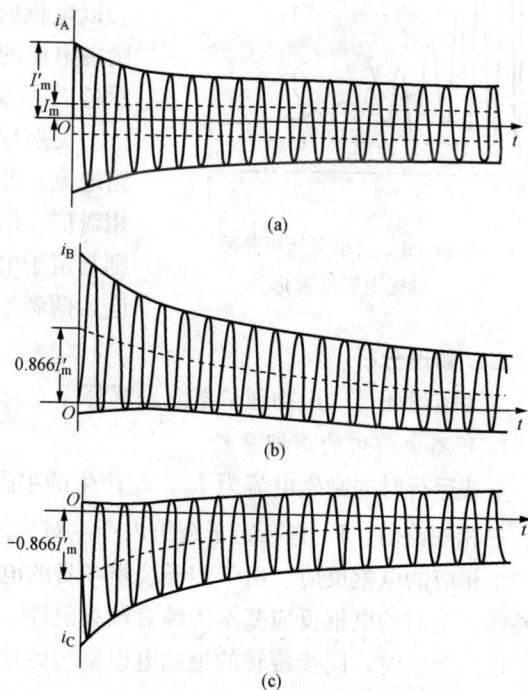

图 27-8　$\psi_A(0)=0$ 时三相突然短路电流的波形
（a) A 相电流；(b) B 相电流；(c) C 相电流

解出

$$I_{\mathrm{f}}(s) = \frac{U_{\mathrm{f}}(s) + \psi_{\mathrm{f0}}}{R_{\mathrm{f}} + sX_{\mathrm{ff}}} + \frac{sX_{\mathrm{ad}}}{R_{\mathrm{f}} + sX_{\mathrm{ff}}} I_{\mathrm{d}}(s)$$

$$= \frac{I_{\mathrm{f0}}}{s} + \frac{sX_{\mathrm{ad}}}{R_{\mathrm{f}} + sX_{\mathrm{ff}}} \frac{I_{\mathrm{f0}}X_{\mathrm{ad}}}{s(s^2 + 2\alpha_{\mathrm{a}}s + 1)} \frac{1}{X_{\mathrm{d}}(s)}$$

$$= \frac{I_{\mathrm{f0}}}{s} + I_{\mathrm{f0}} \frac{X_{\mathrm{ad}}^2}{R_{\mathrm{f}}} \frac{1}{(s^2 + 2\alpha_{\mathrm{a}}s + 1)} \frac{1}{(1 + sT_{\mathrm{f}})} \frac{1}{X_{\mathrm{d}}(s)} \qquad (27 - 78)$$

考虑到式（27 - 53），式（27 - 78）可改写为

$$I_{\mathrm{f}}(s) = \frac{I_{\mathrm{f0}}}{s} + I_{\mathrm{f0}} \frac{X_{\mathrm{ad}}^2}{R_{\mathrm{f}} X_{\mathrm{d}}} \frac{1}{s^2 + 2\alpha_{\mathrm{a}}s + 1} \frac{1}{1 + sT_{\mathrm{d}}'}$$

$$= \frac{I_{\mathrm{f0}}}{s} + I_{\mathrm{f0}} \frac{X_{\mathrm{ad}}^2}{X_{\mathrm{d}}' X_{\mathrm{ff}}} \frac{1}{s^2 + 2\alpha_{\mathrm{a}}s + 1} \frac{T_{\mathrm{d}}'}{1 + sT_{\mathrm{d}}'} \qquad (27 - 79)$$

在 $\alpha_{\mathrm{a}} \ll 1$，$1/T_{\mathrm{d}}' \ll 1$ 的情况下，式（27 - 79）的逆变换为

$$i_{\mathrm{f}} \approx I_{\mathrm{f0}} + I_{\mathrm{f0}} \frac{X_{\mathrm{ad}}^2}{X_{\mathrm{d}}' X_{\mathrm{ff}}} (\mathrm{e}^{-\frac{t}{T_{\mathrm{d}}'}} - \mathrm{e}^{-\frac{t}{T_{\mathrm{a}}}} \cos t)$$

$$= I_{\mathrm{f0}} \left[1 + \frac{X_{\mathrm{d}} - X_{\mathrm{d}}'}{X_{\mathrm{d}}'} \mathrm{e}^{-\frac{t}{T_{\mathrm{d}}'}} - \frac{X_{\mathrm{d}} - X_{\mathrm{d}}'}{X_{\mathrm{d}}'} \mathrm{e}^{-\frac{t}{T_{\mathrm{a}}}} \cos t \right] = I_{\mathrm{f0}} + \Delta i_{\mathrm{f=}} + i_{\mathrm{f\sim}} \qquad (27 - 80)$$

从式（27 - 80）可见，突然短路时，励磁电流也包含三个分量：①由励磁电压 u_{f} 所产生的稳态分量 I_{f0}；②以直轴瞬态时间常数 T_{d}' 衰减的非周期自由分量 $\Delta i_{\mathrm{f=}}$，在短路初瞬，这两个分量之和达到 $I_{\mathrm{f0}} \dfrac{X_{\mathrm{d}}}{X_{\mathrm{d}}'}$；③以电枢时间常数 T_{a} 衰减的基频周期分量 $i_{\mathrm{f\sim}}$。整个励磁电流的波形如图 27 - 9 所示，其中 1 表示 I_{f0}；2 表示考虑了 $\Delta i_{\mathrm{f=}}$；3 表示再加上 $i_{\mathrm{f\sim}}$ 后的波形。

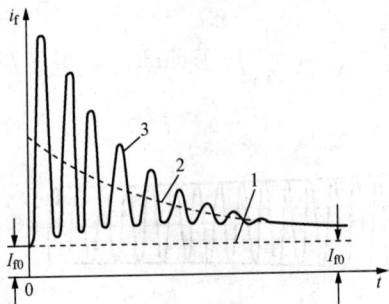

图 27 - 9　三相突然短路后
励磁电流的波形

突然短路时，励磁电流的稳态分量 I_{f0} 产生稳态短路电流；非周期瞬态励磁电流与定子的周期瞬态分量相对应，两者均以时间常数 T_{d}' 衰减；基频的励磁电流则与定子电流的非周期自由分量及 2 次谐波分量相对应，两者均以时间常数 T_{a} 衰减。

二、物理分析

以上结论还可以用物理量概念来解释。

1. 短路电流中的周期分量

空载运行时的励磁电流为 I_{f0}，I_{f0} 产生的主磁通 Φ_0 将在定子三相绕组内感生励磁电动势 E_0。三相短路时，E_0 将在定子绕组内产生对称的三相短路电流，就会形成电枢旋转磁动势，并产生相应的电枢反应。由于定子绕组本身的电阻远小于电抗，则短路时电枢电路接近于纯电感性，此时的电枢反应基本为纯直轴去磁性。

稳态短路时，同步旋转的恒幅电枢旋转磁动势与转子相对静止，转子中没有感应电流。突然短路时，突然出现的直轴去磁性电枢反应将在励磁绕组内产生感应电流 $\Delta i_{\mathrm{f=}}$；根据换路定律，在短路初瞬时，励磁绕组的磁链不能跃变，所以由 $\Delta i_{\mathrm{f=}}$ 所产生的磁链 $L_{\mathrm{ff}} \Delta i_{\mathrm{f=}}$ 应与电枢绕组所产生的直轴去磁性磁链 $M_{\mathrm{fa}} i_{\mathrm{d}}$ 相抵消，即

$$L_{ff}\Delta i_{f=} - M_{fa}i_d = 0 \quad 或 \quad \Delta i_{f=} = \frac{X_{fa}}{X_{ff}}i_d \tag{27-81}$$

由此可见，$\Delta i_{f=}$ 由去磁性的电枢反应感应产生，而又抵消电枢反应的作用。此时励磁电流从 I_{f0} 增大为 $I_{f0}+\Delta i_{f=}$；不计饱和时，主磁通 Φ_0 和励磁电动势 E_0 将按同样的倍数增大，从而引起短路电流周期分量初始幅值 I'_m 的大幅度增大。与稳态短路电流 I_m 相比较，这一增大的部分（$I'_m - I_m$）就称为短路电流的瞬态分量。

由于 $\Delta i_{f=}$ 是一个感应电流，不是由外加励磁电压 u_f 所产生，所以它是一个无源的自由分量；由于励磁绕组电阻的作用，因此随着时间的推移，$\Delta i_{f=}$ 将按指数曲线逐步衰减，如图 27-10 所示。励磁电流的非周期分量可表示为

$$i_f = I_{f0} + \Delta i_{f=} = I_{f0} + \Delta I_{f=}\mathrm{e}^{-\frac{t}{T'_d}} \tag{27-82}$$

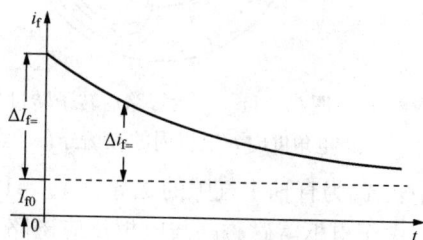

图 27-10　突然短路时励磁电流的
非周期分量

式中：T'_d 为直轴瞬态时间常数。

随着瞬态分量 $\Delta i_{f=}$ 的逐步衰减，定子短路电流中的周期瞬态分量将同时衰减；到 $\Delta i_{f=}$ 衰减为零，励磁电流恢复到稳态分量 I_{f0}，短路过程就进入稳态短路。所以，突然短路时，定子电流的周期分量 $i_\sim$ 可表示为

$$i_\sim = \left[I_m + (I'_m - I_m)\mathrm{e}^{-\frac{t}{T'_d}}\right]\sin(t+\beta_{ph}) \tag{27-83}$$

式中：I_m 为稳态短路电流的幅值；I'_m 为瞬态短路电流的初始幅值；β_{ph} 为各相的初相角；对 A 相，$\beta_{ph}=0$；对 B 相，$\beta_{ph}=-120°$；对 C 相，$\beta_{ph}=120°$。

2. 瞬态电枢磁场和瞬态电抗

突然短路后转子转过 90° 电角度时，时间非常短，可认为磁场没有变化。此时励磁电流 I_{f0}、$\Delta i_{f=}$ 和三相短路电流中的周期分量所产生的磁场如图 27-11 所示。与短路前的情况（见图 27-7）相比较，短路以后，短路电流中的周期分量产生两束去磁的电枢反应磁通 Φ_{ad} 和一束电枢漏磁通 Φ_σ；励磁绕组中的感应电流 $\Delta i_{f=}$ 则使主极的主磁通 Φ_0 和漏磁通 $\Phi_{f\sigma}$ 各增加一束。由于感应励磁电流所产生磁链的增量恰好与去磁的电枢反应磁链相等，所以在短路初瞬，励磁绕组的磁链保持不变，满足换路条件。同样可以看出 A 相磁链为零，即在短路初瞬，A 相磁链也保持不变。考虑短路电流中的非周期分量以后，B 相和 C 相的磁链也保持不变。

由图 27-11 可见，两束电枢反应磁通 Φ_{ad}，一束被主极的主磁通 Φ_0 抵消；一束由励磁绕组漏磁通 $\Phi_{f\sigma}$ 所抵制，通过主气隙以后，被迫绕道励磁绕组的漏磁路而闭合，如图 27-12 所示。可以认为，励磁绕组中感应电流 $\Delta i_{f=}$ 所产生的磁场没有增强主磁场，即突然短路初瞬主磁通和励磁绕组的漏磁通均未发生变化，而是瞬态时电枢反应磁通所经过的磁路发生了变化。于是，瞬态时直轴电枢反应磁通所经磁的磁阻 R'_{ad} 应为直轴主气隙的磁阻 R_{ad} 与励磁绕组的磁阻 $R_{f\sigma}$ 的串联值，即

$$R'_{ad} = R_{ad} + R_{f\sigma} \tag{27-84}$$

而直轴瞬态电枢反应磁导 Λ'_{ad} 则为

$$\Lambda'_{ad} = \frac{1}{R'_{ad}} = \frac{1}{R_{ad}+R_{f\sigma}} = \frac{1}{\dfrac{1}{\Lambda_{ad}}+\dfrac{1}{\Lambda_{f\sigma}}} \tag{27-85}$$

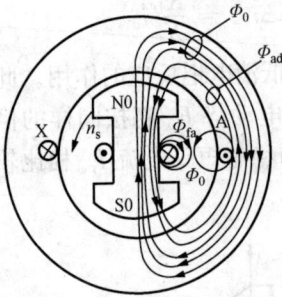

图 27-11　突然短路后转子转过 90°　　　图 27-12　突然短路时的等效磁场图
电角度时,电机内的磁场分布示意图

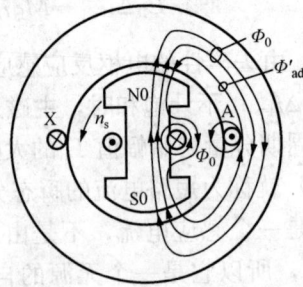

式中:Λ_{ad} 为直轴主气隙的磁导,$\Lambda_{ad}=1/R_{ad}$;$\Lambda_{f\sigma}$ 为励磁绕组的漏磁磁导,$\Lambda_{f\sigma}=1/R_{f\sigma}$。

由于电枢漏磁磁路与电枢反应磁路相并联,于是瞬态时电枢的等效直轴磁导为

$$\Lambda'_d = \Lambda_\sigma + \Lambda'_{ad} = \Lambda_\sigma + \frac{1}{\dfrac{1}{\Lambda_{ad}} + \dfrac{1}{\Lambda_{f\sigma}}} \qquad (27\text{-}86)$$

式中:Λ_σ 为电枢的漏磁磁导。

由于电抗正比于磁导,于是可得直轴瞬态电抗 X'_d 为

$$X'_d = X_\sigma + \frac{1}{\dfrac{1}{X_{ad}} + \dfrac{1}{X_{f\sigma}}} \qquad (27\text{-}87)$$

式中:$X_{f\sigma}$ 为励磁绕组的漏抗。

不难看出,式 (27-87) 与式 (27-49) 导出的结果完全一致。

由于瞬态时的电枢磁导 Λ'_d 要比稳态时的 Λ_d 小很多,因此直轴瞬态电抗 X'_d 要比直轴同步电抗 X_d 小很多,所以突然短路电流要比稳态短路电流大很多。

用励磁电动势 E_0 和瞬态电抗 X'_d 表示时,$I'_m = \sqrt{2}E_0/X'_d$,$I_m = \sqrt{2}E_0/X_d$,将其代入式 (27-83),可得短路电流的周期分量为

$$i_\sim = \sqrt{2}E_0 \left[\frac{1}{X_d} + \left(\frac{1}{X'_d} - \frac{1}{X_d} \right) e^{-\frac{t}{T'_d}} \right] \sin(t + \beta_{ph}) \qquad (27\text{-}88)$$

3. 短路电流中的非周期分量

若突然短路时 A 相的主磁链为零,则该瞬间 A 相励磁电动势的瞬时值将为最大。由于短路电流滞后于励磁电动势 90°,所以在短路初瞬（即 $t=0^+$ 时）,A 相电流周期分量的瞬时值为零。在短路前一瞬间（即 $t=0^-$ 时）,电机为空载,A 相电流也为零。于是有

$$i_A(0^+) = i_A(0^-) \qquad (27\text{-}89)$$

短路初始瞬间电流没有跃变,满足换路条件,所以 A 相电流中没有非周期的自由分量。

B 相的情况就不一样。短路前一瞬间,$i_B(0^-)=0$。在短路初瞬（即 $t=0^+$ 时）,根据式 (27-83),B 相电流的周期分量 $i_{B\sim}(0^+)$ 为

$$i_{B\sim}(0^+) = \left[I_m + (I'_m - I_m) e^{-\frac{t}{T'_d}} \right] \sin(\omega t - 120°) \Big|_{t=0^+}$$
$$= I'_m \sin(-120°) = -0.866 I'_m \qquad (27\text{-}90)$$

由于短路初瞬电流不能跃变,故 B 相电流中必有一个非周期的自由分量 $i_{B=}$,使

$$i_{B\sim}(0^+) + i_{B=}(0^+) = i_B(0^-) = 0 \qquad (27\text{-}91)$$

由此可见，B 相电流的非周期分量 $i_{B=}(0^+)=0.866I'_m$。由于 $i_{B=}$ 是自由分量，所以随着时间的推移，它将按指数曲线衰减，即

$$i_{B=} = 0.866I'_m \, e^{-\frac{t}{T_a}} \tag{27-92}$$

式中：T_a 为电枢电流中非周期分量衰减的时间常数，称为电枢时间常数。

同理可知，C 相电流中除周期分量外，也有一个非周期分量 $i_{C=}$，则

$$i_{C=} = -0.866I'_m \, e^{-\frac{t}{T_a}} \tag{27-93}$$

定子短路电流中的非周期分量，将在电机内产生一个固定不动的电枢磁动势和磁场。当同步旋转的转子切割这一磁场时，励磁绕组内将感应出一个基波频率的周期分量 $i_{f\sim}$。在 $t=0^+$ 时，该分量 $i_{f\sim}$ 的值恰好与 $\Delta i_{f=}$ 的值大小相等、方向相反，以满足励磁电流不能跃变的换路条件。随着时间的推移，$i_{f\sim}$ 将和感生它的定子非周期分量一起以时间常数 T_a 衰减。

励磁电流的周期分量 $i_{f\sim}$ 将在转子上产生一个脉振磁动势，可分解成两个幅值相等、转向相反的旋转磁动势，再考虑到转子本身的转速，正向磁动势将以两倍同步转速在空间旋转，在定子三相绕组内感应出一组 2 次谐波短路电流 i_2，而反向磁动势则在空间静止不动。因此，定子短路电流一般应包括周期分量、非周期分量和 2 次谐波三个分量，即

$$i = \sqrt{2}E_0\left[\frac{1}{X_d} + \left(\frac{1}{X'_d} - \frac{1}{X_d}\right)e^{-\frac{t}{T'_d}}\right]\sin(t+\beta_{ph})$$

$$\quad - \frac{\sqrt{2}E_0}{2}\left(\frac{1}{X'_d} + \frac{1}{X_q}\right)e^{-\frac{t}{T_a}}\sin\beta_{ph} - \frac{\sqrt{2}E_0}{2}\left(\frac{1}{X'_d} - \frac{1}{X_q}\right)e^{-\frac{t}{T_a}}\sin(2t+\beta_{ph})$$

$$\quad = i_\sim + i_= + i_2 \tag{27-94}$$

在图 27-8 中，A 相的 $\theta_0 = -90°$，$\beta_{ph} = \theta_0 + 90°$，可得出与式（27-76）完全相同的结果。把 θ_0 换以（$\theta_0 - 120°$）和（$\theta_0 + 120°$），可得到 i_B 和 i_C。

所有这些结果都与前面的数学分析完全一致。

三、阻尼绕组的影响

同步发电机的转子上除励磁绕组外一般都装有阻尼绕组，将影响三相突然短路过程。

1. 阻尼绕组对电枢磁场的影响

在短路初瞬，由于去磁电枢反应的突然出现，将在励磁和直轴阻尼绕组内同时产生感应电流，在励磁和阻尼绕组内感应电流的共同抵制下，短路初瞬的电枢反应磁通在通过主气隙后，将绕道阻尼绕组和励磁绕组的漏磁磁路而闭合，如图 27-13 所示。这时电枢的直轴等效磁导 Λ''_d 应为

$$\Lambda''_d = \Lambda_\sigma + \Lambda''_{ad} = \Lambda_\sigma + \frac{1}{\dfrac{1}{\Lambda_{ad}} + \dfrac{1}{\Lambda_{f\sigma}} + \dfrac{1}{\Lambda_{D\sigma}}} \tag{27-95}$$

式中：$\Lambda_{D\sigma}$ 为直轴阻尼绕组的漏磁磁导。

相应的电抗称为直轴超瞬态电抗

$$X''_d = X_\sigma + \frac{1}{\dfrac{1}{X_{ad}} + \dfrac{1}{X_{f\sigma}} + \dfrac{1}{X_{D\sigma}}} \tag{27-96}$$

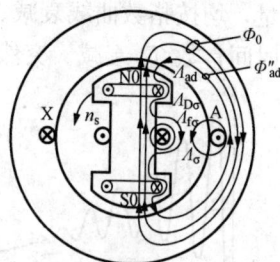

图 27-13　装有阻尼绕组的
同步发电机三相突然
短路时的磁场分布图

式中：$X_{D\sigma}$ 为直轴阻尼绕组的漏抗。

X''_d 的等效电路如图 27-14（a）所示。由于 $X''_d < X'_d$，所以突然短路电流中周期分量的初始幅值 $I''_m = \sqrt{2}E_0/X''_d$ 将比无阻尼绕组时大，这一增大的部分就称为超瞬态分量。

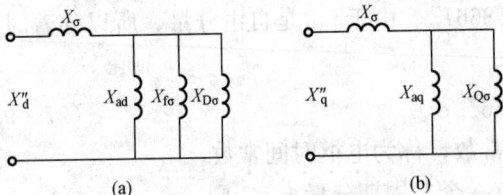

图 27-14　超瞬态电抗的等效电路
(a) 直轴；(b) 交轴

同理，可得交轴超瞬态电抗 X''_q 为

$$X''_q = X_\sigma + \cfrac{1}{\cfrac{1}{X_{aq}} + \cfrac{1}{X_{Q\sigma}}} \quad (27-97)$$

式中：$X_{Q\sigma}$ 为交轴阻尼绕组的漏抗。

X''_q 的等效电路如图 27-14 (b) 所示。

2. 阻尼绕组对短路电流的影响

定子短路电流的周期分量中，除幅值为 I_m 的稳态分量和以瞬态时间常数 T'_d 衰减、幅值为 $(I'_m - I_m)$ 的瞬态分量外，还有一个以超瞬态时间常数 T''_d 迅速衰减、幅值为 $(I''_m - I'_m)$ 的超瞬态分量，外加非周期分量和 2 次谐波。于是，A 相电流应为

$$i_A = \sqrt{2} E_0 \left[\frac{1}{X_d} + \left(\frac{1}{X'_d} - \frac{1}{X_d} \right) e^{-\frac{t}{T'_d}} + \left(\frac{1}{X''_d} - \frac{1}{X'_d} \right) e^{-\frac{t}{T''_d}} \right] \cos(t + \theta_0)$$

$$- \frac{\sqrt{2} E_0}{2} \left(\frac{1}{X''_d} + \frac{1}{X''_q} \right) e^{-\frac{t}{T_a}} \cos\theta_0 - \frac{\sqrt{2} E_0}{2} \left(\frac{1}{X''_d} - \frac{1}{X''_q} \right) e^{-\frac{t}{T_a}} \cos(2t + \theta_0) \quad (27-98)$$

为简明起见，忽略 2 次谐波，$\theta_0 = -90°$ 时 A 相短路电流的波形如图 27-15 所示。

励磁绕组中由于励磁和直轴阻尼绕组中感应电流的共同抵制作用，或者说是阻尼绕组的"屏蔽作用"，非周期感应电流的初始值和峰值将比无阻尼绕组时稍小，励磁电流的非周期分量中，除稳态分量 I_{f0}、以时间常数 T'_d 衰减的瞬态分量和以时间常数 T_a 衰减的基频周期分量外，还有一个以时间常数 T''_d 衰减的负值超瞬态分量。突然短路时的励磁电流波形如图 27-16 所示。

阻尼绕组内将有一个由定子绕组中周期分量感应的非周期分量电流，和一个由定子绕组中非周期分量感应的基频周期分量电流。它们都是自由分量，均按指数曲线衰减。一个以较小的直轴超瞬态时间常数 T''_d 衰减，另一个以稍大的电枢时间常数 T_a 衰减。突然短路时的阻尼绕组电流波形如图 27-17 所示。

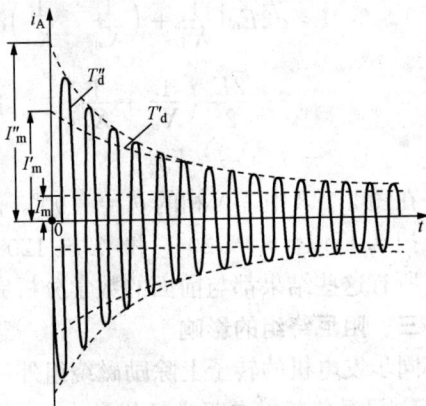

图 27-15　装有阻尼绕组的同步发电机三相突然短路时 A 相电流波形 [$\psi_A(0) = 0$ 时]

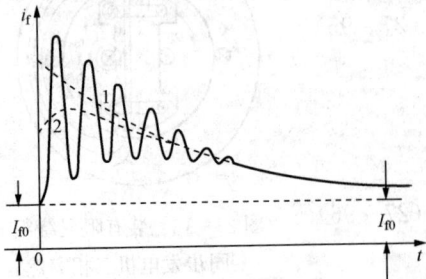

图 27-16　三相突然短路时励磁电流的波形
(虚线表示非周期分量，不装阻尼绕组时为 1，
装有阻尼绕组时为 2)

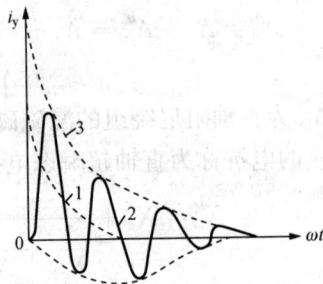

图 27-17　阻尼绕组电流波形
(非周期分量电流为虚线 1，总电流为线 2，
虚线 3 表示衰减包络线)

【**例 27 - 1**】　有一台同步发电机，其参数为 $X_d = 2.27$、$X'_d = 0.273$、$X''_d \approx X''_q = 0.204$（均为标幺值），$T'_d = 0.993$、$T''_d = 0.0317$、$T_a = 0.246$（单位均为 s）；设在空载额定电压下，该机发生三相突然短路。试求：

（1）在最不利情况下突然短路时，定子 A 相电流的表达式（不计 2 次谐波）。

（2）A 相的最大瞬时冲击电流。

解　（1）对 A 相而言，最不利的情况是 $\theta_0 = 0°$，此时短路电流的表达式为

$$i_A \approx E_{0m}\left[\frac{1}{X_d} + \left(\frac{1}{X'_d} - \frac{1}{X_d}\right)e^{-\frac{t}{T'_d}} + \left(\frac{1}{X''_d} - \frac{1}{X'_d}\right)e^{-\frac{t}{T''_d}}\right]\cos t - \frac{E_{0m}}{X''_d}e^{-\frac{t}{T_a}}$$

$$= [0.44053 + 3.22325e^{-\frac{t}{0.993}} + 1.23896e^{-\frac{t}{0.0317}}]\cos t - 4.90196e^{-\frac{t}{0.246}} (A)$$

（2）最大冲击电流出现在短路后半个周期（即 $t = 0.01s$），此时

$$i_{A(max)} = [0.4405 + 3.223e^{-\frac{0.01}{0.993}} + 1.239e^{-\frac{0.01}{0.0317}}]\cos 180° - 4.902e^{-\frac{0.01}{0.246}} = -9.242 (A)$$

即高达基值电流的 9 倍以上，额定电流的 13.06 倍。

第二十八章 感应电机的动态分析

三相感应电机运行中最常遇到的动态问题有启动、调速、突然短路等故障下的运行。在本质上，三相感应电机三相突然短路的分析方法与同步电机没有差别，只是具有无励磁绕组和转子电、磁两方面均为对称等特点，因此本章主要讨论感应电动机的启动和调速问题。

首先建立三相感应电动机的运动方程，再进行 MT0 坐标变换或改写成状态方程，然后利用状态方程对启动过程进行动态分析，最后利用 MT 方程说明矢量变换控制的基本原理。

第一节 三相感应电动机的运动方程

一、相坐标系中的运动方程

一台三相感应电动机如图 28 - 1 所示，定子三相绕组分别用 A、B、C 表示，转子三相绕组用 a、b、c 表示，定子 A 相与转子 a 相轴线间的夹角为 θ，转子以角速度 Ω 逆时针旋转。如果是笼型转子，则转化为等效的三相绕线型转子。

(1) 电压方程。设感应电动机三相对称，且磁路为线性，则电压方程应为

$$u = Ri + \mathrm{p}(Li) \qquad (28 - 1)$$

或

$$\begin{bmatrix} u_s \\ u_r \end{bmatrix} = \begin{bmatrix} R_s & 0 \\ 0 & R_r \end{bmatrix} \begin{bmatrix} i_s \\ i_r \end{bmatrix} + \frac{\mathrm{d}}{\mathrm{d}t}\left(\begin{bmatrix} L_s & M_{sr} \\ M_{rs} & L_r \end{bmatrix} \begin{bmatrix} i_s \\ i_r \end{bmatrix} \right)$$

$$(28 - 2)$$

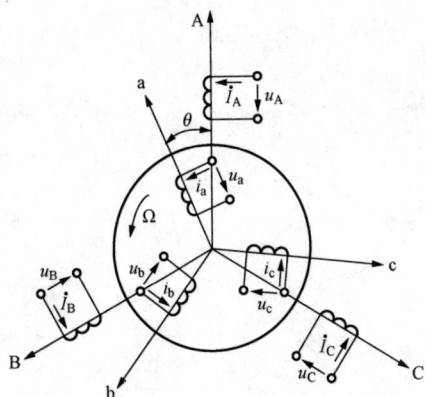

图 28 - 1 三相感应电动机示意图

式中：u 和 i 为整个电机的电压和电流列阵；R 和 L 为整个电机的电阻和电感矩阵；$\mathrm{p} = \dfrac{\mathrm{d}}{\mathrm{d}t}$ 为微分算子。

u_s、u_r 和 i_s、i_r 为定、转子的端电压和电流列阵，则

$$u_s = \begin{bmatrix} u_A \\ u_B \\ u_C \end{bmatrix}, \; u_r = \begin{bmatrix} u_a \\ u_b \\ u_c \end{bmatrix} \qquad (28 - 3)$$

$$i_s = \begin{bmatrix} i_A \\ i_B \\ i_C \end{bmatrix}, \; i_r = \begin{bmatrix} i_a \\ i_b \\ i_c \end{bmatrix} \qquad (28 - 4)$$

R_s 和 R_r 为定子和转子的电阻矩阵，则

$$R_s = \begin{bmatrix} R_1 & 0 & 0 \\ 0 & R_1 & 0 \\ 0 & 0 & R_1 \end{bmatrix}, \; R_r = \begin{bmatrix} R_2 & 0 & 0 \\ 0 & R_2 & 0 \\ 0 & 0 & R_2 \end{bmatrix} \qquad (28 - 5)$$

定子每相电阻为 R_1，转子每相电阻为 R_2；$\boldsymbol{L}_\mathrm{s}$ 和 $\boldsymbol{L}_\mathrm{r}$ 为定子和转子的电感矩阵，则

$$\boldsymbol{L}_\mathrm{s} = \begin{bmatrix} L_\mathrm{A} & -M_1 & -M_1 \\ -M_1 & L_\mathrm{A} & -M_1 \\ -M_1 & -M_1 & L_\mathrm{A} \end{bmatrix}, \boldsymbol{L}_\mathrm{r} = \begin{bmatrix} L_\mathrm{a} & -M_2 & -M_2 \\ -M_2 & L_\mathrm{a} & -M_2 \\ -M_2 & -M_2 & L_\mathrm{a} \end{bmatrix} \qquad (28\text{-}6)$$

定、转子各个绕组的自感以及其间互感均为常数；$\boldsymbol{M}_\mathrm{sr}$ 和 $\boldsymbol{M}_\mathrm{rs}$ 为定、转子绕组间的互感矩阵；不计谐波磁场，各互感系数均是 θ 角的余弦函数，则

$$\boldsymbol{M}_\mathrm{sr} = M_\mathrm{Aa} \begin{bmatrix} \cos\theta & \cos(\theta+120°) & \cos(\theta-120°) \\ \cos(\theta-120°) & \cos\theta & \cos(\theta+120°) \\ \cos(\theta+120°) & \cos(\theta-120°) & \cos\theta \end{bmatrix}, \boldsymbol{M}_\mathrm{rs} = \boldsymbol{M}_\mathrm{sr}^\mathrm{T} \qquad (28\text{-}7)$$

（2）转矩方程。感应电动机的转矩方程为

$$T_\mathrm{e} = T_2 + R_\Omega \Omega + J\,\frac{\mathrm{d}\Omega}{\mathrm{d}t} \qquad (28\text{-}8)$$

其中，电磁转矩 T_e 为

$$T_\mathrm{e} = \frac{p}{2}\boldsymbol{i}^\mathrm{T}\,\frac{\partial \boldsymbol{L}}{\partial \theta}\boldsymbol{i} = \frac{p}{2}\begin{bmatrix} \boldsymbol{i}_\mathrm{s} & \boldsymbol{i}_\mathrm{r} \end{bmatrix} \begin{bmatrix} 0 & \dfrac{\partial \boldsymbol{M}_\mathrm{sr}}{\partial \theta} \\ \dfrac{\partial \boldsymbol{M}_\mathrm{rs}}{\partial \theta} & 0 \end{bmatrix} \begin{bmatrix} \boldsymbol{i}_\mathrm{s} \\ \boldsymbol{i}_\mathrm{r} \end{bmatrix} \qquad (28\text{-}9)$$

式中：p 为电机的极对数。

不难看出，感应电动机的电压方程，是一组变系数的微分方程；而转矩方程则是一个非线性方程；因此，求解动态问题需要求解一组非线性和变系数的微分方程，只能用计算机求出具体问题的数值解或图示解。

二、MT 坐标系中的运动方程

感应电动机的定、转子绕组一般均无中性线，因而零序电流等于零，不需要再分析零序电路。在感应电动机的矢量变换控制调速分析中，常采用 MT 两相坐标系，它是一种在空间与转子磁链同速旋转的坐标系。

（1）磁链方程。仿照 dq 坐标系的磁链方程，并考虑到感应电动机定、转子在磁和电两方面都对称，可写出 MT 坐标系中定、转子的磁链方程

$$\left.\begin{aligned} \psi_{\mathrm{M}1} = L_1 i_{\mathrm{M}1} + M i_{\mathrm{M}2} \\ \psi_{\mathrm{T}1} = L_1 i_{\mathrm{T}1} + M i_{\mathrm{T}2} \end{aligned}\right\}, \left.\begin{aligned} \psi_{\mathrm{M}2} = L_2 i_{\mathrm{M}2} + M i_{\mathrm{M}1} \\ \psi_{\mathrm{T}2} = L_2 i_{\mathrm{T}2} + M i_{\mathrm{T}1} \end{aligned}\right\} \qquad (28\text{-}10)$$

式中：定子量以下标 1 表示、转子量以下标 2 表示；L_1 和 L_2 分别为定、转子 M 轴和 T 轴的等效自感；M 为 M 轴和 T 轴定、转子间的互感（可逆）。而

$$L_1 = \frac{3}{2}L_\mathrm{A}, \quad L_2 = \frac{3}{2}L_\mathrm{a}, \quad M = \frac{3}{2}M_\mathrm{Aa} \qquad (28\text{-}11)$$

（2）电压方程。仿照 dq 坐标系的派克方程，可以写出 MT 坐标系的定、转子电压方程为

$$\left.\begin{aligned} u_{\mathrm{M}1} = \mathrm{p}\psi_{\mathrm{M}1} - \omega_\mathrm{M}\psi_{\mathrm{T}1} + R_1 i_{\mathrm{M}1} \\ u_{\mathrm{T}1} = \mathrm{p}\psi_{\mathrm{T}1} + \omega_\mathrm{M}\psi_{\mathrm{M}1} + R_1 i_{\mathrm{T}1} \end{aligned}\right\}, \left.\begin{aligned} u_{\mathrm{M}2} = \mathrm{p}\psi_{\mathrm{M}2} - \omega_\mathrm{s}\psi_{\mathrm{T}2} + R_2 i_{\mathrm{M}2} \\ u_{\mathrm{T}2} = \mathrm{p}\psi_{\mathrm{T}2} + \omega_\mathrm{s}\psi_{\mathrm{M}2} + R_2 i_{\mathrm{T}2} \end{aligned}\right\} \qquad (28\text{-}12)$$

式中：R_1 和 R_2 分别为定子和转子绕组的电阻。

MT 坐标系的电压方程形式上与 dq 坐标系的电压方程相似，差别在于坐标轴的旋转角速度不同。MT 坐标系相对于定子的电角速度为 ω_M，对转子的相对电角速度为转差电角速

度 ω_s，$\omega_s = \omega_M - \omega_r$，其中 ω_r 为转子的电角速度。

（3）电磁转矩。转矩方程保持式（28-8）的形式不变。按 dq 轴与 MT 轴的对应关系，电磁转矩的表达式为

$$T_e = \frac{3}{2} p(\psi_{M1} i_{T1} - \psi_{T1} i_{M1}) \tag{28-13}$$

利用式（28-10），电磁转矩 T_e 也可表示为

$$T_e = \frac{3}{2} pM(i_{M2} i_{T1} - i_{T2} i_{M1}) = \frac{3}{2} p \frac{M}{L_2}(\psi_{M2} i_{T1} - \psi_{T2} i_{M1}) \tag{28-14}$$

三、感应电机的状态方程

为了便于在计算机上求解，常把运动方程改写成状态方程的形式。状态变量取电流 i、角速度 Ω 和转角 θ，先把电压方程式（28-1）改写成

$$\frac{d\boldsymbol{i}}{dt} = -\boldsymbol{L}^{-1}\left(\boldsymbol{R} + \frac{d\boldsymbol{L}}{dt}\right)\boldsymbol{i} + \boldsymbol{L}^{-1}\boldsymbol{u} \tag{28-15}$$

再把转矩方程式（28-8）改写成

$$\frac{d\Omega}{dt} = \frac{p}{2J}\boldsymbol{i}^{\mathrm{T}}\frac{\partial \boldsymbol{L}}{\partial \theta}\boldsymbol{i} - \frac{R_\Omega}{J}\Omega - \frac{T_2}{J} \tag{28-16}$$

另外，考虑到

$$\frac{d\theta}{dt} = p\Omega \tag{28-17}$$

把式（28-15）～式（28-17）联立在一起，可得感应电机的状态方程

$$\begin{bmatrix} \dfrac{d\boldsymbol{i}}{dt} \\[2mm] \dfrac{d\Omega}{dt} \\[2mm] \dfrac{d\theta}{dt} \end{bmatrix} = \begin{bmatrix} -\boldsymbol{L}^{-1}\left(\boldsymbol{R} + \dfrac{d\boldsymbol{L}}{dt}\right) & 0 & 0 \\[2mm] \dfrac{p}{2J}\boldsymbol{i}^{\mathrm{T}}\dfrac{\partial \boldsymbol{L}}{\partial \theta} & -\dfrac{R_\Omega}{J} & 0 \\[2mm] 0 & p & 0 \end{bmatrix} \begin{bmatrix} \boldsymbol{i} \\[2mm] \Omega \\[2mm] \theta \end{bmatrix} + \begin{bmatrix} \boldsymbol{L}^{-1} & 0 \\[2mm] 0 & -\dfrac{1}{J} \\[2mm] 0 & 0 \end{bmatrix} \begin{bmatrix} \boldsymbol{u} \\[2mm] T_2 \end{bmatrix} \tag{28-18}$$

或

$$\dot{\boldsymbol{x}} = \boldsymbol{A}\boldsymbol{x} + \boldsymbol{B}\boldsymbol{v} \tag{28-19}$$

无论是线性还是非线性问题，状态方程法均可采用标准的解法在计算机上求解；而且不需要采用坐标变换或拉氏变换，解出的结果直接是时域中的量，且为实际绕组中的电流、电机的转速等。这是状态方程法的两大优点。

第二节　三相感应电动机启动过程的动态分析

三相感应电动机的启动问题可利用状态方程进行动态分析。由于式（28-19）中的系数矩阵 $\boldsymbol{A}$ 与电流 $\boldsymbol{i}$ 有关，所以它是一个非线性状态方程。将它改写成

$$\dot{\boldsymbol{x}} = \boldsymbol{F}(\boldsymbol{x}, t) \tag{28-20}$$

可以用四阶龙格－库塔法来解。时间步长取为 h，$t=0$ 时 $\boldsymbol{x}$ 的初值为 $\boldsymbol{x}_0$。

若电动机从静止状态接到电源启动，初始条件为零，故 $\boldsymbol{x}$ 的初值可取为 $\boldsymbol{x}_0 = 0$。解向量 $\boldsymbol{x}$ 中，有一个分量是 $\boldsymbol{i}$，一个是 Ω，一个是 θ；一旦解出 $\boldsymbol{i}$，即可从式（28-9）算出电磁转矩。整个计算算到 $t = TF$ 为止。

例如，一台三相 4 极星形联结的感应电动机突然接到三相 380V、50Hz 的对称电源，电动机的参数为 $R_1=0.252\Omega$，$R_2=0.332\Omega$，$L_A=L_a=81.6\text{mH}$，$M_1=M_2=40\text{mH}$，$M_{Aa}=80\text{mH}$；负载转矩 $T_2=7.5\text{Nm}$；机组的转动惯量 $J=0.75\text{kgm}^2$；旋转阻力系数 $R_\Omega=0.0375\text{Nms/rad}$。

最好采用计算机来计算，编制一个源程序，框图如图 28-2 所示。程序调试通过后再输入数据运行。计算结束后，绘出启动电流 $i(t)$、转速 $n(t)$ 和电磁转矩 $T_e(t)$ 的波形如图 28-3（a）、（b）所示，动态 T_e-n 曲线如图 28-3（c）所示。选择时间步长时要考虑到解答的收敛性和稳定性，本题选 $h=0.0003\text{s}$。

整个源程序包含一个主程序和九个子程序，其功能分别是：①输入感应电动机的极数、电阻、电感、负载转矩、转动惯量和旋转阻力系数等参数；②设置状态变量初值和有关常数；③计算电感、电感对时间的导数和电感对转角的导数等三个矩阵；④计算电感矩阵的逆矩阵；⑤计算状态方程右端项 F 的值；⑥用四阶龙格－库塔法求解状态方程；⑦记录时间 t、各状态变量和电磁转矩的当前值；⑧用绘图子程序绘制定子电流 i（A 相）、转速 n 和电磁转矩 T_e，以及动态 T_e-n 曲线；⑨输出计算结果。

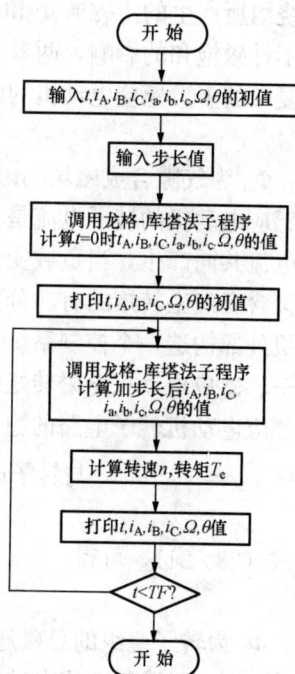

图 28-2　感应电机启动
分析的程序图

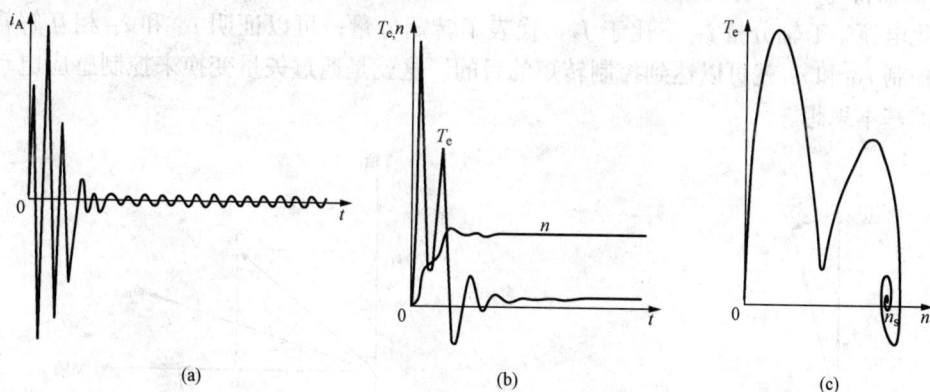

图 28-3　三相感应电动机的启动过程

（a）启动电流 $i_A(t)$，$i_{A,max}=294.64\text{A}$，$t_{max}=0.0288\text{s}$；（b）启动过程的转速 $n(t)$ 和
电磁转矩 $T_e(t)$，$T_{e,max}=575.24\text{Nm}$，$t_{max}=0.0126\text{s}$，$n_{max}=1621.58\text{r/min}$；
（c）动态 T_e-n 曲线，$T_{e,max}=575.24\text{A}$，$n_{max}=1621.58\text{r/min}$

第三节　三相感应电动机的矢量变换控制

能对电动机的瞬时电磁转矩进行有效控制是提高感应电动机调速性能的关键。直流电动机的性能在电磁转矩的控制方面就比较优越。直流电动机的电磁转矩 $T_e=C_T\Phi i_a$，其中，由励磁绕组所产生的主磁通 Φ 和由电枢电流 i_a 所产生的电枢反应磁动势在空间是相互垂直的；如果不计磁饱和的影响，两者之间没有耦合，可以分别独立地进行控制。感应电动机的情况则要复杂的多。感应电动机的电磁转矩为

$$T_e = C_T \Phi_m I_2 \cos\varphi_2 \qquad (28-21)$$

式中：Φ_m 为气隙合成磁场的磁通量；I_2 为转子电流；φ_2 为转子的内功率因数角。

感应电动机的转子电流是不能直接控制的，因为转子通常短路；气隙磁通 Φ_m 则由定、转子电流共同产生，当负载变化时，Φ_m 也要变化。定子电流既含有产生气隙磁场的磁化分量，又含有产生转矩的有功分量，很难分解，不易直接控制。因此，在动态过程中，有必要在电机外部构造一个控制系统，来实现感应电动机电磁转矩的准确控制。

一、感应电动机电磁转矩的控制策略

感应电动机转子电路的稳态相量图如图 28-4 所示，通过分析就可以发现：转子绕组的总磁链 $\dot{\psi}_2 = \dot{\psi}_m + \dot{\psi}_{2\sigma}$ 与转子电流 $\dot{I}_2$ 恰好相差 90° 电角度，而且

$$\psi_2 = \psi_m \cos\varphi_2 \qquad (28-22)$$

代入式（28-21），可得

$$T_e = C\Phi_2 I_2 \qquad (28-23)$$

式中：Φ_2 为转子绕组的总磁通。

式（28-23）与直流电动机的转矩公式在形式上十分相似，剩下的问题就是如何独立地控制转子磁链和转子电流。由于不能直接控制感应电动机的转子电流，就只好想办法控制定子电流。把定子电流通过坐标变换转换到 MT 坐标，并将 M 轴沿着转子磁链 $\dot{\psi}_2$ 的方向定向，则 T 轴将与 $-\dot{I}_2'$ 方向重合，如图 28-5 所示。M 轴分量 i_{M1} 代表了与转子磁链 ψ_2 成正比的磁化电流，T 轴分量 i_{T1} 正比于 I_2，代表了转矩分量；可以证明 i_{M1} 和 i_{T1} 相互解耦，通过分别控制 i_{M1} 和 i_{T1} 就可以达到控制转矩的目的。这就是通过矢量变换来控制感应电动机电磁转矩的基本思想。

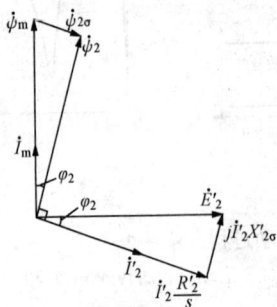

图 28-4 转子电路的稳态相量图　　　　图 28-5 定子电流相量图

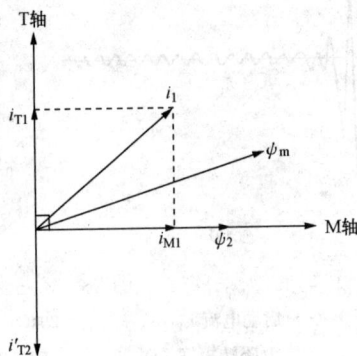

二、矢量变换控制原理

1. MT 坐标系中的磁链和电压方程

若把转子绕组总磁链 ψ_2 的轴线定向为 M 轴，就有

$$\psi_{M2} = \psi_2, \quad \psi_{T2} = 0 \qquad (28-24)$$

此时式（28-12）中的转子磁链方程将变为

$$\left.\begin{array}{l} \psi_{M2} = L_2 i_{M2} + M i_{M1} = \psi_2 \\ \psi_{T2} = L_2 i_{T2} + M i_{T1} = 0 \end{array}\right\} \quad (28\text{-}25)$$

由于转子为短路，所以式（28-14）中的转子电压方程为

$$\left.\begin{array}{l} u_{M2} = p\psi_2 + R_2 i_{M2} = 0 \\ u_{T2} = \omega_s \psi_2 + R_2 i_{T2} = 0 \end{array}\right\} \quad (28\text{-}26)$$

2. 归算和等效电路

为建立等效电路，应先把转子的电流、磁链、电压等量归算到定子边。设变比为 k，定、转子 M 轴的磁链方程可用归算值表示成

$$\left.\begin{array}{l} \psi_{M1} = L_1 i_{M1} + (kM) i'_{M2} \\ \psi'_{M2} = L'_2 i'_{M2} + (kM) i_{M1} = \psi'_2 \end{array}\right\} \quad (28\text{-}27)$$

式中：i'_{M2} 为转子 M 轴电流的归算值，$i'_{M2} = i_{M2}/k$；ψ'_{M2} 为转子 M 轴磁链的归算值，$\psi'_{M2} = k\psi_{M2}$；$L'_2 = k^2 L_2$。

转子 M 轴的电压方程为

$$u'_{M2} = p\psi'_2 + R'_2 i'_{M2} = 0 \quad \text{或} \quad \psi'_2 + \frac{R'_2}{p} i'_{M2} = 0 \quad (28\text{-}28)$$

式中：R'_2 为转子电阻的归算值，$R'_2 = k^2 R_2$。

根据式（28-27）和式（28-28），即可画出 M 轴磁链的等效电路图，如图 28-6 所示。

同理，T 轴的磁链和电压方程可用归算值表示为

$$\left.\begin{array}{l} \psi_{T1} = L_1 i_{T1} + (kM) i'_{T2} \\ \psi'_{T2} = L'_2 i'_{T2} + (kM) i_{T1} = 0 \end{array}\right\} \quad (28\text{-}29)$$

$$\omega_s \psi'_2 + R'_2 i'_{T2} = 0 \quad (28\text{-}30)$$

式中：i'_{T2} 为转子 T 轴电流的归算值，$i'_{T2} = i_{T2}/k$；ψ'_{T2} 为转子 T 轴磁链的归算值，$\psi'_{T2} = k\psi_{T2}$。

与式（28-29）相应的 T 轴磁链等效电路图如图 28-7 所示。

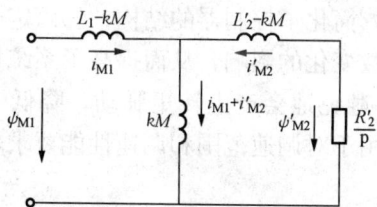

图 28-6　M 轴磁链的等效电路　　　　　图 28-7　T 轴磁链的等效电路

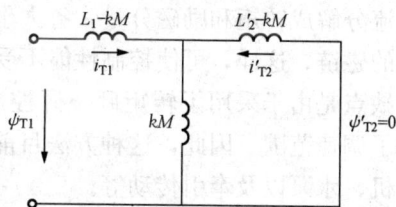

3. 电磁转矩的控制

由式（28-30）和式（28-28）可得

$$i'_{T2} = -\frac{\omega_s \psi'_2}{R'_2} \quad (28\text{-}31)$$

$$i'_{M2} = -\frac{p\psi'_2}{R'_2} = -\frac{T_2 p\psi'_2}{L'_2} \quad (28\text{-}32)$$

式中：T_2 为转子电路的时间常数，$T_2 = L'_2/R'_2$。

把式（28-32）代入式（28-27）中的第二式，可得

$$kM i_{M1} = (1 + T_2 p)\psi'_2 \quad \text{或} \quad \psi'_2 = \frac{kM}{(1 + T_2 p)} i_{M1} \quad (28\text{-}33)$$

由于 $\psi_{T2}=0$，电磁转矩为

$$T_e = \frac{3}{2}p\frac{M}{L_2}(\psi_{M2}i_{T1} - \psi_{T2}i_{M1}) = \frac{3}{2}p\frac{M}{L_2}\psi_2 i_{T1} \tag{28-34}$$

由转子磁链表达式（28-33）和转矩表达式（28-34）可见，转子磁链决定于定子电流的磁化分量 i_{M1}，而电动机的电磁转矩则与转子磁链和定子电流中的转矩分量 i_{T1} 有关。在 MT 坐标系中，i_{M1} 和 i_{T1} 相互独立，因此电动机转矩的控制可以通过分别对定子电流在 M、T 轴上的分量的独立控制来实现，其情况和直流电动机相似。由于转子绕组存在时间常数，所以通过控制定子磁化电流 i_{M1} 来改变 ψ'_2 有一定的时延；但是若控制 i_{M1} 使转子磁链保持恒定，则通过控制 i_{T1} 可以实现对转矩的快速控制，使感应电动机具有和直流电动机相同的特性。

矢量变换控制技术的出现，是感应电动机变频调速技术的一个突破。但是磁场定向式矢量控制需要有转子磁通观测器来确定转子磁链的瞬时空间位置，并由此对 M 轴定向。对此需要有专门的运算电路和转速传感器等，并根据感应电动机的数学模型、电机的参数和一些检测到的实际运行数据，通过运算间接求出 ψ_2 的大小和方向。由于 ψ_2 是通过运算推测出来的，其大小和方向的准确度与转子参数的准确度有关，所以矢量控制的准确性将受到温度对转子参数变化的影响。

三、直接转矩控制

直接转矩控制是继矢量变换控制之后，发展起来的一种高动态性能的交流变压变频调速新技术。

矢量变换控制以转子磁场定向，由于转子磁链难于直接检测，只能通过其磁链模型获得反馈信号，它的幅值和相位都受到转子参数变化的影响，使反馈信号容易失真，因此降低了控制的准确性；另一方面，矢量变换控制要经过坐标变换和计算，使控制结构复杂化。这是它的不足之处。

直接转矩控制有两个优点：①转矩和磁链都采用直接反馈的双位式砰-砰控制，从而可将定子电流分解成转矩和励磁分量，省去坐标变换，简化了控制器的结构；②以定子磁链作为被控制的磁链，这样，可使控制性能不受转子参数变化的影响，从而提高了系统控制的准确性。其缺点是由于采用了转矩砰-砰控制，不可避免地会产生转矩脉动，降低了调速性能，限制了调速范围。因此，这种方法目前主要应用于对调速范围和调速性能要求较低的场合，如风机、水泵以及牵引传动等。

第二十九章 变压器的动态分析

变压器的动态问题主要有过电流和过电压两类。过电流现象主要有变压器空载投入电网和二次侧突然短路时的状态；而过电压现象则是输电线路遭受雷击时或合闸、拉闸等状态，变压器将处于瞬变状态。瞬变状态的持续时间虽然很短，却可能损伤变压器，因此有必要研究产生过电流和过电压的原因及其预防措施。

第一节 变压器的过电流

一、空载投入电网时一次绕组的冲击电流

当变压器二次侧开路、一次侧投入电网时，如果一次绕组的电阻和匝数分别用 R_1 和 N_1 来表示，链过一次绕组的总磁通用 ϕ 表示，电源电压的幅值用 U_m 表示，投入瞬间电压的初相角用 α 表示，一次侧的电压方程可写为

$$i_1 R_1 + N_1 \frac{\mathrm{d}\phi}{\mathrm{d}t} = U_m \cos(\omega t + \alpha) \qquad (29\text{-}1)$$

空载时一次绕组的电流 i_1 与 ϕ 之间为非线性关系，所以式（29-1）是一个非线性微分方程。考虑到电阻压降 $i_1 R_1$ 相对很小，用 ϕ 来表示 i_1，$i_1 = N_1\phi/L_1$，则式（29-1）可改写成

$$N_1 \frac{R_1}{L_1}\phi + N_1 \frac{\mathrm{d}\phi}{\mathrm{d}t} = U_m \cos(\omega t + \alpha) \qquad (29\text{-}2)$$

式中：L_1 为一次绕组的自感。

若近似认为 $L_1 \approx$ 常值，则式（29-2）是一个以磁通量 ϕ 作为求解变量的常系数线性微分方程，具有解析解。解由稳态分量 ϕ' 和瞬变分量 ϕ'' 两部分组成，即

$$\phi = \phi' + \phi'' = \Phi_m \cos(\omega t + \alpha - \theta) + A e^{-\frac{R_1}{L_1}t} \qquad (29\text{-}3)$$

式中：θ 为磁通与电源电压的相位差，$\theta = \arctan(\omega L_1/R_1) \approx 90°$。

磁通稳态分量的幅值为

$$\Phi_m = \frac{U_m}{\sqrt{(\omega N_1)^2 + \left(N_1 \frac{R_1}{L_1}\right)^2}} = \frac{U_m}{N_1 \sqrt{\omega^2 + \left(\frac{R_1}{L_1}\right)^2}} \approx \frac{U_m}{N_1 2\pi f} = \frac{U}{\sqrt{2}\pi f N_1}$$

瞬变分量的幅值 A 由初始条件确定。

设投入电源（即 $t=0$）时，铁心内有剩磁 Φ_r，代入式（29-3），可得

$$A = \Phi_r - \Phi_m \cos(\alpha - \theta) \approx \Phi_r - \Phi_m \sin\alpha \qquad (29\text{-}4)$$

将 A 代回到式（29-3），最后可得

$$\phi \approx \Phi_m \sin(\omega t + \alpha) + (\Phi_r - \Phi_m \sin\alpha)e^{-\frac{R_1}{L_1}t} \qquad (29\text{-}5)$$

由式（29-5）可见，如果投入瞬间初相角 $\alpha = -90°$，则投入时磁通的稳态分量为 $-\Phi_m$，瞬变分量的幅值为 $\Phi_m + \Phi_r$。如果不计瞬变分量的衰减，铁心中的最大磁通值可能达到 $2\Phi_m + \Phi_r$，铁心将高度饱和，瞬态励磁电流达到正常值的 80～100 倍或额定电流的 4～6 倍，这是

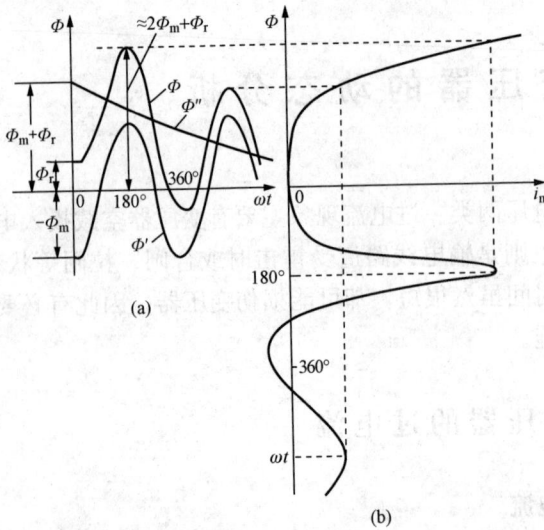

图 29-1　在 $\alpha = -90°$下空载投入时一次侧的瞬态电流
(a) 磁通随时间的变化；(b) 由磁通确定励磁电流

一种最不利的情况，如图 29-1 所示，电流波形如图 29-2 所示。

事实上，随着时间的推移，瞬变分量将逐步衰减，衰减的速度取决于时间常数 $T_1 = L_1/R_1$。一般小型变压器的电阻较大，T_1 较小，故合闸的冲击电流经过几个周波就达到稳态值；大型变压器的电阻较小，T_1 较大，衰减过程较慢，可达几秒以上，使一次线路过电流保护装置动作，引起跳闸。因此，大型变压器在投入电源时，常在一次绕组中串入一个电阻，来减少冲击电流的幅值并加快其衰减，投入后再切除该电阻。

二、二次侧突然短路时变压器的短路电流

当变压器的一次侧接到具有额定电压的电源，二次侧发生突然短路时，励磁电流将远远小于短路电流，可忽略不计，因此可用简化等效电路来研究，如图 29-3 所示。此时变压器的电压方程可列为

$$R_k i + L_k \frac{\mathrm{d}i}{\mathrm{d}t} = \sqrt{2}U_1 \cos(\omega t + \alpha) \tag{29-6}$$

式中：R_k 和 L_k 分别为变压器的短路电阻和电感。

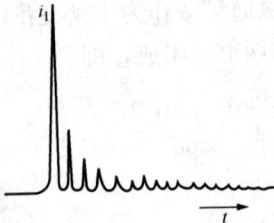

图 29-2　在 $\alpha = -90°$下空载投入时一次侧的瞬态励磁电流的波形

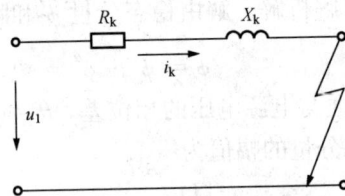

图 29-3　突然短路时变压器的简化等效电路

式 (29-6) 的解为

$$i = i' + i'' = \frac{\sqrt{2}U_1}{Z_k}\cos(\omega t + \alpha - \theta_k) + Be^{-\frac{R_k}{L_k}t} \tag{29-7}$$

式中：i' 和 i''分别为短路电流的稳态分量和瞬变分量；Z_k 为变压器的短路阻抗；θ_k 为短路阻抗角，$\theta_k = \arctan(X_k/R_k) \approx 90°$；$B$ 为自由分量的幅值，可由初始条件确定。

设突然短路前变压器为空载，即 $t = 0$ 时，$i \approx 0$，代入式 (29-7)，可得

$$B = -\frac{\sqrt{2}U_1}{Z_k}\cos(\alpha - \theta_k) \approx -\frac{\sqrt{2}U_1}{Z_k}\sin\alpha \tag{29-8}$$

把 B 代回式（29-7），可得短路电流为

$$i \approx \frac{\sqrt{2}U_1}{Z_k}\sin(\omega t + \alpha) - \frac{\sqrt{2}U_1}{Z_k}\sin\alpha e^{-\frac{R_k}{L_k}t} \qquad (29-9)$$

从式（29-9）可见，在最不利的情况（$\alpha = 90°$）下短路时，如果不计瞬变分量 i'' 的衰减，突然短路电流的峰值可达稳态短路电流 i' 峰值的两倍；考虑瞬变分量的衰减时，可达 1.2～1.8 倍。一般变压器的稳态短路电流约为额定电流的 12～20 倍，故突然短路电流的峰值可达额定电流的 20～30 倍。

三、突然短路时绕组上的电磁力

突然短路时，一次和二次绕组中的大电流与漏磁场相互作用，将产生与电流平方成正比的强大电磁力作用在绕组上，可使绕组损坏。

绕组所受电磁力的方向，可由左手定则确定。漏磁场可分解为轴向分量 b_a 和径向分量 b_r，分布如图 29-4（a）所示。轴向磁场与绕组内的电流作用将产生径向电磁力 f_r，径向磁场与电流作用将产生轴向电磁力 f_a，如图 29-4（b）所示。径向力 f_r 将使高压绕组受到张力作用，低压绕组受到压力作用；轴向力 f_a 将使高、低压绕组都受到压力作用。

漏磁场的轴向分量通常远大于径向分量，故径向电磁力比轴向电磁力大很多，即 $f_r \gg f_a$。由于圆筒形绕组能承受

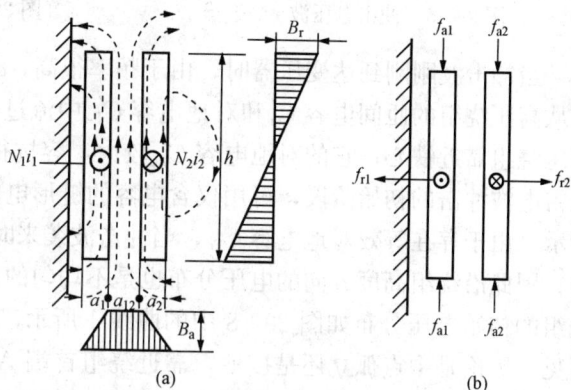

图 29-4 二绕组变压器的漏磁场和
绕组上所受的电磁力
(a) 漏磁场；(b) 绕组上的电磁力

较大的径向力而不变形，故轴向电磁力的危害性常常更大，它将使绕组变形而坍塌。因此变压器各绕组之间、绕组与铁轭之间、各线饼之间都要配置牢固的支撑，保证有足够的机械强度，保证绕组在突然短路时能经受电磁力的冲击。

第二节 变压器的过电压

一、过电压现象和分析

变压器的过电压可分成操作过电压和大气过电压两类。操作过电压是由发电厂、变电站的合闸、拉闸或系统短路所引起的；大气过电压是输电线路遭受雷击、带电云层在输电线上产生静电感应和放电所引起的。由于大气过电压的性质比较特殊，且过电压倍数较高（可达额定电压的 8～12 倍），对变压器的危害较大，所以这里只介绍大气过电压现象和防护措施。

当输电线直接遭受雷击时，雷云所带的大量电荷通过放电路径落到输电线上，这些自由电荷向输电线两端传播，形成了高压雷电冲击波。雷电波的传播速度接近于光速，只有几十微秒的持续时间，波头（即电压由零上升到最大值的时间）只有几微秒，如图 29-5 所示。如果把雷电波的波头部分看作一个高频正弦波的起始四分之一段，则上述冲击波到达变压器出线端时，相当于在变压器的端点加上了一个高频电压。因此在分析变压器的过电压现象

时，必须考虑匝间、线饼之间、高低压绕组之间以及绕组和铁心（对地）之间的电容。此时变压器将成为一个具有电阻、电感和电容的分布参数电路，如图 29-6 所示。

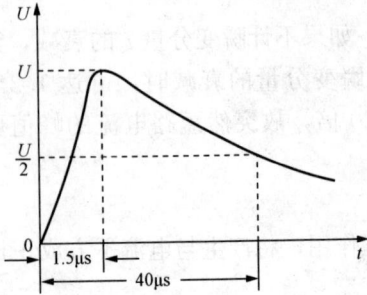

图 29-5　冲击电压波

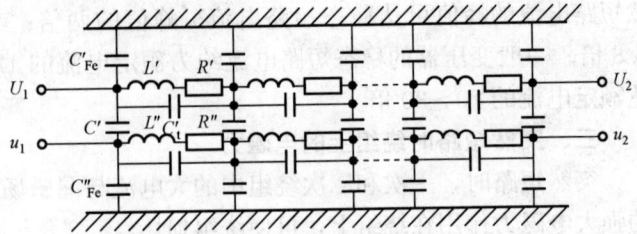

图 29-6　过电压时变压器的等效电路

当冲击波刚刚到达变压器时，由于频率很高，ωL 很大，$1/\omega C$ 很小，所以绝大部分电流将从高压绕组的匝间电容 C_t' 和对地电容 C_{Fe}' 中流过，流过绕组的电流接近于 0；此外，由于低压绕组靠近铁心，它的对地电容 C_{Fe}'' 较大，容抗很小，故可近似认为低压绕组接地。于是在雷电波冲击的初始阶段，可用仅含电容的链形电路作为高压绕组的等效电路，如图 29-7 所示。由于存在等效对地电容 C_{Fe}，当冲击波袭来时，每个匝间电容 C_t' 中流过的电流都不相等；因此沿绕组高度方向的电压分布也是不均匀的。绕组的中点孤立和接地两种情况下，沿绕组的初始电压分布如图 29-8 中的曲线 1 所示，变压器出线端处冲击波电压的幅值为 U。可见，无论是中点孤立还是接地，靠近绕组首端 A 的头几匝出现很大的电位梯度，最高的匝间电压可达正常工况下的 50～200 倍，严重地威胁头几匝的匝间绝缘和线饼间的绝缘。

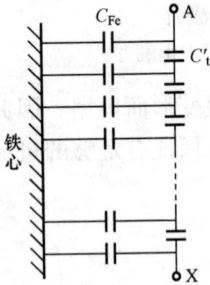

图 29-7　高压绕组的
链形电容电路

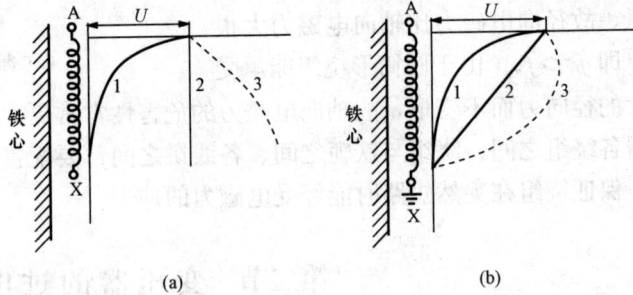

图 29-8　沿高压绕组的电压分布
(a) 中点孤立时；(b) 中点接地时

当冲击波的高频效应逐步减退时，绕组电感的作用将逐步显示出来；此时等效电路中的 LC 回路将引发电磁振荡。振荡过程中绕组上受到的电压分布如图 29-8 中的曲线 3 所示，在中点孤立时绕组的末端处，中点接地时绕组的首端附近，其对地绝缘（主绝缘）可受到比雷电波峰值 U 还要高的电压。

当电磁振荡衰减完毕时，绕组沿高度方向的电压将按绕组的电阻重新分布，将是一条直线，如图 29-8 中的曲线 2 所示。

二、变压器的过电压保护

为了防止绕组绝缘在过电压时被击穿，变压器的外部可装设避雷器来加以保护；内部可以采用以下两种办法：

（1）加强绝缘。除加强高压绕组的对地绝缘外，为了承受初始电压分布不均匀所引起较高的匝间电压，还可以加强首端和末端附近部分线匝的绝缘，如图 29-9 所示。

（2）增大匝间电容。分析表明，匝间电容 C'_t 比对地电容 C_{Fe} 越大，初始电压分布就越均匀，电位梯度也越小。过去常用加装静电环或静电屏的电容补偿法来增大匝间电容，如图 29-9 所示；由于制造工艺复杂，效果有限，目前已用得不多。目前，在 110kV 级以上的大型变压器中，广泛采用纠结式或部分纠结式结构线圈，能显著增大线饼之间的电容。

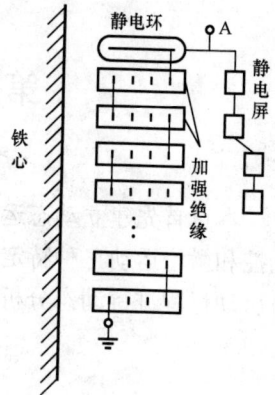

图 29-9 电容补偿保护

第三十章 直流电机的动态分析

本章首先建立动态运行时直流电机的运动方程，然后以他励直流电动机为例，对枢控、场控和微增运动三种特定情况，将非线性的运动方程线性化，导出其框图和传递函数，最后对启动过程进行动态分析。

第一节 直流电机的运动方程

他励直流电动机的励磁绕组和电枢绕组之间没有电的联系，电压方程为

$$\left. \begin{aligned} u_f &= (R_f + L_f p)i_f \\ u_a &= (R_a + L_a p)i_a + G_{af}i_f\Omega \end{aligned} \right\} \tag{30-1}$$

式中：u_f 为励磁电压；i_f 为励磁电流；R_f 和 L_f 分别为励磁绕组的电阻和电感；u_a 为电枢电压；i_a 为电枢电流；R_a 和 L_a 分别为电枢绕组的电阻和电感；G_{af} 为运动电动势系数；Ω 为电枢旋转角速度；$p = \dfrac{d}{dt}$。

与稳态运行相比，动态分析时，电压方程中出现了自感电动势 Lpi。当作发电机运行时，i_a 为负值。

他励直流电动机的转矩方程为

$$T_e = (R_\Omega + Jp)\Omega + T_2 \tag{30-2}$$

式中：R_Ω 为旋转阻力系数；J 为转动惯量；T_2 为负载转矩。

电磁转矩为

$$T_e = G_{af}i_f i_a \tag{30-3}$$

与稳态运行相比，动态分析时，转矩方程中出现了惯性转矩 $Jp\Omega$ 项。当作发电机运行时，T_e 和 T_2 均为负值。

并励和串励直流电动机的运动方程与他励时相同，但约束不同。并励时的约束为

$$u_a = u_f = u,\ i = i_a + i_f \tag{30-4}$$

串励时的约束为

$$u = u_a + u_f,\ i = i_a = i_f \tag{30-5}$$

式中：u 为电机的端电压；i 为电机的总电流。

当作发电机运行时，i、i_a 和 u_f 均为负值。

第二节 他励直流电动机的框图和传递函数

根据运动方程式（30-1）和式（30-2），可以画出他励直流电机的励磁、电枢和机械三个端口在时域内相应的分框图，如图 30-1（a）、（b）、（c）所示。再根据变量之间的关系，把各个分框图连接在一起，即可得到系统的总框图，如图 30-1（d）所示。从运动方程和图

30-1可见，一般情况下，由于存在机电耦合项，他励电动机的运动方程是非线性的。相应地，时域框图中出现了乘法器。但是在枢控、场控和微增运动三种特定情况，方程可以简化成线性。如果初始条件为零，则将各个方程进行拉氏变换，可得系统在复频域内的框图和传递函数，并由此求得系统的动态性能。

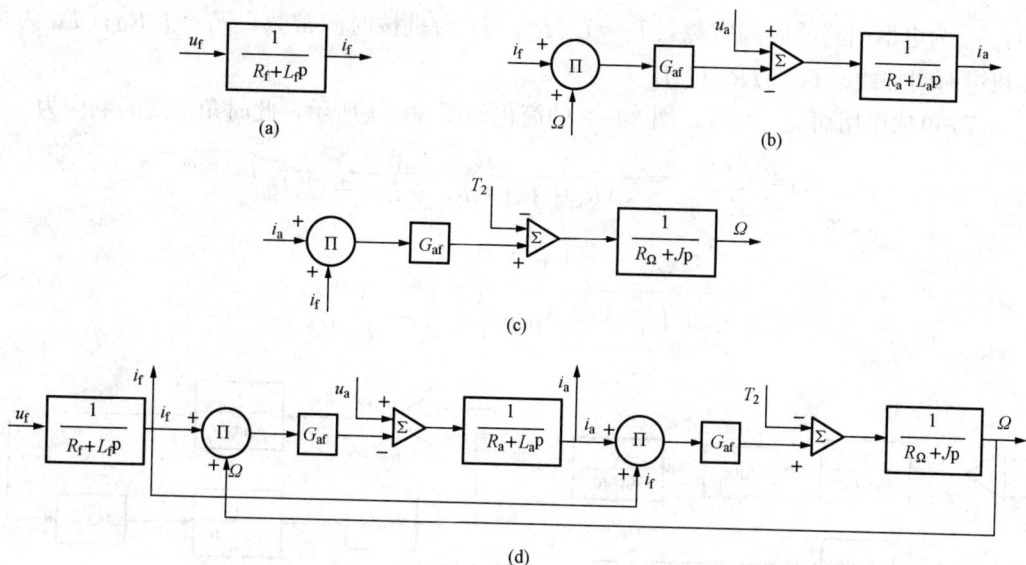

图 30-1　他励直流电动机在时域中的框图
（a）励磁端口；（b）电枢端口；（c）机械端口；（d）总框图

一、枢控时的框图和传递函数

电枢控制时，$i_f = I_{f0}$ 为常值，励磁回路中无瞬态响应，故其电压方程不用求解。他励直流电动机的运动方程此时可简化为

$$\left. \begin{array}{l} u_a = G_{af} I_{f0} \Omega + (R_a + L_a p) i_a \\ G_{af} I_{f0} i_a = T_2 + (R_\Omega + J p) \Omega \end{array} \right\} \tag{30-6}$$

负载转矩 T_2 为常值时，如果不计磁饱和，这是一组线性联立方程，其框图如图30-2所示。电枢端口的输入量为 u_a，机械端口的输出量为 Ω，负载转矩 T_2 作为系统外部的干扰量列出。由于方程式（30-6）为线性，故可利用叠加原理，分别求出各输入量（或干扰量）单独作用时系统的响应，再叠加得到总响应。

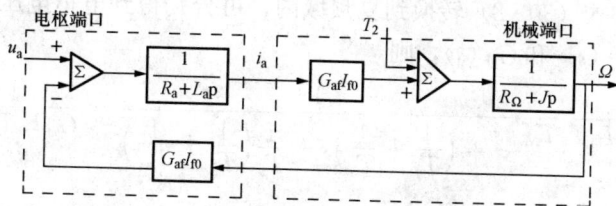

图 30-2　他励直流电动机的枢控框图

当 u_a 单独作用而 $T_2 = 0$ 时，图30-2可简化，过程如图30-3所示，此时角速度的响应为

$$\Omega_{\mathrm{I}} = \Omega\big|_{T_2=0} = \frac{G_{\mathrm{af}}I_{\mathrm{f0}}}{(R_{\mathrm{a}}+L_{\mathrm{a}}p)(R_{\Omega}+Jp)+G_{\mathrm{af}}^2I_{\mathrm{f0}}^2}u_{\mathrm{a}}$$

$$= \frac{1}{G_{\mathrm{af}}I_{\mathrm{f0}}T_{\mathrm{a}}T_{\mathrm{M}}\left[p^2+\left(\dfrac{1}{T_{\mathrm{a}}}+\dfrac{1}{T_{\mathrm{J}}}\right)p+\dfrac{1}{T_{\mathrm{a}}}\left(\dfrac{1}{T_{\mathrm{J}}}+\dfrac{1}{T_{\mathrm{M}}}\right)\right]}u_{\mathrm{a}} \tag{30-7}$$

式中：T_{a} 为电枢回路的时间常数，$T_{\mathrm{a}}=L_{\mathrm{a}}/R_{\mathrm{a}}$；$T_{\mathrm{J}}$ 为机械时间常数，$T_{\mathrm{J}}=J/R_{\Omega}$；$T_{\mathrm{M}}$ 为系统的机电时间常数，$T_{\mathrm{M}}=JR_{\mathrm{a}}/G_{\mathrm{af}}^2I_{\mathrm{f0}}^2$。

当 T_2 单独作用而 $u_{\mathrm{a}}=0$ 时，图 30-2 的简化如图 30-4 所示，此时角速度的响应为

$$\Omega_{\mathrm{II}} = \Omega\big|_{u_{\mathrm{a}}=0} = -\frac{R_{\mathrm{a}}+L_{\mathrm{a}}p}{(R_{\mathrm{a}}+L_{\mathrm{a}}p)(R_{\Omega}+Jp)+G_{\mathrm{af}}^2I_{\mathrm{f0}}^2}T_2$$

$$= -\frac{\dfrac{1}{J}\left(\dfrac{1}{T_{\mathrm{a}}}+p\right)}{p^2+\left(\dfrac{1}{T_{\mathrm{a}}}+\dfrac{1}{T_{\mathrm{J}}}\right)p+\dfrac{1}{T_{\mathrm{a}}}\left(\dfrac{1}{T_{\mathrm{J}}}+\dfrac{1}{T_{\mathrm{M}}}\right)}T_2 \tag{30-8}$$

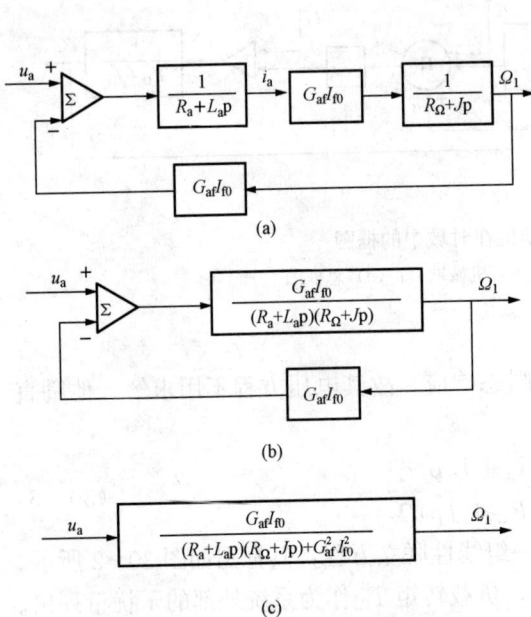

图 30-3　$T_2=0$ 时框控框图　　　　图 30-4　$u_{\mathrm{a}}=0$ 时框控框图

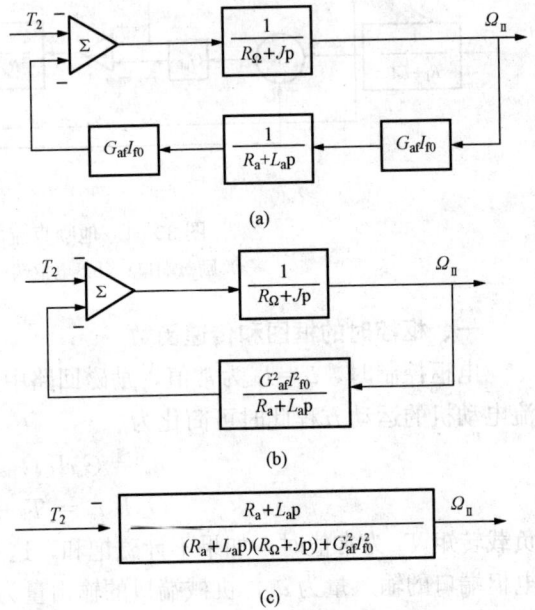

把式（30-7）和式（30-8）转换到复频域内，可分别得到电枢电压、负载转矩与角速度之间的传递函数 $G_{\mathrm{I}}(s)$ 和 $G_{\mathrm{II}}(s)$，则

$$G_{\mathrm{I}}(s) = \frac{\Omega_{\mathrm{I}}(s)}{U_{\mathrm{a}}(s)} = \frac{1}{G_{\mathrm{af}}I_{\mathrm{f0}}T_{\mathrm{a}}T_{\mathrm{M}}}\cdot\frac{1}{s^2+\left(\dfrac{1}{T_{\mathrm{J}}}+\dfrac{1}{T_{\mathrm{a}}}\right)s+\dfrac{1}{T_{\mathrm{a}}}\left(\dfrac{1}{T_{\mathrm{J}}}+\dfrac{1}{T_{\mathrm{M}}}\right)} = \frac{1}{G_{\mathrm{af}}I_{\mathrm{f0}}T_{\mathrm{a}}T_{\mathrm{M}}}\cdot\frac{1}{s^2+2\alpha s+\omega_{\mathrm{n}}^2}$$

$$G_{\mathrm{II}}(s) = \frac{\Omega_{\mathrm{II}}(s)}{T_2(s)} = -\frac{1}{J}\cdot\frac{\dfrac{1}{T_{\mathrm{a}}}+s}{s^2+\left(\dfrac{1}{T_{\mathrm{J}}}+\dfrac{1}{T_{\mathrm{a}}}\right)s+\dfrac{1}{T_{\mathrm{a}}}\left(\dfrac{1}{T_{\mathrm{J}}}+\dfrac{1}{T_{\mathrm{M}}}\right)} = -\frac{1}{J}\cdot\frac{\dfrac{1}{T_{\mathrm{a}}}+s}{s^2+2\alpha s+\omega_{\mathrm{n}}^2}$$

$$\tag{30-9}$$

式中：ω_n 为系统的自然角频率；α 为阻尼因子。

　　α 与 ω_n 之比称为阻尼比 ξ

$$\omega_n = \sqrt{\frac{1}{T_a}\left(\frac{1}{T_J}+\frac{1}{T_M}\right)}, \quad \alpha = \frac{1}{2}\left(\frac{1}{T_J}+\frac{1}{T_a}\right), \quad \xi = \frac{\alpha}{\omega_n} \tag{30-10}$$

特征方程式 $s^2 + 2\alpha s + \omega_n^2 = 0$ 的根则为

$$s_{1,2} = -\alpha \pm \sqrt{\alpha^2 - \omega_n^2} = -\xi\omega_n \pm \omega_n\sqrt{\xi^2-1} \tag{30-11}$$

若阻尼比 $\xi > 1$，则 $s_{1,2}$ 均为实数；若阻尼比 $\xi < 1$，则 $s_{1,2}$ 将是复数。阻力系数 R_Ω 对 ω_n 和 α 的影响通常很小，可忽略不计，于是有

$$\omega_n \approx \sqrt{\frac{1}{T_a}\frac{1}{T_M}}, \quad \alpha \approx \frac{1}{2}\frac{1}{T_a}, \quad \xi \approx \frac{1}{2}\sqrt{\frac{T_M}{T_a}} \tag{30-12}$$

$$s_{1,2} \approx -\frac{1}{2T_a}\left(1 \pm \sqrt{1-\frac{4T_a}{T_M}}\right) \tag{30-13}$$

于是有 $s^2 + 2\alpha s + \omega_n^2 = s(s-s_1)(s-s_2)$。系统在复频域内的总响应为

$$\Omega(s) = \Omega_I(s) + \Omega_{II}(s)$$
$$= G_I(s)U_a(s) + G_{II}(s)T_2(s) \tag{30-14}$$

式中：$U_a(s)$ 为电枢电压的拉氏变换；$T_2(s)$ 为负载转矩的拉氏变换。

　　对式（30-14）取拉氏逆变换，可得时域内的总响应 $\Omega(t)$。

　　令 $s=0$，从式（30-9）可得电枢电压或负载转矩作阶跃变化时，稳态角速度的变化

$$\left.\begin{array}{l}\dfrac{\Delta\Omega_I(\infty)}{\Delta U_a} = \dfrac{1}{G_{af}I_{f0}T_aT_M}\dfrac{1}{\omega_n^2} = \dfrac{G_{af}I_{f0}}{G_{af}^2I_{f0}^2+R_aR_\Omega} \\[3mm] \dfrac{\Delta\Omega_{II}(\infty)}{\Delta T_2} = -\dfrac{1}{JT_a}\dfrac{1}{\omega_n^2} = -\dfrac{R_a}{G_{af}^2I_{f0}^2+R_aR_\Omega}\end{array}\right\} \tag{30-15}$$

式中：第二式的负号表示加上负载转矩时电动机的转速将下降。

二、场控时的框图和传递函数

　　对磁场进行控制时，若使电枢电流 $i_a = I_{a0}$ 为常值，则电枢回路中无瞬态响应，他励直流电动机的运动方程此时简化为

$$\left.\begin{array}{l}u_f = (R_f + L_f p)i_f \\[2mm] G_{af}I_{a0}i_f = (R_\Omega + Jp)\Omega + T_2\end{array}\right\} \tag{30-16}$$

T_2 为常值时，如果不计磁饱和，式（30-16）是一组线性微分方程组，其框图如图 30-5 所示。从图 30-5 可得

$$\Omega_I = \Omega|_{T_2=0} = \frac{G_{af}I_{a0}}{(R_f+L_f p)(R_\Omega+Jp)}u_f = \frac{G_{af}I_{a0}}{R_f R_\Omega}\frac{1}{(1+T_f p)(1+T_J p)}u_f \tag{30-17}$$

$$\Omega_{II} = \Omega|_{u_f=0} = -\frac{1}{R_\Omega+Jp}T_2 = -\frac{1}{R_\Omega}\frac{1}{1+T_J p}T_2 \tag{30-18}$$

以 s 替换式（30-17）、式（30-18）中的 p，即可得到系统对 U_f 和 T_2 的传递函数

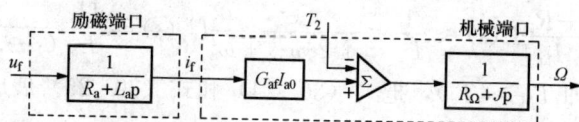

图 30-5　场控时他励直流电动机的框图

$$G_{\mathrm{I}}(s) = \frac{\Omega_{\mathrm{I}}(s)}{U_{\mathrm{f}}(s)} = \frac{G_{\mathrm{af}}I_{\mathrm{a0}}}{R_{\mathrm{f}}R_{\Omega}} \frac{1}{(1+T_{\mathrm{f}}s)(1+T_{\mathrm{J}}s)} \Bigg\}$$

$$G_{\mathrm{II}}(s) = \frac{\Omega_{\mathrm{II}}(s)}{T_2(s)} = -\frac{1}{R_{\Omega}} \frac{1}{1+T_{\mathrm{J}}s} \qquad (30\text{-}19)$$

系统在复频域内的总响应为

$$\Omega(s) = G_{\mathrm{I}}(s)U_{\mathrm{f}}(s) + G_{\mathrm{II}}(s)T_2(s) \qquad (30\text{-}20)$$

式中：$U_{\mathrm{f}}(s)$ 为励磁电压的拉氏变换；$T_2(s)$ 为负载转矩的拉氏变换。

对式（30-20）取拉氏逆变换，可得时域内的总响应 $\Omega(t)$。

三、微增运动时运动方程的线性化

微增运动指围绕着某平衡位置（如稳态运行点）作微小变动。平衡位置处的值以下标"0"表示，微增量以"1"表示，则微增运动时运动方程中的六个变量可表示为

$$\left. \begin{aligned} u_{\mathrm{f}} &= U_{\mathrm{f0}} + u_{\mathrm{f1}}, \; i_{\mathrm{f}} = I_{\mathrm{f0}} + i_{\mathrm{f1}} \\ u_{\mathrm{a}} &= U_{\mathrm{a0}} + u_{\mathrm{a1}}, \; i_{\mathrm{a}} = I_{\mathrm{a0}} + i_{\mathrm{a1}} \\ T_2 &= T_{20} + T_{21}, \; \Omega = \Omega_0 + \Omega_1 \end{aligned} \right\} \qquad (30\text{-}21)$$

把式（30-21）代入运动方程式（30-1）和式（30-2），再考虑到平衡位置处的已知条件

$$\left. \begin{aligned} u_{\mathrm{f0}} &= R_{\mathrm{f}}I_{\mathrm{f0}} \\ u_{\mathrm{a0}} &= G_{\mathrm{af}}\Omega_0 I_{\mathrm{f0}} + R_{\mathrm{a}}I_{\mathrm{a0}} \\ G_{\mathrm{af}}I_{\mathrm{f0}}I_{\mathrm{a0}} &= R_{\Omega}\Omega_0 + T_{20} \end{aligned} \right\} \qquad (30\text{-}22)$$

并且不计两个微增量的乘积项（微小的非线性项），可得微增运动时的线性化运动方程为

$$\left. \begin{aligned} u_{\mathrm{f1}} &= (R_{\mathrm{f}} + L_{\mathrm{f}}\mathrm{p})i_{\mathrm{f1}} \\ u_{\mathrm{a1}} &= G_{\mathrm{af}}\Omega_0 i_{\mathrm{f1}} + G_{\mathrm{af}}I_{\mathrm{f0}}\Omega_1 + (R_{\mathrm{a}} + L_{\mathrm{a}}\mathrm{p})i_{\mathrm{a1}} \\ G_{\mathrm{af}}I_{\mathrm{a0}}i_{\mathrm{f1}} + G_{\mathrm{af}}I_{\mathrm{f0}}i_{\mathrm{a1}} &= (R_{\Omega} + J\mathrm{p})\Omega_1 + T_{21} \end{aligned} \right\} \qquad (30\text{-}23)$$

由此即可画出微增运动时的框图，把时域框图中的 p 换以 s，可得复频域内的框图。

第三节　直流电动机启动过程的动态分析

他励直流电动机在启动时，励磁通常保持不变（即 $i_{\mathrm{f}} = I_{\mathrm{f0}} =$ 常值），故电动机的运动方程和框图将与枢控时相同。

设 $T_2 = 0$，即电动机在空载情况下启动；启动时电枢端点突加阶跃直流电压 $U_{\mathrm{a}}(s) = U_{\mathrm{a}}/s$，不计 R_{Ω} 和磁饱和的影响。根据式（30-9），可得在复频域内机械角速度为

$$\Omega(s) = G_{\mathrm{I}}(s)U_{\mathrm{a}}(s) = \frac{1}{G_{\mathrm{af}}I_{\mathrm{f0}}T_{\mathrm{a}}T_{\mathrm{M}}} \frac{1}{s^2 + 2\xi\omega_{\mathrm{n}}s + \omega_{\mathrm{n}}^2}U_{\mathrm{a}}(s)$$

$$= \frac{U_{\mathrm{a}}}{G_{\mathrm{af}}I_{\mathrm{f0}}T_{\mathrm{a}}T_{\mathrm{M}}} \frac{1}{s(s-s_1)(s-s_2)} \qquad (30\text{-}24)$$

由式（30-6）可得电枢电流 $I_{\mathrm{a}}(s)$ 为

$$I_{\mathrm{a}}(s) = \frac{Js + R_{\Omega}}{G_{\mathrm{af}}I_{\mathrm{f0}}}\Omega(s) \approx \frac{1}{L_{\mathrm{a}}} \frac{s}{s^2 + 2\xi\omega_{\mathrm{n}}s + \omega_{\mathrm{n}}^2}U_{\mathrm{a}}(s) = \frac{U_{\mathrm{a}}}{L_{\mathrm{a}}} \frac{1}{(s-s_1)(s-s_2)} \qquad (30\text{-}25)$$

若阻尼比 $\xi > 1$（即 $T_{\mathrm{M}} > 4T_{\mathrm{a}}$），把式（30-24）和式（30-25）展成部分分式，可得

$$\left.\begin{aligned} I_a(s) &= \frac{U_a}{L_a}\left(\frac{K_1}{s-s_1}+\frac{K_2}{s-s_2}\right) \\ \Omega(s) &= \frac{U_a}{G_{af}I_{f0}T_aT_M}\left(\frac{K_1'}{s}+\frac{K_2'}{s-s_1}+\frac{K_3'}{s-s_2}\right) \end{aligned}\right\} \tag{30-26}$$

其中

$$K_1=-\frac{1}{s_2-s_1},\ K_2=\frac{1}{s_2-s_1},$$

$$K_1'=\frac{1}{s_1s_2},K_2'=\frac{1}{s_1(s_1-s_2)},\ K_3'=\frac{1}{s_2(s_1-s_2)} \tag{30-27}$$

于是可得电枢电流和转速在时域中的响应为

$$\begin{aligned} i_a(t) &\approx \frac{U_a}{L_a}\frac{1}{s_1-s_2}(e^{s_1t}-e^{s_2t}) \\ &= \frac{U_a}{L_a}\frac{1}{2\omega_n\sqrt{\xi^2-1}}\left[e^{-(\xi-\sqrt{\xi^2-1})\omega_nt}-e^{-(\xi+\sqrt{\xi^2-1})\omega_nt}\right] \end{aligned} \tag{30-28}$$

$$\begin{aligned} \Omega(t) &= \frac{U_a}{G_{af}I_{f0}}\left(1+\frac{s_2}{s_1-s_2}e^{s_1t}-\frac{s_1}{s_1-s_2}e^{s_2t}\right) \\ &= \frac{U_a}{G_{af}I_{f0}}\left[1+\frac{1}{2(\xi^2-\xi\sqrt{\xi^2-1}-1)}e^{-(\xi-\sqrt{\xi^2-1})\omega_nt}\right. \\ &\quad \left.+\frac{1}{2(\xi^2+\xi\sqrt{\xi^2-1}-1)}e^{-(\xi+\sqrt{\xi^2-1})\omega_nt}\right] \end{aligned} \tag{30-29}$$

对大多数直流电动机来说，$4T_a \ll T_M$，故$\sqrt{1-\frac{4T_a}{T_M}}\approx 1-\frac{2T_a}{T_M}$，于是式（30-13）可简化成

$$s_1 \approx -\frac{1}{T_a},\ s_2 \approx -\frac{1}{T_M},\ \frac{1}{s_1-s_2} \approx \frac{T_aT_M}{T_a-T_M} \tag{30-30}$$

由此可得电枢电流和角速度的近似瞬态响应为

$$\left.\begin{aligned} i_a(t) &\approx \frac{U_a}{R_a}(e^{-\frac{t}{T_M}}-e^{-\frac{t}{T_a}}) \\ \Omega(t) &\approx \frac{U_a}{G_{af}I_{f0}}\left(1-\frac{T_M}{T_M-T_a}e^{-\frac{t}{T_M}}+\frac{T_a}{T_M-T_a}e^{-\frac{t}{T_a}}\right) \end{aligned}\right\} \tag{30-31}$$

式（30-31）表明，电枢电流和角速度的瞬态响应均由两部分组成，一部分按电枢电路的时间常数 T_a 衰减，另一部分按机电时间常数 T_M 衰减。对应的$i_a(t)$ 和 $\Omega(t)$ 曲线如图 30-6 所示。通常 $T_a \ll T_M$，即电的瞬态比机电瞬态短暂得多。如果进一步忽略电的瞬态，即认为 $T_a\approx 0$，则式（30-31）将进一步简化为

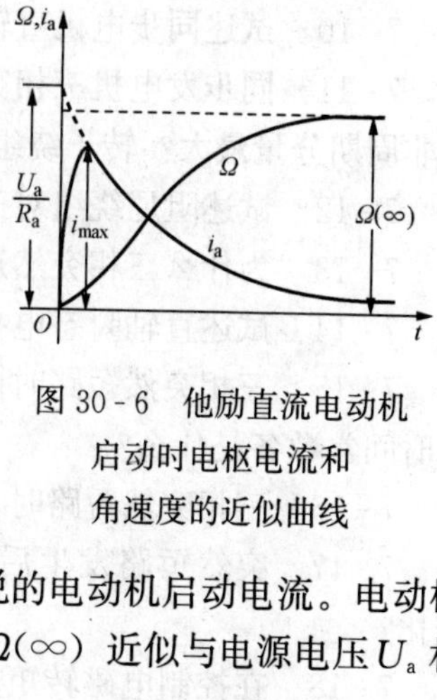

图 30-6　他励直流电动机启动时电枢电流和角速度的近似曲线

$$\left.\begin{aligned} i_a(t) &\approx \frac{U_a}{R_a}e^{-\frac{t}{T_M}} \\ \Omega(t) &\approx \frac{U_a}{G_{af}I_{f0}}(1-e^{-\frac{t}{T_M}}) \end{aligned}\right\} \tag{30-32}$$

此时电枢可能达到冲击电流的最大值 $I_{st}=U_a/R_a$，即是通常所说的电动机启动电流。电动机的稳态机械角速度 $\Omega(\infty)=U_a/G_{af}I_{f0}$，即稳态运动电动势 $G_{af}I_{f0}\Omega(\infty)$ 近似与电源电压 U_a 相

平衡。

若阻尼比 $\xi < 1$（即 $T_M < 4T_a$），则启动过程将是具有衰减的振荡过程，电枢电流和角速度的瞬态响应此时分别为

$$
\left.
\begin{aligned}
i_a(t) &\approx \frac{U_a}{L_a \omega_n \sqrt{1-\xi^2}} e^{-\xi \omega_n t} \sin \omega_n \sqrt{1-\xi^2}\, t \\
\Omega(t) &\approx \frac{U_a}{G_{af} I_{f0}} \left[1 - \frac{e^{-\xi \omega_n t}}{\sqrt{1-\xi^2}} \sin(\omega_n \sqrt{1-\xi^2}\, t + \alpha) \right]
\end{aligned}
\right\}
\tag{30-33}
$$

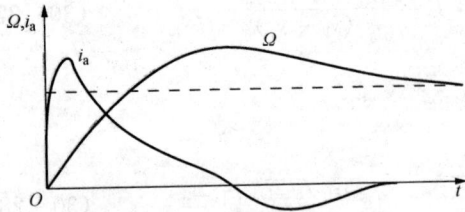

图 30-7　$\xi < 1$ 时，电枢电流和
角速度的瞬时响应

由式（30-33）可知，要使启动过程成为非振荡的过程，应增大阻尼比 ξ。由于

$$
\xi^2 \approx \frac{1}{4} \frac{T_M}{T_a} = \frac{1}{4} \frac{R_a^2 J}{G_{af}^2 I_{f0}^2 L_a}
$$

所以可增大转动惯量 J 或减小 $G_{af} I_{f0}$（即减小主磁通 Φ）来达到这一目的。i_a 和 Ω 随时间变化的曲线如图 30-7 所示。

思 考 题

7-1　旋转电机的动态分析和稳态分析相比，有什么特点？

7-2　凸极同步电机突然短路时与不对称运行时的瞬态电抗和超瞬态电抗有什么区别？

7-3　在选用转子各量的标幺值基值时有哪些要求？如何满足这些要求？

7-4　什么叫做转子电流的"X_{ad}基准"，有何优点？

7-5　在进行 dq0 变换前、后，定、转子绕组间互感的实际值是否可逆？为什么？

7-6　同步电机的电抗大小取决于什么？X_d、X_d'、X_d''哪一个大？哪一个小？为什么？

7-7　突然短路后定子突然短路电流倍数和励磁电流非周期分量的增长倍数，是装有阻尼绕组的电机大，还是不装有阻尼绕组的大？为什么？

7-8　同步电机的运算电抗为什么能适用于各种运行工况？

7-9　试述 X_d、X_d'、X_d'' 和 $X_d(s)$ 的定义和用途。

7-10　试述同步电机直轴和交轴电抗函数的意义，并写出仅有励磁绕组时的电抗函数。

7-11　同步发电机三相突然短路时，为什么短路电流中会出现非周期分量？什么情况下非周期分量最大？转子绕组中非周期分量的起始值是否与 θ_0 有关？为什么？

7-12　试述阻尼绕组对三相突然短路时定子电流和励磁电流的影响。

7-13　为什么三相突然短路电流要比稳态短路电流大很多倍？

7-14　试述直轴瞬态电抗和超瞬态电抗的意义，并画出其相应的磁路和等效电路。

7-15　三相突然短路时同步电机定、转子电流的哪些分量会衰减，哪些不衰减？衰减的时间常数各是什么？

7-16　三相突然短路时，在什么情况下定子某相绕组中非周期分量电流最大？

7-17　突然短路发生后在电流衰减过程中，电机中交链定子绕组的气隙磁通值有何变化？

7-18　在控制电磁转矩方面，和直流电机相比，感应电动机有哪些不利条件？

7 - 19 感应电动机矢量变换控制的基本思想是什么? 转子磁场定向矢量变换控制在实现上存在哪些问题?

7 - 20 在他励直流电动机的动态分析中, 在什么条件下可以将非线性方程线性化?

7 - 21 他励直流电动机中, 若电枢电压不变, 负载转矩阶跃地增加 ΔT_2, 问电动机速度如何变化 (电枢电感忽略不计)? 达到稳态后速度下降多少?

7 - 22 他励直流电动机启动时, 什么情况下会出现衰减振荡过程? 如何避免振荡发生?

7 - 23 具有三相对称绕组的同步发电机发生三相突然短路时, 也可以像稳态短路一样, 取其中的一相来分析吗? 为什么?

7 - 24 电力变压器被雷电袭击后, 变压器的等效电路发生了什么变化?

7 - 25 变压器突然短路时, 绕组上要受到哪些电磁力? 哪个大? 哪个危害大? 为什么?

练 习 题

7 - 1 试写出动态情况下他励直流电动机的运动方程。

7 - 2 一台他励直流电动机的负载转矩 (包含电机自身的惯性转矩和阻力转矩) $T_2 = 2\dot{\Omega} + \Omega \, \text{N·m}$ (Ω 为 rad/s), 励磁电流为常值 I_{f0}。试求电枢端点突加 110V 直流电压时电动机的速度响应。已知电枢电阻 $R_a = 1\Omega$, 电枢电感略去不计, 转矩常数 $G_{af} I_{f0} = 10 \, \text{N·m/A}$。

7 - 3 用示波器录取一台同步发电机在空载额定电压下的三相突然短路电流时, 得到 A 相电流周期分量的包络线可用下式表示

$$i_A = 9000 e^{-\frac{t}{0.027}} + 6000 e^{-\frac{t}{0.745}} + 2000 \text{A}$$

已知发电机的额定电流 I_N 为 1400A, 试求 X''_d、X'_d 和 X_d 的标幺值。

7 - 4 一台三相 Y 联结的凸极同步发电机, 测得各参数为 $X_d = 1.45\Omega$, $X'_d = 0.70\Omega$, $X''_d = 0.55\Omega$, $X_q = 1.05\Omega$, $X''_q = 0.65\Omega$, $X_\sigma = 0.20\Omega$。当每相空载电动势 $E_0 = 220\text{V}$ 时, 试求:

(1) 三相稳态短路电流。

(2) 三相突然短路电流的最大可能振幅。

(3) 外线至外线间稳态短路电流。

(4) 单相外线至中线间稳态短路电流。

(5) 每相经外 1.5Ω 电阻短路时稳态短路电流。

7 - 5 一台汽轮发电机, 参数为 $X_d = 1.1$, $X'_d = 0.155$, $X''_d = 0.09$ (均为标幺值); $T'_d = 0.6\text{s}$, $T''_d = 0.035\text{s}$, $T_a = 0.09\text{s}$。试写出在最不利情况下的三相突然短路电流的表达式, 在短路以前 $E_0 = 1$ (标幺值)。求出当短路后 0.01s 时的短路电流的瞬时值 (用额定电流的倍数表示)。

7 - 6 一台汽轮发电机, $P_N = 31250\text{kVA}$, $U_N = 6300\text{V}$, Y 联结, $\cos\varphi_N = 0.8$ (滞后), 由示波器录取到三相突然短路时 A 相电流周期分量的包络线方程为

$$i_A = 14200 e^{-\frac{t}{0.145}} + 15350 e^{-\frac{t}{1.16}} + 2025$$

A 相电流非周期分量为

$$i_A = 27300 e^{-\frac{t}{0.21}}$$

试求：

(1) X_d''、X_d' 和 X_d 的标幺值。

(2) T_d'' 和 T_d'。

(3) 短路初瞬主极轴线与 A 相轴线的夹角及时间常数 T_a 值。

7-7 一台汽轮发电机，$P_N=12000kW$，$U_N=6300V$，Y 联结，$\cos\varphi_N=0.8$（滞后），在空载额定电压下，发生机端三相突然短路。已知：$X_d=1.86$，$X_d'=0.192$，$X_d''=0.117$（均为标幺值）；$T_d'=0.84s$，$T_d''=0.105s$，$T_a=0.162s$。设短路初瞬时 B 相交链的主极磁链为最大值。试写出三相电流方程式。试求出哪一相的短路电流最大？其值为多少？

7-8 一台汽轮发电机，参数为 $X_d=1.62$，$X_d'=0.208$，$X_d''=0.126$（均为标幺值）；$T_d'=0.74s$，$T_d''=0.093s$，$T_a=0.132s$。在空载额定电压下，发生机端三相突然短路。用标幺值试求：

(1) 在最不利情况下的三相突然短路电流的表达式。

(2) 最大瞬时冲击电流。

(3) 在短路后经过 0.5、3s 时的短路电流的瞬时值。

7-9 试写出同步电机的派克方程，并说明其中每项的含意。

7-10 试导出 ABC 坐标系中感应电动机的状态方程。

附　　录

　　本附录收录了书中所涉及的一些基础知识，如电磁场、电路与磁路、铁磁材料、高等数学等；此外，还有一些较繁琐的内容，放在正文中容易转移读者的注意，影响整体思路，也把它们放在附录中；从而达到削枝强干的目的。这一部分的内容可供读者查阅、参考；各学校也可根据实际情况选讲。

附录一　基本电磁定律

一、磁场基本定律

1. 磁场与磁路

　　在磁铁周围空间存在着一种特殊形式的物质，称为磁场。不随时间而变的磁场为恒定磁场。磁场的强弱常形象地用磁感应线表示，穿过某一面积的磁感应线数称为磁通 ϕ，单位面积的磁通称为磁通密度 B，简称磁密，又称为磁感应强度，是表征磁场特性的一个基本量。当面积缩为一点（$\Delta A \rightarrow 0$）时，即为该点的磁密。表征磁场特性的另一个基本量是磁场强度 H。磁密和磁场强度都是向量，而且也都是空间的函数。

　　在工程上，为了得到较强的磁场，广泛地利用导磁能力强的铁磁物质。在电机、变压器、继电器以及电工仪表等设备中，应用铁磁材料制成一定的形状，人为地构成磁的路径，使磁场主要在这部分空间内分布。如同把电流流过的路径称为电路一样，磁通所通过的路径称为磁路。这样一来，就把分布在整个空间的磁场问题简化为局限在一定范围内的磁场问题，即转化为磁路问题，电路的一些定律可用在磁路中。磁路虽是一种磁场的近似方法，但确是工程实际中常用的方法。几种典型机电能量转换装置的磁路如图 A1-1 所示。

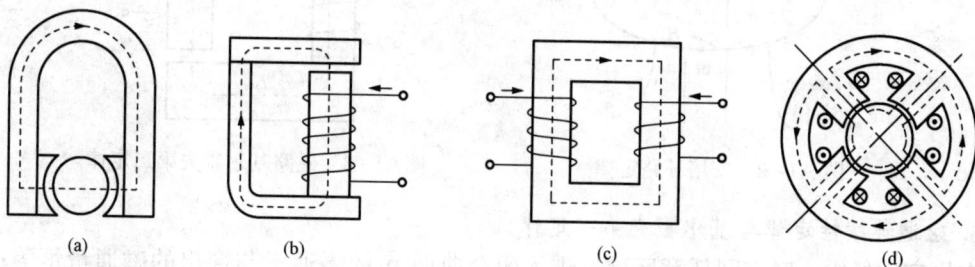

图 A1-1　典型机电能量转换器的磁路
(a) 仪表；(b) 继电器；(c) 变压器；(d) 电机

　　电机的工作原理以电磁感应原理为基础，必须以电磁场作为耦合场。严格地说，电机内的电磁场是时变电磁场，是电场和磁场的综合。但在电机中，电流的频率不高，可动部件的运动速度大大低于光速，电磁辐射可以略去不计，因此可把电场和磁场分开处理。绝大多数电机均以磁场作为耦合场。

2. 安培环路定律与基尔霍夫第二定律

在恒定磁场中，磁场强度 H 沿任意闭合回线 C 的线积分值，恰好等于通过以回线 C 作为边缘的曲面 A 上的全电流值，这个定律就称为安培环路定律，如图 A1 - 2 所示。用数学形式表示为

$$\oint_C \boldsymbol{H} \cdot \mathrm{d}l = \int_A \boldsymbol{J} \cdot \mathrm{d}\boldsymbol{A} \qquad (A1 - 1)$$

式中：$\boldsymbol{J}$ 为通过面积 $\mathrm{d}\boldsymbol{A}$ 处的电流密度向量，面积分表示通过曲面 A 的全电流值；回线 C 的正方向与曲面 A 的正方向之间符合右手螺旋关系。

如果积分路径沿着磁场强度矢量取向，闭合回线所包围的电流集中为几个线电流，则

$$\oint_C H \mathrm{d}l = \sum i \qquad (A1 - 2)$$

对于图 A1 - 3 的情况，闭合回线可分成 3 段，其长度分别为 l_1、l_2 和 δ，δ 为气隙。每段为同一材料、相同截面积，且段内磁密处处相等，从而磁场强度也处处相等。闭合回线所包围的总电流是由通有电流 i_1 和 i_2、匝数为 N_1 和 N_2 的两个绕组所提供。于是有

$$\sum_{k=1}^{3} H_k l_k = H_1 l_1 + H_2 l_2 + H_\delta \delta = N_1 i_1 + N_2 i_2 = \sum_{j=1}^{2} N_j i_j \qquad (A1 - 3)$$

由于式中 H_k 也是单位长度上的磁压降，$H_k l_k$ 则是一段磁路上的磁压降，$N_j i_j$ 则是某一个绕组作用在磁路上的磁动势。故式（A1 - 3）表明：沿任何闭合磁路的总磁动势恒等于各段磁压降的代数和。类比于电路中的基尔霍夫第二定律，该定律就称为磁路的基尔霍夫第二定律。

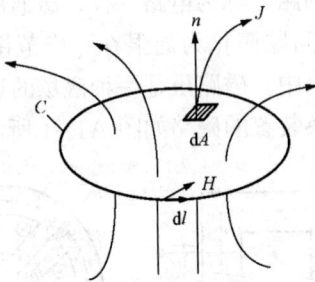

图 A1 - 2　安培环路定律　　　　　图 A1 - 3　磁路基尔霍夫第二定律

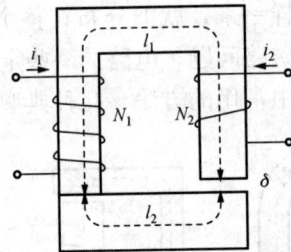

3. 磁通连续性定律与基尔霍夫第一定律

在恒定磁场中，对空间任意区域，进入闭合曲面 A 的磁通量与穿出的磁通量恒等；即磁感强度 B 对闭合曲面 A 的面积分恒等于零，如图 A1 - 4 所示。用数学形式表示为

$$\oint_A \boldsymbol{B} \cdot \mathrm{d}\boldsymbol{A} = 0 \qquad (A1 - 4)$$

式（A1 - 4）说明，磁通量是处处连续的，无头无尾的。这个定律就称为磁通连续性定律。

如果磁密方向垂直于曲面，则

$$\oint_A B \mathrm{d}A = 0 \qquad (A1 - 5)$$

如果闭合曲面 A 取在如图 A1 - 5 所示磁路中，磁通集中于几个截面上，且在每个截面上磁

密处处相等，磁通连续性定律可表示为

$$\sum_{k=1}^{3} B_k A_k = \sum_{k=1}^{3} \phi_k = -\phi_1 + \phi_2 + \phi_3 = 0 \tag{A1-6}$$

或

$$\phi_1 = \phi_2 + \phi_3 \tag{A1-7}$$

式（A1-7）表明：进入任一闭合面的磁通量恒等于穿出该闭合面的磁通量。比拟于电路中的基尔霍夫第一定律，该定律就称为磁路的基尔霍夫第一定律。

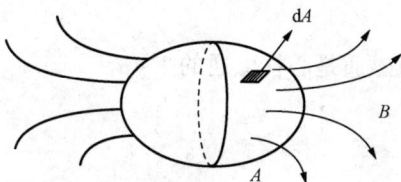

图 A1-4　磁通连续性定律

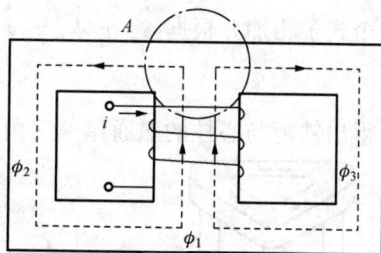

图 A1-5　磁路基尔霍夫第一定律

4. 成分方程与欧姆定律

磁密和磁场强度之间的关系满足成分方程，即

$$\boldsymbol{B} = \mu \boldsymbol{H} \tag{A1-8}$$

式中：μ 为导磁系数，取决于介质的成分和性质。

将式（A1-8）两边同时乘以某段磁路的截面积，并在右边的分子和分母同时乘以该段磁路的长度，就有

$$BA = \mu \frac{A}{l} Hl = \frac{Hl}{\dfrac{l}{\mu A}} \tag{A1-9}$$

于是

$$\phi = \frac{F}{R_m} \tag{A1-10}$$

式中：F 为磁路的磁压降；ϕ 为磁路的磁通；R_m 为磁路的磁阻，磁阻的倒数称为磁导 Λ。

式（A1-10）表明：磁路中流过的磁通等于作用在磁路上的磁压降与磁阻的比值。类似于电路中的欧姆定律，该定律称为磁路的欧姆定律。

【例 A1-1】　试证明渐开线式变压器铁心的铁轭磁通是心柱磁通的 $1/\sqrt{3}$。

解　如图 A1-6（a）所示，在心柱和铁轭相接的节点，应用磁路的基尔霍夫第一定律，可列出磁通的相量方程为

$$\left. \begin{aligned} \dot{\phi}_A &= \dot{\phi}_2 - \dot{\phi}_1 \\ \dot{\phi}_B &= \dot{\phi}_3 - \dot{\phi}_2 \\ \dot{\phi}_C &= \dot{\phi}_1 - \dot{\phi}_3 \end{aligned} \right\}$$

于是得到铁轭与心柱的磁通星—三角关系，如图 A1-6（b）所示，故铁轭磁通是心柱磁通的 $1/\sqrt{3}$。

【例 A1 - 2】 试证明三芯柱旁轭式变压器铁心的铁轭磁通是心柱磁通的 $1/\sqrt{3}$。

解　如图 A1 - 7 所示，在心柱和铁轭相接的节点，应用磁路的基尔霍夫第一定律，可列出磁通的相量方程为

$$\left.\begin{array}{l}\dot\phi_A = \dot\phi_2 - \dot\phi_1 \\[4pt] \dot\phi_B = \dot\phi_3 - \dot\phi_2 \\[4pt] \dot\phi_C = \dot\phi_4 - \dot\phi_3\end{array}\right\}$$

将这三个式子相加并根据 $\dot\phi_A + \dot\phi_B + \dot\phi_C = 0$ 的关系，可得

$$\dot\phi_4 = \dot\phi_1$$

同样可得出铁轭与心柱的磁通星—三角关系，故铁轭磁通是心柱磁通的 $1/\sqrt{3}$。

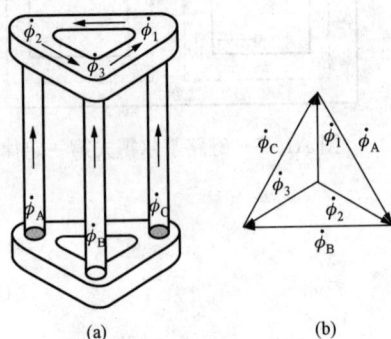

图 A1 - 6　渐开线式铁心的磁路　　　　　　　图 A1 - 7　三心柱旁轭式铁心的磁路

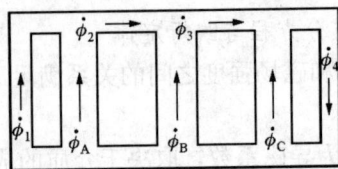

二、电场基本定律

1. 电场与电路

在电荷周围空间也存在着一种特殊形式的物质，称为电场。不随时间而变的电场为静电场。在导电媒质中的电场为恒定电场，通常称为恒定电流场。电场的强弱常形象地用电力线表示，穿过某一面积的电力线数称为电通 ϕ，单位面积的电通称为电场强度 E，是表征电场特性的一个基本量。当面积缩为一点（$\Delta A \rightarrow 0$）时，即为该点的电场强度，是一个向量。表征电介质中电场特性的另一个基本量是电位移 D，表征导电媒质中电场特性的另一个基本量是电流密度 J。电场强度、电位移和电流密度都是向量，而且也都是空间的函数。

2. 电磁感应定律

在静电场的情况下，电场强度 E 沿任意闭合回线 C 的线积分值等于零，即

$$\oint_C \boldsymbol{E} \cdot \mathrm{d}\boldsymbol{l} = 0 \tag{A1 - 11}$$

称为无旋定律。

图 A1 - 8　电磁感应定律

当磁场随时间变化时，式（A1 - 11）就不再成立，变化的磁场将会引起感应电动势。法拉第（Faraday）从实验中总结出：当通过闭合电路中的磁通量 ϕ 随时间变化时，电路中就会产生电流 i，如图 A1 - 8 所示。回路的感应电动势为

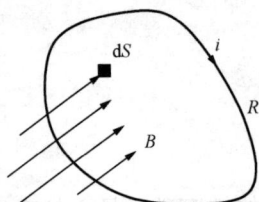

$$e = -\frac{\mathrm{d}\phi}{\mathrm{d}t} = -\frac{\mathrm{d}}{\mathrm{d}t}\int_A \boldsymbol{B} \cdot \mathrm{d}\boldsymbol{A} = Ri \tag{A1 - 12}$$

式中：R 为回路的电阻。

由于

$$Ri = \oint_C \boldsymbol{E} \cdot \mathrm{d}\boldsymbol{l} \tag{A1-13}$$

于是式（A1-12）可改写为

$$\oint_C \boldsymbol{E} \cdot \mathrm{d}\boldsymbol{l} = -\frac{\mathrm{d}}{\mathrm{d}t}\int_A \boldsymbol{B} \cdot \mathrm{d}\boldsymbol{A} \tag{A1-14}$$

这就是电磁场中的电磁感应定律，也称法拉第定律。

式（A1-14）说明，当通过闭合电路中的磁通量发生变化时，回路内就会产生感应电动势。根据楞茨定则，感应电流的方向恒为抵制磁通变化的方向；如果感应电动势和磁通量的正方向符合右手螺旋关系，则式中有一个负号。

电磁感应定律是从一个具有电阻 R 的实体回路中总结出来的。实验证明，当所研究的区域内没有实体回路时，式（A1-14）仍然成立，即沿任意闭合回线 C 内 $\boldsymbol{E}$ 的线积分值仍然等于通过以回线 C 作为边缘的曲面 A 上的磁通量随时间的变化率。

在静止媒介质中，磁通量的变化只能由磁感强度 $\boldsymbol{B}$ 的变化引起的，因此

$$\frac{\mathrm{d}}{\mathrm{d}t}\int_A \boldsymbol{B} \cdot \mathrm{d}\boldsymbol{A} = \int_A \frac{\partial \boldsymbol{B}}{\partial t}\mathrm{d}\boldsymbol{A} \tag{A1-15}$$

于是式（A1-14）可写成

$$\oint_C \boldsymbol{E} \cdot \mathrm{d}\boldsymbol{l} = -\int_A \frac{\partial \boldsymbol{B}}{\partial t} \cdot \mathrm{d}\boldsymbol{A} \tag{A1-16}$$

如果积分路径沿着电场强度矢量取向，磁密方向与闭合回线所包围的截面积垂直，则

$$\oint_C E\mathrm{d}l = -\int_A \frac{\partial B}{\partial t}\mathrm{d}A \tag{A1-17}$$

如果闭合回线由一条不同材料、不同截面积、不同长度的导线构成，闭合回线所包围的磁密处处相等，则

$$\sum_{k=1}^3 E_k l_k = E_1 l_1 + E_2 l_2 + E_3 l_3 = -\frac{\mathrm{d}\phi}{\mathrm{d}t} = e \tag{A1-18}$$

由于式中 E_k 也是单位长度上的电压降，$E_k L_k$ 是一段电路上的电压降，e 则是导线所链磁通随时间变化时在电路中感应的电动势。式（A1-18）表明：沿任何闭合电路的总电动势恒等于各段电压降的代数和。该定律就称为电路的基尔霍夫第二定律。

3. 高斯通量定理

在静电场中，对空间任意区域，由闭合曲面 A 穿出的电位移通量 $\boldsymbol{D}$ 等于该闭合曲面内的自由电荷 q，即

$$\oint_A \boldsymbol{D} \cdot \mathrm{d}\boldsymbol{A} = q \tag{A1-19}$$

4. 电流连续性定律

在导电媒质中的恒定电流场中，对空间任意区域，由闭合曲面 A 流出的电流值恒等于零。这个定律就称为电流连续性定律。用数学形式表示为

$$\oint_A \boldsymbol{J} \cdot \mathrm{d}\boldsymbol{A} = 0 \tag{A1-20}$$

如果电流密度方向垂直于曲面，则

$$\oint_A J\,\mathrm{d}A = 0 \qquad\qquad (A1\text{-}21)$$

如果闭合曲面 A 取在如图 A1-9 所示电路中，电流密度集中分布在几个支路中，且在每个支路中处处相等，则电流连续性定律可表示为

$$\sum_{k=1}^{3} J_k A_k = \sum_{k=1}^{3} I_k = -I_1 + I_2 + I_3 = 0 \quad (A1\text{-}22)$$

或

$$I_1 = I_2 + I_3 \qquad\qquad (A1\text{-}23)$$

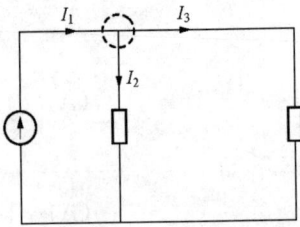

图 A1-9　电路的基尔霍夫
第一定律

如果闭合面缩为节点，则式（A1-23）表明：进入任一节点的电流恒等于穿出该节点的电流。该定律就称为电路的基尔霍夫第一定律。

5. 成分方程与欧姆定律

电位移、电流密度和电场强度之间的关系满足成分方程，即

$$D = \varepsilon E \qquad\qquad (A1\text{-}24)$$
$$J = \sigma(E + E^{(e)}) \qquad\qquad (A1\text{-}25)$$

式中：ε 为媒介质的介电常数；σ 为导电系数；它们取决于介质的成分和性质；真空的介电常数 $\varepsilon_0 = 10^{-9}/36\pi\,\mathrm{F/m}$，为一常值。$E^{(e)}$ 为局外力所产生的电场强度，仅在蓄电池、发电机、电动机内存在。

对不存在局外电场强度的区域，$E^{(e)} = 0$，即

$$J = \sigma E \qquad\qquad (A1\text{-}26)$$

将式（A1-26）两边同时乘以某段电路的截面积，并在右边的分子和分母同时乘以该段电路的长度，就有

$$JA = \sigma \frac{A}{l} El = \frac{El}{\rho \dfrac{l}{A}} \qquad\qquad (A1\text{-}27)$$

式中：ρ 为电阻率，是导电系数 σ 的倒数。

于是

$$I = \frac{U}{R} \qquad\qquad (A1\text{-}28)$$

式中：U 为电路的电压降；I 为电路的电流；R 为电路的电阻，电阻的倒数称为电导 Λ。

式（A1-28）表明：电路中流过的电流等于作用在电路上的电压降与电阻的比值，称为电路的欧姆定律。

三、磁路与电路的区别

由上述可见，磁路与电路之间存在着一定的类比关系，现将其列于表 A1-1 中。电路是有限范围的电场，磁路是有限范围的磁场。不难看出，在电路中，基尔霍夫第一定律、基尔霍夫第二定律和欧姆定律实际上是电流连续性定律、电磁感应定律和成分方程在电路中的表达形式，而电流连续性定律、电磁感应定律和成分方程又是基尔霍夫第一定律、基尔霍夫第二定律和欧姆定律在电场中的表达形式；在磁路中：基尔霍夫第一定律、基尔霍夫第二定律和欧姆定律实际上是磁通连续性定律、安培环路定律和成分方程在磁路中的表达形式，而磁

通连续性定律、安培环路定律和成分方程又是基尔霍夫第一定律、基尔霍夫第二定律和欧姆定律在磁场中的表达形式。

表 A1-1　　　　　　　　　　　　　　　　　磁路和电路的类比关系

物 理 量		基 本 定 律		
磁 路	电 路	定 律	磁 路	电 路
磁动势 F	电动势 E	欧姆定律	$\phi=\dfrac{F}{R_m}$	$I=\dfrac{U}{R}$
磁通 ϕ	电流 I	基尔霍夫第一定律	$\sum \phi=0$	$\sum i=0$
磁阻 R_m	电阻 R			
磁导 Λ	电导 G	基尔霍夫第二定律	$\sum Ni=\sum Hl=\sum \phi R_m$	$\sum e=\sum iR$

必须指出，由于磁路与电路物理本质不同，两者存在一定的差别，具体表现为：

（1）电路可以有电动势无电流，磁路中有磁动势必然有磁通。

（2）电路中有电流就有功率损耗 I^2R，磁路中有磁通不一定有损耗，恒定磁场无损耗，交变磁场有涡流损耗和磁滞损耗。

（3）导体的电导率比绝缘体的电导率大 10^{20} 倍，电流只在导体（即电路）中流过；导磁材料的磁导率比非导磁材料的磁导率只大 $10^3\sim10^4$ 倍，磁通不是全部在磁路中流过，还有一部分漏磁通在磁路以外流过。

（4）电路中电阻率通常不随着电流的变化而变化，电阻为常值，为线性电路，计算时可以应用叠加原理；磁路中磁导率随着磁密的变化而变化，磁阻随着饱和程度的增加而加大，为非线性，计算时不能用叠加原理。

磁路与电路仅是一种数学形式上的类似，而不是物理本质的相似。

附录二　电机常用的铁磁材料

电机和变压器等能量转换装置的铁心常用铁磁材料制成，由于磁导率较高，在一定的励磁磁动势作用下能激励较强的磁场，可以缩小尺寸、减轻重量、改善性能。这里将简要说明常用的铁磁材料及其特性。

一、铁磁物质的磁化

铁磁物质包括铁、镍、钴等以及它们的合金。将这些材料放入磁场后，磁场会显著增强。在外磁场作用下铁磁材料呈现很强磁性的现象称为铁磁物质的磁化。磁化是铁磁材料的特性之一。

铁磁物质能被磁化，是因为其内部存在着许多很小的天然磁化区，称为磁畴。磁畴可以用一些小磁铁来示意，如图 A2-1 所示。当没有外磁场作用时，这些磁畴的排列是杂乱无章的，其磁效应互相抵消，故对外不呈现磁性，如图 A2-1（a）所示。一旦将铁磁物质放入磁场，磁畴的轴线在外磁场的作用下将趋于一致，如图 A2-1（b）所示。由

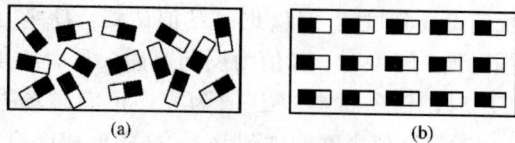

图 A2-1　磁畴
(a) 未磁化；(b) 磁化

此形成一个附加磁场，叠加在外磁场上，而使磁场大为增强。在同一磁场强度激励下，磁畴所产生的附加磁场要比非铁磁物质的磁场强得多，所以铁磁材料的磁导率要比非铁磁材料大得多。非铁磁材料的磁导率接近于真空的磁导率 μ_0，$\mu_0=4\pi\times10^{-7}$ H/m，为一常值。电机中常用铁磁材料的磁导率为 $\mu_{Fe}=(2000\sim6000)\mu_0$，是一种非线性介质。

二、磁化曲线

在非铁磁材料中，磁通密度 B 和磁场强度 H 之间呈直线关系，其斜率即为 μ_0；而铁磁材料的 B 与 H 之间则为曲线关系 $B=f(H)$，称为磁化曲线，如图 A2-2 所示。

1. 起始磁化曲线

将一块尚未磁化的铁磁材料进行磁化，此时的磁化曲线就称为起始磁化曲线。

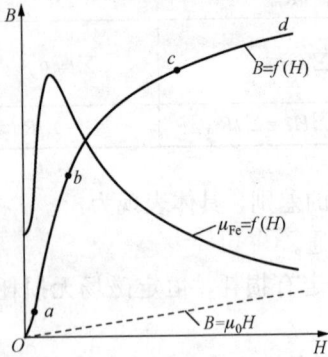

图 A2-2　铁磁材料的
起始磁化曲线

起始磁化曲线基本上可分为四段：在 Oa 段，因开始磁化时外磁场较弱，磁通密度增加缓慢；在 ab 段，随着外磁场的增强，材料内部的大量磁畴开始转向，越来越多地趋向于外磁场方向，此时 B 值增加迅速；在 bc 段，大部分磁畴已趋向外磁场方向，可转向的磁畴越来越少，随着外磁场的继续增加，B 值增加越来越慢，这种现象称为饱和；饱和后，材料内部所有的磁畴都转向完毕，磁化曲线基本上成为直线，与非铁磁材料的 $B=\mu_0H$ 特性相平行，如 cd 段所示。磁化曲线开始拐弯的 b 点称为膝点，a 点称为踝点，c 点称为饱和点。

设计电机和变压器时，通常把铁心内的工作磁通密度选择在膝点上方附近，即不过分增大励磁磁动势而又在主磁路内得到较大的磁通量。

由于铁磁材料的磁化曲线不是一条直线，所以 $\mu_{Fe}=B/H$ 也随 H 值的变化而变化，曲线 $\mu_{Fe}=f(H)$ 同时画在图 A2-2 中。

2. 磁滞回线

若将铁磁材料进行周期性磁化，如图 A2-3 所示。当 H 开始从零增加到 H_m 值时，B 值开始从零增加到 B_m；然后如果逐渐减小磁场强度 H，B 值将不沿原曲线下降，而沿曲线 ab 下降；当 $H=0$ 时，B 值并不等于零，而等于 B_r；去掉外磁场之后，铁磁材料内仍然保留的磁通密度，称为剩余磁通密度 B_r，简称剩磁；再逐渐加上反向外磁场后，B 值继续下降，当 B 值等于零时，所加反向磁场强度 H_c 称为矫顽力，铁磁材料所具有的这种磁通密度 B 的变化滞后于磁场强度 H 变化的现象，称为磁滞；继续加大反向磁场强度到 $-H_m$ 时，B 值达到 $-B_m$；逐渐减小反向磁场强度到 $H=0$ 时，B 值为反向剩磁 $-B_r$；再加正向磁场强度到 H_c 时，铁磁材料内 B 值为零；正向磁场强度继续增加到 H_m 值时，B 值再度增加到 B_m。这样形成闭合的 $B-H$ 回线，称为磁滞回线，如图 A2-3 中的 $abcdefa$ 所示。由此可见，铁磁材料的磁化过程是不可逆的。磁滞现象是铁磁材料的另一个特性，B_r 和 H_c 是铁磁材料的

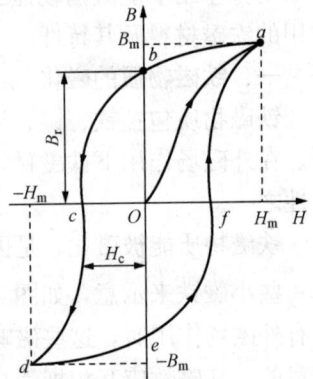

图 A2-3　铁磁材料的
磁滞回线

两个重要参数。

3. 基本磁化曲线

以不同的磁场强度 H_m 对同一铁磁材料进行反复磁化，可得一系列大小不同的磁滞回线，如图 A2-4 所示。如果将各磁滞回线的顶点连接起来，可得到基本磁化曲线，也称为平均磁化曲线。基本磁化曲线与起始磁化曲线差别不大，计算直流磁路时都采用基本磁化曲线。

三、铁磁材料

按照磁滞回线形状的不同，铁磁材料可分为软磁材料和硬磁材料两大类。

（1）软磁材料指磁滞回线窄、剩磁 B_r 和矫顽力 H_c 都小的材料，如图 A2-5（a）所示。常用的软磁材料有铸铁、钢和硅钢片等。软磁材料的磁导率高，故用来制造电机和变压器的铁心。

（2）硬磁材料指磁滞回线宽、B_r 和 H_c 都大的材料，如图 A2-5（b）所示。由于剩磁 B_r 大，可用以制成永久磁铁，因而硬磁材料也称为永磁材料。永磁材料通常用剩磁 B_r、矫顽力 H_C 和最大能积 $(BH)_{max}$ 三项指标来表征磁性能。一般地，三项指标越大，就表示材料的磁性能越好。

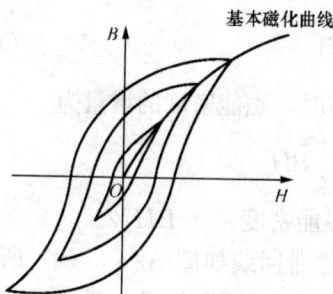

图 A2-4　基本磁化曲线

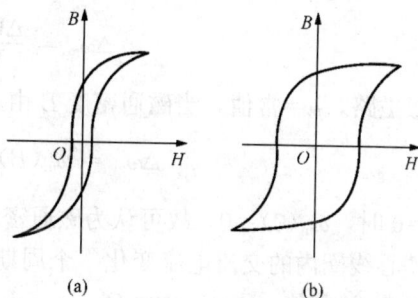

图 A2-5　软磁和硬磁材料的磁滞回线
（a）软磁材料；（b）硬磁材料

永磁材料的种类较多，主要有如下几类。

（1）铝镍钴。分铸造型和粉末型两种。铸造型铝镍钴用浇注法制成。其优点是磁性能较高，稳定性较好，价格较便宜；缺点是材料硬而脆，除磨削和电加工外，不能进行其他机械加工。粉末型铝镍钴由粉末冶金（烧结）或粉末压制（黏结）制成。其优点是可直接制成所需形状，尺寸较精确，表面很光滑，可大批量生产；缺点是磁性能较铸造型低，价格较贵。

（2）铁氧体。用粉末冶金或粉末压制而成。其优点是 H_c 很高，抗去磁能力强，价格便宜，比重较小，不需要进行工作稳定性处理；缺点是 B_r 不大，温度对磁性能影响较大，不适用于温度变化大的场合，要求温度稳定性高。

（3）稀土钴。这是较为新型的永磁材料，综合磁性能好，有很强的抗去磁能力，磁性的温度稳定性较好，其允许工作温度可高达 200～250℃。其缺点是只能进行磨加工，不能进行其他机械加工；而且材料的价格贵，制造成本也高。

（4）钕铁硼。这是 20 世纪 80 年代后期研制成的一种永磁材料，其磁性能优于稀土钴，且价格较低廉；不足之处是允许工作温度较低，约为 100℃，使其应用范围受到一定限制。

在选择永磁材料时，首先要考虑满足允许工作温度、温度系数、稳定性、机械加工和价格等方面的要求，然后尽可能选用 B_r、H_c 和 $(BH)_{max}$ 大的永磁材料。

四、铁心损耗

铁心损耗分为磁滞损耗和涡流损耗。

1. 磁滞损耗

铁磁材料置于交变磁场中时，材料被反复交变磁化，磁畴在不停地转向，相互间不停地摩擦而消耗能量，造成的损耗称为磁滞损耗。

现从交流电源与磁场之间的往返能量交换观点来说明。如果忽略电阻，铁心线圈从交流电源吸收的瞬时电功率 p 为

$$p = -ei = i\frac{\mathrm{d}\psi}{\mathrm{d}t} \tag{A2-1}$$

式中：ψ 表示线圈的磁链。

若铁心磁通密度 B 均匀分布，在 $t_1 \sim t_2$ 期间，输入磁路系统的能量 ΔW_m 为

$$\Delta W_m = \int_{t_1}^{t_2} p\mathrm{d}t = \int_{\psi_1}^{\psi_2} i\mathrm{d}\psi = \int_{B_1}^{B_2} \frac{Hl}{N}NA\mathrm{d}B = V\int_{B_1}^{B_2} H\mathrm{d}B \tag{A2-2}$$

式中：A 为铁心截面；l 为铁心长度；V 为铁心的体积，$V = Al$。

磁能密度的增量 $\Delta\omega_m$ 则为

$$\Delta\omega_m = \frac{\Delta W_m}{V} = \int_{B_1}^{B_2} H\mathrm{d}B \tag{A2-3}$$

对于线形磁路，$\mu =$ 常值，当磁通密度 B 由 0 增加到 B 值时，磁能密度的增量为

$$\Delta\omega_m = \omega_m(B) - \omega_m(0) = \frac{1}{2}BH \tag{A2-4}$$

由于 $B = 0$ 时，$\omega_m(0) = 0$，故可认为磁通密度为 B 时，磁能密度 $\omega_m = BH/2$。

当铁心线圈内的交流电流变化一个周期时，铁心的磁滞回线如图 A2-6（a）所示。当磁场强度 H 从零值（点 1）增加到 H_m（点 2）时，线圈从电源吸取能量，磁能密度的增量 $\int_{-B_r}^{B_m} H\mathrm{d}B$ 为正值，用面积 1241 来表示，如图 A2-6（b）所示。当磁场强度 H 由 H_m 下降到零值时，能量从磁路系统释放出来返回电源，此时磁能密度的增量 $\int_{-B_r}^{B_m} H\mathrm{d}B$ 为负值，用面积 2342 来表示，如图 A2-6（c）所示。这两个面积之差为面积 1231（一半磁滞回线的面积），即为单位体积的铁心在半个周期内从电源吸收的能量，此时 B 值从 $-B_r$ 变为 B_r。同理，在下半个周期内，铁心从电源吸收的能量可用图 A2-6（a）中的面积 3513 来表示。于是磁场变化一个周期时，磁滞回线的面积 12351 表示被磁场吸收的净能量。实验证明，这部分能量将消耗在铁磁材料内，并转化为热能。单位时间能量消耗即为磁滞损耗 p_h，故

$$p_h = \frac{\Delta W_m}{T} = Vf\oint H\mathrm{d}B \tag{A2-5}$$

式中：T 为周期；f 为频率；积分 $\oint H\mathrm{d}B$ 是磁滞回线的面积。

式（A2-5）说明磁滞损耗与磁场交变的频率、铁心的体积和磁滞回线的面积成正比。对同一铁心，磁通密度的最大值 B_m 越大，则磁滞回线面积越大。通常此面积与 B_m 的 n 次方成正比，故磁滞损耗也可写成

$$p_h = C_h f B_m^n V \tag{A2-6}$$

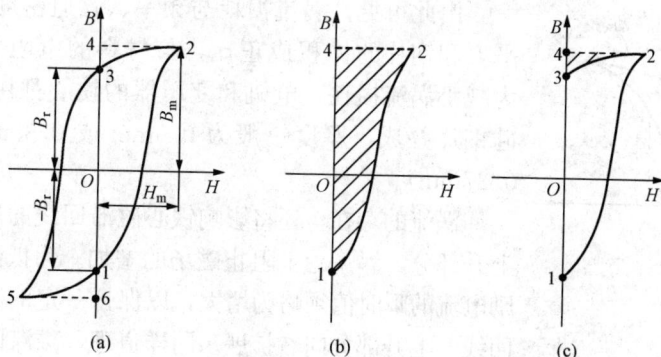

图 A2-6　铁心的磁滞回线和磁场储能的变化
(a) 磁滞回线；(b) 从电源吸收的能量；(c) 返回电源的能量（阴影部分）

式中：C_h 为磁滞损耗系数，其大小取决于材料性质；一般电工钢片，$n=1.6\sim2.3$。

由于磁滞回线不能用解析式表示出来，故磁滞损耗一般通过实验获得。由于硅钢磁滞回线的面积较小，故通常用于电机和变压器的铁心。

2. 涡流损耗

当通过铁心的磁通随时间变化时，根据电磁感应定律，铁心中将产生感应电动势，因为铁心是导电的，将在铁心内部引起环绕磁通作漩涡状流动的电流，称为涡流，如图 A2-7 所示。涡流在铁心中引起的损耗，称为涡流损耗。

现就一片硅钢片来研究，如果硅钢片很薄，在工频下，可以认为横截面上的磁场均匀分布。设磁通密度 B 的方向与硅钢片平面平行，并随时间作正弦变化。取横截面的中心点作为原点，建立坐标系，如图 A2-7 所示。

在距离原点 x 处取一微小回路，其宽度为 dx，忽略上下两端路径。根据电磁感应定律，该回路的感应电动势为

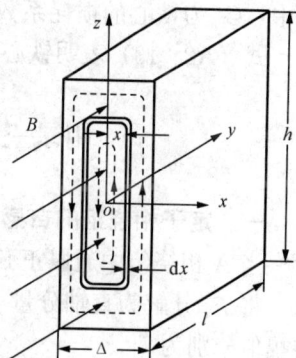

$$E_x = \sqrt{2}\pi f \Phi_{xm} \qquad (A2-7)$$

式中：Φ_{xm} 为回路所包围的最大磁通，$\Phi_{xm}=2xhB_m$。

回路电阻为

$$r_x \approx \rho \frac{2h}{l\,dx} \qquad (A2-8)$$

图 A2-7　硅钢片中的涡流

于是回路的损耗为

$$dp_x = \frac{E_x^2}{r_x} = \frac{(\sqrt{2}\pi f \Phi_{xm})^2}{2h\rho}l\,dx = \frac{\pi^2 f^2 (2xhB_m)^2}{\rho h}l\,dx = \frac{4\pi^2 f^2 B_m^2 hl}{\rho}x^2\,dx \qquad (A2-9)$$

整个钢片内的涡流损耗为

$$p_e = \int_0^{\frac{\Delta}{2}} dp_x = \frac{4\pi^2 f^2 B^2 hl}{\rho}\int_0^{\frac{\Delta}{2}} x^2\,dx = \frac{\pi^2}{6\rho}(fB_m)^2\Delta^3 hl = \frac{\pi^2}{6\rho}f^2 B_m^2\Delta^2(\Delta hl) \qquad (A2-10)$$

即

$$p_e = C_e\Delta^2 f^2 B_m^2 V \qquad (A2-11)$$

式中：C_e 为涡流损耗系数，其大小取决于材料的电阻率。

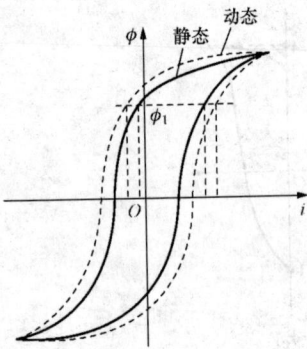

图 A2-8　动态和
静态的磁滞回线

由此可见，涡流损耗与频率、磁通密度、钢片厚度 Δ 的平方和钢片的体积成正比，与材料的电阻率成反比。因此，为减小涡流损耗，电机和变压器的铁心都用含硅量较高的薄硅钢片叠成，厚度一般为 0.5mm 或 0.35mm（如今已达到 0.27mm）。

涡流的存在，还将影响铁心磁滞回线的形状。在磁滞回线上升部分，涡流趋于阻止磁场的增加。为抵消涡流的作用，激励电流的瞬时值须略为增大，以保持一定的磁通量，于是磁滞回线的上升部分向右扩展。同样道理，磁滞回线的下降部分向左扩展。此时的磁滞回线称为动态磁滞回线，如图 A2-8 中虚线所示。如果采用改变直流电流的大小和方向（或用频率很低的交流）进行周期性磁化，可不计涡流的影响，此时得到的磁滞回线称为静态磁滞回线，如图 A2-8 中实线所示。

3. 铁心损耗

铁心损耗 P_{Fe} 是指铁心中磁滞损耗和涡流损耗之和，即

$$p_{\mathrm{Fe}} = p_{\mathrm{h}} + p_{\mathrm{e}} = (C_{\mathrm{h}} f B_{\mathrm{m}}^{n} + C_{\mathrm{e}} \Delta^{2} f^{2} B_{\mathrm{m}}^{2}) V \tag{A2-12}$$

在正常的工作磁通密度范围内（$1\mathrm{T} < B_{\mathrm{m}} < 1.8\mathrm{T}$），对于一般的电工钢片，式（A2-12）可近似地写成

$$p_{\mathrm{Fe}} \approx C_{\mathrm{Fe}} f^{1.3} B_{\mathrm{m}}^{2} G \tag{A2-13}$$

式中：C_{Fe} 为铁心的损耗系数；G 为铁心重量。

式（A2-13）表明铁心损耗与频率的 1.3 次方、磁通密度的平方和铁心重量成正比。

附录三　凸极同步电机定子绕组的自感和互感

一、定子相绕组的自感

当 A 相绕组中通以正弦电流 i_{A} 时，将产生正弦分布的脉振磁动势 f_{A}。应用双反应理论，将 f_{A} 分解为直轴分量 f_{Ad} 和交轴分量 f_{Aq}，如图 A3-1（a）所示，则直轴和交轴磁动势的幅值分别为

$$\left.\begin{aligned} F_{\mathrm{Ad}} &= F_{\mathrm{A}} \cos\theta \\ F_{\mathrm{Aq}} &= F_{\mathrm{A}} \sin\theta \end{aligned}\right\} \tag{A3-1}$$

式中：θ 为转子直轴与定子 A 相轴线的夹角（电角度）；F_{A} 为幅值，位于 A 相绕组的轴线处，$F_{\mathrm{A}} = \dfrac{4}{\pi} \dfrac{N k_{\mathrm{w1}}}{2p} i_{\mathrm{A}}$。

设凸极同步电机为理想电机，坐标原点取在直轴，在距离原点 α 电角度处，如果忽略高次谐波，单位面积的气隙比磁导 λ_{δ} 可以近似地表示为

$$\lambda_{\delta}(\alpha) = \lambda_{\delta 0} + \lambda_{\delta 2} \cos 2\alpha \tag{A3-2}$$

式中：$\lambda_{\delta 0}$ 为比磁导的平均值；$\lambda_{\delta 2}$ 为比磁导的 2 次谐波幅值。

于是由直轴磁动势 f_{Ad} 在该处所产生的磁场 b_{Ad} 应为

$$b_{\mathrm{Ad}}(\alpha) = F_{\mathrm{Ad}} \cos\alpha \lambda_{\delta}(\alpha) = F_{\mathrm{Ad}} \left(\lambda_{\delta 0} + \frac{\lambda_{\delta 2}}{2}\right) \cos\alpha + F_{\mathrm{Ad}} \frac{\lambda_{\delta 2}}{2} \cos 3\alpha \tag{A3-3}$$

其基波幅值 B_{Ad1} 为

$$B_{\mathrm{Ad1}} = F_{\mathrm{Ad}}\left(\lambda_{\delta0} + \frac{\lambda_{\delta2}}{2}\right) \tag{A3-4}$$

同理，由交轴磁动势 f_{Aq} 在该处产生的磁场 b_{Aq} 为

$$b_{\mathrm{Aq}}(\alpha) = F_{\mathrm{Aq}}\cos(90° - \alpha)\lambda_{\delta}(\alpha)$$

$$= F_{\mathrm{Aq}}\left(\lambda_{\delta0} - \frac{\lambda_{\delta2}}{2}\right)\sin\alpha + F_{\mathrm{Aq}}\frac{\lambda_{\delta2}}{2}\sin3\alpha \tag{A3-5}$$

其基波幅值 B_{Aq1} 为

$$B_{\mathrm{Aq1}} = F_{\mathrm{Aq}}\left(\lambda_{\delta0} - \frac{\lambda_{\delta2}}{2}\right) \tag{A3-6}$$

直轴和交轴磁动势的空间分布如图 A3-1（b）所示。直轴和交轴磁场及其基波如图 A3-1（c）所示。

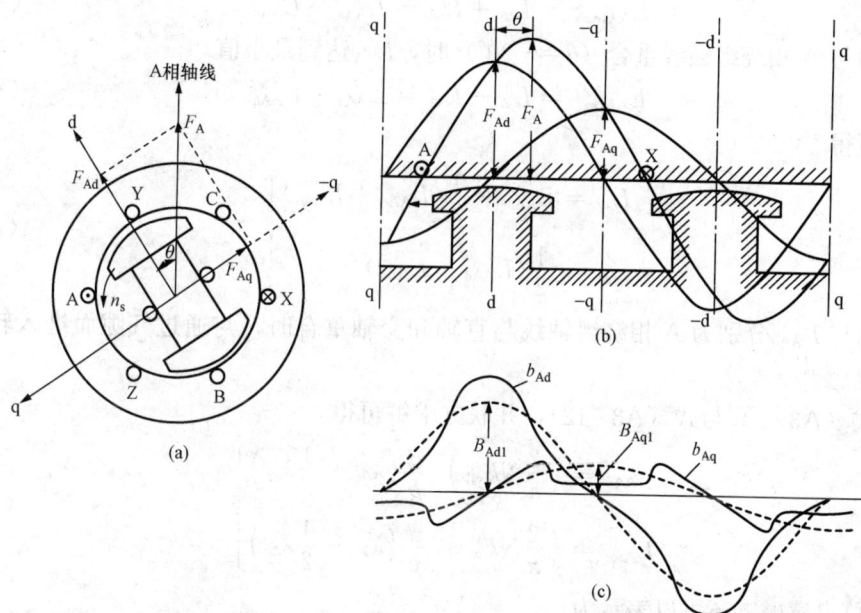

图 A3-1　A 相绕组中通以电流 i_{A} 时所产生的直轴和交轴磁动势和磁场
（a）把磁动势分成直轴和交轴分量；（b）直轴和交轴磁动势的空间分布；
（c）直轴和交轴磁场及其基波

这样，由 A 相基波气隙磁场所产生的 A 相总的自感磁链应为

$$\psi_{\mathrm{AA}} = \psi_{\mathrm{AA}\sigma} + Nk_{\mathrm{w1}}\left(\frac{2}{\pi}\tau l\right)(B_{\mathrm{Ad1}}\cos\theta - B_{\mathrm{Aq1}}\sin\theta)$$

$$= L_{\mathrm{AA}\sigma}i_{\mathrm{A}} + Nk_{\mathrm{w1}}\frac{2}{\pi}\tau l\left[F_{\mathrm{A}}\left(\lambda_{\delta0} + \frac{\lambda_{\delta2}}{2}\right)\cos^2\theta + F_{\mathrm{A}}\left(\lambda_{\delta0} - \frac{\lambda_{\delta2}}{2}\right)\sin^2\theta\right]$$

$$= L_{\mathrm{AA}\sigma}i_{\mathrm{A}} + \left(Nk_{\mathrm{w1}}\frac{2}{\pi}\right)^2\frac{\tau l}{p}\left(\lambda_{\delta0} + \frac{\lambda_{\delta2}}{2}\cos2\theta\right)i_{\mathrm{A}} \tag{A3-7}$$

式中：第一项为 A 相绕组的漏磁磁链，$L_{\mathrm{AA}\sigma}$ 为相应的漏磁自感；第二项为 A 相电流所产生的直轴和交轴气隙磁场引起的磁链。

于是，A 相绕组的自感 L_{AA} 为

$$L_{AA} = \frac{\psi_{AA}}{i_A} = L_{AA\sigma} + \left(\frac{2}{\pi}Nk_{w1}\right)^2 \frac{\tau l}{p}\left(\lambda_{\delta0} + \frac{\lambda_{\delta2}}{2}\cos2\theta\right)$$

$$= L_{s0} + L_{s2}\cos2\theta \qquad\qquad (A3\text{-}8)$$

式中：L_{s0} 和 L_{s2} 分别为 A 相自感的平均值和 2 次谐波幅值。

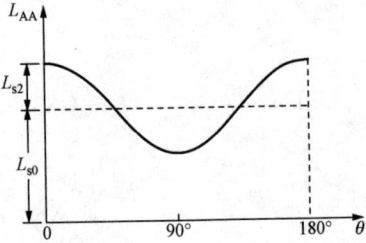

图 A3-2　定子 A 相绕组的自感

$$\left.\begin{array}{l} L_{s0} = L_{AA\sigma} + \left(\dfrac{2}{\pi}Nk_{w1}\right)^2 \dfrac{\tau l}{p}\lambda_{\delta0} \\[3mm] L_{s2} = \dfrac{1}{2}\left(\dfrac{2}{\pi}Nk_{w1}\right)^2 \dfrac{\tau l}{p}\lambda_{\delta2} \end{array}\right\} \qquad (A3\text{-}9)$$

A 相自感 L_{AA} 随 θ 角而变化的曲线如图 A3-2 所示。

当转子直轴与 A 相绕组轴线重合（$\theta=0$）时，L_{AA} 达到最大值

$$L_{AA,max} = L_{s0} + L_{s2} = L_{AA\sigma} + L_{AAd} \qquad (A3\text{-}10)$$

当转子交轴与 A 相绕组轴线重合（$\theta=-90°$）时，L_{AA} 达到最小值

$$L_{AA,min} = L_{s0} - L_{s2} = L_{AA\sigma} + L_{AAq} \qquad (A3\text{-}11)$$

联立求解可得

$$\left.\begin{array}{l} L_{s0} = L_{AA\sigma} + \dfrac{1}{2}(L_{AAd} + L_{AAq}) \\[3mm] L_{s2} = \dfrac{1}{2}(L_{AAd} - L_{AAq}) \end{array}\right\} \qquad (A3\text{-}12)$$

式中：L_{AAd} 与 L_{AAq} 分别为 A 相绕组轴线与直轴和交轴重合时，与通过气隙而进入转子的磁链相应的电感。

对比式（A3-9）与式（A3-12），并联立求解可得

$$\left.\begin{array}{l} L_{AAd} = \left(\dfrac{2}{\pi}Nk_{w1}\right)^2 \dfrac{\tau l}{p}\left(\lambda_{\delta0} + \dfrac{1}{2}\lambda_{\delta2}\right) \\[3mm] L_{AAq} = \left(\dfrac{2}{\pi}Nk_{w1}\right)^2 \dfrac{\tau l}{p}\left(\lambda_{\delta0} - \dfrac{1}{2}\lambda_{\delta2}\right) \end{array}\right\} \qquad (A3\text{-}13)$$

于是 A 相总自感磁链还可以表示为

$$\psi_{AA} = L_{AA\sigma}i_A + (L_{AAd}i_A\cos^2\theta + L_{AAq}i_A\sin^2\theta) \qquad (A3\text{-}14)$$

由于定子三相绕组对称，所以 B 相和 C 相绕组的自感应为

$$\left.\begin{array}{l} L_{BB} = L_{s0} + L_{s2}\cos2(\theta-120°) \\[2mm] L_{CC} = L_{s0} + L_{s2}\cos2(\theta+120°) \end{array}\right\} \qquad (A3\text{-}15)$$

二、定子相绕组间的互感

参照式（A3-14），考虑到 B 相绕组和 C 相绕组与 A 相绕组在空间分别相差 $-120°$ 和 $120°$，B 相电流产生的直轴和交轴气隙磁场在 C 相绕组中形成的磁链为

$$\psi_{BC} = [L_{AAd}i_B\cos(\theta-120°)\cos(\theta+120°) + L_{AAq}i_B\sin(\theta-120°)\sin(\theta+120°)]$$

相应的互感为

$$M_{BCm} = [L_{AAd}\cos(\theta-120°)\cos(\theta+120°) + L_{AAq}\sin(\theta-120°)\sin(\theta+120°)]$$

另外，B、C 两相间还有互漏感 $M_{BC\sigma}$。由于 B、C 两相在空间相差 120° 电角度，故互漏感恒为负值。令 $M_{BC\sigma}=-M_\sigma$，则得 B 相与 C 相间的总互感 M_{BC} 为

$$M_{BC} = M_{CB} = -M_\sigma + L_{AAd}\cos(\theta - 120°)\cos(\theta + 120°) + L_{AAq}\sin(\theta - 120°)\sin(\theta + 120°)$$
$$= -M_\sigma + M_{BCm} = -M_{s0} + M_{s2}\cos 2\theta \tag{A3-16}$$

$$\left. \begin{aligned} M_{s0} &= M_\sigma + \frac{1}{4}(L_{AAq} + L_{AAd}) \\ M_{s2} &= \frac{1}{2}(L_{AAd} - L_{AAq}) \end{aligned} \right\} \tag{A3-17}$$

式中：M_{s0} 为互感的平均值；M_{s2} 为互感的二次谐波幅值。

与式（A3-12）相对比，可见，在理想电机的假定下

$$\left. \begin{aligned} M_{s0} &= \frac{1}{2}L_{s0} + M_\sigma - \frac{1}{2}L_{AA\sigma} \approx \frac{1}{2}L_{s0} \\ M_{s2} &= L_{s2} \end{aligned} \right\} \tag{A3-18}$$

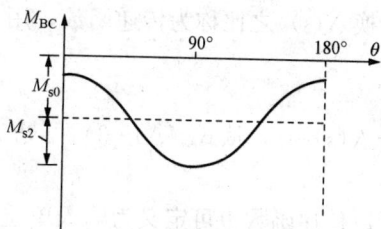

图 A3-3　定子 B 相与 C 相绕组间的
总互感

M_{BC} 随 θ 变化的曲线如图 A3-3 所示。由于定子绕组为三相对称，故得

$$\left. \begin{aligned} M_{AC} &= M_{CA} = -M_{s0} + M_{s2}\cos 2(\theta - 120°) \\ M_{BA} &= M_{AB} = -M_{s0} + M_{s2}\cos 2(\theta + 120°) \end{aligned} \right\} \tag{A3-19}$$

附录四　微分方程的解法

一、拉氏变换法

拉氏变换法就是先把所研究的问题从实时域变换到复频域，把原来的线性微分方程变换为复代数方程，求出该代数方程的解后，再用逆变换找出时域内的解答。

1. 拉氏变换

拉氏变换的定义为

$$F(s) = L[f(t)] = \int_0^\infty f(t)e^{-st}\,dt, \ t > 0 \tag{A4-1}$$

式中：$s = \sigma + j\omega$，为一复变量。

此变换把原函数 $f(t)$ 变换为复变函数 $F(s)$（象函数）。逆变换的定义为

$$f(t) = L^{-1}[F(s)] = \frac{1}{2\pi j}\int_{\sigma - j\omega}^{\sigma + j\omega} F(s)e^{st}\,ds, \ t > 0 \tag{A4-2}$$

通过逆变换，可以把频域内的象函数 $F(s)$ 变换为时域内的原函数 $f(t)$。

拉氏变换中的常用定理有：

(1) $L[f_1(t) + f_2(t)] = F_1(s) + F_2(s)$。

(2) 导数的变换 $L\left[\dfrac{df(t)}{dt}\right] = sF(s) - f(0^+)$，$f(0^+)$ 为 $f(t)$ 在 $t = 0^+$ 时的初值。

(3) 积分的变换 $L\left[\displaystyle\int f(t)\,dt\right] = \dfrac{1}{s}F(s) + \dfrac{\left[\displaystyle\int f(t)\,dt\right]_{t=0^+}}{s}$。

(4) 终值定理 $\lim\limits_{t \to \infty} f(t) = \lim\limits_{s \to 0} sF(s)$。

（5）初值定理 $\lim\limits_{t\to 0}f(t)=\lim\limits_{s\to\infty}sF(s)$。

（6）卷积 $L\left[\displaystyle\int_0^t f_1(t-\tau)f_2(\tau)\mathrm{d}\tau\right]=F_1(s)\cdot F_2(s)$。

2. 传递函数

以常系数线性微分方程描述的系统，称为线性定常系统，常用传递函数来描述线性定常系统的输入—输出关系。当初始条件为零时，系统输出量的拉氏变换 $Y(s)$ 与输入量的拉氏变换 $X(s)$ 之比称为传递函数，用 $G(s)$ 表示，即

$$G(s)=\frac{Y(s)}{X(s)} \tag{A4-3}$$

若 $X(s)=1$，从式（A4-3）可见

$$G(s)=Y(s)\big|_{X(s)=1} \tag{A4-4}$$

所以传递函数也可定义为输入单位脉冲时，系统输出端响应（脉冲响应）的拉氏变换式。传递函数与外加的激励形式无关，描述了线性定常系统的自然性质。用框图和传递函数表示时的简单线性定常系统如图 A4-1 所示。

由于任何输入均可看作为许多不同幅值脉冲的叠加，因此可以利用脉冲响应和叠加原理求出线性定常系统对任何输入时的响应。

对于复杂的系统，各个部分可以分别规定其各自的传递函数，然后将其组合起来，得到总的系统响应，如图 A4-2 所示。

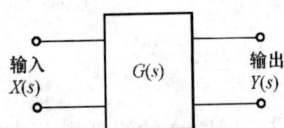

图 A4-1　传递函数

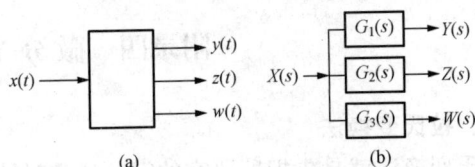

图 A4-2　一个输入、三个输出的线性定常系统

（a）系统示意图；（b）系统的传递函数

通过传递函数，不仅可以得知系统的自然性质，还可以求得运动方程的解。

3. 框图

将系统中各个用传递函数说明的单元方框，按一定的流向，用求和点、分路点连接而成的图称为框图。单元方框、求和点和分路点的图示方法如图 A4-3 所示。从框图中能清楚地显示系统中输入、输出和扰动的地点、信号流动的方向以及各单元或环节间的相互关系和它们对系统的影响。框图既可以是频域内的，也可以是时域内的，后者主要用于模拟计算机的演算回路。

框图的绘制方法为：先将整个系统分解为几个基本单元，并求出各基本单元的输入和输出之间的传递函数 $G_1(s)$、$G_2(s)$、…，然后把各个输入和输出结合起来，并按一定规则加以简化，最后即可得到系统的总框图。常用的几种框图的等效变换列在表 A4-1 中。

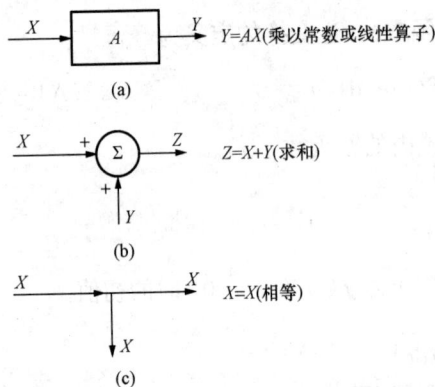

图 A4-3　框图中的基本符号

（a）单元方框；（b）求和点；（c）分路点

表 A4 - 1　　　　　　　　　　　**框图的等效变换**

序号	说　明	变　换　前	变　换　后
1	方块串联	$X \rightarrow \boxed{G_1} \rightarrow \boxed{G_2} \rightarrow Y$	$X \rightarrow \boxed{G_1G_2} \rightarrow Y$
2	方块并联	$X \rightarrow \boxed{G_1},\ \boxed{G_2} \rightarrow \Sigma^{\pm} \rightarrow Y$	$X \rightarrow \boxed{G_1 \pm G_2} \rightarrow Y$
3	反馈	$X \rightarrow \Sigma^{\pm} \rightarrow \boxed{G} \rightarrow Y,\ \boxed{H}$	$X \rightarrow \boxed{\dfrac{G}{1 \pm GH}} \rightarrow Y$

二、数值解

对于具有时变系数和非线性的机电系统，由于系统矩阵 $\boldsymbol{A}$ 中部分元素是时变的或者是状态变量的函数，即 $\boldsymbol{A} = \boldsymbol{A}(x,\ t)$，所以状态方程一般可写成

$$\dot{\boldsymbol{x}} = \boldsymbol{F}(\boldsymbol{x},\ t) \tag{A4 - 5}$$

式中：$\boldsymbol{F}$ 为非线性的向量函数。

状态方程的建立步骤是选取合适的状态变量，再将运动方程中状态变量的一阶导数项移到方程的左端，将状态变量和输入移到方程右端，然后将方程整理成状态方程的形式。

若给定初始条件 $t = t_0$、$\boldsymbol{x} = \boldsymbol{x}_0$，状态方程（A4 - 5）可用数值法求解。

对于单个状态方程时，式（A4 - 5）的矩阵方程变成单一的标量方程

$$\dot{x} = F(x,\ t) \tag{A4 - 6}$$

从 t_0 开始，取一系列离散的时间点 t_1, t_2, $\cdots$, t_k，其中

$$t_{i+1} = t_i + h,\ i = 0,\ 1,\ \cdots,\ k \tag{A4 - 7}$$

式中：h 为步长。

然后从 $x = x_0$ 开始，逐个求出各个时间点处式（A4 - 6）的近似数值解 x_1, x_2, $\cdots$, x_k，这就是数值解法。

求解一阶微分方程的最简单方法是欧拉法，其计算格式为

$$x_{i+1} = x_i + h\dot{x}_i \tag{A4 - 8}$$

这样，若已知 t_i 时的近似解 x_i，即可用式（A4 - 6）算出其导数 $\dot{x}_i$，并用式（A4 - 8）确定下一瞬时 t_{i+1} 时的近似解 x_{i+1}。数值法把微分方程式（A4 - 6）所确定的路线，用一系列折线来代替，其精度取决于步长 h 的大小和斜率 $\dot{x}_i$ 的计算方法。由于在每一步中只计算一次斜率，故欧拉法精度不高，很少采用，但是它却反映了数值计算的基本思路。

电机工程中常常采用四阶龙格—库塔法来计算。其要点是在每一步长内计算 4 次斜率和相应的增量，再算出其加权平均值，然后确定下一瞬时的变量值。其计算格式为

$$x_{i+1} = x_i + \frac{1}{6}(k_1 + 2k_2 + 2k_3 + k_4) \tag{A4 - 9}$$

其中

$$
\left.
\begin{aligned}
k_1 &= hF(x_i, t_i) \\
k_2 &= hF\left(x_i + \frac{k_1}{2}, t_i + \frac{h}{2}\right) \\
k_3 &= hF\left(x_i + \frac{k_2}{2}, t_i + \frac{h}{2}\right) \\
k_4 &= hF(x_i + k_3, t_i + h)
\end{aligned}
\right\}
\tag{A4-10}
$$

四阶龙格—库塔法的优点是计算 x_{i+1} 时只用到 x_i 的值，改变步长 h 也比较方便；若 h 选择合适，可有较高的精度。其缺点是每步要计算 4 次斜率，计算时间较长；若改取较大步长，则精度迅速降低，甚至会出现不稳定现象。

对于状态方程组，同样可以采用上述求解单个方程的计算格式来求解，这是可以证明的。设系统有 N 个状态变量（$j = 1, 2, \cdots, N$），$t = t_0$ 时，$\boldsymbol{x}$ 的初值为 $\boldsymbol{x}_0$，$\boldsymbol{x}_0 = [x_{01} \quad x_{02} \quad \cdots \quad x_{0N}]^T$，$i$ 为时间离散点 t_i 的序号，$i = 0, 1, 2, \cdots, k$，时间步长为 h，则求解式（A4-5）的四阶龙格—库塔法的计算格式在形式上与式（A4-9）相同，只是增量 $\boldsymbol{k}_1$、$\boldsymbol{k}_2$、$\boldsymbol{k}_3$ 和 $\boldsymbol{k}_4$ 都是 N 阶列阵。以 $\boldsymbol{k}_1$ 为例，有

$$
\boldsymbol{k}_1 = [k_{11} \quad k_{12} \quad \cdots \quad k_{1N}]^T
\tag{A4-11}
$$

式中：k_{11}，k_{12}，$\cdots\cdots$，k_{1N} 分别表示变量 $1, 2, \cdots, N$ 的第一个增量。

对于第 j 个分量

$$
k_{1j} = hF_j(x_{i1}, x_{i2}, \cdots, x_{iN}, t_i)
\tag{A4-12}
$$

同理，对 $\boldsymbol{k}_2$、$\boldsymbol{k}_3$ 和 $\boldsymbol{k}_4$ 中的第 j 个分量，有

$$
\left.
\begin{aligned}
k_{2j} &= hF_j\left(x_{i1} + \frac{k_{11}}{2}, x_{i2} + \frac{k_{12}}{2}, \cdots, x_{iN} + \frac{k_{1N}}{2}, t_i + \frac{h}{2}\right) \\
k_{3j} &= hF_j\left(x_{i1} + \frac{k_{21}}{2}, x_{i2} + \frac{k_{22}}{2}, \cdots, x_{iN} + \frac{k_{2N}}{2}, t_i + \frac{h}{2}\right) \\
k_{4j} &= hF_j(x_{i1} + k_{31}, x_{i2} + k_{32}, \cdots, x_{iN} + k_{3N}, t_i + h)
\end{aligned}
\right\}
\tag{A4-13}
$$

附录五　电机发展年鉴

电机的发展大体上可以分为四个阶段：①直流电机；②交流电机；③控制电机；④特种电机。

1820 年，丹麦物理学家奥斯特（Oersted）发现了电流在磁场中受机械力的作用，即电流的磁效应。

1821 年，英国科学家法拉第（Faraday）总结了载流导体在磁场内受力并发生机械运动的现象，法拉第的试验模型可以认为是现代直流电动机的雏形。

1824 年，阿拉果（Arago）发现了旋转磁场，为交流感应电动机的发明奠定了基础。当时阿拉果转动一个悬挂着的磁针，在磁针外围环绕一个金属圆环，以研究磁针旋转时圆环所起的阻尼作用，这就是首次利用机械力所产生的旋转磁场。

1825 年，阿拉果发现了旋转现象，根据作用力和反作用力的原理，利用外绕金属圆环的旋转，使悬挂的磁针得到一定的偏转，这个现象实质上就是以后多相感应电动机的工作基础。

1831 年，法拉第发现了电磁感应定律，并发明了单极直流电机。

1832 年，人们知道了单相交流发电机。由于生产上没什么需要，加上当时科学水平的限制，人们对交流电还不很了解，所以交流发电机实质上没什么发展。

1833 年，法国发明家皮克西（Pixii）制成了第一台旋转磁极式直流发电机，主要利用磁铁和线圈之间的相对运动和一个换向装置，这就是现代直流发电机的雏形。楞次已经证明了电机的可逆原理。

1833—1836 年，美国人奥蒂斯设计和制造了第一台 ARBOR 步进电机，生产率为35.3m/h。

1834 年，俄国物理学家雅可比（Якоби）设计并制成了第一台实用的直流电动机。该电动机有 15W，由一组静止的磁极和一组可以转动的磁极组成，依靠两组磁极之间的电磁力和换向器的换向作用，得到了连续的旋转运动。

1838 年，雅可比把改进的直流电动机装在一条小船上。

1839 年，苏格兰学者 Davidson 博士制造了用于推进蓄电池机车的驱动系统，类似于开关磁阻电机。

1850 年，美国发明家佩奇（Page）制造了一台 10HP（马力，1 马力＝745.7W）的直流电动机，用来驱动有轨电车。

1851 年，辛斯坦得首先提出（1863 年由华尔德再次提出）电流代替永磁来励磁，使磁场得以初步加强。由希奥尔特首先提出（1866—1867 年由华尔德和西门子再次提出）用蓄电池他励发展到自励，最终解决了加强励磁的问题。

1857 年，英国电学家惠斯通（Wheatstone）发明了用伏打电池励磁的发电机。

1860 年，潘启诺梯（Pacinotti）在电动机的模型中提出环形电枢绕组的结构，由于铜线的利用较差，没有受到人们的重视。

1864 年，英国物理学家麦克斯韦（Maxwell）提出了麦克斯韦方程组，创立了完整的经典电磁学理论体系，为电机电磁场分析奠定基础。

1867 年，马克斯威尔对自励现象作出了数学分析，发表了电机理论中的第一篇经典论文。德国工程师西门子（Siemens）制造了第一台自馈式发电机，甩掉了伏打电池。

1870 年，格拉姆（Gramme）提出了发电机环形闭合电枢绕组的结构，由于环形绕组为分布绕组，电压脉动较小，换向和散热情况均较良好，所以很快取代了 T 形绕组。由于对这两种结构进行对比的结果，终于使电动机的可逆原理为公众所接受，从此发电机和电动机的发展合二为一。

1871 年，凡·麦尔准发明了交流发电机。

1873 年，由海夫纳—阿尔泰涅克提出鼓形电枢绕组，既具有 T 形和环形电枢绕组的优点，又消除了它们的缺点。因为鼓形电枢绕组实质上就是 T 形电枢绕组的分布化。麦克斯韦编写并公开出版《电磁通论》一书。

1876 年，亚勃罗契诃夫首次采用交流发电机和开磁路式串联变压器，为他所发明的"电烛"供电，这是交流电用于照明系统的开始。

1878 年，为了加强绕组的机械固定和减少铜线内部的涡流损耗，绕组的有效部分放到铁心的槽中。

1879 年，拜依莱（Bailey）首次用电的办法获得了旋转磁场，采用依次变动四个磁极上的励磁电流的方法，如果在四个磁场的中间放一个铜盘，由于感应涡流的作用，铜盘将随着磁场的变动而旋转，这就是最初的感应电动机。

1880年，爱迪生（Edison）提出采用叠片铁心，这样就大大减少了铁心损耗，同时降低了电枢绕组的温升。同年，马克西提出将铁心分成几叠，每叠之间留出一定宽度的通风槽以加强散热，使得直流电机的电磁负荷、单机容量和效率都提高到前所未有的水平。这样一来，直流电机换向器上的火花问题就成为了当时的突出问题。

1882年，台勃莱兹（Deprez）把米斯巴哈水电站发出的2kW直流电能，通过一条57km长的输电线路送到慕尼黑，从而证明了远距离输电的可能性。台勃莱兹的试验，为电能和电机的应用打开了广阔的前景，是直流电机发展史上的一个重要转折点。

1883年，台勃莱兹在巴黎科学院提出，把两个在时间和空间上各自相差1/4周期的交变磁场合成，就可以得到一个旋转磁场。

1884年，曼奇斯（Menges）发明了补偿绕组和换向极，促进了电、磁负荷和单机容量的进一步提高，而容量继续提高的主要困难和限制仍然是换向器上的火花问题。霍普金生兄弟发明了具有闭合磁路的变压器。

1885年，齐波诺斯基（Zipernowski）、得利（Deri）和勃拉第（Blathy）三人提出了心式和壳式结构，使得单相变压器在照明系统中得到了一定的应用。弗拉利斯（Ferraris）发现两相电流可以构成旋转磁场。在不知前人研究成果的情况下，弗拉利斯得出了与拜依莱和台勃莱兹同样的结论，并且进一步把利用交流电来产生旋转磁场和利用铜盘来产生感应涡流这两个思想结合起来，制成了第一台二相感应电动机。福勃斯（Forbs）提出用炭粉来做电刷，使得火花问题暂告缓和。

1886年，霍普金生兄弟（John and Edward hopkinson）确立了磁路的欧姆定律，使得人们能够自觉地来设计电机的磁路。

1888年，弗拉利斯在意大利科学院提出了"利用交流电来产生电动旋转"的经典论文。同一时期（1886—1888年），特斯拉也独立地从事于旋转磁场的研究和试验，而且和弗拉利斯互不相涉和几乎同时发明了感应电动机。

1889年，多利沃-多勃罗夫斯基提出采用三相制的建议，证明三相交流电也可以产生旋转磁场，同时设计和制造了第一台三相变压器和三相感应电动机。

1891年，三相制迅速地被推广使用。阿诺尔德（Arnold）建立了直流电枢绕组的理论，使直流电机的设计和计算建立在更加科学的基础上。

1893年左右，开耐莱（Kenelly）和司坦麦茨（Steinmetz）开始利用复数和相量来分析交流电路。

1894年，海兰（Heyland）发表"多相感应电机和变压器性能的图解确定法"的论文，这是感应电机理论中的第一篇经典性论文。同年，弗拉利斯已经采用把脉振磁场分解为两个大小相等、转向相反的旋转磁场的办法来分析单相感应电动机。虽然弗拉利斯所得的结果仍不免于错误，但是他所用的方法，却对旋转电机的理论分析有着不可磨灭的贡献。这种方法以后被称为双旋转磁场理论。

1895年，波梯（Potier）和乔治（Goege）建立了交轴磁场理论。

1899年，在研究凸极同步电动机的电枢反应时，勃朗台尔（Blondel）提出双反应理论。这个理论后来被道黑提（Doherty）、尼古尔（Nickle）和派克（Park）等人所发展，成为现代同步电机理论的基础。

1913 年，福提斯古（Fortescue）开始分析感应电动机的不对称情况。

1918 年，福提斯古提出了求解三相不对称问题的对称分量法。

1920 年，英国人开发出步进电机。

1920—1940 年，许多学者（Drefus，Punga，Fritz，Moller，Heller）对双笼和深槽电机的理论和计算方法，谐波磁场所产生的寄生转矩，异步电机的噪声等问题进行了一系列研究。

1926—1930 年，道黑提和尼古尔二人先后发表了五篇经典性论文，发展了勃朗台尔的双反应理论，求出了稳态和暂态时同步电机的功角特性及三相、单相突然短路电流。

1929 年，派克利用坐标变换和算子法，导出了暂态时同步电机的电动势方程和算子阻抗。同一时期，许多学者又深入地研究了同步电机内部的磁场分布，得出了各种电抗的计算公式和测定方法。所有这些工作，使得同步电机内部的理论达到了比较完善的地步。

1935—1938 年，克朗（Kron）系统地提出了利用张量分析来研究旋转电机的方法。

1940 年前后，出现了一系列新的控制电机，如电机放大机、交流测速发电机、回转变压器等。为了满足控制系统的要求，自整角机的精度和伺服电动机的性能也有很大的提高。同一时期，小型分马力电机的理论已有较大的发展。

1950—1960 年，许多学者进一步研究了同步电机和感应电机的电磁—机械暂态。由于利用了物理模型和模拟计算机，许多复杂的电机动态运行问题得到了解决。

20 世纪 50 年代后期，晶体管的发明也逐渐应用在步进电机上。

1955 年，Rauch 和 Johnson 首次提出了双凸极电机的基本雏形，但因当时永磁材料的性能较差，难以在实际应用中得到推广。美国人 Harrison 首次提出了用晶体管换相线路代替电机电刷接触的思想，形成无刷直流电机和雏形。

1958 年，英国 Bristol 大学的 G. H. Rawcliffe 等提出极幅调制绕组（称为 P. A. M 绕组）。

1959 年起，逐步建立起机电能量转换的新体系。

1970 年，英国 Leeds 大学步进电机研究小组首创开关磁阻电机（Switched Reluctance Motor，SRM）雏形，这是关于开关磁阻电机最早的研究。

1972 年，进一步对带半导体开关的小功率开关磁阻电动机（10W～1kW）进行了研究。

1973 年，美国 IBM 公司首先研制出原理性超声波电机，同时前苏联也研制出了类似原理的超声波电机。

1975 年，开关磁阻电机有了实质性的进展，并一直发展到可以为 50kW 的电瓶汽车提供装置。

1980 年，英国的 P. J. Lawrenson 教授等在国际上发表了相关论文，阐述了现代开关磁阻电动机的原理和特点；在英国成立了开关磁阻电机驱动装置有限公司（SRD Ltd.），专门进行 SRD 系统的研究、开发和设计。

1983 年，英国（SRD Ltd.）首先推出了开关磁阻电机 SRD 系列产品，该产品命名为 OULTON。

1984 年，TASC 驱动系统公司也推出了它们的产品。另外，SRD Ltd. 研制了一种适用于有轨电车的驱动系统，到 1986 年已运行 500km。

1988 年，美国人 Richter 等首先提出容错开关磁阻电机的概念。

　　1992 年，美国 Wisconsin-Madison 大学的著名电机专家 T. A. Lipo 等人首先提出双凸极永磁电机。

　　1996 年，英国 Mecrow 和 Howe 等人又提出了永磁交流容错电动机。

　　1997 年，D. Howe 等初次实现了永磁电机的二自由度运动。

　　2009 年，香港大学 Chau K. T. 教授提出磁齿轮复合电机[35]，将高速外转子永磁无刷电机内置在径向充磁表贴式同轴磁齿轮内部，解决了电机高速设计和外转子低速直驱的矛盾。后来发展成场调制永磁电机。

参 考 文 献

[1] 章名涛．电机学（上下册）．北京：科学出版社，1964，1964．

[2] 吴大榕．电机学（上下册）．北京：电力工业出版社，1981，1979．

[3] 许实章．电机学．3 版．北京：机械工业出版社，1995．

[4] 汤蕴璆，罗应立，梁艳萍．电机学．3 版．北京：机械工业出版社，2008．

[5] 王毓东．电机学（上下册）．杭州：浙江大学出版社，1990．

[6] 张广溢，郭前岗．电机学．重庆：重庆大学出版社，2002．

[7] 陈世元，黄士鹏．交流电机的绕组理论．北京：中国电力出版社，2007．

[8] 陈世元．交流电机磁场的有限元分析．哈尔滨：哈尔滨工程大学出版社，1998．

[9] 陈世元．具有不对称定子绕组的异步电机．哈尔滨电工学院学报，1981，4（2）：46．

[10] 陈世元．鼠笼型异步电机启动性能的有限元计算．哈尔滨电工学院学报，1990，13（2）：128．

[11] 陈世元．非正规反接变极绕组的排列．中国电机工程学报，1991，11（5）：59．

[12] 陈世元，陈锡芳．大型凸极同步电机空载主极磁场的有限元计算．哈尔滨电工学院学报，1993，16（1）：15．

[13] 陈世元，陈锡芳．大型凸极同步电机负载时电枢磁场的有限元计算．哈尔滨电工学院学报，1993，16（4）：299．

[14] 陈世元．定子为分数槽绕组的大型水轮发电机的饱和同步电抗的有限元计算．中国电机工程学报，1999，19（11）：41～45．

[15] 陈世元．水轮发电机风路的网络分析．中国电机工程学报，2001，21（增刊）：101～105．

[16] 陈世元．毛泽东十大教授法在《电机学》课程教学中的运用与体会．中国电力教育，2008.5 上半月，（9）：55～56．

[17] 黄士鹏．交流电机绕组理论．哈尔滨：黑龙江科学技术出版社，1986．

[18] 程明．微特电机及系统．北京：中国电力出版社，2004.10．

[19] 唐任远．特种电机．北京：机械工业出版社，1998.5．

[20] М. П. 柯斯秦珂．电机学（全三册）．北京：高等教育出版社，1957，1958，1958．

[21] Г. Н. 彼特罗夫．电机学（全四册）．北京：高等教育出版社，1960，1959，1959．

[22] M. Liwschitz-Garik, C. C. Whipple. A-C Machines. 2nd ed. Van-Nostrand，1961．

[23] A. E. Fitzgerald，C. Kingsley，Jr. S. D. Umans. Electric Machinery. 4th ed. McGraw-Hill，1983．

[24] D. C. White，H. H. Woodson. Electromechanical Energy Conversion. Wiley&Sons，1959．

[25] B. Adkins，R. G. Harley. The General Theory of Alternating Current Machines. Chapman and Hall，1975．

[26] P. C. Krause. Analysis of Electric Machinery. McGraw-Hill，1986．

[27] Peter Vas. Electrical Machines and Drives：A Space-Vector Theory Approach. Clarendon Press，1992．

[28] 魏永田，孟大伟，温嘉斌．电机内热交换．北京：机械工业出版社，1998．

[29] 丁舜年．大型电机的发热与冷却．北京：科学出版社，1992．

[30] А. И. 鲍里先科，В. Г. 丹科，А. И. 亚科夫列夫．电机中的空气动力学与热传递．魏书慈，邱建甫，译．北京：机械工业出版社，1985．

[31] 陈世坤．电机设计（上册）．北京：机械工业出版社，1982．

[32] 陈世坤．电机设计．2 版．北京：机械工业出版社，1997．

[33] 程福秀，林金铭．现代电机设计．北京：机械工业出版社，1993．

[34] 汤蕴璆．电机内的电磁场．2 版．北京：科学出版社，1998．

[35] Jian L.，Chau K. T.，Jiang J. Z. A magnetic-geared outer-rotor Permanent-magnet brushless machine for wind power generator. IEEE Transactions on Industrial Applications，2009，45（3）：954-962．